테라가타 2(長老偈)

부처님 제자, 아라한들의 게송

테라가타

제2권

Theragāthā II

장로게(長老偈)
부처님 제자, 아라한들의 게송

초기불전연구원

그분
부처님
공양 올려 마땅한 분
바르게 깨달으신 분께 귀의합니다.

Namo tassa Bhagavato Arahato Sammāsambuddhassa

제2권 목차

약어

√	Root(어근)
1.Sg.	First Person Singular(1인칭 단수)
1.Pl.	First Person Plural(1인칭 복수)
2.Sg.	Second Person Singular(2인칭 단수)
2.Pl.	Second Person Plural(2인칭 복수)
3.Sg.	Third Person Singular(3인칭 단수)
3.Pl	Third Person Plural(3인칭 복수)
A.	Aṅguttara Nikāya(앙굿따라 니까야, 증지부)
AA.	Aṅguttara Nikāya Aṭṭhakathā = Manorathapūraṇī(증지부 주석서)
AAṬ.	Aṅguttara Nikāya Aṭṭhakathā Ṭīkā(증지부 복주서)
Abhi-Sgh.	Abhidhammatthasaṅgaha(아비담맛타상가하 = 아비담마 길라잡이)
Aor.	Aorist(아오리스트 과거)
ApA.	Apadāna Aṭṭhakathā(아빠다나(譬喩經) 주석서)
Ā	Ātmanepāda(the middle voice)
Be	Burmese-script edition(VRI 간행 미얀마 육차결집본)
BHD	Buddhist Hybrid Sanskrit Dictionary
BHS	Buddhist Hybrid Sanskrit
BPS	Buddhist Publication Society
Bv.	Buddhavaṁsa(佛種姓)
BvA.	Buddhavaṁsa Aṭṭhakathā

CBETA	CBETA Chinese Electronic Tripitaka Collection: CD-ROM
cf.	*confer*(=*compare*, 비교, 참조)
CDB	The Connected Discourses of Buddha(상윳따 니까야 영역)
CMA	A Comprehensive Manual of Abhidhamma(아비담맛타 상가하 영역)
Cond.	Conditional(조건법)
CPD	Critical Pāli Dictionary
D.	Dīgha Nikāya(디가 니까야, 長部)
DA.	Dīgha Nikāya Aṭṭhakathā = Sumaṅgalavilāsinī(디가 니까야 주석서)
DAṬ.	Dīgha Nikāya Aṭṭhakathā Ṭīkā(디가 니까야 복주서)
Dhp.	Dhammapada(담마빠다, 법구경)
DhpA.	Dhammapada Aṭṭhakathā(담마빠다 주석서)
Dhs.	Dhammasaṅgaṇi(담마상가니, 法集論)
DhsA.	Dhammasaṅgaṇi Aṭṭhakathā = Aṭṭhasālinī(담마상가니 주석서)
DPL	A Dictionary of the Pali Language(Childers)
DPPN.	G. P. Malalasekera's *Dictionary of Pali Proper Names*
Ee	Roman-script edition(PTS본)
EV1	Elders' Verses I(테라가타 영역, Norman)
EV2	Elders' Verses II(테리가타 영역, Norman)
GD	Group of Discourse(숫따니빠따 영역, Norman)
Grd.	Gerund(동명사)
Ibid.	*Ibidem*(전게서, 前揭書, 같은 책)
Imp.	Imparative(명령형)
It.	Itivuttaka(如是語)
ItA.	Itivuttaka Aṭṭhakathā(여시어경 주석서)

Jā.	Jātaka(자따까, 本生譚)
JāA.	Jātaka Aṭṭhakathā(자따까 주석서)
Khp.	Khuddakapātha(쿳다까빠타)
KhpA.	Khuddakapātha Aṭṭhakathā(쿳다까빠타 주석서)
Kv.	Kathāvatthu(까타왓투, 論事)
KvA.	Kathāvatthu Aṭṭhakathā(까타왓투 주석서)
M.	Majjhima Nikāya(맛지마 니까야, 中部)
MA.	Majjhima Nikāya Aṭṭhakathā = Papañcasūdanī(맛지마 니까야 주석서)
MAṬ.	Majjhima Nikāya Aṭṭhakathā Ṭīkā(맛지마 니까야 복주서)
Mhv.	Mahāvaṁsa(마하왐사, 大史), edited by Geiger
Mil.	Milindapañha(밀린다빤하, 밀린다왕문경)
Moh.	Mohavicchedanī(모하윗체다니)
Mtk	Mātikā(마띠까)
Mvu.	Mahāvastu(북전 大事, Edited by Senart)
MW	Monier-Williams' Sanskrit-English Dictionary
Nd1.	Mahā Niddesa(마하닛데사, 大義釋)
Nd2.	Cūla Niddesa(쭐라닛데사, 小義釋)
Netti.	Nettippakaraṇa(넷띠빠까라나, 指道論)
NetA	Nettippakaraṇa Aṭṭhakathā(넷띠빠까라나 주석서)
NMD	Ven. Ñāṇamoli's Pali-English Glossary of Buddhist Terms
Opt.	Optative(기원법)

Pass.	Passive(수동형)
PAP	Present Active Participle(현재능동분사)
PdṬ.	Paramatthadīpani-ṭīkā(빠라맛타디빠니 띠까)
Pe.	Peṭakopadesa(뻬따꼬바데사, 藏釋論)
PED	Pāli-English Dictionary(PTS)
pl	plural(복수)
Pm.	Paramatthamañjūsā = Visuddhimagga Mahāṭīkā(청정도론 복주서)
Pot.	Potential(가능법)
PPP	Past Passive Participle(과거수동분사)
Pre.	Present(현재시제)
Ps.	Paṭisambhidāmagga(빠띠삼비다막가, 무애해도)
Ptṇ.	Paṭṭhāna(빳타나, 發趣論)
PTS	Pāli Text Society
Pug.	Puggalapaññatti(뿍갈라빤냣띠, 人施設論)
PugA.	Puggalapaññatti Aṭṭhakathā(뿍갈라빤냣띠 주석서)
Pv.	Petavatthu(뻬따왓투, 餓鬼事)
Pvch.	Paramatthavinicchaya(빠라맛타 위닛차야)

Rv.	Ṛgveda(리그베다)

S.	Saṁyutta Nikāya(상윳따 니까야, 相應部)
SA.	Saṁyutta Nikāya Aṭṭhakathā = Sāratthappakāsinī(상윳따니까야 주석서)
SAṬ.	Saṁyutta Nikāya Aṭṭhakathā Ṭīkā(상윳따 니까야 복주서)
Sdnt.	Saddanītippakaraṇa(문법서 삿다니띠)
Se	Sinhala-script edition(스리랑카본)

sg	singular(단수)
Sk.	Sanskrit
Sn.	Suttanipāta(숫따니빠따, 經集)
SnA.	Suttanipāta Aṭṭhakathā(숫따니빠따 주석서)
Sv	Sāsanavaṁsa(사사나왐사, 교단의 역사)
s.v.	*sub verbō*(*under the word*, 표제어)
Te	Thai-script edition(태국본)
Thag.	Theragāthā(테라가타, 장로게)
ThagA.	Theragāthā Aṭṭhakathā(테라가타 주석서)
Thig.	Therīgāthā(테리가타, 장로니게)
ThigA.	Therīgāthā Aṭṭhakathā(테리가타 주석서)
Ud.	Udāna(우다나, 감흥어)
UdA.	Udāna Aṭṭhakathā(우다나 주석서)
Uv	Udānavarga(북전 출요경, 出曜經)
Vbh.	Vibhaṅga(위방가, 分別論)
VbhA.	Vibhaṅga Aṭṭhakathā = Sammohavinodanī(위방가 주석서)
Vin.	Vinaya Piṭaka(율장)
VinA.	Vinaya Piṭaka Aṭṭhakathā = Samantapāsādikā(율장 주석서)
VinAṬ	Vinaya Piṭaka Aṭṭhakathā Ṭīkā = Sāratthadīpanī-ṭīkā(율장 복주서)
Vin-Kaṅ-nṭ.	Kaṅkhāvitaraṇī-abhinavaṭīkā(깡카위따라니 아비나와띠까)
Vin-Vmv	Vmativinodanī Ṭīkā(위마띠위노다니 띠까)
Vis.	Visuddhimagga(청정도론)
v.l.	*varia lectio, variant reading*(이문, 異文)

VRI	Vipassanā Research Institute(인도)
VṬ	Abhidhammaṭṭha Vibhavinī Ṭīkā(위바위니 띠까)
Vv.	Vimānavatthu(위마나왓투, 천궁사)
VvA.	Vimānavatthu Aṭṭhakathā(위마나왓투 주석서)
Yam.	Yamaka(야마까, 雙論)
YamA.	Yamaka Aṭṭhakathā = Pañcappakaraṇa(야마까 주석서)

디가 니까야	각묵 스님 옮김, 초기불전연구원, 2006, 3쇄 2010
맛지마 니까야	대림 스님 옮김, 초기불전연구원, 2012, 2쇄 2015
상윳따 니까야	각묵 스님 옮김, 초기불전연구원, 2009, 3쇄 2016
앙굿따라 니까야	대림 스님 옮김, 초기불전연구원, 2006~2007, 3쇄 2016
담마상가니	각묵 스님 옮김, 초기불전연구원, 2016, 초판.
위방가	각묵 스님 옮김, 초기불전연구원, 2018, 초판.
육차결집본	Vipassana Research Institute(인도) 간행 육차결집 본
아비담마 길라잡이	대림 스님/각묵 스님 옮김, 초기불전연구원, 2002, 14쇄 2018
우다나	각묵 스님 옮김, 초기불전연구원, 2021
이띠웃따까	각묵 스님 옮김, 초기불전연구원, 2020
청정도론	대림 스님 옮김, 초기불전연구원, 2004, 6쇄 2016
초기불교 이해	각묵 스님 지음, 초기불전연구원, 2010, 5쇄 2015
초기불교 입문	각묵 스님 지음, 초기불전연구원, 초판 2014, 개정판 2018.

K.R. Norman	Elders' Verses I, London. PTS, 1969(테라가타 영역본)
리스 데이비즈	A Buddhist Manual of Psychological Ethics(담마상가니 영역본)
보디 스님	The Connected Discourses of the Buddha(상윳따 니까야 영역본)

일러두기

(1) 『테라가타』(Thag.)는 PTS본과 미얀마 육차결집본(VRI본, Be)을 저본으로 하였음.

(2) { }는 PTS본 게송 번호임. 예를 들면 {271}~{274}는 넷의 모음 바구 장로(Th4:2)의 271번 게송부터 274번 게송까지를 뜻함

(3) 본서에 나타나는 장로들에 대한 고유번호, 예를 들면 Th3:4 등은 모두 역자가 임의로 표기하였음.
예를 들면 Th1:1은『테라가타』하나의 모음의 첫 번째 장로인 수부띠 장로를, Thag4:2는 테라가타 넷의 모음의 두 번째 장로인 바구 장로(Th4:2 {271}~{274})를 뜻함.

(4) 본문의 [ ] 안에는 PTS본(Ee)의 쪽 번호를 넣었음.

(5) 본서에 실린 259분 장로들의【행장】은 대부분『테라가타 주석서』를 요약/발췌하여 정리한 것임.

(6) 『담마상가니』(Dhs.)와『위방가』(Vbh.)와『이띠웃따까』(It.)는 미얀마 육차결집본(VRI본, Be)을 저본으로 하였고 그 외 삼장(Tipitaka)과 주석서(Aṭṭhakathā)들은 별다른 언급이 없는 한 모두 PTS본(Ee)임.

(7) 『디가 니까야 복주서』(DAṬ)를 제외한 모든 복주서(Ṭīkā)들은 VRI본(Be)이고,『디가 니까야 복주서』(DAṬ)는 PTS본(Ee)이며,『청정도론』은 HOS본임.

(8) S56:11은『상윳따 니까야』56번째 상윳따의 11번째 경을 뜻하고 M.ii.123은 PTS본(Ee)『맛지마 니까야』제2권 123쪽을 뜻함.

(9) 빠알리어와 산스끄리뜨어는 정체로, 영어는 이탤릭체로 표기함을 원칙으로 하였음.

namo tassa bhagavato arahato sammāsambuddhassa
그분 부처님, 공양받아 마땅한 분, 바르게 깨달으신 분께 귀의합니다

테라가타

둘의 모음

Duka-nipāta

첫 번째 품

Paṭhama-vagga({121}~{140})

1. 웃따라 장로(Th2:1 {121}~{122})

【행장】

"웃따라 장로(Uttara thera)는 라자가하에서 바라문 큰 가문의 아들로 태어났다. 그는 사리를 분별하는 나이가 되어 바라문의 명지들(brāhmaṇa-vijjā)에 통달하였다. 그는 태생(jāti)과 외모(rūpa)와 명지(vijjā)와 나이(vaya)와 계행(sīlācāra)으로 세상의 존경을 받게 되었다. 그의 성취를 보고 마가다의 대신 왓사까라(Vassakāra)가 그의 딸을 주려고 하였지만 그는 벗어남의 성향을 가졌기 때문에(nissaraṇajjhāsayatāya) 그것을 거절하였다. 그는 때때로 법의 대장군 사리뿟따 장로(Th30:2)를 섬기면서 그의 곁에서 법을 듣고 믿음을 얻어 출가하여 의무를 충실히 이행하는 자[1]가

---

1) '의무를 충실히 이행하는 자'는 vatta-sampanna를 옮긴 것이다. 주석서들은 82가지 작은 의무들(dvāsīti khuddakavattāni, VBhA.297)과 14가지

되어 장로를 시봉하였다.

어느 날 사리뿟따 장로가 병이 나서 약을 구하러 가던(bhesajja-tthāya) 웃따라 사미는 도중에 호수의 둑에 발우를 놓고 물에 가서 얼굴을 씻었다. 그때 어떤 도둑이 잡혀가다가 도망쳐서 자신이 가진 보석들을 사미의 발우에 놓고 달아났다. 도둑을 쫓던 관가의 사람들이 이것을 보고 웃따라가 도둑이라고 하면서 그를 묶어서 왕의 업무를 보던 왓사까라 바라문에게 데리고 갔고 그 [바라문]은 수족을 자르는 벌(chejja-bhejja)을 명하였고 그를 사형기둥에 세워 겁박하였다(sūle uttāsesi).

그러자 세존께서는 그의 지혜가 무르익었음을 관찰하시고 그곳으로 가셔서 이것은 전생의 업의 결과(purima-kammassa phala)로 생긴 일이라 하시면서 법을 설하셨고 웃따라는 청정한 믿음과 기쁨이 생겨 고결한 희열과 환희(uḷāra pīti-pāmojja)를 얻었다. 그는 익숙해져 있던 위빳사나의 도에 올라 지혜가 무르익었으며 스승님의 가르침에 힘입어 거기서 도를 닦아 모든 오염원들을 제

큰 의무들(cuddasa mahāvattāni, SnA.i.52~53)을 언급하고 있다.

『숫따니빠따 주석서』(SnA.i.52~53)에 의하면 14가지 큰 의무들은 다음과 같다. ① 몸을 정돈함 ② 거처에 들어감 ③ 탁발 때까지 한적한 곳에서 보냄 ④ [탁발] 시간을 앎 ⑤ 옷매무새를 가다듬음 ⑥ 허리띠를 묶음 ⑦ 상의(uttarāsaṅga, 울다라승, 鬱多羅僧)를 입음 ⑧ 가사(상가띠, saṅghāṭi, 승가리, 僧伽梨)를 몸에 맞게 수함 ⑨ 발우를 어깨에 맴 ⑩ 명상주제를 마음에 두고 탑전에 들어감 ⑪ 탑과 보리수에 절을 함 ⑫ 마을 근처에서 가사로 몸을 가림 ⑬ 발우를 듦 ⑭ 마을로 탁발하러 들어감이다.(SnA.i.52~53)

원문은 다음과 같다.
dveasīti khuddakavattāni cuddasa mahāvattāni ca samādāya vattati, so ① sarīraparikammaṁ katvā, ② senāsanaṁ pavisitvā, ③ yāva bhikkhācāravelā tāva vivittāsane vītināmetvā, ④ velaṁ ñatvā, ⑤ nivāsetvā, ⑥ kāyabandhanaṁ bandhitvā, ⑦ uttarāsaṅgaṁ karitvā, ⑧ saṅghāṭiṁ khandhe karitvā, ⑨ pattaṁ aṁse ālaggetvā, ⑩ kammaṭṭhānaṁ manasi karonto cetiyaṅgaṇaṁ patvā, ⑪ cetiyañca bodhiñca vanditvā, ⑫ gāmasamīpe cīvaraṁ pārupitvā, ⑬ pattaṁ ādāya, ⑭ gāmaṁ piṇḍāya pavisati.(SnA.i.52~53)

거한 뒤 육신통을 갖춘 분이 되었다. 장로의 일화는 『아빠다나』에도 나타나고 있다."(ThagA.ii.1~2)

계속해서 주석서는 이렇게 설명한다.
"장로는 육신통을 갖춘 뒤 다시 사형 기둥에서 일어나서 남들에 대한 동정심(parānuddayā)으로 허공에 서서 신통변화[神變, pāṭihāriya]를 보였다. 많은 사람에게 놀랍고 희유하다는 마음이 생겼다. 그렇게 해서 그의 상처(vaṇa)는 깨끗하게 나았다.
비구들이 그에게 '도반이여, 그러한 괴로움을 겪으면서도 어떻게 그대는 위빳사나에 전념하는 것이 가능하였습니까?'라고 묻자 그는 '도반이여, 나는 ① 윤회에서의 위험(saṁsāre ādīnava)과 ② 형성된 것들[有爲]의 고유성질(saṅkhārānañca sabhāva)을 잘 보았는데 말해 무엇 하겠습니까. 나는 그러한 괴로움을 경험하였지만 위빳사나를 증장시키고 특별함을 증득할 수 있었습니다.'라고 드러내면서 본 게송 두 개를 읊었다."(ThagA.ii.2)

다른 웃따라 장로(Th2:21)의 게송이 본서 둘의 모음 {161}~{162}로 나타나고 있다.

121. "어떤 [18] 존재도 항상하지 않고[2]

---

2) "'어떤 존재도 항상하지 않고(natthi koci bhavo nicco)'라고 하였다. [존재에는] 업으로서의 존재(kammabhava), 재생으로서의 존재(upapattibhava), 욕계 존재(kāmabhava), 색계 존재(rūpabhava), 무색계 존재(arūpabhava), 인식을 가진 존재(saññībhava), 인식이 없는 존재(asaññībhava), 인식을 가진 것도 아니고 인식을 가지지 않은 것도 아닌[非想非非想] 존재(nevasaññīnāsaññībhava), 한 가지 무더기를 가진 존재(ekavokārabhava), 네 가지 무더기를 가진 존재(catuvokārabhava), 다섯 가지 무더기를 가진 존재(pañcavokārabhava)라는 이와 같은 구분이 있다. 그리고 거기에는 저열하고 중간이고 수승하고 긴 수명을 가졌고(dīghāyuka) 즐거움이 많고 즐거움과 괴로움이 섞여 있는 이와 같은 구분도 있다. 그러나 그 어떤 [존재]도 항상하고(nicca) 견고하고(dhuva) 확고하고(thira) 부서지지 않기 마련인 법(apalokiya-dhamma)이란 것은 없으니 이런저런 이유를 조건으로(kāraṇaṁ paṭicca) 일어났기 때문이다(samuppannattā)."(ThagA.ii.3)

형성된 것들은 영속하지 않습니다.3)
그들 무더기들은 계속적으로
생겨났다가는 바뀌어 버립니다.4)

122. 이러한 위험을 알고서5)

---

3) "'형성된 것들은 영속하지 [않습니다](saṅkhārā vāpi sassatā).'라고 하였다. [여기서는 앞 구절({121}a)의 natthi(않다)를 여기({121}b)에도 적용시켜] '영속하지 않습니다.'라고 적용해야 한다(sassatā natthīti yojanā). [그래서 '형성된 것들은 영속하지 않습니다.'로 이해해야 한다.]
즉 조건들에 의해서 형성되었기 때문에(paccayehi saṅkhatattā) '형성된 것들(saṅkhārā)'이라는 이름을 얻은 다섯 가지 무더기들[五蘊]을 취하여서, 존재라는 호칭을 가진 형성된 것들이 되어 발생하며(bhava-samaññāya saṅ-khārāva hutvā sambhūtā) 늙음·죽음으로 변하기 마련(vipariṇama)이라고 해서 영속하지 않는(asassatā) 변하기 마련인 법들(vipariṇāma-dhammā)이다. 그래서 그들은 '형성된 것들(saṅkhārā)'이라 불리기 때문이다."(ThagA.ii.3)

4) "'그들 무더기들은 계속적으로 / 생겨났다가는 바뀌어 버립니다(uppajjanti ca te khandhā cavanti aparāparaṁ).'라고 하였다. 그들 다섯 가지 무더기들(오온)은 존재의 방법(bhava-pariyāya)과 형성된 것들의 방법(saṅ-khāra-pariyāya)으로 설해졌다. 그들은 조건에 따라(yathāpaccayaṁ) 계속적으로(aparāparaṁ) 일어나고 일어나서는 늙음으로 압박받아서(paripīḷi-tā hutvā) 바뀌고(cavanti) 부서진다(paribhijjanti)는 뜻이다. 이것에 의해서 '존재(bhava)'({121}a)와 '형성된 것들(saṅkhārā)'({121}b)이라는 인습적 표현(vohārā)을 얻은 다섯 가지 무더기들은 일어나고 사라지는 고유성질을 가졌다(udayabbaya-sabhāvā)는 것을 보여준다."(ThagA.ii.3)

5) "'이러한 위험을 알고서(etamādīnavaṁ ñatvā)'라고 하였다. [무상·고·무아의] 삼특상을 제기한 뒤(tilakkhaṇaṁ āropetvā) 형성된 것들을 명상하는 자(saṅkhāre sammasanta)에게는 세 가지 존재(tayopi bhavā)가 불붙은 것처럼(ādittaṁ viya) 형성된 것들의 '위험(ādīnava)', 즉 결점(dosa)이 [드러난다.] 더군다나(pageva) 위빳사나의 통찰지로 안 뒤에 무상의 특징들(anicca-lakkhaṇā)로 본 형성된 것들은 괴로움이요 무아임(dukkha-anattā)이 더 확실하게 확립된다(vibhūtatarā upaṭṭhahanti). 그래서 세존께서는 '무상한 것은 괴로움이요, 괴로움인 것은 무아다.'(S22:15 §3)라고 말씀하셨다."(ThagA.ii.3)

여기서 세 가지 존재란 욕계 존재와 색계 존재와 무색계 존재를 말한다. (kāmabhava-rūpabhava-arūpabhava-vasena tayo bhavā, AvtPṭ.i.94;

나는 존재에 대해서 바라는 것이 없었습니다.[6]
모든 감각적 쾌락들로부터 풀려나서
나는 번뇌의 멸진을 얻었습니다.[7]"

이처럼 참으로 존자 웃따라 장로가 게송을 읊었다.

2. 삔돌라 바라드와자 장로(Th2:2 {123}~{124})

【행장】

"삔돌라 바라드와자 장로(Piṇḍolabhāradvāja thera)는 꼬삼비(Kosambi)에서 우데나 왕의 궁중제관의 아들(purohitaputta)로 태어났으며 바라드와자라는 이름을 가졌다. 그는 적당한 나이가 되어 삼베다(tayo vedā)를 익힌 뒤 500명의 바라문 학도들에게 만뜨라를 가르치다가 대식가(mahagghasa-bhāva)라는 적합하지 않은 행실 때문에(ananurūpācārattā) 그들을 떠나서 라자가하로 갔다. 그는 세존과 비구 승가가 많은 이득과 존경을 받는 것을 보고 교법에 출가하였지만 음식에서 적당함을 모르고(bhojane amattaññū) 유행을 하다가 스승님의 바른 방법에 의해서 [음식

cf. S38:13 §3)

6) "'나는 존재에 대해서 바라는 것이 없었습니다(bhaven' amhi anatthiko).'라고 하였다. 삼특상을 제기한 뒤 형성된 것들을 명상하는 자에게 세 가지 존재는 불붙은 집과 같다는(āditta viya agāra) 두려움(sappaṭibhayā)이 확립되었기 때문에 '나는 존재에 대해서 바라는 것이 없었습니다.'라고 말하였다."(ThagA.ii.3)

7) "'나는 번뇌의 멸진을 얻었습니다(patto me āsavakkhayo).'라고 하였다. 이와 같이 형성된 것을 잘 쓰다듬었고(suparimajjita-saṅkhāra) 존재들에 대해서 위험을 잘 보았으며(supadiṭṭha-adīnava) 감각적 쾌락들에 취착하지 않는 마음을 가졌기 때문에(anāsatta-mānasa) 나는 사형 기둥의 꼭대기(sūla-matthaka)에 앉음에 의해서 번뇌의 멸진과 열반과 아라한됨을 증득하였다는 뜻이다. 그리고 아직 마음의 이상인 [아라한과를] 얻지 못한(appatta-mānasā) 청정범행을 닦는 다른 동료 수행자들(sabrahmacārī)이 그것을 증득하기 위해서 분발해야 한다(ussāha karaṇīya)고 비구들에게 교계를 주었다는 말이다."(ThagA.ii.3)

에서] 적당함에 확립되고 위빳사나를 확고하게 하여 오래지 않아 육신통을 갖춘 분이 되었다. 장로의 일화는 『아빠다나』에도 나타나고 있다. …
육신통을 갖춘 자가 된 뒤에 그는 '세존의 면전에서 제자들이 얻어야 하는 것을 나는 얻었다.'라고 하였고 비구 승가 안에서도 '도나 과에 대해서 의심(kaṅkhā)이 있으면 나에게 물어보시오.' 라고 사자후(sīhanāda)를 토했다. 그래서 세존께서는 [『앙굿따라 니까야』 제1권 하나의 모음 「으뜸 품」(A1:14)에서] 그를 "사자후를 토하는 자들(sīhanādikā) 가운데 으뜸이다."(A1:14:1-8)라고 으뜸에 놓으셨다.

그는 어느 날 자신에게 다가온 재가 때의 친구였던 인색하고 그릇된 견해를 가진 바라문에 대해서 연민하면서 그에게 보시의 이야기(dāna-kathā)를 하였다. 그는 '이분은 나의 재물을 없애버리려고 하는구나.'라고 쏘아본 뒤(bhakuṭiṁ katvāpi) '당신에게는 한 끼 음식을 드리겠습니다.'라고 말하였다.
그는 '그것을 승가에게 보시하고 나에게 하지 마십시오.'라고 승가에게로 돌렸다. 다시 바라문은 '이분은 나로 하여금 많은 것을 보시하게 하려고 하는구나.'라고 기분 나빠함(appaccaya)을 드러내었다.

다음 날에 법의 대장군(사리뿟따)은 승가에게로 돌린 보시가 많은 결실이 있음을 설명하여 그로 하여금 청정한 믿음을 내게 하였다. [그러자 삔돌라 바라드와자 장로는] '이 바라문은 '식탐(āhāra-gedha) 때문에 나로 하여금 보시하도록 하는구나.'라고 생각하겠지. 이 사람은 내가 음식에 대해서 모두 철저하게 아는 것을 알지 못하니 그에게 알도록 해야겠다.'라고 하면서 본 게송 두 개를 읊었다."(ThagA.ii.4~5)

삔돌라 바라드와자 존자와 관련된 경으로는 『상윳따 니까야』 제4권 「바라드와자 경」(S35:127)과 제5권 「삔돌라 경」(S48:49)

이 있다. 그가 번뇌 다한 아라한이라고 자신을 드러내는 것은 「삔돌라 경」(S48:49) §2에 나타나고, 세존께서는 §5에서 그것을 인정하셨다. 『우다나』의 「삔돌라 경」(Ud4:6)과 『율장』(Vin. ii.111~112)도 참조할 것.

123. "[나는] 그릇된 방법으로 삶을 영위하지 않습니다.[8]
음식은 가슴의 평화를 가져오지 못합니다.[9]
이 적집된 [몸][10]은 음식으로 지탱되는 것이라고
이렇게 보고서 나는 [탁발음식을] 찾으러 다닙니다.[11]

---

8) "'[나는] 그릇된 방법으로 삶을 영위하지 않습니다(nayidaṁ anayena jīvitaṁ).'라고 하였다. 그릇된 방법으로(anayena), 바르지 못한 방법으로(añāyena), 즉 대나무를 주거나 꽃을 주는 등의 부적절한 방법으로(Vbh. §513; Vis.I.44 참조) 나의 이 삶을 유지하지 않는다는 말이다. 삶에 대한 집착(jīvita-nikanti)이 없기 때문이다."(ThagA.ii.5)

『위방가』(Vbh. §513)는 바르지 못한 행실(anācāra)을 이렇게 정의한다. "여기서 무엇이 '바르지 못한 행실(anācāra)'인가? 몸으로 범하고, 말로 범하고, 몸과 말 [둘 다로] 범하는 것이 바르지 못한 행실이다. 나쁜 계행도 모두 바르지 못한 행실이다.(Dhs §1368) 여기 어떤 자는 대나무를 주거나, 향기로운 잎을 주거나, 꽃과 과일과 목욕 때 바르는 가루와 치목을 주거나, 아첨하거나, 반쯤만 사실인 얘기를 하거나, 다른 이의 아이를 귀여워하거나, 심부름을 가거나, 부처님께서 나무라신 이런저런 그릇된 생계로 생계를 유지한다(jīvikaṁ kappeti).(Vis.I.44) — 이를 일러 바르지 못한 행실이라 한다."(Vbh. §513)

9) "'음식은 가슴의 평화를 가져오지 못합니다(nāhāro hadayassa santiko).'라고 하였다. 음식은 그것을 먹더라도(āhariyamāno) 마치 도와 과의 지혜(magga-phala-ñāṇa)가 [마음의 평화를 만드는 것]처럼 가슴, 즉 마음의(hadayassa cittassa) 평화를 만들지 못한다(santikaro na hoti). [음식은] 오직 재빨리(sajjukaṁ) 배고픔을 억누르는 것만(khudā-paṭighāta-matta)을 만든다는 의미이다."(ThagA.ii.5)

10) '적집된 [몸]'은 samussaya를 옮긴 것이다. 주석서들은 여기서 적집된 것(samussaya)은 자기 존재(atta-bhāva)를 말하고 이것은 오온이나 몸을 뜻한다고 설명한다. 그래서 '[몸]'을 넣어서 옮겨보았다. 여기에 대해서는 본서 제1권 하나의 모음 {83}의 해당 주해를 참조하기 바란다.

124. [좋은] 가문들이 경배하고 숭배하는 바로 그것을
참으로 수렁이라고 그분들은 아셨습니다.[12]
미세한 화살은 뽑아버리기 어렵나니
존경은 나쁜 사람[13]에게는 버리기 어려운 것입니다."

(={495}; {1053})

이처럼 참으로 존자 삔돌라 바라드와자 장로가 게송을 읊었다.

3. **왈리야 장로**(Th2:3 {125}~{126})

【행장】

"왈리야 장로(Valliya thera)는 사왓티에서 바라문 큰 가문의 아들로 태어났다. 그는 적당한 나이가 되어 유행하면서 좋은 친구들과 어울려 세존께 다가가 법을 듣고 믿음을 얻어 출가하였으며 위빳사나를 증장시켜 오래지 않아 아라한됨을 얻었다. 장로의 일화는 『아빠다나』에도 나타나고 있다. …

---

11) '이 적집된 [몸]은 음식으로 지탱되는 것이라고 / 이렇게 보고서 나는 [탁발 음식을] 찾으러 다닙니다.'는 āhāraṭṭhitiko samussayo, iti disvāna carā -mi esanaṁ를 옮긴 것이다. 주석서는 '만일 그대에게 삶에 대한 집착(jīvita-nikanti)과 음식의 맛에 대한 갈애(āhārarasataṇhā)가 없다면 왜 그대는 탁발을 다니는가(piṇḍāya carasi)?'라고 사람들이 문제 제기(anu-yoga)를 할 것이고 거기에 대한 답으로 이 구절을 말한 것이라고 설명하고 있다.(ThagA.ii.6)

12) '[좋은] 가문들이 경배하고 숭배하는 바로 그것을 / 참으로 수렁이라고 그분들은 아셨습니다.'는 yāyaṁ vandanapūjanā kulesu / paṅkoti hi naṁ avedayuṁ을 옮긴 것이다. 주석서는 여기서 '그분들은 아셨습니다(aveda-yuṁ).'를 부처님 등은(Buddhādayo) 아셨다(avedayuṁ abbhaññāsuṁ pavedesuṁ)라는 뜻이라고 동의어를 나열하여 설명하면서 이렇게 아시는 그분들은 존경에 대한 희망을 제거하셨기 때문에(sakkārāsāya pahīnattā) 이러한 경배와 숭배는(vandana-pūjanā) [그분들에게는] '수렁(paṅka)' 즉 속박(bandha)이 되지 않는다고 설명하고 있다.(ThagA.ii.6)

13) "'나쁜 사람(kāpurisa)'이란 저열한 사람이다(lāmaka-purisa)."(PvtA.125)

그는 아라한됨을 얻은 뒤 그가 범부였을 때는 자신의 마음이 형색 등의 대상들에 대해서 감각적 쾌락의 전개를 따랐지만(yathā-kāma-ppavattiyā) 이제는 성스러운 도에 의해 제지가 된 상태임(niggahita-bhāva)을 드러내어 구경의 지혜를 천명하면서 이 두 개의 게송을 읊었다."(ThagA.ii.6~7)

또 다른 두 왈리야 장로가 본서 제1권 하나의 모음 {53}과 여기 둘의 모음 {167}~{168}로도 나타나고 있다. {53}의 왈리야 장로(Th1:53)는 고디까 장로(Th1:51)의 친구로 빠와(Pāvā)에 있는 말라 왕(Malla-rāja)의 아들이었다. 둘의 모음 {167}~{168}의 또 다른 왈리야 장로(Th2:24)는 웨살리에서 바라문 가문에 태어난 분이다. 이처럼 본서에는 각각 다른 세 분의 왈리야 장로가 나타난다.

125. "원숭이가 다섯 개의 문을 가진
작은 초막에 다가가서
문에서 [문으로] 돌아다니면서
계속해서 두드린다.14)

126. 원숭이야, 서거라. 달리지 마라.15)

---

14) "'계속해서 두드린다(ghaṭṭayanto muhuṁ muhuṁ).'고 하였다. 자신의 게걸스러움(lola-bhāva)으로 나무의 어떤 가지를 떠나 다른 가지를 잡으며 여러 번을 거기서 나무를 돌아다니면서(cālenta) 열매를 즐기는 원숭이(phalūpabhoga-makkaṭa)와 같아서 [마음도] 눈 등의 이런저런 문을 통해서 형색 등의 대상들 가운데 어떤 것을 떠나 다른 것을 거머쥐면서 돌아다닌다는 말이다. [마음은] 마음의 흐름(citta-santāna)을 받들어 행함(samā-dāna)을 통해서 움직임 없이 서있지 않고 [원숭이처럼] 계속적으로 두드리고 돌아다니면서 그 형색 등의 대상에서 계속해서 움직이고(anuparivatta-ti) 순서대로 돌아다닌다(vicarati)는 뜻이다."(ThagA.ii.7)

15) "'원숭이야, 서거라. 달리지 마라(tiṭṭha makkaṭa mā dhāvi).'라고 하였다. 마음이라는 원숭이여(citta-makkaṭa), 그대는 이제 서거라, 달리지 마라는 말이다."(ThagA.ii.7)

이것은 예전처럼 그대를 위한 것이 아니기 때문이다.
그대는 통찰지로써 제지되었고
그대는 여기서 멀리 가지 못할 것이다.16)"

왈리야 장로 (끝)

4. **강가띠리야 장로**(Th2:4 {127}~{128})

【행장】

"강가띠리야 장로(Gaṅgātīriya thera)는 사왓티에서 어떤 장자의 아들로 태어났고 그의 이름은 닷따(Datta)였다. 그는 적당한 나이가 되어 재가의 삶을 살면서 [모친을 범하는] 부적절한 경우(agamanīyaṭṭhāna-bhāva)인지 모르고 [계를] 범한 뒤[違犯, vīti-kkamaṁ katvā] 다시 [그녀의 딸을 범하는] 부적절한 경우인지 모르고 계를 범한 것을 알고는 절박함이 생겨(saṁvega-jāta) 출가한 뒤 그 업을 혐오하여(jigucchitvā) 고행의 도닦음(lūkha-paṭipatti)으로 살았다. 그는 분소의(paṁsukūla-cīvara)를 입고 시체에 [우유]를 뿌리는 데 사용한 것과 같은 흙으로 만든 발우(chava-sitta-sadisa mattikā-patta)를 가지고 강가 강의 언덕에

---

16) '그대는 통찰지로써 제지되었고 / 그대는 여기서 멀리 가지 못할 것이다.'는 niggahītosi paññāya / neva dūraṁ gamissati를 옮긴 것이다. 주석서는 이렇게 설명한다.

"[이 문장은] 자기 존재라는 그 집을(taṁ attabhāva-gehaṁ) 예전처럼 그대가 사용하지 못하리니 문이 닫혀있는 상태(pihita-dvāra-bhāva)이기 때문이다라는 말이다. '그대는 통찰지로써 제지되었고(niggahītosi paññāya)'라는 것은 스스로 이제 도의 통찰지(magga-paññā)로써 오염원과 업형성이라 불리는(kilesa-abhisaṅkhāra-saṅkhātā) 경지들(pādā)을 자름(chedana)에 의해서 전적으로 그대는 제지(niggaha)가 되었다는 말이다. 그러므로 '그대는 여기서 멀리 가지 못할 것이다(neva dūraṁ gamissasi)', 즉 이 자기 존재(attabhāva)로부터 멀리, 즉 두 번째 등의 [다음 생의] 자기 존재(dutiyādi-attabhāva)로는 결코 가지 못할 것이고 오직 [금생의] 마지막 마음(yāva-carimaka-citta)까지만 그 [마음들은] 간다는 것을 보여주고 있다."(ThagA.ii.7)

세 개의 야자수 이파리로 초막을 만들어서 살았다. 그래서 강가띠리야(Gaṅgātīriya, 강가 강 언덕에 사는 자)라는 호칭이 생겼다.

그는 아라한이 되기 전에는 누구와도 말을 하지 않을 것이라고 마음으로 결심을 하였다. 첫 번째 해에는 침묵으로 말을 하지 않으면서 머물렀다. 두 번째 해에서는 탁발을 간(gocara-gāma) 그에게 어떤 여인이 '벙어리(mūga)인가 아닌가?'라고 검증을 해보고 싶어서(vīmaṁsitu-kāmāya) 발우에 우유를 넘치도록 부어서 손짓을 해도 계속 붓자[17] 그는 '되었습니다, 누이여(alaṁ, bhagini).'라고 말을 내뱉었는데 이것이 그가 한 유일한 말이었다고 한다. 세 번째 해에는 안거 도중에 열심히 정진하여 아라한됨을 얻었다. 장로의 일화는 『아빠다나』에도 나타나고 있다. …
아라한이 된 뒤에 자신의 이전의 예비단계의 도닦음을 설명하는 방법을 통해(vibhāvana-mukhena) 구경의 지혜를 천명하는 본 게송 두 개를 읊었다."(ThagA.ii.7~8)

장로의 어머니와 딸도 나중에 출가하였다. 이 일화는 『테리가타』(장로니게) 열둘의 모음에 실려 있는 웁빨라완나 장로니(Thi12:1)의 게송들 가운데 {224}~{226}과 {224}b의 해당 주해를 참조하기 바란다.

127. "나의 초막은 세 개의 야자수 이파리로
강가 강의 언덕에 지어졌다.[18]

---

17) '손짓을 해도 계속 붓자'는 hatthavikāre katepi okirite를 옮긴 것이다. 여기서 '손짓을 해도'는 VRI: hatthavihāre 대신에 PED와 BDD의 hatthavikāre로 읽었다. hattha-vihāra는 빠알리 사전에 나타나지 않는다. PED와 BDD에서 hattha-vikāra는 '*motion of the hand*'로 설명이 된다. okirite는 okirati(ava+√kṝ(*to scatter*, 쏟다, 붓다, PED: *to pour down*)'의 과거분사이다.

18) '강가 강의 언덕에 지어졌다.'는 Gaṅgātīre kuṭī katā를 옮긴 것이다. 그는 이처럼 강가 강의 언덕에 살았기 때문에 강가띠리야(Gaṅgātīriya, 강가 강

나의 발우는 시신에 [우유]를 뿌리는 데 사용한 것이며[19]
나의 옷은 분소의로 만든 것이다.

128. 두 안거 동안 나는 단 한 마디만 말하였다.[20]
세 번째 안거에 어둠의 무더기가 쪼개졌다.[21]"

강가띠리야 장로 (끝)

5. **아지나 장로**(Th2:5 {129}~{130})

【행장】

"아지나 장로(Ajina thera)는 사왓티에서 어떤 가난한 바라문의 가문에 태어났다. 그가 태어날 때에 영양(羚羊) 가죽으로 둘러쌌다고 해서 아지나(Ajina, 영양 가죽)라는 이름을 가지게 되었다. 그는 재물을 쌓는 업(bhoga-saṁvattaniya kamma)을 짓지 않았기 때문에 가난한 가문에 태어났고, 적당한 나이가 되어서도 먹고 마시는 것을 얻지 못하여 다니다가 [세존께서] 제따와나를 수용하실 때 부처님의 위신력을 본 뒤 믿음을 얻어 출가하였다. 그는

의 언덕에 사는 자)로 불리게 되었다고 주석서는 밝히고 있다.(ThagA.ii.8)

19) '나의 발우는 시신에 [우유를] 뿌리는 데 사용한 것이며'는 chava-sittova me patto를 옮긴 것이다. 주석서는 "죽은 자들에게(matānaṁ) 우유를 뿌리는 항아리와 같은 것(khīra-secana-kuṇḍa-sadisa)이라는 뜻이다."(ThagA.ii.8)라고 설명하고 있어서 이렇게 옮겼다.

20) 위의 【행장】에서 밝혔듯이 주석서에 의하면 첫해에 그는 한마디 말도 하지 않고 보내었으며, 두 번째 해에는 어떤 여인이 그가 벙어리인지 아닌지 검증을 하기 위해서 그의 발우에 우유를 부었는데 그가 손짓을 해도 계속 붓자 '되었습니다, 누이여.'라고 말을 내뱉었는데 이것이 그가 한 유일한 말이었다고 한다.(ThagA.ii.8)

21) "'어둠의 무더기가 쪼개졌다(tamo-khandho padālito).'라는 것은 으뜸가는 도에 의해서 어둠의 무더기가 부서졌다(bhinna), 무명의 잠재성향(avijjā-anusaya)이 뿌리 뽑혔다(samucchinna)는 뜻이다. 이것과 함께 작용하고 있었기 때문에(tad-ekaṭṭhatāya) 모든 오염원들을 남김없이 제거하였음(anavasesa-ppahāna)을 말하고 있다."(ThagA.ii.9)

위빳사나의 업을 행하여 오래지 않아 육신통을 갖춘 분이 되었다. 장로의 일화는 『아빠다나』에도 나타나고 있다. …

그는 아라한됨을 얻은 뒤에도 전생의 업의 소산(purima-kamma-nissanda)으로 얻는 것이 적었고 통찰지가 적었다. 지명하는 공양과 식권공양(uddesa-bhatta-salāka-bhattāni)도 적게 얻었다. 업의 결실(kamma-phala)로 범부인 비구들과 사미들도 그를 통찰지가 없다고 얕보았다. 장로는 그 비구들을 절박하게 하면서(saṁ-vejenta) 본 게송 두 개를 읊었다."(ThagA.ii.9~10)

129\. "비록 그가 삼명을 가졌고 죽음을 제거하였으며
번뇌가 없다 하더라도[22]
우둔한 자들은 알지 못하기 때문에
그를 통찰지가 없다고 얕봅니다.[23]

---

22) '비록 그가 삼명을 가졌고 죽음을 제거하였으며 / 번뇌가 없다 하더라도'는 api ce hoti tevijjo, maccuhāyī anāsavo를 옮긴 것이다. 주석서는 이렇게 설명한다.

"세 가지 명지가 이 사람에게 있다고 해서(tisso vijjā etassāti) '삼명을 가졌다(tevijjo).'고 한다. 신성한 눈의 지혜[天眼通, dibba-cakkhu-ñāṇa]와 전생에 대한 지혜[宿命通, pubbe-nivāsa-ñāṇa]와 번뇌를 소멸하는 지혜[漏盡通, āsavakkhaya-ñāṇa]라는 이들 세 가지 명지들을 증득하였기 때문에 '삼명을 가졌다.'고 한다. 이것 때문에 모든 곳에서 감각적 쾌락 등이 멸진하였기 때문에(parikkhīṇattā) '번뇌가 없다(anāsavo).'고 한다. 미래에 다시 존재함(puna-bbhava)이 가장 먼저 죽었기 때문에(agga-haṇato) 죽음이 존재하지 않음을 통해서(maraṇa-abhāvena) '죽음을 제거하였다(maccu-hāyī).'고 한다."(ThagA.ii.10)

23) '알지 못하기 때문에 우둔한 자들은 / 그를 통찰지가 없다고 얕봅니다.'는 appaññātoti naṁ bālā, avajānanti ajānatā를 옮긴 것이다. 여기서 '알지 못하기 때문에'는 ajānatā를 옮긴 것인데 이 단어는 bālā(우둔한 자들)를 수식하는 형용사 복수·주격으로 여겨서 '알지 못하는 우둔한 자들은'으로도 옮길 수 있다. 역자는 주석서를 참조해서 이처럼 단수·탈격으로 옮겼다. 주석서는 이렇게 설명한다.

"왜 그런가(kasmā)? '알지 못하기 때문이다(ajānatā).' 알지 못함을 이유로

130. 그러나 [19] 여기 [이 세상에서] 어떤 인간이든
먹을 것과 마실 것을 얻는 자는
비록 그가 사악한 성품을 가졌더라도
그 [바보]들의 존중을 받습니다."24)

아지나 장로 (끝)

6. 멜라지나 장로(Th2:6 {131}~{132})

【행장】

"멜라지나 장로(Meḷajina thera)는 바라나시에서 끄샤뜨리야 가문에 태어났다. 그는 명지와 기술(vijjā-sippā)에 대해서 통달하였고 현명하고 많이 배웠고 방위들(disā)에 대해서 뛰어났다. 그는 세존께서 바라나시에서 이시빠따나에 머무실 때 승원에 가서 스승님께 다가가 법을 듣고 믿음을 얻어 출가한 뒤 위빳사나를 확립하여 바로 그날에 아라한됨을 얻었다. 장로의 일화는 『아빠다나』에도 나타나고 있다. …

아라한됨을 얻은 뒤 나중에 비구들이 '도반이여, 그대는 인간을 초월한 법(uttari-manussa-dhamma)을 증득하였습니까?' 라고 질문을 하자 사자후를 토하면서(sīhanādaṁ nadanto) 본 게송 두 개를 읊었다."(ThagA.ii.11)

131. "내가 스승님께서

해서(ajānana-kāraṇā) 덕스러움들을 알지 못함이(guṇānaṁ ajānanaṁ) 거기서 그 이유라고 보여주고 있다."(ThagA.ii.10)

24) "여기서 이것이 그 뜻이다. — 의복 등의 필수품만(paccayamatta)을 얻었지만 禪 등(jhānādi)을 얻지 못한 자는 사악한 바람을 가졌기 때문에(pāpicchatāya) 계행이 나쁜 상태(dussīla-bhāva)를 통해서 저열한 성품을 가졌다 하더라도(hīna-dhammopi samāno) 여기 이 세상에서 바보들에게는 존중을 받고(sakkata) 공경을 받는다(garukata)는 말이다."(ThagA.ii.10)

법을 설하시는 것을 들었을 때
일체지자[25]요 정복되지 않는 그분[26]에 대해서
나는 의심을 한 것을 기억하지 못합니다.[27]

132. 대상(隊商)의 우두머리요 대영웅이시며
마부들 가운데 고귀하고 가장 높으신 [그분에] 대해서
혹은 도나 도닦음에 대해서
나에게는 의심이 존재하지 않습니다."[28]

멜라지나 장로 (끝)

---

25) "형성된 것과 형성되지 않은 것을(saṅkhatam asaṅkhatañca) 남김없이 안다는 뜻(anavasesato jānanaṭṭha)에서 '일체지자(一切智者, sabbaññu)이다.'"(ThagA.ii.11)

26) "어디서도 정복됨이 없기 때문에(kutocipi parājita-abhāvena) '정복되지 않는 분(aparājite)'이다."(ThagA.ii.11)

27) "이것을 말하였다. — 스승님께서 법을 설하실 때 나는 네 가지 진리의 법[四諦法, catusacca-dhamma)을 들었다. 귀의 문으로 기억함(sota-dvāra-anusāra)에 의해서 받아들이고 얻은 그것으로부터 시작하여 형성되었거나 형성되지 않았거나 인습적인 법들을 남김없이(anavasesa-saṅkhata-asaṅkhata-sammuti-dhammānaṁ) 스스로 생긴 지혜(sayambhū-ñāṇa)에 의해서 아시기 때문에 [그분은] '일체지자(sabbaññū)'이시다. ① 걸림 없이 보는 자가 됨을 통해서 다섯 가지 마라들을 지배하기 때문에(abhibhavana-to), ② 그들에 의해서 정복되지 않기 때문에(aparājitattā), ③ 그리고 신들을 포함한 세상에서 걸림 없이 법의 바퀴를 굴리시기 때문에(appaṭihata-dhamma-cakkattā ca) [그분은] '정복되지 않는 분(aparājite)'이시다."(ThagA.ii.11)

마라와 다섯 가지 마라(pañca mārā)에 대해서는 본서 제1권 하나의 모음 {47}의 해당 주해를 참조할 것.

28) '나에게는 의심이 존재하지 않습니다.'는 kaṅkhā mayhaṁ na vijjati를 옮긴 것이다. 계속해서 주석서는 이렇게 덧붙이고 있다.

"여기서 성스러운 법에 대해서(ariya-dhamme) 의심이 없음을 말한 것(saṁsayābhāva-kathana)에 의해서 성스러운 승가(ariya-saṅgha)에 대해서도 의심이 없음을 말한 것이라고 보아야 한다. 거기서 확립된 것(patiṭṭhita)과 다르지 않기 때문이다."(ThagA.ii.12)

7. 라다 장로(Th2:7 {133}~{134})

【행장】

"라다 장로(Rādha thera)는 라자가하에서 바라문 가문에 태어났다. 그는 나이가 들어서도 재가의 삶(gharāvāsa)을 살았는데 나이가 들어 아들과 아내가 그를 얕잡아 보자(apasādita) '내가 재가에 사는 것이 무슨 소용이 있는가? 나는 출가하리라.'라고 [결심]하였다. 그는 승원에 가서 장로 비구들에게 다가가 출가하기를 청하였지만 그들은 모두 거절하였다. 그러나 스승님께서는 그가 [깨달음을 실현하기 위한] 강하게 의지하는 [조건을] 갖추었음(upanissaya-sampatti)을 보시었다. [스승님의] 명(āṇatta)으로 그는 법의 대장군 [사리뿟따 존자]에 의해 출가하였고 위빳사나를 확립한 뒤 오래지 않아 아라한됨을 증득하였다. 장로의 일화는 『아빠다나』에도 나타나고 있다. …

그는 아라한됨을 얻은 뒤 [한동안] 스승님을 곁에서 모시는 자(santikāvacara)가 되어 [모시고] 다녔는데 그는 스승님이 법을 설하시는 영감을 얻는 조건이 되는 자들, 즉 영감을 일어나게 하는 자들(paṭibhāna-jānanakā) 가운데서 으뜸이었다. 장로의 견해가 풍부함(diṭṭhi-samudācāra)을 의지하여 열 가지 힘[十力, dasa-bala]을 가지신 부처님의 법의 가르침이 계속해서 새로운(nava-navā) 영감을 얻기 때문이었다. 그래서 세존께서는 [『앙굿따라 니까야』 제1권 하나의 모음 「으뜸 품」(A1:14)에서] "[스승으로 하여금 법을 설할] 영감을 일으키게 하는 자들(paṭibhāneyyakā) 가운데서 라다가 으뜸이다."(A1:14:4-15)라고 하셨다.

그는 어느 날 '이 중생들은 수행을 하지 않기(abhāvanā) 때문에 탐욕에 지배된다. 수행이 있을 때 그것은 없다.'라고 수행을 찬탄하면서 본 게송 두 개를 읊었다."(ThagA.ii.12~13)

여기서 보듯이 라다 존자(āyasmā Rādha)는 나이가 들어 아들과 아내로부터 천대를 받자 출가하였다. 비구들은 나이가 많다고 거절을 하였지만 세존께서 사리뿟따의 제자로 출가를 하게 하셨다. 세존께서는 라다 존자를 보면 설법의 주제를 다루는 방법이나 그것을 드러내 보이는 여러 가지 비유가 잘 떠오르셨다고 하는데 그것은 라다 존자의 견해가 풍부하였고(diṭṭhi-samudācāra) 그가 세존께 확고한 믿음(okappaniya-saddhā)이 있었기 때문이라고 한다.(AA.i.179f, ThagA.ii.12)
라다 장로와 연관되었으며 오온에 관한 가르침을 담고 있는 46개의 경들이 『상윳따 니까야』 제3권 「라다 상윳따」(S23)에 담겨서 전승되고 있다. 여기에 대해서 「라다 상윳따」(S23)의 「마라 경」(S23:1)에 해당하는 주석서는 다음과 같이 설명하고 있다.

"라다 장로는 영감을 일으키게 하는 장로(paṭibhāniya-tthera)로 일컬어진다. 여래께서는 장로를 보면 섬세한 주제(sukhuma kāraṇa)가 떠오르셨다고 한다. 그래서 세존께서는 여러 방법(nānā-naya)으로 그에게 법을 설하셨다. 그래서 이 「라다 상윳따」(S23)에서도 처음의 두 품은 질문(pucchā)에 대한 가르침을, 세 번째 품은 간청(āyācana)에 의한 것을, 네 번째 품은 친숙한 개인적인 말씀(upanisinnaka-kathā)을 [모은 것이다.]"(SA.ii.337)

133. "마치 지붕을 잘못 인 집을
비가 관통하듯이
그와 같이 닦지 않은 마음을
탐욕은 관통해 버린다.[29]

29) "'탐욕은 관통해 버린다(rāgo samativijjhati).'라고 하였다. 탐욕뿐만 아니라 성냄과 어리석음과 자만 등(dosa-moha-mānādayo)과 같은 모든 오염원들도(sabba-kilesā) 그런 마음을 관통해 버린다(ativijjhanti)."(ThagA.ii.13)

134. 마치 잘 인 집을
비가 관통하지 못하듯이
그와 같이 잘 닦은[30] 마음을
탐욕은 관통하지 못한다."

라다 장로 (끝)

8. **수라다 장로**(Th2:8 {135}~{136})

【행장】

"수라다 장로(Surādha thera)는 앞에서 설명한 라다 장로의 동생(kaniṭṭha)으로 태어났다. 그는 형인 라다 존자가 출가하자 자신도 출가하여 위빳사나의 업을 행하여 오래지 않아 아라한됨을 얻었다, 장로의 일화는 『아빠다나』에도 나타나고 있다. …

아라한됨을 얻은 뒤 교법이 출리(出離)로 인도하는 상태를 보여주기 위해서(niyyānika-bhāva-dassanattha) 구경의 지혜를 천명하면서 본 게송 두 개를 말하였다."(ThagA.ii.13)

수라다 존자에 대한 경으로는 『상윳따 니까야』 제3권 「수라다 경」(S22:72)이 있다. 이 경은 『상윳따 니까야』 제2권 「빠짐 경」(S18:22)과 같고 제3권 「라훌라 경」 2(S22:92)와 비슷하다.

135. "나의 태어남은 다했다.
승자의 교법은 성취되었다.[31]

---

30) "'잘 닦은(subhāvitaṁ)'이라고 하였다. 사마타와 위빳사나 수행(samatha-vipassanā-bhāvanā)으로 잘 닦은(suṭṭhu bhāvita) 이러한 마음을 지붕(succhanna)을 잘 인 집을 비(vuṭṭhi)가 그리하듯이 탐욕 등의 오염원들이 관통할 수 없다는 뜻이다."(ThagA.ii.13)

31) '나의 태어남은 다했다. / 승자의 교법은 성취되었다.'는 khīṇā hi mayhaṁ jāti, vusitaṁ jina-sāsanaṁ을 옮긴 것이다. 주석서는 이렇게 설명한다.

그물이라 불리는 것은 제거되었다.32)

존재에 [묶어두는] 사슬33)은 뿌리 뽑혔다.34)

136. 그것을 위해서

집을 나와 집 없이 출가한

그 [참된] 목적을 나는 얻었으니

모든 족쇄들을 멸진하였다.35)" (cf. {176})

"여기서 '다했다(khīṇā).'는 것은 멸진했다(khayaṁ), 완결이 되었다(pariyosānaṁ gatā)는 말이다. '태어남(jāti)'이란 존재 혹은 존재를 생기게 하는 것(bhava-nibbatti)이다. '승자의 교법은 성취되었다(vusitaṁ jinasāsanaṁ).'는 것은 승자이신 정등각자의 교법인 도의 청정범행(magga-brahmacariya)은 출현했다(vuṭṭha), 완전히 드러났다(parivuṭṭha)는 말이다."(ThagA.ii.13~14)

32) "'그물이라 불리는 것은 제거되었다(pahīno jāla-saṅkhāto).'라는 것은 중생들의 흐름에 침몰하는 것(satta-santānassa ottharaṇa)으로부터 벗어나기 위해서(nissarituṁ) '그물이라 불리는 것(jāla-saṅkhāta)'이라는 이름을 얻은 견해(diṭṭhi)와 무명(avijjā)이 제거되었다, 도에 의해서 뿌리 뽑혔다(samucchinnā)는 뜻이다."(ThagA.ii.14)

33) "'존재에 [묶어두는] 사슬(bhava-netti)'은 갈애(taṇhā)의 동의어이다. 이것으로 중생을 마치 소처럼 목덜미를 잡아서 각각의 존재로 인도하기 때문에 존재에 [묶어두는] 사슬(bhava-netti)이라 한다."(AA.iii.2)

"'존재에 [묶어두는] 사슬(bhava-netti)'이란 존재의 밧줄(bhava-rajju), 즉 갈애를 두고 한 말이다."(MA.iii.342)

"'존재에 [묶어두는] 사슬(bhavanetti)'은 존재에 대한 갈애(bhava-taṇhā)이며 윤회를 이끄는 것(saṁsārassa nayana)이다."(UdA.272)

한편 netti 혹은 nettika는 √nī(*to lead*)에서 파생된 명사로 인도자나 물이 흐르는 도랑 혹은 봇도랑(udakaṁ nayanti, MA.iii.342)을 뜻하기도 한다.

34) "'존재에 [묶어두는] 사슬은 뿌리 뽑혔다(bhavanetti samūhatā).'라는 것은 욕계 존재 등의 존재로 인도함(nayana)으로부터, 즉 전개(pavattana)로부터 존재에 [묶어두는] 사슬이라 인식되는 갈애가(bhava-netti-saññitā taṇhā) 뿌리 뽑혔다는 말이다(samugghāṭitā)."(ThagA.ii.14)

35) '그 [참된] 목적을 나는 얻었으니 / 모든 족쇄들을 멸진하였다.'는 so me attho anuppatto, sabbasaṁyojanakkhayo를 옮긴 것이다. 주석서는 이

수라다 장로 (끝)

9. 고따마 장로(Th2:9 {137}~{138})

【행장】

"고따마 장로(Gotama thera)는 라자가하에서 바라문의 가문에 태어났다. 그는 일곱 살에 성스러운 실을 어깨에 두르는 의례의 식(upanayana)을 행한 뒤 보석 장사(ratana-bhikkha)를 하여 천 [냥]의 돈을 얻었지만 그것은 그대로 두고 서계(vata)를 실천하였다. 그는 16세에서 17세가 되던 때에 좋지 못한 친구들(akalyāṇa-mittā)과 함께 감각적 쾌락에 빠져서 어떤 미모로 살아가는 여인(rūpūpajīvini)에게 그가 모은 천 [냥]의 돈을 모두 탕진하고 청정범행을 파하였다(brahmacariya-vināsaṁ patvā). 그는 '오, 내가 옳지 않은 짓을 했구나.'라고 가책하였다(vippaṭisārī).
스승님께서는 그의 인연이 성숙됨(hetu-sampatti)과 마음의 움직임(cittācāra)을 아시고 그가 앉아있는 자리에 자신을 드러내셨다. 그는 스승님을 뵙고 마음에 청정한 믿음이 생겨 다가갔고 세존께서는 그에게 법을 설하셨다. 그는 법을 듣고 믿음을 얻어 출가하면서 삭발을 할 때 바로(khuraggeyeva) 아라한과를 얻었다. 장로의 일화는 『아빠다나』에도 나타나고 있다. …

아라한됨을 얻은 뒤 禪의 행복(jhāna-sukha)과 과의 행복(phala-sukha)으로 [시간을] 보내고 있는 그에게 한 재가 친구가 다가가서 '도반이여, 그대가 보석 장사를 하여 얻은 것을 버리고 출가

렇게 설명한다.

"여기서 '그 목적(so attho)'이란 낮은 단계와 높은 단계로 분류되는(orambhāgiy-uddhambhāgiya-ppabhedā) 모든 족쇄들을, 즉 속박들(bandhanā)을 멸진하는 그 목적을 말한다. 그것은 열반이라 불리는 궁극의 이치[勝義, 究竟義, 第一義, paramattha]이고 아라한됨이라 불리는 참된 목적(sad-attha, 본서 제1권 §112 참조)이다. 이것을 '나는 얻었다(anuppatto).' 증득했다(adhigato)는 뜻이다."(ThagA.ii.14)

하여 무엇을 하였습니까?'라고 물었다. 그것을 듣고 장로는 '이 것을 행하였습니다.'라고 묘사하지 않고(anācikkhitvā) 여인에게 있는 결점(mātu-gāme dosa)을 드러내면서 자신의 탐욕을 여읜 상태(vītarāga-bhāva)를 통해 구경의 지혜를 천명하면서 본 게송 두 개를 말하였다."(ThagA.ii.14~15)

다른 두 고따마 장로가 본서 셋의 모음 {258}~{260}과 열의 모음 {587}~{596}을 읊은 분들로 나타나고 있다. 셋의 모음 {258}~{260}을 읊은 고따마 장로(Th3:14)는 사꺄의 왕의 가문에 태어났고, 열의 모음 {587}~{596}을 읊은 고따마 장로(Th10:7)는 세존보다 먼저 사왓티에서 우딧짜 바라문 가문에 태어났다.

137. "[여인들은] 항상 보호되어야 하지만
그들에게서 진실이란 참으로 찾아보기 어렵습니다.
여인들에 매이지 않은 성인(聖人)들은
행복하게 잠잡니다.

138. 감각적 쾌락이여, 우리는 그대를 죽게 하였습니다.[36]
우리는 이제 그대에게 진 빚이 없습니다.[37]

---

36) '감각적 쾌락이여, 우리는 그대를 죽게 하였습니다.'는 vadhaṁ carimha te kāma를 옮긴 것이다. 주석서는 이것을, "우리는 성스러운 도(ariya-magga)로써 그대를 완전히 뿌리 뽑았다(accanta-samucchedaṁ carimha)."(ThagA.i.15~16)로 설명한다. 그리고 이본(異本, pāṭha)에는 vadhaṁ carimha-se(Pres.1.Pl.), 즉 현재형으로 나타난다고 주석서는 밝히면서 "죽이기 위해서(vadhāya), 즉 버리기 위해서(pahānāya) 도의 청정범행(magga-brahmacariya)을 실천하였다는 뜻이다."(ThagA.i.16)로 설명하고 있다.

37) "'우리는 이제 그대에게 진 빚이 없습니다(anaṇā dāni te mayaṁ).'라고 하였다. 이제 으뜸가는 도를 얻은 것에서부터 시작하여 빚진 상태가 됨(iṇa-bhāva-kara)을 제거하였기 때문에(pahīnattā), 감각적 쾌락이여(kāma), 우리는 그대에게 진 빚이 없다(anaṇā), 우리는 그대에게 빚(iṇa)을 지지 않

우리는 이제 열반으로 가나니
거기 가서는 슬퍼하지 않습니다.[38)]"

고따마 장로 (끝)

10. 와사바 장로(Th2:10 {139}~{140})

【행장】

"와사바 장로(Vasabha thera)는 웨살리에서 릿차위의 왕의 가문(Licchavi-rājakula)에 태어났다. 그는 적당한 나이가 되어 웨살리 마을에서 부처님의 위신력을 보고 믿음을 얻어서 출가하여 위빳사나를 확립한 뒤 오래지 않아 아라한됨을 얻었다. 장로의 일화는 『아빠다나』에도 나타나고 있다. …

그는 아라한됨을 얻은 뒤 보시하는 자들에게 호의를 베풀어 그들이 가져온 필수품들을 거절하지 않고 그들로부터 얻은 것들만을 먹었다. 그런 그를 범부들은 '이분은 몸을 강골로 만들기에 급급하고(kāya-daḷhi-bahula) 마음은 보호하지 않는다(arakkhita-citta).'라고 생각하여 그를 경멸하였다. 장로는 그것을 고려하지 않고 머물렀다.

그런데 그로부터 멀지 않은 곳에 어떤 속이는 비구(kuhaka-bhikkhu)가 있었는데 사악한 바람을 가지고 있으면서도(pāpiccha) 바라는 것이 적은(appiccha) 것처럼, 지족(知足)하는(santuṭṭha) 것처럼 자신을 보이게 하여 세상을 속이면서 살고 있었다. 많은

았다. 탐욕을 여의지 못한 자(avītarāga)는 탐욕의 통제(vasa)하에 있기 때문에 그의 빚을 지고 있는 것처럼 되기 때문이다. 그러나 탐욕을 여읜 자는 그것을 넘어서서 궁극적으로(paramena) 마음을 지배하는 것(citt-issariya)을 구족하였다는 말이다."(ThagA.ii.16)

38) '우리는 이제 열반으로 가나니 / 거기 가서는 슬퍼하지 않습니다.'는 gacchāma dāni nibbānaṁ, yattha gantvā na socati를 옮긴 것이다. 주석서는 여기서 열반은 무여열반(anupādisesa-nibbāna)을 뜻한다고 설명한다.(ThagA.ii.16)

사람은 그를 아라한처럼 존경하였다. 그러자 신들의 왕인 삭까(인드라)[39]가 그러한 사정(pavatti)을 알고는 [와사바] 장로에게 다가가 '존자시여, 속이는 자는 무엇을 합니까?'라고 질문을 하였다. 장로는 사악한 바람을 가진 자를 꾸짖으면서 본 게송 두 개를 읊었다."(ThagA.ii.16~17)

139. "[속이는 자는] 먼저 자신을 죽이고
나중에 남들을 죽입니다.[40]
그는 자신을 죽여 잘 죽게 되나니
새 사냥꾼이 미끼로 쓰이는 새로 그리하듯이.[41]

---

39) '신들의 왕 삭까(인드라)'는 Sakko devānam Indo를 옮긴 것이다. 삭까(Sakka)에 대해서는 본서 열의 모음 {533}의 해당 주해를 참조할 것.

40) "'[속이는 자는] 먼저 자신을 죽이고 / 나중에 남들을 죽입니다(pubbe hana-ti attānaṁ, pacchā hanati so pare).'라고 하였다. 속이는 사람(kuhaka-puggala)은 속이는 행위로 자신을 [속이고] 세상을 속인다(vañcenta). 그는 나쁜 바람 등의 사악한 법들로 가장 첫 번째로(paṭhamameva) 자신을 죽인다. 즉 자신의 유익한 부분(kusala-koṭṭhāsa)을 파멸시킨다는 말이다. '나중에 남들을 죽입니다(pacchā hanati so pare).'라고 하였다. 그 속이는 사람은 첫 번째로 이처럼 자신을 죽인 뒤 나중에(pacchā) 남들에 대해서 살펴본다. … 속이는 사람에게 두 가지 죽임(ubhaya-hanana)이 있지만 자신을 죽이는 것(atta-hanana)에 대해서 이것이 특별하다고 보여주면서 말한 것이다."(ThagA.ii.17)

41) '그는 자신을 죽여 잘 죽게 되나니 / 새 사냥꾼이 미끼로 쓰이는 새로 그리하듯이'는 suhataṁ hanti attānaṁ, vītaṁseneva pakkhimā를 옮긴 것이다. 주석서는 이렇게 설명한다.

"'여기서 'vītaṁsa'라는 단어는 미끼로 쓰이는 새(dīpaka-sakuṇa)이고 'pakkhimā'라는 단어는 새 사냥꾼(sākuṇika)이다. 마치 그 미끼로 쓰이는 새로(tena vītaṁsa-sakuṇena) 다른 새들을(aññe sakuṇe) 속인 뒤(vañ-cetvā) [미끼인 새] 자체도 죽이는 것처럼 그는 지자를 꾸짖는 비난받아 마땅한 고유성질 등(viññu-garaha-sāvajja-sabhāvādi)으로 여기 세상에서도 [자신을] 죽이고(hanati), 미래에도 악처에 떨어지는 오염원(duggati-parikkilesa)에 의해서 죽게 된다. 마치 [미끼인 새 자체가 죽어버리면] 나중에는 [다른] 새들도 죽이지 못하게 되는 것처럼 그와 같이 속이는 자

140. 바라문은 밖으로 색깔(계급)이 없습니다.
바라문은 안으로 색깔(계급)이 있기 때문입니다.[42]
수잠빠띠여,[43] 그에게 [안으로] 사악한 업들이 있으면
그가 참으로 검은 자입니다.[44]"

(kuhaka)도 속임수(kohañña)로 세상을 속여서 여기 이 세상에서도 가책과 지자들의 꾸짖음 등(vippaṭisāra-viññu-garahādi)으로 자신을 죽이고 저 세상에서도 악처에 떨어지는 오염원들(duggati-parikkilesā)을 통해서 [그렇게 된다.]

그러나 그 [오염원들]은 필수품을 보시하는 자(paccaya-dāyaka)에게는 악처의 괴로움(apāya-dukkha)을 얻게 하지는 않는다. 비록 속이는 자(kuhaka)가 [보시를 받으면 그에게 보시를 한 보시자는] 그 보시(dakkhiṇa)를 통해서 많지 않은 결실을 가져오기(amaha-pphala-bhāva-karaṇa) 때문에 그는 보시자를 죽인다(dāyakaṁ hanati)라고 말하지만 결실이 없기(nipphala-bhāva-karaṇa) 때문은 아니다. 그래서 세존께서는 [『맛지마 니까야』 제4권 「보시의 분석 경」(M142)에서] "행실이 나쁜 범부(puthujjana-dussīla)에게 보시를 하면 천 배의 보답이 기대된다."(M142 §6)라고 말씀하셨다. 그래서 '그는 자신을 죽여 잘 죽나니'라고 하였다."(ThagA.ii.17~18)

42) '바라문은 밖으로 색깔(계급)이 없습니다. / 바라문은 안으로 색깔(계급)이 있기 때문입니다.'는 na brāhmaṇo bahivaṇṇo, anto vaṇṇo hi brāhmaṇo를 옮긴 것이다. 주석서는 이렇게 정리한다.

"그 뜻은 이러하다. — [위엄이 있는] 자세를 확립하는 등 밖으로 성취함(iriyāpatha-saṇṭhapanādi-bahi-sampatti-matta)에 의해서 바라문이 되지 않는다. 여기서 '색깔(계급, vaṇṇa)'이라는 단어는 성취를 뜻한다(sam-patti-attho). [『우다나』 「흥흥거림 경」(Ud1:4)에서 말씀하신] "사악한 법을 내쫓아 버렸고(bāhitapāpo) … 바라문이라는 말을 할 수가 있나니"(It1:4 §3)라는 [말씀을] 실천한 뒤에 내적으로(abbhantare) 계행 등의 구족(sīlādi-sampatti)에 의해서 바라문이 된다."(ThagA.ii.18)

43) "'수잠빠띠(Sujampati)'는 신들의 왕 인드라(devānam Inda)이다."(ThagA.ii.18)

문자적으로 수잠빠띠(Sujampati)는 수자(Sujā)의 남편(pati)이라는 뜻이다. 신들의 왕 삭까 즉 인드라가 어떻게 해서 아수라 왕 웨빠찟띠(Vepacitti)의 딸인 수자(Sujā)의 남편이 되었는가 하는 것은 『법구경 주석서』(DhpA.i.278~279)와 『자따까』(J.i.206)에 나타나고 있다.

와사바 장로 (끝)

첫 번째 품이 끝났다.

[첫 번째 품에 포함된 장로들의] 목록은 다음과 같다.

> 웃따라와 삔돌라와 왈리야와 [강가] 띠리야 선인
> 아지나, 멜라지나, 라다, 수라다, 고따마
> 와사바이니 – 열 분의 장로들은 큰 신통을 가졌다.

---

44) '수잠빠띠여, 그에게 [안으로] 사악한 업들이 있으면 / 그가 참으로 검은 자입니다.'는 yasmiṁ pāpāni kammāni, sa ve kaṇho Sujampati를 옮긴 것이다. 주석서는 이렇게 설명한다.

"그러므로 '그에게 [안으로] 사악한, 즉 저열한(lāmakāni) 업들이 있으면 전적으로 그 '검은 자(kaṇha)'는 저열한 인간(nihīna-puggala)입니다.'라고 신들의 왕인 수잠빠띠는 아십시오라는 말이다. 그것을 듣고 삭까(Sakka, 인드라)는 [위의 【행장】에서 언급한] 그 속이는 비구를 경책한 뒤 '법에 머무시오.'라고 교계하고 자신의 처소로 갔다."(ThagA.ii.18)

두 번째 품

Dutiya-vagga({141}~{160})

1. **마하쭌다 장로**(Th2:11 {141}~{142})

【행장】

"마하쭌다 장로(Mahācunda thera)는 마가다 지역의 날라까 마을에서 루빠사리 바라문녀(Rūpasāri brāhmaṇi)의 아들로 태어났다. 그는 사리뿟따 장로(Th30:2)의 동생이다. 쭌다가 그의 이름이다. 그는 적당한 나이가 되어 법의 대장군 [사리뿟따 장로]를 따라 출가한 뒤 그를 의지하여 위빳사나를 확립하여 애를 쓰고 정진하여 오래지 않아 육신통을 갖춘 분이 되었다. 장로의 일화는 『아빠다나』에도 나타나고 있다. …

육신통을 갖춘 자가 된 뒤에 자신이 성취를 얻은(paṭiladdha-sampatti) 이유가 되는 강하게 의지하는 [조건](garūpanissaya)과 한거하여 머묾(viveka-vāsa)을 찬탄하면서 본 게송 두 개를 읊었다."(ThagA.ii.18~19)

사리뿟따 존자의 동생인 이 마하쭌다 장로는 마하쭌다 존자(āyasmā Mahācunda)로도 불리고, 쭌다 존자로도 불리고, 쭌다까(Cundaka) 존자로도 불리고, 특히 쭌다 사미(Cunda samaṇ-uddesa)로도 불리었다. 그는 구족계를 받은 후에도 이 사미라는 호칭이 애칭으로 불리기도 했다고 한다.(DA.iii.907) 한때 그는 세존의 시자 소임을 맡기도 하였다.(ThagA.ii.124; J.iv.95 등)

사리뿟따 존자에게는 세 명의 남동생, 즉 쭌다(Cunda), 우빠세나

(Upasena), 레와따(Revata)와 세 명의 여동생, 즉 짤라(Cālā), 우빠짤라(Upacālā), 시수빠짤라(Sīsūpacālā)가 있었는데 모두 출가하였다고 한다.(DhpA.ii.188, 본서 제1권 하나의 모음 카디라와니야 장로({42})의 해당 주해도 참조할 것.)

『상윳따 니까야』 제5권 「쭌다 경」(S47:13)은 마하쭌다 장로가 사리뿟따 존자의 임종을 아난다 존자에게 알리고 함께 세존께 말씀드리는 내용으로 구성되어 있다. 이것을 듣고 세존께서는 태어났고 존재했고 형성된 것들은 부서지기 마련인 법이라고 말씀하시고 "아난다여, 그러므로 여기서 그대들은 자신을 섬으로 삼고[自燈明] 자신을 귀의처로 삼아[自歸依] 머물고, 남을 귀의처로 삼아 머물지 말라. 법을 섬으로 삼고[法燈明] 법을 귀의처로 삼아[法歸依] 머물고, 다른 것을 귀의처로 삼아 머물지 말라."(S47:13 §10)라고 강조하셨다.

141. "귀 기울임이 [20] 배움을 증장시키고[45]
배움은 통찰지를 증장시키노라.[46]

---

45) '귀 기울임이 배움을 증장시키고'는 sussūsā suta-vaddhanī를 옮긴 것이다. 주석서는 "이 '귀 기울임(sussūsā)'은 이것을 구족한 사람의 진리와 연기 등과 관련된(sacca-paṭiccasamuppādādi-paṭisaṁyutta) 배움(suta)을 증장시킨다(vaḍḍheti), 자라게 만든다(brūheti)."(ThagA.ii.19)라고 설명한다.

46) "'배움은 통찰지를 증장시키노라(sutaṁ paññāya vaddhanaṁ).'라고 하였다. [『맛지마 니까야』 제2권 「고싱가살라 긴 경」(M32) 등에서] "배운 것을 바르게 호지하고 배운 것을 잘 정리합니다."(M32 §4 등)라거나 [『앙굿따라 니까야』 제2권 「적게 배움 경」(A4:6)에서] "여기 [이 세상에서] 어떤 사람은 경(經), 응송(應頌), 상세한 설명[記別, 授記] …"(A4:6 §1)이라는 등의 방법으로 설명하신 많이 배움(bāhu-sacca)은 해로움을 제거하고 유익함을 증득하는 원인이 되는(akusalappahāna-kusalādhigamana-hetu-bhūta) 통찰지를 증장시킨다라고 하셨듯이 '배움은 통찰지를 증장시킨다.' 그래서 세존께서는 [『앙굿따라 니까야』 제4권 「도시 비유 경」(A7:63)에서] "비구들이여, 배움의 무기를 가진(sutāvudha) 성스러운 제자는 해로운 법[不善法]을 버리고 유익한 법[善法]을 닦고, 비난받을 만한 일을 버리고

통찰지를 통해서 의미를 알고[47)]

의미를 알면 행복을 가져오도다.[48)]

비난받을 일이 없는 일을 닦고, 자신을 청정하게 유지한다."(A7:63 §16)라고 말씀하셨다."(ThagA.ii.19)

47) "'통찰지를 통해서 의미를 알고(paññāya atthaṁ jānāti)'라고 하였다. 많이 배운 사람은 배움으로 이루어진 지혜(sutamaya-ñāṇa)에 서서 그 도닦음을 실천한다. 그는 배운 것을 계속해서 생각함(sutānusāra)에 의해서 의미를 자세히 관찰하고(atthūpaparikkhā) 법을 파악함(dhamma-nijjhāna)에 의해서 수행한다(bhāvanā). 그는 세간적이고 출세간적인 것으로 구분되고 지금·여기 등의 차이점(vibhāga)을 가지고 있으며 괴로움 등의 차이점을 가지고 있는 의미를 있는 그대로 알고 꿰뚫는다(paṭivijjhati). 그래서 세존께서는 [『앙굿따라 니까야』 제2권 「적게 배움 경」(A4:6)에서] "배운 이런 것의 의미도 깊이 알고 법도 깊이 알기 때문에 [출세간]법에 이르게 하는 법(dhammānudhamma)을 닦는다."(A4:6 §1)라고 말씀하셨다.

그리고 [『맛지마 니까야』 제2권 「끼따기리 경」(M70)에서] "호지한 법들의 의미를 자세히 살펴본다. 의미를 자세히 살필 때에 법을 사유하여 받아들인다. 법을 사유하여 받아들이기 때문에 열의가 생긴다. 열의가 생길 때에 시도한다. 시도할 때 세밀하게 견주어본다. 세밀하게 견주어본 뒤 노력한다. 노력할 때 몸으로 최상의 진리를 실현하고 통찰지로써 그것을 꿰뚫어 본다."(M70 §23; M95 §20)라고도 말씀하셨다."(ThagA.ii.19)

『맛지마 니까야 주석서』는 위에서 인용한 「끼따기리 경」(M70) §23을 이렇게 설명하고 있다.

"'열의(chanda)'란 하고자 하는 유익한 열정(kattukamyatā-kusala-cchan-da)이다. '세밀하게 견주어본다(tuleti).'는 것은 무상·고·무아라고 세밀하게 조사하는 것이다. '세밀하게 견주어본 뒤 노력한다(tulayitvā padahati).'는 것은 세밀하게 견주어볼 때 도의 노력(magga-padhāna)으로 노력하는 것이다. '몸으로 최상의 진리를 실현한다(kāyena ceva parama-saccaṁ sacchikaroti).'는 것은 정신의 몸(nāma-kāya, 즉 정신의 무더기)으로 열반의 진리를 실현하는 것이다. '통찰지로써 그것을 꿰뚫어 본다(paññāya ca naṁ ativijjha passati).'는 것은 정신의 무더기가 함께한 도의 통찰지로써 꿰뚫고 보는 것이다."(MA.iii.193)

48) "'의미를 알면 행복을 가져오도다(ñāto attho sukhāvaho).'라고 하였다. 앞에서 설명한 지금·여기 등의 의미와 괴로움 등의 의미가 있는 그대로(yāthāvato) 알아지고 증득되어 세간적이고 출세간적인 것으로 구분되는 행복을 가져온다(āvahati), 성취한다(nipphādeti)는 뜻이다."(ThagA.ii.19)

142. 외딴 거처를 사용해야 한다.
족쇄를 풀어냄을 행해야 한다.[49]
만일 거기서도 기쁨 얻지 못한다면
자신을 보호하고 마음챙기며 승가에 머물러야 하노라."[50]

마하쭌다 장로 (끝)

2. **조띠다사 장로**(Th2:12 {143}~{144})

【행장】

"조띠다사 장로(Jotidāsa thera)는 빠디얏타(Pādiyattha) 지방에서 부유한 바라문의 아들로 태어났다. 그는 사리를 분별하는 나이가 되어 집에 머물고 있었다. 어느 날 마하깟사빠 장로가 자기 마을에서 탁발을 하는 것을 보고 마음에 청정한 믿음이 생겨 공양을 올리고 장로의 곁에서 법을 들었다. 그는 자신의 마을 옆의 산에 큰 승원을 지어서 장로가 거기에 머물게 한 뒤 네 가지 필수품들로 시중을 들면서 장로의 법문으로 절박함을 얻어(paṭiladdha-saṁvega) 출가하였다.
그는 위빳사나의 업을 행하여 오래지 않아 육신통을 갖춘 분이 되었다. 장로의 일화는 『아빠다나』에도 나타나고 있다. …
그는 육신통을 갖춘 뒤 삼장(tīṇi piṭakāni)을 수지하였고 특히 율

---

49) "'족쇄를 풀어냄을 행해야 한다(careyya saṁyojana-vippamokkhaṁ).'라고 하였다. 족쇄들로부터 마음을 풀어내듯이(vippamuccati) 위빳사나 수행(vipassanā-bhāvanā)과 도의 수행(magga-bhāvanā)을 '행해야 한다(careyya)', 도를 닦아야 한다(paṭipajjeyya)는 뜻이다."(ThagA.ii.20)

50) 본 게송은 『상윳따 니까야』 제1권 「안다까윈다 경」(S6:13) §3에서 사함빠띠 범천이 세존께 읊은 {598}번 게송으로도 나타나고 있다. 세존께서 마가다에서 안다까윈다 마을에 머무실 때 사함빠띠 범천이 밤이 아주 깊었을 때 안다까윈다를 환하게 밝히면서 세존께 와서 읊은 게송이다. 그는 「안다까윈다 경」(S6:13) §3의 {598}부터 {603}까지의 6개 게송을 읊었는데 그 가운데 본 게송은 첫 번째인 {598}로 나타난다.

장에 아주 유능함(sukusala-bhāva)을 얻었다. 10안거를 성만(盛滿)하여(dasa-vassika) 회중을 가르칠 수 있게(paris-upaṭṭhāka) 된 뒤 많은 비구들과 함께 세존께 절을 올리기 위해서 사왓티로 떠났다. 가는 도중에 여행의 피로를 풀기 위해서(addhāna-parissama-vinodanattha) 그는 외도들의 원림에 들어가서 어떤 바라문과 토론을 하였고 그의 법문을 들은 바라문은 그곳에 있던 모든 외도들과 함께 장로의 곁에서 출가하였다.

장로는 그들과 함께 사왓티에 가서 세존께 절을 올리고 거기서 며칠을 머문 다음 자신이 태어난 곳으로 갔다. 그는 그를 보기 위해서 온 친지들(ñātakā) 가운데서 여러 다른 견해를 가져(nānāladdhikā) 제사의 청정함을 주장하는 자들(yañña-suddhikā)에게 교계를 하면서 본 게송 두 개를 읊었다."(ThagA.ii.20~21)

143. "가죽끈으로 묶고
여러 가지 업으로
인간들을 괴롭히는 자들이 있나니
그러한 가혹한 짓에 몰두하는 사람들은
그들도 그처럼 다루어지나니
업은 결코 멸망하지 않기 때문입니다.[51]

---

51) "'업은 결코 멸망하지 않기 때문입니다(na hi kammaṁ panassati).'라고 하였다. 업은 전적으로(ekantaṁ) 모아져서(upacita) 과보를 주지 않고는(vipākaṁ adatvā) 없어지지 않기 때문이다(na vigacchati). 즉 나머지 조건들과 분리할 수 없는 친밀한 결합(avasesa-paccaya-samavāya)을 하여 반드시 과보를 가져온다(vipaccateva)라는 의미이다."(ThagA.ii.22)

여기서 '분리할 수 없는 친밀한 결합'은 samavāya를 옮긴 것이다. 인도 육파철학 가운데 와이세시까(Vaiśesika, 勝論) 학파를 samavāya-vādi라고 한다. 즉 분리할 수 없는 친밀한 결합을 주장하는 학파(samavāya-vādi, Vis.XVI 91)라는 뜻이다.
와이세시까(Vaiśesika, 勝論) 학파에서는 존재를 일곱 가지 최소단위(sapta

144. 그것이 선하거나 사악하거나 간에
사람이 업을 지으면[52)]
그가 무슨 업을 짓든 간에
그는 그것의 상속자가 됩니다."[53)]

조띠다사 장로 (끝)

3. **헤란냐까니 장로**(Th2:13 {145}~{146})

【행장】

"헤란냐까니 장로(Heraññakāni thera)는 꼬살라 왕의 마을 지도자(gāma-bhojaka)의 아들로 태어났다. 그의 아버지는 도둑을

-padārtha)로 환원시켜 고찰하는데 여기서 말하는 samavāya(분리할 수 없는 친밀한 결합)는 이 일곱 가지 최소단위 가운데 하나이다. 예를 들어 부분을 가진 것과 부분의 관계, 속성을 가진 것과 속성의 관계가 바로 사마와야(분리할 수 없는 친밀한 결합)다. 이것은 본래부터 분리할 수 없는 관계이고 결과는 원인과 분리할 수 없는 관계로 항상 함께한다고 주장한다.
그처럼 『테라가타 주석서』는 여기서 업이 과보를 가져오는 것을 '나머지 조건들과(avasesa-paccaya) 분리할 수 없는 친밀한 결합을 하여(samavāye)'로 설명하고 있다.

52) '사람이 업을 지으면'은 yaṁ karoti naro kammaṁ을 옮긴 것이다. 주석서는 이렇게 덧붙이고 있다.

"이제 '업은 결코 멸망하지 않기 때문입니다.'라고 [{143}d에서] 간략하게(saṅkhepato) 언급한 뜻을 분석하여(vibhajitvā) 중생들에게 업이 자신의 주인임(kammassakatā)을 설명하기 위해서 본 게송을 읊었다."(ThagA.i.22)

53) "'그는 그것의 상속자가 됩니다(tassa tasseva dāyādo).'라고 하였다. 그는 그 업의 결실(kamma-phala)을 거머쥐기 때문에(gaṇhanato) 그런 업에 의해서 주어지는 과보를 나누어 가지는 자(dātabba-vipākassa bhāgī)가 된다는 뜻이다. 그래서 세존께서는 [『맛지마 니까야』 제4권 「업 분석의 짧은 경」(M135)에서] "바라문 학도여, 중생들은 업이 바로 그들의 주인(kamma-ssakā)이고, 업의 상속자(kamma-dāyādā)이고 …"(M135 §4)라는 등을 말씀하셨다. 이 게송들을 듣고 장로의 친척들은 업이 바로 자신의 주인임에 확립되었다."(ThagA.ii.22)

[잘] 잡는(cora-vosāsaka) 사람이었다. 적당한 나이가 되었을 때 아버지는 돌아가셨고 그는 왕에 의해서 그 마을 지도자의 지위에 임명되었다. 그는 [세존께서] 제따와나를 수용하실 때 부처님의 위신력을 본 뒤 믿음을 얻어 자신의 동생(kaniṭṭha)에게 그 자리를 물려주고 왕의 허락을 받아 출가하였다. 그는 위빳사나에 확립되어 오래지 않아 아라한됨을 얻었다. 장로의 일화는 『아빠다나』에도 나타나고 있다. …

아라한됨을 얻은 뒤 자신의 동생이 그 업무(kamma)에 기뻐하는 것을 보고 동생으로 하여금 그 업무를 그만두게 하려고 그를 질책하면서 본 게송 두 개를 읊었다."(ThagA.ii.22~23)

145. "낮과 밤은 지나가고
삶은 소진된다.
죽어야만 하는 인간의 수명은 멸진되나니
작은 개울들의 물과 같다.[54] (S4:10 §5 {466})

---

54) 본 게송은 『상윳따 니까야』 제1권 「마라 상윳따」 「수명 경」 2(S4:10) §5에서 세존께서 읊으신 것({466})으로도 나타나고 있다. 「수명 경」 2에서 세존께서는 비구들에게,

"비구들이여, 참으로 인간의 수명은 짧다. 다음 생으로 가야 하고, 유익함[善]을 행해야 하고, 청정범행을 닦아야 한다. 태어난 자에게 불사(不死)란 없다. 비구들이여, 사람이 오래 산다고 하더라도 백 년의 이쪽저쪽이다."(S4:10 §5)라고 설하신다. 그때 마라(Māra)가 나타나서,

"낮과 밤은 지나가지 않고
목숨은 멈추지 않도다.
인간들의 수명이란 돌고 도나니
수레의 테가 바퀴통을 따라 돌듯이."{465}

라고 읊는다. 그때 세존께서 본 게송을 말씀하셨다.

마라가 읊은 이 게송은 『우빠니샤드』의 자아 이론과 관계가 깊다. 낮과 밤이나 인간의 수명은 변하지만 그것은 마치 수레의 테가 도는 것처럼 도는 것일 뿐이라는 것이다. 아무리 바퀴가 돌고 돌아도 바퀴통은 돌지 않는 것처럼 물질적이고 육체적인 현상이 아무리 바뀌어도 자아는 변하지 않는다는 것이

146. 그런데 사악한 업들을 지으면서
나중에 그것의 과보도
사악하여 혹독한 것을
우둔한 자는 깨닫지 못한다.[55]"[56]

헤란냐까니 장로 (끝)

4. **소마밋따 장로**(Th2:14 {147}~{148})

【행장】

"소마밋따 장로(Somamitta thera)는 바라나시(Bārāṇasi)에서 바라문 가문에 태어났다. 그는 삼베다에 능통하였으며 위말라(Vimala, Th3:16)라는 장로와 친숙하게 지내면서(kata-paricayattā) 지속적으로 그의 곁에 가서 법을 듣고 교법에 청정한 믿음을 얻어 출가하였다. 그는 구족계를 받고 여러 가지 의무(vatta-paṭivatta)를 다 하면서 지냈다.

그런데 위말라 장로는 게으르고(kusīta) 혼침이 많은 상태로(middha-bahula) 밤낮을 보냈다. 소마밋따는 '게으름에 빠져서는 어떤 덕스러움(guṇa)이 있겠는가?'라고 하면서 그를 버리고 마하깟사빠 장로에게 다가가 그의 교계에 굳게 서서 위빳사나를 확립하여 오래지 않아 아라한됨에 확고하게 머물렀다. 장로의 일화는 『아빠다나』에도 나타나고 있다. …

다. 이것은 『브르하다란냐까 우빠니샤드』(Bṛhadāraṇyaka Upaniṣad) II.5.15와 『찬도갸 우빠니샤드』(Chāndogya Upaniṣad) VII.15.1와 같은 주장이다. — 『상윳따 니까야』 제1권 「수명 경」 2(S4:10) §4의 주해에서.

55) "'이러한 업에는 이러한 괴로운 과보(dukkha vipāka)가 있다.'라고 알지 못하기 때문에 '깨닫지 못한다(na bujjhati).'라고 말하였다."(ThagA.ii.23)

56) "이 교계를 듣고 장로의 동생은 왕의 허락을 받아 출가하여 오래지 않아 참된 목적(sad-attha, 본서 제1권 §112 참조)을 성취하였다."(ThagA.ii.24)

아라한됨을 얻은 뒤 위말라 장로를 교계로써 경책하면서 본 게송 두 개를 읊었다. … [본 게송들을 통한 그의 경책을] 듣고 위말라 장로는 절박한 마음으로(saṁvigga-mānaso) 위빳사나를 확립하여 참된 목적을 성취하였다(sadatthaṁ ārādhesi)."(ThagA.ii. 24~25)

147. 57)"작은 널빤지에 올라서 있는 자가
큰 바다에서는 가라앉아 버리듯이
그와 같이 게으른 자를 만나면
좋은 사람도 가라앉고 맙니다.
그러므로 게으르고
정진하지 않는 자를 멀리해야 합니다.58) (={265})

148. 끊임없이 한거(閑居)하고59) 성스러우며

---

57) 여기 {147}과 {148}은 『상윳따 니까야』 제2권 「게송이 있는 경」(S14:16) §7에도 실려 있고 『이띠웃따까』 셋의 모음 「요소에 따라 함께 모임 경」(It3:29) §3에 나타나는 두 개의 게송 가운데 첫 번째 구절인 '교제하기 때문에 [오염원의] 덤불이 생기고 / 교제하지 않으면 끊어지노라(saṁsaggā vanatho jāto, asaṁsaggena chijjati).'를 제외한 나머지 부분과 같다. 이 두 개의 경에서는 부처님께서 읊으신 것으로 나타난다. 그리고 이 두 게송은 본서 둘의 모음 {265}와 {266}로도 나타나고 있다.

58) '그러므로 게으르고 / 정진하지 않는 자를 피해야 합니다.'는 tasmā taṁ parivajjeyya, kusītaṁ hīnavīriyaṁ을 옮긴 것이다. 주석서는 이렇게 설명한다.

"아주 유익한 법들(adhikusalā dhammā)에 대해서 머리를 돌려버린 뒤 비열하게 가라앉아서(kucchitaṁ sīdanato) '게으르고(kusītaṁ)', 정진을 시작함이 없기 때문에(vīriyārambha-abhāvato) '정진하지 않는(hīna-vīriyaṁ)' 그런 사람(puggala)을 모든 곳에서 피해야 하고 그의 견해를 따르는 것(diṭṭhānugati)을 멀리해야 한다(āpajjeyya)는 뜻이다."(ThagA.ii.25)

59) '끊임없이 한거(閑居)하고'는 pavivitta를 옮긴 것인데 주석서에서 "끊임없이(accantaṁ) 한거하다(vivitta)."(MA.i.101)로 설명하고 있어서 이렇게 옮겼다. 본서 제3권 스물의 모음(Th20:2) {726}의 해당 주해도 참조할 것.

스스로 독려하고 참선을 하고
항상 부지런히 정진하는
현자들과 함께 머물러야 합니다."60) (={266})

소마밋따 장로 (끝)

5. **삽바밋따 장로**(Th2:15 {149}~{150})

【행장】

"삽바밋따 장로(Sabbamitta thera)는 사왓티의 바라문 가문에 태어났다. 그는 사리를 분별하는 나이가 되어 [세존께서] 제따와나를 수용하실 때 부처님의 위신력을 본 뒤 믿음을 얻어 출가하였으며 명상주제를 받아 숲(arañña)에서 머물렀다.

안거를 마치고 거처에서 나와서 세존께 절을 올리려고 사왓티로 가는 도중에 그는 사냥꾼들이 놓아둔 올가미(pāsa)에 새끼 사슴(miga-potaka)이 걸려있는 것을 보았다. 어미 사슴은 덫에 걸리지는 않았지만 새끼에 대한 애정(sineha) 때문에 멀리 가지를 못하고 있었다. 그러나 죽음에 대한 두려움(maraṇa-bhaya) 때문에 덫의 가까이에는 가지 못하였으며 새끼는 두려움 때문에 이리저

60) 주석서는 본 게송에 나타나는 술어들을 다음과 같이 설명한다.
"몸으로 떨쳐버림을 근원으로 하여(kāya-viveka-sambhavena) '한거함(pavivitta)'이 있다. 거기서 오염원들을 멀리 여의었기 때문에(ārakattā) '성스러우며(ariyā)'이다. 열반을 향해 전력을 다하는 것(patipesitattatā)이 '스스로 독려함(pahitattā)'이다. 대상을 정려(靜慮)함(ārammaṇ-ūpanijjhāna)을 통해서 그리고 [무상·고·무아의] 특상을 정려(靜慮)함을 통해서 '참선을 하는 분들(jhāyino)'이다. 모든 시간에 분발하여 정진하기 때문에(paggahita-vīriyatāya) '항상 부지런히 정진하는 [분들](āraddha-vīriyā)'이다. 세간과 출세간으로 구분되는 통찰지를 구족하였기 때문에 '현자들(paṇḍitā)'이다. 그들과 '함께(saha)' 머물러야 하나니(āvaseyya), 참된 목적(sadattha)을 성취하고자 하는 사람(nipphādetukāma)은 함께 머물러야 한다(saṁvaseyya)는 말이다.
[이러한 교계를] 듣고 위말라 장로는 절박한 마음으로(saṁvigga-mānaso) 위빳사나를 확립하여 참된 목적을 성취하였다."(ThagA.ii.25)

리 움직이면서 애처롭게 울고 있었다.

그것을 본 장로는 '오, 중생들의 애정을 원인으로 한 괴로움이여!'라고 하면서 가고 있었는데 그 뒤에 많은 도둑들(corā)이 한 사람을 산 채로 잡아서 짚 무더기로 몸을 감싸서 태우고 있었다. 그가 큰 소리로 울부짖는 것을 보고 이 둘 때문에 절박함이 생겨(sañjātasaṁvego) 그 도둑들이 듣고 있을 때 본 게송 두 개를 읊었다. …
이와 같이 읊은 뒤 장로는 위빳사나를 열성적으로 행하고서 아라한됨을 얻었다. 장로의 일화는 『아빠다나』에도 나타나고 있다. … 그 도둑들은 장로의 곁에서 법을 듣고 절박함이 생겨서(saṁvegajātā) 출가하여 [출세간]법에 이르게 하는 법(dhamma-anudhamma)을 닦았다."(ThagA.ii.26~27)

149. "사람은 사람에 묶이고
사람은 사람에 의지합니다.61)
사람은 사람에게 상처받고
사람은 사람을 상처 냅니다.62)

---

61) '사람은 사람에 묶이고 / 사람은 사람에 의지합니다.'는 jano janamhi sam-baddho, janameva'ssito jano를 옮긴 것이다. 주석서는 여기서 첫 번째 사람은 눈먼 바보인 사람(andha-bālajana)이고 두 번째 사람은 다른 사람들(aññe jane)이며 '묶이고(sambaddho)'는 갈애의 속박으로 묶여(taṇhā-bandhanena baddha) '이 사람은 내 아들이다, 내 어머니이다.'라는 등으로 묶이는 것(paṭibaddha)으로 설명한다. 즉 바보 같은 사람은 갈애에 속박되어 다른 사람에게 묶인다는 뜻이다. 그리고 '의지합니다(assita)'는 갈애로 들러붙어(allīna) 거머쥐고 있는 것(pariggayha ṭhita)이라고 설명한다.(ThagA.ii.26)

62) "'사람은 사람에게 상처받고 / 사람은 사람을 상처 냅니다(jano janena heṭh-īyati, heṭheti ca jano janaṁ).'라고 하였다. 업이 자신의 주인임(kamma-ssakatā)에 대해서 있는 그대로 자각함(yathābhūtāvabodha)이 없기 때문에 안으로 평온하지 못하여(ajjhupekkhanaṁ akatvā) 탐욕을 통해서 사람은 사람에게 의지하게 되고(assita) 그와 같이 성냄을 통해서 사람은 사람에

150. 그 [사람]에게 [21] [다른] 사람이 무슨 소용이 있으며
사람에 의해서 태어난 사람이 [무슨 소용이 있습니까]?[63]
많은 사람을 상처 낸
그 사람을 버리고 나는 갈 것입니다.[64]"[65]

삽바밋따 장로 (끝)

게 상처받고 다치게 된다(heṭhīyati vibādhīyati)는 뜻이다."(ThagA.ii.26)

63) '그 [사람]에게 [다른] 사람이 무슨 소용이 있으며 / 사람에 의해서 태어난 사람이 [무슨 소용이 있습니까]?'는 ko hi tassa janenattho, janena janitena vā를 주석서를 참조하여 풀어서 옮긴 것이다. 주석서는 'ko hi tassa janenattho'를 그 다른 사람에게(tassa aññajanassa) 다른 사람이(aññena janena) 갈애로 의지하거나(assitena) 성냄으로 상처받는 것이(heṭhitena) 무슨 소용이 있는가(ko attho)로 해석하고 있다. 그리고 '사람에 의해서 태어난 사람(janena janitena vā)'은 부모가 되는(mātāpitā hutvā) 그 다른 사람에 의해서 태어난 사람(janitena)으로 해석하고 있다.(ThagA.ii.26)

64) "'많은 사람을 상처 낸 / 그 사람을 버리고 나는 갈 것입니다(janaṁ ohāya gacchaṁ taṁ, heṭhayitvā bahuṁ jana).'라고 하였다. 윤회하는 사람에게는(saṁsāre carato janassa) [그런 사람을 버리고 가는] 이것이 그에게 어울리는 도닦음(anurūpā paṭipatti)이다. 그러므로 ① [많은 사람을 상처 낸] 그런 사람을, 그리고 ② 그를 억누르는(bādhikā) 그 갈애와 그 성냄이 많은 사람을 억압한 뒤 계속 머물고 있는(bādhayitvā ṭhito) 그런 [사람]을 '버리고(ohāya)', 즉 모든 곳에서 제거하고 내팽개친 뒤(pahāya pariccajitvā) 나는 간다(gacchaṁ, Pre.1.Sg)는 말이다. 즉 그들에 의해서 짓눌리지 않는 곳(anupadduta ṭhāna)으로 나는 갈 것이다(gaccheyyaṁ), [그런 곳을] 나는 얻을 것이다(pāpuṇeyyaṁ)라는 뜻이다."(ThagA.ii.26)

계속해서 주석서는 이렇게 적고 있다.
"장로는 이와 같이 읊은 뒤 위빳사나를 열성적으로 행하고서 아라한됨을 얻었다."(ThagA.ii.27)

65) "그런데 그 도둑들(corā)도 장로의 곁에서 법을 듣고 절박함이 생겨서(saṁvega-jātā) 출가하여 [출세간]법에 이르게 하는 법을 닦았다."(ThagA.ii.27)

6. 마하깔라 장로(Th2:16 {151}~{152})

【행장】

"마하깔라 장로(Mahākāḷa thera)는 세따뱌 도시(Setabya-nagara)에서 대상(隊商)의 우두머리 가문(satthavāha-kula)에 태어났다. 그는 사리를 분별하는 나이가 되어 재가에 살면서 장사(vāṇijja)를 하러 500대의 수레에 짐을 싣고 사왓티로 갔다가 해거름에 재가자들이 향과 화환 등을 손에 들고 제따와나로 가는 것을 보고 함께 승원으로 가서 스승님의 곁에서 법을 듣고 믿음을 얻어 출가하였다.

그는 공동묘지에 머무는 수행(sosānikaṅga)을 확립하여 공동묘지(susāna)에 머물렀다. 그러던 어느 날 시체를 태우는(chava-ḍāhikā) 깔리(Kāḷī)라는 어떤 여인이 장로의 명상주제를 위하여 죽은 지 오래되지 않은 시신(acira-mata-sarīra)을 칼로 두 동강으로 자르고 두 팔도 자르고 머리도 응유를 담는 사발(dadhi-thālaka)을 자르듯이 자른 뒤 이 모든 사지와 몸의 각 부분(aṅga-paccaṅga)을 한데 모아서 장로가 볼 수 있도록 적당한 장소에 놓은 뒤 한 곁에 앉았다. 장로는 그것을 보고 자기 자신을 교계하면서 본 게송 두 개를 읊었다. …

이렇게 읊은 뒤 장로는 위빳사나를 열성적으로 행하고서 아라한됨을 얻었다. 장로의 일화는 『아빠다나』에도 나타나고 있다."

(ThagA.ii.27~28)

151. "까마귀처럼 생긴 [검은] 깔리라는 커다란 여인이
[시신의] 넓적다리와 다른 넓적다리를 부러뜨리고[66]

---

66) '까마귀처럼 생긴 [검은] 깔리라는 커다란 여인이 / [시신의] 넓적다리와 다른 넓적다리를 부러뜨리고'는 Kāḷī itthī brahatī dhaṅka-rūpā, satthiñca bhetvā aparañca satthiṁ를 옮긴 것이다. 주석서는 이렇게 설명한다.

"'깔리(Kāḷī)'는 그녀의 이름인데 검은 색깔이기 때문에(kāḷa-vaṇṇattā) 이

팔과 다른 팔도 부러뜨리고
응유를 담는 사발처럼 두개골도 부러뜨려서
그들을 쌓아놓고 앉아있다.67)

152. 참으로 이것을 알지 못하고 재생의 근거68)를 만드는
멍청한 사람은 거듭거듭 괴로운 [세상]에 태어난다.
그러므로 꿰뚫어 아는 자는
재생의 근거를 만들지 말아야 한다.69)

렇게 부른다. … '[시신의] 넓적다리를 부러뜨리고(satthiñca bhetvā)'란 죽은 몸[屍身, mata-sarīra]의 넓적다리를 무릎을 잘라서 부수고(jaṇṇu-bhedanena bhañjitvā)라는 말이다."(ThagA.ii.28)

67) "'그들을 쌓아놓고 앉아있다(esā nisinnā abhisandahitvā).'라는 것은 부분으로 잘리고 부서진(chinna-bhinna-avayava) 시신(mata-sarīra)을 그들의 부분들을 본래 있던 곳에 놓아서 쌓은 뒤에(sandahitvā), 즉 함께 모아 놓고 살코기들을 파는 가게(maṁsāpaṇa)를 열어놓은 것처럼(pasāre-ntī viya) 그녀는 앉아있다는 말이다."(ThagA.ii.28)

68) '재생의 근거'로 옮긴 원어는 upadhi이다. 이 단어는 upa+√dhā(*to put*)에서 파생된 명사로 문자적으로는 '그 위에 무엇이 놓여진'을 의미하며 그래서 삶에 필요한 토대나 소지품이나 설비 등을 뜻한다. 이것은 외적인 입장과 내적인 입장에서 살펴볼 수 있다.
외적인 입장에서(*objectively*) 보자면 얻어진 것들을 뜻하는데 자신의 재산이나 소유물을 뜻한다. 내적인 입장에서(*subjectively*) 보자면 갈애가 생겨서 소유하려는 행위를 말한다. 이것은 다시 태어남(재생)의 근거가 된다. 이런 의미에서 우빠디(upadhi)는 우빠다나(취착, upādāna)와 유사하다. 물론 이 두 단어의 어원은 다르다. 이 두 입장을 고려해서 초기불전연구원에서는 재생의 근거로 정착시키고 있다.

네 가지 재생의 근거가 있는데 그것은 감각적 쾌락이라는 재생의 근거(kāma-upadhi), 무더기[蘊]라는 재생의 근거(khandha-upadhi), 오염원이라는 재생의 근거(kilesa-upadhi), 업형성력이라는 재생의 근거(abhisaṅkhāra-upadhi)이다.(MA.iii.170) — 『상윳따 니까야』 제1권 「기뻐함 경」(S1:12) §2의 주해에서.

69) "'꿰뚫어 아는 자는 / 재생의 근거를 만들지 말아야 한다(pajānaṁ upa-dhiṁ na kayirā).'라고 하였다. '여기서 괴로움이 생겨나는 것은 …'(cf. Sn. 141 {732} 이하)이라고 꿰뚫어 알면서(pajānanta), 즉 지혜롭게 마음에 잡도

나는 다시 머리가 부서진 채로
[공동묘지에] 눕지 않기를!70)"

마하깔라 장로 (끝)

7. 띳사 장로(Th2:17 {153}~{154})

【행장】

"띳사 장로(Tissa thera)는 라자가하에서 바라문 가문에 태어났다. 그는 적당한 나이가 되어 삼베다에 능통하여 500명의 바라문 학도들에게 만뜨라를 가르치면서 이득의 절정에 이르렀고 명성의 절정에 이르렀다(lābhagga-yasagga-ppatta). 그는 스승님께서 라자가하에 오셨을 때 부처님의 위신력을 본 뒤 믿음을 얻어서 출가하였고 위빳사나를 확고하게 하여 오래지 않아 아라한됨을 얻었다. 장로의 일화는 『아빠다나』에도 나타나고 있다. …

그는 아라한됨을 얻은 뒤 특히 이득의 절정에 이르렀고 명성의 절정에 이르렀다. 거기서 어떤 범부인 비구들(puthujjana-bhikkhū)이 장로의 이득과 명성을 보고 어리석어서 그것을 견디지 못하는 모습을 드러내었다. 장로는 그것을 안 뒤 이득과 명성의 위험(ādīnava)과 자신은 거기에 빠지지 않았음(alaggabhāva)을 밝히

리하면서(yoniso manasikaronta) 오염원이라는 재생의 근거(kilesa-upadhi)를 만들지 말아야 한다, 일으키지 말아야 한다(na uppādeyya)는 말이다."(ThagA.ii.28)

70) '나는 다시 머리가 부서진 채로 / [공동묘지에] 눕지 않기를!'은 māhaṁ puna bhinna-siro sayissaṁ을 옮긴 것이다. 주석서는 이렇게 설명한다.

"마치 이 시체가 몸뚱이가 부서져(bhinna-sarīraṁ) [이 공동묘지에] 누워있는 것처럼 나도 그와 같이 오염원이라는 재생의 근거들에 의해서(kilesa-upadhīhi) 윤회에(saṁsāre) 거듭거듭 태어나서 공동묘지를 증가시키는 자(kaṭasi-vaḍḍhaka)가 되어 머리가 부서진 채로 [공동묘지에] 눕지 않기를이라는 말이다.
이렇게 말하면서 장로는 위빳사나를 열성적으로 행하고서 아라한됨을 얻었다."(ThagA.ii.28)

면서 본 게송 두 개를 읊었다.(ThagA.ii.29)

한편 DPPN에만 Tissa라는 이름이 표제어로 모두 47번 정도가 나타나고 있으며 본서 제1권 하나의 모음 {39}번 게송과 {97}번 게송을 읊은 분들도 띳사 장로로 나타난다. 이들은 모두 다른 분들이다. DPPN에 나타나는 47개의 표제어 가운데 12번째가 본 게송을 읊은 띳사 장로이다. 여성명사 Tissā로는 10번 정도가 나타나고 있다.

153. "머리를 깎고 가사를 수하고
음식과 마실 것과
의복과 잠자리를 얻으면서
그는 많은 적들을 얻습니다.[71]

154. 존경에는 큰 두려움이 있나니
이러한 위험을 알고
적게 얻고 열망하지 않으면서
비구는 마음챙겨 유행을 해야 합니다.[72]"

띳사 장로 (끝)

---

71) "'그는 많은 적들을 얻습니다(bahū sapatte labhati).'라고 하였다. 그를 시샘하는 자들(usūyantā)이 많이 생긴다는 말이다."(ThagA.ii.30)

72) '비구는 마음챙겨 유행을 해야 합니다.'는 sato bhikkhu paribbaje를 옮긴 것이다. 주석서는 이렇게 설명한다.

"윤회에서 두려움을 보기 때문에(saṁsāre bhayassa ikkhanato) 혹은 오염원들이 부서졌기 때문에(bhinna-kilesatāya) '비구(bhikkhu)'이다. 지족하는 위치(santuṭṭhi-ṭṭhānīya)에서 마음챙김과 알아차림을 통해서 마음챙겨(sato hutvā) '유행을 해야 한다(paribbaje)', 다녀야 한다(careyya), 머물러야 한다(vihareyya)는 말이다. 이 [게송]을 듣고 그 비구들은 거기에 대해서 장로에게 용서를 구했다(khamāpesuṁ)."(ThagA.ii.30)

8. **낌빌라 장로**(Th2:18 {155}~{156})

【행장】

이 낌빌라(VRI: 끼밀라) 장로(Kimbila/Kimila thera)는 하나의 모음 {118}번 게송을 읊은 낌빌라(VRI: 끼밀라) 장로(Th1:118)와 동일인이라고 주석서는 밝히고 있다.(ThagA.ii.30) 장로에 대해서는 그곳의 해당 주해를 참조하기 바란다.

계속해서 주석서는 "그 게송({118})에서는 자신이 특별함을 증득한 이유(visesādhigamassa kāraṇa)를 밝혔고, 여기서는 특별함을 증득한 자신이 아누룻다 존자와 난디야 존자[73]와 함께 화합하여 머물고 있음(samagga-vāsa)을 밝히는 것이라고 알아야 한다."(ThagA.ii.30)라고 말하고 있다. 함께 화합하여 머무는 그들이 살았던 대로 그것을 보여주면서 본 게송 두 개를 읊은 것이다.(Ibid.)

155. "동쪽 대나무 숲[74]에서
사꺄의 아들들인 도반들은[75]

---

73) 아누룻다 장로(Anuruddha thera, Th20:9)에 대해서는 본서 제3권 스물의 모음 {892}의 【행장】을 참조하고 난디야 장로(Nandiya thera, Th1:25)에 대해서는 본서 제1권 하나의 모음 {25}의 【행장】을 참조할 것.

74) 동쪽 대나무 숲(Pācīnavaṁsa-dāya)은 쩨띠(Ceti/Cetiya)에 있었다. 『맛지마 니까야』 제2권 「고싱가살라 짧은 경」(M31)과 제4권 「오염원 경」(M128)에 의하면 아누룻다 존자와 난디야 존자와 낌빌라 존자가 이곳에 머물렀다. 「고싱가살라 짧은 경」(M31)에서는 이 세 분의 장로들이 아라한과를 얻어서 머물고 있었고 「오염원 경」(M128)에서는 아라한과를 얻기 위해서 노력하는 과정이 설명되고 있다.

75) "여기서 '사꺄의 아들들(Sakyaputtā)'은 아누룻다 장로를 위시한 사꺄 왕자들(Sakya-rājakumārā)이다. '도반들(sahāyakā)'이라고 하였다. 절박함이 생겨 출가하여 사문의 법을 실천하며 함께 머무는 자들과 함께(saṁ-veguppatti-pabbajjā-samaṇa-dhamma-karaṇa-saṁvāsehi saha) 길을 가기 때문에(ayanato), 나아가기 때문에(pavattanato) 도반들이다."(Thag

적지 않은 재물들을 버리고

탁발하는 발우에 들어온 것으로 기뻐하였습니다.76)

156. 그들은 부지런히 정진하고77) 스스로 독려하였으며78)

A.ii.31)

76) '탁발하는 발우에 들어온 것으로 기뻐하였습니다.'는 uñchāpattāgate ratā를 옮긴 것이다. 주석서는 "[신도들이] 승가에 [와서 직접] 공양한 음식 등의 여러 가지 이득(saṅgha-bhattādi-atireka-lābha)을 제쳐두고 다리의 힘(jaṅgha-bala)에 의지하여 걸식하는 행위를 통해서 얻은(bhikkhā-cariyā-ya laddha) 한데 섞인 음식(missaka-bhatta)으로 만족한다는 뜻이다."라고 설명하고 있다.(ThagA.ii.31) 노만 교수는 '*de,lighting in whatever comes into their alms-bowls*'로 옮겼다.

그리고 주석서는 본서 제3권 깔리고다의 아들 밧디야 장로(Th20:7)의 {843}에 나타나는 이 구절을 다음과 같이 설명한다.
"'탁발하는 발우에 들어온 것으로 기뻐하였습니다(uñchāpattāgate ratā).'라는 것은 탁발을 실행함을 통해서(uñchā-cariyāya) 발우에 들어온(patte āgate) 발우에 담겨 있는 것에(patta-pariyāpanne) 기뻐하였다(abhirato). 이것으로 지족하였다(santuṭṭho)는 의미이다."(ThagA.iii.53)

여기서 uñchā는 √uñch(uñchati, Sk:uñchati, 1/6류, 수집하다, 줍다, *to glean*)에서 파생된 여성명사이다. 그래서 '탁발함'으로 옮겼다. 이 구절({155}d)은 본서 제3권 {843}b와 {1146}b 등에도 나타나고 있다.

한편 uñcha는 『테리가타』 {329}와 {349}에 '서서 얻은 탁발 음식과 탁발 행위'(uttiṭṭhapiṇḍo uñcho ca)'로 나타나고 있다. 이 가운데 대장장이의 딸 수바(수바 깜마라디따) 장로니(Thi20:5)가 읊은 『테리가타』 {349}에서 『테리가타 주석서』는 이렇게 설명한다.

"'서서 얻은 탁발 음식(uttiṭṭhapiṇḍo)'은 대문이 열려있는 이 집 저 집에 서서(vivaṭa-dvāre ghare ghare patiṭṭhitvā) 걸식하여 얻은 탁발 음식(laddhabba-bhikkhā-piṇḍo)을 말한다. '탁발 행위(uñcho)'란 그런 목적을 위해서(tadatthaṁ) 탁발을 실행함(uñchā-cariyā)을 뜻한다."(ThigA.242)
여기서 '탁발 행위'로 옮긴 uñcho는 uñcha의 남성명사로 쓰였다. 위에서 인용한 주석서의 설명을 참조하여 이렇게 옮겼다.

77) "'그들은 부지런히 정진하고(āraddha-vīriyā)'란 가장 높은 이치(uttamattha)를 증득하기 위해서 맨 처음부터(āditova pageva) 정진을 갖추고(sampādita-vīriyā)라는 뜻이다."(ThagA.ii.31)

항상 결연히 노력하고[79]
세간적인 기쁨을 버리고
법의 기쁨으로 기뻐하였습니다.[80]"

껍빌라 장로 (끝)

9. 난다 장로(Th2:19 {157}~{158})

【행장】

난다 장로(Nanda thera)는 까삘라왓투에서 숫도다나 대왕(Suddh-odana-mahārāja)의 아들로 마하빠자빠띠 고따미(Mahāpajā-pati Gotami)에게서 태어났다.(ThagA.i.32) 그러므로 난다 장로는 세존의 이복동생(bhātā mātucchā-putta)이다.(UdA.168)

마하빠자빠띠 고따미 왕비는 데와다하(Deva-daha)의 숩빠붓다(Suppabuddha)의 딸이며 부처님의 어머니인 마하마야(Mahā-māyā) 왕비의 동생이기도 하다. 마하마야 왕비가 세존을 낳은 지 7일 만에 돌아가시자 세존을 양육하였으며 세존의 아버지인 숫도다나 왕과 결혼하여 세존의 계모(cūḷa-mātu)가 되었다. 숫도다

---

78) "'스스로 독려하였으며(pahitattā)'란 [열반으로] 향하고 기울이고 지향함(ninna-poṇa-pabbhāra-bhāva)에 의해서 그리고 때때로는 증득(samā-pajjana)에 의해서 열반을 향해 마음을 보내는 것(patipesita-cittā)을 말한다."(ThagA.ii.31)

79) "'항상 결연히 노력하고(niccaṁ daḷha-parakkamā)'란 의무와 도닦음(vatta-paṭipatti)에 대해서 지금·여기에서 행복하게 머묾에 몰두하여(diṭṭha-dhamma-sukha-vihārānuyogena) 모든 시간 동안 느슨하지 않고 애쓰는 것(asithila-parakkamā)을 뜻한다."(ThagA.ii.31)

80) "'세간적인 기쁨을 버리고 / 법의 기쁨으로 기뻐하였습니다(ramanti dham-ma ratiyā, hitvāna lokiyaṁ ratiṁ).'라고 하였다. 세상에서 알아지고 세상에 포함되어 있는 세간적인 형색의 대상 등을 기뻐함을 제거하고 도의 통찰지로 버린 뒤에 출세간법을 기뻐하고 으뜸가는 결실인 열반을 기뻐함(agga-phala-nibbānābhirati)에 의해서 기뻐하고 아주 즐거워한다(raman-ti abhiramanti)는 말이다."(ThagA.ii.31)

나 왕 사이에서 난다(Nanda)를 낳았는데 난다는 유모에게 맡기고 자신은 세존을 돌봤다고 한다.

부처님이 성도하신 뒤에 까삘라왓투를 방문하시던 삼 일째 되던 날은 난다가 태자의 대관식 겸 자나빠다깔라니 난다(Janapada-kalyāṇī Nandā)[81]와 결혼식을 올리던 날이었다. 세존께서는 난다를 데리고 와서 출가하게 하셨다.(UdA.169~170) 세존의 말씀을 거절하지 못한 난다는 출가는 하였지만 아내 생각 때문에 몸도 상하고 의기소침하게 되어 환속하려 하기까지 하였다.(Ud3:2 §1)

그러자 세존께서 신통력으로 난다를 데리고 삼십삼천의 천상으로 가셔서 압사라(요정)들을 보여주신 후 "기뻐하라, 난다여. 기뻐하라, 난다여. 내가 그대에게 보증하리니 그대는 비둘기의 발을 가진 500명의 압사라들을 얻게 될 것이다."(Ud3:2 §6)라고 하신 유명한 일화가 등장하는 것이 바로 『우다나』의 「난다 경」(Ud3:2)이다. 이런 과정을 거치면서 그는 열심히 정진하여 아라한이 되었다. 『테라가타 주석서』는 이렇게 말한다.

"그는 아라한됨을 얻은 뒤 해탈의 행복을 경험하면서 '오, 참으로 스승님께서는 방법에 능숙하시다(upāya-kosalla). 그분은 존재의 수렁(bhava-paṅka)으로부터 나를 끌어올리시어 열반의 땅(nibbāna-thala)에 확립되게 하셨다.'라고 자신이 오염원들을 제거하였고 행복을 얻었음을 반조하여 생긴 기쁨으로 감흥어를 통해서 본 게송 두 개를 읊었다. …
이 감흥어를 읊은 뒤 장로는 다음 날 세존께 다가가서 이렇게 말씀드렸다. "세존이시여, 세존께서 제게 비둘기의 발을 가진 500명의 압사라들을 얻게 될 것이라고 보증하셨는데 세존께서는 이 약속[82]을 지키지 않으셔도 됩니다."(Ud3:2 §10) 세존께서도 "난다

81) 자나빠다깔라니 난다(Janapadakalyāṇī Nandā)는 '절세미인 난다'라는 뜻이다. 그녀도 난다 존자가 아라한이 되던 날 출가하여 비구니가 되었다.(SnA.i.240)

여, 이제 그대가 취착 없이 번뇌들로부터 마음이 해탈하였으니 나는 이제 이 약속을 지키지 않아도 되게 되었구나."(Ibid.)라고 말씀하셨다. … 장로의 일화는 『아빠다나』에도 나타나고 있다. …

세존께서는 그가 특별히 감각기능들에 대해서 문을 잘 보호하는 것을 아시고 그의 덕을 설명하시면서 [『앙굿따라 니까야』 제1권 하나의 모음 「으뜸 품」(A1:14)에서] "감각기능들의 문을 잘 보호하는 자들(indriyesu gutta-dvārā) 가운데서 난다가 으뜸"(A1:14:4-12)이라고 칭찬하시면서 그를 감각기능들의 문을 잘 보호하는 자들 가운데 으뜸의 위치에 놓으셨다."(ThagA.ii.32~34)

157. "지혜 없이 마음에 잡도리함 때문에[83]
나는 치장하는 것에 탐닉하였다.
나는 경솔했고 우쭐거렸고
감각적 쾌락으로 괴로워하였다.

158. [바른] 방법에 능숙하시고
태양의 후예이신 부처님의 [도움]으로[84]
나는 지혜롭게 도를 닦아서

82) "여기서 '약속(paṭissava)'이란 보증의 약속(pāṭibhoga-ppaṭissava)이다."(UdA.178)

83) "'지혜 없이 마음에 잡도리함 때문에(ayoniso manasikārā)'라고 하였다. [바른] 방법이 없이 마음에 잡도리하기 때문에(anupāya-manasikārato) 더러운[不淨] 몸(asubha kāya)을 깨끗하다고 마음에 잡도리한 뒤 깨끗하다고 마음에 잡도리함을 원인으로 더러운 몸에 대해서 깨끗하다는 인식(subha-saññā)을 가지고라는 뜻이다."(ThagA.ii.33)

84) '[바른] 방법에 능숙하시고 / 태양의 후예이신 부처님의 [도움]으로'는 upāya-kusalenāhaṁ, Buddhenādiccabandhunā를 옮긴 것이다. 주석서는 '[바른] 방법에 능숙함(upāya-kusala)'을 "버려야 하는 것들(vineyyā)을 길들이는 방법에 숙달됨(damanūpāya-ccheka), 즉 정통함(kovida)"(ThagA.ii.33)으로 설명하고 '부처님에 의해서(Buddhena)'를 "세존을 원인으로 하여(bhagavatā hetu-bhūtena)"(Ibid.)로 설명하고 있다.

존재에서 마음을 뽑아내었다.[85)]"

난다 장로 (끝)

10. 시리마 장로(Th2:20 {159}~{160})

【행장】

"시리마 장로(Sirima thera)는 사왓티에서 장자의 가문에 태어났다. 그가 태어나던 날부터 그의 가문에는 길상과 번영(siri-sam-patti)이 증장하였기 때문에 그의 이름을 시리마(Sirimā)라고 지었다. 그가 걸을 때쯤 동생이 태어났는데 길상(siri)을 증장시키면서 태어났다고 해서 시리왓다(Sirivaḍḍha)[86)]로 이름을 지었다. 그 둘은 [세존께서] 제따와나를 수용하실 때 부처님의 위신력을 본 뒤 믿음을 얻어 출가하였다.

그들 가운데 동생 시리왓다는 인간을 초월한 법(uttari-manussa-dhamma)을 얻은 것도 아닌데 네 가지 필수품들을 잘 얻었고 재가자들과 출가자들로부터 존중을 받고 공경을 받았다. 그러나 시리마 장로는 출가할 때부터 그러한 업에 틈이 생겨(kamma-cchidda) 얻은 것이 적었고 대중의 존경을 받지 못하였다. 그는 사마타와 위빳사나의 업을 행하여 오래지 않아 육신통을 갖춘 분이 되었다. 장로의 일화는 『아빠다나』에도 나타나고 있다. …

---

85) "'나는 지혜롭게 도를 닦아서 / 존재에서 마음을 뽑아내었다(yoniso paṭi-pajjitvā, bhave cittaṁ udabbahiṁ).'라고 하였다. [바른] 수단(upāya)인 [바른] 방법(ñāya)에 의해서 바르게(sammadeva) 사마타와 위빳사나로 청정의 도닦음(visuddhi-paṭipada)을 수행하여, 존재, 즉 윤회의 수렁(saṁsāra-paṅka)에 빠진 나의 마음을 성스러운 도라는 손으로 끌어내었고 열반의 땅(nibbāna-thala)에 확립되게 하였다는 뜻이다."(ThagA.ii.33)

86) 시리마 장로의 동생인 이 시리왓다(Sirivaḍḍha)는 본서 제1권 하나의 모음에 나타나는 시리왓다 장로(Sirivaḍḍha thera, Th1:41)와는 다른 사람이다. 하나의 모음의 시리왓다 장로(Th1:41)는 라자가하 태생이고 여기 둘의 모음의 시리마 장로와 시리왓다 비구는 사왓티 태생이기 때문이다. DPPN에도 이 두 스님은 각각 다른 표제어로 언급되고 있다.

육신통을 갖춘 시리마 장로를 성자라고 알지 못하는 범부인 비구들과 사미들은 그를 비난하였다(garahanti). 그러나 [동생인] 시리왓다 장로는 필수품들을 얻음에 의해서 세상의 존중과 공경을 받았기 때문에 그들은 그를 찬탄하였다(pasaṁsanti). 장로는 '칭송받을 만하지 않은 자(avaṇṇāraha)에게 칭송의 말을 하고(vaṇṇa-bhaṇa) 칭송받을 만한 자에게 칭송의 말을 하지 않는 것은 그 범부인 상태(puthujjana-bhāva)가 잘못이다.'라고 범부인 상태를 비난하면서 본 게송 두 개를 읊었다."(ThagA.ii.35)

159. "남들이 그를 칭송하지만
만일 자신이 삼매에 들지 않았다면[87]
남들은 헛되이 칭송하는 것이니
자신이 삼매에 들지 않았기 때문입니다.

160. 그러나 남들이 그를 비난하지만
만일 자신이 잘 삼매에 들었다면
남들은 헛되이 비난하는 것이니
자신이 잘 삼매에 들었기 때문입니다."[88]

---

87) "'만일 자신이 삼매에 들지 않았다면(attā ce asamāhito)'이라고 하였다. 남들이 그 사람을 칭송하지만(pasaṁsanti) 만일 그가 자신이 삼매에 들지 않아서 도의 삼매(magga-samādhi)나 과의 삼매(phala-samādhi)나 근접삼매와 본삼매 정도(upacār-appanā-samādhimatta)로도 삼매에 들지 않았다면, 그리고 삼매에 드는 것과 반대가 되는 오염원들을 제거하지 못하였기 때문에 흩어지고(vikkhitta) 마음이 산란하다면(vibbhanta-citta)이라는 뜻이다. 그리고 여기서 '삼매에 들지 않은(asamāhito)'이라는 이것으로 삼매의 표상을 가진(samādhi-nimittā) 덕스러움들(guṇā)이 존재하지 않음을 보여준다."(ThagA.ii.36)

88) "이와 같이 장로가 이 게송들로 자신의 오염원이 없는 상태(nikkilesa-bhāva)와 시리왓다의 오염원이 있는 상태(sakilesa-bhāva)를 밝히자 그것을 듣고 시리왓다는 절박함이 생겨서(saṁvega-jāta) 위빳사나를 확립하

시리마 장로 (끝)

두 번째 품이 끝났다. [22]

[두 번째 품에 포함된 장로들의] 목록은 다음과 같다.

쭌다와 조띠다사와 헤란냐까니 장로
소마밋따와 삽바밋따, 깔라와 띳사와 낌빌라
난다와 시리마이니 — 열 분의 장로들은 큰 신통을 가졌다.

여 오래지 않아서 참된 목적(sadattha)을 성취하였다. 그리고 비난하던 사람들도 장로에게 용서를 구하였다(khamāpesuṁ)."(ThagA.ii.36)

세 번째 품

Tatiya-vagga({161}~{180})

1. 웃따라 장로(Th2:21 {161}~{162})

【행장】

"웃따라 장로(Uttara thera)는 사께따의 바라문 가문에 태어났다. 그는 적당한 나이가 되어 어떤 이유로 사왓티에 가서 세존께서 깐담바 나무 아래에서 나투신 쌍신변을 보고[89] 청정한 믿음이 생겼고 다시 『앙굿따라 니까야』 제2권 「깔라까라마 경」(=「깔라까 경」 A4:24)을 설하시는 것을 [듣고] 마음의 믿음이 더욱 증장하여(abhivaḍḍha-māna-saddha) 출가하였다. 그는 스승님과 함께 라자가하에 가서 구족계를 받은 뒤 거기에 살면서 위빳사나를 확립하여 오래지 않아 육신통을 갖춘 분이 되었다. … 장로의 일화는 『아빠다나』에도 나타나고 있다. …

그는 육신통을 갖춘 뒤 스승님께서 사왓티에 머무실 때에 부처님을 시봉하기 위해 라자가하로부터 사왓티로 갔다. 비구들이 '도반이여, 그대가 얻은 출가자의 의무(pabbajjā-kicca) 가운데 정

---

89) 『법구경 주석서』는 "마디로 자라기 때문에(kaṇḍena ropitattā) 깐담바 나무(Kaṇḍambarukkha)라고 알려졌다."(DhpA.iii.207)라고 깐담바 나무를 설명하고 있다.
『앙굿따라 니까야 주석서』는 『앙굿따라 니까야』 제1권 하나의 모음 「으뜸 품」(A1:14)을 설명하면서 "어느 때 스승님께서는 제따와나 대승원(Jetavana-mahāvihāra)에서 머무시면서 깐담바 나무 아래에서 외도들을 척파하시는(titthiyamaddana) 쌍신변(yamakapāṭihāriya)을 보이신 뒤 …"(AA.i.125)라고 언급하고 있다.

수리(matthaka)는 무엇입니까?'라고 질문하자 구경의 지혜를 천명하면서 본 게송 두 개를 읊었다."(ThagA.ii.37)

다른 웃따라 장로(Th2:1)의 게송이 본서 둘의 모음 {121}~{122}에 나타나고 있다. 이 두 분은 서로 다르다.

161. "나는 무더기들을 철저하게 알았고[90]
나의 갈애는 잘 뿌리 뽑혔습니다.[91]
나의 깨달음의 구성요소들[七覺支]은 수행되었고[92]

---

90) "'나는 무더기들을 철저하게 알았고(khandhā mayā pariññātā)'라고 하였다. 여기서 '무더기들(khandhā)'은 취착의 [대상인] 다섯 가지 무더기들[五取蘊, pañcupādānakkhandhā]이다. '철저하게 알았고(pariññātā)'란 '이것이 괴로움이고 이 이상은 없다(idaṁ dukkhaṁ, na ito bhiyyo).'라고 한계를 정하여 알았고(paricchijja ñātā) 수행했다(bhāvitā)는 말이다. 이것에 의해서 괴로움의 성스러운 진리[苦聖諦, dukkha ariyasacca]에 대한 철저하게 앎을 통한 관통(pariññābhisamaya)을 말하고 있다."(ThagA.ii.37)

91) "'나의 갈애는 잘 뿌리 뽑혔습니다(taṇhā me susamūhatā).'라고 하였다. 여기서 목마르게 하고(tasati) 아주 목마르게 한다(paritasati)고 해서 '갈애(taṇhā)'이다. 이것으로 일어남의 진리[集諦]에 대한 버림을 통한 관통(samudaya-saccassa pahānābhisamaya)을 말하고 있다."(ThagA.ii.37)

여기서 '버림을 통한 관통'은 pahānābhisamaya를 옮긴 것인데 버림의 관통으로도 옮길 수가 있겠지만 『아비담마아와따라』에서 "pahānābhisamaya는 뿌리 뽑음(samuccheda)인 버림이라 불리는(samuccheda-ppahāna-saṅkhātena) 꿰뚫음을 통해서(paṭivijjhanena) 미혹함이 없이 관통한다는 [의미이다]."(Avtr.ii.358)로 설명하고 있어서 이처럼 버림을 통한 관통 등으로 옮겼다.

92) "'나의 깨달음의 구성요소들[覺支]은 수행되었고(bhāvitā mama bojjha-ṅgā)'라고 하였다. 깨달음이라 불리는(bodhi-saṅkhātā) 마음챙김 등의 법들의 조화(satiādi-dhamma-sāmaggi)에 의해서, 혹은 그것을 구족한(taṁ-samaṅgi) 깨달음이라 불리는(bodhi-saṅkhāta) 성스러운 사람의 구성요소들(ariya-puggalassa aṅgā)이라고 해서 '깨달음의 구성요소들(bojjh-aṅgā)'이다. 마음챙김과 법의 간택과 정진과 희열과 편안함과 삼매와 평온이라 불리는 도에 포함된 법들(magga-pariyāpannā dhammā)이 나에 의해서 '수행되었다(bhāvitā)', 일어났다, 증장되었다(uppāditā vaḍḍhitā)는 뜻이다. 여기서는 깨달음의 구성요소[七覺支]를 취함에 의해서 그것과 함께

나는 번뇌의 멸진을 얻었습니다.93)

162. 94)그런 나는 무더기들을 철저하게 알고
유혹자95)를 뽑아내고
깨달음의 구성요소들을 수행하였기 때문에
번뇌가 없이 열반에 들 것입니다.96)”

웃따라 장로 (끝)

하는(taṁ-sahacaritatā) 모든 도의 법들(magga-dhammā)과 모든 깨달음의 편에 있는 법들(bodhipakkhiya-dhammā)도 취해졌다(gahitā)고 보아야 한다. 이것으로 도의 진리[道諦]의 수행을 통한 관통(magga-saccassa bhāvana-abhisamaya)을 보여주고 있다.”(ThagA.ii.37)

93) “‘나는 번뇌의 멸진을 얻었습니다(patto me āsavakkhayo).’라고 하였다. 감각적 쾌락의 번뇌 등의 번뇌들이 여기서 멸진된다(khīyanti)고 해서 ‘번뇌의 멸진(āsavakkhaya)’이라는 이름을 얻은 무위법(asaṅkhata-dhamma)이 나에 의해서 얻어졌다, 증득되었다(patto adhigato)는 말이다. 이것으로 소멸의 진리[滅諦]의 실현을 통한 관통(nirodha-saccassa sacchikiriya-abhisamaya)을 설하고 있다. 이렇게 하여 자신의 유여열반의 성취(sa-upādisesa-nibbāna-sampatti)를 보여준다.”(ThagA.ii.37~38)

94) “이제는 무여열반의 성취(anupādisesa-nibbāna-sampatti)를 보여주면서 ‘그런 나는(sohaṁ)’ 등으로 두 번째 게송을 말하였다.”(ThagA.ii.38)

95) “여러 가지 형태의 대상이라는 그물(visaya-jāla), 혹은 갈애가 요동치는 거처라 불리는 그물(jāla)이 그에게 있다고 해서 ‘유혹자(jālinī)’이다.”(DhsA.363)

이 유혹자(jālinī)는 『담마상가니』(Dhs. §1065 등)에서 탐욕(lobha)의 101개 동의어 가운데 20번째로 나타나고 있다.

96) ‘번뇌가 없이 열반에 들 것입니다.’는 nibbāyissaṁ anāsavo를 옮긴 것이다. 주석서는 이렇게 설명한다.

“수행의 완성(bhāvanā-pāripūri)을 얻은 뒤 거기서 ‘번뇌가 없이(anāsavo)’ 되어 머물면서 나는 이제 마지막 마음이 소멸함(carimaka-citta-nirodha)에 의해서 취착 없이(anupādāna) ‘열반에 들 것입니다(nibbāyissaṁ).’ 마치 불(jātaveda)이 [완전히 꺼지는 것]처럼 나는 완전한 열반에 들 것입니다라는(parinibbāyissāmīti) 말이다.”(ThagA.ii.38)

2. 밧다지 장로(Th2:22 {163}~{164})

【행장】

"밧다지 장로(Bhaddaji thera)는 밧디야 도시(Bhaddiya-nagara)에서 8억의 재력을 가진 밧디야 상인(Bhaddiya-seṭṭhi)의 외동아들로 태어났다. 그가 가진 지배력과 재물과 수행원 등의 번영(issariya-bhoga-parivārādi-sampatti)은 마지막 존재(carima bhava)에서 보살이 누린 그것과 같았다. 스승님께서는 사왓티에서 안거를 하신 뒤 밧다지 소년의 지혜가 무르익자 그를 데려오시기 위해서 큰 비구 승가와 함께 밧디야 도시로 가셔서 자띠야 숲(Jātiyā-vana)에 머무셨다.

그도 대저택 위에 앉아서 격자 모양의 창문(sīha-pañjara)을 열고 쳐다보며 세존의 곁에서 법을 듣기 위해서 가고 있는 많은 사람을 보고 '이 많은 사람이 어디로 갑니까?'라고 물은 뒤 그 이유를 듣고 스스로도 많은 수행원들과 함께 스승님의 곁에 갔다. 그는 법을 듣고 모든 장신구로 장엄을 한 것과 같은(sabbābharaṇa-paṭimaṇḍitova) 모든 오염원들을 제거한 뒤 아라한됨을 얻었다. 장로의 일화는 『아빠다나』에도 나타나고 있다."(ThagA.ii.39)

그가 아라한이 되었을 때 세존께서는 그의 아버지에게 아들을 출가시킬 것을 권하시면서 그렇지 않으면 아들은 반열반에 들게 될 것이라고(no ce pabbajati parinibbāyissati) 하셨다. 아버지는 아들을 출가하게 하였다.(Ibid.)

계속해서 주석서는 그의 뛰어난 禪의 힘을 드러낸 뒤(ThagA.ii.39~40) 이렇게 적고 있다.

"비구들이 '세존이시여, 언제 밧다지 장로가 이 궁전(pāsāda)에서 머물렀습니까?'라고 묻자 「마하빠나다 자따까」(Mahā-panāda jātaka)를 말씀하신 뒤 많은 사람에게 법의 감로수(dhammāmata)를 마시게 하셨다. 장로는 자신이 전생에 머물던(ajjhāvuṭṭha pubba) 황금으로 만든 궁전(suvaṇṇapāsāda)을 보

여준 뒤 이 두 개의 게송으로 묘사하면서 구경의 지혜를 천명하였다."(ThagA.ii.40)

『테라가타 주석서』의 이러한 설명처럼 밧다지 장로가 읊은 {163}~{164} 두 개의 게송은 『자따까』의 「마하빠나다 자따까」(Mahāpanāda Jātaka, J.ii.331 이하)에도 실려 있다. 『자따까 주석서』는 『테라가타 주석서』와 같은 방법으로 본 게송을 설명하고 있다. 밧다지 장로가 전생에 마하빠나다 왕이었을 때 이 궁전을 지은 인연에 대해서는 {163}번 게송의 첫 번째 주해를 참조하기 바란다.

4부 니까야 가운데 밧다지 존자가 나타나는 경은 『앙굿따라 니까야』 제3권 「밧다지 경」(A5:170)이다. 이 경은 밧다지 존자와 아난다 존자의 대화로 구성되어 있다. 『앙굿따라 니까야 주석서』에는 밧다지 존자에 대한 별다른 설명이 없다. 이 경에서 아난다 존자는 밧다지 존자에게 보는 것과 듣는 것과 행복과 인식 가운데 무엇이 으뜸인가를 묻고 그는 [초선천인] 범천과 [제2선천인] 광음천과 [제3선천인] 변정천과 무소유처의 신이 각각 이 넷의 으뜸이며 비상비비상처의 신이 존재 가운데 으뜸이라고 대답한다.(§1) 여기에 대해서 아난다 존자는 그것은 일반 대중들이 이야기하는 방식일 뿐이라고 한 뒤 ① 보면서 번뇌 다함, ② 들으면서 번뇌 다함, ③ 번뇌 다한 행복, ④ 번뇌 다한 인식이 으뜸이라고 대답한다.(§2)

한편 『담마상가니 주석서』는 삼차결집 때까지 아비담마를 전승한 장로들 15분의 이름을 나열하면서 밧다지 장로를 두 번째로 들고 있다. 존자들의 이름은 다음과 같다. 사리뿟따(Sāriputta), 밧다지(Bhaddaji), 소비따(Sobhita), 삐야잘리(Piyajālī), 삐야빨라(Piyapāla), 삐야닷시(Piyadassī), 꼬시야뿟따(Kosiyaputta) 식가와(Siggava), 산데하(Sandeha), 목갈리뿟따(Moggaliputta), 수닷따(Sudatta), 담미야(Dhammiya), 다사까(Dāsaka), 소나까(Soṇaka),

레와따(Revata)이다.(DhsA.32)

163. "그 왕은 빠나다라 불리었나니97)

---

97) 『테라가타 주석서』는 이렇게 설명한다.
"'그 왕은 빠나다라 불리었나니(Panādo nāma so rājā)'라고 하였다. 그는 이처럼 '옛날에 빠나다라는 그 왕이 있었다.'라고 자기 존재를 감춘 뒤(atta-bhāvāntarahitatāya) 자신을 남인 듯이 지칭한다. 그는 참으로 왕위에 머물렀던 시간부터 시작해서 항상 분발과 번영 등(ussāha-sampatti-ādi)의 왕의 큰 위력(anubhāva)과 큰 명성(kitti-sadda)을 구족하였기 때문에 마하빠나다(우렁찬 소리를 가진) 왕(rājā Mahāpanāda)이라고 알려졌다."(ThagA.ii.40)

DPPN에서도 밝히고 있듯이(*s.v.* Mahāpanāda) 「마하빠나다 자따까」(Mahāpanāda Jātaka, J.ii.331 이하)에 의하면 밧다지 장로가 전생에 이 빠나다였다.

『디가 니까야 주석서』(DA)에 의하면 옛적에 지팡이를 만드는(naḷakāra) 아버지와 아들이 있었는데 어떤 벽지불(Pacceka Buddha)에게 토굴을 만들어 드렸다고 한다. 그 공덕으로 죽어서 ① 아들은 천상에 태어나서 마하빠나다(Mahāpanāda)가 되었고 이 세상에 다시 태어나서도 마하빠나다가 되었으며 신들의 왕인 삭까가 신들의 목수인 윗사깜마를 시켜서 큰 궁전을 짓게 하였다고 한다. 그는 죽어서 다시 천상에 신으로 태어났다.
그가 죽자 그 궁전은 강가 강의 흐름 속으로 들어갔다(mahā-Gaṅgāya anu-sotaṁ pati(patati의 Aor.3.sg.)고 한다. 그는 천상의 신으로 머물다가 금생에 우리 세존의 시대에 바로 이 밧다지 상인(Bhaddaji-seṭṭhi)으로 태어나서 스승님의 곁에 출가하여 아라한이 되었다.(DA.iii.856) 그 궁전이 바로 여기 {163}~{164}에서 비구 대중에게 설명해 주고 있는 바로 이 궁전이다.

그리고 ② 아버지는 지금 천상에 태어나 머물고 있는데 나중에 인간 세상에 태어나서 『디가 니까야』 제3권 「전륜성왕 사자후경」(D26) §26에서 언급되는 바로 그 상카(Saṅkha) 왕이 될 것이라고 한다. 마하빠나다가 지은 궁전은 아직도 무너지지 않고 있으며 상카가 왕이 되면 그는 이 궁전을 찾아내어 사용할 것이라고 한다.(DA.iii.856~857) 그래서 「전륜성왕 사자후경」(D26)에는 "그때 상카 왕은 마하빠나다 왕이 건설한 궁전을 다시 일으켜 세워 거기서 정착한 뒤"(D26 §26)로 나타난다.
이 「전륜성왕 사자후경」(D26) §24에 의하면 인간들이 8만 살의 수명을 가질 때에 상카 왕이 출현하고, §25에 의하면 그때 우리에게 미래불이신 미륵(彌勒) 부처님으로 친숙한 멧떼이야(Metteyya, 미륵) 부처님이 출현하신다. 그리고 §26에 의하면 상카 왕은 멧떼이야(미륵) 부처님 아래로 출가하여

그의 궁전은[98] 황금으로 만들어졌으며
가로로 16화살의 거리였고[99]
높이는 그 천 배가 되었다고 합니다. (=JA.ii.334 {40})

164. 그것은 1,000화살의 [높이였고]
100개의 공 모양으로 장식한 첨탑을 가졌으며[100]
[갖가지] 깃발들이 꽂혀있었고[101] 황금으로 만들었으며[102]

열심히 정진하여 위없는 청정범행의 완성을 최상의 지혜로 실현하게 된다고 한다.

98) '그의 궁전은 황금으로 만들어졌으며'는 yassa yūpo suvaṇṇayo를 옮긴 것이다. 주석서는 "그 왕의(yassa rañño) 이 기둥(ayaṁ yūpo), 즉 궁전은(pāsādo) 황금으로 만들어졌다."(ThagA.ii.40)로 설명하고 있어서 혼동을 피하기 위해서 yūpa를 기둥으로 옮기지 않고 궁전으로 옮겼다.

『자따까 주석서』도 「마하빠나다 자따까」(Mahāpanāda Jātaka)에 실려 있는 본 게송을 주석하면서 "여기서 기둥은 궁전을 말한다(tattha yūpo ti pāsādo)."(JA.ii.334)라고 설명하고 있다.

99) '가로로 16화살의 거리였고'는 tiriyaṁ soḷasa-pabhedho를 옮긴 것인데 '가로로(tiriyaṁ) 16(soḷasa) 화살이 꿰뚫는 거리(pabhedha)이다.'로 직역할 수 있다. 주석서는 "넓이(폭, vitthāra)로는 16개 화살이 떨어지는 크기(kaṇḍa-pāta-ppamāṇa)인데 반 요자나 정도(aḍḍha-yojana-matta)가 된다."(ThagA.ii.40)로 설명하고 있어서 이렇게 옮겼다. 1요자나는 대략 7마일, 즉 11km 정도의 거리이다. VRI본에는 soḷasa-pabhedho 대신에 soḷas-ubbedho로 나타나는데 ubbedha는 주로 높이를 나타내기 때문에(PED) 적절하지 않아 보인다.

100) '100개의 공 모양으로 장식한 첨탑을 가졌으며'는 sata-geṇḍu를 주석서를 참조하여 풀어서 옮긴 것이다. 주석서는 satageṇḍū를 "수백 개(aneka-sata) 둥근 작은 탑을 가진 것(niyyūhako)"(ThagA.ii.40)으로 설명하고 있다.

101) '[갖가지] 깃발들이 꽂혀있었고'는 dhajālu를 주석서를 참조하여 옮긴 것이다. 주석서는 'dhajālūti tattha tattha niyyūha-sikharādīsu patiṭṭhāpit-ehi yaṭṭhi-dhaja-paṭāka-dhajādi-dhajehi sampanno.'(ThagA.ii.40)로 설명하고 있어서 이렇게 옮겼다.

102) '황금으로 만들었으며'는 haritāmayo를 옮긴 것인데 주석서는 이 haritā-

거기서 6,000명의 무용수들이[103] 일곱 번 춤을 추었습니다."

밧다지 장로 (끝)

3. 소비따 장로(Th2:23 {165}~{166})

【행장】

"소비따 장로(Sobhita thera)는 사왓티에서 바라문 가문에 태어났다. 그는 스승님께서 법을 설하시는 것을 듣고 믿음을 얻어 출가하였으며 위빳사나를 증장시켜 육신통을 갖춘 분이 되었다. 그리고 그는 전생에 대한 지혜(숙명통, pubbenivāsa-ñāṇa)에 자유자재한 분(ciṇṇavasī)이었다. 장로의 일화는 『아빠다나』에도 나타나고 있다. … (ThagA.ii.41)

그는 아라한됨을 얻은 뒤 자신의 전생을 따라감을 통해서(anu-paṭipāṭiyā) 계속해서 생각해 내면서(anussaranta) 인식이 없는 상태(asañña-bhava)에서 마음이 없는 재생연결(acittaka-paṭisandhi)에 이르기까지 보았다. 그는 거기서 500겁 동안 마음의 움직임(cittappavatti)을 보지 못하고 멈춤만을(avasāneva) 보고는 '이게 무엇인가?'라고 전향하는 방법을 통해서(āvajjento naya-vasena) '인식이 없는 상태일 것이다.'라고 결론에 도달했다.
그래서 세존께서는 '비구들이여, 무상유정들(asaññasattā)이라는 긴 수명을 가진 신들(dīghāyukā devā)이 있는데 그는 거기서 떨어져서 소비따로 여기에 태어났다. 그는 이 상태를 안다. 소비따는 기억한다.'라고 하셨다. 이러한 방법을 통해서 계속해서 생

---

mayo를 cāmīkara-suvaṇṇa-maya로 설명하고 있는데(ThagA.ii.40) 여기서 cāmīkara는 '금'을 뜻하고 suvaṇṇa는 명사로 쓰이면 '금'을, 형용사로 쓰이면 '금색을 가진, 아름다운'을 뜻한다.

103) 여기서 '무용수들'은 gandhabbā를 옮긴 것인데 주석서에서 "여기서 간답바들은 무용수들이다(gandhabbāti naṭā)."(ThagA.ii.41)로 설명하고 있어서 이렇게 옮겼다.

각하는 자의 계속해서 생각함의 능숙함(anussaraṇa-kosalla)을 보시고 스승님께서는 장로를 전생을 기억하는 자들 가운데서 으뜸가는 위치에 두셨다.(A1:14:4-9) 그 후부터 이 존자는 특히 자신의 전생을 기억하는 지혜[宿命通, pubbenivāsānussatiñāṇa]와 그것의 조건이 되는 도닦음을 반조한 뒤 기쁨이 생겨서 그 의미를 밝히는 감흥어를 통해서 본 게송 두 개를 읊었다."(ThagA.ii. 41~42)

이처럼 소비따 장로는 전생을 기억하는 숙명통에 능숙한 분이었으며 선정의 힘을 통해서 500겁을 무상유정천에 머물렀음을 기억해 내었다. 그래서 부처님께서는 『앙굿따라 니까야』 제1권 하나의 모음 「으뜸 품」(A1:14)에서 "전생을 기억하는 자들 가운데서(pubbenivāsaṁ anussarantānaṁ) 소비따가 으뜸이다."(A1:14:4-9)라고 하셨다. 바로 앞의 밧다지 장로(Th2:22)의 【행장】에서 인용하였듯이 소비따 장로는 삼차결집 때까지 아비담마를 전승한 장로들 가운데서 사리뿟따 존자와 밧다지 존자 다음의 세 번째로 언급이 되고 있다.(DhsA.32) 그는 아비담마의 대가였음이 분명하다.

165. "마음챙김과 통찰지를 가진 비구인 나는
힘과 정진을 부지런히 닦아[104]
하룻밤에 500겁을 기억하였다.[105]

---

104) "'힘과 정진을 부지런히 닦음(āraddha-bala-vīriya)'이라 하였다. 믿음 등의 힘(saddhādi-balā, 五力)과 네 가지 바른 노력[四正勤]의 정진(catubbidha-sammappadhāna-vīriya)을 성취하여 완성함(saṁsiddhi-pāripūriya)을 말한다."(ThagA.ii.42)

105) "'하룻밤에 500겁을 기억하였다(pañca kappa-satānāhaṁ, ekarattiṁ anu-ssariṁ).'라고 하였다. 이것으로 자신이 전생을 기억하는 지혜[宿命通]에서 지혜에 자유자재한 상태임(ñāṇa-vasī-bhāva)을 밝히고 있다."(ThagA. ii.42)

166. 사념처와 칠[각지]와 팔[정도]를 닦아서106)
나는 하룻밤에 500겁을 기억하였다.

소비따 장로 (끝)

4. **왈리야 장로**(Th2:24 {167}~{168})

【행장】

"왈리야 장로(Valliya thera)는 웨살리에서 바라문 가문에 태어나 깐하밋따(Kaṇhamitta)라는 이름을 얻었다. 그는 적당한 나이가 되어 웨살리 마을에서 스승님께서 보이신 부처님의 위신력을 보고 믿음을 얻어 마하깟짜나 장로의 곁으로 출가하였다. 그는 통찰지가 둔하고(manda-pañña) 분발이 느려서(dandha-parakkama) 오랜 시간을 지자인 청정범행을 닦는 동료 수행자를 의지하여 지냈다. 비구들은 '마치 덩굴(valli)이 나무 등과 같은 어떤 것이든 의지하지 않고는 자랄 수 없듯이 이 사람도 어떤 분이든 현자를

---

106) '사념처와 칠[각지]와 팔[정도]를 닦아서'는 cattāro satipaṭṭhāne, satta aṭṭha ca bhāvayaṁ을 옮긴 것인데 '사념처와 일곱과 여덟을 닦아서'로 직역할 수 있다. 주석서는 여기서 '일곱'은 일곱 가지 깨달음의 구성요소들[七覺支, satta bojjhaṅgāni]이고 '여덟'은 여덟 가지 도의 구성요소들(aṭṭha maggaṅgāni)이라고 밝히고 이 여덟을 다시 여덟 가지 구성요소를 가진 성스러운 도[八支聖道, 八正道, ariyo aṭṭhaṅgiko maggo]라고 밝히고 있어서(ThagA.ii.43) 이렇게 옮겼다. 계속해서 주석서는 이렇게 말한다.

"그래서 법의 대장군(사리뿟따 존자)은 [『디가 니까야』 제3권 「확신경」(D28) §2에서] "[과거와 … 미래와 … 현재의 모든 세존·아라한·정등각들께서] 네 가지 마음챙김의 확립[四念處]에 마음이 잘 확립되셨으며 일곱 가지 깨달음의 구성요소[七覺支]들을 있는 그대로 닦으신 뒤 [위없는 정등각을 완전하게 깨달으셨습니다.]"(D28 §2)라는 등으로 일곱 가지 항목으로 된(satta-koṭṭhāsikā) 37가지 깨달음의 편에 있는 법들[三十七菩提分法, sattatiṁsā bodhipakkhiya-dhammā] 가운데 하나의 항목(eka koṭṭhāsa)이 수행의 완성으로 가게 되면(bhāvanā-pāripūriṁ gacchanta) 나머지들도 완성되지 않는 것이 없다고 하였다. '닦아서(bhāvayaṁ)'는 닦음을 원인으로 해서(bhāvanā-hetu)라는 말이다."(ThagA.ii.42~43)

의지하지 않으면 향상할 수 없다.'라고 하면서 그를 왈리야(Valliya)라고 불렀다.

그는 나중에 웨누닷따 장로(Veṇudatta thera)에게 다가가 그의 교계에 확고히 서서 마음챙기고 알아차리며 머물면서 지혜가 무르익었기 때문에 도닦음의 과정에 대해서 장로에게 질문을 하면서 본 게송 두 개를 읊었다. …
이것을 듣고 웨누닷따 장로는 그에게 명상주제를 주었다. 그는 명상주제에 전념하면서 오래지 않아 위빳사나를 열성적으로 행하여 아라한됨을 얻었다. 장로의 일화는 『아빠다나』에도 나타나고 있다. …
장로는 아라한됨을 얻은 뒤 구경의 지혜를 천명할 때에도 바로 이 게송을 읊었다."(ThagA.ii.44)

다른 두 분의 왈리야 장로가 하나의 모음 {53}과 둘의 모음 {125}~{126}으로 나타나고 있다.

167. "결연한 정진으로 해야 할 것과
깨닫기를 원하는 자가 해야 할 것을[107]
저는 행할 것이고 저는 떨어지지 않을 것이니
[저의] 정진과 분발을 보십시오.

168. 그리고 당신은 저에게 올곧고 죽음 없음으로 귀결되는[108]

---

107) "'깨닫기를 원하는 자가 해야 할 것을(yaṁ kiccaṁ boddhum icchatā)'이라고 하였다. 네 가지 성스러운 진리[四聖諦]나 열반을 깨닫기를(bujjhituṁ) 원하고 꿰뚫기를 원하는 자가(paṭivijjhitu-kāma) 해야 할 것(karaṇīya)을 뜻한다."(ThagA.ii.44)

108) '올곧고 죽음 없음으로 귀결되는'은 añjasaṁ amatogadhaṁ을 옮긴 것이다. 여기서 '올곧고'로 옮긴 añjasa는 √ṛj(*to go*)에서 파생된 중성명사이다. 주석서는 이렇게 설명한다.

"'올곧고(añjasaṁ)'란 곧음(ujuka)을 뜻하는데 중도인 상태(majjhima-

도를 말씀해 주십시오.[109]
저는 성자가 되어 [그것을] 완성할 것입니다.[110]
강가 강의 흐름이 바다를 그렇게 하는 것처럼.[111]"

왈리야 장로 (끝)

5. **위따소까 장로**(Th2:25 {169}~{170})

【행장】

"위따소까 장로(Vītasoka thera)는 담마아소까 왕(Dhammāsoka-rāja)이라 불리는 아소까 대왕의 동생으로 태어났다. 그는 적당한 나이가 되어 끄샤뜨리야 젊은이들과 함께 배워야 할 명지와 기술(vijjā-sippā)에 대해서 통달하였고 기리닷따 장로(Giridatta thera)를 의지하여 재가자로 있으면서 경장(Suttanta-piṭaka)과

---

paṭipadā-bhāva)에 의해서 양극단(anta-dvaya)을 따라가지 않기 때문이다. 죽음 없음[不死]인 열반(amata nibbāna)을 얻게 하고(sampāpaka-bhāva) 그곳에 확고하기 때문에(patiṭṭhitattā) '죽음 없음으로 귀결되는(amat-ogadhaṁ)'이라 하였다."(ThagA.ii.44)

109) "'도를 말씀해 주십시오(maggam akkhāhi).'라고 하였다. 성스러운 도(ariya-magga)를 설해주십시오(kathehi), 출세간도를 얻게 하는(lokuttara-magga-sampāpaka) 네 가지 진리의 명상주제(catu-sacca-kamma-ṭṭhāna)를 설해주십시오라는 뜻이다."(ThagA.ii.44)

110) '저는 성자가 되어 [그것을] 완성할 것입니다.'는 ahaṁ monena monissaṁ을 옮긴 것이다. 주석서는 이렇게 설명한다.

"'성자가 되어(monena)'란 지혜(ñāṇa)에 의해서, 도의 통찰지(maggapaññā)에 의해서라는 말이다. '저는 완성할 것입니다(monissaṁ).'는 저는 알 것입니다(jānissaṁ), 열반을 꿰뚫을 것입니다(paṭivijjhissaṁ), 얻을 것입니다(pāpuṇissaṁ)라는 말이다."(ThagA.ii.44)

111) "'강가 강의 흐름이 바다를 그렇게 하는 것처럼(Gaṅgā-sotova sāgaraṁ)'이라 하였다. 마치 강가 [강이] 흘러서 바다(sāgara)로, 대해(samudda)로 실패하지 않고(avirajjhanta) 전적으로 흘러가는 것처럼 그와 같이 '저는 명상주제에 몰두하면서(anuyuñjanta) 도의 지혜로 열반을 증득할 것입니다. 그러므로 그 명상주제를 제게 설명해 주십시오(ācikkhatha).'라고 장로에게 명상주제를 청하였다."(ThagA.ii.44)

논장(Abhidhamma-piṭaka)에 출중하였다.
어느 날 수염을 깎을 때 이발사의 손으로부터 거울을 받아 몸을 살펴보면서 주름진 피부와 회색으로 변한 머리카락 등을 보고 그에게 절박함이 생겨서(sañjāta-saṁvega) 위빳사나로 마음을 기울인 뒤 수행을 열성적으로 행하여 그 자리에서 예류자가 되었다. 그는 기리닷따 장로의 곁에서 출가한 뒤 오래지 않아 아라한됨을 얻었다. 장로의 일화는 『아빠다나』에도 나타나고 있다. …
아라한됨을 얻은 뒤 구경의 지혜를 천명하면서 본 게송 두 개를 읊었다."(ThagA.ii.45)

아소까 대왕의 동생들인 위따소까 장로의 게송들과 에까위하리야 장로(Th10:2)의 게송들({537}~{546})이 본서에 실려 있는 것은 이 『테라가타』가 삼차결집에서 지금 형태로 완성이 되었음을 보여주는 좋은 자료가 된다 하겠다.

169. "나의 머리를 깎아야지[라고 나는 생각하였고]
이발사가 다가왔다.112)
그 뒤 거울을 들고
나는 몸을 반조하였다.113)

170. [나의] 몸은 [23] 공허하게 보였고114)

112) "이것은 장로가 재가자였을 때 머리를 깎으면서(massu-kamma-samaye) 있었던 일이다."(ThagA.ii.45)

113) "'나는 몸을 반조하였다(sarīraṁ paccavekkhisaṁ).'라고 하였다. 그는 몸 전체가 드러난 거울(ādāsa)에서 회색으로 변하고 주름진 얼굴의 표상 등을 보는 방법을 통해(palita-valita-mukha-nimittādi-dassana-mukhena) '나의 몸은 늙음에 지배되었구나!'라고 하면서 늙음에 지배된(jarābhibhūta) 자신의 몸을 반조하였다."(ThagA.ii.45)

114) "'[나의] 몸은 공허하게 보였고(tuccho kāyo adissittha)'라고 하였다. 항상하고 견고하고 행복한 고유성질 등(nicca-dhuva-sukha-sabhāvādī)이 빈 것(ritta)으로 나의 몸은 보아졌다, 알아졌다(adissatha paññāyi)는 말

암흑 속에서 어둠은 사라졌다.115)
모든 상투 다발은 잘라졌고116)
이제 다시 존재함이란 없다.117)"

위따소까 장로 (끝)

6. 뿐나마사 장로(Th2:26 {171}~{172})

【행장】

"뿐나마사 장로(Puṇṇamāsa thera)는 사왓티에서 지주의 가문(kuṭumbiya-kula)에 태어났다. 그가 태어나던 날에 그 집에 있는 모든 용기들이 금과 보배로 된 동전들(suvaṇṇa-ratanamayā māsā)로 가득 채워졌다(paripuṇṇā)고 한다. 그래서 뿐나마사(Puṇṇa-

---

이다."(ThagA.ii.45)

여기서 adissittha는 √dṛś(*to see*)의 수동형인 dissati의 아오리스트 3인칭 단수(Aor.3.Sg.)로 쓰였다. GdP에 의하면 adassatha도 √dṛś의 Aor.3.Sg.이다.

115) "'암흑 속에서 어둠은 사라졌다(andhakāre tamo byagā).'고 하였다. 지혜 없이 마음에 잡도리함이라 불리는(ayoniso-manasikāra-saṅkhāta) 어둠(tama)에 의해서 자신의 몸은 암흑에 빠져있었기 때문에, 있다고 하더라도 깨끗하지 못함[不淨] 등의 고유성질(asubhādi-sabhāva)을 보지 못하기 때문에, 존재하지 않는 깨끗함[淨] 등의 모습(subhādi-ākāra)을 취한다. 그 암흑이요 암흑을 만들어내는 곳(andha-karaṇa-ṭṭhāna)인 몸에 대해서 지혜롭게 마음에 잡도리함이라 불리는 지혜의 빛(ñāṇāloka)에 의해서 무명의 어둠은 없어졌다. 그래서 '모든 상투 다발은 잘라졌고(sabbe coḷā samucchinnā).'라고 하였다."(ThagA.ii.45~46)

'사라졌다'로 옮긴 byagā는 vi+√gam(*to go*)의 아오리스트 3인칭 단수(Aor.3.Sg)이다.

116) '모든 상투 다발은 잘라졌고'는 sabbe coḷā samucchinnā를 옮긴 것이다. 주석서는 여기서 상투 다발(coḷā)이 잘라진 것은 오염원들이 잘라진 것(kilesā samucchinnā)을 뜻한다고 설명한다.(ThagA.ii.46)

117) "'이제 다시 존재함이란 없다(natthi dāni punabbhavo).'라고 하였다. 으뜸가는 도에 의해서 뿌리 뽑혔기 때문에 그들에게는 [미래에] 다시 존재함의 발생(punabbhava-abhinibbatti)이 없다는 말이다."(ThagA.ii.46)

māsa, 동전들로 가득한)라 이름을 지었다. 그는 적당한 나이가 되어 결혼을 하여 아들 한 명을 낳았을 때 재가에 사는 것을 버리고 출가하였고 마을 근처에 살면서 노력하고 정진하여 육신통을 갖춘 분이 되었다. 장로의 일화는 『아빠다나』에도 나타나고 있다. …

그는 육신통을 갖춘 뒤 사왓티에 가서 스승님께 절을 올리고 공동묘지에 머물렀다. 그가 온 지 오래되지 않았을 때 그의 아들이 죽었다. 아이의 어머니는 장로가 왔다는 것을 듣고 '[물려줄] 아들이 죽어버린 이 재산(sāpateyya)을 왕에게 빼앗기지 않으리라.'라고 하면서 그를 환속시키려고(uppabbājetu-kāmā) 많은 측근들과 함께 장로 가까이에 가서 호의를 베푼 뒤 그를 유혹하기 시작하였다.
장로는 자신이 탐욕을 여의었음을 알리기 위해서 허공에 서서 자신의 도닦음을 찬탄하는 방법을 통해(paṭipatti-kittana-mukhena) 그녀에게 법을 설하면서 본 게송 두 개를 읊었다. …
장로는 이 게송들을 통해서 이전의 아내(purāṇadutiyikā)에게 법을 설하여 그녀를 삼귀의와 오계에(saraṇesu ca sīlesu ca) 확고하게 만든 뒤 떠나보냈다."(ThagA.ii.46~47)

다른 뿐나마사 장로(Th1:10)의 게송이 본서 제1권 하나의 모음 {10}으로 나타나고 있다.

171. "다섯 가지 장애를 버리고[118] 유가안은을 얻기 위하여[119]

118) "'다섯 가지 장애를 버리고(pañca nīvaraṇe hitvā)'라고 하였다. 감각적 쾌락에 대한 욕구 등(kāmacchandādikā)의 다섯 가지 장애들을 버리고(pahāya) 禪을 증득함에 의해서 부순 뒤에(viddhaṁsetvā)라는 뜻이다." (ThagA.ii.47)

'다섯 가지 장애[五蓋, pañca nīvaraṇāni]'에 대해서는 본서 제1권 하나의 모음 {74}의 해당 주해를 참조할 것.

119) "'유가안은을 얻기 위하여(yogakkhemassa pattiyā)'라는 것은 감각적 쾌락의 속박 등(kāma-yogādī)의 네 가지 속박들(catu yogā)로부터 안은하

자신의 지와 견이라는 법의 거울을 들고[120)]

172. 나는 안과 밖의 이 전체 몸을 반조하였나니[121)]
안과 밖으로 몸은 공허하게 보였습니다.[122)]"

고(khema) 짓눌리지 않는 열반(anupadduta nibbāna)을 증득하기 위해서라는 뜻이다."(ThagA.ii.47)

120) '자신의 지와 견이라는 법의 거울을 들고'는 dhammādāsaṁ gahetvāna ñāṇa-dassanam attano를 옮긴 것이다. 주석서는 이렇게 설명한다.

"'법의 거울(dhammādāsa)'이란 법이 되는 거울이다(dhammabhūta ādāsa). 마치 거울이 보는 사람의 물질로 된 몸(rūpa-kāya)에 있는 덕스러움과 덕스럽지 않음(guṇāguṇa)을 보게 하는(ādaṁseti) 것처럼 [이 법의 거울은] 위빳사나라 불리는 법들의 보편적이고 특별함을 자각하게 한다(sāmañña-visesa-avabodhanato). 그러므로 지와 견이 되는(ñāṇadassana-bhūta) 이 법의 거울(dhammādāsa)은 위빳사나를 하는 자에게 ① 깨끗하거나 오염된 법들을 구분함(vodāna-saṁkilesa-dhamma-vibhāvana)과 ② 그것을 버리거나 성취함(tappahāna-sādhana)에 의해서 특별히 정신의 몸(nāma-kāya)에서 덕스러움(guṇa)을 보게 한다."(ThagA.ii.47)

121) '나는 안과 밖의 이 전체 몸을 반조하였나니'는 paccavekkhiṁ imaṁ kāyaṁ, sabbaṁ santarabāhiraṁ을 옮긴 것이다. 주석서는 이렇게 설명한다.

"이 몸은 법의 적집(dhamma-samūha)이요 나 자신(mama attabhāva)이다. 나는 법의 거울을 가지고 안과 밖의 감각장소의 성질을 통해서(ajjhattika-bāhirāyatana-bhāvato) 안과 밖을 가진(santara-bāhiraṁ) 이 전체를 남김없이(anavasesaṁ) 무상이라고도 괴로움이라고도 무아라고도 반조하였다, 지혜의 눈으로 보았다(ñāṇa-cakkhunā passiṁ)는 말이다."(ThagA.ii.47)

122) '안과 밖으로 몸은 공허하게 보였습니다.'는 ajjhattañca bahiddhā ca, tuccho kāyo adissathā를 옮긴 것이다. 주석서의 설명을 살펴보자.

"'안과 밖으로(ajjhattañca bahiddhā ca)', 즉 자신의 흐름과 남의 흐름에서(attano santāne parasantāne ca) '몸은 공허하게 보였다(tuccho kāyo adissatha).'는 말이다. 항상하는[常] 심재 등이 없는(niccasārādi-virahita) 공허한(tuccha) 무더기 다섯 가지[五蘊]라 불리는(khandhapañcaka-saṅkhāta) 자기 존재인 몸(attabhāva-kāya)이 지혜의 눈(ñāṇa-cakkhu)으로 정확하게 보아졌다(yāthāvato apassittha)는 뜻이다.

[『상윳따 니까야』 제2권 「우현 경」(S12:19)의] '비구들이여, 무명에 덮이고 갈애에 묶여서 어리석은 자의 이 몸은 이와 같이 생겨난다.'(S12:19 §3)

뿐나마사 장로 (끝)

7. 난다까 장로(Th2:27 {173}~{174})

【행장】

"난다까 장로(Nandaka thera)는 짬빠의 장자 가문에 태어났다. [바로 다음 {175}~{176}을 읊은] 바라따 장로(Bharata thera, Th2:28)가 그의 형이었다. 이 두 사람은 사리를 분별하는 나이가 되어 소나 꼴리위사(Soṇa Koḷivisa) 존자[123]가 출가한 것을 듣고 '소나처럼 연약한 사람도(tathā-sukhumāla) 출가하였다. 우리는 도대체 무엇을 하는가?'라고 하면서 [절박함이 생겨] 출가하였다.

그들 가운데 바라따는 오래지 않아서 위빳사나를 증장시켜 육신통을 갖춘 분이 되었다. 난다까는 오염원들이 강한 상태(balava-bhāva)여서 위빳사나를 열성적으로 행할 수가 없었고 단지 위빳사나를 직업처럼 행할 뿐이었다(vipassanāya kammaṁ karoti eva). 그러자 바라따 장로는 그의 의향(āsaya)을 알고 도움이 되기를 바라면서 그를 뒤따르는 사문(pacchā-samaṇa)[124]으로 하여 승

라는 등에서는 이 전체 무더기 다섯 가지를 '몸(kāyo)'이라고 말씀하셨다. 그리고 '보였습니다(adissatha).'라는 이것으로 몸에서 보아져야 하는 것, [즉 무상·고·무아 등]이 보아졌다(diṭṭhaṁ)는 것이지 이제 내가 보아야 하는 그 무엇(kiñci, 실체)이 있다는 것이 아니라고 하여, 해야 할 일을 다 하였음(katakiccatā)을 보여주면서 구경의 지혜를 천명하였다."(ThagA.ii.47)

123) 소나 꼴리위사 존자(āyasma Soṇa-koḷivīsa)에 대해서는 본서 열셋의 모음(Th13:1) {632}의 【행장】을 참조할 것.

124) '뒤따르는 사문(pacchā-samaṇa)'은 니까야의 몇 군데에 나타나는 용어이다. 주석서는 이렇게 설명한다.

"'뒤따르는 사문(pacchāsamaṇa)'이란 소지품을 가지고 뒤따르는 사문이다. 자기 자신(즉 여기서는 바라따 장로)의 발우와 가사를 [그 사문이] 들게 한 뒤 뒤따르는 사문으로 삼아서 갔다는 뜻이다."(MA.iii.334)

『앙굿따라 니까야』 제3권 「뒤따르는 사문 경」(A5:112)에서 세존께서는 이렇게 말씀하신다.

원에서 나와서 길 근처에 앉아 위빳사나에 대한 이야기를 하였다. 그때에 수레를 끌고 가는 대상(隊商)의 무리가 지나가고 있었는데 수레를 끄는 황소 한 마리가 소택지(cikkhallaṭṭhāna)에 빠져서 수레를 끌고 나오지 못하였다. 그러자 대상의 우두머리는 그 황소를 수레에서 풀어내어 풀과 물을 먹이고 피로를 풀어준 뒤 다시 짐을 실었다. 그러자 그 황소는 피로를 가라앉히고 힘을 얻어 그 수레를 소택지로부터 맨땅으로 끌고 나올 수 있었다.
바라따 장로는 난다까에게 이 사실을 보게 하였다. 난다까는 '마치 이 황소가 피로를 가라앉히고 소택지로부터 짐을 끌어내듯이 그와 같이 나도 윤회의 수렁(saṁsāra-paṅka)으로부터 자신을 끌어내어야 한다.'라고 하면서 그것을 대상으로 삼아 위빳사나의 업을 행하여 오래지 않아서 아라한됨을 얻었다. 장로의 일화는 『아빠다나』에도 나타나고 있다. …
그는 아라한됨을 얻은 뒤에 자신의 형인 바라따 장로의 곁에서 구경의 지혜를 천명하면서 본 게송 두 개를 읊었다."(ThagA.ii.49)

이 난다까 장로는 본서 넷의 모음 {279}~{282}를 읊은 난다까 장로(Th4:4)와는 다른 분이다.

173. "마치 뛰어나고 혈통 좋은 [황소]가
비틀거리다가 확고하게 서서
더욱더 절박함을 얻어
조금도 굴하지 않고 짐을 나르는 것과 같습니다.

"비구들이여, 다섯 가지 법을 갖춘 사문은 [자기를] 뒤따르게 해서는 안 된다. 무엇이 다섯인가?
너무 멀리 떨어져서 가거나 너무 가까이 붙어서 가고, 음식이 담긴 발우를 대신 받아들지 않고, 범계(犯戒)의 경계를 넘어서 말하는 것을 자제하지 않고, 말하는 중간에 계속해서 끼어들어 이야기를 중단시키고, 통찰지가 없어 귀머거리와 벙어리이다. 비구들이여, 이러한 다섯 가지 법을 갖춘 사문은 [자기를] 뒤따르게 해서는 안 된다."(A5:112 §§1~2)

174. 그와 같이 봄[見]을 구족한 나를
정등각자의 제자요
부처님의 가슴에서 태어난 아들[125]인
혈통 좋은 [황소]로 호지해 주십시오."[126]

난다까 장로 (끝)

8. **바라따 장로**(Th2:28 {175}~{176})

【행장】

바라따 장로(Bharata thera)는 바로 앞 {173}~{174}를 읊은 난다까 장로(Th2:27)의 형이다. 주석서는 다음과 같이 설명하고 있다.

---

125) '부처님의 가슴에서 태어난 아들'은 puttaṁ Buddhassa orasaṁ을 옮긴 것이다. 여기에 대해서는 본서 제1권 하나의 모음 {41}의 주해와 본서 제3권 큰 모음 {1279}의 해당 주해를 참조할 것.

126) 주석서는 본 게송에 대해서는 라마니야위하리 장로(Ramaṇīyavihāritthera, Th1:45)의 게송에 대한 설명(gāthā-vaṇṇanā)을 보라고 적고 있다.(ThagA.ii.49) 본서 제1권 하나의 모음 {45}에서 라마니야위하리 장로는 이렇게 읊고 있다.

"마치 뛰어나고 혈통 좋은 [황소]가 / 비틀거리다가 확고하게 서는 것처럼
그와 같이 봄[見]을 구족한 [나를] / 정등각자의 제자로 [호지해 주십시오.]"

빠알리 원문은 다음과 같다.
yathāpi bhaddo ājañño, khalitvā patitiṭṭhati|
evaṁ dassanasampannaṁ, sammāsambuddhasāvakaṁ|| {45}

그런데 여기 본 게송들({173}~{174})의 원문은 다음과 같다.
<u>yathāpi bhaddo ājañño, khalitvā patitiṭṭhati</u>|
bhiyyo laddhāna saṁvegaṁ, adīno vahate dhuraṁ|| {173}
<u>evaṁ dassanasampannaṁ, sammāsambuddhasāvakaṁ</u>|
ājānīyaṁ maṁ dhāretha, puttaṁ Buddhassa orasaṁ|| {174}

여기서 보듯이 본서 제1권 하나의 모음 {45}번 게송은 여기 {173}의 첫 번째 구절(173a)과 {174}의 첫 번째 구절(174a)을 합한 것과 그대로 일치한다.

"바라따 장로(Bharata thera)는 짬빠 도시에서 장자의 가문에 태어났다. 그는 사리를 분별하는 나이가 되어 소나 장로(Th13:1)가 출가하였다는 것을 듣고 '그도 출가하였구나.'라고 절박함이 생겨 출가하였으며 미리 해야 할 일을 하고(kata-pubbakicca) 위빳사나의 업을 행하여 오래지 않아 육신통을 갖춘 분이 되었다. 장로의 일화는『아빠다나』에도 나타나고 있다. …

그는 육신통을 갖춘 뒤 자신의 동생인 난다까 장로가 위에서 언급한 방법대로 구경의 지혜를 천명하였을 때 '이제 난다까도 아라한이 되었다. 오, 이제 우리 둘도 스승님의 곁에 가서 청정범행을 완성했음을 말씀드려야겠다.'라는 생각(parivitakka)을 난다까 장로에게 말하면서 본 게송 두 개를 읊었다."(ThagA.ii.49)

175. "오시오, 난다까여. 우리는 은사님[127]의 곁으로 갑시다.
수승하신 부처님의 면전에서 사자후를 토합시다.

176. 그것을 위해서 우리에 대한 연민으로
성인께서는 우리를 출가시켜 주셨고
모든 족쇄를 멸진한
우리의 목적인 그것은 얻어졌습니다.[128]" (cf. {136})

---

127) "여기서 '은사님(upajjhāya)'은 정등각자(sammāsambuddha)이시다. 정등각자께서는 모든 것을 볼 수 있는 눈[普眼, samanta-cakkhu]과 부처님의 눈[佛眼, Buddha-cakkhu]으로 중생들의 성향과 잠재성향과 기질 등(āsayānusaya-caritādī)을 있는 그대로 살펴보심(yathābhūta-vilokana)에 의해서 신들을 포함한 세상의 잘잘못(vajjāvajja)을 정려(靜慮)하신다(upanijjhāyati). 그러므로 [정등각자를] 특별히 은사님이라고 일컫는 것이 가능하다. 그래서 그는 이 뜻을 가진 그것을 보여주기 위해서 [다음 구절에서] '수승하신 부처님의 면전에서 사자후를 토합시다(sīhanādaṁ nadissāma, Buddha-seṭṭhassa sammukha).'라고 말한다."(ThagA.ii.50)

128) "'우리의 목적인 그것은 얻어졌습니다(so no attho anuppatto).'라고 하였다. '그 목적(so attho)', 즉 모든 족쇄들이 멸진된(khaya-bhūta) 아라한과

바라따 장로 (끝)

9. 바라드와자 장로(Th2:29 {177}~{178})

【행장】

"바라드와자 장로(Bhāradvāja thera)는 라자가하에서 바라문 가문에 태어났다. 그는 족성에 의해서 바라드와자로 알려졌다. 그는 재가자로 머물면서 적당한 나이가 되어 아들 한 명을 두었다. 그의 이름은 깐하딘나(Kaṇhadinna, Th2:30)였다.

그 아이가 사리를 분별하는 나이가 되었을 때 '얘야, 아무개 스승의 곁에 가서 기술을 배우고 오너라.'라고 그를 딱까실라(Takkasilā)로 보냈다. 그 [아들은] 가는 도중에 부처님의 제자인 어떤 대장로[129]와 길벗(kalyāṇamitta)이 되었는데 그의 곁에서 법을 듣고 믿음을 얻어 출가하였으며 미리 해야 할 일을 하고 위빳사나의 업을 행하여 오래지 않아 아라한됨을 얻었다. 장로의 일화는 『아빠다나』에도 나타나고 있다. …

그때 그의 아버지 바라드와자도 웰루와나(Veḷuvana)에서 머무시는 세존께 다가가서 법을 듣고 출가하여 오래지 않아 아라한됨을 실현하였다. 아들은 스승님께 절을 올리기 위해서 라자가하로 와서 스승님의 곁에 앉아있는 아버지를 보았다. 그는 만족한 마음으로 '나의 아버지께서도 출가하셨는데 그분이 출가자의 의무인 정수리(pabbajjā-kicca matthaka)를 얻으셨는가?'라고 검증을 해보았다.

는 우리에 의해서 얻어졌습니다, 증득되었습니다(adhigata)라는 뜻이다." (ThagA.ii.50)

129) 여기서 어떤 대장로(aññatara mahāthera)로 언급되고 있는 분은 법의 대장군인 사리뿟따 존자인 듯하다. 여기에 대해서는 여기 둘의 모음 바로 다음에 나타나는 깐하딘나 장로(Kaṇhadinna thera, Th2:30 {179}~{180})의 【행장】을 참조할 것.

그는 그의 번뇌가 다하였음을 알고 그에게 사자후를 하게 하려고 '좋으십니다. 당신께서는 출가하시어 출가자의 의무인 정수리를 얻으셨습니까?'라고 여쭈었다. 바라드와자는 아들에게 자신의 증득(adhigama)을 밝히면서 본 게송 두 개를 읊었다."(ThagA.ii.51)

DPPN은 빠알리 삼장에 대략 20명 정도의 바라드와자 족성을 가진 사람들이 언급되고 있다고 적고 있다.130) 이 가운데 『상윳따 니까야』 제1권 「바라문 상윳따」(S7)의 「다난자니 경」(S7:1)부터 「많은 딸 경」(S7:10)까지에 나타나는 바라드와자 족성을 가진 10명의 바라문들은 세존과의 인연으로 모두 출가하여 아라한이 된다. 그리고 제4권 「바라드와자 경」(S35:127)에서 우데나 왕에게 설법하여 그를 귀의하게 한 삔돌라 바라드와자 존자(āyasmā Piṇḍola-Bhāradvāja, 본서 둘의 모음 Th2:2 {123}의 설명참조)와 『맛지마 니까야』 제1권 「옷감의 비유 경」(M7) §17 이하에서 세존께 질문을 드려 세존의 가르침을 듣고 출가하여 아라한이 된 순다리까 바라드와자 바라문(Sundarika-bhāradvāja brāhmaṇa)도 그러한 예로 들 수가 있겠다.

177. "전쟁에서 승리하신 영웅들은131)
마라와 그의 탈것을 이기고서132)

---

130) '*about twenty individuals belonging to this clan are mentioned in the Piṭakas.*'(DPPN s.v. Bhāradvāja5)

131) "'영웅들(vīrā)'이라 하였다. 네 가지 바른 노력[四正勤]인 정진을 구족하였기 때문에(catubbidha-sammappadhāna-vīriya-sampannatāya) 영웅들이다."(ThagA.ii.51)

132) '마라와 그의 탈것을 이기고서'는 jetvā Māraṁ savāhanaṁ를 옮긴 것이다. 주석서는 이렇게 설명한다.

"남김없이 오염원의 편을 분쇄해 버림(anavasesa-saṁkilesapakkha-nimmathana)을 통해서 탈것을 가진(savāhana) 오염원으로서의 마라와 업형성으로서의 마라와 신으로서의 마라를 이기고서라는 뜻이다."(ThagA.ii.51)

사자가 산속 동굴에서 포효하듯이
통찰지를 가지신 그분들은[133] 포효하신다.[134]

178. 그리고 나는 스승님을 섬기노라.[135]
법과 승가에 예배하노라.[136]

여기에 나타나는 세 가지 마라는 다섯 가지 마라(pañca Mārā)에 포함된다. 마라와 다섯 가지 마라에 대해서는 본서 제1권 하나의 모음 {47}의 해당 주해를 참조할 것.

다른 주석서들에서는 이 마라의 탈것(vāhana)을 기리메카(Girimekha) 코끼리(SnA.ii.15 = Sn {442}에 대한 주석)로, 혹은 마라의 군대(AA.iii.18 = 「노력 경」(A4:13/ii.15) §13에 대한 주석)로 설명하고 있다. 『자따까』(J.i.72)에는 마라가 기리메카 코끼리를 타고 미래의 부처님을 공격하러 보리수로 가는 것이 나타난다. 그러므로 마라의 탈것은 마라의 코끼리나 마라의 군대를 뜻한다.(S21:4 §7의 주해 참조)

133) "'통찰지를 가지신 그분들(sappaññā)'은 으뜸가는 도의 통찰지를 증득함(agga-magga-paññādhigama)에 의해서, 모든 통찰지를 증득함(sabba-paññādhigama)에 의해서, 모든 통찰지가 충만함에 도달한 분들(sabba-paññā-vepullappattā)이다."(ThagA.ii.51)

134) "'포효하신다(nadanti).'라는 것은 있는 그대로의 덕스러움을 드러내심(yathābhucca-guṇa-abhibyāhāra)을 통해서 두려움 없이 포효하신다(abhītanādaṁ nadanti), 천둥소리를 내신다(gajjanti)는 뜻이다."(ThagA.ii.51)

135) '그리고 나는 스승님을 섬기노라.'는 satthā ca pariciṇṇo me를 옮긴 것이다. 주석서는 스승님을 섬기는 이유를 이렇게 적고 있다.

"나의 스승님이신 정등각자께서 가르치신 대로(yathānusiṭṭhaṁ), 그분이 교계하시고 당부하신 것을 행함을 통해서(ovādānusāsanī-karaṇena) 나는 스승님을 섬기고(pariciṇṇa) 존중한다(upāsita). 법을 [설하시는 것을] 이유로(dhammādhikaraṇa = dhamma-desanā-hetu, UdA.97) [나 때문에(mayā)] 성가시게 되신 것이 아니다라는 의미이다."(ThagA.ii.51)

136) "'법과 승가에 예배하노라(dhammo saṅgho ca pūjito).'라고 하였다. 아홉 가지 출세간법(lokuttara-dhamma)과 그대로 도를 닦음(yathā-paṭipatti)을 통해서 전승되어 온 도를 증득함(āgata-maggānuppatti)에 의해서 계행과 견해와 사문됨을 추구하는(sīla-diṭṭhi-sāmañña-gamana) 성자들의 승가(ariya-saṅgha)에 나는 예배한다, 즉 공경을 표한다(mānito)는 뜻이다."(ThagA.ii.51)

번뇌가 없는 아들을 보고
나는 즐겁고 기쁘도다."

바라드와자 장로 (끝)

10. 깐하딘나 장로(Th2:30 {179}~{180})

【행장】

"깐하딘나 장로(Kaṇhadinna thera)는 라자가하에서 바라문 가문에 태어났다.137) 그는 [깨달음을 실현하기 위한] 강하게 의지하는 [조건을] 갖추었기 때문에(upanissaya-sampattiyā) 인연이 성숙됨에 자극받아(hetu-sampattiyā codiyamāna) 적당한 나이가 되어 법의 대장군(사리뿟따 존자)에게 다가가 법을 듣고 믿음을 얻어 출가하였으며 위빳사나를 증장시켜 아라한됨을 얻었다. 장로의 일화는 『아빠다나』에도 나타나고 있다.138) …
장로는 아라한됨을 얻은 뒤 구경의 지혜를 천명하면서 본 게송 두 개를 읊었다."(ThagA.ii.52)

179. "참된 사람들을 존중하였고139)

---

137) 바로 앞 {177}의 【행장】에서 언급하였듯이 깐하딘나 장로는 바로 앞에 나타난 바라드와자 장로(Bhāradvāja thera, Th2:29 {177}~{178})의 아들이었다. DPPN도 이 깐하딘나 존자는 바라드와자 장로의 아들이며 『아빠다나』에 언급되는 기리뿐나기야 장로(Giripunnāgiya thera, Ap 416)와 동일인일 것이라고 적고 있다.(s.v. Kaṇhadinna thera)

138) 위의 주해에서 언급한 기리뿐나기야 장로(Giripunnāgiya thera)에 해당하는 『아빠다나』의 게송들(Ap 416)과 거의 같은 게송들이 VRI본 『테라가타 주석서』(ThagA.ii.52)에 깐하딘나 장로의 아빠다나(전기)로 나타나고 있다.

139) '참된 사람들을 존중하였고'는 upāsitā sappurisā를 옮긴 것이다. 주석서는 이렇게 설명한다.

"여기서 '존중하였고(upāsitā)'라는 것은 모셨고(paricaritā), 도닦음을 경모함(paṭipatti-payirupāsana)을 통해서 섬겼고(payirupāsitā)라는 말이다. '참된 사람들(sappurisā)'이란 평화로운 계행 등의 덕스러움들(santā

끊임없이 법들을 들었노라.140)
듣고서는 올곧고 죽음 없음으로 귀결되는
도에 들어갔도다.141)

---

sīlādi-guṇā)을 구족한 사람들인데 사리뿟따 장로 등과 같은 성자들(ariya-puggalā)을 말한다. 이것으로 자신이 앞바퀴 두 개를 성취하였음(purima-cakka-dvaya-sampatti)을 보여준다. 적당한 지역에 사는 것(patirūpadesa-vāsa)이 없이는 참된 사람을 강하게 의지함(sappuris-ūpanissaya)이란 있지 않기 때문이다."(ThagA.ii.52)

즉 참된 사람을 섬기고 적당한 지역에 사는 것이 두 개의 앞바퀴라는 말이다. 『앙굿따라 니까야』 제2권 「바퀴 경」(A4:31)에서 세존께서는 이렇게 말씀하신다.

"비구들이여, 네 가지 [번영의] 바퀴가 있어서 이것을 구족한 신과 인간들은 이 네 가지 바퀴를 굴리게 되고 이것을 구족한 신과 인간들은 오래지 않아 재물이 많게 되고 가득하게 된다. 무엇이 넷인가?
적당한 지역에 사는 것(patirūpa-desavāsa), 참된 사람을 의지하는 것(sap-purisāvassaya), 자신을 바르게 하는 것(atta-sammāpaṇidhi), 전생에 지은 공덕(pubbe kata-puññatā)이다."

『테라가타 주석서』는 이들 넷 가운데 처음의 두 개를 앞의 바퀴 두 개를 성취하였음이라고 설명하고 있고 『디가 니까야 복주서』도 그러하다.(DAṬ.i.54)

140) "'끊임없이 법들을 들었노라(sutā dhammā abhiṇhaso).'는 것은 진리와 연기 등과 관련된 법들을(sacca-paṭiccasamuppādādi-paṭisaṁyutta-dhammā) 귀의 문으로 기억하여(sota-dvārānusārena) 호지하였다는 말이다. 이것으로 자신이 많이 배웠음(bāhu-sacca)을 보여주면서 뒷바퀴 두 개, [즉 자신을 바르게 하는 것과 전생에 지은 공덕]을 성취하였음(pacchima-cakka-dvaya-sampatti)을 드러낸다. '끊임없이(abhiṇhaso)'라는 것은 때때로가 아닌 거듭해서(bahuso)라는 뜻이다."(ThagA.ii.52)

141) "'듣고서는 올곧고 죽음 없음으로 귀결되는 / 도에 들어갔도다(sutvāna paṭipajjissaṁ, añjasaṁ amatogadhaṁ).'라고 하였다. 그런 법들을 들은 뒤 거기서 설한 물질과 비물질의 법들(vutta-rūpārūpa-dhammā)을 고유한 특징 등(salakkhaṇādi)으로 파악한 뒤 점차적으로 위빳사나를 증장하여 죽음 없음이요 열반에 확립됨(nibbāna-patiṭṭha)이요 그것을 얻게 하는(taṁ-sampāpaka) 올곧고(añjasa) 성스러운 여덟 가지 구성요소를 가진 도[八支聖道, 팔정도, ariya aṭṭhaṅgika magga]를 획득했다, 얻었다(paṭi-pajjiṁ pāpuṇiṁ)는 뜻이다."(ThagA.ii.52)

180. 나의 존재에 대한 탐욕은 부수어졌기 때문에[142)]
존재에 대한 탐욕은 다시 나에게 존재하지 않노라.
그것은 나에게 존재하지 않았고 존재하지 않을 것이고
그리고 지금도 나에게 존재하지 않도다.[143)]"

깐하딘나 장로 (끝)

세 번째 품이 끝났다.

[세 번째 품에 포함된 장로들의] 목록은 다음과 같다.

웃따라, 빗다지 장로, 소비따, 왈리야 선인
위따소까 장로와 뿐나마사와 난다까
바라따와 바라드와자와 깐하딘나 대성자이다.

---

142) "'나의 존재에 대한 탐욕은 부수어졌기 때문에(bhava-rāga-hatassa me sato)'라고 하였다. 나의 존재에 대한 탐욕, 즉 존재에 대한 갈애(bhava-taṇhā)가 시작이 없는 윤회에서(anādimati saṁsāre) 죽고 압박받았기 때문에(upadduta), 혹은 으뜸가는 도(agga-magga)에 의해서 존재에 대한 탐욕은 죽었기 때문에라는 말이다."(ThagA.ii.52~53)

143) '그것은 나에게 존재하지 않았고 존재하지 않을 것이고 / 그리고 지금도 나에게 존재하지 않도다.'는 na cāhu na ca me bhavissati, na ca me etarahi vijjati를 옮긴 것이다. 주석서는 이렇게 설명한다.

"만일 전에 범부였던 때와 유학이었던 때에(puthujjana-kāle sekkha-kāle ca) 나에게 존재에 대한 탐욕(bhava-rāga)이 있었다면 으뜸가는 도를 얻음으로부터 시작하여 그것은 [더 이상] 나에게는 있지 않았다(na ahosi). 미래에도(āyatim pi) 나에게는 존재하지 않을 것이고 지금 현재에도(etarahi adhunāpi) 존재하지 않고 얻어지지 않는다, 제거되었다(pahīna)는 뜻이다. 그리고 여기서는 존재에 대한 탐욕이라는 단어로 이것과 함께 작용하기 때문에(tad-ekaṭṭhatāya) 자만 등(mānādī)도 역시 존재하지 않음(abhāva)을 말하였고 모든 곳에서 존재의 족쇄가 멸진되었음(parikkhīṇa-bhava-saṁyojanatā)을 보여준다."(ThagA.ii.53)

네 번째 품

Catuttha-vagga({181}~{200})

1. 미가시라 장로(Th2:31 {181}~{182})

【행장】

"미가시라 장로(Migasira thera)는 꼬살라 지역에서 바라문의 가문에 태어났다. 그는 미가시라 별자리(사슴좌, Migasira-nakkhatta)하에 태어났기 때문에 미가시라라는 이름을 가졌다. 그는 적당한 나이가 되어 바라문들의 명지와 기술에 대해서 통달하였고 시신의 머리를 [두드리는] 주문(chavasīsa-manta)을 배웠다. 그 [주문을] 왼 뒤, 3년이 지난 것일지라도 죽은 자들의 머리를 그의 손톱(nakha)으로 두드려 '이 중생은 아무개 처소에 태어났다.'라고 알았다.

그는 재가에 머무는 것을 원하지 않아서 유행승으로 출가한 뒤 그 명지에 의지하여 세상의 존경과 존중을 받으며 유행을 하는 도중에 사왓티에 가서 스승님의 곁에 갔다. 그는 자신의 위력을 내보이면서 '고따마 존자시여, 나는 죽은 자들의 태어나는 곳을 압니다.'라고 하였다. 세존께서는 '그런데 그대는 어떻게 그것을 아는가?'라고 말씀하시었다. 그는 '시체의 머리들을 가져온 뒤 만뜨라를 외고 손톱으로 머리를 두드리면서 지옥 등 그들이 각각 태어난 곳을 압니다.'라고 대답하였다.
그러자 세존께서는 반열반에 든(parinibbuta) 비구의 머리 유골(sīsa-kapāla)을 가져오게 하셔서 '그렇다면 이 머리 유골을 가졌던 사람의 태어난 곳을 말해 보아라.'라고 말씀하셨다. 그는 유골 만뜨라(kapāla manta)를 외면서 손톱으로 두드린 뒤에 끝도 시작도 보지 못했다. 스승님께서 '유행승이여, 불가능한가?'라고 말씀하시자 '면밀히 조사할 것입니다.'라고 말씀드린 뒤 거듭해서 시도했지만 보지 못하였다. 외도의 만뜨라(bāhiraka-manta)로 번뇌 다한 자의 태어날 곳(gati)을 어떻게 알겠는가. 그래서 그의 머리와 양쪽 겨드랑이로부터 땀이 흘렀다. 그는 부끄러워한 뒤(lajjitvā) 침묵하면서 일어섰다.
스승님께서 '유행승이여, 수고하였네.'라고 말씀하시자 그는 '예, 애는 썼습니다만 이분의 태어날 곳을 알지 못합니다. 그런데 당신은 아십니까?'라고 하였다. 세존께서는 '나는 이것을 알고 이것을 넘어선 것도 안다.'라고 말씀하신 뒤 '그는 열반으로 갔다(nibbānaṁ gato so).'라고 말씀하셨다.

유행승은 '이 명지(vijjā)를 제게 주십시오.'라고 말하였다. '그렇다면 출가하여라.'라고 말씀하신 뒤 그를 출가하게 하여 첫 번째로 사마타의 명상주제에 몰두하게 하신 뒤 禪과 신통지(jhāna-abhiññā)에 확고해진 그에게 위빳사나의 업을 제시하셨다. 그는 위빳사나의 업을 행하면서 오래지 않아 아라한됨을 얻었다. 장로의 일화는 『아빠다나』에도 나타나고 있다. …
그는 아라한됨을 얻은 뒤 구경의 지혜를 천명하면서 본 게송 두 개를 읊었다."(ThagA.ii.53~54)

이와 비슷한 일화가 왕기사 존자(āyasmā Vaṅgīsa)의 일화에도 나타난다. 여기에 대해서는 본서 제3권 큰 모음의 왕기사 장로(Th70:1)에 대한 【행장】({1209})과 『상윳따 니까야』 제1권 「왕기사 경」(S8:12) §2의 주해를 참조하기 바란다.

181. "정등각자의 [24] 교법에
내가 출가한 후로

해탈하면서 나는 솟아올랐고

감각적 쾌락의 요소를 극복하였노라.144)

182\. 범천[이신 부처님]이 쳐다보실 때

그때 나의 마음은 해탈하였노라.145)

'나의 해탈은 확고부동하다.'146)는 [구경의 지혜 생겼으니]

---

144) '해탈하면서 나는 솟아올랐고 / 감각적 쾌락의 요소를 극복하였노라.'는 vimuccamāno uggacchiṁ, kāma-dhātuṁ upaccagaṁ을 옮긴 것이다. 주석서는 이렇게 설명한다.

"'해탈하면서 나는 솟아올랐고(vimuccamāno uggacchiṁ)'라고 하였다. 사마타와 위빳사나를 통해서 오염원의 편(saṁkilesa-pakkha)으로부터 첫 번째로 해탈하면서(vimuccamāna) 청백(淸白)의 경지인 법을 배워서(vodāna-dhamma-savana) 나는 솟아올랐다(uṭṭhahiṁ). 이와 같이 솟아오르면서 나는 감각적 쾌락의 요소를 극복하였다(upaccagaṁ). 즉 불환도에 의해서 전적으로(accantameva) 감각적 쾌락의 요소를 건넜다(atikkamiṁ)는 말이다."(ThagA.ii.54)

'청백(淸白)의 경지(vodāna)'는 일래과 이상의 경지에 든 자의 인식과정에서 수순(anuloma)의 다음에 일어나는 네 번째 심찰나의 이름이다.(준비-근접-수순-청백) 물론 준비(parikkama)의 마음이 일어나지 않으면 이 마음은 세 번째 찰나의 것이다. 예류과에 든 자의 경우는 이 찰나의 마음을 고뜨라부(종성)라고 부른다. 여기에 대해서는 『아비담마 길라잡이』 제9장 §34 '종성'의 마음 해설과 『청정도론』(Vis.XVII.81)의 주해를 참조할 것.

145) "'범천[이신 부처님]이 쳐다보실 때 / 그때 나의 마음은 해탈하였노라(brahmuno pekkhamānassa, tato cittaṁ vimucci me).'라고 하였다. 신들을 포함한 세상의 으뜸이 되시기 때문에(agga-bhūtattā) 최상이라는 뜻(seṭṭhaṭṭha)에서 범천이신(brahma) 부처님 세존께서는 크신 연민과 결합되어(mahā-karuṇā-yogena) '이 가문의 아들이 나의 교법에 출가한 뒤 어떻게 수행하게 할까?'라고 [생각하시면서 나를] 쳐다보셨고(pekkhanta), 그때 불환도를 증득한 후 으뜸가는 도를 증득함(agga-maggādhigama)에 의해서 나의 마음은 모든 오염원(sabba-saṁkilesa)으로부터 전적으로 벗어났다는 말이다."(ThagA.ii.54)

146) "'나의 해탈은 확고부동하다.'는 [구경의 지혜가 생겼으니] / 모든 족쇄들을 멸진하였기 때문이로다(akuppā me vimuttīti, sabba-saṁyojanakkhayā).'라고 하였다. 그처럼 해탈한 마음을 가졌기 때문에, 모든 족쇄들을 멸진하였기 때문에(khayā), 완전하게 멸진하였기 때문에(parikkhayā)라고 하면서

모든 족쇄들을 멸진하였기 때문이로다."

미가시라 장로 (끝)

2. **시와까 장로**(Th2:32 {183}~{184})

【행장】

"시와까 장로(Sivaka thera)는 라자가하에서 바라문 가문에 태어났다. 그는 적당한 나이가 되어 바라문들의 명지와 기술에 대해서 통달하였고 출리에 대한 성향(nekkhamm-ajjhāsayatā) 때문에 감각적 쾌락들을 버린 뒤 유행승으로 출가하여 유행하다가 스승님께 다가가서 법을 듣고 믿음을 얻어 출가하였다. 그는 위빳사나의 업을 행하여 오래지 않아 아라한됨을 얻었다. 장로의 일화는 『아빠다나』에도 나타나고 있다. …

아라한됨을 얻은 뒤 구경의 지혜를 천명하면서 본 게송 두 개를 읊었다."(ThagA.ii.55)

다른 시와까 장로(Th1:14)의 게송이 본서 제1권 하나의 모음 {14}로 나타나고 있다.

183. "이런저런 [존재로] 거듭거듭 [태어나는]

이와 같이 '나의 해탈은 확고부동하다.'라는 구경의 지혜를 천명하였다(aññaṁ byākāsi)."(ThagA.ii.55)

여기서 '멸진'과 '완전한 멸진'으로 옮긴 khaya와 parikkhaya는 둘 다 남성명사이다. 그러므로 khayā와 parikkhayā는 이유를 나타내는 탈격(*Ablative*)으로 봐야 한다. 노만 교수도 '*because of the annihilation of all fetters*'로 옮기고 있다.

『맛지마 니까야 주석서』도 이렇게 설명하고 있다.

"'나의 해탈은 확고부동하다(akuppā me vimutti).'는 것은 아라한과의 해탈이 흔들리지 않음(akuppatā) 때문에 확고부동하고, 또한 흔들리지 않는 대상(akuppārammaṇatā) 때문에 확고부동하다. 왜냐하면 이 해탈은 탐욕 등에 의해 흔들리지 않고, 흔들리지 않는 열반을 대상으로 삼기 때문에 확고부동하다는 말이다."(MA.ii.174 = M26 §18의 주해)

[자기 존재라는] 집들은 무상하다.147)
집 짓는 자를 찾으면서148)
거듭되는 태어남은 괴로움이었다.149)

184. 집 짓는 자여, [드디어] 그대는 보아졌구나.150)
그대 다시는 집을 짓지 못하리.151)
그대의 모든 골재들은 무너졌고152)

---

147) "'이런저런 [존재로] 거듭거듭 [태어나는] / [자기 존재라는] 집들은 무상하다(aniccāni gahakāni, tattha tattha punappunaṁ).'라고 하였다. 이런저런 존재(bhava)에 거듭거듭(tasmiṁ tasmiṁ) 태어나는(nibbattamānā-ni) 집들, 즉 자기 존재라는 집들(attabhāva-gehāni)은 처마(nibbāni)가 없고 확고하지 못하며(anavaṭṭhitāni) 불확실하고 제한된 시간을 가진 것(ittarāni parittakālāni)이란 말이다."(ThagA.ii.55)

148) "'집 짓는 자를 찾으면서(gahakāraṁ gavesanto)'라고 하였다. 이러한 자기 자신이라는 집을 짓는 자(attabhāva-gehassa kāraka), 즉 갈애를 증장시키는 자(taṇhā-vaḍḍhaki)를 찾아다니면서(pariyesanto) 이러한 시간을 방황하며 다녔다(anuvicarinti)는 의미이다."(ThagA.ii.55)

149) "'거듭되는 태어남은 괴로움이었다(dukkhā jāti punappunaṁ).'라는 이것은 집 짓는 자를 찾는 이유를 [밝히는] 말이다(gahakāraka-gavesanassa kāraṇa-vacana). 늙음과 병듦과 죽음과 섞여있기 때문에(jarā-byādhi-maraṇa-missatāya) 태어남이라는 이것은 거듭거듭 다가오는(upagantuṁ) 괴로움이다. 그리고 이것은 그것이 보아지지 않는다고 해서(tasmiṁ adiṭṭhe) 멈추어지는 것은 아니다(na nivattati). 그래서 그것을 찾으면서 유행하였다(gavesanto vicariṁ)는 뜻이다."(ThagA.ii.55~56)

150) "'집 짓는 자여, [드디어] 그대는 보아졌구나(gahakāraka diṭṭho'si).'라고 하였다. 이제 그대를 볼 수 있는 그 성스러운 도의 지혜의 눈(ariya-magga-ñāṇa-cakkhu)으로 '그대는 보아졌다.'는 말이다."(ThagA.ii.56)

151) "'그대 다시는 집을 짓지 못하리(puna gehaṁ na kāhasi).'라는 것은 이 윤회의 흐름(saṁsāra-vaṭṭa)에서 자기 존재라 불리는(attabhāva-saṅkhāta) 나의 집(geha)을 그대는 짓지 못할 것이다(na karissasi)라는 말이다." (ThagA.ii.56)

152) "'그대의 모든 골재들은 무너졌고(sabbā te phāsukā bhaggā)'라는 것은 그대의 남김 없는 오염원의 골재들(anavasesa-kilesa-phāsukā)은 모두 나에 의해서 무너졌다는 말이다."(ThagA.ii.56)

박공 있는 벽은 산산이 흩어졌다.153)
[이제] 마음은 한계가 없어졌고154)
바로 여기서 부수어질 것이다."155)

---

153) "'박공 있는 벽은 산산이 흩어졌다(thūṇikā ca vidālitā).'라고 하였다. 그대에 의해서 만들어졌던 자기 자신이라는 집(attabhāva-geha)의 무명이라 불리는(avijjā-saṅkhātā) 집의 꼭대기(kaṇṇikā)는 부서졌다(bhinnā)는 말이다."(ThagA.ii.56)

154) "'[이제] 마음은 한계가 없어졌고(vimariyādi-kataṁ cittaṁ)'라는 것은 나의 마음은 끝이 없게(vigatantaṁ) 만들어졌다, 즉 [다시] 태어나지 않는 법의 성질이 성취되었기 때문이다(anuppatti-dhammatāya āpāditattā)라는 말이다. '바로 여기서 부수어질 것이다(idheva vidhamissati).'라는 것은 바로 이 존재(bhava)에서 부수어지게 될 것이다(imasmiṁyeva viddhaṁsissati), 즉 마지막 마음이 소멸함(carimaka-citta-nirodha)에 의해서 소멸하게 될 것이다(nirujjhissati)라는 뜻이다."(ThagA.ii.56)

155) 시와까 장로의 이 게송({183}~{184})의 원문은 다음과 같다.

aniccāni gahakāni, tattha tattha punappunaṁ
gahakāraṁ gavesanto, dukkhā jāti punappunaṁ
gahakāraka diṭṭho'si, puna gehaṁ na kāhasi
sabbā te phāsukā bhaggā, thūṇikā ca vidālitā
vimariyādikataṁ cittaṁ, idheva vidhamissatī ti. ({183}~{184})

그런데 이 게송은 우리가 부처님의 오도송이라 일컫는, 『법구경』에 실려 있는 부처님의 첫 번째 우러나온 말씀(udāna)과 비슷하다. 『우다나 주석서』는 부처님의 첫 번째 우러나온 말씀으로 아래에 적고 있는 『법구경』의 게송(Dhp {153}~{154})을 들고 있다. (UdA.208)

"많은 생을 윤회하면서
나는 지혜를 얻지 못하여 치달려왔다.
집 짓는 자를 찾으면서
거듭되는 태어남은 괴로움이었다.
집 짓는 자여, [드디어] 그대는 보아졌구나.
그대 다시는 집을 짓지 못하리.
그대의 모든 골재들은 무너졌고
집의 서까래는 해체되었다.
[이제] 마음은 [업]형성을 멈추었고
갈애의 부서짐을 성취하였다."

anekajātisaṁsāraṁ, sandhāvissaṁ anibbisaṁ

시와까 장로 (끝)

3. 우빠와나 장로(Th2:33 {185}~{186})

【행장】

"우빠와나 장로(Upavāṇa thera)는 사왓티에서 바라문 가문에 태어났다. 적당한 나이가 되어 [세존께서] 제따와나를 수용하실 때 부처님의 위신력을 본 뒤 믿음을 얻어 출가하였다. 그는 위빳사나의 업을 행하여 아라한됨을 얻었고 육신통을 갖춘 분이 되었다. 장로의 일화는 『아빠다나』에도 나타나고 있다. …

한때 우빠와나 존자는 세존의 시자(upaṭṭhāka)였다. 그 무렵에 세존께는 바람[風]에 기인한 병(vātābādha)이 생겼다. 마침 그때 장로의 재가 시절 친구였던 데와히따(Devahita)라는 바라문이 사왓티에 살고 있었다. 그는 장로에게 네 가지 필수품들(catū paccayā)을 공양하였다. 그때 우빠와나 존자가 그 바라문의 거처에 가자 바라문이 '무슨 다른 용무(payojana)가 있어서 장로께서 오셨구나.'라고 알고 '존자시여, 제게 말씀해 주십시오.'라고 하였다. 장로는 그 바라문에게 그 용무를 알려주면서 본 게송 두 개를 읊었다."(ThagA.ii.57)

여기 『테라가타 주석서』에서 설명하고 있는 일화는 『상윳따 니까야』 제1권 「데와히따 경」(S7:13)에 그대로 나타나고 있고 본 게송 두 개({185}~{186})도 「데와히따 경」(S7:13) §4에 {674}~{675}로 실려 있다. 이 경에서도 그는 세존의 시자로 나타나고 있다.

---

gahakāraṁ gavesanto, dukkhā jāti punappunaṁ
gahakāraka diṭṭho'si, puna gehaṁ na kāhasi
sabbā te phāsukā bhaggā, gahakūṭaṁ visaṅkhataṁ
visaṅkhāragataṁ cittaṁ, taṇhānaṁ khayamajjhagā ti.
(Dhp.23 {153}~{154})

그와 관련된 경들이 『상윳따 니까야』와 『앙굿따라 니까야』에 나타나고 있는데 『상윳따 니까야』에는 각각 다른 네 개의 「우빠와나 경」(S7:13; S12:26; S35:70; S46:8)이 전승되어 오고 『앙굿따라 니까야』 제2권에도 「우빠와나 경」(A4:175)이 나타나고 있다. 우빠와나 장로는 『디가 니까야』 제2권 「대반열반경」(D16) §5.4와 §5.5에도 나타나는데 아난다 존자는 "세존이시여, 우빠와나 존자는 오랜 세월 세존의 시자였으며 항상 임석해 있었고 항상 곁에 모시고 살았습니다."(D16 §5.5)라고 그를 언급하고 있다.

세존의 시자 소임을 본 분은 모두 여덟 분이다. 여기에 대해서는 본서 제1권 하나의 모음 메기야 장로(Th1:66)에 대한 【행장】({66})의 해당 주해를 참조하기 바란다.

185. "아라한, 세상에서 잘 가신 분[善逝], 성자께서
바람[風]에 기인한 병에 걸리셨습니다.
바라문이여, 만일 뜨거운 물이 있으면
성인을 위해 주십시오. (S7:13 §4 {674})

186. 예배를 받아야 할 분들의 예배를 받고
존중을 받아야 할 분들의 존중을 받고
존경을 받아야 할 분들의 존경을 받는
그분께 가져다드리고자 합니다."156) (S7:13 §4 {675})

우빠와나 장로 (끝)

---

156) "이 말을 듣고 바라문은 뜨거운 물(uṇhodaka)과 거기에 어울리는 바람에 기인한 [병에 적합한] 약(vātāraha bhesajja)을 세존께 올렸다(bhagavato upanāmesi). 그래서 스승님의 병은 가라앉았다. 세존께서는 그에게 고마움(anumodana)을 표하셨다."(ThagA.ii.57)

4. 이시딘나 장로(Th2:34 {187}~{188})

【행장】

"이시딘나 장로(Isidinna thera)는 수나빠란따 지방(Sunāparanta-janapada)에서 상인의 가문에 태어났다. 적당한 나이가 되어 스승님께서 짠다나말라[157]를 수용하실 때 신통을 나투시는 것을 보고 청정한 믿음이 생겨 스승님께 다가가서 법을 듣고 예류자가 되어 재가에 머물고 있었다. 그의 이익을 원하고 연민하는 천신이 그를 질책하면서 본 게송 두 개를 읊었다. …

이처럼 이 두 개의 게송은 천신이 청신사였던 그를 지칭하여 구경의 지혜에 대한 권위 있는 말(aññā-padesa)을 통해서 말한 것이다. 이것을 듣고 청신사였던 그는 절박함이 생겨(saṁvega-jāta) 출가한 뒤 오래지 않아 아라한됨을 얻었다. 이 [이시딘나] 장로의 일화는 『아빠다나』에도 나타나고 있다. …

장로는 아라한됨을 얻은 뒤 구경의 지혜를 천명하면서 바로 이 게송들을 읊었다."(ThagA.ii.57~58)

187. [천신]

"'감각적 쾌락들이란 무상하다.'라고 말하는

법을 호지하는 청신사들을 나는 보았습니다.[158]

---

157) '짠다나말라(Candanamāḷa)'는 뿐나 장로(Puṇṇa thera)가 자신의 고향인 수나빠란따 지방에 가서 전법을 하면서 그곳에 전단향 나무로 지은 향실(gandhakuṭi)의 이름이다. 본서 하나의 모음 {70}의 【행장】을 참조할 것.

158) 주석서는 이렇게 법을 호지하는 청신사들을 '교학으로서의 법을 호지하는 청신사들(pariyatti-dhamma-dharā upāsakā)'이라고 적고 있다. 그들은 교학으로서의 법을 호지하기 때문에 '이 감각적 쾌락들이란 것은 참으로 무상하고 괴로움이고 변하기 마련인 법이다.'라고 감각적 쾌락들에 대해서 위험과 연결된 법(ādīnava-paṭisaṁyutta dhamma)을 말하지만 스스로는 그대로 실천하지 않기 때문에 '[그러나] 그들은 보석 귀걸이들에 열정적으로 몰입하고 / 자식들과 아내들에 대한 기대에 빠져있습니다(sāratta-rattā maṇi-kuṇḍalesu, puttesu dāresu ca te apekkhā).'라고 [다음 구절에서]

[그러나] 그들은 보석 귀걸이들에 열정적으로 몰입하고
자식들과 아내들에 대한 기대에 빠져있습니다.

188. 참으로 그들은 법을 분명하게 알지 못하면서도
'감각적 쾌락들은 무상하다.'라고 말합니다.
그들에게는 탐욕을 잘라버릴 힘이 있지 않습니다.
그러므로 그들은 자식들과 아내들과 재물에 집착합니다."

이시딘나 장로 (끝)

5. **삼불라깟짜나 장로**(Th2:35 {189}~{190})

【행장】

"삼불라깟짜나 장로(Sambulakaccāna thera)는 마가다 지역에서 장자의 가문에 태어났다. 이름은 삼불라였고 족성이 깟짜나였기 때문에 삼불라깟짜나로 불리게 되었다. 그는 적당한 나이가 되어 스승님의 곁에서 법을 듣고 믿음을 얻어 출가하여 히말라야 산(Himavanta) 근처의 베라와(Bheravā)라는 산의 동굴에서 위빳사나의 업을 행하면서 머물렀다.

그러던 어느 날 하늘에는 때아닌 큰 구름을 동반한 폭풍우가 백 겹 천 겹으로 몰아쳐 천둥과 번개가 치고 벼락이 떨어지기도 하였다. 곰과 하이에나와 물소와 코끼리 등이(accha-taracchu-vana-mahiṁsa-hatthi-ādayo) 비명을 지르고 두려움에 떨었다. 그러나 장로는 위빳사나를 열심히 하고 있었기 때문에 몸과 목숨을 돌보지 않고 털이 곤두섬을 이겨내고 그것을 생각하지 않고 위빳사나 수행에 몰두하였다. 그는 오히려 더위가 물러가고 좋은 계절이 되었기 때문에 삼매에 든 마음으로 위빳사나를 열성적으로 행하여 신통지들과 더불어(saha abhiññāhi) 아라한됨을 얻었

받고 있다.(ThagA.ii.58)

다. 장로의 일화는 『아빠다나』에도 나타나고 있다. …
아라한됨을 얻은 뒤 자신의 도닦음을 반조하고 기쁨이 생겨서 감흥어를 통해서 구경의 지혜를 천명하면서 본 게송 두 개를 읊었다."(ThagA.ii.59)

189. "[비의] 신은 비를 내리고 [비의] 신은 천둥을 치는데
나는 혼자 무서운 동굴에 머물고 있다.
그런 나는 혼자 무서운 동굴에 머물고 있지만
두려움이나 당혹함이나 털이 곤두섬은 없다.

190. 혼자 두려운 동굴에서
두려움이나 무서움이나
털이 곤두섬이 없이 머무는
이런 것은 나에게는 법다운 것이다."159)

삼불라깟짜나 장로 (끝)

6. 키따까 장로(Th2:36 {191}~{192})

【행장】
"키따까 장로(Khitaka, VRI: Nitaka thera)는 꼬살라 왕국에서 바라문 가문에 태어났다. 그는 사리를 분별하는 나이가 되어 스승님의 곁에서 법을 듣고 믿음을 얻어서 출가하였다. 그는 명상주제를 받아 숲에서 머물면서 애를 써서(ghaṭento) 아라한됨을 얻

159) "'이런 것은 나에게는 법다운 것이다(dhammatā mam'esā yassa me).'라고 하였다. 철저하게 알지 못하였던 토대(apariññāta-vatthuka)에 대해서 욕탐을 제거하지 못하였기 때문에(appahīna-cchanda-rāgatāya) [전에는] 두려움 등이 존재해야 했지만 이제 나는 모든 곳에서 철저하게 알았고 욕탐도 뿌리 뽑았다. 그러므로 두려움 등은 존재하지 않는다. 그래서 이런 것은 나에게 법다운 것이다라고 구경의 지혜를 천명하고 있다."(ThagA.ii.60)

었다. 장로의 일화는 『아빠다나』에도 나타나고 있다. …

아라한됨을 얻은 뒤 장로는 과의 행복과 열반의 행복으로 머물고 있었다. [바른] 노력을 성취한(padhāna-pariggāhaka) 장로는 그 숲의 [수행] 장소에 가서 거기에 거주하고 있는 비구들을 섭수(攝受)하기 위해서(pariggaṇhanattha) 첫 번째 게송을 말했다. … 여기에 대해서 키따까 장로는 자신을 보기로 들어서 설명하는 두 번째 게송으로 자기 자신이 답을 하였다. 이것은 그의 구경의 지혜를 천명한 것이기도 하다."(ThagA.ii.60~61)

191. "누구의 [25] 마음이 바위산의 비유와 같이
확고하고 흔들리지 않으며
탐하기 마련인 것들 가운데서 탐욕이 빛바래고
성가시게 하는 것들 가운데서 성내지 않습니까?
그의 마음이 이와 같이 닦아지는데
어디서 그에게 괴로움이 오겠습니까?160)

192. 나의 마음이 바위산의 비유와 같이
확고하고 흔들리지 않으며
탐하기 마련인 것들 가운데서 탐욕이 빛바래고
성가시게 하는 것들 가운데서 성내지 않습니다.
나의 마음이 이와 같이 닦아지는데
어디서 나에게 괴로움이 오겠습니까?161)

---

160) "'그의 마음이 이와 같이 닦아지는데(yassevaṁ bhāvitaṁ cittaṁ)'라고 하였다. 성자의(ariya-puggalassa) 마음이 이와 같이 앞에서 설명한 방법대로 여여한 상태로(tādi-bhāvena) 닦아졌다. 그래서 '어디서 그에게 괴로움이 오겠습니까(kuto taṁ dukkham essati)?'라고 하였다. 즉 그런 인간에게 어디서 어떤 중생으로부터 혹은 어떤 형성된 것(saṅkhāra)으로부터 괴로움이 다가오겠는가(upagamissati)라는 말인데 여여한 분(tādi)에게는 괴로움이란 없다는 뜻이다."(ThagA.ii.60)

키따까 장로 (끝)

7. 소나 뽀띠리야뿟따 장로(Th2:37 {193}~{194})

【행장】

"소나 뽀띠리야뿟따 장로(Soṇa Poṭirīyaputta, VRI: Soṇapoṭiriya thera)는 까삘라왓투에서 뽀띠리야라는 마을 지도자(gāma-bhojaka)의 아들로 태어났다. 그의 이름은 소나(Soṇa)였다. 그는 적당한 나이가 되어 사꺄의 왕이었던 밧디야(Bhaddiya Sākiyarāja)[162]의 장군이 되었다. 그때 밧디야 왕이 아래(Th20:7)에서 설명하는 방법으로 출가하였을 때 '왕도 출가하였다. 그러니 내가 재가에 머무는 것이 무슨 소용이 있겠는가?'라고 하면서 장군도 출가하였다. 그러나 출가해서는 잠을 즐기면서(niddārāma) 지냈고 수

---

161) 여기 {191}번 게송과 {192}번 게송은 아래에서 보듯이 각각 세 개의 대명사만 다르고 나머지는 똑같다. 즉 {191}번 게송의 kassa(누구의), yassa(그의), taṁ(그에게)이 {192}번 게송에서는 각각 mama(나의), mama(나의), maṁ(나에게)으로 모두 '나'라는 일인칭 대명사로 대치가 되었다. 이렇게 해서 장로는 자신의 구경의 지혜를 천명하면서 비구들을 교계하고 있다. 아래 브라흐말리 장로(Th2:43)의 {205}와 {206}도 같은 방법으로 나타나고 있으므로 참조하기 바란다.

> kassa selūpamaṁ cittaṁ, ṭhitaṁ nānupakampati.
> virattaṁ rajanīyesu, kuppanīye na kuppati.
> yass' evaṁ bhāvitaṁ cittaṁ, kuto taṁ dukkhamessati. ||191||
>
> mama selūpamaṁ cittaṁ, ṭhitaṁ nānupakampati.
> virattaṁ rajanīyesu, kuppanīye na kuppati.
> mam' evaṁ bhāvitaṁ cittaṁ, kuto maṁ dukkhamessati. ||192||

162) 여기서 언급하는 '사꺄의 왕이었던 밧디야(Bhaddiya Sākiyarāja)'는 깔리고다의 아들 밧디야 장로(Kāḷigodhāya putta Bhaddiya thera, Th20:7)를 말한다. 그는 출가하기 전에 숫도다나 왕 다음에 왕이 되었기 때문에(cf. Ud2:10 §6) 여기서는 밧디야를 왕이라 칭하고 있다. 이 밧디야와 그의 절친이었던 아누룻다를 포함한 여섯 왕자와 이발사였던 우빨리는 함께 출가하였다. 그에 대해서는 본서 제3권 스물의 모음(Th20:7) {842}의 【행장】을 참조할 것.

행에 몰두하지 않았다.

세존께서는 아누삐야(Anupiyā)의 암바와나에 머무시면서 당신의 광채로 가득 차게 하신 뒤(obhāsaṁ pharāpetvā) 그가 알도록 하기 위해서 그를 교계하시면서 [첫 번째] 게송({193})을 읊으셨다. … 그것을 듣고 소나는 더욱 절박한 마음으로(saṁviggatara-mānaso) 양심과 수치심(hir-ottappa)을 확립한 뒤 노천에 머무는 수행(abbhokāsikaṅga)을 확고하게 하였으며 위빳사나의 업을 행하면서 두 번째 게송({194})을 말하였다. … 그는 이 게송을 말하면서 위빳사나를 열성적으로 행하여 아라한됨을 얻었다. 장로의 일화는 『아빠다나』에도 나타나고 있다. …
장로는 아라한됨을 얻은 뒤 '스승님께서 말씀하셨고 나도 말하였다.'라고 하면서 이 두 게송을 따라 읊었다. 이것은 그에 의해서 구경의 지혜를 천명하는 것이 되었다."(ThagA.ii.62~63)

193. [세존]

"별자리를 화환으로 가진 밤은
잠을 자기 위해서 존재하는 것이 아니다.
지혜를 가진 자가 깨어있기 위해서
바로 이 밤은 존재하는 것이다."

194. [소나]

"전쟁에서 코끼리의 몸통으로부터 떨어져서
만일 그 코끼리가 나를 짓밟는다면
[전쟁에서] 패해서 목숨을 부지하는 것보다
죽음이 그보다는 더 나을 것입니다."163)

---

163) "지금 오염원들(kilesā)에 '패해서(parājito)' 목숨을 부지한다면(jīveyyaṁ) 그것은 더 나은 것이 아니다(taṁ na seyyo)라는 말이다."(ThagA.ii.62)

소나 뽀띠리야뿟따 장로 (끝)

8. 니사바 장로(Th2:38 {195}~{196})

【행장】

"니사바 장로(Nisabha thera)는 꼴리야 지방(Koliya-janapada)에서 태어났다. 그는 적당한 나이가 되어 사꺄와 꼴리야 사이에 [물 때문에] 분쟁이 있었을 때(Sākiya-Koliyānaṁ saṅgāme) 부처님의 위신력을 보고 믿음을 얻어 출가하였고 바로 그날에 아라한됨을 얻었다. 장로의 일화는『아빠다나』에도 나타나고 있다. …

그는 아라한됨을 얻은 뒤 자신의 동료 비구들이 방일하게 머물면서 [시간을] 보내는 것을 보고 그들을 교계하면서 첫 번째 게송을 읊었다. 이와 같이 그 비구들을 교계한 뒤 '이러한 [나는] 남들을 인식시키면서(saññāpento) 머문다. '그러나 [나] 스스로는 실천하지 않는다.'라고 [그들이] 생각하지 말기를.'이라고 생각하면서 그들에게 자신의 도닦음의 경지(paṭipannabhāva)를 드러내면서 두 번째 게송으로 구경의 지혜를 천명하였다."(ThagA.ii.63~64)

195. "사랑스러운 모습을 가졌고 매혹적인
감각적 쾌락의 가닥들을 버리고
믿음으로 집으로부터 나와 [출가하고서]
괴로움의 끝을 만들어야 합니다.

196. 나는 죽음을 바라지 않습니다.
나는 삶을 바라지 않습니다.
나는 알아차리고 마음챙기면서
시간을 기다리고 있습니다."[164] (abc={606}abc; {1002}abc)

니사바 장로 (끝)

9. **우사바 장로**(Th2:39 {197}~{198})

【행장】

"우사바 장로(Usabha thera)는 까삘라왓투에서 사꺄의 왕의 가

---

164) 주석서는 본 게송의 의미를 이렇게 정리하고 있다.

"번뇌 다한 자는(khīṇāsavo) 모든 곳에서 [윤회를] 축적하게 하는 법들(ācaya-gāmi-dhammā, Dhs. ma3-10-a)을 버리고 [윤회를] 감소시키는 법들(apacaya-gāmi-dhammemā, Dhs. 3-10-b)에 확립된다. 철저하게 앎을 토대로 가진 자(pariññāta-vatthuka)는 모든 곳에서 삶을 바라지 않으면서 죽음 또한 바라지 않는다(anabhinandati). 그 원인(kāraṇa)을 잘 제거하였기 때문이다. 그래서 '나는 죽음을 바라지 않습니다. / 나는 삶을 바라지 않습니다(nābhinandāmi maraṇaṁ, nābhinandāmi jīvitaṁ).'라고 말하였다.

이와 같이 번뇌 다한 자가 완전한 열반(반열반)을 바라더라도(parinibbāna-abhikaṅkhā) 반열반 때까지 머무는 것(avaṭṭhāna)을 말하면서 '나는 알아차리고 마음챙기면서 / 시간을 기다리고 있습니다(kālañca paṭikaṅkhāmi, sampajāno patissato).'라고 하였다.

[이 말의 뜻은 이러하다.] 오염원이 완전히 소멸된 열반(kilesa-parinibbāna)이 성취되었을 때 나는 마음챙김과 통찰지의 충만함을 얻었기 때문에(sati-paññā-vepullappattiyā) 마음챙기고 알아차리면서 오직 무더기들(오온)이 완전히 소멸된 열반의 시간(khandha-parinibbāna-kāla, It3:28)을 기다리고 있습니다. 나는 그것을 쳐다보면서(udikkhamāno), 기다리면서(āgamaya-māno) 머뭅니다. 그러나 나의 죽음이나 삶에 대해서 바라는 것(abhi-nandanā)은 없습니다. 아라한도에 의해서 그것은 뿌리 뽑혔기 때문(sam ugghāṭitattā)입니다라는 것이다."(ThagA.ii.64)

『상윳따 니까야 주석서』는 『상윳따 니까야』 제1권 「따분함 경」(S8:2) §2를 설명하면서 이렇게 주석을 한다.

"'완전한 열반을 얻어 시간을 기다린다(parinibbuto kaṅkhati kālaṁ).'는 것은 그는 오염원이 완전히 소멸된 열반(kilesa-parinibbāna)을 통해서 완전한 소멸을 얻어(parinibbuta) 완전한 열반을 할 시간(parinibbāna-kāla)을 기다린다는 말이다."(SA.i.270)

"여기서 완전한 열반을 할 시간이란 취착의 자취가 남아있지 않는 열반[無餘涅槃, anupādisesa-nibbāna]에 들 시간을 말한다."(SAṬ.i.248)

문에 태어났다. 그는 적당한 나이가 되어 친척들의 회합에서 스승님이 가지신 부처님의 위신력을 보고 믿음을 얻어 출가하였다. 그는 출가하였을 때부터 시작하여 사문의 법을 실천하지 않고 낮에는 무리 지어 사는 것을 좋아하고(saṅgaṇikārāma) 밤에는 온통 잠에 들어(niddāyamāna) 보냈다.

그는 어느 날 마음챙김을 놓아버리고 알아차림이 없이 잠에 빠져 꿈에서 수염과 머리를 기르고 망고 새싹의 색깔을 가진 가사(ambapallava-vaṇṇa cīvara)를 입고 코끼리의 목(hatthi-gīvā)에 앉아 도시로 탁발하러 들어갔다. 그는 거기서 사람들이 모여든 것을 보고 부끄러워하여 코끼리의 등에서 내려오는 자신을 보고는 잠에서 깨어났다.
'이러한 꿈이나 꾸면서 마음챙김을 놓아버리고 알아차림이 없이 잠에 빠진 내 모습을 내가 보다니!'라고 절박함이 생겨서(uppanna-saṁvego) 위빳사나를 확립한 뒤 오래지 않아 아라한됨을 얻었다. 장로의 일화는 『아빠다나』에도 나타나고 있다. …
장로는 꿈(supina)을 갈고리로 삼아서 아라한됨을 증득하였기 때문에 꿈을 설명하는 것을 통해서 구경의 지혜를 천명하였다." (ThagA.ii.64~65)

이 우사바 장로는 본서 제1권 하나의 모음 {110}을 읊은 우사바 장로(Th1:110)와는 다른 분이다.

197. "[꿈에서] 망고 새싹의 색깔과 같은
옷(가사)을 어깨에 두르고
코끼리의 목에 앉아서
나는 탁발하러 마을에 들어갔다.

198. 코끼리의 몸통에서 내려오자

그때 나에게 절박함이 생겼다.
그런 나는 그때 오만하였다가 곧 고요해졌나니[165)]
나는 번뇌의 멸진을 얻었다."

우사바 장로 (끝)

10. 깝빠따꾸라 장로(Th2:40 {199}~{200})

【행장】

"깝빠따꾸라 장로(Kappaṭakura thera)는 사왓티에서 처참한 가문(duggata-kula)에 태어났다. 그는 적당한 나이가 될 때까지 다른 수단(upāya)을 알지 못하여 넝마 조각을 옷으로 삼고(kappaṭa-khaṇḍa-nivāsana) 접시를 손에 들고 여기저기로 밥(kura)을 찾아서 돌아다녔다. 그래서 깝빠따꾸라(넝마 조각 옷을 입고 밥을 빌러 다니는 자)라고 알려졌다.
그는 적당한 나이가 되어서는 풀(tiṇa)을 팔아서 삶을 영위하였다. 어느 날 그는 풀을 베기 위해서(tiṇa-lāvanattha) 숲에 갔다가 거기서 어떤 번뇌 다한 장로를 보고 그에게 다가가서 절을 올리고 앉았다. 장로는 그에게 법을 설했다. 그는 법을 듣고 믿음을 얻어서 '이런 고통스러운 삶(kicchajīvika)이 내게 무슨 소용이 있

165) '그런 나는 그때 오만하였다가 곧 고요해졌나니'는 soharn ditto tadā santo를 옮긴 것이다. 주석서는 이렇게 설명한다.

"'오만하였다가(ditto)'라고 하였다. 나는 그때 왕이었을 때(rāja-kāle) 태생에 취하고 재물에 취하여 오만해졌다가(jāti-mada-bhoga-madādi-pari-dappita samāno) '절박함이 생겼다(saṁvegam alabhiṁ).'{198}b)라는 [구절과] 연결된다."(ThagA.ii.85)

이처럼 주석서는 santa를 samāna(√as, atthi, *to be*(있다)의 현재분사)로 해석하고 있다. 그런데 노만 교수는 이것을 √śam2(sammati, *to be quiet*, 고요해지다)의 현재분사로 이해하고 있으며 문맥상으로도 ditta(√dṛp, *to be pain*, 괴롭히다의 과거분사)와 상대가 되는 고요함으로 보는 것이 더 적절하다고 생각하여 역자도 이를 따라서 '고요해졌나니'로 옮겼다.

는가?'라고 하면서 출가하였다. 그는 자신이 입었던 넝마 조각옷(nivattha-kappaṭa-coḷa)을 한 곳에 놓아두었다. 따분함(anabhi-rati)이 생길 때마다 그 넝마 조각을 쳐다보면 따분함이 사라졌고 절박함(saṁvega)을 얻었다.

이렇게 하면서 그는 일곱 번을(sattakkhattuṁ) 환속하였다(up-pabbaji). 비구들은 그의 그런 행동을 세존께 말씀드렸다. 그러던 어느 날 깝빠따꾸라 비구는 법의 회합(dhamma-sabhā)에서 회중(會衆)의 가장자리에 앉아서 졸고 있었다. 세존께서는 그런 그를 꾸짖으시면서 본 게송 두 개를 읊으셨다. …
이와 같이 세존께서 두 개의 게송으로 엄하게 그를 꾸짖으시면서 질책을 하시자 뼛속을 파고드는 충격처럼, 사나운 코끼리가 길을 달려 내려오는 것처럼 절박함이 생겨(sañjāta-saṁvega) 위빳사나를 확립한 뒤 오래지 않아 아라한됨을 얻었다. 장로의 일화는 『아빠다나』에도 나타나고 있다. …
그는 아라한됨을 얻은 뒤 스승님께서 말씀하신 두 개의 게송이 자신이 아라한됨을 증득한 갈고리가 되었다(aṅkusa-bhūta)고 하면서 그것을 따라 읊었다. 그래서 이것은 그의 구경의 지혜를 천명함이 되었다."(ThagA.ii.66~67)

199. [세존][166]
"이 깝빠따꾸라는 참으로 [더러운] 넝마 조각이로구나![167]

---

166) 세존께서 읊으신 본 게송의 빠알리 원문은 다음과 같다.

ayamiti kappaṭo kappaṭakuro,
acchāya atibharitāya|
amataghaṭikāyaṁ dhammakaṭamatto,
katapadaṁ jhānāni ocetuṁ||199||

노만 교수의 설명처럼 이 게송은 운율이 불분명하다. 그는 이 문장을 산문으로 보는 Alsdorp의 견해를 밝히고 있다.(K.R. Norman, 163쪽 §199의 주해 참조)

그러나 깨끗함으로 넘쳐흐르고 죽음 없음의 항아리인[168]
[나의 교법]에는 도를 만드는 법이 들어있으니[169]
그것은 禪들을 쌓아 올리기 위해 만든 곳이다.[170]

---

167) '이 깝빠따꾸라는 참으로 [더러운] 넝마 조각이로구나.'는 ayamiti kappaṭo Kappaṭakuro를 옮긴 것이다. 주석서는 이렇게 설명한다.

"여기서 '이 깝빠따꾸라는 참으로 [더러운] 넝마 조각이로구나!(ayamiti kappaṭo Kappaṭakuro).'라는 것은 깝빠따꾸라 비구가(Kappaṭakuro bhikkhu) [전에 거지처럼 지내면서 입던 넝마 조각 옷을 한 곁에 놓아두고 일곱 번이나 환속을 하면서] '이것은 나의 넝마 조각이다(ayaṁ mama kappaṭo). 나는 이것을 입은 뒤(paridahitvā) 안에서나 밖에서나 그럭저럭 산다(yathā tathā jīvāmi).'라고 하는 이러한 그릇된 생각이 일어난 것(uppanna-micchā-vitakka)을 두고 [세존께서 하신 말씀이다]."(ThagA. ii.66)

[ ] 안은 위의 【행장】에서 인용한 『테라가타 주석서』의 설명을 참조하여 넣었다.

168) "'그러나 깨끗함으로 넘쳐흐르고 죽음 없음의 항아리인(acchāya atibharitā-ya amata-ghaṭikāyaṁ)'이라고 하셨다. 여기저기에서 [나의 법의] 비가 내릴 때(tahaṁ tahaṁ vassante), 즉 '비구들이여, 귀를 기울여라. 불사(不死)는 성취되었다. 내 이제 그대들에게 가르쳐주리라.'(M26 §27)라거나, '어두운 이 세상에 불사(不死)의 북을 울릴 것이다.'(M26 §25)라는 등으로 선언을 한 뒤 내가 불사(不死)인 법으로 비를 내리게 할 때에(dhammāmate pavassiyamāne) 나의 죽음 없음의 항아리인(mama amata-ghaṭe) 나의 교법에는 적당량의 법이 들어있으니[로 연결된다는] 말씀이다."(ThagA.ii.66)

169) '[나의 교법]에는 도를 만드는 법이 들어있으니'는 dhamma-kaṭa-<u>matto</u>를 dhamma-kaṭa-<u>maggo</u>로 읽어서 옮긴 것이다. 노만 교수는 여기서 dhamma-kaṭa-matto 대신에 dhamma-kaṭa-maggo로 읽을 수 있음을 언급하고 있는데(K.R. Norman, 164쪽) 아래 주해에서 인용하고 있듯이 주석서에서 kaṭa-magga(ThagA.ii.66)라는 표현이 나타나기 때문이다. 이렇게 하여 이 구절을 amata-ghaṭikāyaṁ dhamma-kaṭa-maggo로 읽으면 '죽음 없음의 항아리인 [나의 교법]에는 도를 만드는 법이 들어있으니'로 옮길 수 있다. 그렇지만 노만 교수도 언급하듯이 이것은 분명하지 않다. 이 구절을 원본대로 dhamma-kaṭa-matto로 읽으면 '[나의 교법]에는 적당량의 법이 들어있으니'로 옮길 수 있겠다. 그러나 '적당량(matta)의 법'으로 옮기면 문맥과 어울리지 않는다고 역자는 판단하였다. 노만 교수는 dhamma-kaṭamatto를 '*a measure of doctrine has been put*'으로 옮기고 있다.

200. 171)깝빠따여, 그대는 [26] 꾸벅꾸벅 졸지 마라.
내가 그대의 귀 근처를 때리게 하지 마라.
깝빠따여, 그대가 승가의 안에서 꾸벅꾸벅 졸고 있으니
그대는 적당함을 알지 못하기 때문이다."172)

깝빠따꾸라 장로 (끝)

네 번째 품이 끝났다.

[네 번째 품에 포함된 장로들의] 목록은 다음과 같다.

미가시라와 시와까와 현자인 우빠와나
이시딘나와 [삼불라] 깟짜나와 크게 자유자재한 키따까
[소나] 뽀띠리야뿟따, 니사바, 우사바, 깝빠따꾸라이다.

---

170) "'그것은 禪들을 쌓아 올리기 위해 만든 곳이다(katapadaṁ jhānāni ocetuṁ).'라고 하셨다. [이러한 나의 교법은] 세간적이고 출세간적인 禪들(lokiya-lokuttara-jjhānāni)을 쌓아 올리고(upacetuṁ) 수행하기 위해서(bhāvetuṁ) 만든 곳(kata-pada)이니 그것은 도를 만드는 곳이고 여러 가지 수행의 도가 준비되어 있다(kaṭa-magga-vihita-bhāvanā-magga). 이러한 것이 나의 교법(mama sāsana)이다. 그리고 거기에는 역시 '도를 만드는 법이 들어있다(dhamma-kaṭa-maggo).'라고 하신 말씀이다."(ThagA.ii.66)

171) "[이렇게 말씀하시고 나서] 이러한 나의 교법으로서의 법(mama sāsana-dhamma)에 대해서 깝빠따꾸라는 불만스러운 마음을 가졌고(ukkaṇṭha-citta) 의기소침한 마음을 가졌다(pagata-mānasa)고 그를 질책하시고 다시 도둑맞은 재산과 함께(sahoḍḍha) 도둑(cora)을 붙잡은 것처럼 그가 방일하여 머무는 것을 보여주시면서 '깝빠따여, 그대는 꾸벅꾸벅 졸지 마라(mā kho tvaṁ, kappaṭa, pacālesi).'라는 두 번째 게송을 말씀하셨다."(ThagA.ii.66~67)

172) 이와 같이 세존께서 엄하게 그를 꾸짖으시는 것을 듣고 절박함이 생겨서 아라한됨을 얻은 것은 앞의 【행장】에서 밝혔다.

다섯 번째 품

Pañcama-vagga({201}~{218})

1. 꾸마라깟사빠 장로(Th2:41 {201}~{202})

【행장】

"꾸마라깟사빠 장로(Kumārakassapa thera)는 라자가하에서 부유한 상인의 딸(dhana-seṭṭhissa dhītā)이었던 어머니에게서 태어났다. 그의 어머니는 소녀였을 때부터 출가하고자 하여 부모에게 요청을 하였지만 허락을 하지 않아서 출가를 하지 못하고 시집을 갔다. 그녀는 임신을 한 사실도 모르고 남편을 설득하여 그의 동의를 받아서 비구니들 사이에 출가하였다.

그 후 그녀가 태아를 가진 것을 보고 비구니들은 데와닷따에게 물었다. 그는 '여자 사문이 아니다.'라고 대답했다. 다시 열 가지 힘[十力]을 가지신 스승님께 여쭈자 스승께서는 우빨리 장로에게 일임을 하셨다. 장로는 사왓티에 사는 가문들과 위사카 청신녀(Visākhā upāsikā)를 불러서 회중을 안심시키면서 '먼저 태아를 받아내고 병이 없으면 출가시키도록 하겠습니다.'라고 하였다. 스승님께서는 '대중공사는 잘 결정되었다.'라고 장로를 칭찬하셨다.

그 비구니는 황금 덩어리와 같은 아들을 낳았다. 빠세나디 꼬살라 왕이 그 아이를 양육하였으며 깟사빠라는 이름을 지었다. 후에 그를 장엄하여 스승님의 곁에 데리고 와서 출가시켰다. 세존께서는 '깟사빠를 불러라. 이 과일을 먹도록 깟사빠에게 주어라.'

라고 말씀하셨는데 '어떤 깟사빠에게입니까?'라고 여쭈자 그가 소년이었을 때 출가하였기 때문에 '꾸마라깟사빠(어린 깟사빠)에게'라고 하셨다. 이렇게 하여 이름을 가지게 되었고 왕이 키운 아들도 되기 때문에 성장할 때부터 꾸마라깟사빠라고 알려지게 되었다.

그는 출가할 때부터 시작해서 위빳사나의 업을 행하였고 부처님 말씀을 배웠다. 그때 그와 함께 산속 깊은 곳(pabbata-matthaka)에서 사문의 법을 행한 뒤 불환자가 되어 정거천(Suddhāvāsa)에 태어난 대범천이 '나는 위빳사나의 방법(vipassanāya mukha)을 보여준 뒤 도와 과를 얻기 위한 수단(upāya)을 만들 것이다.'라고 하면서 15개의 질문들을 만들어 어둠의 숲(Andhavana)에 거주하고 있는 [꾸마라깟사빠] 장로에게 '이 질문들을 스승님께 물어보시오.'라고 알려주고 갔다.[173]
그는 그 질문들을 세존께 여쭈었다. 세존께서는 거기에 대답을 하셨다. 장로는 스승님께서 말씀해 주신 확정된 행로(kathita-niyāma)에 의해서 그것을 파악한 뒤 위빳사나의 모태(vipassana gabbha)를 섭수하여 아라한됨을 얻었다. 장로의 일화는 『아빠다나』에도 나타나고 있다. …

173) 이 일화와 15개의 질문들은 『맛지마 니까야』 제1권 「개미집 경」(M23)에 나타난다. 본경에서 꾸마라깟사빠 존자는 장님들의 숲에 머물렀는데 밤이 아주 깊었을 때 어떤 천신이 꾸마라깟사빠 존자에게 다가와서 "비구여, 비구여, 이 개미집은 밤에는 연기를 내뿜고 낮에는 불타오릅니다. 그때 바라문이 이와 같이 말했습니다. '현자여, 칼을 가지고 파십시오.' 현자가 칼을 가지고 파다가 빗장을 보았습니다. '빗장입니다, 존자시여.' …"(M23 §2)라는 등의 알 수 없는 15개의 비유가 담긴 질문을 해준 뒤 "비구여, 그대는 이 문제를 가지고 세존께 다가가서 여쭈어보십시오. 그래서 세존께서 해설해 주시는 대로 그대로 잘 호지하십시오."(Ibid.)라고 말하고 떠나간다.
존자가 부처님께 가서 이 15가지 비유에 대해서 여쭙자(§3) 세존께서 그 뜻을 말씀해 주신다.(§4) 이처럼 이 「개미집 경」(M23)은 개미집(몸)을 파서 마침내 용(번뇌 다한 비구)을 찾게 되는 15가지 비유를 들고 있다.

그는 아라한됨을 얻은 뒤 스승님께서 [『앙굿따라 니까야』 제1권 하나의 모음 「으뜸 품」(A1:14)에서] '다양하게 설법하는 자들(cittakathikā) 가운데서 꾸마라깟사빠가 으뜸이다.'(A1:14:3-9)라고 하신 말씀으로 자신의 도닦음을 반조한 뒤 삼보의 공덕을 설명하는 방법을 통해(ratanattaya-guṇa-vibhāvana-mukhena) 구경의 지혜를 천명하면서 본 게송 두 개를 읊었다."(ThagA.ii.68~69)

이처럼 꾸마라깟사빠(Kumāra-Kassapa) 존자의 어머니는 결혼한 뒤에 남편의 동의를 받아 비구니가 되어 사왓티에 머물렀다. 출가하고 보니 그녀는 임신을 하고 있었고 그래서 승가에서 큰 문제가 되었다. 세존께서는 우빨리 존자에게 사태 해결을 위임하셨고 상세한 조사 끝에 그녀는 결백한 것으로 판명되었다. 아이가 태어나자 빠세나디 왕이 깟사빠라는 이름을 지어 아이를 키웠으며 일곱 살에 출가하였다고 한다.
그는 어린아이(kumāra)였을 때 승가에 들어왔고 왕이 키웠기 때문에(kumāra는 왕자, 즉 rāja-kumāra라는 뜻도 됨) 꾸마라깟사빠라는 이름을 가졌다. 그가 아라한이 된 것은 『맛지마 니까야』 제1권 「개미집 경」(M23)에 나타난다. 그가 왜 다양하게 설법하는 자(citta-kathika)들 가운데서 으뜸이라고 세존의 칭찬을 받았는가 하는 것은 『디가 니까야』 제2권 「빠야시 경」(D23)이 좋은 보기가 된다. 「빠야시 경」에서 그는 대략 14개 정도의 상세하고 다양한 비유를 들면서 빠야시 태수에게 설법하고 있다. 그래서 경의 제목도 「빠야시 경」이다.

『법구경 주석서』에 의하면 그의 어머니는 그에 대한 애정 때문에 12년간을 울었다고 한다. 어느 날 그녀는 길에서 존자를 만나자 그를 향해서 달려가서 그의 앞에서 넘어졌는데 자식에 대한 큰 애정 때문에 가슴에서 젖이 나와 그녀의 가사를 적셨다고 한다. 깟사빠 존자는 그녀의 이러한 전일(全一)한 애정이 도를 증득할 인연이 됨을 알고 그녀를 심하게 나무랐다고 한다. 아들로부터 크게 경책을 받은 그녀는 바로 그날에 아라한이 되었다고 한다.(DhpA.iii.147.)

201\. "오, 참으로 부처님들을 찬탄합니다!
오, 참으로 법들을 찬탄합니다!
오, 참으로 우리 스승님의 성취를 찬탄합니다![174]
여기서 제자는 이러한 법을 실현할 것입니다.[175]

---

174) '오, 참으로 부처님들을 찬탄합니다! / 오, 참으로 법들을 찬탄합니다! / 오, 참으로 우리 스승님의 성취를 찬탄합니다!'는 aho Buddhā aho dhammā, aho no satthu sampadā를 옮긴 것이다.
먼저 언급할 단어는 aho인데 주석서는 "여기서 aho는 경이로운 것을 뜻하는 불변화사이다(acchariyatthe nipāto)."(ThagA.ii.69)라고 설명하고 있어서 이것을 '오, 참으로 … 찬탄합니다.'로 풀어서 옮겼다. 그래서 aho Buddhā 등은 '오, 참으로 부처님들을 찬탄합니다!' 등으로 옮겨보았다. 주석서는 이렇게 설명한다.

"'부처님들(Buddhā)'은 일체지자이신 부처님들(sabbaññu-Buddhā)이시다. 존중의 의미로 복수를 사용했다(gārava-vasena bahu-vacanaṁ). '법들(dhammā)'은 교학으로서의 법(pariyatti-dhamma)과 함께 아홉 가지 출세간법들(nava lokuttara-dhammā)이다. '오, 참으로 우리 스승님의 성취를 찬탄합니다(aho no satthu sampadā)!'라는 것은 열 가지 힘[十力, dasa-bala]을 가지신 우리 스승님의 위대한 성취를 찬탄한다(aho sampattiyo)는 말이다."(Ibid.)

175) '여기서(yathā)'란 스승님 아래에서 청정범행을 통해서라는 말이다. '여기서 제자는 이러한 법을 실현할 것입니다(yattha etādisaṁ dhammaṁ, sāvako sacchikāhi).'라는 것은 이러한 형태의 아주 청정한 禪과 신통지를 가까운 수행원으로 가졌고(suvisuddha-jjhānābhiññā-parivāra) 남김 없는 오염원의 멸진을 실어 나르는(anavasesa-kilesa-kkhayāvaha) 고요하고 수승하고 위없는 법을 제자도 참으로 실현할 것이라는 말이다. 그러므로 이와 같은 덕스러움의 특별함을 증득한 원인이 되는(evaṁvidha-guṇa-visesa-adhigama-hetu-bhūtā) 경이로우신(aho acchariyā) 부처님 세존들과 경이로운 법의 덕스러움들과(dhamma-guṇā) 경이로운 우리의 스승님의 성취(sampatti)라는 삼보(ratanattaya)의 공덕의 확고부동함(guṇādhimutti)을 설명한 것이다.
[게송에서 승가는 나타나지 않지만] 법의 성취를 찬탄함(dhamma-sampatti-kittana)에 의해서 승가의 잘 도닦음(saṅgha-suppaṭipatti)도 찬탄

202. 헤아릴 수 없는 겁[176] 동안
그들은 자기 존재 있음[有身]을 얻었지만[177]
그들에게 이것은 마지막 [존재]이고
이것은 마지막 적집된 [몸][178]입니다.
태어남과 죽음의 윤회와
이제 다시 존재함이란 없습니다."[179]

꾸마라깟사빠 장로 (끝)

되기 때문(kittitā)이다."(ThagA.ii.69)

176) 겁(劫, kappa)에 대해서는 본서 제1권 하나의 모음 위말라 장로(Th1:50) 【행장】의 해당 주해를 참조할 것.

177) "이와 같이 법의 실현을 보편적인 방법(sādhāraṇa)을 통해서 보여주었고 이제 자신을 보기로 들어서(attupanāyikaṁ katvā) 보여주면서 '헤아릴 수 없는 겁 동안 / 그들은 자기 존재 있음을 얻었지만(asaṅkheyyesu kappesu, sakkāyādhigatā ahū)'이라고 읊고 있다.

여기서 '헤아릴 수 없는 겁 동안(asaṅkheyyesu kappesu)'이란 헤아림의 길(gaṇana-patha)을 넘어선 대겁들(mahā-kappā)을 뜻한다. '자기 존재 있음[有身, sakkāya]'이란 취착의 [대상인] 다섯 가지 무더기들[五取蘊, pañc-upādānakkhandhā]이다. 이것은 궁극적인 의미(paramattha)에서 존재하는 법들의 집합이기 때문에(vijjamāna-dhamma-samūhatā) '자기 존재 있음[有身]'이라 부른다."(ThagA.ii.69)

178) '적집된 [몸]' 혹은 '적집된 것(samussaya)'에 대해서는 본서 제1권 하나의 모음 {83}의 해당 주해를 참조할 것.

179) '태어남과 죽음의 윤회와 / 이제 다시 존재함이란 없습니다.'는 jāti-maraṇa-saṁsāro, natthi dāni punabbhavo를 옮긴 것이다. 거의 같은 구절인 '태어남의 윤회는 멸진하였고 / 이제 다시 존재함이란 없다(vikkhīṇo jāti-saṁsāro, natthi dāni punabbhavo).'는 본서 제1권 하나의 모음 {67} 등에도 나타나고 『상윳따 니까야』 제1권 「아누룻다 경」(S9:6) §6 {774}와 『우다나』 「우빠세나 경」(Ud4:9) §2와 『이띠웃따까』 「점검 경」(It3:45) §2의 게송에도 나타난다. 본서 제1권 하나의 모음 {67}의 주해들을 참조할 것.

2. **담마빨라 장로**(Th2:42 {203}~{204})

【행장】

"담마빨라 장로(Dhammapāla thera)는 아완띠 지역(Avantiraṭṭha)에서 바라문 가문에 태어났다. 그는 적당한 나이가 되어 딱까실라(Takkasilā)로 가서 기술을 배운 뒤 돌아오면서 도중에 어떤 승원에서 어떤 장로를 뵈었고 그의 곁에서 법을 들은 뒤 믿음을 얻어서 출가하였다. 그는 위빳사나를 증장시켜 육신통을 갖춘 분이 되었다. 장로의 일화는 『아빠다나』에도 나타나고 있다. …

육신통을 갖춘 뒤 증득의 행복(samāpatti-sukha)으로 [시간을] 보내면서 어느 날 그 승원의 두 사미가 나무 끝에 달린 꽃들을 따다가 올라간 가지가 부러져서 떨어지는 것을 보았다. 장로는 신통의 위력(iddhānubhāva)으로 손으로 받아서 다치지 않게 땅에 내려놓은 뒤 그 사미들에게 법을 설하면서 이 두 개의 게송을 읊었다."(ThagA.ii.70)

203. "참으로 젊은 비구가
부처님의 교법에 몰두할 때[180]

180) "'부처님의 교법에 몰두할 때(yuñjati Buddha-sāsane)'라는 것은 부처님들의 교법에 불방일의 도닦음(appamāda-paṭipattiya)으로 사마타와 위빳사나 수행(samatha-vipassanā-bhāvanā)에 몰입한다(yogaṁ karoti)는 뜻이다."(ThagA.ii.71)

'참으로 젊은 비구가 / 부처님의 교법에 몰두할 때'로 옮긴 yo have daharo bhikkhu, yuñjati Buddha-sāsane는 본서 제3권 스물의 모음의 {873}ab와 같고 『맛지마 니까야』 제3권 「앙굴리말라 경」(M86) §18에도 나타나고 있다. 「앙굴리말라 경」(M86) §18의 게송들은 본서(Thag) 제3권 스물의 모음 {866}~{891}로도 나타나고 있다.

『맛지마 니까야 주석서』는 「앙굴리말라 경」(M86) §18에서 이렇게 설명한다.
"'부처님의 교법에 몰두한다(yuñjati Buddhasāsane).'는 것은 부처님의 교법에 몸과 말과 마음으로 몰두하여 머문다는 말이다."(MA.iii.340)

그는 잠든 자들 가운데 깨어있나니
그의 삶은 헛되지 않다.[181)]

204. 그러므로 슬기로운 자는
부처님들의 교법을 억념하면서
믿음과 계행과 청정한 믿음과
법을 봄에 몰두할지라."[182)] [183)] (={509}; S11:14 §6 {912})

---

181) '그는 잠든 자들 가운데 깨어있나니 / 그의 삶은 헛되지 않다.'는 jāgaro sa hi suttesu, amoghaṁ tassa jīvitaṁ을 옮긴 것이다. 주석서는 이렇게 설명한다.

"그는 무명의 잠(avijjā-niddā)으로 '잠든 자들 가운데(suttesu)', 즉 방일한 자들 가운데서(pamattesu) 믿음 등의 깨어있는 법을 구족함(saddhādi-jāgara-dhamma-samannāgama)에 의해서 '깨어있나니(jāgaro)', 그래서 자신에게도 이롭고 남에게도 이로운 것으로 가득하여(attahita-parahita-pāripūriyā) 그의 삶은 '헛되지 않다(amoghaṁ)', 무익하지 않다(avañjha)는 뜻이다."(ThagA.ii.71)

182) 여기서 '믿음'과 '계행'과 '청정한 믿음'과 '법을 봄'은 각각 saddhā, sīla, pasāda, dhamma-dassana를 옮긴 것이다. 주석서는 이렇게 설명한다.

"['믿음(saddhā)'이란] 업이 있고 업의 과보(kamma-vipāka)가 있다라는 등의 방법으로 전개하는 업의 결실에 대한 믿음(kamma-phala-saddhā)이다.
['계행(sīla)'이란] 믿음과 연결되어 있기 때문에(saddhūpanibandhattā) 그것에 의지하는 네 가지 청정한 계행(catu-pārisuddhi-sīla)이다.
['청정한 믿음(pasāda)'이란] 세존은 정등각자이시고(sammāsambuddho bhagavā) 법은 잘 설해졌으며(svākhāto dhammo) 승가는 잘 도를 닦는다(suppaṭipanno saṅgho)라고 이와 같이 전개되는 삼보에 대한 청정한 믿음(ratana-ttaya-ppasāda)이다.
['법을 봄(dhamma-dassana)'이란] 위빳사나와 통찰지와 함께하는 도의 통찰지(vipassanā-paññā-sahitā magga-paññā)와 철저하게 앎 등(pariññ-ādi)을 통해서 네 가지 진리의 법을 봄(catusacca-dhamma-dassana)이다."(ThagA.ii.71)

여기에 대해서는 본서 여덟의 모음 {509}의 해당 주해도 참조하기 바란다.

183) 본 게송은 『상윳따 니까야』 제1권 「가난한 자 경」(S11:14) §6의 {912}번 게송과 제6권 「아나타삔디까 경」 1(S55:26) §12의 해당 게송과 「게송을 포

담마빨라 장로 (끝)

3. **브라흐말리 장로**(Th2:43 {205}~{206})

【행장】

"브라흐말리 장로(Brahmāli thera)는 꼬살라 지역의 바라문 가문에 태어났다. 그는 사리를 분별하는 나이가 되어 인연이 성숙됨에 내몰려서 윤회에서 절박함이 생겼다(sañjāta-saṁvega). 그는 여여한(tādisa) 선우를 의지하여 부처님의 교법에 출가하여 자신에 맞는 명상주제(patirūpa-kammaṭṭhāna)를 받아 숲에서 머물렀다. 거기서 그의 지혜가 무르익어 오래지 않아 위빳사나를 증장시켜 육신통을 갖춘 분이 되었다. … 장로의 일화는 『아빠다나』에도 나타나고 있다. …

육신통을 갖춘 뒤 도의 행복과 과의 행복으로 [시간을] 보내면서 [바른] 노력을 성취한(padhāna-pariggāhaka) 장로는 어느 날 그 숲의 [수행] 처소(araññāyatana)에 있는 비구들을 지목하여 그들이 [바른] 노력에 몰두함을 파악하도록(pariggaṇhanto) 본 게송 두 개를 읊었다."(ThagA.ii.71~72)

205. "마치 마부에 의해서 잘 길들여진 말들처럼
누구의 감각기능들이 고요해졌습니까?
자만을 버렸고 번뇌 없이 여여한
누구를 신들조차도 부러워합니까?184)

함한 경」(S55:51) §4의 해당 게송과 같고 『앙굿따라 니까야』 제1권 「공덕이 넘쳐흐름 경」 2(A4:52) §2; 제3권 「재물 경」(A5:47) §7; 제4권 「재산 경」 1(A7:5) §3; 「재산 경」 2(A7:6) §10; 「욱가 경」(A7:7) §2의 해당 게송과 같다.

184) "여기서 게송의 앞 구절(purimaḍḍha)은 불환도의 증득(anāgāmimagga-adhigama)에 대해서 질문한 것이다. 감각적 쾌락에 대한 탐욕과 악의가 제

206. 마치 마부에 의해서 잘 길들여진 말들처럼
나의 감각기능들이 고요해졌습니다.
자만을 버렸고 번뇌 없이 여여한
나를 신들조차도 부러워합니다."185)

브라흐말리 장로 (끝)

4. **모가라자 장로**(Th2:44 {207}~{208})

【행장】

"모가라자 장로(Mogharāja thera)는 바라문 가문에 태어났다. 그는『숫따니빠따』「도피안 품」(Parāyana Vagga)에서 알려진

거되었기 때문에(pahīna-kāma-rāga-byāpādatā) 불환자에게도 감각기능들은 고요하여(samatha) 온화함(nibbisevanatā)에 이르게 되기 때문이다. 뒤 구절(itara)로는 아라한도를 얻음(arahattamagga-paṭilābha)에 대해서 질문하였다. 아라한은 '자만을 버렸고 번뇌가 없이 여여한(pahīna-māno anāsavo tādi)' 분이기 때문이라고 [게송에서] 말하고 있다."(ThagA.ii.72)

185) 본 게송들({205}~{206})과 같은 방법으로 읊은 게송으로는 키따까(VRI: 니따까) 장로가 읊은 본서 둘의 모음 {191}~{192} 게송이 있다. {191}번 게송과 {192}번 게송은 각각 세 개의 대명사만 다르고 나머지는 똑같았다. (그곳의 주해 참조) 그와 같이 여기 브라흐말리 장로의 {205}~{206}번 게송들도 아래에서 보듯이 각각 두 개의 대명사만 다르고 나머지는 똑같다. 즉 {205}번 게송에서는 kassa(누구의)가 두 번 나타나는데 이것은 {206}번 게송에서는 각각 mayhaṁ(나의)으로 대치가 되었다.
여기서도 이렇게 해서 장로는 자신의 구경의 지혜를 천명하면서 비구들을 교계하고 있다. 두 게송의 원문은 다음과 같다.

kass'indriyāni samathaṅgatāni,
assā yathā sārathinā sudantā.
pahīnamānassa anāsavassa,
devāpi kassa pihayanti tādino. ||205||

mayh'indriyāni samathaṅgatāni,
assā yathā sārathinā sudantā.
pahīnamānassa anāsavassa,
devāpi mayhaṁ pihayanti tādino. ||206||

것처럼(Sn5:15/194 {1008}) 바와리 바라문(Bāvarī-brāhmaṇa)의 곁에서 기술을 배웠고(uggahita-sippa) 절박함이 생겨(saṁvega-jāta) 고행하는 출가자(tāpasa-pabbajja)로 출가하여 고행하는 1,000명의 가까운 동료를 가지게 되었다(tāpasa-sahassa-parivāra). 그는 아지따(Ajita, 본서 제1권 하나의 모음 {20} 참조) 등과 함께 세존의 곁으로 보내져서 그들 가운데 15번째로 [세존께] 질문을 드렸다(Sn5:15). 그의 질문에 답변이 되어 마무리되었을 때 그는 아라한됨을 얻었다. 장로의 일화는 『아빠다나』에도 나타나고 있다. …

그는 아라한됨을 얻은 뒤 칼집을 낸 남루한 옷(sattha-lūkha)과 실로 만든 남루한 옷(sutta-lūkha)과 물이 든 남루한 옷(rajana-lūkha)이라는 세 가지 남루함(lūkha)을 가진 분소의(paṁsukūla)를 입었다. 그래서 스승님께서는 [『앙굿따라 니까야』 제1권 하나의 모음「으뜸 품」(A1:14)에서] 그를 남루한 옷을 입는 자들 가운데서 으뜸의 위치(lūkha-cīvara-dharānaṁ aggaṭṭhāna)에 두셨다(ṭhapesi)(A1:14:4-16). 나중에 이전의 업이 익고 제대로 돌보지 않아서 장로의 몸에 뾰루지 등(daddupīḷakādīni)이 생겨서 자라고 있었다. 그는 '거처가 오염되었구나.'라고 하면서 겨울에도 마가다 들판에서 가져온 짚으로 만든 깔개(palāla-santhārāni)를 펴서 거기에서 잤다."(ThagA.ii.73)

어느 날 시중을 들러 와서 절을 올리고 한 곁에 앉은 그에게 스승님께서는 호의로써 첫 번째 게송({207})으로 그에게 물어보셨고 세존께서 이렇게 물어보시자 장로는 스승님께 두 번째 게송({208})으로 말씀을 드렸다고 『테라가타 주석서』는 적고 있다.(ThagA.ii.73~74)

207. [세존]

"외관은 [27] 추하게 되었지만 마음은 경사스러운[186]

모가라자여, 그대는 계속해서 삼매에 들어있다.
겨울의 차갑고 어두운 밤을
그대는 비구인데, 어떻게 보내는가?"

208. [모가라자]
"마가다 사람들은 모두 다 곡식들을 구족하고 있다고
그렇게 저는 들었습니다.
다른 사람들이 행복하게 살아가듯이
짚으로 덮은 곳에서 저는 그렇게 누울 것입니다.187)"

모가라자 장로 (끝)

---

186) '외관은 추하게 되었지만 마음은 경사스러운'은 chavi-pāpaka citta-bhaddaka를 옮긴 것이다. 주석서는 이렇게 설명한다.

"여기서 '외관은 추하게 되었지만(chavi-pāpaka)'이라는 것은 백선(白癬)과 개선(疥癬)이 분출하여(daddu-kacchu-pīḷakāhi) 피부가 찢어진 상태 때문에(bhinna-cchavi-bhāvato) 저열한 피부를 가진(hīna-cchavika), 즉 손상된 피부를 가진(duṭṭha-cchavika)이라는 뜻이다.
'마음은 경사스러운(citta-bhaddaka)'이라는 것은 남김없이 오염원들을 제거함에 의해서, 그리고 거룩한 마음가짐을 의지하여 경이로운 마음을 가진(bhadda-citta), 아름다운 마음을 가진(sundara-citta)이란 뜻이다."(ThagA.ii.74)

187) '다른 사람들이 행복하게 살아가듯이 / 짚으로 덮은 곳에서 저는 그렇게 누울 것입니다.'는 palālacchannako seyyaṁ, yathaññe sukhajīvino를 옮긴 것이다. 주석서는 이렇게 설명한다.

"마치 행복하게 살아가는(sukha-jīvino) 다른 비구들이 거처를 알맞게 얻어서 좋은 덮을 것과 감쌀 것들(attharaṇa-pāvuraṇā)로 행복하게 잠드는 것처럼 그와 같이 저도 짚으로 만든 깔개(palāla-santhāra)를 아래에(heṭṭhā) 깔고 위와 옆으로는(upari tiriyañca) 짚 더미(palāla-cchadana)로 몸을 덮어서 짚을 덮어 만든 잠자리(seyya)에 누웠고 잠자리를 만들었습니다라고 자신이 얻은 만족함대로(yathā-lābha-santosaṁ) 설명하고 있다."(ThagA.ii.74)

5. **위사카 빤짤리뿟따 장로**(Th2:45 {209}~{210})

【행장】

"위사카 빤짤리뿟따 장로(Visākha-Pañcāliputta thera)는 마가다 지역에서 작은 지역의 왕(maṇḍalika-rājā)의 가문에 태어났다. 그는 빤짤라 왕의 딸(Pañcālarāja-dhītuyā)의 아들이었기 때문에 나중에 빤짤리뿟따(빤짤리의 아들, Pañcāli-putta)[188]라 불리었다. 아버지가 죽자 그는 아버지의 뒤를 이어 지역 왕이 되었는데 스승님께서 그곳 마을의 근처에 오시어 설법하시는 것을 듣고 믿음을 얻어 출가하였으며 세존을 따라 사왓티로 가서 오래지 않아 육신통을 갖춘 분이 되었다. 장로의 일화는 『아빠다나』에도 나타나고 있다. …

장로는 신통을 갖춘 뒤 친족들에 대한 연민으로 자신이 태어난 곳(jāti-bhūmi)에 갔다. 거기서 사람들은 장로에게 다가와서 때때로 법을 들었는데 어느 날 '존자시여, 어떤 구성요소를 구족해야 법을 설하는 자가 됩니까?'라고 법을 설하는 자의 특징(dhamma-kathika-lakkhaṇa)에 대해서 질문을 하였다. 장로는 그들에게 법을 설하는 자의 특징을 설하면서 본 게송 두 개를 읊었다. …

이와 같이 장로는 법을 설하는 자의 특징을 간략하게 말한 뒤 이러한 덕들이 자신에게서도 얻어진다는 사실을 확신하였다. 그는 [자신의 말을 듣고] 더욱 많은 사람들이 청정한 믿음을 내는 것(abhippasanna)을 알고 '이와 같은 법을 설하는 자가 해탈의 경지를 의지할 때(vimuttāyatana-sannissita) 열반은 얻기가 어려운 것(dullabha)이 아니고 쉬운 것(sulabha)이다.'라는 것을 보여주면서 두 번째 게송을 읊었다."(ThagA.ii.75)

---

188) 『앙굿따라 니까야 주석서』는 빤짤라에 사는 바라문녀의 아들(Pañcāla-brāhmaṇiyā putta)이라고 표현하고 있다.(AA.iii.90)

장로에 관계된 경으로는 『상윳따 니까야』 「위사카 경」(S21:7)과 『앙굿따라 니까야』 「위사카 경」(A4:48)이 있다. 이 둘은 설한 곳만 다르고 내용은 같다. 이 경들은 세존께서 위사카 존자를 칭찬하시는 내용을 담고 있다.

209. "[법을 설하는 자는] 남들의 [권한을]
정지시켜서도 안 되고 반대해서도 안 됩니다.[189]
저 언덕[彼岸]에 도달한 분[190]을 욕해서도 안 되고
모욕을 해서도 안 됩니다.[191]
그리고 회중에 있으면서
자신을 찬탄하는 말을 해서도 안 되고
들뜨지 않고 절제하여 말하고
좋은 서원을 가져야 합니다.

210. 매우 섬세하고 미묘한 이치를 보고

---

189) '반대해서도 안 됩니다.'는 no ca parikkhipe를 옮긴 것이다. PED와 BDD는 parikkhipati의 의미로 '*to throw round, to encircle*'을 들고 있는데 본 게송에서는 적용되지 않는다. 노만 교수는 parikkhipati의 접두어 pari를 paṭi의 변형으로 이해하여 paṭikkhipe로 읽기를 제안하고 있어서(K.R. Norman, 165쪽 §209의 주해 참조) 이를 따랐다. BDD는 paṭikkhipati를 '*to reject; to refuse; to oppose*'로 설명하고 있다. 주석서는 "자른 뒤에 내던져서는 안 된다(paricchinditvā na khipeyya)."(ThagA.ii.76)로 설명하고 있다.

190) "'저 언덕[彼岸]에 도달한 분(pāragata)'은 명지(vijjā)로 윤회의 저쪽 언덕과 같은(saṁsāra-pāraṁ viya) 저 언덕에 도달한(pāraṁ gata) 번뇌 다한(khīṇāsava) 삼명을 갖춘 분(tevijja)이나 육신통을 갖춘 분(chaḷabhiñña)이다."(ThagA.ii.76)

191) '모욕을 해서도 안 됩니다.'는 na eraye를 옮긴 것이다. 여기서 eraye는 √īr(iriyati, Sk:īrte/īrate, *to set in motion*)의 가능법 삼인칭 단수(Opt.3.Sg.)이다. 주석서는 "때려서는 안 된다(na ghaṭṭaye), 공격해서는 안 된다(na āsādeyya)."(ThagA.ii.76)로 설명하고 있다.

사유에 능숙하고 겸손함을 갖추었으며
부처님의 계행을 받들어 행하는 자에게
참으로 열반은 증득하기 어려운 것이 아닙니다."[192] (={71})

위사카 빤짤리뿟따 장로 (끝)

6. **쭐라까 장로**(Th2:46 {211}~{212})

【행장】

"쭐라까 장로(Cūḷaka thera)는 라자가하에서 바라문 가문에 태어났다. 그는 적당한 나이가 되어 스승님께서 다나빨라 코끼리를 길들이신 것(Dhanapāla-damana)[193]에 청정한 믿음을 얻어서 출가하여 사문의 법을 행하면서 인다살라 동굴(Indasāla-guhā)에 머물렀다. 그는 어느 날 동굴의 입구에 앉아서 마가다의 들판을 보고 있었다. 그 순간에 비를 내리는 먹구름(pāvusa-kāla-megha)이 깊고 달콤한 소리를 내면서 백 겹 천 겹으로 산꼭대기들을 감싸며 하늘을 가득 채우고 비를 내렸다. 그런 정경을 보고 그의 육신은 고요해졌고(passaddha-karaja-kāya) 적당함을 얻었으며 좋은 계절이 되었기 때문에 마음은 한 끝이 되었고 명상주제의 과정(kammaṭṭhāna-vīthi)이 진행되었다. 그는 그것을 알고 때를 얻음 등을 찬탄하는 방법을 통해(kāla-sampadādi-kittana-mukh-ena) 자신의 수행을 강하게 하면서 본 게송 두 개를 읊었다. …

이와 같이 장로는 자신을 교계하면서 계절의 적당함을 얻어서(utu-sappāya-lābha) 삼매에 든 마음으로 위빳사나를 열성적으로 행하여 아라한됨을 얻었다. 장로의 일화는 『아빠다나』에도

---

192) 본 게송은 본서 제1권 하나의 모음 왓차빨라 장로의 게송({71})과 같다. 그곳의 주해들을 참조할 것.

193) 다나빨라 코끼리(Dhanapāla kuñjara)는 『법구경』(Dhp.91 {324})에 언급되고 있다.

나타나고 있다. …
아라한됨을 얻은 뒤 장로는 자신의 도닦음을 반조한 뒤 희열과 기쁨이 생겨서 [전에 읊은] 본 게송을 따라 읊었다. 그래서 이것은 그의 구경의 지혜를 천명하는 것이 되었다."(ThagA.ii.76~78)

211. "멋진 관모와 멋진 꼬리 깃털과 짙고 푸른 목을 가졌으며
잘생긴 얼굴로 아름다운 노래를 하는 공작들이 울고
풀이 무성한 이 대지는 물이 풍부하며
하늘은 좋은 먹구름으로 [덮여] 있다.

212. 좋은 마음을 가진 자에게 어울리는 정경이니
그것을 명상하라.[194]
훌륭한 부처님의 교법에 잘 출가하는 것은 좋은 일이다.
희디희고 미묘하고 보기 어려운
그 가장 높고 떨어지지 않는 경지에 닿아야 한다.[195]"[196]

---

194) '좋은 마음을 가진 자에게 어울리는 정경이니 / 그것을 명상하라.'는 sukalla-rūpo sumanassa jhāyitaṁ을 옮긴 것이다. 노만 교수는 이 가운데 PTS본의 jhāyitaṁ 대신에 VRI본의 jhāyataṁ을 jhāya taṁ(그것을 명상하라)으로 읽어서 소개하고 있다(K.R. Norman, 166쪽 §212의 주해 참조). 역자도 이를 택하여 옮겼다. 그렇지 않으면 뜻이 애매해지기 때문이다.

주석서는 이렇게 설명한다.
"이제 적당한 계절이 되었기(utu-sappāya-lābha) 때문에 거기에 어울리는 정경을 가진(suṭṭhu kallarūpa), 즉 업을 짓기에 적당한 고유성질을 가진(kammaniya-sabhāva) 그대는 장애들이 위로 자라지 않는 마음을 가졌기 때문에(anajjhārūḷha-cittatāya) 아름다운 마음을 가졌다(sundara-mano). 이처럼 수행자는(yogāvacara) 대상을 정려(靜慮)함(ārammaṇ-ūpanijjhāna)을 통해서 그리고 특상을 정려함(lakkhaṇūpanijjhāna)을 통해서 그것을 명상하라(jhāya taṁ)는 뜻이다."(ThagA.ii.78)

195) '그 가장 높고 떨어지지 않는 경지에 닿아야 한다.'는 phusāhi taṁ uttamam accutaṁ padaṁ을 옮긴 것이다. 주석서는 이렇게 설명한다.
"항상하는 고유성질을 가졌기 때문에(nicca-sabhāvatāya) '떨어지지 않는

쭐라까 장로 (끝)

7. 아누빠마 장로(Th2:47 {213}~{214})

【행장】

"아누빠마 장로(Anūpama thera)는 꼬살라 지역에서 하천한 가문에 태어났다. 잘생긴 외모(rūpa-sampatti) 때문에 아누빠마(Anūpama)[197]라는 이름을 가졌다. 그는 적당한 나이가 되어 [깨달음을 실현하기 위한] 강하게 의지하는 [조건]을 갖추었기 때문에(upanissaya-sampannatāya) 감각적 쾌락들을 버리고 출가하여 위빳사나의 업을 행하면서 숲에서 머물렀다. 그러나 그의 마음은 밖으로 형색 등의 대상들로 치달렸으며(vidhāvati) 명상주제를 맴돌고 다녔다(parivaṭṭati). 장로는 치달리는 마음을 다잡으면서 이 두 개의 게송으로 [자신을] 교계하였다. …

이와 같이 장로는 자신의 마음을 교계하면서 위빳사나를 증장시켜 아라한됨을 얻었다. 장로의 일화는 『아빠다나』에도 나타나고 있다."(ThagA.ii.78~79)

213. "기뻐하는 마음은
사형 기둥을 세우면서 오나니
사형 기둥과 사형 집행 장소가 있는 그곳으로
그대는 가는구나.[198]

경지(accutaṁ padaṁ taṁ)'인 그 열반에 닿아라, 자신의 눈앞에 직접 드러냄(atta-paccakkha-karaṇa)에 의해서, 바른 도닦음(sammā-paṭipatti)에 의해서 실현하라(sacchikarohi)는 뜻이다."(ThagA.ii.78)

196) 이렇게 하여 아라한됨을 얻은 장로의 일화는 앞의 【행장】에서 밝혔다.

197) 문자적으로 anūpama는 an+upama를 운율에 맞추어 표기한 것이고(PED) 주석서도 "비유를 할 수 없는 것(anūpamāti upamā-virahitā, BvA.212)"으로 설명한다.

198) '사형 기둥과 사형 집행 장소가 있는 그곳으로 / 그대는 가는구나.'는 tena

214. 그런 그대를 나는 불량배인 마음이라 부르고
부랑자인 마음이라 부른다.
그대는 얻기 어려운 스승을 얻었나니
이익이 아닌 것에 나를 재촉하지 말기를![199]"

아누빠마 장로 (끝)

8. 왓지따 장로(Th2:48 {215}~{216})

【행장】

"왓지따 장로(Vajjita thera)는 꼬살라 지역에서 하천한 가문에 태어났다. 그는 태어나는 날부터 시작하여 여인들의 손(mātugāma-hattha)에 가면 울었다. 그는 범천의 세상(brahma-loka)으로부터 여기로 왔기 때문에 여인들과 닿는 것을 견디지 못하였다. 그래서 여인들과 닿는 것을 피한다(mātugāma-samphassa-vajjana)고 해서 왓지따라는 이름을 가졌다.

그는 적당한 나이가 되어 스승님의 쌍신변을 본 뒤 믿음을 얻어 출가한 뒤 위빳사나를 확립하여 바로 그날에 육신통을 갖춘 분이

---

teneva vajasi, yena sūlaṁ kaliṅgaraṁ을 옮긴 것이다. 주석서는 이렇게 설명한다.

"사악한 마음이여(pāpa-citta), 사형 기둥이라 불리는(sūla-saṅkhātā) 존재들(bhavā)과 사형 집행 장소라 불리는(kaliṅgara-saṅkhātā) 단두대(adhi-kuṭṭanakā)인 감각적 쾌락의 가닥들(kāmaguṇā) — 이런 것들이 있는 그런 곳으로 그대는 가는구나(vajasi), 즉 그런 장소(ṭhāna)로 다가가는구나(upagacchasi), 자신에게 이익이 되지 않음(anattha)을 살펴보지 않는구나(na sallakkhesi)라는 뜻이다."(ThgA.ii.79)

199) "'이익이 아닌 것에 나를 재촉하지 말기를(mā'natthe maṁ niyojayi)!'이라는 것은 이익이 아닌 것에(anatthe), 즉 미래에 손해를 가져오는 것에(an-atthāvahe), 괴로움을 가져오는 것에(dukkhāvahe), 해로운 것에(akusale) 나를 자극하지 말기를(mā niyojesīti)이라는 뜻이다."(ThagA.ii.79)

되었다. 장로의 일화는 『아빠다나』에도 나타나고 있다. …
그는 육신통을 갖춘 뒤 자신의 전생을 기억한 뒤 법에 대한 절박함(dhamma-saṁvega)으로 본 게송 두 개를 읊었다."(ThagA.ii.80)

215. "오랜 세월을 윤회하면서
태어날 곳마다 나는 바뀌면서 [태어났다].200)
범부는 눈이 멀어
성스러운 진리들을 보지 못하였다.

216. 그런 [28] 내가 방일하지 않았을 때201)
윤회들은 그 줄기가 메마르게 되었나니202)
모든 태어날 곳들은 잘라졌고

---

200) '태어날 곳마다 나는 바뀌면서 [태어났다].'는 gatīsu parivattisaṁ를 옮긴 것이다. 주석서는 이렇게 설명한다.

"'태어날 곳마다(gatīsu)'라는 것은 잘 지었거나 잘못 지은 업들(sukata-dukkaṭā kammā)을 통해서 선처와 악처에(sugati-duggatīsu)라는 말이다. '나는 바뀌면서 [태어났다](parivattisaṁ).'고 하였다. [우물의] 두레박[汲井輪, 급정륜, ghaṭī-yanta]처럼 떨어지고 올라감(cavan-upapajjana)을 통해서 계속적으로 바뀌는 것(aparāpara parivatti)을 말한다. 그리고 그가 바뀌면서 태어나는 이유(parivattanassa kāraṇa)로 '범부는 눈이 멀어 / 성스러운 진리들을 보지 못하였다(apassaṁ ariya-saccāni, andha-bhūto puthujjano).'라고 말하고 있다."(ThagA.ii.80~81)

201) "'그런 내가 방일하지 않았을 때(tassa me appamattassa)'라고 하였다. 내가 앞에서 말한 방법대로 전에는 범부(puthujjana)였을 때였고 이제는 스승님께서 주신 방법에 의해서 '방일하지 않았을 때'(appamattassa), 즉 불방일의 도닦음(appamāda-paṭipatti)으로 사마타와 위빳사나 수행이라는 정수리(matthaka)를 얻어서 머물렀을 때라는 뜻이다."(ThagA.ii.80)

202) "'윤회들은 그 줄기가 메마르게 되었나니(saṁsārā vinaḷīkatā)'라고 하였다. 이것들에 의해서 중생들은 윤회한다고 해서(saṁsaranti sattā etehīti) '윤회들(saṁsārā)'이라는 이름을 얻은 업으로서의 오염원들(kamma-kilesā)이 으뜸가는 도(agga-magga)에 의해서 뿌리가 뽑혔기 때문에(samuc-chinnattā) 줄기가 메마르게 되고(vigatanaḷā) 뿌리가 없게 만들어졌다(nimmūlā katā)는 말이다."(ThagA.ii.80)

이제 다시 존재함이란 없다.[203]"

왓지따 장로 (끝)

9. **산디따 장로**(Th2:49 {217}~{218})

【행장】
"산디따 장로(Sandhita thera)는 꼬살라 지역에서 하천한 가문에 태어났다. 그는 적당한 나이가 되어 무상함과 관계된(aniccatā-paṭisaṁyuttā) 법의 가르침(dhamma-kathā)을 듣고 절박함이 생겨(saṁvega-jāta) 출가하였다. 그는 위빳사나를 확립하여 지혜가 무르익었고 오래지 않아 육신통을 갖춘 분이 되었다.

그는 자신의 전생을 기억하면서 [31겁 이전] 시키 세존(Sikhi bhagavā)의 시대에 ① [그분의] 깨달음을 찬탄하였고(bodhi-vandana) ② 부처님을 계속해서 생각하였으며(Buddhānussati) ③ 무상의 인식을 얻었던 것(aniccasaññā-paṭilābha)을 기억한 뒤(anussaritvā) 이것에 의지하여 자신의 특별한 증득(visesa-adhigama)을 밝히면서 본 게송 두 개를 읊었다. …
그리고 이 [두 개의 게송은] 『아빠다나』의 게송(Apadāna-gāthā)에도 이 장로의 것으로 [언급되고 있다]."(ThagA.ii.82~83)

217. "푸른빛을 발하고 잘 자란
보리수나무[204] 아래에서

---

203) "'이제 다시 존재함이란 없다(natthi dāni punabbhavo).'라는 이것은 장로의 구경의 지혜의 설명이 되었다."(ThagA.ii.81)

204) 여기서 '보리수나무'는 Assattha pādapa를 옮긴 것이다. 『테라가타 주석서』는 "지금 우리 세존의 깨달음의 나무(bodhi-rukkha)가 보리수나무(Assattha)이듯이 그때 시키 세존의 깨달음의 나무는 뿐다리까(Puṇḍarīka)였다."(ThagA.ii.82)라고 적고 있다. 그러므로 엄밀히 말하면 이 시키 부처님은 뿐다리까 나무 아래에서 깨달으셨는데 산디따 장로는 본 게송에서 보리

마음을 챙겨 부처님과 관계된
하나의 인식을 얻었다.205)"

218. 지금부터 31겁 전, 그때 내가 얻었던 인식206)
그 인식에 기인하여207) 나는 번뇌의 멸진을 얻었다.208)"

수나무로 옮은 것이다.

뿐다리까는 백련(PED: *the white lotus*)을 뜻한다. 그런데 『디가 니까야』 제2권 「대전기경」(大傳記經, D14)에서는 "시키 세존・아라한・정등각께서는 뿐다리까 나무 아래에서 깨달음을 이루셨고(Sikhī … Puṇḍarīkassa mūle abhisambuddho)"(D14 §1.8)로, 즉 '뿐다리까 아래에서(puṇḍarīkassa mūle)'로 나타난다. 『디가 니까야 주석서』는 이것을 세땀바 나무(Setamba-<u>rukkha</u>, DPL: 망고나무의 일종)라고 설명하고 있어서(puṇḍarīkoti setambarukkho, DA.ii.416 = D14 §1.8의 설명) 「대전기경」(D14)에서는 뿐다리까 나무로 옮겼다.

205) "'마음을 챙겨 부처님과 관계된 / 하나의 인식을 얻었다(ekaṁ Buddhagataṁ saññaṁ, alabhitthaṁ patissato).'라고 하였다. 부처님을 대상으로 하여 대상이 하나로 생겨났기 때문에 '하나(ekaṁ)'이다. '이띠삐 소 바가와(itipi so bhagavā, 이처럼 그분 세존께서는) …'라는 등으로 전개되는 부처님을 계속해서 생각함과 함께하는 그런 '인식을 얻었다(saññaṁ alabhi-tthaṁ)'. 즉 부처님의 공덕들(Buddha-guṇā)을 계속해서 억념(憶念)하기 때문에(patipati-saraṇato) 그것이 마음챙김이 되어서(patissato) 얻었다(alabhiṁ)는 뜻이다."(ThagA.ii.82)

여기서 '얻었다.'로 옮긴 alabhitthaṁ은 √labh(to, get)의 아오리스트 과거 1인칭 복수(Aor.1.Pl)이고 아래 §218과 주석서의 alabhiṁ도 그러하다. 1인칭 단수가 되려면 alabhimha가 되어야 한다.

206) 주석서는 '그때 내가 얻었던 인식(yaṁ saññam alabhiṁ tadā)'을 이렇게 설명한다.

"이 인식은 부처님을 계속해서 생각함과 함께한 인식(Buddhānussati-saha-gatā saññā)이었거나 혹은 부처님들의 무상함(Buddhānaṁ aniccatā)을 본 뒤 그것을 기억함(tad-anusāra)에 의해서 모든 형성된 것들에 대해서 무상의 인식(anicca-saññā)을 그때 나는 얻었다(alabhiṁ)는 말이다."(ThagA.ii.82)

207) '기인하여'는 vāhasā를 옮긴 것이다. PED는 '*indecl. an instr. of* vāha *owing to, by dint of, on account of, through*'로 설명하고 있다.

산디따 장로 (끝)

다섯 번째 품이 끝났다.

[다섯 번째 품에 포함된 장로들의] 목록은 다음과 같다.

꾸마라깟사빠 장로와 담마빨라와 브라흐말리
모가라자와 위사카, 쭐라까와 아누빠마
왓지따와 산디따 장로이니 오염원의 먼지를 실어 가버렸다.

둘의 모음이 끝났다.

여기에 포함된 목록은 다음과 같다.

둘의 모음에는 게송들이 98개이고
장로들은 49분이니 방법에 능숙한 분들이 읊었다.

주석서도 '이 인식에 기인하여'로 옮기는 tassā saññāya vāhasā를 "그것을 강하게 의지하는 [조건]으로 삼은 뒤(taṁ upanissayaṁ katvā)"(ThagA.ii.82)로 설명하고 있다.

208) "'나는 번뇌의 멸진을 얻었다(patto me āsavakkhayo).'라고 하였다. 이제 나에 의해서 번뇌의 멸진(khaya), 즉 소멸(nirodha)이 증득되었다는 말이다."(ThagA.ii.82～83)

테라가타

셋의 모음

Tika-nipāta({219}~{266})

1. 앙가니까바라드와자 장로(Th3:1 {219}~{221})

【행장】

"앙가니까바라드와자 장로(Aṅgaṇika-bhāradvāja-tthera)는 히말라야 산 근처의 욱깟타라는 도시에서 위력이 있는(vibhava-sampanna) 바라문 가문에 태어났다. 그는 적당한 나이가 되어 명지와 기술에 통달하였고 현명하고 많이 배웠으며 출리에 대한 성향(nekkhamm-ajjhāsayatā) 때문에 유행승으로 출가하여 죽음 없음[不死]을 위한 고행(amara tapa)을 행하면서 여기저기를 유행하였다. 그러다 정등각자께서 지방에서 유행하시는 것을 보고 마음에 청정한 믿음이 생겨 스승님의 곁에서 법을 듣고 그 그릇된 고행을 버리고 교법에 출가하였다. 그는 위빳사나의 업을 행하면서 오래지 않아 육신통을 갖춘 분이 되었다. 장로의 일화는 『아빠다나』에도 나타나고 있다. … (ThagA.ii.83)

육신통을 갖춘 뒤 해탈의 행복으로 머물면서 친척들을 연민하여 자신이 태어난 곳(jātibhūmi)에 가서 많은 친척들을 [삼]귀의(saraṇā)와 [오]계(sīla)에 확립되게 하였다. 그는 거기서 돌아와 꾸루 지역에서 꾼디야라는 성읍(Kuṇḍiya nāma nigama)의 멀지 않은 곳에 있는 숲에 머물면서 어떤 이유 때문에 욱가아라마(Uggārāma)로 갔다. 거기서 북쪽 길로부터 오는 예전에 친구였던 바라문들과 마주쳤다. 그들은 '오, 바라드와자여, 무엇을 보고 바라문들의 신조(교의, samaya)를 버리고 이 신조(교의)를 받아들였습니까?'라고 질문을 하자 그들에게 이 부처님의 교법의 밖에는 청정(suddhi)이 없다는 것을 보여주면서 첫 번째 게송을 읊었다. … (ThagA.ii.83~84)

이와 같이 장로는 이 아쉬람(assama)에서 저 아쉬람으로 가는 것처럼 베다에서 설한 방법(vidhi)인 불을 섬기는 것 등(aggi-paricaraṇādi)으로는 [청정이] 생기지 않기 때문에 청정을 얻지 못한다고 하여 [이 교법의] 밖에서는 청정이 존재하지 않음을 보여주었다. 이제 이 교법에서 나는 청정을 증득하였음을 보여주면서 두 번째 게송을 읊었다. …

이와 같이 청정을 증득하였기 때문에 '지금부터 시작하여 나는 궁극적인 의미(paramattha)에서 바라문이다.'라는 것을 보여주면서 세 번째 게송을 읊었다."(ThagA.ii.83~85)

219. "지혜 없이 [29] 나는 청정함[209]을 찾았으니
숲에서 불을 섬긴 것과 같았습니다.[210]
청정한 도를 알지 못하면서
죽음 없음[不死]을 위한 고행을 행하였습니다.[211]

---

209) "'청정함(suddhi)'은 윤회의 청정(saṁsāra-suddhi)이니 존재로부터 벗어남(bhava-nissaraṇa)이다."(ThagA.ii.84)

210) "'숲에서 불을 섬긴 것과 같았습니다(aggiṁ paricariṁ vane).'라고 하였다. '이것이 청정한 도(suddhi-magga)이다.'라는 의미를 가지고 숲의 장소(araññāyatana)에 있는 아그니호뜨라 제사를 지내는 처소(aggihuta-sālāya)에서 불을 지피는 제단(祭壇, agyāgāra)을 만든 뒤 헌공을 베풀면서(āhutiṁ paggaṇhanto) 불의 신을 섬겼고(aggi-devaṁ paricariṁ) 베다에서 설명한 방법(Vede vutta-vidhi)대로 예배하였다(pūjesiṁ)는 말이다."(ThgA.ii.84)

아그니호뜨라 제사에 대해서는 본서 다섯의 모음 {341}의 주해를 참조할 것.

211) "'청정한 도를 알지 못하면서 / 죽음 없음[不死]을 위한 고행을 행하였습니

220. 행복으로 그 행복은 얻어졌나니[212]
법이 수승한 법임을 보십시오.[213]
세 가지 명지를 얻었고
부처님의 교법을 실천하였습니다. (bcd={22}bcd)

다(suddhi-maggaṁ ajānanto, akāsiṁ amaraṁ tapaṁ).'라고 하였다. 청정함에 의한 열반의 도를 알지 못하면서 불을 섬기는 것(aggi-paricaraṇa)처럼 다섯 가지 고행으로 고행을 하는 것 등(pañca-tapa-tappanādi)으로 자기 학대에 몰두하는 것(atta-kilamathānuyoga)을 '청정한 도(suddhi-magga)'라고 생각한 뒤 행하였다, 실행하였다, 닦았다(akāsiṁ acariṁ paṭi-pajjiṁ)는 말이다."(ThagA.ii.84)

'죽음 없음[不死]을 위한 고행(amara tapa)은 『상윳따 니까야』 제1권 「고행 경」(S4:1) §4 {448}에 나타나고 있다. 『상윳따 니까야 주석서』는 다음과 같이 설명을 한다.

"'죽음 없음[不死]을 위한 고행(amara tapa)'이란 죽지 않는 존재가 되기 위해서(amara-bhāv-atthāya) 행하는 거친 고행(lūkha-tapa)을 말하는데 자기 학대에 몰두하는 것(atta-kilamatha-anuyoga)이다."(SA.i.169)

212) '행복으로 그 행복은 얻어졌나니(taṁ sukhena sukhaṁ laddhaṁ)'라고 하였다. 주석서는 이렇게 설명한다.

"그 열반의 행복(nibbāna-sukha)은 행복으로(sukhena) [얻어졌다.] 즉 사마타와 위빳사나라는 행복한 도닦음으로(sukhāya paṭipadāya) 자기 학대에 몰두하는 것을 의지하지 않고 나에 의해서 '얻어졌나니(laddhaṁ)', 획득되었나니(pattaṁ), 증득되었나니(adhigataṁ)라는 말이다."(ThagA.ii.84)

213) "'법이 수승한 법임을 보십시오(passa dhamma-sudhammataṁ).'라고 하였다. 스승님이 [설하신] 교법으로서의 법(satthu sāsana-dhamma)이 수승한 법임(sudhammatā)을, 즉 [이 교법으로서의 법]의 전도되지 않았고 출리(出離)로 인도하는 법의 고유성질(aviparīta-niyyānika-dhamma-sabhā-va)을 보아라, 알아라라고(passa jānāhīti) 법을 읊음(dhammālapana)을 통해서 말하였다. 혹은 자신에게 이야기한 것이다(attānaṁ vā ālapati). 그것을 얻은 상태(laddha-bhāva)를 보여주면서 [다음 구절에서] '세 가지 명지를 얻었고 / 부처님의 교법을 실천하였습니다(tisso vijjā anuppattā, ka-taṁ Buddhassa sāsanaṁ).'라고 하였다."(ThagA.ii.84)

'법이 수승한 법임을 보십시오(passa dhammasudhammataṁ).'에 대해서는 본서 제1권 하나의 모음 {24}의 해당 주해도 참조할 것.

221. 예전에 나는 범천의 친척이었지만[214]
이제 나는 참으로 바라문이 되었습니다.[215]
나는 세 가지 명지를 가졌고 목욕을 마친 자이며[216]
깨끗한 자요[217] 베다를 구족한 자입니다.[218]" (cf. Thig. {252})

---

214) "'예전에 나는 범천의 친척이었지만(brahma-bandhu pure āsiṁ)'이라고 하였다. 이 이전에는 단지 태생에 의해서(jāti-mattena) 바라문이 되었기 때문에 바라문들에게는 '범천의 친척(brahma-bandhu)'이라는 일반적 호칭(samaññā)이 있게 되었다는 말이다."(ThagA.ii.85)

215) "사악함을 내쫓았기 때문에(bāhita-pāpattā) '이제(idāni)' 참으로 아라한됨을 증득함에 의해서 궁극적인 의미(paramattha)에서 나는 바라문이 되었습니다(brāhmaṇo ca amhi)라는 말이다."(ThagA.ii.85)

216) "'나는 세 가지 명지를 가졌고 목욕을 마친 자이며(tevijjo nhātako c'amhi)'라고 하였다. 이 이전에는 존재를 축적하는(bhava-sañcaya-karā) 세 가지 베다라 불리는 명지들(tisso veda-saṅkhātā vijjā)을 공부함(ajjhayana)에 의해서 일반적 호칭만(samaññā-matta)으로 세 가지 명지를 가진 자(tevijja)가 되었지만, 이제는 존재를 멸진하는 명지(bhava-kkhaya-karā vijjā)를 통해서 [천안통, 숙명통, 누진통인] 세 가지 명지를 증득하였기 때문에 궁극적인 의미에서 '나는 세 가지 명지를 가졌다(tevijjo ca amhi).'라는 말이다.

이처럼 이 이전에는 존재의 달콤함에 묶여서(bhavassāda-gadhitā) 목욕을 마치는 서계를 완성함(nhātaka-vata-nipphatti)에 의해서 일반적 호칭만으로 목욕을 마친 자가 되었지만, 이제는 여덟 가지 구성요소를 가진 도의 물(aṭṭhaṅgika-magga-jala)로 오염원의 더러움이 잘 씻어졌기 때문에(suvikkhālita-kilesa-malatāya) 궁극적인 의미에서 '목욕을 마친 자이다(nhātako camhi).'라는 뜻이다."(ThagA.ii.85)

217) "이 이전에는 해탈하지 못한 존재의 달콤한 주문으로 참선을 하여(avimutta-bhavassāda-manta-jjhāna) 인습적인 표현만(vohāra-matta)으로 깨끗한 자(sottiya)가 되었지만, 이제는 잘 해탈한 존재의 달콤한 법으로 참선을 하여(suvimutta-bhavassāda-dhammajjhāna) 궁극적인 의미에서 '나는 깨끗한 자입니다(sottiyo camhi).'라는 말이다."(ThagA.ii.85)

여기서 '깨끗한 자'는 sottiya(Sk. śrotriya)를 옮긴 것이다. 『맛지마 니까야 주석서』는 "오염원들을 흘려보냈기 때문에(kilesānaṁ sutattā) 깨끗한 자라 한다. 말끔하게 흘려보냈기 때문에(nissutattā), 제거했기 때문에(apahatattā)라는 뜻이다."(MA.ii.324)라고 설명하고 있다. 산스끄리뜨 śrotri-

앙가니까바라드와자 장로 (끝)

2. 빳짜야 장로(Th3:2 {222}~{224})

【행장】

"빳짜야 장로(Paccaya thera)는 로히따 도시(Rohita-nagara, DPPN: Rohiṇī)에서 끄샤뜨리야 가문에 태어났다. 그는 적당한 나이가 되어 아버지가 서거하자 왕위에 책봉되었다(rajje patiṭṭhita). 그는 어느 날 왕의 큰 헌공(mahā-rājabali)을 거행하였는데 거기에 많은 사람들이 모여들었다. 스승님께서는 그 회합에서 그가 청정한 믿음(pasāda)을 내게 하시려고 많은 사람들이 볼 때 웻사와나[219]가 허공에다 창조해 낸 보석으로 만든 중각강당(ratana-

---

ya는 베다에 통달한 자를 일컫는 말인데 이 단어는 √śru(*to flow*)에서 파생된 명사이다. 그래서 본 주석서에서도 suta(Sk. śruta, 흘려보낸)로 설명하고 있다.

218) "이 이전에는 사악한 법들을 놓아버리지 못한(appaṭinissaṭṭha-pāpa-dhammānaṁ) 베다들에게로 가는 것만으로(vedānaṁ gatamattena) 베다를 구족한 자(vedagū)가 되었지만, 이제는 베다라 불리는(veda-saṅkhāta) 도의 지혜(magga-ñāṇa)로 윤회의 큰 폭류와 베다와 네 가지 진리[四諦]의(saṁsāra-mahoghassa vedassa catu-saccassa ca) 저 언덕으로 갔기 때문에(pāraṁ gatattā), 증득하였기 때문에(adhigatattā), 알았기 때문에(ñātattā) 궁극적인 의미에서 '베다를 구족한 자(vedagū)'가 태어났다(jāta)는 뜻이다.
이것을 듣고 바라문들은 교법에 고결한 청정한 믿음(uḷāra pasāda)을 드러내었다."(ThagA.ii.85)

219) 웻사와나(Vessavaṇa)는 사대왕천(四大王天)의 북쪽을 다스리는 천왕인데 꾸웨라(Kuvera)라고도 하는 약카(Yakkha, 야차)들을 통치한다고 한다. '사대왕천(四大王天, Cātumahārājika)'은 catu(4)+mahā(큰)+rāja(왕)의 곡용형을 취하여 '-ika' 어미를 붙여 만든 단어이다. 이 자체는 '신'을 뜻하는 devatā의 형용사로 보기도 하고 sugati(선처)의 형용사로 간주하기도 하여 여성형으로 표기하고 있다. '사대왕에 속하는 [세상]'이라는 뜻이기 때문에 사대왕천으로 옮겼다.
사대왕천(Cātu-mahārājikā)은 사대천왕이라는 네 명의 왕들이 통치한다고 한다. 사대왕천은 문자적인 뜻 그대로 네 가지 영역으로 구분된다. 이 넷

maya-kūṭāgāra)에서 보석으로 만든 사자좌(sīhāsana)에 앉으신 뒤 법을 설하셨다. 많은 사람들의 무리에게 법의 관통[諸法現觀, dhammābhisamaya]이 생겼다.

그 법을 듣고 빳짜야 왕도 왕위를 버리고 전생의 원인에 고무되어(purimahetu-sañcodita) 출가하였다. 그는 깟사빠 세존의 시대에 서원(paṭiññā)을 세웠는데({223} 참조) 그 서원을 행한 뒤 승원에 들어가서 위빳사나를 증장시켰으며 지혜가 무르익었기 때문에 그 즉시에 아라한됨을 얻었다. 장로의 일화는 『아빠다나』에도 나타나고 있다. …
아라한됨을 얻은 뒤 자신의 도닦음을 찬탄하는 방법을 통해(paṭipatti-kittana-mukhena) 구경의 지혜를 천명하면서 본 게송 세 개를 읊었다."(ThagA.ii.86)

222. "출가한 지 닷새 되었고 유학이었으나
아직 마음의 완성인 [아라한과를] 얻지 못하였습니다.220)

은 동서남북의 네 방위와 일치한다. 동쪽의 천왕은 다따랏타(Dhataraṭṭha)인데 천상의 음악가들이요 간답바(gandabba, 건달바라 한역되었음)들을 통치하고, 남쪽의 천왕은 위룰하까(Virūḷhaka)인데 숲이나 산이나 숨겨진 보물을 관리하는 꿈반다(Kumbhaṇḍa)들을 통치하고, 서쪽의 위루빡카(Virūpakkha) 천왕은 용(nāga)들을 통치하며, 북쪽의 웻사와나(Vessa-vaṇa) 천왕은 약카(yakkha, 야차)들을 통치한다고 한다. 여기에 대해서는 『디가 니까야』 제2권 「자나와사바 경」(D18) §12와 제3권 「아따나띠야 경」(D32) §4 이하를 참조할 것.

220) "'아직 마음의 완성인 [아라한과를] 얻지 못하였습니다(sekho appatta-mānaso).'라고 하였다. 자만이 남김없이 [제거]되었다(anavasesato mānaṁ siyati), 뿌리가 뽑혔다고 해서 마음의 완성인데(mānaso) 으뜸가는 도(agga-magga)[를 말한다]. 그것이 생겼기 때문에(taṁ-nibbattito) 마음의 완성으로부터 온 마음의 완성인(mānasato āgataṁ mānasaṁ) 그러한 아라한됨(arahattaṁ) 그것을(taṁ) 혹은 그것이(so vā) 이것에 의해서 얻어지지 않았다고 해서(appatto etenāti) 아직 마음의 완성인 [아라한과를] 얻지 못하였다(appatta-mānaso)[고 한다]."(ThagA.ii.86)

'아직 마음의 완성인 [아라한과]를 얻지 못한'은 appatta-mānaso를 옮긴

내가 승원에 들어섰을 때
[이러한] 마음의 염원이 일어났습니다.[221)]

것이다. 『상윳따 니까야 주석서』 등은 "'마음의 완성을 얻지 못한(appatta-mānasa)'이란 아직 아라한됨을 얻지 못한(appatta-arahatta)이란 의미이다."(SA.i.183; AA.iv.168)라고 설명하고 있다.

초기불전연구원에서 번역·출간한 4부 니까야에서는 이 appatta-mānasa를 주로 '아직 마음의 이상인 [아라한과를] 얻지 못한'으로 옮겼는데 본서에서는 위에 인용한 『테라가타 주석서』를 참조하여 '아직 마음의 완성인 [아라한과를] 얻지 못한'으로 옮겨보았다.
이 술어는 『상윳따 니까야』 제2권 「벼락 경」(S17:6) §3; 「독화살 경」(S17:7) §3; 제4권 「데와다하 경」(S35:134) §5; 제5권 「살라 경」(S47:4) §5; 「잇차낭갈라 경」(S54:11) §7; 「혼란스러움 경」(S54:12) §4; 『맛지마 니까야』 제1권 「뿌리에 대한 법문 경」(M1) §27; 『앙굿따라 니까야』 제5권 「난다까 경(A9:4) §9 등에서도 여기처럼 유학을 수식하는 단어로 나타나고 있다.

한편 『맛지마 니까야』 제1권 「뿌리에 대한 법문 경」(M1) §27에 대한 『맛지마 니까야 주석서』는 '마음의 완성'이나 '정신작용'으로 옮기고 있는 mānasa를 이렇게 설명한다.

"mānasa는 ① 탐욕(rāga)의 뜻으로도, ② 마음(citta)이라는 뜻으로도, ③ 아라한됨(arahatta)의 뜻으로도 사용된다.
① "허공에서 움직이는 올가미(탐욕의 올가미, rāga-pāsa, SA.i.177)가 있나니 움직이는 그것은 정신작용이로다."(S4:15)라는 말씀에서는 [마음과] 결합된 법을 '정신작용(mānasa)'이라 하셨다.
② "마음, 마노[意], 정신작용(cittaṁ mano mānasaṁ)"(Dhs. §6 등등)이라는 곳에서는 마음(citta)을 뜻한다.
③ "당신의 교법에서 기뻐하는 당신 제자는 / 마음의 완성(mānasa)을 얻지 못한 유학인데 / 어떻게 자결을 합니까, 명성이 자자한 분이시여?"(S4:23 {492})라는 [마라(Māra)의 게송에서 마음의 완성으로 옮긴] mānasa는 아라한됨(arahatta)을 말한다."(MA.i.40~41, cf. DhsA.140)

221) "'내가 승원에 들어섰을 때 / [이러한] 마음의 염원이 일어났습니다(vihāraṁ me paviṭṭhassa, cetaso paṇidhī ahu).'라고 하였다. 이와 같이 유학인 내가 머무는 승원의 내실(ovaraka)에 들어갔을 때 이와 같은 [다음 게송에서] 설명하려고 하는 마음의 염원(ceto-paṇidhi)이 있었다, 즉 이와 같이 나는 마음에 염원을 가졌다는 뜻이다."(ThagA.ii.86)

223. 갈애의 화살이 뽑히지 않는 한
나는 먹지 않을 것이고 마시지 않을 것이며
승원으로부터 나오지 않을 것이고[222]
옆구리로라도 눕지 않을 것이다[라고]. (={313})

224. 이와 같이 머무는 그런 나의
정진과 분발을 보십시오.
세 가지 명지를 얻었고
부처님의 교법을 실천하였습니다." (={314} 등, cf. {220})

빳짜야 장로 (끝)

3. 박꿀라 장로(Th3:3 {225}~{227})

【행장】

박꿀라 장로(Bakkula/Bākula thera)는 부처님보다 먼저 꼬삼비(Kosambi)의 부유한 상인의 가문에 태어났다고 한다. 그는 적당한 나이가 되어 큰 번영을 누리다가 80세에 스승님의 곁에서 법을 듣고 믿음을 얻어 출가하였으며 7일 동안은 범부였고 8일째 동이 틀 무렵에(cf. M124 §38) 무애해체지와 함께 아라한됨을 얻었다고 한다.(ThagA.ii.88) 『테라가타 주석서』는 그의 출생에 대해서 간략하게 밝히고 있지만 『맛지마 니까야』 제4권 「박꿀라 경」(M124)에 대한 『맛지마 니까야 주석서』는 아래와 같이 자세하게 적고 있다. 『맛지마 니까야 주석서』는 박꿀라 존자를 이렇게 설명한다.

---

222) "'승원으로부터 나오지 않을 것이고(vihārato na nikkhame)'라는 것은 이제 내가 앉아있는 방으로부터(nisinna-gabbhato) 나오지 않을 것이라는 말이다."(ThagA.ii.87)

"박꿀라(Bakkula)라는 이름은 두 개의 가문에서 자랐다(dvikulo ti vattabbe)는 뜻에서 생긴 이름이다. 그는 천상에서 생명이 다하여 꼬삼비 도시(Kosambi-nagara)의 대부호인 상인의 가문(mahā-seṭṭhi-kula)에 태어났다. 태어난 지 5일째 되던 날에 가족들이 그를 데리고 강가 강으로 나들이를 갔다. 유모가 물에서 그를 목욕시키던 중에 물고기가 그를 보고 '내 먹잇감이구나.'라고 하면서 그를 낚아채어 삼켜버렸다. 공덕이 많은 중생인 그는 고통을 느끼지 못했으며 침대에 누운 듯했다. 물고기는 30유순을 헤엄쳐 가서 바라나시에 사는 낚시꾼의 그물(jāla)에 걸렸다. 물고기는 그 도시의 자식이 없는 상인의 손에 팔렸다. 그 부인이 물고기의 등을 자르자 황금빛(teja)의 아이를 발견했다. 물고기의 배 속에서 내 아들을 얻었다면서 그녀의 남편에게 쫓아갔다. 상인은 왕에게 다가가 이 사실을 알렸고 왕은 '물고기의 배 속에서도 병 없이 견뎌낸 이 아이는 공덕이 많으니 그대 가문에서 그를 길러라.'라고 말했다.
꼬삼비의 상인 내외는 바라나시에서 어떤 상인이 물고기 배 속에서 아이를 얻었다는 것을 듣고는 그곳으로 찾아갔다. 아이의 엄마가 아름답게 치장하여 놀아주고 있는 것을 보고는 '참으로 잘 생긴 아이로구나.'라고 하다가 잃어버린 자기 아들임을 알아냈고 자기 아들임을 주장했다. 그들은 어떻게 이 아이를 얻었는지에 대해 물었다. 한 사람은 물고기의 배 속에서 얻었다고 했고, 또 한 사람은 열 달 동안 배 속에서 길렀지만 물고기에 먹혔다고 했다. 둘 다 서로 자기 아들이라 주장했고 결국 왕을 찾아갔다.
왕은 '이 사람은 열 달을 배 속에서 길렀으니 엄마가 아니라 할 수가 없고, 또 한 사람도 비록 물고기를 산 인연으로 아들을 얻었지만 물고기에 포함된 모든 것을 샀기 때문에 엄마가 아니라고 할 수 없으니 두 가문의 아들이다. 공동으로 아이를 길러라.'라고 하였다. 그리하여 박꿀라, 즉 두 가문에 속한다는 이름을 얻었다. 그는 80년(asīti vassāni)을 부를 누리다가 세존의 법문을 듣고 신심을 얻어(paṭiladdha-saddha) 출가하였고, 출가한 뒤로 7일만 범부로 지내다 8일째 되던 날 무애해체지(paṭisambhidā)를 겸비한 아라한과를 얻었다고 한다."(MA.iv.192~193)

4부 니까야에서 박꿀라 존자에 관한 경으로는『맛지마 니까야』 제4권「박꿀라 경」(M124)이 있다. 이 경은 박꿀라 존자에게 일어난 경이롭고 놀라운 일 36가지를 담고 있다. 본경에서 박꿀라 존자는 예전 재가자였을 적 친구인 나체수행자 깟사빠와의 대화를 통해서 "나는 출가한 이래 80년 동안 단 한 번도 감각적 쾌락에 대한 인식이 일어난 기억이 없습니다."(§3)로부터 시작해서 "나는 출가하여 7일 동안은 빚진 사람으로 지역민들이 주는 공양을 먹었습니다. 8일째에 구경의 지혜가 일어났습니다."(§38)까지의 36가지 경이롭고 놀라운 일들을 담담하게 말하고 있다.
이 말을 다 들은 나체수행자 깟사빠는 마침내 구족계를 받고 출가하여 아라한이 되었으며(§39) 박꿀라 존자는 비구 승가 가운데 앉아서 반열반에 들었다고 나타나고 있다.(§§40~41) 주석서에 의하면 "이 [박꿀라 경]은 [부처님이 반열반하신 백 년 뒤에 열린] 이차결집(dutiya dhammasaṅgīti)에서 합송되었다."(MA.iv.197)라고 한다.

그는 교단에서 장수한 인물로 꼽힌다. 그래서 세존께서는 [『앙굿따라 니까야』 제1권 하나의 모음「으뜸 품」(A1:14)에서] '병 없이 [장수하는] 자들(appābādhā) 가운데서 박꿀라가 으뜸이다.'(A1:14:4-8)라고 말씀하셨다. 위에서 보듯이 존자는 80세에 출가하여 80년을 출가 생활을 하였으니 160세까지 살았다. 그래서『앙굿따라 니까야 복주서』는 "박꿀라 장로는 160세를 살았는데 이분이 모든 [장로들] 가운데 가장 긴 수명을 가진 분(sabba-dīghāyuka)이지만 그도 200세는 살지 못했다."(AAṬ.iii.183)라고 적고 있다.
장로의 일화는『아빠다나』에도 나타나고 있다.(ThagA.ii.88)

『테라가타 주석서』는 박꿀라 장로가 본 게송을 읊은 인연을 이렇게 설명한다.

"장로가 아라한됨을 얻은 뒤 어느 날 스승님께서는 당신 제자들을 순서(paṭipāṭi)대로 여러 갈래로 나누시면서 그를 병 없이 [장수하는] 자들 가운데 으뜸인 자리에 놓으셨다(aggaṭṭhāne ṭhapito, A1:14:4-8 참조). 그는 반열반하는 때에 승가 안에서 비구들에게 교계하는 방법을 통해(ovāda-mukhena) 구경의 지혜를 천명하면서 본 게송 세 개를 읊었다."(ThagA.ii.88)

225. "먼저 해야 할 것들을
나중에 하려고 하는 자[223)]
그는 행복한 경지를 빼앗기고
나중에 후회하게 됩니다.

226. 참으로 행할 것만을 말해야 하고
행하지 않을 것을 말해서는 안 됩니다.
행하지는 않고 말만 한 것을
현자들은 철저하게 압니다.[224)]

---

223) "'먼저 해야 할 것들을 / 나중에 하려고 하는 자(yo pubbe karaṇīyāni, pacchā so kātum icchati)'라고 하였다. 어떤 사람(puggala)은 먼저, 그보다 먼저(pubbe puretaraṁ) 늙고 병드는 것 등으로부터 지배받지 않은 때에 했어야 하는(anabhibhūta-kāleyeva kātabbāni) 자신에게 이익과 행복을 가져오는(hitasukh-āvahāni) 일[業]들을(attano kammāni) 방일함 때문에 행하지 않는다. 그는 나중에, 행해야 할 시간을 넘기고 나서 행하기를 원하는데 이런 사람을 말한다."(ThagA.ii.89)

224) "여기서 '철저하게 압니다(parijānanti).'라는 것은 '이 사람은 이렇다(ettako ayaṁ).'라고 한계를 정하여 알고(paricchijja jānanti) 많이 생각하지 않는다(na bahuṁ maññanti)는 뜻이다. 바른 도닦음(sammā-paṭipatti)을 통해서 설하는 대로 행하는 자(yathāvādī tathākārī)가 빛나기 때문이다. 이와 다른 경우는 그렇지 않다."(ThagA.ii.89)

227. 정등각자께서 설하신
열반은 참으로 지극한 행복이니
슬픔 없고 티 없고[225] 안은하여
거기서 괴로움은 소멸합니다."[226]

박꿀라 장로 (끝)

4. **다니야 장로**(Th3:4 {228}~{230})

【행장】

"다니야 장로(Dhaniya thera)는 라자가하에서 도기공의 가문에 kumbhakāra-kule) 태어났으며 도기를 굽는 일로 삶을 영위하였다. 그때 스승님께서는 도기공 다니야(Dhaniya kumbhakāra)의 작업장에 앉으셔서 뿍꾸사띠 선남자(Pukkusāti kulaputta, M140 참조)에게 [『맛지마 니까야』 제4권] 「요소의 분석 경」(M140)을 설하셨다. 그 [뿍꾸사띠]는 그 가르침을 들은 뒤 해야 할 일을 다 하였고 [떠돌이 소가 그의 생명을 빼앗아버렸다.(M140 §35)]

다니야는 그의 반열반에 대해서 들은 뒤 '참으로 출리(出離)로 인도하는 것(niyyānika)이 부처님의 교법이구나. 여기서 하룻밤을

---

225) "'티 없고(virajaṁ)'란 탐욕의 티끌 등이 없는 것(rāgarajādi-virahita)이다."(DA.i.237)

226) "이것이 그 뜻이다. — 바르게(sammā) 그 스스로(sāmaṁ) 모든 법들을 깨달으셨기 때문에(sabba-dhammānaṁ buddhattā) 바르게 깨달으신 분[正等覺者, Sammāsambuddha]이시다(Vis.VII.26). 이러한 세존께서 '설하신 것이며(desitaṁ)' 모든 곳에서 슬픔의 원인들(sokahetū)이 존재하지 않기 때문에 '슬픔 없고(asokaṁ)', 탐욕 등의 티끌이 사라졌기 때문에(vigata-rāgādi-rajattā) '티 없고(virajaṁ)', 네 가지 속박들(yogā)로부터 짓눌리지 않았기 때문에(anupaddutattā) '안은한(khemaṁ)' 열반은 참으로 지극한(suṭṭhu) '행복이다(sukhaṁ vata).' 왜 그런가? 그 열반에서 전체 윤회의 괴로움(sakala vaṭṭa-dukkha)이 소멸되기 때문이고 전적으로 가라앉았기 때문이다(accantameva vūpasamati)."(ThagA.ii.89)

보냈는데도 윤회의 괴로움(vaṭṭa-dukkha)으로부터 해탈하는 것이 가능하구나.'라고 신심을 얻어 출가하였다.
그는 초막(kuṭi)을 짓는 일에 몰두하여 머무르면서 초막을 만드는 것 때문에 세존으로부터 꾸중을 듣고[227] 승가 안의 거처에서 머물면서 위빳사나를 증장하여 아라한됨을 얻었다. 장로의 일화는 『아빠다나』에도 나타나고 있다. …
그는 아라한됨을 얻은 뒤, 두타행(dhutaṅga)을 수지함에 의해서 자신들을 최고로 여겨 승가의 공양 등을 즐기면서 다른 비구들을 비난하는 비구들에게 교계하는 방법을 통해 구경의 지혜를 천명하면서 본 게송 세 개를 읊었다."(ThagA.ii.89~90)

228. "출가 생활을 원하면서
만일 행복하게 살기를 바란다면[228]
승가의 의복과 먹고 마시는 것을
얕보아서는 안 됩니다.

229. 출가 생활을 원하면서

---

227) 율장에 의하면 땔감을 찾던 여인들이 그의 초막(kuṭi)을 덮은 풀들을 세 번이나 벗겨가 버리자 그는 담장을 쌓고 더 튼튼하고 멋있게 만드는 등으로 몇 번이나 거처를 만들었으며 이것 때문에 부처님의 꾸중을 듣게 되었다고 한다.(Vin.iii.41~45)

228) "'출가 생활을 원하면서 / 만일 행복하게 살기를 바란다면(sukhañce jīvituṁ icche, sāmaññasmiṁ apekkhavā)'이라고 하였다. 이것은 출가 생활(sāmañña)로, 즉 사문의 삶(samaṇa-bhāva)으로 [생활하기를] 원하면서(apekkhavā), 즉 공부지음으로 아주 존중받으면서(tibba-gāravo hutvā) 만일 행복한 삶을 바란다면[이라는 말이다. [달리 말하면] 추구해서는 안 되는 것(anesanā, 삿된 생계수단)을 버리고 만일 출가 생활의 행복(sāmañña-sukha)으로 살고자 한다면(jīvitukāma)이라는 뜻이다."(ThagA.ii.90)

『쿳다까빠타 주석서』(KhpA.236~237)는 출가자가 추구해서는 안 되는 것 21가지를 나열하고 있는데 여기에 대해서는 『맛지마 니까야』 제2권 「고싱가살라 짧은 경」(M31) §3의 해당 주해를 참조하기 바란다.

만일 행복하게 살기를 바란다면
마치 뱀이 쥐구멍을 그리하듯이
침상과 좌구를 사용해야 합니다.229)

230. 출가 생활을 [30] 원하면서
만일 행복하게 살기를 바란다면
어떤 것으로도 만족해야 하고
[불방일이라는] 하나의 법을 수행해야 합니다.230)"

다니야 장로 (끝)

5. 마땅가뿟따 장로(Th3:5 {231}~{233})

【행장】

"마땅가뿟따 장로(Mātaṅgaputta thera)는 꼬살라 지역에서 마땅가라는 지주(kuṭumbiya)의 아들로 태어났다. 그래서 마땅가뿟따,

229) '마치 뱀이 쥐구멍을 그리하듯이 / 침상과 좌구를 사용해야 합니다.'는 ahi mūsika-sobbhaṁva, sevetha sayanāsanaṁ를 옮긴 것이다. 주석서는 이렇게 설명한다.

"'마치 뱀이 쥐구멍을 그리하듯이(ahi mūsikasobbhaṁva)'라는 것은 마치 뱀(ahi)이 생쥐가 파놓은 구멍(mūsikāya khatabila)을 사용하듯이 거처(senāsana)를 사용해야 한다는 말이다. 마치 뱀(sappa)이 스스로 자신의 서식지(āsaya)를 만들지 않고 생쥐(mūsikā)나 다른 존재가 만든 서식지에 머문 뒤에 원한다면 떠나가듯이(kāmaṁ pakkamati) 그와 같이 비구도 스스로 거처를 만들어서(senāsana-karaṇā) 오염원(saṁkilesa)을 만들지 않고 얼마만큼 머문 뒤에 떠나야 한다는 뜻이다."(ThagA.ii.90)

230) "'하나의 법을 수행해야 합니다(eka-dhammañca bhāvaye).'라고 하였다. 여기서 하나의 법은 방일하지 않음[不放逸, appamāda-bhāva]이다. 이것에 몰두하는 자(anuyuñjanta)는 비난받지 않으며(anavajja) 모든 세간적인 행복(lokiya-sukha)이나 출세간적인 행복(lokuttara-sukha)이 손에 들어온다(hattha-gata). 그래서 세존께서는 '방일하지 않고 참선하는 자 궁극적인 행복을 얻으리.'(본서 제3권 스물의 모음 {884}; 『법구경』(Dhp) {27}; 「앙굴리말라 경」(M86) §18)라고 말씀하셨다."(ThagA.ii.90)

즉 마땅가의 아들로 알려졌다. 그는 사리를 분별하는 나이가 되었지만 게으른 사람(alasa-jātika)이 되어서 어떤 일도 하지 않았다. 친척들이나 다른 사람들의 비난을 받자 '사꺄의 아들들인 이 사문들은 행복하게 사는 분들이다.'라고 행복한 삶을 바라면서 비구들과 친분을 쌓았다.

그는 스승님의 곁에 다가가서 법을 듣고 믿음을 얻어 출가하였다. 그는 어떤 비구들이 신통을 가진 것을 보고 신통의 힘을 동경하여 스승님의 곁에서 명상주제를 받아 수행에 몰두하여 육신통을 갖춘 분이 되었다. 장로의 일화는 『아빠다나』에도 나타나고 있다. …
그는 육신통을 갖춘 뒤 [수행하지 않는] 사람을 지칭함을 통해서(puggala-adhiṭṭhāna-vasena) 게으름(kosajja)을 비난하고, 자신이 정진을 시작함(vīriyārambha)을 자찬하면서(kittenta) 본 게송 세 개를 읊었다."(ThagA.ii.91)

231. "'이것은 너무 춥다. 너무 덥다.
너무 늦은 저녁이다.'라는
이러한 [말로] 그들의 일을 내팽개친[231)]
그런 사람들을 순간들은 지나가 버리도다.[232)]

231) '그들의 일을 내팽개친'은 vissaṭṭha-kammante를 옮긴 것인데 주석서는 "수행하는 일을 내던져 버린(pariccatta-yoga-kammante)"(ThagA.ii.92)으로 설명하고 있다.

232) '그런 사람들을 순간들은 지나가 버리도다'는 khaṇā accenti māṇave를 옮긴 것이다. 주석서는 이렇게 설명한다.

"'순간들(khaṇā)'이란 부처님이 출현하신 [때] 등(Buddh-uppādādayo)을 말하는데 청정범행을 닦기에 적당한 기회들(okāsā)이다. '지나가 버리도다(accenti).'란 지나버린다(atikkamanti)는 뜻이고 '사람들을(māṇave)'은 중생들을 말한다."(ThagA.ii.92)

노만 교수는 이 khaṇā를 *opportunities*로 옮기고 있다.(K. R. Norman,

232. 그러나 추위와 더위가
풀들보다 더 중요하다고 생각하지 않는233) 자는
인간의 의무들을 행하면서
행복으로부터 버려지지 않노라.

233. 답바와 꾸사와 뽀따길라와
우시라와 문자와 빱빠자 풀을
나는 가슴으로부터 뽑아낼 것이고
떨쳐버림을 증장시킬 것이로다."234) (={27})

마땅가뿟따 장로 (끝)

6. 쿳자소비따 장로(Th3:6 {234}~{236})

【행장】

"쿳자소비따 장로(Khujjasobhita thera)는 빠딸리뿟따 도시(Pāṭali-putta-nagara)에서 바라문 가문에 태어났으며 소비따라는 이름을 가졌다. 그는 몸이 조금 구부정했기 때문에(khujja-dhātukatā) 쿳자소비따라고 알려졌다. 그는 적당한 나이가 되어 스승님께서

28쪽 §231 참조)
그리고 '아홉 가지 청정범행을 닦기에 적당하지 않은 순간과 적당하지 않은 때(nava akkhaṇā asamayā brahmacariyavāsāya)'가 『디가 니까야』 제3권 「합송경」(D33) §3.2 (4)에 나타나는데 본서 여섯의 모음 {403}의 해당 주해에서 인용하고 있으므로 참조하기 바란다.

233) "'그러나 추위와 더위가 / 풀들보다 더 중요하다고 생각하지 않는(yo ca sītañca uṇhañca, tiṇā bhiyyo na maññati)'이라는 것은 풀보다 위(upari)라고 생각하지 않는다는 말인데 풀처럼 여긴다, 추움과 더움(sīt-uṇhāni)을 정복하여(abhibhavitvā) 자신이 행해야 할 것을 한다는 말이다." (ThagA.ii.92)

234) 같은 게송이 본서 제1권 하나의 모음에서 로마사깡기야 장로의 게송인 {27}로도 나타난다. 게송에 대한 설명은 그곳의 주해들을 참조하기 바란다.

반열반하실 때에 아난다 장로의 곁에서 출가하여 육신통을 갖춘 분이 되었다. 장로의 일화는 『아빠다나』에도 나타나고 있다. …

그는 육신통을 갖춘 뒤 첫 번째 대합송(일차결집) 때(paṭhama-mahā-saṅgīti-kāle) 라자가하에서 칠엽굴(Sattapaṇṇiguhā)에 모인 승가로부터 '아난다 존자를 모시고 오시오.'라는 명을 받고(āṇatta) 땅속으로 내려가서 장로의 앞에서 솟아올라 승가의 명(sāsana)을 전달한 뒤 스스로 먼저 허공으로 가서 칠엽굴의 문에 도착하였다. 그때에는 마라와 마라의 무리들(Mārakāyikā)을 막기 위해서 천신의 무리(deva-saṅgha)가 보낸 어떤 천신이 칠엽굴의 문에 서있었다.
쿳자소비따 장로는 그에게 자신이 온 것을 알리면서 첫 번째 게송({234})을 읊었다. … 그 말을 듣고 그 천신은 장로가 온 것을 승가에 알리면서 두 번째 게송({235})을 읊었다. … 이와 같이 그 천신이 승가에 알리자 소임을 다한 장로는 승가의 곁에 가면서 세 번째 게송({236})으로 구경의 지혜를 천명하였다."(ThagA.ii.92~93)

234. [쿳자소비따 장로가 천신에게]
"훌륭하게 말하고 많이 배운[235]

---

235) '훌륭하게 말하고 많이 배운'은 ye citta-kathī bahu-ssutā를 옮긴 것이다. 주석서는 이렇게 설명한다.

"여기서 '훌륭하게 말하고(citta-kathī)'라는 것은 다양하게 법을 설하는 자들(vicitta-dhamma-kathikā)을 말하는데, 간략하게(saṅkhipanaṁ), 상세하게(vitthāraṇaṁ), 심오하게 하여(gambhīra-karaṇaṁ), 명확하게 하여(uttānīkaraṇaṁ), 의심을 제거하여(kaṅkhā-vinodanaṁ), 법을 확고하게(dhamma-patiṭṭhāpanaṁ)라는 등의 이러한 여러 가지 방법(nānānayā)으로 남들의 성향에 어울리게(ajjhāsayānurūpaṁ) 법을 설하는 덕을 가졌다(kathana-sīla)는 뜻이다. '많이 배운(bahu-ssutā)'이란 교학과 꿰뚫음을 많이 배움을 완성하여(pariyatti-paṭivedha-bāhusacca-pāripūri) 많이 배운 자들이다."(ThagA.ii.93)

빠딸리뿟따에 거주하는 사문들이 있는데
그들 가운데 한 명인 나이 많은
쿳자소비따가 문에 서있습니다.236)"

235. [천신이 칠엽굴의 스님들에게]
"훌륭하게 말하고 많이 배운
빠딸리뿟따에 거주하는 사문들이 있는데
그들 가운데 한 명인 나이 많은
바람에 흩날리는 그가 문에 서있습니다."237)

236. [쿳자소비따 장로]
"훌륭한 전쟁과 좋은 제사와
전쟁에서의 승리를 통해서238)

"'많이 배운(bahu-ssutā)'이란 교학을 많이 배움(pariyatti-bāhu-sacca)과 꿰뚫음을 많이 배움(paṭivedha-bāhu-sacca)을 구족함이다."(MA.iii.113)

236) "'문에 서있습니다(dvāre tiṭṭhati).'라는 것은 칠엽굴(Sattapaṇṇi-guhā)의 문에 서있습니다, 승가의 허락(anumati)으로 들어가고자 합니다라는 뜻이다. 그것을 듣고 그 천신은 장로가 온 것을 승가에게 알려주었다."(ThagA.ii.93)

237) "여기서 '바람에 흩날리는(māluterito)'이라고 한 것은 신통의 마음에서 생긴 바람(iddhi-citta-janita vāyu)에 의해서 흩날리면서 신통의 힘(iddhi-bala)으로 왔다는 뜻이다. 이와 같이 그 천신이 승가에 알리자 소임을 다한 장로는 승가의 곁에 가면서 세 번째 게송으로 구경의 지혜를 천명하였다."(ThagA.ii.93)

238) '훌륭한 전쟁과 좋은 제사와 / 전쟁에서의 승리를 통해서'는 suyuddhena suyiṭṭhena, saṅgāma-vijayena ca를 옮긴 것이다. 주석서는 이렇게 설명한다.

"여기서 '훌륭한 전쟁(suyuddha)'이란 예비단계에서(pubba-bhāge) ① [반대되는 것으로] 대체함에 의한 [버림]과 ② 억압에 의한 버림(tadaṅga-vikkhambhana-ppahāna)을 통해서 오염원들과 전쟁(yujjhana)을 잘 하는 것이다. '좋은 제사(suyiṭṭha)'란 여러 다른 좋은 도반들[善友, kalyāṇa-

[특히] 청정범행의 추구를 통해서[239)]
참으로 그는 행복을 누립니다.[240)]"

쿳자소비따 장로 (끝)

7. **와라나 장로**(Th3:7 {237}~{239})

【행장】
"와라나 장로(Vāraṇa thera)는 꼬살라 지역에서 바라문 가문에 태어났다. 그는 적당한 나이가 되어 숲에 사는 어떤 장로의 곁에서 법을 듣고 청정한 믿음을 얻어 출가한 뒤 사문의 법을 행하였다. 어느 날 그는 부처님을 시봉하기 위해서 길을 가는 도중에 뱀과 몽구스(ahi-nakulā)가 서로 싸워서 죽는 것을 보고 '이 중생들은 서로 반목(virodha)하여 생명을 버리게 되었구나.'라고 절박한 마음(saṁvigga-mānaso)이 되어서 세존께로 다가갔다. 세존께서는 그의 마음의 움직임(cittācāra)을 아시고 거기에 어울리는 교계를 주시면서 본 게송 세 개를 읊으셨다. …
게송이 끝나자 그는 위빳사나를 증장시켜 아라한됨을 얻었다. 장로의 일화는 『아빠다나』에도 나타나고 있다."(ThagA.ii.94~95)

---

mittā]이 베풀어준 적합한 법의 보시(dinna-sappāya-dhamma-dāna)를 말한다. '전쟁에서의 승리(saṅgāma-vijaya)'란 ③ 근절에 의한 버림(samuccheda-ppahāna)을 통해서 모든 곳에서 오염원과 업형성을 분쇄해 버리고 얻은 전쟁에서의 승리(laddha-saṅgāma-vijaya)이다."(ThagA.ii.93)

여기서 언급되는 대체함에 의한 버림 등의 세 가지 버림에 대한 설명은 『청정도론』 XXII.110~123을 참조할 것.

239) "'[특히] 청정범행의 추구를 통해서(brahmacariya-anuciṇṇena)'라는 것은 으뜸가는 도인 청정범행(agga-magga-brahmacariya)을 추구하여(anuciṇṇa)라는 말이다."(ThagA.ii.93)

240) "'참으로 그는 행복을 누립니다(evāyaṁ sukham edhati).'라고 하였다. 이와 같이 설한 방법대로 이 쿳자소비따는 열반의 행복과 과를 증득한 행복(phala-samāpatti-sukha)을 누린다, 경험한다(anubhavati)는 뜻이다."(ThagA.ii.93)

237. [세존]
"여기 인간들 가운데에서 누구든[241]
다른 생명들을 해치는 자
그 사람은 이 세상과 저 [세상]
이 둘로부터 떨어진다.[242]

238. [243]그러나 자애의 마음으로
모든 생명들을 연민하는 자
그러한 인간은 참으로
많은 공덕을 생기게 한다.

239. [244][비구는] 좋은 말씀[金言]을 공부지어야 하고[245]

---

241) "'여기 인간들 가운데에서 누구든(yo'dha koci manussesu)'이라고 하셨다. 여기 인간들 가운데서(idha manussesu), 그가 끄샤뜨리야든 바라문이든 와이샤든 수드라든 재가자든 출가자든 [누구든], 여기서 인간을 취하여(gahaṇa) 가장 높은 중생의 보기(ukkaṭṭha-satta-nidassana)로 드신 것이라고 보아야 한다."(ThagA.ii.95)

242) "'이 둘로부터 떨어진다(ubhayā dhaṁsate).'고 하신 것은 두 세상에 포함된 이익과 행복(hita-sukha)으로부터 쇠퇴하게 된다(parihāyati)는 뜻이다. 여기서 '사람(nara)'은 중생(satta)을 뜻한다."(ThagA.ii.94)

243) "이와 같이 남을 고통스럽게 하는 것을 특징으로 하는(para-pīḷā-lakkhaṇa) 사악한 법(pāpa-dhamma)을 보여주신 뒤 이제 남을 고통스럽게 하는 것으로부터 되돌아온 특징을 가진(parapīḷāni-vatti-lakkhaṇa) 유익한 법(kusala dhamma)을 보여주시면서 '그러나 자애의 마음으로(yo ca mettena cittena)'라는 등의 두 번째 게송을 말씀하셨다."(ThagA.ii.95)

244) "이제 혼합된(sasambhāra) 사마타와 위빳사나의 법들에 그것을 적용시키면서 '[비구는] 좋은 말씀[金言]을 공부지어야 하고(subhāsitassa sikkhetha)'라는 등의 세 번째 게송을 말씀하셨다."(ThagA.ii.95)

245) "여기서 '[비구는] 좋은 말씀[金言]을 공부지어야 하고(subhāsitassa sikkhetha)'라는 것은 바라는 것이 적음[少欲]에 관한 이야기 등으로 구분되는(appiccha-kathādi-bheda) 좋은 말씀[金言, subhāsita]인 교학으로서의

사문의 법도를 [공부지어야 하며][246]

한적한 곳에 홀로 앉음을 [공부지어야 하고]

마음의 고요함을 [공부지어야 한다.]"[247] (S2:1 {255})[248]

법(pariyatti-dhamma)을 듣고 호지하고 질문하는 등(savana-dhāraṇa-paripucchādi)을 통해서 공부지어야 한다는 말씀이다."(ThagA.ii.95)

『맛지마 니까야』 제4권 「공(空)에 대한 긴 경」(M122) §20에는 10가지 '오염원을 지워 없애고 마음을 활짝 여는 데 도움이 되는 이야기(kathā abhisallekhikā ceto-vivaraṇa-sappāyā)'가 나타나고 있으며 이것은 『맛지마 니까야』 제1권 「역마차 교대 경」(M24) §2와 『앙굿따라 니까야』 제3권 「유학 경」 2(A5:90) §6과 제5권 「메기야 경」(A9:3) §10과 제6권 「꼬살라 경」 2(A10:30) §9 등에도 나타난다. 이 10가지 이야기는 본 게송에서 세존께서 말씀하시는 '좋은 말씀[金言, subhāsita]'의 보기라 할 수 있는데 그것은 "소욕(少欲)에 대한 이야기, 지족(知足)에 대한 이야기, 한거(閑居)에 대한 이야기, [재가자들과] 교제하지 않음에 대한 이야기, 불굴의 정진에 대한 이야기, 계에 대한 이야기, 삼매에 대한 이야기, 통찰지에 대한 이야기, 해탈에 대한 이야기, 해탈지견에 대한 이야기이다."(M122 §20)

246) "'사문의 법도를 [공부지어야 하며](samaṇūpāsanassa ca)'라고 하셨다. 사악함이 가라앉은(samita-pāpā) 사문들은 재가자들에게(upāsakānaṁ) 선우(kalyāṇa-mittā)이니 그들에게 시시때때로 다가가서 섬기고(payirupāsana) 도닦음(paṭi-patti)으로 그들을 가까이하는 것(samīpa-cariya)을 공부지어야 한다는 말씀이다."(ThagA.ii.95)

247) "'한적한 곳에 홀로 앉음을 [공부지어야 하고] / 마음의 고요함을 [공부지어야 한다.](ekāsanassa ca raho citta-vūpasamassa ca)'는 것은 혼자 동료가 없이(asahāya) 몸으로 떨쳐버림(kāya-viveka)을 증가시키는 자는 홀로 명상주제에 몰두함(kammaṭṭhāna-anuyoga)을 통해서 앉음(āsana), 즉 자리함(nisajja)을 공부지어야 한다는 말씀이다.

이와 같이 명상주제에 몰두하여(anuyuñjanto) 수행의 정수리(matthaka)를 얻으면서 뿌리 뽑음(samuccheda)을 통해서 오염원들로부터 마음을 고요하게 하며 공부지어야 한다. 높은 계를 공부지음 등(adhisīla-sikkhādī)을 통해서 오염원들을 지극히 고요하게 하여 제거하는(pahīnā) 그 도와 과의 공부지음은(magga-phala-sikkhā) 공부짓는 자에게 전적으로 마음을 고요하게 함(accantameva cittaṁ vūpasantaṁ)이라 한다는 말씀이다."(ThagA.ii.95)

248) 본 게송은 『상윳따 니까야』 제1권 「깟사빠 경」 1(S2:1) §3의 {255}로도 나타난다. 『상윳따 니까야 주석서』는 본 게송에 대해서 이렇게 설명하고 있다.

와라나 장로 (끝)

8. 빳시까 장로(Th3:8 {240}~{242})

【행장】

"빳시까 장로(Passika, VRI: Vassika thera)는 꼬살라 지역에서 바라문 가문에 태어났다. 그는 적당한 나이가 되어 스승님의 쌍신변을 보고 믿음을 얻어 출가하여 사문의 법을 행하면서 병을 얻었다. 그러자 친지들(ñātakā)이 그를 의사에게 데려가고 약을 쓰고 간호하여 [그는] 건강이 회복되었다. 그는 그 병으로부터 낫게 되자 절박함이 생겨(saṁvega-jāta) 수행을 열성적으로 행하여 육신통을 갖춘 분이 되었다. 장로의 일화는 『아빠다나』에도 나타나고 있다. …

그는 육신통을 갖춘 자가 되어 허공으로 친지들에게 가까이 가서 허공에 서서 법을 설하여 그들이 [삼]귀의와 [오]계에(saraṇesu

---

"'좋은 말씀[金言]대로 공부짓고(subhāsitassa sikkhetha)'라는 것은 사성제와 열 가지 대화의 주제(dasa-kathā-vatthu, 본 게송의 첫 번째 주해 참조)와 37보리분(sattatiṁsa-bodhipakkhiya)에 대해 네 가지 말로 하는 좋은 행위(vacī-sucarita, 『상윳따 니까야』 「금언 경」(S8:5)과 『맛지마 니까야』 「살레야까 경」(M41) §13 참조)를 공부지어야 한다는 뜻이다.

'사문의 법도(samaṇūpāsana)'란 사문들이 의지해야 하는 것인데 38가지 명상주제(kamma-ṭṭhāna, S1:75 §2의 주해 참조)를 말한다. 그리고 많이 배운(bahussuta) 비구들을 섬기는 것(upāsana)도 사문의 법도이다. 그에게 '존자시여, 어떤 것이 유익함입니까?'라는 등으로 질문을 하면서 공부지어야 한다는 말이다.

'마음을 고요히 하는 것(citta-vūpasama)'이란 여덟 가지 [삼매의] 증득[八等至, aṭṭha-samāpatti, 초선부터 비상비비상처까지]을 얻어 마음을 고요히 하는 공부를 지어야 한다는 뜻이다. 이처럼 신의 아들은 삼학(三學, tisso sikkhā)을 말했다. 첫 번째는 증상계학(增上戒學, adhisīla-sikkhā)을, 두 번째는 증상혜학(增上慧學, adhipaññā-sikkhā)을, 세 번째는 증상심학(增上心學, adhicitta-sikkhā)을 언급한 것이니 이처럼 이 게송으로 전체 교법(sāsana)을 드러낸 것이다."(SA.i.104) sīlesu ca) 확립되게 하였다. 그들 가운데 어떤 자들은 삼귀의와 오계에 확립되었기 때문에 임종한 뒤 천상에 태어났다. 그때 스승님께서는 부처님을 시중들기(Buddh-upaṭṭhāna) 위해서 온 그에게 '빳시까여, 그대의 친지들은 무탈한가?'라고 물으셨다. 그는 친지들이 자신에게 행한 도움을 스승님께 말씀드리면서 세 개의 게송을 읊었다."(ThagA.ii.95~96)

240. "여기 믿음이 없는 친척들 가운데
[저] 혼자만 믿음을 가졌고 슬기롭지만[249]
[제가] 법에 서있고 계행을 구족한 것은[250]
친족들에게 이로움이 됩니다.

241. 저는 연민으로 저의 혈족들을 꾸짖었고
그들을 질책하였으니
친척들과 친족들에 대한 애정에 의해서였습니다.
[그들은] 비구들에게 [공양 등으로] 공경을 베풀었습니다.

242. 그들은 생을 마치고 임종하여
삼십삼천의 행복[251]을 얻었습니다.

---

249) "업의 결실에 대한 믿음(kamma-phala-saddhā)과 삼보에 대한 믿음(ratana-ttaya-saddhā)을 통해서 '믿음을 가졌고(saddho)' 이것으로부터 업이 자신의 주인임을 아는 지혜 등과 결합시키기(kammassakatā-ñāṇādi-yoga) 때문에 '슬기로운 자(medhāvī).'이다."(ThagA.ii.96)

250) "스승님이 교계하신 법(satthu ovāda-dhamma)과 아홉 가지 출세간법(nava-lokuttara-dhamma)에 서있기 때문에 '법에 서있고(dhammaṭṭho)'라고 하였으며, 바른 행실의 계행(ācāra-sīla)과 도의 계행(magga-sīla)과 과의 계행(phala-sīla)을 통해서 '계행을 구족한(sīla-sampanno)'이라고 하였다."(ThagA.ii.96)

251) '삼십삼천의 행복'은 세 가지 천상의 행복으로 직역할 수 있는 tidivaṁ sukhaṁ을 주석서를 참조해서 옮긴 것이다. 본 게송에 대한 『테라가타 주석

저의 형제들과 어머니는
감각적 쾌락들을 향유하면서 기뻐하였습니다."

빳시까 장로 (끝)

9. 야소자 장로(Th3:9 {243}~{245})

【행장】

『우다나』「야소자 경」(Ud3:3)을 설명하는 『우다나 주석서』(UdA.180)에 의하면 야소자 장로(Yasoja thera)는 사왓티의 성문 근처에 있는 어부들의 마을(kevaṭṭa-gāma)에서 태어났다고 한다. 그의 아버지는 그 어촌의 오백 가문의 수장이었다. 야소자는 이 어부들의 아들 오백 명과 친하게 지냈고 야소자가 이들 가운데 으뜸이었다.

서』는 "'세 가지 천상의 행복(tidiva sukha)'이란 천상세계에 포함된 행복(devaloka-pariyāpanna-sukha)이다."(ThagA.ii.96)로 간략하게 주석을 하고 있지만 초기불전에 나타나는 ti-diva는 삼십삼천(Tāvatiṁsa)을 뜻한다.(J.iv.22; v.14; DAṬ.iii.160 등) 그래서 이렇게 풀어서 옮겼다.

『디가 니까야 주석서』도 D21 §1.12를 설명하면서 "'세 가지 천상을 얻은(tidivūpapanna)이란 세 천상(tidiva) 즉 삼십삼천의 도시(tidasa-pura)에 태어난이라는 뜻이다."(DA.iii.708)로 풀이하고 있다. 여기서 삼십삼천으로 옮긴 원어는 tidasā인데 PED에서 밝히고 있듯이 tidasa는 30을 뜻하며 이것은 33천을 줄여서 30으로 표현한 것이다. 그래서 『디가 니까야 복주서』는 이 tidiva를 삼십삼천의 거주처(Tāvatiṁsa-bhavana)로 설명하고 여기에 사는 신들을 삼십삼천의 신들(Tāvatiṁsa-devā)로 표기하고 있다.(DAṬ.iii.160)

그리고 『위마나왓투』(천궁사)에서는 인드라와 함께한 삼십[삼]천(tidasā sahindaka)으로 언급되고 있으며(Vv.19) 『위마나왓투 주석서』는 세 가지 천상을 삼십삼천의 거주처(tidiva Tāvatiṁsabhavana, VvA.244)라고 밝히고 있다. 다른 주석서들에서도 tidasā는 완전히 삼십삼천의 천상세계(tāvatiṁsa-devaloka)의 동의어로 쓰이고 있다.(DhpA.i.27~28; VvA.90 등) 이런 것을 참조해서 tidiva를 삼십삼천으로 옮겼다.
삼십삼천의 불교적 유래에 대해서는 『상윳따 니까야』 제1권 「삭까의 이름 경」(S11:12) §2의 해당 주해를 참조하기 바란다.

그들은 어느 날 아찌라와띠 강(Aciravati nadi)에서 물고기를 잡다가 그물로 황금색 물고기(suvaṇṇa-vaṇṇa maccha)를 잡았다고 한다. 그들은 기뻐하며 그 물고기를 배 안에 넣어 그 배를 함께 둘러메고 왕에게 가져갔고 왕은 세존께서 이 황금색 물고기의 유래를 아실 것이라고 하면서 물고기를 들게 하고 세존께 가져갔다. 세존께서는 그 물고기가 깟사빠 부처님 교단에서 출가한 비구였는데 그릇된 도를 닦아서 교단으로부터 추방되었으며 죽어서는 어머니와 여동생(mātu-bhagini)과 함께 지옥에 떨어졌다가 다시 이 아찌라와띠 강의 물고기로 태어났다고 말씀하셨다.
그 물고기의 전생에 얽힌 이야기를 듣고 야소자와 오백 명의 어부의 아들들은 절박함이 생겨서(saṁvegajātā) 세존의 곁으로 출가하여 구족계를 받았고 한거를 하시는 세존을 친견하기 위해서 사왓티의 제따 숲에 왔다.(UdA.180) 「야소자 경」(Ud3:3)을 통해서 보듯이 그곳에서 큰 소리로 시끄럽게 떠들다가 야소자 장로와 오백 명의 비구들은 세존으로부터 쫓겨나는 엄한 경책을 받았다. 그들은 왓지에서 차례로 유행하여 왁구무다 강의 언덕으로 가서 나뭇잎으로 움막을 만들어서 안거를 시작하였고 열심히 정진하여 모두 세 가지 명지[三明, tisso vijjā]를 갖추게 되었다.

이상에서 정리한 「야소자 경」(Ud3:3)과 『우다나 주석서』의 설명은 『테라가타 주석서』에도 대동소이하게 언급되고 있다. 『테라가타 주석서』도 『우다나』에 전승되어 오는 「야소자 경」(Ud3:3)의 방법대로 알아야 한다(sabbaṁ Udāne āgatanayena veditabbaṁ)라고 적고 있다.(ThagA.ii.97) 계속해서 『테라가타 주석서』는 다음과 같이 설명하고 있다.

"내쫓긴 야소자 존자는 채찍질을 당한 경이로운 준마처럼 절박한 마음으로 회중과 함께 왁구무다 강의 언덕에 머물면서 노력하고 정진하여 위빳사나를 증장시켜 안거가 끝날 때 육신통을 갖춘 분이 되었다. 장로의 일화는 『아빠다나』에도 나타나고 있다. …

스승님께서는 육신통을 갖춘 뒤 회중과 함께한(saparisa) 야소자 존자를 불러서 흔들림 없음의 증득[252]으로 호의를 베푸셨다. 그는 모든 두타행의 법을 받아 지녔다. 그래서 그의 몸은 말랐고 거칠었고 보기 흉하였다. 세존께서는 그런 그를 으뜸가는 소욕(少欲, appicchatā)으로 칭찬하시면서 첫 번째 게송을 읊으셨다. …

이와 같이 장로는 스승님으로부터 칭찬을 받고 그 칭찬에 어울리는 자신의 감내함과 인욕과 정진을 시작함과 한거를 기뻐함을 찬탄하는 방법을 통해(adhivāsana-khanti-vīriyārambha-viveka-abhirati-kittana-mukhena) 비구들에게 법을 설하면서 [남은] 두 개의 게송을 읊었다."(ThagA.ii.97~98)

243. [세존]

"깔라 풀의 매듭처럼 수족이 야위고[253]
정맥이 드러나 보이며
먹을 것과 마실 것에 적당함을 알고
마음이 굴하지 않는 사람이 있구나."

---

252) '흔들림 없음의 증득'은 āneñja-samāpatti를 옮긴 것이다. 일반적으로 '흔들림 없음' 혹은 '흔들림 없는 경지(Be, Se:āneñja, Ee:ānañja)'는 무색계를 뜻한다. 그래서 『디가 니까야 주석서』에는 "흔들림 없는 행위(āneñja-abhisaṅkhāra)란 네 가지 무색계의 유익한 의도와 동의어이다."(DA.iii.998)라고 나타나며, 『청정도론』에는 "흔들림 없는 행위는 무색계 존재에서 네 가지 과보로 나타난 마음에게 삶의 전개과정과 재생연결에서 그와 같이 조건이 된다."(Vis.XVII.181)로 언급하고 있다. — 『맛지마 니까야』 제3권 「수낙캇따 경」(M105) §10의 주해에서.

253) "'깔라 풀의 매듭처럼 수족이 야위고(kāla-pabbaṅga-saṅkāso kiso)'라는 것은 살점이 더 이상 적집되지 않아서(maṁsūpacaya-vigamena) 야위고 나쁘게 뭉쳐진 몸의 구성성분을 가졌기 때문에(kisa-dusaṇṭhita-sarīra-avayavatāya) 단띠 넝쿨의 매듭을 닮은 수족을 가졌다(danti-latā-pabba-sadisaṅga)는 말이다. 그래서 [다음 구절에서] '정맥이 드러나 보이며(dhamani-santhato)'라고 하셨다."(ThagA.ii.98)

244. [야소자 장로]
"아란냐 [31] 넓은 숲에서
파리들과 모기들에 닿지만
코끼리가 전쟁의 선봉에서 그리하듯
마음챙겨 거기서 견뎌야 합니다. (={31}; {684})

245. [비구가] 혼자 [지내는 것은] 범천과 같고
둘이 [같이 지내는 것은] 신과 같으며
셋이 [같이 지내는 것은] 마을과 같고
그 이상이 [같이 지내는 것은] 소란을 피우는 것입니다."

야소자 장로 (끝)

10. **사띠맛띠야 장로**(Th3:10 {246}~{248})

【행장】

"사띠맛띠야 장로(Sāṭimattiya thera)는 마가다 지역에서 바라문 가문에 태어났다. 그는 적당한 나이가 되어 인연이 성숙되었기 때문에 숲속에 머무는 비구들(āraññaka-bhikkhū)의 곁에서 출가하였고 위빳사나의 업을 행하여 육신통을 갖춘 분이 되었다. 장로의 일화는 『아빠다나』에도 나타나고 있다. …

장로는 육신통을 갖춘 뒤 비구들을 교계하고 훈도하고 많은 중생들에게 법을 설하여 삼귀의와 오계에 확립되게 하였다. 그리고 믿음이 없고(assaddha) 청정한 믿음이 없는(appasanna) 어떤 가문을 믿음과 청정한 믿음이 있도록 만들었다. 그래서 그 가문에서 사람들은 장로에게 청정한 믿음을 가졌다(abhippasannā).

거기서 어떤 아름답고 예쁜 처녀가 장로에게 탁발음식을 공양했고 정성을 다해 음식 시중을 들었다. 그러자 마라가 장로의 형상을 하고 가서 그 처녀의 손을 잡았다. 처녀는 '이것은 인간의 감촉(manussa-samphassa)이 아니다.'라고 알고 손을 뺐다. 그러나 그것을 본 그 집 사람들은 장로에 대한 청정한 믿음이 사라졌다.

장로는 그다음 날 그 사실을 모르고 그 집에 갔고 사람들은 그를 존경하지 않았다. 장로는 그것이 마라의 소행인 것을 알고 그 [마라]의 목에 개의 시체(kukkura-kuṇapa)를 옭아매었고 그것으로부터 풀려나려고(mocanatthaṁ) 다가온 마라에게 어제 했던 소행을 말하게 한 뒤 그를 꾸짖고는 쫓아버렸다. 그것을 보고 집주인은 장로에게 잘못을 빌었고 그가 직접 다시 장로를 시봉하였다. 장로는 그에게 법을 설하면서 본 게송 세 개를 읊었다."(ThagA.ii.99~100)

246\. "전에 그대는 믿음이 있었지만
그것은 오늘 그대에게는 존재하지 않습니다.
그대의 것은 오직 그대의 것일 뿐[254]
나에게 나쁜 행위란 없습니다.

247\. 참으로 무상하고 흔들리는 것이 믿음이니[255]

---

254) "'그대의 것은 오직 그대의 것일 뿐(yaṁ tuyhaṁ tuyhamevetaṁ)'이라고 하였다. 네 가지 필수품을 보시하는(catu-paccaya-dāna) 이것은 그대에게 있고 그래서 나의 일(attha)이 아니다. 참으로 바르게 청정한 마음(pasanna citta)으로 보시(dāna)를 해야 한다는 의미이다. 혹은 '그대의 것은 오직 그대의 것일 뿐'이라고 한 것은 그대가 오늘 존중하지 않으면서(agārava) 나에게 행한 일화는 오직 그대에게 속하는 것이라서 그것의 결실은 그대가 경험할 것(paccanubhavitabba)이고 내가 아니라는 뜻이다.
'나에게 나쁜 행위란 없습니다(natthi duccaritaṁ mama).'라고 하였다. 나에게는 나쁜 행위란 것 자체가 없으니 도(magga)에 의해서 나쁜 행위의 원인인 오염원들(kilesā)이 뿌리 뽑혔기 때문(samucchinnattā)이라는 말이다."(ThagA.ii.100)

255) "'참으로 무상하고 흔들리는 것이 믿음이니(aniccā hi calā saddhā)'라고 하였다. 범부들에게 속하는 믿음(pothujjanikā saddhā)은 무상하여 전일한

나는 그것을 그렇게 보았기 때문입니다.
비록 탐하지만 빛바래나니[256)]
거기서 성인(聖人)이 무엇을 허비하겠습니까?

248. 성인의 밥은 조금은 이 집에서
조금은 저 집에서 조리합니다.[257)]
나는 탁발을 하러 갈 것입니다.
나에게는 다리의 힘이 있습니다.[258)]"

사띠맛띠야 장로 (끝)

것(ekantikā)이 아니다. 그래서 말의 등 위에 놓아진 호리병박(assapiṭṭhe ṭhapita-kumbhaṇḍa)처럼 동요하고 왕겨 무더기(thusa-rāsi)에 박아놓은 말뚝(nikhāta-khāṇuka)처럼 확고하지 못하다(anavaṭṭhitā)는 말이다." (ThagA.ii.100)

256) "'비록 탐하지만 빛바래나니(rajjantipi virajjanti)'라고 하였다. 그 [믿음은] 확고하지 못하기 때문에(anavaṭṭhitattā) 이 중생들은 어떤 때 어느 곳에서는 친구에 대한 친밀함(mitta-santhava)으로 탐하고(rajjanti) 애정(sineha)도 가지지만, 어떤 때는 탐욕이 빛바래고(virajjanti) 탐욕이 빛바랜 마음을 가지게(viratta-cittā) 된다는 말이다."(ThagA.ii.100)

257) "만일 나의 필수품들(paccayā)을 받지 않으면(na gaṇhatha) 어떻게 당신은 삶을 영위합니까(yāpetha)라고 이처럼 생각하지 말라는 것을 보여주면서 '성인의 밥은(munino bhattaṁ)'이라는 게송을 말했다. 그 뜻은 이러하다. '성인의(munino)'란 출가자의(pabbajitassa)라는 말이다. '밥(bhatta)'이란 것은 이 집 저 집에서(kule kule) 받고 날마다 날마다(divase divase) 조금씩 조금씩(thokaṁ thokaṁ) 조리하는 것이지 그대의 집에서만이 아니라는 말이다."(ThagA.ii.100)

258) "'나는 탁발을 하러 갈 것입니다. / 나에게는 다리의 힘이 있습니다(piṇḍikāya carissāmi, atthi jaṅghabalaṁ mama).'라고 하였다. 나에게는 다리의 힘이 있다. 나는 꼬부라진 다리를 가지지(obhagga-jaṅgha) 않았고 절름발이(khañja)가 아니고 발이 아픈 것(pādarogī)도 아니다. 그러므로 탁발을 하러(piṇḍikāya), 섞인 음식을 걸식하러(missaka-bhikkhāya) 다닐 것이라는 뜻이다. "마치 벌이 꽃을 색깔과 향기를 해치지 않고 …"(『법구경』(Dhp) {49})라는 등으로 스승님께서 말씀하신 방법대로 걸식을 한 뒤 삶을 영위할 것이라는 것을 보여준다."(ThagA.ii.100~101)

11. 우빨리 장로(Th3:11 {249}~{251})

【행장】

"우빨리 장로(Upāli thera)는 이발사 가문(kappaka-geha)에 태어났다. 그는 적당한 나이가 되어 아누룻다 등의 여섯 명의 끄샤뜨리야들(cha khattiyā)에게 청정한 믿음을 가졌다. 여래께서 아누삐야(Anupiyā)의 망고 숲에 머무실 때 출가하기 위해서 집을 떠난 여섯 끄샤뜨리야들[259]과 함께 집을 나와 출가하였다. 그가 출가한 일화는 율장 『쭐라왁가』(소품)에 나타난다.

그는 출가하여 구족계를 받고 스승님의 곁에서 명상주제를 가지고 '세존이시여, 저를 숲에 머무는 자로 인정해 주십시오'라고 말씀드렸다. [그러나 세존께서는] '비구여, 그대가 숲에 머물 때에 하나의 의무(dhura)가 증가할 것이다. 그러나 우리 곁에 머물 때에는 경전을 [공부하는] 의무(gantha-dhura)와 위빳사나의 의무(vipassanā-dhura)를 완성할 것이다.'라고 말씀하셨다.[260] 장로

---

259) 율장과 주석서 문헌에 의하면 성도 후에 까삘라왓투를 방문하신 부처님을 따라서 사꺄의 아누삐야(Anupiya)에서 밧디야(Bhaddiya), 아누룻다(Anu-ruddha), 아난다(Ānanda), 바구(Bhagu), 낌빌라(Kimbila), 데와닷따(Devadatta)의 여섯 명의 왕자와 일곱 번째인 이발사 우빨리(Upāli-kappa-ka sattama)가 함께 출가하였다고 나타난다.(Vin.ii.182; Mil.107~108; cf. DhpA.i.133)

260) 『앙굿따라 니까야』 제6권 「우빨리 경」(A10:99) §14에서 세존께서는 말씀하신다.
"우빨리여, 오라. 그대는 승가에 머물러라. 승가에 머물면 그대에게 편안함이 있을 것이다."
여기에 대해서 『앙굿따라 니까야 주석서』는 이렇게 설명한다.
"'우빨리여, 오라. 그대는 승가에 머물러라.'라고 하셨다. 여기서 '오라(iṅgha)'라는 것은 질책(codanā)하는 뜻의 부사(nipāta)이다. 이것으로 장로를 승가 가운데 머물게 하기 위해 질책하시고, 숲에 머묾(arañña-vāsa)을 허락하지 않으신 것이다.
그것은 무슨 이유인가? 숲속 거주처(arañña-senāsana)에서 머물 때는 거주의 의무(vāsa-dhura) [즉, 위빳사나의 의무, vāsadhurayuttoti vipassanā

는 스승님의 말씀을 받아들인 뒤 위빳사나의 업을 행하면서 오래지 않아 아라한됨을 얻었다. 장로의 일화는 『아빠다나』에도 나타나고 있다. …”(ThagA.ii.101)

계속해서 『테라가타 주석서』는 이렇게 설명한다.

“거기서 스승님께서는 그로 하여금 스스로 전체 율장(sakala vinayapiṭaka)을 수지(受持)하도록 하셨다(uggaṇhāpesi). 그는 나중에 ① 바루깟차까 일화(Bhārukacchaka-vatthu, Vin.iii.39 이하; Sp.i.283 이하)와 ② 앗주까 일화(Ajjuka-vatthu, Vin.iii.66 이하)와 ③ 꾸마라깟사빠 일화(Kumārakassapa-vatthu, 본서 둘의 모음 {201}의 설명 참조)라는 이 세 가지 일화를 판별하였다. 스승님께서는 각각의 판별에 대해 잘했다고 동의하신 뒤 세 가지 판별(vinicchaya)에 대한 사례(事例)[261]로 정하셨고 [『앙굿따라 니까야』 제1권 하나의 모음 「으뜸 품」(A1:14)에서] 장로를 율을 호지하는 자들(vinaya-dharā) 가운데 으뜸의 위치에 놓으셨다.(A1:14:4-10) 그는 나중에 어떤 포살일에 빠띠목카[戒目] 개요의 시간(pātimokkh-uddesa-samaya)에 비구들을 교계하면서 … 본 게송 세 개를 읊었다.”(ThagA.ii.101~102)

율장에 의하면 부처님 생전에도 비구들은 그에게서 율을 배우고

-dhurayutto, 『위마띠위노다니 띠까』(Vmativinodanī Ṭīkā, Vin-Vmv.i.127)]만을 완성시킬 뿐 경전을 [공부하는] 의무(gantha-dhura)를 완성하는 것은 아니다. 그러나 승가의 일원으로 머물 때는 두 가지 의무를 완성한 뒤 아라한과를 얻을 수 있고, 또 율장에 관한 한 선도자(pāmokkha)가 될 수 있다. 그래서 ‘나는 회중 가운데서 이 비구를 율을 호지하는 자(vinaya-dhara)들 가운데 최고의 위치(agga-ṭṭhāna)에 둘 것이다.’(cf. A1:14:4-10)라는 뜻을 가지시고 스승님께서는 우빨리 장로가 숲속에서 머무는 것을 허락지 않으셨다.”(AA.v.68~69)

『위마띠위노다니 띠까』(Vimativinodanī Ṭīkā)는 12세기에 스리랑카에서 깟사빠(Kassapa) 스님이 지은 율장의 복주서이다.

261) ‘사례(事例, aṭṭhuppatti)’에 대해서는 본서 열넷의 모음 레와따 장로(Th14:1) {645} 【행장】의 해당 주해를 참조할 것.

싫어 할 정도로 그는 율에 관한 한 최고의 전문가로 추앙을 받았으며, 개인적인 어려움을 우빨리 존자와 상의하는 비구들도 많았다고 한다. 잘 알려진 대로 그는 율장의 결집을 주도한 사람이며 북방에서도 지계제일(持戒第一)로 부처님의 10대 제자에 포함된 분이다. 그래서 『앙굿따라 니까야』 하나의 모음 「으뜸 품」(A1:14)에서 세존께서는 그를 "율을 호지하는 자(vinaya-dhara)들 가운데 으뜸"(A1:14:4-10)이라고 칭찬하고 계신다.

세존께서 우빨리 장로에게 설하신 경들은 『앙굿따라 니까야』에 네 개 정도가 전승되고 있는데 그것은 제4권 「교법 경」(A7:79)과 제6권 「우빨리 경」(A10:31)과 「분쟁 경」(A10:41)과 「우빨리 경」(A10:99)이다.
앞의 주해에서 보았듯이 「우빨리 경」(A10:99)에서 세존께서는 우빨리 존자에게 숲속 거주처에 머물지 말고 승가에 머물라고 말씀하셨지만 「교법 경」(A7:79)에서는 우빨리 존자가 멀리 은둔하여 방일하지 않고 열심히, 스스로 독려하며 지내고자 한다고 말씀드리자 세존께서 일곱 가지를 간략하게 말씀하신다.
「우빨리 경」(A10:31)은 존자가 부처님께서 제자들에게 학습계목을 제정하시고 빠띠목카[戒目]를 마련하신 이유와 빠띠목카의 중지(pātimokkha-ṭṭhapana)에 대해서 묻고 세존께서 여기에 대해서 각각 간략하게 열 가지로 밝히시는 경이다. 「분쟁 경」(A10:41)에서 존자는 승가에 논쟁과 말다툼과 언쟁과 분쟁이 생겨서 비구들이 편히 머물지 못하는 이유를 질문하고 세존께서는 10가지로 그 이유를 말씀하신다.
한편 『맛지마 니까야』 제2권 「우빨리 경」(M56)은 우빨리 존자가 아니라 니간타의 신도였던 우빨리 장자가 부처님 교법에 귀의하는 일화를 담은 경이다.

249. "믿음으로 세속을 떠나서[262]
새로 출가한 신참 [비구]는

삶이 청정하고 게으르지 않은
선한 친구들[善友]을 가까이해야 합니다.

250. 믿음으로 세속을 떠나서
새로 출가한 신참 비구는
승가 안에 머무르면서
지혜롭게 율을 공부지어야 합니다.

251. 믿음으로 세속을 떠나서
새로 출가한 신참 [비구]는
적당한 것과 적당하지 않은 것에 능숙하고
혼란하지 않고 유행을 해야 합니다.[263]"

우빨리 장로 (끝)

12. **웃따라빨라 장로**(Th3:12 {252}~{254})

【행장】

"웃따라빨라 장로(Uttarapāla thera)는 사왓티에서 바라문 가문에 태어났다. 그는 적당한 나이가 되어 [부처님의] 쌍신변을 보고

---

262) "여기서 '믿음으로(saddhāya)'라는 것은 믿음을 표상으로 함(saddhā-nimitta)이지 생계를 위함(jīvikattha)이 아니라는 뜻이다. 혹은 '믿음으로'라는 것은 ① 업의 결실들(kamma-phalāni)과 ② 삼보의 공덕(ratana-ttaya-guṇa)을 믿은 뒤라는 뜻이다. '세속을 떠나서(abhinikkhamma)'라는 것은 재가에 머묾(gharāvāsa)으로부터 떠난 뒤(nikkhamitvā)라는 말이다."(ThagA.ii.102)

263) "'혼란하지 않고 유행을 해야 합니다(careyya apurakkhato).'라고 하였다. '혼란하지 않고(apurakkhato)'는 갈애 등의 그 어느 것에 의해서도 혼란함을 바라지 않고(purekkhāraṁ apaccāsīsanto = apatthayantena, Vinaya-alaṅkāra-ṭīka.i.56) 머물러야 한다(vihareyya)는 뜻이다."(ThagA.ii.102)

본서 제1권 하나의 모음 {37}d에는 '혼란하지 않고 참선을 해야 한다(jhāyeyya apurakkhato).'로 나타나고 있다. 그곳의 주해도 참조할 것.

믿음을 얻어서 출가하여 사문의 법을 행하였다.

그러던 어느 날 그가 지혜 없이 마음에 잡도리함(ayoniso-manasi-kāra)을 통해서 전에 경험했던 대상(anubhūtārammaṇa)을 떠올리자 감각적 쾌락에 대한 탐욕(kāma-rāga)이 생겨났다. 그는 도둑맞은 재산과 함께 도둑을 찾은 것처럼(Vis.VI.17) 자신의 마음을 잘 제압하였다. 그는 절박함이 생겨(saṁvega-jāta) 반대되는 것을 마음에 잡도리함에 의해서 오염원들을 억압한 뒤 위빳사나의 업을 행하고 수행을 열심히 하여 아라한됨을 얻었다. 장로의 일화는 『아빠다나』에도 나타나고 있다. …

아라한됨을 얻은 뒤 자신의 도닦음을 반조하여 사자후를 토하면서 본 게송 세 개를 읊었다. …"(ThagA.ii.102~103)

계속해서 주석서는 "이것은 장로의 구경의 지혜를 천명함이 되었다."(ThagA.ii.104)라고 밝히고 있다.

252. "참으로 나는 현명하고 평화로워서[264]
이로움을 판별할 수 있었다.[265]

---

264) '참으로 나는 현명하고 평화로워서'는 paṇḍitaṁ vata maṁ santaṁ을 옮긴 것이다. 노만 교수는 이것을 '*I was indeed clever, peaceful*(참으로 나는 현명하고 평화로워서)'로 옮겼는데 santaṁ을 √śam2(sammati, Sk: śāmyati, +te, 4류, 고요해지다, *to be quiet*)의 현재분사(PAP) santa의 목적격으로 본 것이다. 역자는 노만 교수를 따랐다.
그런데 주석서는 아래 설명에서 보듯이 maṁ santaṁ을 나와 같은(maṁ samānaṁ)으로 해석하고 있다(ThagA.ii.103). 이 경우에는 santaṁ을 √as1(atthi, Sk:asti, 2류, 이다, 있다, *to be*)의 현재분사인 santa의 목적격으로 본 것이라 할 수 있다.

265) "여기서 '참으로 나는 현명하고 평화로워서(paṇḍitaṁ vata maṁ santaṁ)'라는 것은 들음으로 이루어진 통찰지와 생각으로 이루어진 통찰지(suta-cintāmayā paññā, Vbh16 §768 참조)를 통해서 통찰지를 구족한(paññā-sampanna) 나와 같은(maṁ samāna)이라는 뜻이다.
'이로움을 판별할 수 있었다(alam-atthavicintakaṁ).'라는 것은 자신과 남들의 ① 이로움(attha), 즉 이익(hita)을 판별할 수가 있었다(vicintetuṁ samattha), 혹은 ② 의미를 알아냄(atthassa vicintaka)이 충분히 가능하

다섯 가닥의 감각적 쾌락은 세상에서 현혹하게 하는 것이니
나를 떨어지게 만들었다.266)

253. 마라의 영역에267) 들어가서

였다(pariyatta), 혹은 오염원들을 부술 수 있는(kilesa-viddhaṁsana-samattha) ③ 이치를 보았다(atthadassi)라는 이 모두를 장로는 말하고 있는데 이것이 그 자신의 마지막 존재함이기 때문이다(antima-bhavikatāya)."(ThagA.ii.103)

여기서 ① 이로움 ② 의미 ③ 이치는 모두 attha를 옮긴 것이다. attha는 다양한 문맥에서 나타나서 다양한 의미로 해석이 되는데 기본적으로는 이 세 가지 뜻을 가진다.(여기에 대해서는 본서 제1권 하나의 모음 {4}의 해당 주해를 참조할 것.) 주석가 담마빨라 스님은 주석서의 여기에서 본문의 이 attha를 이 세 가지 의미로 설명하고 있다고 역자는 받아들인다.

266) "'나를 떨어지게 만들었다(pātayiṁsu maṁ).'라고 하였다. 나를 현자의 상태(dhīra-bhāva)로부터 떨어지게 하였다(pātesuṁ), 혹은 세상으로부터 벗어나고자 하는(uttaritukāmaṁ) 나를 세상에 떨어지게 하였다(pātayiṁsu)는 뜻이다."(ThagA.ii.103)

267) "'마라의 영역에(Māravisaye)'라는 것은 오염원의 영역(kilesa-visaya)에, 즉 오염원으로서의 마라(kilesa-māra)가 전개되는 장소(pavatti-ṭṭhāna)에라는 뜻인데, 그것의 통제로 갔다(vasaṁ gata)는 것이 그 의미이다. 혹은 신으로서의 마라(devaputta-Māra)의 지배의 장소(issariyaṭṭhāna), 거기에 들어가서 서있다(anupavisitvā ṭhita)는 뜻이다."(ThagA.ii.103)

전통적으로 빠알리 주석서는 이런 다양한 마라의 언급을 다섯 가지로 정리한다. 그것은 ① 오염원(kilesa)으로서의 마라(ItA.197; ThagA.ii.70 등) ② 무더기(蘊, khandha)로서의 마라(S.iii.195 등) ③ 업형성력(abhisaṅ-khāra)으로서의 마라 ④ 신(devaputta)으로서의 마라 ⑤ 죽음(maccu)으로서의 마라이다.(ThagA.ii.46; 46; Vism.VII.59 등)
『청정도론』에서는 부처님은 이러한 다섯 가지 마라를 부순 분(bhaggavā)이기에 세존(bhagavā)이라 한다고 설명하고 있다.(Vis.VII.59) 그러므로 열반이나 출세간이 아닌 모든 경지는 마라의 영역에 속한다고 할 수 있다. 특히 신으로서의 마라는 자재천(Vasavatti)에 있는 다마리까 천신(Dāmarika-deva-putta)이라고도 불리는데, 마라는 욕계의 최고 천상인 타화자재천(Para-nimmita-vasavatti)에 거주하면서 수행자들이 욕계를 벗어나 색계나 무색계나 출세간의 경지로 향상하는 것을 방해하는 자이기 때문이다.(SnA.i.44; MA.i.28) 그리고 그는 신들의 왕인 삭까(인드라)처럼 군대를 가지고 있으며

강한 쇠살에 괴로워하였지만[268]
죽음의 왕의 올가미로부터
나는 풀려날 수 있었다.[269]

254. 모든 감각적 쾌락들을 버렸고
모든 존재들을 산산이 부서버렸다.[270]

이를 마군(魔軍, Māra-sena)이라고 한다. 이처럼 그는 아주 유력한 신이다.

268) "'강한 쇠살에 괴로워하였지만(daḷhasalla-samappito)'이라고 하였다. 탐욕의 쇠살(rāga-salla)이 심장(hadaya)에 도달하여 찔렸다(āhacca viddha)는 말이다."(ThagA.ii.103)

269) "'죽음의 왕의 올가미로부터 / 나는 풀려날 수 있었다(asakkhiṁ maccu-rājassa, ahaṁ pāsā pamuccituṁ).'라고 하였다. 으뜸가는 도의 집게(agga-magga-saṇḍāsa)로 탐욕 등의 쇠살(rāgādi-salla)을 남김없이 빼내어버려 탐욕의 속박이라 불리는(rāga-bandhana-saṅkhātā) 죽음의 왕의 올가미로부터 나는 벗어날 수가 있었다(parimuccituṁ asakkhiṁ), 거기서 자신을 벗어나게 하였다(pamocesiṁ)는 말이다."(ThagA.ii.103)

270) "'모든 감각적 쾌락들을 버렸고 / 모든 존재들을 산산이 부서버렸다(sabbe kāmā pahīnā me, bhavā sabbe padālitā).'라고 하였다. 토대와 대상 등으로 구분되어(vatthārammaṇādi-bheda; vatthuno ārammaṇassa ca, DAṬ.iii.285) 여러 가지 구분으로 나누어지는 모든 오염원으로서의 감각적 쾌락들(kilesa-kāmā)은 성스러운 도에 의해서 뿌리 뽑음(samuccheda)을 통해서 내가 제거하였다. 오염원으로서의 감각적 쾌락들이 제거될 때에 토대로서의 감각적 쾌락들도(vatthu-kāmāpi) 제거되기 때문이다.
그처럼 욕계 존재와 업으로서의 존재 등인(kāma-bhava-kamma-bhav-ādayo) 존재들은 모두 도의 지혜의 칼(magga-ñāṇāsi)로 산산이 부수어졌고(padālitā) 파괴되었다(viddhaṁsitā). 업으로서의 존재들[業有, kamma-bhavā]이 부수어질 때에 재생으로서의 존재들[生有, upapatti-bhavā]도 부수어지기 때문이다."(ThagA.ii.103~104)

토대(vatthu)와 대상(ārammaṇa)에 대해서는 각각 『아비담마 길라잡이』 제3장 §20 이하와 제3장 §16 이하를 참조할 것. 토대 혹은 대상으로서의 감각적 쾌락과 오염원으로서의 감각적 쾌락(vatthukāma-kilesakāma)에 대해서는 『청정도론』 제4장(Vis.IV.85~86)을 참조하기 바란다.

존재[有, bhava]는 두 가지인데 '업으로서의 존재[業有, kamma-bhava]'와 '재생으로서의 존재[生有, upapatti-bhava]'이다. 업으로서의 존재의 특

태어남의 윤회는 멸진하였고
이제 다시 존재함이란 없다.271)"

웃따라빨라 장로 (끝)

13. 아비부따 장로(Th3:13 {255}~{257})

【행장】

"아비부따 장로(Abhibhūta thera)는 웨타뿌라 도시(Veṭhapura-nagara, DPPN: Veṭṭha-/Veṭhi-)에서 왕의 가문에 태어났다. 그는 부친이 서거하자 왕위에 올랐다. 그때 세존께서는 지방을 유행하시다가 차례대로 그 도시에 오셨다. 거기서 왕은 '세존께서 나의 도시에 도착하셨다.'라고 듣고 스승님의 곁에 가서 법을 듣고 둘째 날에 큰 보시를 올렸다. 세존께서는 공양을 마치시고 그 왕의 성향에 어울리는 말씀으로 그를 기쁘게 하시며 상세하게 법을 설하셨다. 그는 법을 듣고 청정한 믿음을 가져 왕위를 버리고 출가하여 아라한됨을 실현하였다. 장로의 일화는 『아빠다나』에도 나타나고 있다. …

아라한됨을 얻은 뒤 그가 해탈의 행복으로 머물 때 그의 친지들과 대신들과 회중들과 도시민들과 지역민들 모두가 모여들어 '존자시여, 왜 당신은 우리를 주인 없게 만들고 출가하셨습니까?'라고 탄식을 하였다. 장로는 친지들을 상수로 한 그 사람들이 탄식하는

징은 업(kamma)이고 재생으로서의 존재의 특징은 업으로부터 생긴 무더기[蘊]이다. 이것은 각각 다시 태어남을 만드는 역할과 다시 태어나는 역할을 하며, 업으로서의 존재는 유익한 것이나 해로운 것으로 나타나고 재생으로서의 존재는 무기(無記)로 나타난다. 여기에 대해서는 『청정도론』(Vis.XVII.250 이하)을 참조하기 바란다.

271) '태어남의 윤회는 멸진하였고 / 이제 다시 존재함이란 없다.'는 vikkhīṇo jātisaṁsāro, natthi dāni punabbhavo를 옮긴 것이다. 여기에 대해서는 본서 제1권 하나의 모음 {67}의 주해를 참조하기 바란다. 주석서는 "이것은 장로의 구경의 지혜를 천명함이 되었다."(ThagA.ii.104)라고 밝히고 있다.

것을 보고 그들에게 자신이 출가한 이유를 설명하는 방법을 통해 법을 설하면서 이 세 개의 게송을 읊었다.272)(ThagA.ii.105~106)

255. "여기에 함께 모인
모든 혈육들은 들으십시오.
그대들에게 법을 설할 것입니다.
거듭되는 태어남은 괴로움이었습니다.273)

256. 용기를 내십시오, 분발하십시오.
부처님의 교법에 몰두하십시오.274)

---

272) 본 게송들 가운데 두 번째와 세 번째인 {256}~{257}의 두 게송은 시키 세존 때의 아비부 비구에 대한 일화를 담고 있는 『상윳따 니까야』 제1권 「아루나와띠 경」(S6:14) §9에서 아비부 비구가 읊은 것으로 전승하고 있는 {604}~{605}의 두 게송과 같으므로 참조하기 바란다. 그리고 『앙굿따라 니까야』 제1권 「아비부 경」(A3:80)은 니까야에서 삼천대천세계를 설명하는 유일한 경이라 할 수 있다. 관심 있는 분들의 일독을 권한다.
그런데 시키 세존의 상수제자였던(S6:14 §3) 아비부 비구와 본 게송을 읊은 아비부따 장로와의 관계에 대해서는 주석서도 언급이 없고 DPPN도 언급하지 않는다. 그리고 본 게송들 가운데 세 번째인 {257}은 『디가 니까야』 「대반열반경」(D16) §3.51에도 나타나고 있다.

273) "'거듭되는 태어남은 괴로움이었습니다(dukkhā jāti punappunaṁ).'라고 하였다. 태어남이란 이것은 모태에 들어감을 뿌리로 함 등으로 구분되고(gabbhokkanti-mūlakādi-bheda) 늙음 등으로 구분되는(jarādi-bheda) 여러 가지 괴로움의 토대가 되기 때문에(adhiṭṭhāna-bhāvato) 괴로움이다. 그 [태어남]은 거듭해서 전개되는 아주 큰 괴로움이라는 말이다."(ThagA.ii.105)

이 구절은 부처님의 오도송에도 나타나고 있다. 본서 둘의 모음 {184}의 해당 주해를 참조할 것.

274) "'부처님의 교법에 몰두하십시오(yuñjatha Buddha-sāsane).'라고 하였다. 계행의 단속(sīla-saṁvara), 감각기능들의 문을 보호함(indriyesu gutta-dvāratā), 음식에서 적당함을 앎(bhojane mattaññutā), 마음챙김과 알아차림(sati-sampajañña)이라는 이러한 법들에 확립된 자들(patiṭṭhitā)에게 깨어있음에 전념함(jāgariya-anuyoga)을 통해서 [정진을] 시작하는 요소

코끼리가 갈대로 만든 오두막을 부수듯
죽음의 군대를 쓸어버리십시오.[275] (S6:14 §9 {604})

257. 이 법과 율에서
방일하지 않고 머무는 자는
태어남의 윤회를 버리고
괴로움을 끝낼 것입니다." (S6:14 §9 {605})

아비부따 장로 (끝)

14. **고따마 장로**(Th3:14 {258}~{260})

【행장】

"고따마 장로(Gotama thera)는 사꺄의 왕의 가문에 태어났다. 족성을 통해서 고따마라는 이름을 가졌다. 그는 적당한 나이가 되어 스승님의 친척들의 회합에서 믿음을 얻어 출가하여 위빳사나의 업을 행하여 육신통을 갖춘 분이 되었다. 장로의 일화는 『아빠다나』에도 나타나고 있다. …
육신통을 갖춘 뒤 해탈의 행복으로 머물면서 어느 날 친척들이 '존자시여, 왜 우리를 버리고 출가하였습니까?'라고 묻자 윤회에서 자신이 체험한 괴로움과 지금 증득한 열반의 행복을 분명하게 하면서 본 게송 세 개를 읊었다."(ThagA.ii.106)

[發勤界, ārambha-dhātu]와 벗어나는 요소[出離界, nikkama-dhātu]가 구족된다(sampajjanti). 그래서 사마타와 위빳사나라 불리거나 높은 계를 공부지음[增上戒學, adhisīla-sikkhā]이라 불리는 세존의 교법에 있는 그대로(tathā-bhūtā) 몰두하고 몰입하라(yutta-ppayuttā hotha)는 말이다." (ThagA.ii.105)

275) '죽음의 군대를 쓸어버리십시오.'는 dhunātha maccuno senaṁ을 옮긴 것이다. 주석서는 "오염원의 무리(kilesa-gaṇa)를 쓸어버려라, 파괴해 버려라(vidhamatha), 부수어버려라(viddhaṁsetha)는 뜻이다."(ThagA.ii.105)라고 간략하게 설명한다.

다른 두 분 고따마 장로들(Th2:9; Th10:7)의 게송이 본서 둘의 모음 {137}~{138}과 열의 모음 {587}~{596}으로 나타나고 있다. 여기에 대해서는 본서 {137}의 해당 주해를 참조하기 바란다.

258. "윤회하면서[276] [32] 나는 지옥에 갔었고
아귀의 세계에는 거듭해서 갔었습니다.
견디기 어려운 축생의 모태에도
여러 번 오랜 기간을 나는 머물렀습니다.

259. 인간으로도 역시 만족스럽게 존재했었고
어쩌다 한 번씩 천상의 몸을 얻었습니다.
색계들에도 무색계들에도
비상[비비상]처에도 무상[유정]처에도 머물렀습니다.[277]

---

276) "여기서 '윤회하면서(saṁsaraṁ)'라는 것은 시작이 없는 윤회에서(anādimati saṁsāre) 윤회하면서(saṁsaranta) 업으로서의 오염원들(kammakilesā)에 의해서 다섯 가지 태어날 곳들(pañca gatī)에 떨어짐과 태어남(cavan-upapāta)을 통해서 계속적으로(aparāparaṁ) 함께 흘러간다(saṁ-saranta)는 뜻이다."(ThagA.ii.106)

277) "'비상[비비상처]에도 무상[유정]처에도 머물렀습니다(nevasaññisu asaññisu ṭhitaṁ).'라고 했다. 색계와 무색계(rūpārūpa-dhātū)의 인식을 가진 곳들(saññī)에서 뿐만 아니라 인식을 가진 것도 아니고 인식을 가지지 않은 것도 아닌 곳들[非想非非想, neva-saññī-nāsaññī]과 인식을 가지지 않은 곳들[無想處, asaññī]에도 나는 태어나서 머물렀다(upapajja ṭhita)라고 가져와서 적용시켜야 한다. 여기서는 인식을 가지지 않은 것(비상, 非想)을 취함(nevasaññi-ggahaṇa)을 통해서 인식을 가진 것도 아니고 인식을 가지지 않은 것도 아닌[非想非非想] 존재(nevasaññī-nāsaññībhava)가 취해졌기 때문이다.
그런데 만일 이 두 존재들이 색계와 무색계를 취함(rūpārūpa-dhātu-ggahaṇa)에 의해서 취해진다면 외도들은(ito bāhirakā) 거기서 항상 인식을 가진 자들(nicca-saññino)과 존재로부터 해탈한 인식을 가진 자들(bhava-vimokkha-saññino)을 주장할 것이다. 그러나 그들의(tesaṁ) 그러한 인식

260. [278]이러한 존재들은 심재가 없고 형성되었고
변하기 쉽고 늘 흔들리는 것으로 잘 체득되었습니다.[279]

은 잘못되었음을 보여주기 위해서(tassā saññāya micchā-bhāva-dassanattham̐) [이 둘을] 따로(visum̐) 따로 취하여 언급한 것이라고 봐야 한다."(ThagA.ii.107)

외도들은 불변하는 자아(atta)가 항상 존재하기 때문에 인식(saññā)도 항상 존재한다고 여긴다. 그래서 장로는 여기서는 비상비비상처와 무상유정처를 따로 언급하여 불변하는 자아와 인식이 있다는 잘못된 주장을 척파하고 있다고 주석서는 강조한다. 초기불전의 여러 곳에서 상수멸의 경지를 체득하는 것을 강조하는 것도 항상하는 자아가 있다는 이러한 잘못된 주장을 깨뜨리는 측면이 강하다 할 수 있다.

278) "이와 같이 두 개의 게송들({259}~{260})을 통해서 존재의 뿌리(bhava-mūla)가 잘라지지 않았기 때문에(anupacchinnattā) 시작이 없는 윤회에서(anādimati sam̐sāre) 자신이 윤회의 괴로움을 겪은 것(vaṭṭa-dukkha-anubhava)을 보여 준 뒤 이제 그것을 자름(tad-upaccheda)에 의해서 윤회를 벗어난 행복을 누리는 것(vivaṭṭa-sukhānubhava)을 보여주면서 '이러한 존재들은(sambhavā) …'이라는 등으로 이 세 번째 게송({260})을 말했다."(ThagA.ii.107)

279) '이러한 존재들은 심재가 없고 형성되었고 / 변하기 쉽고 늘 흔들리는 것으로 잘 체득되었습니다.'는 sambhavā suviditā asārakā, saṅkhatā pacali-tā sad'eritā)를 옮긴 것이다. 주석서의 설명을 살펴보자.

"여기서 '존재들'로 [옮긴] sambhavā는 bhavā(존재들)이다. 욕계 존재 등은(kāma-bhavādayo) 원인과 조건의 분리할 수 없는 친밀한 결합(samavāya, 본서 {143}의 주해 참조)에 의해서 존재한다고 해서 여기서는 sambhava라고 말했다. '잘 체득되었습니다(suviditā).'라는 것은 위빳사나의 통찰지와 함께한(vipassanā-paññā-sahitā) 도의 통찰지를 통해서 잘 체득되었다는 말이다(suṭṭhu viditā).
'심재가 없고'라는 등은(asārakāti-ādi) 이들이 체득된 모양을 보여주는 것(viditākāra-dassana)이다. 여기서 '심재가 없고(asārakā)'라는 것은 항상하는 심재 등의 심재가 없음(nicca-sārādi-sāra-rahitā)을 뜻한다. '형성되었고(saṅkhatā)'라는 것은 함께 모이고 함께 생겨(samecca sambhuyya) 조건들에 의해서 된(paccayehi katā)이란 뜻이다.
'변하기 쉽고(pacalitā)'란 형성되었기 때문에(saṅkhatattā) 태어남과 늙음 등에 의해서 천성적으로 동요하고 확고하지 않다(pakārato calitā anavaṭṭhitā)는 뜻이다. '늘 흔들리는(sad'eritā)'이란 항상 모든 때에 부서짐에 의해

이러한 것은 나 자신을 근원으로 함을 체득하고서[280]
마음챙김을 가져 평화를 얻었습니다.[281]"

고따마 장로 (끝)

서 흔들리고(bhaṅgena eritā) 불확실하여(ittarā) 부서짐으로 가고(bhaṅga-gāmino), 부서지기 마련인 것(pabhaṅguno)이라는 뜻이다."(ThagA.ii.107)

『닛데사 주석서』는 '항상하는 심재인 심재(nicca-sāra-sāra)'를 이렇게 풀이한다.
"'항상하는 심재인 심재(nicca-sāra-sāra)'란 영원한 심재라 불리는 심재(satata-sāra-saṅkhāta sāra)라는 뜻이다."(Nd1A.ii.247)

"'항상하는 심재인 심재(niccasāra-sāra)'란 무너짐을 넘어서서(bhaṅgaṁ atikkamitvā) 전개되는(pavattamāna) 항상하는 심재(niccasāra)라는 뜻이다."(Nd2A.73)

280) "'이러한 것은 [나] 자신을 근원으로 함을 체득하고서(taṁ viditvā maham attasambhavaṁ)'라고 하였다. 설명한 대로(yathā-vuttaṁ) 형성됨을 고유성질로 가진(saṅkhata-sabhāvaṁ) 이것은(taṁ) [나] 자신을 근원으로 한다(atta-sambhavaṁ), 즉 자신에서 생겨난 것이고(attani sambhūtaṁ) 자신에 속하는 것이고(attāyattaṁ) 지배자 등(issarādi)을 통해서 남에게 속하는 것이 아니며(aparāyattaṁ) 철저하게 앎을 통한 관통[現觀]을 통해서(pariññābhisamaya-vasena) '나는 체득하고서(ahaṁ viditvā)'라는 말이다."(ThagA.ii.108)

여기서 '나 자신을 근원으로 함을 체득하고서'로 옮긴 원문은 PTS본에는 viditvā maham attasambhavaṁ으로 나타나고 VRI본에는 viditvā mahamattasambhavaṁ으로 나타난다. 노만 교수는 이것을 viditvām aham attasambhavaṁ으로 풀어서 해석하고 있고(K.R. Norman, 173쪽 §260의 주해 참조) 역자도 이를 따라 '나'를 살려서 '자신(atta)'을 '나 자신'으로 옮겼다. 주석서도 viditvā aham으로 해석하고 있기 때문이다.

281) "'마음챙김을 가져 평화를 얻었습니다(santimeva satimā samajjhagaṁ).'라고 하였다. 이러한 것과 반대되는 것(tap-paṭipakkha-bhūta)이 '평화(santiṁ)'인데 바로 열반이다. 도의 통찰지의 마음챙김(magga-paññā-sati)으로 '마음챙김을 가져(satimā)' [평화를] '얻었다(samajjhagaṁ)', 즉 증득했다(adhigacchiṁ), 성스러운 도의 수행(ariya-magga-bhāvanā)을 통해서 성취하였다(anuppatta)는 뜻이다."(ThagA.ii.108)

15. **하리따 장로**(Th3:15 {261}~{263})

【행장】

"하리따 장로(Hārita thera)는 사왓티에서 바라문 가문에 태어났다. 그는 적당한 나이가 되어 태생에 대한 자만을 의지하여 다른 사람들에게 비천하다는 말(vasala-vāda)[282]을 하는 습성을 가졌다. 그는 비구들의 곁에 가서 법을 듣고 믿음을 얻어 출가하였지만 오래 쌓았기 때문에(cira-paricitattā) 비천하다고 말하는 습성을 버리지 못했다.

그러던 어느 날 스승님의 곁에서 법을 듣고 절박함이 생겨(sañjāta-saṁvega) 위빳사나를 확립하여 자신의 마음의 움직임(cittappavatti)을 자세히 살펴보면서 자만과 들뜸에 붙들려 있음을 본 뒤 그것을 버리고 위빳사나를 열성적으로 행하여 아라한됨을 얻었다. 장로의 일화는『아빠다나』에도 나타나고 있다. …

아라한이 된 뒤 해탈의 행복을 체험하면서 본 게송 세 개로 비구들에게 교계를 베푸는 방법을 통해(ovāda-dāna-mukhena) 구경의 지혜를 천명하였다. 이 게송들의 뜻은 앞({225}~{227})에서 설명하였다."(ThagA.ii.108)

『테라가타 주석서』의 언급처럼 하리따 장로의 이 세 개의 게송은 본서 셋의 모음 {225}~{227}의 박꿀라 장로(Th3:3)의 게송과 동일하다. 그리고 다른 하리따 장로(Th1:29)의 게송이 본서 제1권 하나의 모음 {29}번 게송으로 나타나고 있다.

261. "먼저 했어야 할 것들을
나중에 하려고 하는 자

282) 여기서 '비천함'으로 옮긴 vasala(Sk. vṛṣala)는 바라문들이 불가촉천민들을 지칭하는 단어인데 상대를 아주 경멸할 때 쓰는 말이기도 하다.(PED, DPL 참조) 본서 제1권 하나의 모음 {9}의 벨린다왓차 장로(Th1:9)의 【행장】도 참조할 것.

그는 행복한 경지를 빼앗기고
나중에 후회하게 됩니다.[283] (={225})

262. 참으로 행할 것만을 말해야 하고
행하지 않을 것을 말해서는 안 됩니다.
행하지는 않고 말만 한 것을
현자들은 철저하게 압니다. (={226})

263. 정등각자께서 설하신
열반은 참으로 지극한 행복이니
슬픔 없고 티 없고 안은하여
거기서 괴로움은 소멸합니다." (={227})

하리따 장로 (끝)

16. **위말라 장로**(Th3:16 {264}~{266})

【행장】

"위말라 장로(Vimala thera)는 바라나시에서 바라문 가문에 태어났다. 그는 적당한 나이가 되어 소마밋따(Somamitta) 장로(Th2:14)를 의지하여 교법에 출가한 뒤 그에 의해서 분발심이 생겨(ussāha-jāta) 위빳사나를 확립하여 오래지 않아 아라한됨을 얻었다. 장로의 일화는 『아빠다나』에도 나타나고 있다. …
아라한됨을 얻은 뒤 자신의 동료 비구(sahāya bhikkhu)에게 교계를 주면서 본 게송 세 개를 읊었다."(ThagA.ii.109)

소마밋따 장로(Somamitta thera, Th2:14)의 행장에 의하면 소마밋따 장로는 이 위말라 장로를 의지하여 출가하였는데 위말라 장

283) 【행장】에서 밝혔듯이 여기 하리따 장로의 게송으로 나타나는 이 세 개의 게송은 본서 셋의 모음 {225}~{227}의 박꿀라 장로(Th3:3)의 게송 3개와 동일하다. 그곳의 주해들을 참조하기 바란다.

로가 게으르고 혼침이 많은 상태로 밤낮을 보내는 것을 보고 그를 버리고 마하깟사빠 장로를 의지하여 위빳사나를 확립하여 오래지 않아 아라한이 되었다고 한다.(ThagA.ii.24) 그는 아라한됨을 얻은 뒤 위말라 장로를 교계로써 경책하면서 본서 {147}~{148}의 게송 두 개를 읊었는데 그것은 여기 위말라 장로의 {265}~{265}와 동일하다. 이 게송들을 듣고 위말라 장로도 아라한이 되었다고 한다.(ThagA.ii.25) 여기 {265}~{265}의 두 게송에 대해서는 소미밋따 장로(Th2:14)가 읊은 {147}~{148}의 주해들도 참조하기 바란다.

다른 위말라 장로(Th1:50)의 게송이 하나의 모음 {50}으로 나타나고 있다.

264. "사악한 친구들을 버리고
최고의 인간을 가까이해야 합니다.[284]
그분의 교계에 굳게 서야 하며
흔들림 없는 행복[285]을 추구해야 합니다.

265. 작은 널빤지에 올라서 있는 자가
큰 바다에서는 가라앉아 버리듯이
그와 같이 게으른 자를 만나면
좋은 사람도 가라앉고 맙니다.
그러므로 게으르고
정진하지 않는 자를 멀리해야 합니다. (={147})

---

284) "'최고의 인간을 가까이해야 합니다(bhajeyy'uttama-puggalaṁ).'라고 하였다. [그가] 교계하고 당부한 것을 받아들임(ovādānusāsanī-gahaṇa)을 통해서 참된 사람(sappurisa), 현자(paṇḍita), 선우(kalyāṇamitta)를 받들어야 한다(seveyya)는 말이다."(ThagA.ii.109)

285) "'흔들림 없는 행복(acalaṁ sukhaṁ)'이란 열반의 행복(nibbāna-sukha)과 과의 행복(phala-sukha)이다. 이것은 동요하지 않는 상태(akuppa-bhāva)이기 때문에 '흔들림 없는(acalaṁ)'이라고 말한다."(ThagA.ii.109)

266. 끊임없이 한거하고 성스러우며
스스로 독려하고 참선을 하고
항상 부지런히 정진하는
현자들과 함께 머물러야 합니다."286) (={148})

위말라 장로 (끝)

셋의 모음이 끝났다.

[셋의 모음에 포함된 장로들의] 목록은 다음과 같다.

앙가니까바라드와자, 빳짜야, 박꿀라 선인
다니야, 마땅가뿟따, 소비따, 와라나 선인
빳시까와 야소자와 사띠맛띠야와 우빨리
웃따라빨라와 아비부따, 고따마와 하리따도 있다.
위말라 장로는 셋의 모음에서 열반의 [행복]에 들었으니
16분의 장로들이 48개의 게송들을 설하였다.

---

286) 여기 {265}와 {266}은 본서 둘의 모음 소미밋따 장로(Somamitta thera, Th2:14)의 {147}과 {148}로도 나타나고 있다. 그곳의 주해들을 참조하기 바란다.

테라가타

넷의 모음

Catuka-nipāta({267}~{314})

1. 나가사말라 장로(Th4:1 {267}~{270})

【행장】

"나가사말라 장로(Nāgasamāla thera)는 사꺄의 왕의 가문에 태어났다. 그는 적당한 나이가 되어 친척들의 회합에서 믿음을 얻어 출가하였으며 한때 세존의 시자로 있었다. 그는 어느 날 탁발을 위해서 도시로 들어가서 장식을 하고 잘 차려입은 어떤 여자 무희(naccaki)가 큰길에서 음악에 맞추어 춤을 추는 것을 보고 '이것은 마음이 만들어낸 바람의 요소에서 퍼져 나옴(citta-kiriya-vāyodhātu-vipphāra)을 통해서 육체적인 몸이 여기저기에서 바뀌는 것(parivatti)이다. 오, 형성된 것들의 무상함이여.'라고 멸진과 사라짐(khaya-vaya)을 확립한 뒤 위빳사나를 열성적으로 행하여 아라한됨을 얻었다. 장로의 일화는 『아빠다나』에도 나타나고 있다. …
장로는 아라한됨을 얻은 뒤 이 네 개의 게송으로 자신의 도닦음을 찬탄하는 방법을 통해(paṭipatti-kittana-mukhena) 구경의 지혜를 천명하였다."(ThagA.ii.110)

여기서 보듯이 나가사말라 장로는 석가족(釋迦族, Sakkā) 출신이다. 존자는 세존께서 까삘라왓투를 방문하셨을 때 석가족 청년들과 함께 출가하였다. 그는 세존의 시자로도 있었는데 『맛지마 니까야』 제1권 「사자후의 긴 경」(M12) §64와 『우다나』 「두 갈래 길 경」(Ud8:7) §1에 언급되고 있다. 이 가운데 「두 갈래 길 경」(Ud8:7)은 나가사말라 존자가 세존의 시자였을 때 두 갈래 길을 만나서 세존의 말씀을 듣지 않고 다른 길을 택했다가 도둑들을 만나서 봉변을 당한 일화를 담고 있다. 주석서 문헌에 의하면 세존의 시자 소임을 본 분은 모두 여덟 분이었다. 여기에 대해서는 본서 제1권 하나의 모음 메기야 장로(Th1:66) {66} 【행장】의 해당 주해를 참조하기 바란다.

267. "치장을 하고 [33] 잘 차려입고
화환을 두르고 전단향을 바르고
큰길의 한 가운데서 춤추는 여인이
악기 [소리]에 맞추어 춤을 춘다.

268. 탁발을 위해서 그곳으로 들어간 나는
가면서 그녀를 쳐다보았다.
치장을 하고 잘 차려입은 그녀에게
죽음의 올가미가 펴져있는 것처럼 [보였다.][287)]

269. 그 때문에 나에게는 지혜롭게
마음에 잡도리함이 생겨났다.[288)]

---

287) "'죽음의 올가미가 펴져있는 것처럼 [보였다](maccu-pāsaṁva oḍḍitaṁ).'라고 하였다. 마치 죽음, 즉 죽음의 왕(maccu-rāja)의 올가미가 되는(pāsa-bhūta) 형색 등(rūpādika)이 세상에 퍼져서 돌아다니다가 멈추어(anuvicaritvā ṭhito) 전적으로 중생들에게 손해를 가져오는(anatthāvaha) 것처럼 그와 같이 그 여인도 숙고하지 못하는 곳(appaṭisaṅkhāna)에 서있는 눈먼 범부들(andha-puthujjanā)에게 전적으로 손해를 가져온다고 해서 죽음의 올가미와 같다(maccu-pāsa-sadisī)고 말하였다."(ThagA.ii.110111)

288) '그 때문에 나에게는 지혜롭게 / 마음에 잡도리함이 생겨났다.'는 tato me manasīkāro, yoniso udapajjatha를 옮긴 것이다. 주석서는 이렇게 설명한다.

위험이 분명하게 드러났고[289]

염오가 확립되었다.[290] (={273}; {301}; {318}; {409})

"'그 때문에(tato)': 그 죽음의 올가미와 같음 때문에(maccupāsa-sadisattā), '지혜롭게 마음에 잡도리함이 생겨났다(manasīkāro yoniso udapajjatha).'라고 하였다. '이 [여인은] 해골의 무더기(aṭṭhi-saṅghāta)이고 힘줄에 얽혀 서로 이어져 있고(nhāru-sambandha) 살점이 떨어져 나가지 않았고(maṁsena anupalitta) 피부에 의해서 덮여있고(chaviyā paṭicchanna) 불결하고 악취가 나고 넌더리 나고 혐오스러우며(asuci-duggandha-jegu-ccha-paṭikkūla) 무상함으로 문질러지고 주물러지고 부서지고 파괴되는 법이니(anicc-ucchādana-parimaddana-bhedana-viddhaṁsana-dhamma) 이러한 변화들(vikārā)을 보여준다.'라고 이와 같이 지혜롭게 마음에 잡도리함(yoniso manasikāra)이 일어난 것이다."(ThagA.ii.111)

289) "'위험이 분명하게 드러났고(ādīnavo pāturahu)'라고 하였다. 이와 같이 몸의 고유성질을 지탱하는 방법을 통해(sabhāvūpadhāraṇa-mukhena) 그것과 그것을 의지하고 있는 마음과 마음부수들(citta-cetasikā)의 일어나고 사라짐(udaya-bbaya)과 역할의 부서지기 쉬움(sara-sapabhaṅgutā)을 마음에 잡도리하여 그들 약카와 락카사 등에서처럼 두려움의 가까이 있을 때 거기서 나에게 여러 가지 형태의 위험(adīnava)이라는 결점(dosa)이 분명하게 드러났다(pāturahosi)는 말이다. 그리고 이것과 반대가 되기 때문에 열반에 대한 이익(ānisaṁsa)이 [분명하게 드러난다는 뜻이기도 하다.]" (ThagA.ii.111)

약카(yakkha)에 대해서는 『우다나』 「아자깔라빠까 경」(Ud1:7) §1의 주해를 참조하고 락카사(rakkhasa, Sk. rakṣas)에 대해서는 『이띠웃따까』 「갈망 경」 2(It3:20) §1의 주해를 참조할 것.

290) "'염오가 확립되었다(nibbidā samatiṭṭhatha).'라고 하였다. 염오함(nibbin-dana)은 위험을 관찰하는 체험을 성취함(ādīnava-anupassana-anubhāva-siddha)인 염오의 지혜인데(nibbidā-ñāṇa) 나의 가슴에 확립되었다(hada-ye saṇṭhāsi), 즉 잠시라도 마음은 그 물질과 비물질의 법들(rūpārūpa-dhammā)을 취함(gahaṇa)에 머물지 않았다, 달리 말하면(aññadatthu) 해탈하기를 원함 등(muñcitu-kāmatādi)을 통해서 거기서 무관심(udāsīna)이 생겼다는 뜻이다."(ThagA.ii.111)

'염오의 지혜(nibbidā-ñāṇa)'는 명상의 지혜(sammasana-ñāṇa)부터 수순하는 지혜(anuloma-ñāṇa)까지의 열 가지 위빳사나의 지혜(vipassanā-ñāṇa) 가운데 여섯 번째 지혜이다. 이 열 가지 지혜에 대해서는 『아비담마 길라잡이』 제9장 §§25 이하를 참조하기 바란다.

270. 그것 때문에 나의 마음은 해탈하였다.[291]
법이 수승한 법임을 보라.
세 가지 명지를 얻었고
부처님의 교법을 실천하였다." (bcd={22}bcd)

나가사말라 장로 (끝)

2. 바구 장로(Th4:2 {271}~{274})

【행장】

"바구 장로(Bhagu thera)는 사꺄의 왕의 가문에 태어났다. 그는 적당한 나이가 되어 아누룻다와 낌빌라와 함께 출가한 뒤에 발라깔로나까 마을(Bālakaloṇaka-gāma)에 살았다. 어느 날 해태와 혼침에 지배되는 것(thina-middha-abhibhava)을 제거하기 위해서 승원에서 나와서 경행처로 오르다가 넘어졌다. 그는 이것을 갈고리로 삼아 해태와 혼침을 제거한 뒤 위빳사나를 증장시켜 아라한됨을 얻었다. 장로의 일화는 『아빠다나』에도 나타나고 있다. …

아라한됨을 얻은 뒤 과의 행복과 열반의 행복으로 [시간을] 보내면서 혼자 머묾을 함께 기뻐하기 위해서 오신 스승님께서 '비구

『청정도론』에서 염오의 지혜(nibbidā-ñāṇa)는 nibbidānupassanā-ñāṇa로 나타나는데 역겨움을 관찰하는 지혜로 옮겼다. 여기에 대해서는 『청정도론』 XXI(제21장) §§43~44를 참조할 것.

291) "'그것 때문에 나의 마음은 해탈하였다(tato cittaṁ vimucci me).'라고 하였다. 여기서 '그것 때문에(tato)'는 그 위빳사나의 지혜 다음에(paraṁ)라는 말이다. '나의 마음은 해탈하였다(cittaṁ vimucci me).'라는 것은 출세간 수행을 할 때에 도의 순서(magga-paṭipāṭi)대로 모든 오염원들로부터 나의 마음은 해탈하였다는 뜻이다. 이것으로 과가 생겨남(phal-uppatti)을 보여준다. 도의 순간(magga-kkhaṇa)에는 오염원으로부터 해탈한다(vimuccanti)고 하고 과의 순간(phala-kkhaṇa)에는 해탈하였다(vimuttā)고 하기 때문이다. 나머지는 앞에서 설명한 방법과 같다.(본서 셋의 모음 {220}의 주해들을 참조할 것.)"(ThagA.ii.111)

여, 그대는 방일하지 않고 머무는가?' 라고 질문하시자 자신이 방일하지 않고 머묾(appamāda-vihāra)을 드러내면서 본 게송 네 개를 읊었다. 이것은 장로의 구경의 지혜를 천명하는 것이다."(ThagA.ii.111~112)

『맛지마 니까야』 제2권 「날라까빠나 경」(M68) §2에 의하면 바구 존자는 아누룻다 존자, 난디야 존자, 낌빌라 존자, 꾼다다나 존자, 레와따 존자, 아난다 존자와 다른 잘 알려진 사꺄족(석가족)의 좋은 가문의 아들들과 함께 출가하였다. 율장과 주석서 문헌에도 성도 후에 까삘라왓투를 방문하신 부처님을 따라서 아누삐야(Anupiyā)에서 아누룻다, 아난다, 바구, 낌빌라, 데와닷따 같은 왕자와 이발사 우빨리를 비롯한 많은 사꺄의 청년들과 함께 출가하였다고 나타난다.(Vin.ii.180; AA.i.108; DhpA.i.133; iv.127)

271. "저는 혼침에 압도되어서
승원 밖으로 나왔습니다.
경행처로 올라가면서
바로 거기서 땅바닥에 넘어졌습니다.

272. 사지를 문지른 뒤[292]
다시 경행처로 올라갔습니다.
그런 저는 안으로 잘 삼매에 들어[293]

292) "'사지를 문지른 뒤(gattāni parimajjitvā)'라고 하였다. 땅에 넘어졌기 때문에 흙먼지가 묻은 자신의 몸의 이곳저곳을 털어낸 뒤(sarīrāvayavāni anumajjitvā)라는 말이다."(ThagA.ii.112)

293) "'안으로 잘 삼매에 들어(ajjhattaṁ susamāhito)'라는 것은 안을 영역(대상)으로 하는(gocarajjhatta) 명상주제에 대하여 장애를 억압함(nīvaraṇa-vikkhambhana)에 의해서 잘 삼매에 들어, 즉 마음이 한 끝으로 되어(ekagga-citto hutvā) '포행을 하였습니다(caṅkamiṁ).'로 연결된다. 나머지는 앞에서 설명한 방법과 같다. 그리고 이것은 장로의 구경의 지혜를 천

경행처에서 포행을 하였습니다.

273. 그 때문에 저에게는 지혜롭게
마음에 잡도리함이 생겨났습니다.
위험이 분명하게 드러났고
염오가 확립되었습니다." (={269})

274. 그것 때문에 저의 마음은 해탈하였습니다.
법이 수승한 법임을 보십시오.
세 가지 명지를 얻었고
부처님의 교법을 실천하였습니다." (={270}, cf. {220})

바구 장로 (끝)

3. 사비야 장로(Th4:3 {275}~{278})

【행장】

사비야 장로(Sabhiya thera)에 대한 『테라가타 주석서』의 설명을 요약하면 다음과 같다.

[칠불 가운데 여섯 번째 부처님이신] 깟사빠 부처님이 반열반하신 뒤 일곱 명이 출가하여 명상주제를 가지고 숲에 머물렀다. 그들은 특별함(visesa)을 얻지 못하자 산꼭대기에 올라가서 사문의 법을 행하자고 결의를 하였다. 이 중 한 명은 번뇌가 다하여 아라한이 되어 반열반하였고(parinibbāyi), 한 명은 불환자가 되어 정거천(suddhāvāsa)에 태어났으며, 다섯 명은 육욕천에서(chasu kāma-saggesu) 천상의 번영(dibba-sampatti)을 누린 뒤 우리 부처님 시대에 한 사람은 말라의 왕의 가문(Malla-rāja-kula)에 태어났고, 한 사람은 간다라 왕의 가문(Gandhāra-rāja-kula)에, 한

명한 것이었다."(ThagA.ii.112)

사람은 변방(bāhira-raṭṭha)에, 한 사람은 왕의 가문(rāja-gaha)에, 한 사람은 어떤 좋은 가문의 여인(kula-dārikā)의 모태에 들었다고 한다.(ThagA.ii.113)
DPPN은 이들 5명은 뿍꾸사띠(Pukkusāti), 사비야(Sabhiya), 바히야(Bāhiya), 꾸마라깟사빠(Kumārakassapa), 답바말라뿟따(Dabba-mallaputta)라고 들고 있고 출처로는 『테라가타 주석서』(ThagA.i.440)에 실려 있는 『아빠다나』 게송의 언급을 들고 있다.

계속해서 주석서는 이렇게 설명한다.
"[사비야]는 어떤 여자 유행승의 아들로 태어났다. 그의 어머니는 어떤 왕족의 딸이었는데 그의 부모는 '우리 딸은 다른 종교에 대해서 알기를.'이라고 하면서 그녀를 어떤 유행승(paribbājaka)에게 넘겨주었다. 그래서 임신을 하게 되었고 그녀가 임신을 한 것을 보고 그 유행승은 그녀를 버려버렸다. 그녀는 다른 곳으로 가는 도중에 회의소(sabhā)에서 그를 낳았다고 해서 사비야(Sabhiya)가 그의 이름이 되었다고 한다.

그는 자라서 유행승으로 출가하였으며 여러 스승들을 얻어 큰 논객(mahāvādī)이 되어서 논쟁에 빠져(vāda-ppasuta) 유행을 하였다. 그는 그 자신과 비슷한 사람을 보지 못하자 도시의 대문 근처에 아쉬람(assama)을 만들어 끄샤뜨리야 청년 등에게 기술을 가르치면서 살았다. 여인이 된 것을 혐오하여 선정에 들어 범천의 세상(brahma-loka)에 태어난 그의 어머니가 제기한 20가지 질문(vīsati-pañha)을 가지고 그는 이런저런 사문·바라문들에게 질문을 하였지만 아무도 대답하지 못했다.

그때 세존께서는 뛰어난 법의 바퀴를 굴리시면서(pavattavara-dhammacakka) 차례대로 라자가하로 오셔서 웰루와나(Veḷuvana)에 머무셨는데 사비야가 거기에 가서 스승님께 이 [20가지] 질문을 드렸고 스승님께서는 대답하셨다. 이것은 『숫따니빠따』 「사비야 경」(Sn3:6/91ff.)에 실려 있는 대로 알아야 한다. 사비야는 세존께서 그 질문들에 대답하셨을 때 믿음을 얻어 출가하였으며 위빳사나를 확립한 뒤 아라한됨을 얻었다. 장로의 일화는 『아빠다나』에도 나타나고 있다. …
그는 아라한이 된 뒤에 데와닷따가 승가를 분열시키려고 애를 쓸 때 데와닷따의 편에 있는(Devadatta-pakkhikā) 비구들에게 교계를 주면서 본 게송 네 개를 읊었다."(ThagA.ii.113~114)

사비야 장로는 『상윳따 니까야』 제4권 「사비야 깟짜나 경」(S44:11)과 『맛지마 니까야』 제4권 「아누룻다 경」(M127) §13 이하 등에 나타나는 사비야 깟짜나 존자(āyasmā Sabhiya Kaccāna)와 『상윳따 니까야』 제2권 「벽돌로 만든 강당 경」(S14:13) §3에 나타나는 삿다 깟짜야나 존자(āyasmā Saddha Kaccāyana)와 동일인인 듯하다. DPPN도 이렇게 여긴다. 주석서와 복주서는 사비야 깟짜나 존자와 삿다 깟짜야나 존자가 누구인지 설명을 하지 않고 있다.

275. "여기서 우리가 [죽음의] 끝에 이르러야 함을[294]
남들은 알지 못하니[295]

---

294) '여기서 우리가 [죽음의] 끝에 이르러야 함을'은 mayam ettha yamāmase를 옮긴 것이다. PED와 GdP는 이 yamāmase를 √yam(*to sustain*)의 아뜨마네빠다(Med) 명령형(Imp.1.Pl.)으로 설명하고 있다. 그리고 어근 √yam은 '억제하다, 고요해지다(yamati, Sk:yachati, *to sustain*).'를 뜻한다. 노만 교수는 이 yamāmase를 '*we come to an end here*'로 옮겼다. (K.R. Norman, 32쪽 {275})

『맛지마 니까야 주석서』와 『테라가타 주석서』는 "우리는 끝에 이르러야 한다(yamāmase), 즉 파멸되어야 한다(upayamāma), 멸망해야 한다(nassāma), 항상 가라앉은 죽음의 곁으로 가야 한다(maccu-santikaṁ gacchāma)라고 알지 못한다는 말이다."(MA.iv.205; ThagA.ii.114.)라고 설명하고 있다.

295) "'남들은 알지 못하니(pare ca na vijānanti)'라고 하였다. 여기서 '남들(pare)'은 현자들(paṇḍitā)을 제외한 다른 사람들을 말한다. 법이 아닌 것을 법이라 하거나(adhammaṁ dhammoti) 법을 법이 아닌 것이라 하는 등으

여기서 이것을 아는 자
그들은 그 다툼을 그만두게 됩니다.[296]

276. 알지 못하는 자들이
죽지 않는 것처럼 행동할 때에도
법을 아는 자들은
병든 자들 가운데에서도 병들지 않습니다.[297]

277. 어떤 것이든 그 업이 느슨하고[298]
어떤 것이든 그 서계가 오염되어 있으며
청정범행이 저열하다면
그것은 큰 결실이 없습니다.[299]

로 분열을 조장하는 일화를 밝힘(bheda-kara-vatthu-dīpana)을 통해서 논쟁이 생기기 때문에(vivāda-ppasutā) '남들(pare)'이라고 하였다. 그들은 거기서 논쟁(vivāda)을 하면서 '우리는 끝에 이르게 되고(yamāmase)', 즉 멸진하고(uparamāma), 멸망하고(nassāma), 항상 죽음의 곁으로 간다.'는 것을 알지 못한다."(ThagA.ii.114)

296) 본 게송은 『맛지마 니까야』 제4권 「오염원 경」(M128) §6에서 부처님께서 읊으신 게송들 가운데 {6}으로도 나타나고 있다.

297) "'법을 아는 자들은 / 병든 자들 가운데에서도 병들지 않습니다(vijānanti ca ye dhammaṁ, āturesu anāturā).'라고 하였다. 스승님의 교법으로서의 법(sāsana-dhamma)을 있는 그대로 아는 자들은 오염원의 병(kilesa-roga)으로 병든(āturā) 중생들 가운데에서 병들지 않고(anāturā) 오염원이 없고 근심 없이(anīghā) 머문다. 그들에 의해서 논쟁(vivāda)은 전적으로 가라앉는다(vūpasammati)는 의미이다."(ThagA.ii.115)

298) "'어떤 것이든 그 업이 느슨하고(yaṁ kiñci sithilaṁ kammaṁ)'라고 하였다. 어떤 것을 고수하는 이유 때문에(oliyitvā karaṇena) 느슨하게 거머쥐어(sithila-gāhaṁ katvā) 야무지지 못하게(sāthali-bhāvena) 지은 어떤 유익한 업(kusala-kamma)을 말한다."(ThagA.ii.115)

299) "'그것은 큰 결실이 없습니다(na taṁ hoti mahapphalaṁ).'라고 하였다. 이런 형태의 청정범행, 즉 사문의 법을 행하는 것(samaṇa-dhamma-karaṇa)은 그 사람에게 큰 결실(mahapphala)이 없다. 그에게 큰 결실이 없기 때문

278. 청정범행을 닦는 동료 수행자들 가운데서
존중을 받지 못하는 자는
바른 법[正法]으로부터 멀리 있나니
마치 하늘이 땅으로부터 [먼] 것과 같습니다." (={1078})

사비야 장로 (끝)

4. **난다까 장로**(Th4:4 {279}~{282})

【행장】

"난다까 장로(Nandaka thera)는 사왓티에서 좋은 가문에 태어났다. 그는 적당한 나이가 되어 스승님의 곁에서 법을 듣고 믿음을 얻어 출가하였고 위빳사나를 증장시켜 아라한됨을 얻었다. 장로의 일화는 『아빠다나』에도 나타나고 있다. …

그는 아라한이 된 뒤 해탈의 행복으로 시간을 보냈으며 스승님께서 비구니들에게 교계를 하라는 권유를 받고(ovāde āṇatto) 어느 포살일에 한 번의 교계(ekovāda)를 통해서 오백 명의 비구니들이 아라한됨을 얻게 하였다.(아래 설명 참조) 그래서 [『앙굿따라 니까야』 제1권 하나의 모음 「으뜸 품」(A1:14)에서] 세존께서는 그를 비구니들을 교계하는 자들(bhikkhunovādakā) 가운데서 으뜸의 위치에 놓으셨다.(A1:14:4-11)

그러던 어느 날 장로가 사왓티에서 탁발을 행하고 있을 때 전생의 아내였던 어떤 여인(purāṇa-dutiyikā itthī)이 오염원을 통해서 그를 쳐다보면서 웃었다. 장로는 그녀의 그런 행동을 본 뒤 몸의 혐

에 그에게 필수품을 보시하는 자들(paccaya-dāyakā)에게도 이것은 큰 결실이 없다. 그러므로 [승단을 분열하려고 하지 말고] 번뇌를 지워 없애는 삶의 방식(sallekha-vutti)으로 살아야 한다. 그리고 번뇌를 지워 없애는 삶의 방식이 있는 자에게는 논쟁할 기회조차(vivādassa avasaro eva) 없다는 의미이다."(ThagA.ii.115)

오를 설명하는 방법을 통해(sarīrassa paṭikkūla-vibhāvana-mukh-ena) 법을 설하면서 본 게송 네 개를 읊었다."(ThagA.ii.116~117)

난다까 존자가 설한 경으로는 『맛지마 니까야』 제4권 「난다까의 교계 경」(M146)과 『앙굿따라 니까야』 제1권 「살하 경」(A3:66)과 제5권 「난다까 경」(A9:4) 등이 있다. 이 가운데 「난다까의 교계 경」(M146)은 그가 왜 비구니들을 교계하는 자들 가운데 으뜸인지를 보여주는 좋은 보기가 된다.
이 경은 난다까 존자가 부처님의 권유로 비구니들에게 설법한 내용을 담고 있는데, 이 가르침은 6내처-6외처-6식의 무상·고·무아를 강조하고 있다. 세존께서는 그다음 날 다시 난다까 존자로 하여금 비구니들에게 설법을 하게 하시고 난다까는 같은 법문을 설한다.(§§15~26) 이 가르침을 듣고 오백 명의 비구니들은 모두 예류자 이상이 되었다는 것으로 경은 마무리가 된다.(§27)

279. "악취가 나고 마라의 편에 속하고[300)]
분비물이 나오는 몸뚱이들을[301)] 저주하노라.[302)]

---

300) "'마라의 편에 속하고(Māra-pakkhe)'라고 하였다. 이성(異性)이라는 토대(visabhāga-vatthu)는 눈먼 범부들에게 지혜 없이 마음에 잡도리함의 표상이 되기 때문에(ayoniso-manasikāra-nimittatāya) 오염원으로서의 마라(kilesa-Māra)를 증장하게 한다. 그리고 신으로서의 마라(devaputta-Māra)에게 접근할 기회(otāra), 즉 들어감(paviṭṭha)을 준다. 그래서 마라의 편(Mārassa pakkha)이 된다. 그래서 말하기를 '마라의 편에 속하고'라고 하였다."(ThagA.ii.117)

301) 여기서 '몸뚱이들을'은 pūre를 노만 교수의 설명을 참조하여 옮긴 것이다. pūra를 몸으로 해석하는 것은 여기 {279}와 {280}에 대한 노만 교수의 설명(K.R. Norman, 175~176쪽)을 참조하기 바란다. 이 용례는 본서 제3권 쉰의 모음 {1134}에도 dhiratthu <u>pūraṁ</u> nava sotasandaniṁ(아홉 개 구멍으로 [오염물이] 흘러나오는 몸뚱이를 저주하노라로 나타나고 있다. {1134}에서는 목적격 단수이고 여기 {279}의 pūre는 목적격 복수이다. 제3권 예순의 모음 {1150}에도 pure로 나타난다.

그대의 몸에는 아홉 개 [구멍의] 흐름이 있어서
늘 [분비물이] 흘러나옵니다.

280. 몸뚱이들에 대해서 [34] 생각하지 마십시오.303)
여래들께 무례하게 대하지 마십시오.304)
그분들은 천상에도 탐착하지 않는데
인간에 대해서는 말해 무엇 하겠습니까?305)

그리고 바로 다음 {280}에서는 purāṇaṁ으로 나타나는데 노만 교수는 이것을 pūra의 소유격 복수로 보고 있다.

'몸뚱이들을'로 옮기고 있는 본 게송의 pūre에 대한 주석서의 설명을 살펴보자.

"'몸뚱이들을(pūre)'이라고 하였다. 아주 혐오스러운 여러 시체들로(nānā-kuṇapehi), 즉 여러 가지 더러운 것들로(nānāvidha-asucīhi) 가득한 것들을(sampuṇṇe)이라는 말이다."(ThagA.ii.117)

302) '저주하노라.'는 dhiratthu를 옮긴 것인데 dhi(r)+atthu로 분석된다. 여기서 dhi(Sk. dhik)는 불변사로 상대 혹은 대상을 저주할 때 쓰는 말이고 atthu는 √as(*to be*)의 명령형 3인칭 단수이다. 『테라가타 주석서』는 "저주가 있기를(dhī atthu), 그것에게 비난이 있기를(tassā garahā hotu)"(ThagA.iii.159)이라고 설명하고 있다. 『디가 니까야 주석서』는 "[이러한 태어남을] 역겨워한다(jigucchāmi)."(DA.ii.456)라고 설명하고 있다.

303) '몸뚱이들에 대해서 생각하지 마십시오.'는 mā purāṇaṁ amaññittho를 옮긴 것이다. 주석서는 이렇게 설명한다.

"이와 같이 아홉 가지 구멍(nava-chidda)으로 항상 흘러내리는(dhuva-ssava) 불결한 것으로 채워진(asuci-bharita) 몸(kāya)을 있는 그대로 알면서 '몸뚱이들에 대해서 생각하지 마십시오(mā purāṇaṁ amaññittho).'라고 하였다. 몸뚱이들에 대해서(purāṇaṁ) 알지 못하였던 시기에 진행하였던 웃고 떠들고 놀던 것을 생각하지 마시오(mā maññi), 지금도 이와 같이 행할 것이다(paṭipajjissati)라고 생각하지 마시오(mā cintehi)라는 말이다."(ThagA.ii.117)

304) "'여래들께 무례하게 대하지 마십시오(māsādesi tathāgate).'라고 하였다. 여래들, 성스러운 제자들을(tathāgate ariya-sāvake) 보통의 중생들처럼(pakati-satte viya) 경멸하기 위해서(avaññāya) 오염원을 통해서 다가가서 무례하게 대하지 마시오라는 말이다. [다음 구절에서는] 무례하게 대하지 않아야 하는 이유(anāsādetabbatāya kāraṇa)를 말하였다."(ThagA.ii.117)

305) "'그분들은 천상에도 탐착하지 않는데 / 인간에 대해서는 말해 무엇 하겠습니까(saggepi te na rajjanti, kim-aṅgaṁ pana mānuse)?'라고 하였다. [천상의 행복이란 것은] 일체지자이신 부처님(sabbaññu-buddha)께서 말씀하신 것을 완결시킬 수가 없다(pariyosāpetuṁ asakkuṇeyya). 그 제자로서의 깨달은 분들(sāvaka-buddhā)은 천상에도 탐착하지 않는다. 즉 형성된 것들에 대한 위험을 잘 보았기 때문에(suparidiṭṭhattā) 탐욕을 생기게 하지 않는다(rāgaṁ na janenti). 하물며 똥덩어리와 같은(mīḷha-rāsi-sadisa) 인간의 감각적 쾌락의 가닥들(kāma-guṇa)에 대해서는 말해 무엇 하겠는가? 그들은 거기에 관심이 없다."(ThagA.ii.117)

주석서들은 깨달은 분들(buddhā)에 대해서 이렇게 설명하고 있다. 먼저 『우다나 주석서』는 『우다나』의 「바라문 경」(Ud1:5) §3에 나타나는 '깨달은 분들(buddhā)'을 이렇게 설명한다.

"'깨달은 분들(buddhā)'이라고 하셨다. 네 가지 진리를 완전하게 깨달음(catu-sacca-sambodha)에 의해서 깨달은 분들이다. 여기에는 제자로서의 깨달은 분들(sāvaka-buddhā), 벽지불들(pacceka-buddhā), 정등각자들(sammāsambuddhā)의 셋이 있다. 이들 가운데 여기서는 제자로서의 깨달은 분들을 말한다."(UdA.58)

한편 『앙굿따라 니까야 주석서』는 『앙굿따라 니까야』 하나의 모음(A1:13:5)을 설명하면서 아래와 같이 네 가지 부처님을 들고 있다.

"네 가지 부처님들(cattāro buddhā)이 있다. 문불(聞佛, suta-buddha), 사제불(四諦佛, catusacca-buddha), 연각불(緣覺佛, 辟支佛, 벽지불, pacceka-buddha), 일체지불(一切知佛, sabbaññu-buddha)이다.
이 가운데 많이 배운 비구가 ① 문불(배운 부처님)이다. 번뇌 다한 [아라한이] ② 사제불(사성제를 통찰한 부처님)이다. 2아승지와 10만 겁이 넘는 동안(kappa-satasahassādhikāni dve asaṅkhyeyyāni) 바라밀들을 완성하여(pāramiyo pūretvā) 자기 스스로(sāmaṁ) 연각의 깨달음의 지혜를 꿰뚫은 자를 ③ 연각불(벽지불)이라 한다. [통찰지를 근본으로 하는 경우는] 4아승지와 10만 겁이 넘는 동안을, [믿음을 근본으로 하는 경우는] 8아승지와 [10만 겁이 넘는 동안]을, [정진을 근본으로 하는 경우는] 16아승지와 [10만 겁이 넘는 동안]을 바라밀을 완성하여 세 가지 마라의 머리를 쳐부수고 일체지의 지혜[一切知智]를 꿰뚫은 분(paṭividdha-sabbaññuta-ññāṇa)이 ④ 일체지불이다. 이런 네 부처님들 가운데서 일체지불(一切知佛)은 유일한 분이다(adutiyo nāma). 이러한 일체지불과 다른 일체지불은 같은 시기에 출현할 수 없다."(AA.i.115)

『맛지마 니까야 복주서』는 『맛지마 니까야』 제4권 「이시길리 경」(M116) §3에 나타나는 '벽지불(paccekabuddha)'을 다음과 같이 설명하고 있다.

281. 그러나 슬기가 없는 자들은 지혜가 없고
나쁜 조언자를 가졌고 어리석음에 가려져서
그러한 부류의 사람들은 거기에서
마라가 놓은 올가미들에 관심을 가집니다.

282. 탐욕과 성냄과 무명이
빛바랜 여여한 분들은
거기에 관심이 없나니
끈을 잘랐고 속박이 없기 때문입니다.[306)]"

난다까 장로 (끝)

"'벽지불[獨覺, 빳쩨까 부처님, pacceka-buddha]'이란 스스로 진리를 깨달으신 분(paccekaṁ saccāni buddhavanto)을 말한다. 모든 성자들도 스스로 진리를 꿰뚫고(paṭivijjhanti) 가르침을 스스로 경험하거늘(paccattaṁ vedanīya-bhāva) 왜 벽지불을 두고는 스스로 진리를 깨달은 분이라고 하는가? 물론 모든 성자들도 스스로 진리를 깨달았지만 여기서는 그런 통찰(paṭivedha)을 두고 말하는 것이 아니다.

예를 들면 제자들은 다른 사람을 의지하여(nissaya-bhāva) 진리를 통찰한다. 다른 이로부터 가르침을 듣지 않고는 예류도를 얻지 못하기 때문이다. 바르게 깨달음을 성취한 분(정등각자, sammāsambuddha)은 다른 이들의 의지처가 되면서 진리를 깨닫는다. 그러나 이 벽지불들은 다른 이의 도움도 없고(aparaneyya) 또한 다른 이를 인도할 능력도 없이(apariṇāyaka-bhāva) 진리를 깨닫는다. 그러므로 스스로(paccekaṁ) 진리를 깨달았기 때문에(buddhavanta) 벽지불들(paccekabuddhā)이라고 한다."(MAṬ.i.115)

306) "여여한 분들은 으뜸가는 도의 칼로써(agga-magga-satthena) 존재에 [묶어두는] 사슬(bhavanetti)인 '끈을 잘랐다(chinna-suttā).' 그분들은 그 어디에도 속박이 없기 때문에(bandhana-abhāvato) '속박이 없다(abandhanā).' 그래서 앞에서 말한 그 마라의 올가미(Māra-pāsa)에 대해서 '관심이 없다(na rajjanti).' 이와 같이 장로는 그 여인에게 법을 설한 뒤에 떠나갔다."(ThagA.ii.118)

'존재에 [묶어두는] 사슬(bhava-netti)'에 대해서는 본서 둘의 모음 {135}의 해당 주해를 참조할 것.

5. 잠부까 장로(Th4:5 {283}~{286})

【행장】

『법구경 주석서』에 의하면 잠부까 장로(Jambuka thera)는 라자가하의 음식이 풍부한 집안(bahvannapāna kulaghara)에 태어났다고 한다.(DhpA.ii.55) 그런데 『테라가타 주석서』는 그에 대해서 이렇게 적고 있다.

"그는 성자를 비방한 과보의 힘으로 인간으로 태어나서도 처참한 가문(duggata-kūla)에 태어났고 모유(thañña)나 우유(khīra)나 버터기름(sappi)을 마시게 하면 그것을 버려버리고 오줌(mutta)만을 마셨고 밥을 먹일 때에도 그것을 버려버리고 똥(gūtha)만을 먹었다. 이와 같이 똥과 오줌을 먹으면서(gūtha-mutta-paribhog-ena) 자라서 적당한 나이가 되어서도 그것만을 먹었다. 사람들은 그것을 피할 수가 없어서 그를 버려버렸다(pariccajiṁsu).

그는 친지들에 의해서 버려져서 나체 수행자(nagga-pabbajja)로 출가한 뒤 목욕도 하지 않고(na nhāyati) 먼지와 때를 뒤집어쓰고(rajojalla-dhara) 머리와 수염을 뽑아버리고(kesa-massūni luñci-tvā) 다른 자세는 거부하고 한 발로 서서 있었고(eka-pādena tiṭṭhati) 초청에도 응하지 않았다(nimantanaṁ na sādiyati). 한 달 동안 금식을 고집하고 공덕을 바라는 사람들이 보시한 음식을 한 달에 한 번 꾸사 풀의 끝으로 받아서 매일 혀끝으로 핥았다(jivh-aggena lehati). 젖은 똥(alla-gūtha)에는 미물들이 붙어있다(sap-pāṇaka)고 하면서 밤에는 먹지 않고 마른 똥만을 먹었다(sukkha-gūthameva khādati). 이와 같이 하면서 그는 55년이 지나게 되었다. 많은 사람들이 그를 '위대한 고행자(mahā-tapa)요 최고로 바라는 것이 적은 자(param-appiccha)'라고 생각하여 그에게로 향하고 그에게로 기울게 되었다.

그러자 부처님께서는 그의 가슴속 깊은 항아리(haday-abbhantara ghaṭa)에서 밝게 타오르는 것처럼(padīpaṁ viya) 아라한됨의 강하게 의지하는 [조건]이 불타오르는 것(arahattūpanissaya pajjala-nta)을 보시고 직접 그곳으로 가서 법을 설하신 뒤에 그가 예류과(sotāpatti-phala)에 확립되게 하셨다. 그런 뒤 '오라, 비구여,'라는 말씀으로 구족계를 받게 하셨으며(ehibhikkhu-upasampadā-ya laddhūpasampadaṁ) 위빳사나를 열성적으로 행하게 하시어 아라한됨에 확립되게 하셨다."(ThagA.ii.119)

『테라가타 주석서』는 이렇게 그의 일생을 소개한 뒤 자세한 것은 『법구경 주석서』를 보라고 적고 있다.[307] 계속해서 『테라가타 주석서』는 이렇게 설명한다.
"그는 아라한됨에 확립되어 반열반할 시간에 '처음부터 그릇되게 수행하였음에도(micchā paṭipajjitvāpi) 정등각자를 의지하여 제자인 내가 증득해야 할 것을 증득하였다.'라고 보여주면서 본 게송 네 개를 읊었다."(ThagA.ii.119)

283. "55년 동안 나는
먼지와 때를 뒤집어쓰고 있었고[308]
한 달에 한 번 음식을 먹었으며
머리털과 수염을 뽑아버렸습니다.

284. 나는 한쪽 다리로만 서있었고
자리에 앉는 것을 거부하였습니다.
나는 마른 똥을 먹었고
초청한 [음식]을 받지 않았습니다.[309]

---

307) 여기에 대해서는 『법구경 이야기』 제2권 70쪽 이하를 참조할 것.

308) "여기서 '55년 동안 나는 / 먼지와 때를 뒤집어쓰고 있었고(pañcapaññāsa-vassāni, rajo-jallam adhārayiṁ)'라는 것은, 나는 나체 수행자로 출가를 하여(nagga-pabbajjūpagamana) 목욕하는 것을 금지하였기 때문에(nhāna-paṭikkhepato) 55년간을 먼지와 때를 몸에 뒤집어쓰고 있었다(kāyena dhāresiṁ)는 뜻이다."(ThagA.ii.119)

285. 악처로 향하게 하는
이러한 것들을 행한 뒤에
큰 폭류에 휩쓸려 가면서[310)]
나는 부처님을 귀의처로 삼았습니다.

286. 귀의처로 삼은 것을 보십시오.
법이 수승한 법임을 보십시오.
세 가지 명지를 얻었고
부처님의 교법을 실천하였습니다."[311)] (bcd={22}bcd)

잠부까 장로 (끝)

6. **세나까 장로**(Th4:6 {287}~{290})

【행장】

"세나까 장로(Senaka thera)는 우루웰라깟사빠 장로[312)]의 여동

---

309) '초청한 [음식]을 받지 않았습니다.'는 uddesañca na sādiyiṁ을 옮긴 것이다. 주석서는 '지칭된 것'을 뜻하는 uddesa를 초청(nimantana)으로 해석하고 '앉지 않았다.'를 뜻하는 na sādiyiṁ(√sad, *to sit*)을 받지 않았다(na sampaṭicchiṁ)와 거절하였다(paṭikkhipiṁ)로 설명하고 있다.(ThagA.ii.120)

310) "'큰 폭류에 휩쓸려 가면서(vuyhamāno mahoghena)'라는 것은 감각적 쾌락의 폭류 등(kāmoghādi)의 큰 폭류(mahā ogha)에 의해서, 특히 삿된 견해의 폭류(diṭṭhogha)에 의해서 처참한 곳[惡趣]의 바다(apāya-samudda)로 끌려들면서(patiākaḍḍhiyamāna)라는 말이다."(ThagA.ii.119)

311) '법이 수승한 법임을 보십시오.'부터 '실천하였습니다.'까지({286}bcd)는 본서 제1권 하나의 모음 {24}의 수간다 장로의 게송에도 {24}bcd로 나타나고 있다. 그곳의 주해들을 참조하기 바란다.

312) 우루웰라깟사빠 장로(Uruveḷakassapa thera, Th6:1)는 가야의 네란자라 강 언덕에서 나디깟사빠와 가야깟사빠라는 두 동생과 더불어 그들의 제자 1,000명이 모두 부처님의 제자가 되어 가야시사에서 부처님의 세 번째 설법에 해당되는 『상윳따 니까야』 「불타오름 경」(S35:28)을 듣고 모두 아라한

생(bhagini)의 아들로 바라문 가문에 태어났다. 그는 적당한 나이가 되어 바라문들의 명지와 기술(vijjā-sippā)에 통달하였고 재가에 머물렀다. 그때 많은 사람이 매년 팍구나 달(음력 2.15.~3.15.)에(phagguna-māse uttaraphagguna-nakkhatte) 축제를 하면서 가야(Gayā)에 있는 성소의 계단[313]에서 관정(灌頂)을 하였는데(tittha-abhisekaṁ karoti) 그때의 축제를 가야의 봄 축제(Gayāphaggu)라고 불렀다.

그때 세존께서는 가야의 성소의 계단에서 가까운 곳에 머무셨다. 세나까는 그곳에서 스승님께서 법을 설하시는 것을 보고 다가가서 법문을 듣고 믿음이 생겨 출가한 뒤 위빳사나의 업을 행하여 오래지 않아 아라한됨을 얻었다. 장로의 일화는 『아빠다나』에도 나타나고 있다. …
아라한됨을 얻은 뒤 자신의 도닦음을 반조하고 기쁨이 생겨 감흥어를 통해서 본 게송 네 개를 읊었다."(ThagA.ii.120~121)

287. "가야에서 가진 가야의 봄 축제를
나는 참으로 환영하였다.
거기서 나는 가장 높은 법을 설하시는[314]
완전하게 깨달으신 분[等覺][315]을 뵈었기 때문이다.

이 된 바로 그 가섭 삼형제 가운데 가장 큰 형이다. 여기에 대해서는 본서 여섯의 모음 우루웰라깟사빠 장로(Th6:1) {375}의 【행장】과 다섯의 모음 나디깟사빠 장로(Th5:6) {340}의 【행장】을 참조할 것.

313) '성소(聖所)의 계단(tittha)'에 대해서는 본서 제3권 {766}의 해당 주해를 참조할 것.

314) "'가장 높은 법을 설하시는(desentaṁ dhammam uttamaṁ)'이라고 하였다. 가장 높고 뛰어나고 모든 것 가운데 으뜸가며(sabba-seṭṭha) 전적으로 출리(出離)로 인도하는 법(ekanta-niyyānika dhamma)을 인도되어야 할 사람의 성향에 적합하게(veneyyajjha-asaya-anurūpa) 설하시는(bhāsa-nta)이란 뜻이다."(ThagA.ii.121)

288. [그분은] 대광명을 가지셨고 무리의 스승이시며
으뜸가는 경지를 얻으셨고 인도자이시며
신들을 포함한 세상의 승자이시고
비교할 데 없는 통찰을 가진 분이시다.316)

289. [그분은] 큰 코끼리이시고 큰 영웅이시며
크게 광휘로운 분이시고 번뇌가 없으시며
모든 번뇌를 멸진한 분이시고
어디서도 두려움 없는 스승이시다.

290. 참으로 오랫동안 오염되어 있었고
[삿된] 견해의 밧줄에 묶여있었던
이러한 나, 세나까를 그분 세존께서
모든 매듭들로부터 해탈시켜 주셨다."

---

315) '완전하게 깨달으신 분[等覺]'은 sambuddha를 옮긴 것이다. 『테라가타 주석서』는 "바르고 스스로(sammā sāmaṁ) 모든 법들에 대해서 깨달으셨기 때문에(sabba-dhammānaṁ buddhattā) '완전하게 깨달으신 분[等覺, sambuddha]'이다."(ThagA.ii.121)라고 설명하고 있는데 sambuddha의 saṁ을 sāmaṁ(스스로)으로 해석하고 있다.

316) "'비교할 데 없는 통찰을 가진 분이시다(atula-dassanaṁ).'라고 하였다. 32가지 위대한 사람의 특징[三十二大人相, bāttiṁsa-vara-mahāpurisa-lakkhaṇa]과 80가지 세세한 부분상[八十細相, asīti-anubyañjana] 등으로 장엄을 한 육체적인 몸[肉身]을 가지셨고(paṭimaṇḍita-rūpa-kāyatāya), 열 가지 힘[十力]과 네 가지 두려움 없음[四無畏] 등의 덕스러움으로 장엄을 한 법의 몸[法身]을 가지셨기 때문에(dasabala-catuvesārajjādi-guṇa-paṭimaṇḍita-dhamma-kāyatāya ca), 신들을 포함한 세상(sadevaka loka)에서 측량할 수 없는 통찰을 가지셨고(aparimeyya-dassanatāya) 동등하지 않은 통찰을 가지셨기 때문에(asadisa-dassanatāya ca) '비교할 데 없는 통찰을 가지신 분(atula-dassanaṁ)'이라 한다."(ThagA.ii.121~122)

세나까 장로 (끝)

7. 삼부따 장로(Th4:7 {291}~{294})

【행장】

"삼부따 장로(Sambhūta thera)는 좋은 가문(kula-geha)에서 태어났다. 그는 적당한 나이가 되어, 세존께서 반열반에 드신 뒤에 법의 창고지기(dhamma-bhaṇḍā-gārika)인 [아난다 존자]의 곁에서 법을 듣고 믿음을 얻어 출가하였다. 그는 사문의 법을 행하면서 위빳사나를 증장시켜 아라한됨을 얻었다. 장로의 일화는 『아빠다나』에도 나타나고 있다.317) …

그는 아라한됨을 얻은 뒤 해탈의 행복으로 머물고 있었다. 그런데 세존께서 반열반하신 후 100년이 되었을 때 웨살리의 왓지뿟따들(Vajjiputtakā)은 10가지 사항들(dasa vatthūni)318)을 거머쥐

---

317) 장로는 『아빠다나』에서 앗주나뿝피야 장로(Ajjunapupphiya thera)로 나타나고 있다.(DPPN *s.v.* Sambhūta3 thera; Ap. 451)

318) 율장 『쭐라왁가』(Vin.ii.294)는 10가지 사항들에 대해서 이렇게 말하고 있다.

"부처님께서 반열반하신 지 100년 뒤에 웨살리에 머무는 왓지뿟따 비구들(Vesālikā Vajjiputtakā bhikkhū)은 웨살리에서 10가지 사항들(dasa vatthūni)을 밝혔다. —
① 소금을 남겨서 사용할 수 있는 규정[鹽事淨, 염사정, siṅgiloṇa-kappa]이 허용된다(kappati). ② 해가 두 뼘 길이일 때도 먹을 수 있는 규정[二指淨, 이지정, dvaṅgula-kappa]이 허용된다. ③ 새 음식을 다시 먹을 수 있는 규정[隨喜淨, 수희정, gāmantara-kappa]이 허용된다. ④ 다른 머무는 곳에서 포살할 수 있는 규정[道行淨, 도행정, āvāsa-kappa]이 허용된다. ⑤ 연유 등에 대한 규정[酪漿淨, 낙장정, amathita-kappa]이 허용된다. ⑥ 치료를 위한 야자주에 대한 규정[治病淨, 치병정, jalogipātum-kappa]이 허용된다. ⑦ 좌구에 대한 규정[坐具淨, 좌구정, adasakaṁ nisīdanam-kappa]이 허용된다. ⑧ 관습적인 것을 따라 하는 규정[舊事淨, 구사정, āciṇṇa-kappa]이 허용된다. ⑨ 따로 갈마작법을 한 것에 대한 동의를 요구

고 머물렀다. 그때 까깐다까뿟따 야사 장로(Kākaṇḍakaputta Yasa-tthera)[319]가 고무하여(ussāhitā) 7백 명의 번뇌 다한 분들이 그 견해를 척파하였다. 그러자 정법을 수지하는 자들은 법과 율의 길잡이(saṅgaha)를 만들어 그 왓지뿟따들에게 비법(非法)이고 비율(非律)임을 밝혔다(uddhamma-ubbinaya-dīpana). 그때 장로는 법에 대한 절박함(dhamma-saṁvega)으로 본 게송 네 개를 읊었다. 이 게송들을 읊으면서 장로는 구경의 지혜를 천명하였다."(ThagA.ii.122~123)

삼부따 장로에 대한 『테라가타 주석서』의 이러한 설명으로 볼 때 삼부따 장로의 이 게송들은 세존께서 반열반하신 지 100년 뒤에 있었던 이차합송 후에 읊은 것이라 여겨진다.

291. "느리게 가야 할 때 서두르고
서둘러야 할 때 느리게 간다면[320]
근원을 벗어나 준비하였기 때문에
우둔한 자는 고통을 받는다.

하는 규정[高聲淨, 고성정, anumati-kappa]이 허용된다. ⑩ 금과 은에 대한 규정[金寶淨, 금보정, jātarūpa-rajata-kappa]이 허용된다."(Vin.ii.294)

319) 바라나시에서 아주 부유한 상인의 아들이었던 야사 장로(Yasa thera Th1:117 참조)와 구분하기 위해서 이차합송의 계기를 만든 이 야사 장로를 까깐다까뿟따 야사 장로(Kākaṇḍakaputta Yasatthera)로 칭하고 있다.

320) '느리게 가야 할 때 서두르고 / 서둘러야 할 때 느리게 간다면'은 yo dandha-kāle tarati, taraṇīye ca dandhaye를 옮긴 것이다. 주석서는 전자의 보기로 율에 대한 후회(vinaya-kukkucca)가 생겼을 때 입지가 굳은 율을 호지하는 분(viyatta vinayadhara)에게 물어서 해결하지 않고 서둘러서 밟고 지나가고 [계를] 범하는 것[違犯, vītikkamaṁ karoti]을 예로 들고, 후자의 보기로는 출가자가 삼귀의를 하고 계를 수지하는 등을 할 때와(saraṇa-gamana-sīla-samādānādike) 사마타와 위빳사나 수행을 할 때와 빨리 결정해서 해야 할 여러 사항들이 있는데도(vatta-paṭivatta-karaṇādike) 그 의무를 행하지 않고 시간을 보내는 것(kālaṁ vītināmeyya)을 들고 있다.(ThagA.ii.123)

292. 그의 목적들[321]은 쇠퇴하나니
마치 이지러지는 시기[下弦]의 달과도 같다.
그는 망신을 당하게 되어
친구들 사이에서 업신여김을 받는다.

293. 느리게 가야 할 때 느리고
서둘러야 할 때 서두르면
지혜롭게 준비하였기 때문에
현자는 행복을 얻는다.

294. 그의 목적들은 성취되나니
마치 차는 시기[上弦]의 달과도 같다.
그는 명성을 얻게 되어
친구들 사이에서 업신여김을 받지 않는다."

삼부따 장로 (끝)

8. **라훌라 장로**(Th4:8 {295}~{298})

【행장】
"라훌라 장로(Rāhula thera)는 우리의 세존께서 보살이셨을 때 야소다라 대비(Yasodharā devī)의 모태를 통해서 태어났다. 그는 많은 끄샤뜨리야 수행원들(khattiyaparivāra)에 의해서 성장하였다. 그의 출가에 대한 일화는 『마하왁가』(Vin.i.82 이하)에 전승되어 온다. 그는 출가하여 스승님의 곁에서 여러 경들의 구문들

321) "지금·여기에 속하는 것 등으로 구분되는 [해탈을 의지하는(vimokkha-nissita), {34}의 해당 주해 참조] 목적들(diṭṭhadhammikādi-bhedā atthā)이다."(ThagA.ii.123)

을 통해서 교계를 잘 받아서 지혜가 무르익었고(paripakka-ñāṇa) 위빳사나를 열성적으로 행하여 아라한됨을 얻었다. 장로의 일화는『아빠다나』에도 나타나고 있다.(ThagA.ii.124) …
장로는 아라한됨을 얻은 뒤 자신의 도닦음을 반조하여 구경의 지혜를 천명하면서 본 게송 네 개를 읊었다."(ThagA.ii.124~125)

라훌라 존자(āyasmā Rāhula)는 세존의 외아들이다. 라훌라 존자는 세존이 출가하시던 날 태어났다. 세존께서는 깨달음을 증득하신 지 2~3년 뒤에 부친 숫도다나(Suddhodana, 淨飯) 왕의 간청으로 고향 까삘라왓투를 방문하셨는데 그때 부처님의 아내였던 야소다라(Yasodharā, 뒤에 출가하여서는 밧다 깟짜나(Bhaddā Kaccā-nā) 비구니로 불림)는 라훌라를 세존께 보내어서 상속물을 달라 하라고 시켰다.
라훌라의 말을 듣고 세존께서는 사리뿟따 존자에게 라훌라를 출가시키게 하셨다. 무소유의 삶을 사시는 부처님이 아들에게 상속물로 줄 것은 출가밖에 없었을 것이다. 라훌라 존자를 출가시키면서 세존께서는 라훌라 존자에게 "다시는 세상에 태어나지 말라(mā lokaṁ punarāgami)."(Sn2:11 {339})라는 간곡한 말씀을 하셨다.

부처님께서 라훌라를 가르치신 여러 경들이 니까야에 전승되어 온다. 그 가운데서 라훌라 존자를 가르치신 최초의 경은『맛지마 니까야』「암발랏티까에서 라훌라를 교계한 경」(M61)인데 여기서 부처님께서는 발 씻는 세숫대야의 비유로 그를 엄하게 가르치신다. 이 가르침은 아소까 대왕에게도 큰 감명을 주어서 그의 명령으로 바위에 새긴 아소까 대왕의 칙령에서도 이 경의 일부를 언급하고 있다. 라훌라 존자는「라훌라를 교계한 짧은 경」(M147)을 통해서 아라한이 되었다.
그 외에도「라훌라를 교계한 긴 경」(M62)과「라훌라 경」1/2 (S22:91~92) 등 라훌라를 교계하신 경들이 몇 개 더 전해 오고

「라훌라 상윳따」(S18)에는 세존께서 라훌라 존자에게 설하신 22개의 경들이 들어있다. 이런 라훌라 존자였기에 『앙굿따라 니까야』 제1권 하나의 모음 「으뜸 품」(A1:14)에서 세존께서는 그를 "배우기를 좋아하는(sikkhā-kāma) 비구 가운데서 으뜸"(A1:14:3-1)이라고 하셨다. 북방에서는 밀행제일(密行第一)이라 부른다. 초기불전연구원에서 출간한 『니까야 강독 I』의 제3편 <라훌라의 길, 불자(佛子)의 길>(311쪽 이하)에는 라훌라 존자와 관계된 9개 경들을 싣고 있으므로 일독을 권한다.

295. "나는 [35] 참으로 양쪽으로 구족하였나니[322)]
라훌라밧다라고 지자들은 나를 알았다.[323)]
나는 부처님의 아들이고
법들에 대해서 눈을 가졌기 때문이다.[324)]

---

322) "여기서 '나는 참으로 양쪽으로 구족하였나니(ubhayeneva sampanno)'라는 것은 태생의 구족(jāti-sampadā)과 도닦음의 구족(paṭipatti-sampadā)이라는 양쪽의 구족(ubhaya-sampatti)으로 구족하였다, 성취하였다(samannā-gata)는 말이다."(ThagA.ii.125)

323) "'라훌라밧다라고 지자들은 나를 알았다(Rāhulabhaddoti maṁ vidū).'라고 하였다. 여기서 '라훌라밧다(Rāhulabhadda)'(복 많은 라훌라)라는 것은 나를 두고 청정범행을 닦는 동료 수행자들이 인정한 것(sañjānanti)이라는 말이다.
그가 태어났다는 전갈(jāta-sāsana)을 받고 보살께서는 '라후가 태어났구나(Rāhu jāto), 속박이 태어났구나(bandhanaṁ jātaṁ).'라고 하신 말씀을 취하여 숫도다나 대왕이(Suddhodana-mahārājā) '라훌라'라고 이름을 지으셨다. 거기서 처음부터 아버지가 말씀하신 방편(vutta-pariyāya)을 선택하여 '라훌라밧다(복 많은 라훌라)라고 지자들은 나를 알았다.'라고 하였다. 여기서 '밧다(bhadda)'라는 이것은 칭송하는 말(pasaṁsā-vacana)이다."(ThagA.ii.125)

324) "'법들에 대해서(dhammesu)'라는 것은 세간적이고 출세간적인 법들에 대해서, 즉 네 가지 진리의 법들[四諦法, catusacca-dhammā]에 대해서라는 뜻이다. '눈을 가진(cakkhumā)'이라고 하였다. 나는 도의 통찰지의 눈(magga-paññā-cakkhu)으로 눈을 가졌다고 적용해야 한다."(ThagA.ii.125)

296. 나의 번뇌들은 멸진하였고
다시 존재함이란 없다.
나는 아라한이어서 보시받아 마땅한 자이며
세 가지 명지를 가졌고 죽음 없음을 보았다.325)

297. 그들은 감각적 쾌락으로 장님이 되었고
그물에 싸였고 갈애의 외투로 덮여있으며
방일함의 친척에 묶여있으니326)
마치 깔때기 그물의 구멍에 걸린 물고기와 같다.

298. 나는 그런 감각적 쾌락을 내던져 버렸고
마라의 속박을 잘랐으며
갈애를 뿌리째 뽑아버리고
[모든 오염원들이] 식어 적멸을 이루었도다.327)"

---

325) "'죽음 없음을 보았다(amataddaso).'라는 것은 열반을 보았다(nibbānassa dassāvī)는 말이다. 나머지는 잘 알 수 있다."(ThagA.ii.125)

326) "'방일함의 친척에 묶여있으니(pamatta-bandhunā baddhā)'라고 하였다. 방일함의 친척인 마라에 의해서 감각적 쾌락의 속박(kāma-bandhana)으로 묶여있는 이 중생들은 그곳으로부터 벗어나지 못하고 끝내 속박되어 버린다(anto-bandhana-gatāva honti)는 뜻이다."(ThagA.ii.126)

327) 주석서는 본 게송을 이렇게 풀어서 설명하고 있다.
"'그런(taṁ)': 그러한 모습을 하고 있는(tathā-rūpaṁ), '감각적 쾌락을(kāmaṁ)': 속박이 되는 것을(bandhana-bhūtaṁ), 내던져버렸고(ujjhitvā): 예비단계의 도닦음으로 제거하였고(pubba-bhāga-paṭipattiyā pahāya), 오염원으로서의 '마라의 속박을 잘랐으며(kilesa-mārassa bandhanaṁ chetvā)', 다시 성스러운 도의 칼(sattha)로 남김없이 뿌리 뽑은 뒤에, 거기로부터 무명이라 불리는 뿌리(avijjā-saṅkhāta mūla)를 '뿌리째(samūlaṁ)' 감각적 쾌락에 대한 갈애 등(kāma-taṇhādika)을 의미하는 '갈애를 뽑아버리고(taṇhaṁ abbuyha)' 즉 위로 끄집어내어(uddharitvā), 모든 오염원의 불안함의 위험이 없기 때문에(sabba-kilesa-daratha-pariḷāhābhāvato) '[모든 오염원들이] 식어(sītibhūto)', 취착의 자취가 남아있는 열반의 요소

라훌라 장로 (끝)

9. 짠다나 장로(Th4:9 {299}~{302})

【행장】

"짠다나 장로(Candana thera)는 사왓티에서 부유한 가문에 태어났다. 그는 재가에 머물면서 적당한 나이가 되어 스승님의 곁에서 법을 듣고 예류자가 되었다. 그는 아들 한 명을 얻은 뒤 재가에 머무는 것을 버리고 출가하여 위빳사나의 명상주제를 받아서 숲에서 머물렀다. 그러던 중 그는 스승님께 절을 올리기 위해서 사왓티에 가서 공동묘지(susāna)에 머물렀다.

그가 왔다는 것을 듣고 이전의 아내(purāṇa-dutiyikā)는 '여인의 교태 등으로 그를 유혹한 뒤 환속하게 해야겠다.'라고 하면서 온갖 치장을 하고 아이를 데리고 많은 사람들과 장로의 곁으로 갔다. 장로는 그녀가 오는 것을 멀리서 본 뒤 '이제 나는 그녀의 영역에서 벗어나리라(assā avisayo bhavissāmi).'라고 하면서 이미 시작했던 위빳사나를 열성적으로 행하여 육신통을 갖춘 분이 되었다. 장로의 일화는 『아빠다나』에도 나타나고 있다. …

그는 육신통을 갖춘 뒤 허공에 서서 그녀에게 법을 설하고 삼귀의와 [오]계에 확립되게 한 다음 스스로 자신이 전에 머물던 장소로 갔다. 동료 비구들이 '도반이여, 당신의 감각기능들은 고요합니다. 당신은 진리들을 꿰뚫었습니까?'라고 질문을 하자 본 게송 네 개로 자신의 도닦음을 말한 뒤 구경의 지혜를 천명하였다." (ThagA.ii.127)

299. "금 [장식품]으로 덮어서 [온몸을 치장하고]

[有餘涅槃界, saupādisesa nibbāna-dhātu]를 통해서 나는 적멸을 이루었다라는 뜻이다."(ThagA.ii.126)

하녀들의 무리에 에워싸여
무릎에 아들을 올리고
아내는 나에게 다가왔습니다.

300. 내 아들의 어머니인 그녀가
다가오는 것을 보고
치장을 하고 잘 차려입은 그녀에게
죽음의 올가미가 펴져있는 것처럼 [보였습니다.] (={268}cd)

301. 그 때문에 나에게는 지혜롭게
마음에 잡도리함이 생겨났습니다.328)
위험이 분명하게 드러났고
염오가 확립되었습니다. (={269}; {273})

302. 그것 때문에 나의 마음은 해탈하였습니다.
법이 수승한 법임을 보십시오.
세 가지 명지를 얻었고
부처님의 교법을 실천하였습니다." (={270}; {274}, cf. {220})

짠다나 장로 (끝)

---

328) "'그 때문에 나에게는 지혜롭게 / 마음에 잡도리함이 생겨났습니다(tato me manasīkāro, yoniso udapajjatha).'라고 하였다. '이런 모습의 번영(sampatti)은 늙음과 병듦과 죽음에 의해서 지배되기 마련이다(abhibhuyya). 오, 형성된 것들은 무상하고 견고하지 않고(adhuvā) 안식을 주지 못한다(anassāsikā).'라는 이와 같은 지혜롭게 마음에 잡도리함이 생겼다는 말이다. 나머지는 앞({269})에서 설명한 방법대로이다."(ThagA.ii.127)

10. 담미까 장로(Th4:10 {303}~{306})

【행장】

"담미까 장로(Dhammikatthera)는 꼬살라 지역에서 바라문 가문에 태어났다. 그는 적당한 나이가 되어 [세존께서] 제따와나를 수용하실 때 스승님께 청정한 믿음을 얻어 출가하였다. 그는 어떤 마을에 있는 [승가] 거주처[住處, gāmakāvāsa]에서 소임승[329]이 되어 머물면서 객으로 온 비구들에게 이런저런 의무들(vattāvattā)에 대해서 불평을 많이 하며 그것을 감내하지 못하였다(akkhamo ahosi). 그래서 비구들은 그 승원을 버리고 떠나가 버렸고 그는 혼자가 되었다.

승원을 관리하는(vihāra-sāmika) 청신사는 그 이유를 듣고 세존께 그 사정(pavatti)을 말씀드렸다. 스승께서는 그를 꾸짖으시고 그 일에 대해서 물으셨다. 그가 '그러합니다, 세존이시여.'라고 말하자 '그대는 지금 이것만을 감내하지 못하는 것이 아니라 전에도 감내하지 못하였다.'라고 하셨다. 세존께서는 비구들이 청하자 『자따까』의 이야기를 말씀하신 뒤 그에게 교계를 주시면서 처음 세 개의 게송({303}~{305})을 말씀하시어 본 게송 네 개가 설해지게 되었다. …

이와 같이 스승님께서 [처음] 세 개의 게송으로 법을 설하셨을 때 장로는 그 가르침을 계속해서 생각하면서(desana-anusārena) 늘 했던 대로 앉아서 위빳사나를 증장시켜 아라한됨을 얻었다. 장로의 일화는 『아빠다나』에도 나타나고 있다. …

---

329) 『율장 주석서』는 소임승(āvāsika)을 다음과 같이 설명한다.
"'소임승들(아와시까, āvāsikā)'이란 승원을 돌보는 자들이다. [승가] 거주처[住處, āvāsa]는 승원(vihāra)을 뜻한다. 그들은 새 건물을 짓고 오래된 것을 수리하는 소임을 보기 때문이다. 반면에 [소임 없이] 단지 승원에 머무는 자들은 '거주승(네와시까, nevāsika)'이라 한다. 이들도 한때는 [소임을 보는] 소임승이었다."(VinA.iii.613)
여기서 '객으로 온 비구들'은 āgantukā bhikkhū를 옮긴 것이다.

그는 아라한됨을 얻은 뒤 자신이 증득한 특별함을 스승님께 말씀드리면서 마지막 게송({306})으로 구경의 지혜를 천명하였다.(ThagA.ii.127~129)

여기 『테라가타 주석서』에서 언급하고 있는 담미까 장로에 얽힌 이 일화는 『앙굿따라 니까야』 제4권 「담미까 경」(A6:54)에 자세하게 나타나고 있는데 요약하면 이러하다.

담미까 존자는 출가하여 어느 때 고향에 머물고 있었는데 그 고향에는 일곱 군데의 [승가] 거주처가 있었다. 그때 담미까 존자는 그중 한 곳에서 소임승이 되어 객으로 온 비구들을 욕하고 비방하고 해코지하고 밀치고 말로써 화를 돋우었다. 비구들은 거기서 떠나고 아무도 머물지 않아 그 [승가] 거주처는 텅 비어버렸다. 그래서 고향의 신도들은 담미까 존자에게 떠나달라고 부탁했고 그는 고향에 있는 다른 [승가] 거주처로 가서 또 그렇게 하였다. 그래서 신도들은 일곱 군데 모든 [승가] 거주처에서 떠나달라고 부탁하였다.
그러자 담미까 존자는 세존께 다가갔다. 세존께서는 그를 '담미까 바라문'이라고, 꾸짖는 듯한 어법으로 부르시면서 여러 말씀으로 교계를 하신 뒤 "'우리는 청정범행을 닦는 동료 수행자들에 대해 나쁜 생각을 하지 않을 것이다.'라고. 담미까 바라문이여, 그대는 이와 같이 공부지어야 한다."(A6:54 §9)라고 말씀하셨다.

303. [세존]

"참으로 법은 법을 행하는 자를 보호한다.[330]

---

330) "'참으로 법은 법을 행하는 자를 보호한다(dhammo have rakkhati dhamma-cāriṁ).'라고 하셨다. 여기서 '법(dhamma)'은 세간적이거나 출세간적인 좋은 행위[善行]의 법(sucarita-dhamma)이다. '보호한다(rakkhati).'는 것은 처참한 곳[惡趣]의 괴로움(apāya-dukkha)으로부터 보호하고, 윤회를 벗어남의 강하게 의지하는 [조건]이 되어(vivaṭṭūpanissaya-bhūta) 윤회의 괴로움(saṁsāra-dukkha)으로부터 보호한다. '법을 행하는 자를(dhamma

법은 잘 닦으면331) 행복을 가져온다.332)
법을 잘 닦았을 때 이것이 이익이니 —
법을 행하는 자는 악처로 가지 않는다.

304. 참으로 법과 비법, 이 둘은
같은 과보를 가져오지 않는다.333)
비법은 지옥334)으로 인도하고

-cāriṁ)'이란 이런 법을 행하고 닦는 자(caranta paṭipajjanta)를 [뜻한다]."(ThagA.ii.128)

331) "'법을 잘 닦으면(dhammo suciṇṇo)'이라 하셨다. 여기서 '잘 닦음(suciṇṇa, √car, *to move*, PPP.)'이란 훌륭하게 닦음(suṭṭhu ciṇṇa)인데 업의 결실들(kamma-phalāni)을 믿은 뒤 정성을 다하고(sakkaccaṁ) 존중하여 쌓은 것(cittīkatvā upacita)이다."(ThagA.ii.128)

332) "'행복을 가져온다(sukham āvahati).'고 하셨다. '행복(sukhaṁ)'은 세간적이거나 출세간적인 행복(lokiya-lokuttara-sukha)이다. ① 여기서 욕계 등으로 구분되는(kāmāvacarādi-bheda) 법은 지금・여기 금생에(diṭṭhe vā dhamme upapajje vā) 혹은 내생에(apare vā pariyāye) 각각에 해당하는(yathāsakaṁ) 세간적인 행복을 '가져온다(āvahati)', 즉 성취한다(nipphādeti). ② 그러나 윤회를 벗어남의 강하게 의지하는 [조건]이 되어(vivaṭṭūpanissaye ṭhatvā) 쌓은 것(ciṇṇa)은 그다음인 [출세간적인 행복]을 연이어서(paramparāya) 가져온다고 말한다. 강하게 의지하지 않는 [조건](anupanissaya)이라는 그런 것은 존재하지 않기 때문이다(tadabhāvato).

333) "'참으로 법과 비법, 이 둘은 / 같은 과보를 가져오지 않는다(nahi dhammo adhammo ca, ubho samavipākino).'라고 하셨다. 법에 의해서는 좋은 곳[善處]으로 가고(sugati-gamana) 비법에 의해서는 불행한 곳[惡處]으로 가기 때문에(duggati-gamana) '법과 비법(dhammo adhammo)'이라는 이것은 서로서로 섞이지 않는 결실을 가져옴(asaṁkiṇṇa-phala)을 보여주시기 위해서 '참으로 법과 비법 …'이라는 두 번째 게송({304})을 말씀하셨다.
여기서 '비법(adhammo)'은 법과 반대되는 것(dhamma-paṭipakkha)인데 나쁜 행위(duccarita)를 말한다. '같은 과보를 가져오는(samavipākino)'이란 같은 과보를 가져오는 것들(sadisa-vipākā), 동일한 결실을 가져오는 것들(samāna-phalā)이란 뜻이다."(ThagA.ii.128)

334) "비참한 곳(apāya) 등은 모두 지옥의 동의어이다. '지옥(niraya)'은 천상과

법은 선처[335]를 얻게 한다.

305\. 그러므로 참으로 법들을 [행하려는]
열의를 보여야 하나니
선서(善逝)[336]는 이러한 것을 이처럼 기뻐한다.
고귀한 선서의 제자들은 법에 서서
고귀하고 으뜸가는 귀의처로 가나니
현자인 그들은 [출리로] 인도된다.[337]"

해탈의 원인인 공덕이라고 알려진 'aya'에서 벗어났기 때문에(apetattā), 혹은 행복의 원인이(āyassa) 없기 때문에(abhāvā) 비참한 곳(apāya)이다." (Vis.XIII.92)

"여기에는 즐거움이라 불리는 편안함(aya)이 없다고 해서 '지옥(niraya)'이다. 그리고 기뻐함이 없다는 뜻(nirati-attha)과 달콤함이 없다는 뜻(nir-assādattha)에서도 '지옥'이라 한다."(DhsA.387)

335) 좋은 곳으로 옮길 수 있는 '선처(善處, sugati)'는 26가지 천상세계(chab-bīsati-devaloka-bheda sagga)와 인간(manussa)이고 불행한 곳으로 옮겨지는 '악처(惡處, duggati)'는 지옥, 축생, 아귀, 아수라의 네 가지(catu-bbidha)이다(cf. DhpA.iv.233). 여기에 대해서는『아비담마 길라잡이』제5장의 I. 네 가지 세상(bhūmi-catukka, §§3~8)을 참조하기 바란다.

336) 피안으로 잘 가신 분으로 옮기는 '선서(善逝, Sugata)'는 부처님의 열 가지 명호[如來十號] 가운데 네 번째이다. 선서에 대한 설명은『청정도론』(Vis. VII.33~35)을 참조할 것.

337) '고귀한 선서의 제자들은 법에 서서 / 고귀하고 으뜸가는 귀의처로 가나니 / 현자인 그들은 [출리로] 인도된다.'는 dhamme ṭhitā sugatavarassa sāvakā, nīyanti dhīrā saraṇavaraggagāmino를 옮긴 것이다. 주석서는 이렇게 설명한다.

"그 의미는 이러하다. — 고귀하신 선서의(sugatassa varassa), 그리고 선서들 가운데서 고귀하신 정등각자의 '제자들은(sāvakā)' 그분의 '법에 서있다(dhamme ṭhitā).' '현자인(dhīrā)' 그들은 으뜸가는 귀의처로 가나니(aggabhūta-saraṇagāmi) 귀의처로 감이라 불리는 법에 확고하게 됨(ṭhita-bhāva)에 의해서 모든 윤회의 괴로움(sakala-vaṭṭa-dukkha)으로부터 '[출리로] 인도된다(nīyanti)', 즉 벗어난다(nissaranti). [그래서 첫 구절에서] '그러므로 참으로 법들을 [행하려는] / 열의를 보여야 하나니(tasmā hi

306. [담미까 장로]

"종기의 뿌리는 산산조각이 났고
갈애의 그물은 뿌리 뽑혔습니다.338)
그에게는 윤회가 멸진되어 그 어떤 것도 있지 않나니339)
마치 휘영청 밝은 보름밤의 달과도 같습니다.340)"

---

dhammesu kareyya chandaṁ).'라고 말씀하셨다."(ThagA.ii.129)

338) '종기의 뿌리는 산산조각이 났고 / 갈애의 그물은 뿌리 뽑혔습니다.'는 vipphoṭito gaṇḍamūlo, taṇhājālo samūhato를 옮긴 것이다. 주석서는 이렇게 설명한다.

"여기서 '산산조각이 났고(vipphoṭito, vi+√sphuṭ, *to burst*)'는 제거된 것(vidhuto/vidhūto)인데 도의 지혜로 내버렸다(paṭinissaṭṭha)는 뜻이다. '종기의 뿌리(gaṇḍamūlo)'는 무명(avijjā)이니 이 [무명]은 터지고 흘러나오기(gaṇḍati savati) 때문이다.
'비구여, 종기(gaṇḍa)라는 것은 취착의 [대상인] 다섯 가지 무더기[五取蘊]를 두고 한 말이다.'(cf. S35:103 §7; S23:1 §4; A9:15 §2)라고 스승님께서 말씀하신 ① 괴로움의 뿌리의 속박(dukkha-mūla-yoga)으로부터, 그리고 ② 오염원의 더러움이 흘러내리는 것(kilesāsuci-paggharaṇa)으로부터, 그리고 ③ 일어나고 늙고 부서짐(uppāda-jarā-bhaṅgā)에 의해서 부풀고 썩고 분리되는 것(uddhumāta-pakka-pabhijjana)으로부터 종기라고 이름을 붙인(gaṇḍa-abhidhāna) 취착의 대상인 다섯 가지 무더기(오취온)의 뿌리요 원인(kāraṇa)인 '갈애의 그물은 뿌리 뽑혔습니다(taṇhājālo samūhato).'라고, 갈애라 불리는 그물은 도에 의해서 뿌리가 뽑혔다(samugghāṭita)고 말하였다."(ThagA.ii.129)

339) "'그에게는 윤회가 멸진되어 어떤 것도 있지 않나니(so khīṇa-saṁsāro na catthi kiñcanaṁ)'라고 하였다. 그런 저는(so ahaṁ) 이와 같이 갈애와 무명을 제거하였기 때문에(pahīna-taṇhāvijjatāya) 윤회가 멸진되었고(pari-kkhīṇa-saṁsāra) 존재의 뿌리를 제거하였기 때문에(pahīna-bhava-mūlattā) 존재하지 않습니다. 그리고 탐욕 등의 그 어떤 것도(rāgādi-kiñcana) 다시 얻어지지 않습니다라는 말이다."(ThagA.ii.129)

340) '마치 휘영청 밝은 보름밤의 달과도 같습니다(cando yathā dosinā puṇṇa-māsiya).'라고 하였다. 마치 달(canda)이 구름이나 안개 등의 결점이 없이(abbha-mahikādi-dosa-rahita) 보름밤에 [원반의] 각 부분들이 가득 찬 것(paripuṇṇa-kāla)처럼 그와 같이 저도 역시 아라한됨을 증득함에 의해서 탐욕 등의 그 어떤 것도 남아있지 않아서 법의 모든 부분을 구족하였습

담미까 장로 (끝)

11. 삽빠까 장로(Th4:11 {307}~{310})

【행장】

"삽빠까 장로(Sappaka thera, DPPN: Sabbaka)는 사왓티에서 바라문 가문에 태어났다. 그는 사리를 분별하는 나이가 되어 세존의 곁에서 법을 듣고 믿음을 얻어 출가하였다. 그는 명상주제를 받은 뒤 아자까라니(Ajakaraṇī)라는 강의 언덕에 있는 레나기리 승원(Leṇagiri-vihāra)[341]에서 머물면서 오래지 않아 아라한됨을 얻었다. 장로의 일화는 『아빠다나』에도 나타나고 있다. …

그는 아라한됨을 얻은 뒤 스승님께 절을 올리기 위해서 사왓티로 와서 친지들의 시중을 받게 되었다. 장로는 그곳에서 며칠을 머문 뒤 법을 설하여 친지들로 하여금 삼귀의와 오계에 확립되도록 하고 나서 앞에서 말한 [레나기리 승원]으로 가고자 하였다. 그러자 친지들이 그에게 '존자시여, 여기에 머무십시오. 우리가 시중을 들겠습니다.'라고 청하였다. 그는 가야 하는 이유를 밝힌 뒤 일어서서 자신이 살던 그곳을 찬탄하는 구절을 통해(vasitaṭṭhāna-kittanā-padesena) 한거의 기쁨을 설명하면서 본 게송 네 개를 읊었다. …

이와 같이 말한 뒤 친지들과 헤어져서 자신이 거주하던 곳으로 갔다. 빈집에 [머무는] 기쁨을 밝히는(suññāgāra-abhirati-dīpana) 이 [게송들은] 장로의 구경의 지혜를 천명하고 있다."(ThagA.ii.130~132)

니다(paripuṇṇa-dhamma-koṭṭhāsa)라는 뜻이다."(ThagA.ii.129)

341) 레나기리 승원(Leṇagiri-vihāra)은 VRI본 주석서에 따라 옮긴 것이다. PTS본 주석서에는 레나 승원(Leṇa-vihāra)으로 나타나고 DPPN에는 로나기리 승원(Loṇagiri-vihāra)으로 나타나고 있는데 본 주석서의 이 언급만으로 간략하게 설명하고 있다.

307. "학이 깨끗하고 빛나는 날개를 가졌지만
검은 구름에 대한 두려움으로 무서워하여
은신처를 찾아서 은신처로 도망가면
그때 아자까라니 강은 나를 기쁘게 합니다.

308. 아주 청정하고 [36] 빛나는 학이
검은 구름에 대한 두려움으로 무서워하여
피난처를 찾지 않았지만 [이제는] 피난처를 찾으니[342]
그때 아자까라니 강은 나를 기쁘게 합니다.

309. 거기 잠부 나무들은 양쪽 기슭에서
누구인들 기쁘게 하지 않겠습니까?
그들은 내 피난처의 뒤에서
강기슭을 아름답게 만듭니다.

310. 죽지 않음을 빼기는 [뱀의] 무리들을 잘 피하여[343]

---

342) '피난처를 찾지 않았지만 [이제는] 피난처를 찾으니'는 pariyesati leṇam aleṇa-dassinī를 옮긴 것이다. 주석서는 이렇게 설명한다.

"'피난처(leṇa)'는 머물 곳(vasanaṭṭhāna)을 말한다. '피난처를 찾지 않았지만(aleṇa-dassinī)'이라는 것은 [전에는] 머물 곳을 구하지 않는 자였다는 말이다. 전에는 상주하여 머무는 곳(nibaddha-vasanaṭṭhāna)이 없어서 피난처를 찾지 않았다. [그러나] 이제는 우기철(pāvussaka-kāla)에 먹구름이 끼고 천둥이 쳐서 쉴 곳을 찾기 때문에(āhita-gabbhā) '피난처를 찾는다(pariyesati leṇaṁ)', 즉 상주하여 머무는 곳인 보금자리(kulāvaka)를 만든다는 뜻이다."(ThagA.ii.131)

343) '죽지 않음을 빼기는 [뱀의] 무리들을 잘 피하여'는 tāmatamadasaṅgha-suppahīnā를 주석서를 참조하여 풀어서 옮긴 것이다. 주석서를 참조하면 이것은 ta-amata-mada-saṅgha-suppahīnā로 분해가 되고 이것은 뒤의 bhekā 즉 개구리들(maṇḍūkiyo, ThagA.ii.131)을 수식하고 있다.
여기서 amata는 주석서의 설명처럼 감로(甘露)를 뜻하기도 한다. 그래서

개구리들은 깊은 소리로 개골개골 우나니
'오늘은 산의 개울로부터 떨어져 머물 때가 아닙니다.
아자까라니 강은 안은하고 안전하며 큰 기쁨 줍니다.'라고."[344]

삽빠까 장로 (끝)

12. **무디따 장로**(Th4:12 {311}~{314})

【행장】

"무디따 장로(Mudita thera)는 꼬살라 지역에서 장자의 가문에 태어났다. 그때 그의 집안은 어떤 이유 때문에 왕의 박해(pali-buddha)를 받고 있었다. 무디따는 왕에 대한 공포로 두려워서 도망하여 숲에 들어가 어떤 번뇌 다한 장로가 머무는 곳에 다가갔다. 장로는 그가 공포로 두려워하고 있는 것을 알고 '두려워하지 말라.'고 달래었다. 그가 '존자시여, 언제 저의 이 두려움이 고요해지겠습니까?'라고 질문하자 '7~8개월이 지나면 그렇게 될 것이다.'라고 대답한다. 그러자 그는 '저는 그만한 시간은 견딜 수가 없습니다. 존자시여, 저는 출가하고자 합니다, 저를 출가시켜 주십시오.'라고 하여 생명을 보호하기 위해서(jīvita-rakkhaṇ

---

amata-madā는 '감로로 취한'으로도 옮길 수 있다. 역자는 노만 교수의 번역을 참조하여 '죽지 않음을 뻐기는'으로 옮겨 보았다. 『테라가타 주석서』는 이렇게 풀이한다.

"여기서 amata(감로)는 약(agada)이다. 이것에 의해서 취한다고 해서(tena majjantīti) amata-madā인데 이것은 뱀들을 뜻한다. 이들의 무리(saṅgha)가 amata-mada-saṅgha이고 이로부터 잘 벗어난 것(tato suṭṭhu pahīnā)이 suppahīnā인데 피한 것(apagatā)을 뜻한다."(ThagA.ii.131)

이러한 주석서의 설명을 참조하면 '감로에 취한 [뱀의] 무리들을 잘 피하여'로 옮길 수 있겠다.

344) 삽빠까 장로의 이러한 게송들을 위시한 본 『테라가타』의 적지 않은 게송들은 중국 선불교에서 발달된 선시(禪詩)와 비교해 볼 수 있는 아름다운 시라고 여겨진다.

-attha) 출가를 요청했다. 장로는 그를 출가시켰다.

그는 출가하여 교단에서 믿음을 얻어 두려움을 가라앉게 하였고 사문의 법을 좋아하여 명상주제를 들고 위빳사나의 업을 행하였다. 그는 '아라한됨을 얻지 않고서는 이 거주처(vasana-gabbha)의 밖으로 나가지 않을 것이다.'라는 등으로 서원(paṭiññā)을 하고 위빳사나를 열성적으로 행하여 아라한됨을 얻었다. 장로의 일화는 『아빠다나』에도 나타나고 있다. …

그는 아라한됨을 얻은 뒤 해탈의 행복을 누리면서 동료 비구들이 그가 증득한 것(adhigata)에 대해서 질문을 하자 자신의 도닦음을 위한 행위(paṭipannākāra)를 설명하면서 본 게송 네 개를 읊었다.(ThagA.ii.132~133)

311. "목숨을 [부지하기] 위하여 나는 출가하였습니다.
구족계를 받았고[345]
그 후 믿음을 얻었습니다.
결연한 정진을 가져 나는 노력하였습니다.

312. [346]차라리 이 몸이 부서져 버리기를,

---

345) "'구족계를 받았고(laddhāna upasampadaṁ)'라고 하였다. 첫 번째로 사미로서 출가함(sāmaṇera-pabbajjā)에 토대하여 결정을 네 번째로 하는 갈마[白四羯磨, 백사갈마, ñatti-catuttha kamma]에 의해서 구족계를 받은 뒤(labhitvā)라는 말이다."(ThagA.ii.133)

'결정을 네 번째로 하는 갈마[白四羯磨]'는 ñatti-catuttha kamma를 옮긴 것으로 안건을 상정하여 먼저 세 번을 물어본 뒤 네 번째에 결정하는 승가의 결정 방식을 말한다. 중국에서는 白四羯磨(백사갈마)로 직역하였다. 그리고 이보다 덜 중요한 사안을 결정하는 방식에는 결정을 두 번째로 하는 갈마(ñatti-dutiya kamma)가 있으며 중국에서는 白二羯磨(백이갈마)로 직역하였다.(KankhvitrA.255~56 참조)

346) "그가 분발하였던 대로(yathā parakkamiṁ) 그것을 보여주기 위해서 본 게송 등을 말하였다."(ThagA.ii.133)

살점이 문드러져 버리기를.[347]
나의 두 다리가 무릎 관절과 함께
[땅에] 떨어져 버리기를.

313. 갈애의 화살이 뽑히지 않는 한
나는 먹지 않을 것이고 마시지 않을 것이며
승원으로부터 나오지 않을 것이고
옆구리로라도 눕지 않을 것이다. (={223})

314. 이와 같이 머무는 그런 나의
정진과 분발을 보십시오.
세 가지 명지를 얻었고
부처님의 교법을 실천하였습니다." (={224} 등, cf. {220})

무디따 장로 (끝)

넷의 모음이 끝났다.

[넷의 모음에 포함된 장로들의] 목록은 다음과 같다.

나가사말라와 바구, 그리고 사비야와 난다까도 있고
잠부까, 세나까 장로, 그리고 삼부따와 라훌라도 있다. ||1||

---

347) '문드러져 버리기를'은 visīyaruṁ을 옮긴 것이다. 『테라가타 주석서』는 visīyantu(vi+√śyai, 얼리다. 응고하다, *to coagulate*)의 수동 명령형(Imp. 3.Pl.)으로 설명하고 '파괴하기를(viddhaṁsantu)'을 뜻한다고 밝히고 있다. (ThagA.ii.133) PED도 이렇게 밝히고 있으며 '*to be dissolved*'의 뜻이라고 적고 있어서 이처럼 옮겼다.

짠다나 장로가 있어서 이들 열 분은 부처님의 제자들이다.348)
담미까, 삽빠까 장로와 무디따가 있어서 이들은 셋이다.
게송들은 52개이고 장로들은 모두 13분이다.349) ||2||

---

348) '이들 열 분은 부처님의 제자들이다.'는 das'ete Buddha-sāvakā를 옮긴 것이다. 그런데 본 게송 여기까지에서 언급되는 장로들은 9분이다.

349) '게송들은 52개이고 장로들은 모두 13분이다.'는 gāthāyo dve ca paññāsa, therā sabbepi terasāti를 옮긴 것이다. 그러나 여기 넷의 모음에는 {267}~{314}의 48개의 게송이 있고 장로들은 모두 12분이다. 그런데 『테라가타 주석서』도 "넷의 모음에는 13명의 장로들이 있다(catukkanipāte terasa therā)."(ThagA.i.3)라고 적고 있는데 현존하는 『테라가타』 넷의 모음에는 나가사말라 장로(Th4:1))와 짠다나 장로(Th4:9) 사이에 들어 있었던 어떤 한 분의 게송 네 개가 빠진 채 전승되어 오는 셈이다.

테라가타

다섯의 모음

Pañcaka-nipāta({315}~{374})

1. **라자닷따 장로**(Th5:1 {315}~{319})

【행장】

"라자닷따 장로(Rājadatta thera)는 사왓티에서 대상(隊商)의 우두머리 가문(satthavāha-kula)에 태어났다. 그는 [사대왕천의] 웻사와나 대왕350)에게 호의를 베푼 뒤 태어났다고 해서 부모는 그를 라자닷따라고 이름을 지었다.

그는 적당한 나이가 되어 500대의 수레로 물품(bhaṇḍa)을 싣고 장사(vāṇijja)를 하러 라자가하로 갔다. 그 당시 라자가하에는 어떤 아름답고 수려한 최고로 멋진 기녀(gaṇikā)가 있었는데 매일 1,000냥의 돈을 받았다고 한다. 그 대상의 우두머리의 아들도

---

350) 웻사와나(Vessavaṇa) 혹은 웻사완나(Vessavaṇṇa) 대왕(mahā-rājā)은 사대천왕의 네 명의 천왕 가운데 한 명이다. 그는 북쪽을 관장하는 신으로 꾸웨라(Kuvera)라고도 이름하며 약카들의 왕이다. 『디가 니까야』 제2권 「자나와사바 경」(D18) §12에 의하면 삼십삼천의 신들이 회합이 있어서 수담마 의회(Sudhammā sabhā)에 모일 때 동쪽 방위에는 다따랏타 대천왕이 서쪽을 향하여 신들을 앞에 하고 앉고, 남쪽 방위에는 위룰하까 대천왕이 북쪽을 향하여 신들을 앞에 하여 앉고, 서쪽 방위에는 위루빡카 대천왕이 동쪽을 향하여 신들을 앞에 하여 앉고, 북쪽 방위에는 웻사와나 대천왕이 남쪽을 향하여 신들을 앞에 하여 앉는다고 기술하고 있다.
여기에 대해서는 『디가 니까야』 제3권 「아따나띠야 경」(D32) §4 이하와 제2권 「대회경」(大會經, D20) §9도 참조할 것.

매일 천 냥의 돈을 주고 그 기녀와 함께 보내다가 오래지 않아 모든 재산을 다 날리고 불행한 처지(duggata)가 되어버렸다. 그는 먹을 것과 입을 것마저도 다 떨어져서 이리저리 방황하고 다니다가 절박함을 얻었다(saṁvega-ppatta).

그는 어느 날 청신사들과 웰루와나(Veḷuvana, 죽림정사)로 가게 되었다. 그때 스승님께서는 많은 회중에 둘러싸여 법을 설하면서 앉아계셨다. 그는 스승님의 곁에서 법을 듣고 믿음을 얻어 출가하였고 두타행들(dhutaṅgāni)을 받아 지니면서 공동묘지(susāna)에 머물렀다.

그때 어떤 대상의 우두머리의 아들이 1,000냥을 주고 그 기녀와 함께했는데 [기녀는] 그의 손에 아주 값진 보석을 가진 것을 보고 탐욕(lobha)이 생겨 다른 교활한 사람들로 하여금 그를 죽이게 한 뒤 그 보석을 가졌다. 그러자 그 대상의 우두머리 아들의 사람들이 그 소식을 듣고 염탐꾼(ocaraka-manussa)을 보내어 이 사실을 파악했다. 그래서 대상의 우두머리 아들의 사람들이 그날 밤에 그 기녀의 집을 습격하여 피부 등을 상하지 않게 그녀를 죽여서 공동묘지(sivathikā)에 던져버렸다.

라자닷따 장로는 부정상(asubha-nimitta)을 가지기 위해서 공동묘지에서 다니다가 혐오(paṭikkūla)를 마음에 잡도리하기 위해서 그 기녀의 시체(kaḷevara)에 다가가서 몇 가지 부문에서(katipaya-vāre) 지혜롭게 마음에 잡도리하려 하였다.351) [그러나] 죽은 지 오래되지 않은 상태이고 개나 자칼 등으로부터 피부가 손상되지 않은 것 등 때문에 그는 지혜 없이 마음에 잡도리하게 되었고 거기서 감각적 쾌락에 대한 탐욕이 생겨났다(kāma- rāgo pāturahu). 그래서 그는 더욱더 절박한 마음으로(saṁviggatara-mānaso) 자신의 마음을 책망하였고 잠시 한 곁으로 벗어나서 처

351) 『청정도론』은 죽어서 몸이 부풀어 오른(uddhumātaka) 시체를 관찰하는 방법을 제6장 §12 이하에서 상세하게 묘사하고 있으므로 참조하기 바란다.

음부터 확립되었던 부정상을 취한 뒤 지혜롭게 마음에 잡도리하면서 禪을 얻었다. 그는 그 禪을 기초로 하여 위빳사나를 확립한 뒤 바로 거기서 아라한됨을 얻었다. 장로의 일화는 『아빠다나』에도 나타나고 있다. …
그는 아라한됨을 얻은 뒤 자신의 도닦음을 반조하고 희열과 기쁨이 생겨서 본 게송 다섯 개를 읊었다."(ThagA.ii.134~135)

315. "비구인 [나는] [37] 공동묘지에 가서[352]
내팽개쳐진 여인의 [시체를] 보았다.
[그녀는] 공동묘지에 내던져져서
뜯어 먹혔고 벌레들이 들끓었다. (bcd={393}bcd)

316. 죽었고 고약한[353] 그것을 보고
어떤 자들은 그것을 혐오하지만
감각적 쾌락에 대한 탐욕이 [내게] 분명하게 생겨났다.[354]
[시체에서] 흘러내리는 것에 대해서 나는 장님처럼 되었다.

317. 밥을 짓는 것보다 빨리
나는 그 장소로부터 벗어났다.
마음챙김을 가지고 알아차리는 나는[355]

---

352) "여기서 '비구인 [나는] 공동묘지에 가서(bhikkhu sivathikaṁ gantvā)'라고 하였다. 윤회에서 두려움을 보기 때문에 '비구'이다(saṁsāre bhayassa ikkhanato bhikkhu). 그가 더러움[不淨]의 명상주제를 위하여(asubha-kammaṭṭhānattha) 시체를 그대로 던져놓은 공동묘지(āmaka-susāna)에 다가가서라는 뜻이다. 여기서 '비구(bhikkhu)'는 자신을 두고 장로가 스스로 말한 것이다."(ThagA.ii.135)

353) 여기서 '고약한'으로 옮긴 원어는 pāpakaṁ인데 주석서에서 'nihīnaṁ lāmakaṁ(저열한, 하등한, ThagA.ii.135)'으로 설명하고 있어서 문맥에 맞추어서 이렇게 옮겼다.

354) 위의 라자닷따 장로에 대한 【행장】을 참조할 것.

한 곁에 앉았다.

318. 그 때문에 나에게는 지혜롭게
마음에 잡도리함이 생겨났다.
위험이 분명하게 드러났고
염오가 확립되었다. (={269}; {273}; {301}; {409})

319. 그것 때문에 나의 마음은 해탈하였다.
법이 수승한 법임을 보라.
세 가지 명지를 얻었고
부처님의 교법을 실천하였다." (={270}; {274}; {302}, cf. {220})

라자닷따 장로 (끝)

2. **수부따 장로**(Th5:2 {320}~{324})

【행장】

"수부따 장로(Subhūta thera)는 마가다 지역에서 장자의 가문에 태어났다. 그는 적당한 나이가 되자 벗어남의 성향을 가졌기 때문에 재가의 삶을 버리고 외도들에서 출가하였으나 거기서 심재(sāra)를 얻지 못하였다. 그는 스승님의 곁에서 우빠띳사와 꼴리

355) "'마음챙김을 가지고 알아차리는 나는(satimā sampajāno'haṁ)'이라고 하였다. 사문의 인식(samaṇa-sañña)을 확립한 뒤 마음챙김의 확립을 마음에 잡도리함(satipaṭṭhāna-manasikāra)을 통해서 마음챙기는 자(satimā)가 되고 바르게 법의 고유성질을 앎(dhamma-sabhāva-jānana)에 의해서 알아차리는 자(sampajāna)가 되어 나는 한 곁에 들어가서(ekamantaṁ upā-visiṁ) 가부좌를 틀고 앉았다는 말이다."(ThagA.ii.136)

『앙굿따라 니까야』 제6권 「인식 경」(A10:101) §1에서 세존께서는 "나는 저열한 상태(vevaṇṇi)에 이르렀다. 내 생명은 남에게 달려있다(para-paṭi-baddhā). 나의 품행(ākappa)은 [재가자들과] 달라야 한다."(A10:101 §1)라는 이 세 가지를 사문의 인식(samaṇa-saññā)이라고 강조하고 계신다.

따와 셀라 등[356]의 많은 사문 · 바라문들이 출가하여 출가 생활의 행복(sāmañña-sukha)을 체험하는 것을 보고 교법에 믿음을 얻어 출가하였다. 그는 스승님과 은사(ācariy-upajjhāyā)를 정성을 다해 섬긴 뒤 명상주제를 가지고 한거하는 삶을 살면서 위빳사나를 증장시켜 아라한됨을 얻었다. 장로의 일화는 『아빠다나』에도 나타나고 있다. …

그는 아라한됨을 얻고 나서, 외도들에게 출가하여 자신이 얻었던 ① 자기 학대에 몰두하는 괴로움(atta-kilamathānuyoga dukkha)과 교법에 출가하여 얻은 ② 禪 등의 행복(jhānādi-sukha)을 [비교해서] 생각해 본 뒤 자신의 도닦음을 반조하는 방법을 통해(paṭipatti-paccavekkhaṇa-mukhena) 구경의 지혜를 천명하면서 본 게송 다섯 가지를 읊었다."(ThagA.ii.136~137)

이 수부띠 장로는 본서 제1권 하나의 모음 {1}의 수부띠 장로(Subhūti thera, Th1:1)와는 다른 분이기 때문에 구분되어야 한다.

320. "타당하지 않은 것에 자신을 몰입하면서도
결과물을 원하는 사람이 있어[357] [358]

---

356) 『맛지마 니까야』 제1권 「역마차 교대 경」(M24 §17)에서 사리뿟따 존자는 자신의 이름이 우빠띳사(Upatissa)라고 밝히고 있다. 목갈라나 존자는 자신이 태어난 마을 이름을 따서 꼴리따(Kolita)라 불리었다.(SA.ii.233; 「꼴리따 경」(S21:1) 경의 제목 주해 참조) 셀라(Sela) 존자에 대해서는 「셀라 경」(M92) §5의 주해를 참조할 것.

357) '결과물을 원하는 사람이 있어'는 PTS: kiccam icchato 대신에 VRI: puriso kiccam icchako로 읽어서 옮긴 것이다. 노만 교수의 제언처럼 PTS: kiccam icchato(결과물을 원하기 때문에)는 문맥상 맞지 않아 보인다.(K.R. Norman, 181쪽 참조)

358) '타당하지 않은 것에 자신을 몰입하면서도 / 결과물을 원하는 사람이 있어'는 ayoge yuñjamattānaṁ, puriso kiccam icchako를 옮긴 것이다. 주석서는 이렇게 설명한다.

"여기서 '타당하지 않은 것에(ayoge)'란 몰두하지 말아야 하는(ayuñjita-

실천을 하여도 만일 증득하지 못하면
'이것은 내가 불행하다는 증거이다.'라고 그는 말한다.

321. 고통스러운 것을 뽑아내어 정복했다 할지라도
만일 하나를 포기한다면 그것은 깔리 패와 같으리.[359)]
만일 모든 것을 포기한다면 장님처럼 되리니[360)]

---

bba), 즉 받들어 행하지 말아야 하는(asevitabba) 양극단에(anta-dvaye) 라는 말이다. 여기서는 자기 학대에 몰두하는 것(atta-kilamathānuyoga)을 통해서 그 뜻을 알아야 한다. '몰입하면서도(yuñjaṁ)'란 거기에 자신을 몰두하면서도(yuñjanto), 즉 거기에 대해서 도를 닦으면서도(paṭipajjanto) 라는 말이다. '결과물을 원하는 사람이 있어(kiccam icchako)'란 양쪽 모두를 통해서 이익을 가져오는 결과물(ubhaya-hitāvaha kicca)을 원하는(icchanta) 사람이라는 뜻이다."(ThagA.ii.137)

359) '만일 하나를 포기한다면(ekañce ossajjeyya/VRI:ossajeyya)'이라고 하였다. 노력함(padhānatā)이란 두 번째가 없기 때문에(adutiyatā) 하나인 불방일(eka appamāda), 즉 바른 노력(sammā-payoga)을 만일 포기한다면, 버려버린다면(pariccajeyya ce)이란 말이다. '[가장 나쁜] 깔리 패와 같을 것이다(kalīva).'라는 것은 그 사람은 [급고독 장자의 친구인] 깔라깐니와 같을 것(Kāḷakaṇṇī viya)이라는 말이다."(ThagA.ii.137)

여기서 '깔리 패'는 kali를 옮긴 것이다. 인도의 전통적인 노름은 주사위(akkha, *die*)를 던져서 나오는 패를 가지고 승부를 겨룬다고 한다. 패에는 네 가지가 있다. 가장 좋은 패는 끄르따(kṛta)라고 하며 그다음은 뜨레따(tretā), 그다음은 드와빠라(dvāpara)라고 하고 가장 나쁜 패는 깔리(kali)라고 한다. 인도 문헌 전반에서 깔리(kali)는 '사악함, 불운, 죄악' 등의 의미로도 쓰인다. 그런데 주석서는 이것을 급고독 장자의 친구요 불운한 깔라깐니(Kāḷakaṇṇī)로 설명하고 있다.

문자적으로 깔라깐니(Kāḷakaṇṇī)는 검은 귀를 가진 것을 뜻하고 그래서 재수 없는 사람이나 물건이나 징조 등을 의미한다(PED *s.v.* Kālakaṇṇī). 이런 이름을 가진 그는 아나타삔디까(급고독) 장자의 친구였다고 한다. DPPN에 의하면 아나타삔디까 장자가 그를 고용하려 하자 주위 사람들이 그의 이름이 불길하다고 반대하였지만 장자는 그를 고용하였다고 한다. 어느 날 장자가 출타했을 때 장자의 집에 강도들이 들었는데 깔라깐니의 기지로 강도들이 도망을 갔으며 장자는 이 사실을 부처님께 아뢰었고 부처님께서는 이와 비슷한 일화를 담은 「깔라깐니 자따까」(Kāḷakaṇṇī Jātaka, J.i.364f.)를 말씀하셨다고 한다.

평탄하거나 고르지 못한 것을 보지 못하기 때문이다.

322. 참으로 행할 것만을 말해야 하고
행하지 않을 것을 말해서는 안 된다.
행하지는 않고 말만 한 것을
현자들은 철저하게 안다. (={226}; {262})

323. 마치 아름다운 꽃이
[여러] 색깔이 가득하지만 향기가 없는 것처럼
그와 같이 잘 설해진 말씀[金言]은361)
행하지 않으면 결실이 없다.

324. 마치 아름다운 꽃이
[여러] 색깔이 가득하고 좋은 향기도 나는 것처럼

---

360) "'만일 모든 것을 포기한다면(sabbānipi ce ossajeyya)'이라고 하였다. 모든 것, 즉 해탈에 의해서 익게 하는(paripācakāni) 믿음 · 정진 · 마음챙김 · 삼매 · 통찰지의 [다섯 가지] 기능들(saddhā-vīriya-sati-samādhi-paññ-indriyāni)을 만일 포기한다면, 즉 수행을 하지 않아서(abhāvanā) 버려버린다면(chaḍḍeyya ce) '장님처럼 되리니 / 평탄하거나 고르지 못한 것을 보지 못하기 때문이다(andhova siyā sama-visamassa adassanato).'" (ThagA.ii.137)

361) "'그와 같이 잘 설해진 말씀[金言]은(evaṁ subhāsitā vācā)'이라고 하였다. 잘 설해진 말씀[金言]이란 삼장에 담겨있는 부처님 말씀(tepiṭaka Buddhavacana)이니 색깔과 형태를 구족한 꽃과 같다(vaṇṇa-saṇṭhāna-sampanna-puppha-sadisa). 그러나 이것은 마치 향기 없는(agandhaka) 꽃을 호지하고 있더라도 몸에 향기가 배지 않는 것과 같다. [잘 설해진 말씀]을 존중과 들음 등으로만(sakkacca-savanādīhi) 받들고(samācarati) 그러한 존중을 직접 실천하지 않고(asamācaranta) 거기서 해야 할 것을 '행하지 않으면(akubbato)' 들음의 향기(suta-gandha)와 도닦음의 향기(paṭipatti-gandha)를 실어 나르지 못하여 '결실이 없다(aphalā hoti).' 그래서 말하기를 '그와 같이 잘 설해진 말씀[金言]은 / 행하지 않으면 결실이 없다(evaṁ subhāsitā vācā, aphalā hoti akubbato).'라고 하였다."(ThagA.ii.137138)

그와 같이 잘 설해진 말씀은
행하면 결실이 있다."

수부띠 장로 (끝)

3. 기리마난다 장로(Th5:3 {325}~{329})

【행장】

"기리마난다 장로(Girimānanda thera)는 라자가하에서 빔비사라 왕의 궁중제관의 아들로 태어났다. 그는 사리를 분별하는 나이가 되어 스승님께서 라자가하에 가셨을 때 부처님의 위신력을 보고 믿음을 얻어서 출가하였다. 그는 사문의 법을 행하면서 어느 날 마을에 있는 숙소에 머문 뒤 스승님께 절을 올리기 위해서 라자가하에 갔다.

빔비사라 대왕은 그가 왔다고 듣고 다가가서 '존자시여, 여기에 머무십시오. 제가 네 가지 필수품들로 시중을 들겠습니다.'라고 요청을 한 뒤 많은 업무를 돌보느라 [그 사실을] 잊어버렸다.
그러자 천신들은(devatā) '장로가 노지(abbhokāsa)에서 머물고 있다.'라고 하면서 장로가 젖는 것을 염려하여 비가 [내리는 것을] 막아버렸다. 왕은 비가 내리지 않는 이유(avassana-kāraṇa)를 면밀하게 관찰한 뒤 장로의 초막(kuṭikā)을 만들어 드리게 하였다."(ThagA.ii.138~139)

계속해서 주석서는 설명한다.
"장로는 초막에서 머물면서 적당한 거처를 얻어서 등지(等持, samādhāna)를 얻은 뒤 정진을 균등하게 적용시켜 위빳사나를 열성적으로 행한 뒤 아라한됨을 얻었다. 장로의 일화는 『아빠다나』에도 나타나고 있다. …

그때 장로는 아라한됨을 얻음을 통해 기쁘고 만족하였고 비가 내릴 때 그 위에다 비가 [더] 내리도록 촉구하는 방법을 통해(ni-yojana-mukhena) 구경의 지혜를 천명하면서 본 게송 다섯 개를 읊었다.
이와 같이 장로의 여러 가지 부문으로 된 격려를 머리로(sirasā) 받들며 구름의 신 왈라하까는 경사진 곳과 평지를 채우면서 큰 비를 내리게 하였다."(ThagA.ii.138~139)

기리마난다 장로와 관계된 경으로는『앙굿따라 니까야』제6권「기리마난다 경」(A10:60)이 잘 알려져 있다. 본경은 기리마난다 존자가 병에 걸려 극심한 고통에 시달리고 있었을 때 아난다 존자가 세존께 다가가서 그를 문병해 주실 것을 청하자 부처님께서는 "기리마난다 비구에게 열 가지 인식에 대해서 말해준다면 그는 그것을 듣자마자 즉시 병이 가라앉게 될 것"이라고 말씀하신 경이다.
세존께서 언급하신 열 가지 인식은 ① [오온에 대해서] 무상(無常)이라고 [관찰하는 지혜에서 생긴] 인식 ② 무아라고 [관찰하는 지혜에서 생긴] 인식 ③ 더러움[不淨]이라고 [관찰하는 지혜에서 생긴] 인식 ④ 위험을 [관찰하는 지혜에서 생긴] 인식 ⑤ 버림을 [관찰하는 지혜에서 생긴] 인식 ⑥ 탐욕이 빛바램을 [관찰하는 지혜에서 생긴] 인식 ⑦ 소멸을 [관찰하는 지혜에서 생긴] 인식 ⑧ 온 세상에 대해 기쁨이 없다는 인식 ⑨ 모든 형성된 것들[諸行]에 대해서 무상이라고 [관찰하는 지혜에서 생긴] 인식 ⑩ 들숨날숨에 대한 마음챙김이다.
이렇게 전체적으로 말씀하신 뒤에 세존께서는 이 하나하나에 대해서 구체적인 설명을 하고 계신다. 아난다 존자가 문병을 가서 들려준 이러한 부처님 말씀을 듣고 기리마난다 장로는 즉시에 쾌차하였다고 한다. 10가지 인식에 대한 분명한 설명을 담고 있는 본경은 수행자가 반드시 일독할 필요가 있는 경이다.

325. "[비의] 신은 [38] 아름다운 선율로 비를 내립니다.
나의 초막은 잘 덮여있고 행복하고 바람을 막아줍니다.
거기에 나는 고요하게 머뭅니다.362)
이제 [비의] 신이여, 원한다면 비를 내리기를.

326. [비의] 신은 아름다운 선율로 비를 내립니다.
나의 초막은 잘 덮여있고 행복하고 바람을 막아줍니다.
거기에 나는 평화로운 마음으로 머뭅니다.
이제 [비의] 신이여, 원한다면 비를 내리기를.

327. [비의] 신은 아름다운 선율로 비를 내립니다.
나의 초막은 잘 덮여있고 행복하고 바람을 막아줍니다.
거기에 나는 탐욕을 여의고 머뭅니다.
이제 [비의] 신이여, 원한다면 비를 내리기를.

---

362) "'거기에 나는 고요하게 머문다(tassaṁ viharāmi vūpasanto).'라고 하였다. '거기에 나는 머문다(tassaṁ viharāmi).'는 것은 그 초막(kuṭikā)에서 성자들이 머무는 방(ariya-vihāra-gabbha)에서 [행·주·좌·와 등의] 자세로 머묾(iriyāpatha-vihāra)을 통해서 나는 머문다는 말이다. '고요하게(vūpasanto)'라는 것은 으뜸가는 과의 삼매(agga-phala-samādhi)로 바르게, 고요한 마음으로(upasanta-mānaso)라는 말이다."(ThagA.ii.139)

복주서들은 여기서 '성자들이 머묾(ariya-vihārā)'을 "성자들 혹은 성자의 머묾을 성자들의 머묾이라 하며 네 가지 출가 생활의 결실(예류과부터 아라한과까지)을 뜻한다(ariyānaṁ, ariyā vā vihārā ariya-vihārā, cattari sāmañña-phalāni)."(MAṬ.i.40; SAṬ.i.36)라고 설명하고 있다.

여기 나타나는 기리마난다 장로(Th5:3)의 다섯 개 게송들({325}~{329})의 세 번째 구(句, pada)에는 각각 고요함(vūpasanto, {325c}), 평화로운 마음(santa-citto, {326c}), 탐욕을 여읨(vīta-rāgo, {327c}), 성냄을 여읨(vīta-doso, {328c}), 어리석음을 여읨(vīta-moho, {329c})의 다섯 개 용어만 다르게 나타나고 나머지는 다섯 개가 모두 똑같다. 그래서 PTS본에는 반복되는 부분(뻬얄라, peyyala)의 생략으로 편집되어 있다.

328. [비의] 신은 아름다운 선율로 비를 내립니다.
나의 초막은 잘 덮여있고 행복하고 바람을 막아줍니다.
거기에 나는 성냄을 여의고 머뭅니다.
이제 [비의] 신이여, 원한다면 비를 내리기를.

329. [비의] 신은 아름다운 선율로 비를 내립니다.
나의 초막은 잘 덮여있고 행복하고 바람을 막아줍니다.
거기에 나는 어리석음을 여의고 머뭅니다.
이제 [비의] 신이여, 원한다면 비를 내리기를."

기리마난다 장로 (끝)

4. **수마나 장로**(Th5:4 {330}~{334})

【행장】

"수마나 장로(Sumana thera)는 꼬살라 지역에서 장자의 가문에 태어나서 행복하게 성장하였다. 그의 외삼촌이 출가하여 아라한이 되어 숲에서 머물고 있었는데 수마나가 적당한 나이가 되었을 때 출가하게 한 뒤 기질에 적합한(caritānukūla) 명상주제를 주었다. 그는 거기서 수행하는 업(yoga-kamma)을 지으면서 네 가지 禪(cattāri jhānāni)과 다섯 가지 신통지(pañca abhiññāyo)를 얻었다. 그러자 그 장로는 그에게 위빳사나의 방법(vipassanā-vidhi)을 가르쳤다. 그는 오래지 않아서 위빳사나를 증장시켜 아라한됨에 확립되었다. 장로의 일화는 『아빠다나』에도 나타나고 있다.(ThagA.ii.140) …

그는 아라한됨에 확립되어 어느 날 외삼촌인 장로를 시봉하기 위해서 떠났다. 장로는 그에게 증득(adhigama)에 대해서 질문하였고 그는 그것을 설명하였는데 본 게송 다섯 개를 통해서 사자후를 토하면서(sīhanādaṁ nadanto) 구경의 지혜를 천명하였다."
(ThagA.ii.140)
다른 수마나 장로(Th6:10)의 게송이 본서 여섯의 모음 {429}~{434}으로 나타나고 있다.

330. "법들 가운데서 내가 [행하기를] 소망하시던
그런 은사께서 도와주셔서
죽음 없음[不死]을 바라던 나는[363]
그 해야 할 일을 행하였습니다.[364]

331. 저 스스로가 법을 얻고 실현하였습니다.[365]

---

363) 주석서는 '법들 가운데서 내가 [행하기를] 소망하시던 / 그런 은사께서 도와주셔서 / 죽음 없음을 바라던 나는(yaṁ patthayāno dhammesu, upajjhā-yo anuggahi / amataṁ abhikaṅkhantaṁ)'까지를 끊어서 다음과 같이 설명을 하고 있다.

"사마타와 위빳사나 등의 비난받지 않는 법들 가운데서(anavajja-dhamme-su) 그 법을 나에게서 소망하시던, 즉 원하시던(ākaṅkhanto) 은사께서, 죽음 없음인 열반을 바라던 나에게 교계를 베풂(ovāda-dāna)을 통해서 도와주셨다(anuggaṇhi)는 말이다."(ThagA.ii.140)

364) "'그 해야 할 일을 행하였습니다(kataṁ kattabbakaṁ mayā).'라고 하였다. 그것을 증득하기 위해서(tassa adhigamattha) 행해야 하는, 철저하게 앎 등의 16가지 방법의 역할(pariññādi-soḷasa-vidha kicca)을 행하여서 나는 완성하였다(niṭṭhāpitaṁ)는 말이다."(ThagA.ii.140)

『디가 니까야 주석서』는 철저하게 앎 등의 16가지 방법의 역할(pariññādi-soḷasa-vidhaṁ kiccaṁ)을 "네 가지 진리에 대해서 네 가지 도에 의해서 철저하게 앎(pariññā), 버림(pahāna), 실현(sacchikiriyā), 닦음(bhāvanā)을 통해서 16가지 방법의 역할을 완성하였다."(DA.i.226)라고 설명하고 있다.

『이띠웃따까 주석서』는 "네 가지 성스러운 진리 각각에 대해서 철저하게 앎(pariññā) 등의 16가지 역할들을 완성하기 때문이다."(ItA.i.156)라고 설명하고 있으며 『청정도론』은 "진리를 관통할 때 이 [고·집·멸·도의] 네 가지 지혜의 각각은 한 순간에 철저하게 앎(pariññā), 버림(pahāna), 실현(sacchikiriyā), 닦음(bhāvanā)이라는 통달지 등의 네 가지 역할을 한다."(Vis.XXII.92)로 설명하고 있다.

'그렇다 하더라.'라고 해서가 아닙니다.[366]
청정한 지혜를 가졌고 의심이 없는 저는
당신의 곁에서 설명합니다.

332. 저는 전생[宿命]을 알고

---

365) '저 스스로가 법을 얻고 실현하였습니다.'는 anuppatto sacchikato, sayaṁ dhammo를 옮긴 것이다. 주석서는 여기서 법을 '얻은 것(anuppatto)'을 [예류도부터 아라한도까지의] 네 가지 도의 법(catubbidha maggadhamma)이라고 설명하고 법을 '실현한 것(sacchikato)'을 열반의 법과 과의 법이라고 설명한다.(ThagA.ii.140)

366) "그렇다 하더라.'라고 해서가 아닙니다.'는 anītiho를 주석서를 참조해서 풀어서 옮긴 것이다. anītiha는 an+īti+ha = an+iti+ha로 분해가 되며 문자적으로는 '그런 것이 아닌'이라는 의미이다. 이것은 역사를 뜻하는 itihāsa와 같은 부류의 단어라 할 수 있다. 주석서는 이렇게 설명한다.

"'anītiho'는 [남들에 의해서] 칠해진 것이 아니라(asandiddha, a+saṁ+√dih, *to smear*, PPP) 자신이 직접 체험한 것으로(atta-paccakkha kata) '이처럼, 그렇다 하더라.'라고 전개되어('itiha, iti kirā'ti pavattiyā) 이처럼이라 불리는 의심(itiha-saṅkhāta saṁsaya)을 뿌리 뽑으면서(samucchindanta) 성스러운 도가 전개되는 것이다."(ThagA.ii.140)

그러므로 "그렇다 하더라.'라고 해서가 아닙니다.'로 옮기고 있는 이 anītiho는 『앙굿따라 니까야』 제1권 「깔라마 경」(A3:65) §3 등에 나타나는 iti-kira(그렇다 하더라.)와 같은 맥락에 있는 용어라 할 수 있다. 「깔라마 경」에서 세존께서는 말씀하신다.

"깔라마들이여, 그대들은 소문으로 들었다고 해서(anussavena), 대대로 전승되어 온다고 해서(paramparāya), '그렇다 하더라.'고 해서(iti-kirāya), [우리의] 성전에 써 있다고 해서(piṭaka-sampadānena), 논리적이라고 해서(takka-hetu), 추론에 의해서(naya-hetu), 이유가 적절하다고 해서(ākāra-parivitakkena), [우리가] 사색하여 얻은 견해와 일치한다고 해서(diṭṭhi-nijjhāna-kkhantiyā), 유력한 사람이 한 말이라고 해서(bhabba-rūpatāya), 혹은 '이 사문은 우리의 스승이시다(samaṇo no garu).'라는 [생각 때문에 진실이라고 받아들이지] 말라. 깔라마들이여, 그대들은 참으로 스스로가 '이러한 법들은 유익한 것이고, 이러한 법들은 비난받지 않을 것이며, 이런 법들은 지자들의 비난을 받지 않을 것이고, 이러한 법들을 전적으로 받들어 행하면 이익과 행복이 있게 된다.'라고 알게 되면, 그것들을 구족하여 머물러라."(A3:65 §3)

신성한 눈[天眼]이 청정해졌습니다.
저는 참된 목적[367]을 성취하였고
부처님의 교법을 실천하였습니다. (cd={112}cd)

333. 저는 방일하지 않고 공부지어[368]
당신의 교법에서 잘 배웠습니다.[369]
저의 모든 번뇌는 멸진하였고
이제 다시 존재함이란 없습니다.

334. 저에게 성스러운 서계를 훈도하셨고
저를 연민하셨고 도와주셨습니다.
당신의 교계는 헛되지 않았습니다.
공부지은 저는 당신의 직계 제자입니다."

수마나 장로 (끝)

5. 왓다 장로(Th5:5 {335}~{339})

【행장】

"왓다 장로(Vaḍḍha thera)는 바루깟차 도시(Bhārukaccha-nagara)에서 장자의 가문에 태어났다. 그의 어머니[370]는 윤회에서 절박

---

367) "'참된 목적(sadattho)'이란 아라한됨이다."(ThagA.ii.140)

368) "'공부지어(sikkhā)'란 높은 계를 공부지음[增上戒學, adhisīla-sikkhā] 등이다."(ThagA.ii.141)

369) '당신의 교법에서 잘 배웠습니다.'는 sussutā tava sāsane를 옮긴 것이다. 주석서는 이렇게 설명한다.

"'잘 배웠습니다(sussutā).'라는 것은 교학을 많이 배움(pariyatti-bāhusacca)과 꿰뚫음을 많이 배움(paṭivedha-bāhusacca)을 완성함(pāripūri)을 통해서 잘 배웠다(suṭṭhu sutā)는 말이다. '당신의 교법에서(tava sāsane)'란 당신의 교계(ovāda)에, 즉 간곡한 가르침(anusiṭṭhi)에 확립되어서(ṭhita)라는 뜻이다."(ThagA.ii.141)

함이 생겨서(saṁsāre sañjāta-saṁvegā) 아들을 친지들에게 맡기고 비구니들 곁으로 출가하였다. 그녀는 위빳사나의 업을 행하여 아라한됨을 얻은 뒤 나중에 아들이 사리를 분별하는 나이가 되자 웰루단따 장로(Veḷudantatthera)의 곁으로 출가시켰다.

그는 출가하여 부처님 말씀을 익혀서 많이 배우고(bahussuta) 법을 설하는 자(dhamma-kathika)가 되어 경전을 [공부하는] 의무를 실행하면서(gantha-dhuraṁ vahanto) 어느 날 '혼자이니 [삼의 가운데 가사를 수하지 않고] 하의와 상의만을 입고(santaruttaro-va) 어머니를 뵈어야지.'라고 하면서 비구니 거처(bhikkhun-upassaya)로 갔다. 그를 보고 어머니는 '왜 그대는 혼자 하의와 상의만 입고 여기에 왔는가?'라고 나무랐다. 그는 어머니의 질책을 받고 '내가 적절하지 못한 행위를 하였구나.'라고 하면서 절박함이 생겨(uppanna-saṁvega) 승원으로 갔다.
그는 낮 동안의 앉는 곳(divāṭṭhāna)에 앉아서 위빳사나를 하여 아라한됨을 얻었다. 그 뒤 어머니가 하신 교계의 성취를 설명하는 방법을 통해(ovāda-sampatti-pakāsana-mukhena) 구경의 지혜를 천명하면서 본 게송 다섯 개를 읊었다."(ThagA.ii.141)

335. "참으로 나의 어머니는 훌륭하셨으니
몰이 막대를 보여주셨습니다.
나는 모친의 말씀을 듣고
그분의 권고를 받아
부지런히 정진하고 스스로 독려하여
으뜸가는 바른 깨달음[371]을 얻었습니다.

370) 그의 어머니 왓다마따 장로니(Vaḍḍhamātā therī, Thi9:1)에 대해서는 『테리가타』 아홉의 모음 {204} 【행장】 을 참조할 것.

371) "'바른 깨달음(sambodhi)'이란 아라한됨(arahatta)을 말한다."(ThagA.ii.141)

336. 나는 아라한이고 보시를 받을 만한 자이며
삼명을 갖추었고 죽음 없음을 보았습니다.
나무찌(마라)372)의 군대를 이기고
번뇌 없이 머무릅니다.373)

337. 안으로도 밖으로도
나에게서 발견되었던 번뇌들은
모두 남김없이 끊어졌으며
다시는 일어나지 않을 것입니다. (={439})

338. 뛰어나신 누님374)은

---

372) '나무찌(Namuci)'는 마라의 이름이다. 『상윳따 니까야 복주서』는 S4:1 §3을 설명하면서 "윤회의 괴로움으로부터 완전히 해탈하지 못한 것을 조건으로 해서(vaṭṭa-dukkhato aparimutta-paccayattā) 나무찌라 한다."(SAṬ.i.177)라고 풀이하고 있다. 즉 나무찌(Namuci)를 na muci(해탈하지 못함)로 문자 그대로 해석한 것이다.

373) 주석서는 본 게송을 다음과 같이 설명하고 있다.

"오염원들을 멀리 여의었기 때문에(ārakattā kilesehi) '아라한이고(arahā)' 공덕의 들판[福田]이기 때문에(puñña-kkhettatāya) '보시를 받을 만한 자이며(dakkhiṇeyyo)' 전생을 기억하는 지혜[宿命通] 등의 세 가지 명지를 증득했기 때문에 '삼명을 갖추었고(tevijjo)' 열반을 실현하였기 때문에 '죽음 없음을 보았다(amataddaso).' '나무찌의(Namucino)', 즉 마라의, 오염원을 실어 나르는(kilesa-vāhini) '군대를(senaṁ)' 깨달음의 편에 있는 군대(bodhi-pakkhiya-senā)로 이긴 뒤에(jinitvā) 그를 이겼기 때문에 '번뇌 없이(anāsavo)' 행복하게(sukhaṁ) '나는 머무릅니다(viharāmi).'라는 뜻이다."(ThagA.ii.142)

374) 여기서 왓다 장로는 어머니를 누님으로 부르고 있다. '누님'은 bhaginī를 옮긴 것이다. 주석서는 그 이유를 이렇게 설명한다.

"이와 같이 어머니와 자신은 아라한됨을 증득함(arahattādhigama)에 의해서 스승님의 가슴에서 태어난 아들이 되었다(orasa-putta-bhāva)고 찬미하면서(ullapenta) 어머니를 '누님(bhaginī)'이라고 부르고 있다."(ThagA.ii.142)

이러한 뜻을 말씀하셨습니다.
'이제 참으로 나에게도 그대에게도
덤불은 존재하지 않는다.'[375] 라고.

339. [376] 괴로움은 끝이 났고
태어남과 죽음의 윤회와 [연결된]
이것이 마지막 적집된 것입니다.
이제 다시 존재함이란 없습니다."

왓다 장로 (끝)

6. 나디깟사빠 장로(Th5:6 {340}~{344})

【행장】

"나디깟사빠 장로(Nadīkassapa thera)는 마가다 지역에서 바라문의 가문에 태어났다. 그는 우루웰라깟사빠의 동생으로 태어났다. 그는 적당한 나이가 되어 벗어남의 성향을 가졌기 때문에 재가의 삶을 원하지 않아 고행하는 출가자(tāpasa pabbajja)로 출가하여 300명의 고행자들과 함께 네란자라 강(Nerañjarā nadi)의 언덕에서 아쉬람(assama)을 만들어 머물렀다.

강의 언덕에 머물고 그의 족성이 깟사빠였기 때문에(Kassapa-gottatāya) 나디깟사빠라는 명칭이 생겼다. 그와 그의 회중에게

어머니가 먼저 출가하였으니 같은 부처님의 제자로는 어머니가 손위 누이, 즉 누님이 되기 때문이다.

375) "'덤불은 존재하지 않는다(vanatho te na vijjati).'라고 하였다. 무명 등의 덤불은 그대의 흐름(santāna)에 없다는 말이다."(ThagA.ii.142)

『담마상가니』 §1065 등에는 탐욕(lobha)의 동의어 101개가 나열되는데 그 29번째에 이 vanatha가 나타나고 있다. 거기서는 '숲'으로 옮겼다.

376) "이제 당신께서 자극을 주신 그 모습(niyojitākāra)대로 나는 도를 닦았습니다라는 것을 보여주면서 마지막 게송을 말하였다."(ThagA.ii.142)

세존께서는 '오라, 비구여.'라는 말씀(ehibhikkhu-bhāva)으로 구족계를 주셨다. 이 모든 것은 율장 『마하왁가』(대품, Vin.i.24 이하)에 전승되어 온다. 세존께서는 [『상윳따 니까야』 제4권] 「불타오름 경」(S35:28)의 가르침으로 그를 아라한됨에 확립되게 하셨다. 장로의 일화는 『아빠다나』에도 나타나고 있다. …

그는 아라한됨에 확립되어 나중에 자신의 도닦음을 반조한 뒤 사견을 뿌리 뽑음을 찬탄하는 방법을 통해(diṭṭhi-samugghāta-kittana-mukhena) 구경의 지혜를 천명하면서 본 게송 다섯 개를 읊었다."(ThagA.ii.143)

이 나디깟사빠 장로(Nadī-Kassapa thera)는 우리에게 가섭 삼형제 혹은 엉킨 머리 삼형제(Tebhātika-Jaṭila, DhpA.i.88; ApA.87 등)로 알려진 세 명의 외도 수행자 가운데 둘째이다. 이들은 부처님께서 6년 고행을 하신 우루웰라의 네란자라(Nerañjarā) 강의 언덕에 살고 있었다. 맏형인 우루웰라깟사빠는 500명의 제자를 거느리고 제일 상류에, 둘째인 나디깟사빠(Nadī-Kassapa)는 300명의 무리와 함께 중류에, 셋째인 가야깟사빠(Gayā-Kassapa)는 200명의 무리와 함께 하류에 살고 있었다고 한다. 그들은 불을 섬기는 자들이었다.(ThagA.ii.160)
부처님께서는 우루웰라의 거처로 가셔서 그가 섬기던 사나운 용(nāga)을 조복시키고 그들을 모두 제자로 받아들이셨다.(Vin.i.24ff) 이 사건을 계기로 부처님께서는 1,000명의 제자를 얻게 되었으며 라자가하에서 부처님의 명성이 크게 퍼지게 되었다. 그 후에 가야시사(Gayāsīsa)에서 부처님께서 그들에게 설하신 「불타오름 경」(S35:28)을 듣고 1,000명이 모두 아라한이 되었다고 한다.
첫째인 우루웰라깟사빠 장로(Uruveḷakassapa thera, Th6:1)의 게송은 본서 여섯의 모음 {375}~{380}에, 셋째인 가야깟사빠 장로(Gayākassapa thera, Th5:7)의 게송은 본서 다섯의 모음 {345}~{349}에 나타나고 있다.

340. "나의 이로움을 위해서[377] 참으로 부처님께서는
네란자라 강으로 가셨도다.
나는 그분의 법을 듣고
그릇된 견해를 버렸노라.[378]

341. [전에] 나는 [39] 이런저런 여러 제사를 지냈으니
눈먼 범부였던[379] 나는
'이것이 청정이다.'라고 생각하면서
아그니호뜨라 제사[380]를 지냈도다.

---

377) 여기서 '이로움을 위해서'는 atthāya를 옮긴 것인데 주석서는 이것을 이익을 위해서(hitāya)로 설명하고 있어서 이렇게 옮겼다.(ThagA.ii.143)

378) "'그릇된 견해를 버렸다(micchā-diṭṭhiṁ vivajjayiṁ).'라는 것은 '제사 등으로 청정이 있다.'라는 등의 방법으로 전개되는 전도된 이해(viparīta-dassana)를 나는 버렸다(pajahiṁ)는 말이다."(ThagA.ii.144)

379) "'눈먼 범부였던(andha-bhūto puthujjano)'이라고 하였다. 통찰지의 눈이 결여되어(paññā-cakkhu-vekallena) 무명의 어둠 때문에(avijjandhatāya) 눈먼 범부가 되어라는 말이다."(ThagA.ii.144)

380) '아그니호뜨라 제사'는 aggi-hutta(악기훗따)를 옮긴 것인데 이 악기훗따의 산스끄리뜨 agni-hotra를 그대로 음역한 것이다. 아그니호뜨라는 문자 그대로 불(아그니, Sk. agni, Pāli. aggi)을 지펴서 불에 공물을 바치는(호뜨라, Sk. hotra, Pali. hutta) 제사이다. 이 아그니호뜨라는 인도의 모든 정규 제사에서 가장 기본이 되는 제사 방법이다. 모든 정규제사는 『제의서』(Bra-hmaṇā)에 규정되어 있는 엄정한 방법에 따라 불을 지피는 제단을 만들어서 여기에 공물을 바치는 것을 근본으로 하기 때문이다.

인도의 제사는 크게 공공제사(śrauta-yajña)와 가정제사(gṛhya-yajña)로 나누어지며 각각은 다시 일곱 가지씩의 기본제사(saṁsthā)로 나누어진다. 제사는 공공제사가 가정제사보다 훨씬 중요하게 취급된다. 모든 제사, 특히 공공제사는 모든 공물을 반드시 불(aggi, Sk: agni)에 헌공한다. 그러면 불의 신이요 바라문들의 신인 아그니(Agni)가 이 공물을 신들에게 날라다 주어서 제주가 그 공덕을 얻게 된다고 한다. 그러므로 불에 공물을 바치는 이 아그니호뜨라야말로 모든 제사의 기본이 되는 것이다. 제사(yajña)에 대한 설명은 『디가 니까야』 제1권 「꾸따단따 경」(D5)의 주해들을 참조할 것.

342. 견해의 밀림에 들어가서[381]
집착[固守]에 의해서 어리석어서[382]
눈멀고 어리석었던 나는
청정하지 않은 것을 청정이라 생각하도다.[383]

343. 나의 그릇된 견해는 제거되었고[384]

---

381) "'견해의 밀림에 들어가서(diṭṭhi-gahana-pakkhando)'라고 하였다. 숲으로 된 밀림(vana-gahana), 산속의 밀림(pabbata-gahana) 등처럼 벗어나기 어렵다는 뜻(duratikkamanaṭṭha)에서 견해가 바로 밀림(diṭṭhiyeva gahana)이라고 해서 '견해의 밀림(diṭṭhi-gahana)'이라 한다. 거기에 들어간 것을 말한다."(ThagA.ii.144)

382) "'집착[固守]에 의해서 어리석어서(parāmāsena mohito)'라고 하였다. '집착[固守]에 의해서(parāmāsena)'라는 것은 법의 고유성질(dhamma-sabhāva)을 넘어서서 '이것만이 진리이다.'라고 집착(고수, parāmasana)하기 때문에 집착(parāmāsa)이라 불리는 그릇된 천착(micchābhinivesa)에 의해서라는 뜻이다. '어리석어서(mohito)'라는 것은 미혹한 상태가 되어(mūḷha-bhāva) 사악하여(pāpita)라는 말이다."(ThagA.ii.144)

383) '눈멀고 어리석었던 나는 / 청정하지 않은 것을 청정이라 생각하였다.'는 asuddhiṁ maññisaṁ suddhiṁ, andha-bhūto aviddasu를 옮긴 것이다. 주석서는 이렇게 설명한다.

"'나는 청정하지 않은 것을 청정이라 생각하였다(asuddhiṁ maññisaṁ suddhiṁ).'라는 것은 청정하지 않은 도를 청정한 도(suddhi magga)라고 나는 생각하였다는 말이다. 여기서 그 이유(kāraṇa)를 말하여 '눈멀고 어리석었던 나는(andha-bhūto aviddasu)'이라고 하였다. 무명에 의해서 눈멀고 그래서 법과 비법(dhammādhamma)과 적합한 것과 적합하지 않은 것(yuttāyutta)을 알지 못하여서(avidvā) 그렇게 생각하였다는 뜻이다."(ThagA.ii.144)

384) "'나의 그릇된 견해는 제거되었고(micchā-diṭṭhi pahīnā me)'라고 하였다. 이러하신 분인(evaṁ-bhūta) 스승님의 면전으로부터(sammukhā) 네 가지 진리를 모태로 하는(catu-sacca-gabbha) 법의 말씀을 들은 뒤 지혜롭게 도를 닦으면서(yoniso paṭipajjanta) 모든 그릇된 견해는 근절에 의한 버림(samuccheda-ppahāna)을 통해서 성스러운 도의 바른 견해(ariya-magga-sammā-diṭṭhi)로 나에 의해서(mayhaṁ) 제거되었다는 말이다."(ThagA.ii.144)

모든 존재들은 산산이 흩어졌도다.[385]
나는 보시의 불[386]에 헌공을 하나니[387]
나는 여래께 예배하노라.

344\. 나의 모든 어리석음들은 제거되었고[388]
존재의 갈애는 갈기갈기 찢어졌도다.
태어남의 윤회는 멸진하였고
이제 다시 존재함이란 없노라."

나디깟사빠 장로 (끝)

---

385) "'모든 존재들은 산산이 흩어졌다(bhavā sabbe vidālitā).'라고 하였다. 여기서 '존재들(bhavā)'은 욕계 존재 등의(kāma-bhavādayo) 모든 존재들이고 성스러운 도의 칼(ariya-magga-sattha)로 '산산이 흩어졌다(vidālitā)', 파괴되었다(viddhaṁsitā)는 말이다."(ThagA.ii.144)

386) '불(agni)'은 인도의 제사에서 헌공하는 공물을 신들에게 옮겨주는 중요한 수단이다. 그래서 베다 제사에서는 아하와니야(āhavanīya), 가르하빠따(gārhapatya), 닥시나(dakṣiṇa)의 세 가지 불을 피우는 제단을 만든다. 이 가운데 아하와니야는 제사 마당의 동쪽에 만들어진 정사각형으로 만든 불의 제단인데 신들에게 바치는 공물은 모두 이곳에 헌공한다. 가르하빠따는 제일 처음에 지피는 불인데 이곳에서 불을 피워서 아하와니야 제단으로 불을 옮겨간다. 닥시나는 제사 마당의 남쪽에 피우는 반원 모양의 불의 제단인데 아수라의 접근을 막는 역할을 한다고 한다. ― 『디가 니까야』 제3권 「합송경」(D33) §1.10 (33)의 주해에서.

387) "'나는 보시의 불에 헌공을 하나니(juhāmi dakkhiṇeyyaggiṁ)'라는 것은 [베다 제사의] 헌공하는 불 등(āhavanīyādika aggī)을 내버린 뒤 신을 포함한 세상의 으뜸가는 보시를 받을 만하기 때문에(agga-dakkhiṇeyyatāya) 그리고 모든 사악함을 태웠기 때문에(pāpassa dahanato) 보시의 불(dakkhiṇeyya-ggi)인 정등각자(sammāsambuddha)께 나는 헌공한다(juhāmi), 즉 [정등각자를] 섬긴다(paricarāmi)는 뜻이다."(ThagA.ii.144)

388) "'나의 모든 어리석음들은 제거되었고(mohā sabbe pahīnā me)'라고 하였다. 괴로움을 알지 못함 등으로 구분되는(dukkhe aññāṇādi-bhedā) 나의 모든 어리석음들(mohā)은 제거되었다, 뿌리 뽑혔다(samucchinnā)는 말이다."(ThagA.ii.144)

7. 가야깟사빠 장로(Th5:7 {345}~{349})

【행장】

가야깟사빠 장로(Gayākassapa thera)는 우리에게 가섭 삼형제 혹은 엉킨 머리 삼형제(Tebhātika-Jaṭila, DhpA.i.88; ApA.87 등)로 알려진 세 명의 외도 수행자 가운데 셋째이다. 그는 부처님께서 6년 고행을 하신 우루웰라의 네란자라(Nerañjarā) 강의 하류에서 200명의 무리와 함께 살고 있었다(ThagA.ii.160). 첫째인 우루웰라깟사빠 장로(Th6:1)의 게송은 본서 여섯의 모음 {375}~{380}으로, 나디깟사빠 장로(Th5:6)의 게송은 다섯의 모음 {340}~{344}으로 나타나고 있다. 장로의 일화는 『아빠다나』에도 나타나고 있다.(ThagA.ii.145)

『테라가타 주석서』는 "장로는 아라한됨에 확립되어서 자신의 도닦음을 반조해 본 뒤 사악함을 끌어내 버림을 찬탄하는 방법을 통해(pāpa-pavāhana-kittana-mukhena) 구경의 지혜를 천명하면서 본 게송 다섯 개를 읊었다."(Ibid.)라고 설명하고 있다.

345. "아침과 한낮과 저녁에
하루에 세 번을
나는 가야의 팍구나 달 금식일에[389]
가야에서[390] 물에 뛰어들었다.

---

389) '가야의 팍구나 달 금식일에'는 Gaya-phagguyā를 주석서를 참조하여 옮긴 것이다. 주석서는 이렇게 설명한다.

"'가야의 팍구나 달 금식일에(Gaya-phagguyā)'라는 것은 가야팍구라 부르는(Gayā-phaggu-nāmaka) 팍구나 달(음력 2월 보름에서 3월 보름) 상현의 팍구나 별자리(Phaggunī-māsassa uttara-phaggunī-nakkhatta)일 때 매년(anusaṁvaccharaṁ) 물에 들어가는 데 몰두하였다(udakoroha-nam anuyutta)는 말이다."(ThagA.ii.146)

390) "'가야에서(Gayāya)'라는 것은 많은 사람들의 사악함을 끌어내 버린다(pāpa

346. '이전의 다른 생들에서
내가 지은 사악함을
이제 여기서 씻어버립니다.'라는
이러한 견해를 나는 전에[391] 가지고 있었다.

347. 좋은 말씀[金言]으로 설하신
법과 의미와 연결된 구절을 듣고
나는 사실이고 정확한 의미를
지혜롭게 반조하였다.[392]

348. 나는 모든 사악함을 씻었고[393]

-pavāhana)고 칭송받는 가야의 성소의 계단(Gayā-tittha)에서라는 말이다."(ThagA.ii.146)

391) "여기서 '전에(pure)'란 스승님의 교법에 다가오기(sāsan-upagamanato) 전에라는 뜻이다."(ThagA.ii.146)

392) '나는 사실이고 정확한 의미를 / 지혜롭게 반조하였다.'는 tathaṁ yāthāvakaṁ atthaṁ, yoniso paccavekkhisaṁ을 옮긴 것이다. 주석서는 이렇게 설명한다.

"이렇게 밝힌 것은 궁극적인 의미(paramattha-bhāva)에서 진실함(taccha-bhāva)이기 때문에 '사실이고(tathaṁ)', 적절하게(yathārahaṁ) 발생과 정지(고성제와 멸성제)에 대한 수단이 됨에(pavatti-nivatti-upāya-bhāve) 예외가 없기 때문에(byabhicāra-abhāvato) '정확한(yāthāvakaṁ)', 괴로움 등(dukkhādi)의 '의미를(atthaṁ)', '지혜롭게(yoniso)' 즉 바른 수단(upāya)인 철저하게 앎 등(pariññeyyādi-bhāva)으로 '반조하였다(paccavekkhisaṁ).'라는 말이다. 즉 '괴로움은 철저하게 알아야 하고(dukkhaṁ pariññeyyaṁ), 일어남은 버려야 하고(samudayo pahātabbo), 소멸은 실현해야 하고(nirodho sacchikātabbo), 도는 닦아야 한다(maggo bhāvetabbo).'라고 나는 반조하였다(patiavekkhiṁ), 나는 지혜의 눈으로 보았다(ñāṇa-cakkhunā passiṁ), 나는 꿰뚫었다(paṭivijjhinti)라는 뜻이다."(ThagA.ii.146)

393) "'나는 모든 사악함을 씻었고(ninhāta-sabba-pāpomhi)'라는 것은 이와 같이 진리를 꿰뚫었기 때문에(paṭividdha-saccattā) 성스러운 도의 물

때가 없고 정화되었고 깨끗하며[394]
청정하고 청정한 분의 상속자이고[395]
부처님의 가슴에서 태어난 아들이다.[396]

349. 여덟 가지 구성요소를 가진 흐름[397]에 들어서
모든 사악함을 씻어버렸다.[398]

(ariya-magga-jala)로 나는 모든 사악함을 씻어내었다(vikkhālita-sabba-pāpo amhi)라는 말이다."(ThagA.ii.146)

394) "탐욕의 때 등(rāga-malādī)이 존재하지 않아서 때가 없기 때문에(nimmala-ttā) '때가 없고(nimmalo)', 청정한 몸의 품행을 가졌고(parisuddha-āya-samācāratāya) 청정한 말의 품행을 가졌고 청정한 마음의 품행을 가졌기 때문에 '정화되었고(payato)', '깨끗하다(suci).'"(ThagA.ii.146)

395) "'청정한 분의 상속자이고(suddho suddhassa dāyādo)'라고 하였다. 훈습과 더불어 모든 오염원의 때를 청정하게 함(savāsana-sabba-kilesa-mala-visuddhi)에 의해서 '청정한 분의(suddhassa)', 즉 부처님의, 세존의라는 뜻이다. 이처럼 출세간법의 상속자(lokuttara-dhamma-dāyada)로부터 물려받았기 때문에(ādiyanato) '상속자(dāyādo)'이다."(ThagA.ii.146)

396) "'부처님의 가슴에서 태어난 아들이다(putto Buddhassa oraso).'라고 하였다. 그분의 가르침의 지혜에서 생긴 가슴의 노력에서 태어난 태생이기 때문에(desanā-ñāṇa-samuṭṭhāna-urovāyāma-janita-abhijātitāya) 나는 '가슴에서 태어난(oraso)' 아들이다(putto amhi)라고 [문장이] 적용된다."(ThagA.ii.146)

가슴의 노력은 uro-vāyāma를 직역한 것이다. 이 용어는 빠알리 문헌 가운데 여기 『테라가타 주석서』와, 같은 담마빨라 스님이 지은 『디가 니까야 복주서』의 한 곳에만 나타나는 것으로 조사되었다. 『디가 니까야 복주서』에도 다음과 같은 비슷한 문맥에 나타나고 있다.

"성스러운 제자들(ariya-sāvakā)은 세존의 가슴의 노력에서 생기고 태어났기 때문에(urovāyāmajanita-abhijātatāya) '가슴에서 태어난 아들들(orasaputtā)'이라 방편을 여의고 말해야 한다."(DAṬ.i.15)

397) "'여덟 가지 구성요소를 가진 흐름(aṭṭhaṅgika sota)'은 바른 견해[正見] 등에 의해서(sammādiṭṭhi-ādīhi) 여덟 가지 구성요소로 통합된(aṭṭhaṅga-samodhāna-bhūta) 도의 흐름(magga-sota), [즉 팔정도의 흐름]이다."(ThagA.ii.146)

398) "'모든 사악함을 씻어버렸다(sabba-pāpaṁ pavāhayiṁ).'라고 하였다. 남

세 가지 명지를 얻었고
부처님의 교법을 실천하였다."

가야깟사빠 장로 (끝)

8. 왁깔리 장로(Th5:8 {350}~{354})

【행장】

"왁깔리 장로(Vakkali thera)는 사왓티에서 바라문 가문에 태어났다. 그는 장성하여 세 가지 베다를 배운 뒤 바라문의 기술들에 능통하였다. 그는 스승님을 뵙고는 [32상의 구족 등의] 물질적인 몸의 완성을 봄(rūpa-kāyassa sampatti-dassana)으로는 만족하지 못하고 스승님과 함께 유행을 하였다. 그는 '재가에 머물면서는 항상 스승님을 뵐 수가 없을 것이다.'라고 하면서 스승님의 곁으로 출가하였고 음식 먹는 시간(bhojana-vela)과 몸을 돌보는 시간(sarīra-kicca-kāla)을 제외하고 모든 시간에 십력을 가지신 부처님을 뵐 수 있는 그런 곳에서 지내면서 다른 해야 할 일(kicca)은 버려두고 오직 세존을 우러러보면서 머물렀다.

스승님께서는 그의 지혜가 무르익을 때(ñāṇa-paripāka)까지는 오랜 시간을 그가 물질만을 보면서(rūpa-dassaneneva) 지낼 때에도 아무 말씀도 하지 않으시다가 어느 날 [『상윳따 니까야』 제3권 「왁깔리 경」(S22:87)에서] "왁깔리여, 그만하여라. 그대가 썩어 문드러질 이 몸을 봐서 무엇 하겠는가? 왁깔리여, 법을 보는 자는 나를 보고 나를 보는 자는 법을 본다. 왁깔리여, 법을 볼 때 나를 보고 나를 볼 때 법을 보기 때문이다."(S22:87 §8)라고 말씀하셨다.

김없이 사악함의 때(pāpa-mala)를 씻어내었다(pakkhālesiṁ), 성스러운 도의 물로 씻어버림(ariya-magga-jala-pavāhana)을 통해서 나는 궁극적인 의미의 목욕을 하였다(paramattha-nhātako ahosiṁ)는 말이다."(ThagA.ii.146)

스승께서 이렇게 말씀하셨는데도 장로는 스승님을 뵙는 것을 버리고 다른 곳으로 갈 수가 없었다. 그러자 스승께서는 '이 비구는 절박함(saṁvega)을 얻지 못하여 깨닫지를 못하겠구나.'라고 하시면서 안거에 들어가는 날(vassūpanāyika-divasa)에 '가거라, 왁깔리여.'라고 장로를 물리치셨다. 그는 스승께서 물리치시자 면전에 서있을 수가 없어서 '내가 스승님을 뵙지 못한다면 사는 것이 무슨 소용이 있는가.'라고 하면서 독수리봉산의 낭떠러지로 올라갔다. 스승님께서는 그의 그런 행동을 아시고 '이 비구는 내 곁에서 안식(assāsa)을 얻지 못하고 도와 과를 강하게 의지함을 망가뜨리는구나.'라고 하시면서 당신을 보여주시기 위해서 광채(obhāsa)를 내뿜으시면서,

"환희가 많고 부처의 교법에서
청정한 믿음을 가진 비구는
형성된 것들이 소멸하고 행복하며
평화로운 경지를 실현할 것이다."(Dhp {381})[399]

라고 게송을 읊으시고, '오라, 왁깔리여.'라고 하시면서 손을 내미셨다. 장로는 '십력을 가지신 부처님께서 나를 보시고 '오라.' 라고 말씀까지 하시는구나.'라고 하면서 강한 희열과 기쁨(balava-pīti-somanassa)이 생겼다. 그러나 그는 '내가 어디로부터 올라왔는가?'라고 하면서 자신이 내려가는 방법을 알지 못하여 스승님의 면전에서 허공으로 솟아올라 첫걸음(paṭhama-pāda)으로 산에 서서 스승님께서 말씀하신 게송으로 전향하여 허공에서 희열을 내뿜으면서 무애해체지와 함께 아라한됨을 얻었다. 이것은 『앙굿따라 니까야 주석서』(AA.i.248~251)와 『법구경 주석서』(DhpA.iv.118~119)에도 전승되어 온다."(ThagA.ii.147~148)

그런데 그의 아라한과의 증득과 죽음에 대해서는 경과 주석서의

399) pāmojjabahulo bhikkhu, pasanno Buddhasāsane|
adhigacche padaṁ santaṁ, saṅkhārūpasamaṁ sukhaṁ||

설명이 다르다. 바로 앞에서 보았듯이 『테라가타 주석서』와 『앙굿따라 니까야 주석서』(AA.i.251)와 『법구경 주석서』(DhpA.iv.119)는 세존께서 "오라, 왁깔리여."라고 부르는 말씀을 듣고 환희하여 그는 허공을 날아오르면서 아라한과를 얻었다고 적고 있다. 그러나 『상윳따 니까야』 제3권 「왁깔리 경」(S22:87)에 의하면 그는 마지막 병상에서 세존의 말씀을 들은 뒤 자결하면서 아라한과를 얻었다고 나타난다.(S22:87 §18 이하)

여러 주석서들은 그가 신심 깊은 자(saddhādhimutta)들 가운데 으뜸이라고 부처님께서 인정하셨다고 적고 있다. 그리고 『앙굿따라 니까야』 제1권 하나의 모음 「으뜸 품」(A1:14)에서도 세존께서는 그를 "신심 깊은 자들 가운데 으뜸"(A1:14:2-11)이라고 하셨다.

『테라가타 주석서』는 여기 다섯의 모음에 나타나는 왁깔리 장로에 관한 다섯 개의 게송들을 다음과 같이 설명하고 있다.
"그런데 여기서는 이렇게 언급하고 있다. 그는 "왁깔리여, 그만 하여라. 그대가 썩어 문드러질 이 몸을 봐서 무엇 하겠는가?"(「왁깔리 경」, S22:87 §8)라는 스승님의 교계를 받고 독수리봉에 머물면서 위빳사나를 확립하였다. 그의 믿음이 강한 상태였기 때문에 위빳사나는 과정(vīthi)에 들어가지 못했다. 세존께서는 그것을 아시고 명상주제를 청정하게 한 뒤에 주셨다. 그렇지만 다시 위빳사나의 정수리(matthaka)를 얻게 하실 수는 없었다. 그러자 그는 음식을 적게 먹어서 바람에 기인한 병(vātābādha)이 생겼다. 그가 바람에 기인한 병으로 고통받는 것을 아시고 세존께서는 거기에 가셔서 이 첫 번째 게송으로 물으셨다. 이 말씀을 듣고 장로는 나머지 네 개의 게송을 읊었다."(ThagA.ii.148)

주석서는 다섯 개의 게송들을 차례대로 주석한 뒤 이렇게 적고 있다.
"이와 같이 말씀드린 뒤 장로는 위빳사나를 열성적으로 행하여

아라한됨을 얻었다. 장로의 일화는 『아빠다나』에도 나타나고 있다."(ThagA.ii.149)

그리고 주석서는 "아라한됨을 얻은 뒤 구경의 지혜를 천명하면서도 장로는 이 게송을 읊었다. 그러자 스승님께서는 비구 승가 가운데 앉으셔서 그를 신심 깊은 자들 가운데 으뜸의 위치에 놓으셨다(A1:14:2-11)고 한다."(ThagA.ii.149~150)로 왁깔리 장로에 대한 주석을 마무리하고 있다.

이처럼 『테라가타 주석서』에서 담마빨라 스님은 「왁깔리 경」(S22:87)과는 다른 설명을 하고 있는데 여기 『테라가타』 다섯의 모음 왁깔리 장로 편에는 세존이 읊으신 하나의 게송과 왁깔리 존자가 읊은 네 개의 게송이 전승되고 있는 것이 현실이기 때문에 이렇게 설명한 것이라고 여겨진다.

350. [세존]

"바람에 기인한 질병에 압도되어
그대는 밀림이나 숲에 머무는데
[필수품들을 얻는 것이] 제한된 거친 곳에서400)
비구여, 그대는 어떻게 살고 있는가?" (={435})

351. [왁깔리]

"희열과 행복으로 풍부하게

---

400) '[필수품들을 얻는 것이] 제한된 거친 곳에서'는 paviddha-gocare lūkhe를 주석서와 문맥을 참조해서 의역한 것이다. 주석서는 먼저 '제한된 영역에서'로 직역할 수 있는 paviddha-gocare를 dullabha-paccaye, 즉 '필수품을 얻기 어려운 곳에서'로 설명한 뒤(ThagA.ii.148) 이렇게 덧붙인다.

"바람에 기인한 병에 적합한(vāta-rogassa sappāyā) 버터기름 등의 약들(sappi-ādi-bhesajjā)이 없기 때문에, 그리고 혹독한 지역이기 때문에(pharusa-bhūmi-bhāgatāya ca) '거친(lūkhe)', 즉 거친 장소에서(lūkha-ṭṭhāne)라는 뜻이다."(Ibid.)

적집된 [몸]을 가득 채우고
거친 것을 견디면서
저는 밀림에 머무를 것입니다.401) (={436})

352. 마음챙김의 확립들과
기능들과 힘들을 닦고
깨달음의 구성요소를 닦으면서402)
저는 밀림에 머무를 것입니다.403)

353. [네 가지 바른 노력으로] 부지런히 정진하고
스스로 독려하고 항상 결연히 노력하며
조화롭고 시종일관한 [동료 수행자들]을 보고404)

---

401) "'저는 밀림에 머무를 것입니다(viharissāmi kānane).'라는 것은 禪(jhāna)의 행복과 위빳사나의 행복으로 저는 숲의 장소(araññāyatana)에서 머무를 것입니다라는 뜻이다. 그래서 [그는 본 게송에서 '희열과 행복으로 풍부하게 / 적집된 [몸]을 가득 채우고(pītisukhena vipulena, pharamāno sam-ussayaṁ)'라고 하였다. 그리고 숲과 밀림의 외딴곳에서 한거하기가 어렵다는 자눗소니 바라문에게 세존께서도 제3선의 정형구로] "몸으로 행복을 경험했습니다(sukhañca kāyena paṭisaṁvedesiṁ)."(「두려움과 공포 경」(M4) §25)라고 하셨다."(ThagA.ii.149)

402) '마음챙김의 확립들과 / 기능들과 힘들을 닦고 / 깨달음의 구성요소를 닦으면서'는 bhāvento satipaṭṭhāne, indriyāni balāni ca, bojjhaṅgāni ca bhāvento를 옮긴 것이다. 주석서는 이들을 각각 네 가지 마음챙김의 확립[四念處, cattāro satipaṭṭhānā], 다섯 가지 기능[五根, pañcindriyāni], 다섯 가지 힘[五力, pañca balāni], 일곱 가지 깨달음의 구성요소[七覺支, satta bojjhaṅgāni]라고 설명하고 있다.(ThagA.ii.149)

403) 주석서는 여기서 "'머무를 것입니다(viharissāmi).'라는 것은 앞에서 설한 대로 깨달음의 편에 있는 법들[菩提分法, bodhi-pakkhiya-dhammā]을 닦으면서 도의 행복과 그것의 증득을 성취한(tad-adhigama-siddha) 과의 행복과 열반의 행복으로 머무를 것입니다."(ThagA.ii.149)라는 의미라고 설명하고 있다.

404) "'조화롭고 시종일관한 [동료 수행자들]을 보고(samagge sahite disvā)'라

저는 밀림에 머무를 것입니다.

354\. 으뜸이시고 유순하시고 삼매에 드신
정등각자를 계속해서 생각하면서
밤이나 낮이나 게으르지 않은
저는 밀림에 머무를 것입니다."405)

왁깔리 장로 (끝)

9. **위지따세나 장로**(Th5:9 {355}~{359})

【행장】

"위지따세나 장로(Vijitasena thera)는 꼬살라 지역에서 코끼리 조련사 가문(hatthācariya-kula)에 태어나서 사리를 분별하는 나이가 되었다. 그의 두 외삼촌 세나(Sena)와 우빠세나(Upasena)도 코끼리 조련사였는데 스승이신 세존의 곁에서 법을 듣고 믿음을 얻어 출가하였고 머묾의 의무(vāsa-dhura, 위빳사나의 의무)406)를 충실하게 행하여 아라한됨을 얻었다.

고 하였다. 논쟁하지 않음(avivāda)과 몸의 조화로움을 베풂(kāya-sāmaggi-dāna)을 통해서 '조화롭고(samagge)' 견해와 계행을 보편적으로 갖춤(diṭṭhisīlasāmañña)에 의해서 '시종일관한(sahite)' 청정범행을 닦는 동료 수행자들(sabrahmacārī)을 보고라는 뜻이다. 이 [게송]으로 선우를 가짐의 성취(kalyāṇamitta-sampatti)를 보여준다."(ThagA.ii.149)

405) "이 [마지막 게송]을 통해서 부처님을 계속해서 생각함[佛隨念]의 수행(Buddhānussati-bhāvanā)에 대한 적합한 형태를 보여줌(yuttākāra-dassana)에 의해서 모든 곳에서 명상주제에 몰두함(sabbattha kamma-ṭṭhānānuyoga)을 말하였다. 앞의 [게송들]로는 특별한 명상 주제(pārihāriya-kammaṭṭhāna, MAṬ.ii.322)에 몰두함을 보여주었다.
이와 같이 말씀드린 뒤 장로는 위빳사나를 열성적으로 행하여 아라한됨을 얻었다.(ThagA.ii.149)

406) 여기에 대해서는 본서 셋의 모음 우빨리 장로(Th3:11)의 게송 가운데 {249}의 【행장】의 주해를 참조할 것.

위지따세나도 코끼리 조련술(hatthisippa)에서 완성에 도달하였지만 그도 벗어남의 성향을 가졌기 때문에 재가의 삶에 집착하지 않는 마음으로 스승님의 쌍신변을 보고 믿음을 얻어 외삼촌 장로들의 곁으로 출가하였다. 그는 그들의 교계와 당부(ovādānusāsani)로 위빳사나의 업을 행하였는데 위빳사나의 과정을 넘어서 버려(laṅghitvā) 밖으로 여러 대상들로 치달리는 자신의 마음을 교계하면서 … 본 게송 다섯 개를 읊었다. …

이와 같이 장로는 이 게송들로 자신의 마음을 다잡으면서 위빳사나를 증장시켜 아라한됨을 얻었다. 장로의 일화는 『아빠다나』에도 나타나고 있다. …
그는 아라한됨을 얻은 뒤 구경의 지혜를 천명하면서도 이 게송들을 읊었다."(ThagA.ii.150~152)

355. "마음이여, 나는 그대를 붙들어 맬 것이다.
마치 코끼리를 [도시의] 작은 문에 [붙들어 매듯이].[407)]
나는 그대를 사악함에[408)] [빠지도록] 재촉하지 않을 것이다.

---

407) '마치 코끼리를 [도시의] 작은 문에 [붙들어 매듯이].'는 āṇidvāreva hatthinaṁ을 옮긴 것이다. 주석서는 이렇게 설명한다.
"'[도시의] 작은 문(āṇidvāra)'은 성벽으로 에워싸여 있는 도시(pākāra-baddha nagara)의 작은 문(khuddaka-dvāra)을 말하는데 걸쇠 구멍을 내어(ghaṭikā-chidde) 쐐기로 박아서(āṇimhi pakkhitte) 도구(yanta)가 없이는 안에서도 열 수가 없다. 그래서 인간이나 소나 말이나 물소 등이 나갈 수 없다. 도시의 밖으로 나가고자 하는 코끼리(hatthi)를 거기서 달래어서(palobhetvā) 코끼리 조련사는 [코끼리가] 나가는 것을 막았다. 혹은 '작은 문'이라는 것은 벽의 문(paligha-dvāra)이다. 거기에 가로대(tiriya)를 벽(paligha)에다 세워서 나무못으로도 일컬어지는(rukkha-sūci-saṅkhāta) 걸쇠를 벽의 꼭대기(paligha-sīsa)에 고정시킨 것이다(āvuṇanti)."(ThagA.ii.151)

408) "여기서 '사악함에(pāpe)'는 형색 등에 대해서 일어난 간탐 등의 사악한 법에(rūpādīsu uppajjanaka-abhijjhādi-pāpa-dhamme)라는 뜻이다."(ThagA.ii.151)

감각적 쾌락의 그물이여,409) 몸에서 생긴 것이여.410)

356. 그대는 [40] 묶인 채로 가지 못하리니411)
마치 코끼리가 문이 열린 것을 얻지 못한 것과 같다.
불량배인 마음이여, 그대는 힘을 사용하고
사악함을 기뻐하면서 거듭거듭 유행하지 못할 것이다.

357. 마치 길들여지지 않은 새로 들어온 코끼리를
갈고리를 잡은 힘 있는 자가
원하지 않는 것으로부터 되돌려놓듯이
그와 같이 나는 그대를 되돌려놓을 것이다.412)

---

409) "'감각적 쾌락의 그물이여(kāma-jāla)'라고 하였다. 마치 물고기를 잡고 사슴을 사냥하는 자들(maccha-bandha-miga-luddā)에게 그물(jāla)은 물고기 등을 그들이 원하는 대로 행하는 수단(yathākāma-kāra-sādhana)이 되듯이 그와 같이 지혜 없이 마음에 잡도리하는 데 빠진(ayoniso-manasi-kāra-anupātita) 마음은 마라가 원하는 대로 하는 수단(kāma-kāra-sādha-na)이 된다. 그래서 그는 중생들을 원하지 않는 [위험한] 곳들(anatthā)에 떨어지게 하기 때문이다."(ThagA.ii.151)

410) "'몸에서 생긴 것이여(sarīraja).'라는 것은 몸들에서 생겨난 것이여(sarīresu uppajjanaka)라는 뜻이다. 다섯 무더기(오온)를 가진 존재(pañca-vokāra-bhava)에게 마음은 물질에 계박된 삶의 방식을 가졌기 때문에(rūpa-paṭibaddha-vuttitāya) '몸에서 생긴 것'이라고 부른다."(ThagA.ii.151)

411) "'그대는 묶인 채로 가지 못하리니(tvaṁ olaggo(ava+√lag, *to attach*) na gacchasi)'라고 하였다. 불량배인 마음이여(cittakali), 그대는 내가 마음챙김과 통찰지라는 채찍과 갈고리(satipaññā-patodaṅkusā)로 저지하면(vārita) 이제 좋아하는 곳으로 가지 못할 것이다. 지혜 없이 마음에 잡도리함을 통해서 원하는 대로 살아감을 얻지 못할 것이라는 말이다."(ThagA.ii.151)

412) "'그와 같이 나는 그대를 되돌려놓을 것이다(evaṁ āvattayissaṁ taṁ).'라고 하였다. 마치 코끼리 조련사가 코끼리를 [앞에서] 말한 대로 하듯이 그와 같이 나는 나쁜 행위를 막아서(duccarita-nisedhana) 그 마음을, 불량배인 마음(citta-kali)을 되돌려놓을 것이다(nivattayissāmi)라는 말이다."(ThagA.ii.151)

358. 마치 고귀한 말을 길들임에 능숙한
탁월한 마부가 준마를 길들이는 것처럼
그와 같이 다섯 가지 힘에 확립되어[413)]
나는 그대를 길들일 것이다.

359. 마음챙김으로 그대를 묶을 것이고[414)]
나는 몰입하여 그대를 길들일 것이다.[415)]
마음이여, 정진의 멍에로 제지가 되면
그대는 여기로부터 멀리 가지 못할 것이다."

위지따세나 장로 (끝)

10. **야사닷따 장로**(Th5:10 {360}~{364})

【행장】

"야사닷따 장로(Yasadatta thera)는 말라 지역에서 말라의 왕의 가문(Malla-rājakula)에 태어났다. 그는 적당한 나이가 되자 딱까

'되돌려놓을 것이다'로 옮긴 āvattayissaṁ은 ā+√vṛt(존재하다, 돌리다, *to turn*)의 미래 1인칭 단수(Fut.1.Sg.)이다.

413) "'다섯 가지 힘에 확립되어(patiṭṭhito pañcasu balesu)'라고 하였다. 믿음 등의 다섯 가지 힘[五力, pañca balā]에 확립되어 믿음 없음 등을 막아서(assaddhiyādi-nisedhanato)라는 뜻이다."(ThagA.ii.152)

414) "'마음챙김으로 그대를 묶을 것이고(satiyā taṁ nibandhissaṁ)'라고 하였다. 불량배인 마음이여, 나는 그대가 안을 영역으로 하여(gocar-ajjhatta) 밖으로(bahi) 가는 것을 허용하지 않고 마음챙김의 묶는 줄(sati-yotta)로 명상주제의 기둥(kammaṭṭhāna-thambha)에 그대를 묶을 것이다, 길들일 것이다(niyamessāmi)라는 말이다."(ThagA.ii.152)

415) "'나는 몰입하여 그대를 길들일 것이다(payutto te damessāmi).'라고 하였다. 거기에 묶어서 몰두하고 몰입하여(yutta-ppayutta) 그대를 길들일 것이다, 오염원의 더러움(saṁkilesa-mala)으로부터 청정하게 할 것이다(visodh-essāmi)라는 말이다."(ThagA.ii.152)

실라로 가서 모든 기술들을 배운 뒤 사비야 유행승[416]과 함께 유행하였는데 차례대로 사왓티에 가서 세존께 다가갔다. 거기서 사비야가 드린 질문들이 해결되었지만 그는 스스로 기회를 기다리고 들으면서 '저는 사문 고따마의 말씀에서 결점(dosa)을 봅니다.'라고 [생각]하면서 앉아있었다. 그러자 세존께서는 그의 마음의 동요를 아신 뒤 『숫따니빠따』 「사비야 경」(Sn3:6)이 끝났을 때 교계를 베푸시면서 이 다섯 개 게송을 읊으셨다. …

그는 스승님의 교계로 절박함이 생겨서 출가하여 위빳사나를 확립한 뒤 오래지 않아 아라한됨을 얻었다. 장로의 일화는 『아빠다나』에도 나타나고 있다. …
아라한됨을 얻은 뒤 구경의 지혜를 천명하면서 장로는 바로 이 게송들을 읊었다."(ThagA.ii.152~154)

360. [세존]

"슬기 없는 자[417]가 적대적인 마음으로
승자의 교법을 듣는다.
그는 바른 법[正法]으로부터 멀리 있다.[418]

---

416) 사비야 유행승(Sabhiya paribbājaka)은 본서 넷의 모음 {275}~{278}에 나타나는 사비야 장로(Th4:3 {275} 【행장】 참조)와 동일인이다. DPPN도 이렇게 설명하고 있다.

417) "'슬기 없는 자(dummedho)'란 통찰지가 없는 자(nippañña)이다."(ThagA.ii.153)

418) "'그는 바른 법[正法]으로부터 멀리 있다(ārakā hoti saddhammā).'라고 하셨다. 그러한 사람인 그는 마치 하늘(nabha)로부터 땅(pathavī)이 그러하듯이 도닦음의 바른 법(paṭipatti-saddhamma)으로부터도 멀리 있는데 하물며 꿰뚫음의 바른 법(paṭivedha-saddhamma)으로부터는 말해 무엇하겠는가?"(ThagA.ii.153)

주석서는 바른 법을 교학의 바른 법과 도닦음의 바른 법과 증득의 바른 법의 세 가지로 나누어서 다음과 같이 설명하고 있다.
"여기서 교학과 도닦음과 증득(pariyatti-paṭipatti-adhigama)을 통해서

마치 하늘로부터 땅이 그러하듯이.

361. 슬기 없는 자가 적대적인 마음으로
승자의 교법을 듣는다.
그는 정법으로부터 쇠퇴하나니
마치 이지러지는 시기에 달이 그러하듯이.

362. 슬기 없는 자가 적대적인 마음으로
승자의 교법을 듣는다.
그는 정법에서 말라붙는다.
마치 물고기가 적은 물에서 그러하듯이.

363. 슬기 없는 자가 적대적인 마음으로
승자의 교법을 듣는다.
그는 정법에서 번창하지 못하나니
마치 썩은 씨앗이 들판에서 그러하듯이.

세 가지 바른 법[正法, saddhamma]이 있다. 이 가운데 삼장에 있는 부처님의 말씀(tepiṭaka Buddha-vacana)이 ① 교학의 바른 법(pariyatti-saddhamma)이다. 13가지 두타행의 가닥들(dhutaṅga-guṇā)과 14가지 건도부의 규정들(khandhaka-vattāni)과 82가지 큰 규정들(mahā-vattāni)이 ② 도닦음의 바른 법(paṭipatti-saddhamma)이다. 네 가지 도와 과가 ③ 증득의 바른 법(adhigama-saddhamma)이다."(VinA.iv.874)

한편 『앙굿따라 니까야 복주서』는 도닦음의 바른 법의 보기로 계행과 삼매와 위빳사나(sīla-samādhi-vipassanā)를 넣고 있고, 증득의 바른 법의 보기로 열반(nibbāna)을 포함시키고 있다.(AAṬ.ii.63) 그리고 이 증득의 바른 법과 꿰뚫음의 바른 법(paṭivedha-saddhamma)은 동의어라 해야 한다. 그래서 레디 사야도는 『아누디빠니』(Anudīpanī)에서 "여기서 세 가지 바른 법이 있으니 교학의 바른 법과 도닦음의 바른 법과 꿰뚫음의 바른 법이다.(ettha tividho saddhammo pariyatti-saddhammo, paṭipatti-saddhammo, paṭivedha-saddhammoti.)"(AdṬ.31)라고 설명하고 있다.

364. 만족한 마음으로
승자의 교법을 듣는 자는
모든 번뇌들을 절멸하고[419]
확고부동함을 실현하여
궁극적인 평화를 얻은 뒤에
번뇌 없이 완전한 열반에 든다.[420]"

야사닷따 장로 (끝)

11. 소나 꾸띠깐나 장로(Th5:11 {365}~{369})

【행장】

소나 꾸띠깐나 장로(Soṇa Kuṭikaṇṇa thera)는 아완띠(Avanti)의 꾸라라가라(Kuraraghara) 출신이다. 『우다나』의 「소나 경」(Ud5:6)은 소나 꾸띠깐나 장로의 출가 인연을 담고 있다. 그는 이 경 §5에서 보듯이 꾸라라가라에서 마하깟짜나 존자 문하로 출가를 하였다. 그 후 §11에서 세존을 뵙고 『숫따니빠따』 제4품 앗타까 왁가(Aṭṭhaka-vagga, 여덟 편의 시 품)를 낭랑하게 암송하여 부

---

419) '모든 번뇌들을 절멸하고'는 khepetvā āsave sabbe를 옮긴 것이다. 노만 교수는 여기서 khepetvā를 √kṣip/khip(khipati, *to throw*)와 연결하는 것은 잘못이며 √kṣi2/khi(khīyati, *to destroy*)의 사역형(*Causative*)으로 이해해야 한다고 설명하고 있으며(K.R. Norman, 185~186쪽) '*having annihilated*'로 옮겼다. 역자도 이를 따랐다.

420) '확고부동함을 실현하여 / 궁극적인 평화를 얻은 뒤에 / 번뇌 없이 완전한 열반에 든다.'는 sacchikatvā akuppataṁ/ pappuyya paramaṁ santiṁ, parinibbāti anāsavo를 옮긴 것이다. 주석서는 이렇게 설명한다.

"'확고부동함(akuppatā)'은 아라한됨(arahatta)이다. '궁극적인 평화(parama santi)'란 취착의 자취가 남아있지 않는 열반[無餘涅槃, anupādisesa nibbāna]이다. 그리고 이것을 증득한 자는 그에게 오직 시간의 흐름(kālāgamana)만이 있고 그 누구도(kocividho) 그것을 보여줄 수가 없기 때문에 '번뇌 없이 완전한 열반에 든다.'라고 말씀하셨다."(ThagA.ii.153)

처님을 크게 기쁘게 하였다. 그래서 부처님께서는 『앙굿따라 니까야』 제1권 하나의 모음 「으뜸 품」(A1:14)에서 그를 두고 '감미로운 목소리로 말하는 자들(kalyāṇa-vākkaraṇā) 가운데서 소나 꾸띠깐나가 으뜸이다.'(A1:14:2-9)라고 칭찬하셨다.
한편 『앙굿따라 니까야 주석서』는 꾸띠깐나라는 이름에 대해서 "소나는 그의 이름이고 꾸띠깐나는 수식어인데 그가 재가자였을 때 천만 냥(koṭi) 값어치의 귀걸이(kaṇṇa)로 치장을 하고 다녔기 때문에(kaṇṇa-piḷandhana) 그렇게 불렸다."(AA.i.237)라고 설명하고 있다.

『테라가타 주석서』는 장로에 대해서 이렇게 설명한다.
"그는 나중에 윤회에서 절박함이 생겨서(sañjāta-saṁvega) [마하깟짜나] 장로의 곁에서 출가하였다. 그는 어렵게 10명으로 구성된 승가(dasavagga saṅgha)를 결성하여 구족계를 받았다.({365}의 주해 참조) 몇 년을 장로의 곁에서 머문 뒤 장로에게 요청하여 스승님께 절을 올리기 위해서 사왓티로 갔다. 스승님의 배려로 혼자 [부처님의 거처인] 간다꾸띠(Gandhakuṭi, 香室)에 머무는 것을 허락받아서 새벽녘에 스승님의 요청으로 그는 [『숫따니빠따』 제4품] 여덟 편으로 된 게송 16절을 모두 음조에 맞추어 아주 잘 암송하였다. 그러자 세존께서는 "세상에 대해서 위험을 보고 / 재생의 근거가 없는 법을 알아서 …"(Ud5:6 §12 {46})라는 우러나온 말씀(감흥어)을 읊으셨다. 그는 이 말씀이 끝날 때 위빳사나를 증장시켜 아라한됨을 얻었다. 장로의 일화는 『아빠다나』에도 나타나고 있다. …

『앙굿따라 니까야 주석서』는 '구족계를 받은 뒤 자신의 은사(upajjhāya) 곁에서 [이미] 명상주제를 받았고 위빳사나를 증장시켜 아라한됨을 얻었다.'(AA.i.240)라고 언급하고 있다. …
그는 나중에 해탈의 행복으로 머물면서 자신의 도닦음을 반조한 뒤 기쁨이 생겨서 감흥어를 통해서 본 게송 다섯 개를 읊었다."
(ThagA.ii.154~155)

365. "그리고 나는 구족계를 받았고[421]
해탈하여 번뇌가 없다.
나는 그분 세존을 뵈었으며
승원에서 함께 머물렀다.

366. 밤의 많은 부분을 세존께서는 노지에서 보내셨다.
거처에 능숙하신 스승께서는 그때 승원으로 들어가셨다.

---

421) "'그리고 나는 구족계를 받았고(upasampadā ca me laddhā)'라고 하였다. ① 어렵게 10명으로 구성된 비구 승가(dasavagga bhikkhu-saṅgha)를 모은 뒤 자신의 구족계를 받았다(laddhā upasampadā). ② 그리고 가피를 베푸심(vara-dāna)을 통해서 모든 변방 지역들(sabba-paccantimā jana-padā)에서는 율을 호지하는 자를 다섯 번째로 하는 전계회중(vinaya-dhara-pañcama gaṇa)에 의한 구족계를 스승님께서는 허락하셨다(anuññātā). — 이 둘을 두고 한 말이다. 여기서 '그리고(ca)'는 접속사의 뜻(samuccay-attha)인데 이 두 번째도(tena itarepi) 스승님의 곁에서 받는 것이 더 좋다는 것을 내포하고 있다(saṅgaṇhāti)."(ThagA.ii.155~156)

『우다나 주석서』는 『우다나』의 「소나 경」(Ud5:6) §5에서 다음과 같이 설명하고 있다.

"'10명의 무리로 된 비구 승가를 모아서(dasa-vaggaṁ bhikkhu-saṅghaṁ sannipātetvā)'라고 하였다. 그 당시 세존께서는 변방에서도(paccanta-desepi) 10명의 무리로 된 승가를 통해서만 구족계를 받는 것을 허락하셨다(upasampadā anuññātā). 이러한 기원 이후로(ito-nidānañhi) 장로의 요청에 의해서 다섯 명으로 된 승가에 의해서(pañca-vaggena saṅghena) 변방에서는 구족계 수계가 허락되었다(anujāni). 그래서 [본문에] "3년이 지나서야 겨우 어렵게 이곳저곳에서 10명의 무리로 된 비구 승가를 모아서"(Ud5:6 §5)라고 언급되고 있는 것이다."(UdA.310)

10명의 무리로 된 승가를 통해서 구족계를 받는 이 제도는 삼사칠증(三師七證)으로 불리며 우리나라 승단에서도 바르게 정착이 되었다. 여기서 삼사(三師), 즉 세 명의 스승은 계(戒)를 전해 주는 전계아사리[傳戒師]와 표백(表白) 및 갈마(羯磨)를 진행하는 갈마아사리[羯磨師]와 위의작법(威儀作法)을 교수하는 교수아사리[教授師]를 말하고 칠증(七證)은 수계를 증명(證明)하는 7명의 증명 아사리[證明師], 즉 입회비구(立會比丘)를 말한다.

367. 가사를 펴신 뒤
두려움과 공포를 제거하시고
고따마께서는 누워서 [주무셨나니]
마치 사자가 바위 동굴에서 그렇게 하듯이.

368. 그 후에 감미로운 목소리로 말하는 정등각자의 제자인
소나가 으뜸이신 부처님의 면전에서 바른 법을 외웠다.422)

369. 다섯 가지 무더기들[五蘊]을 철저하게 알고423)
올곧은 도를 닦고424)
궁극적인 평화를 얻은 뒤에
그는 번뇌 없이 완전한 열반에 들 것이다.425)"

소나 꾸띠깐나 장로 (끝)

---

422) "'그 후에(tato)', 나중에(pacchā), 즉 사자처럼 누우신 뒤(sīha-seyyaṁ kappetvā) 그 후에 일어나셔서 "비구여, 그대가 배운 대로 법을 외워보아라." (Ud5:6 §10)라고 스승님께서 명하셨다(ajjhesita)는 뜻이다."(ThagA.ii.156)

423) "'다섯 가지 무더기들[五蘊]을 철저하게 알고(pañcakkhandhe pariññāya)'라는 것은 취착의 [대상인] 다섯 가지 무더기들[五取蘊]을 세 가지 통달지(ti pariññā)로 철저하게 안 뒤(parijānitvā)라는 말이다.(ThagA.ii.156)

424) "'올곧은 도를 닦고(bhāvayitvāna añjasaṁ)'란 올곧은 여덟 가지 구성요소를 가진 성스러운 도[八支聖道, 팔정도, ariya aṭṭhaṅgika magga]를 닦고라는 말이다."(ThagA.ii.156)

425) "'궁극적인 평화(paramaṁ santiṁ)'란 열반(nibbāna)이다. 그런 뒤에 '완전한 열반에 들 것이다(parinibbissati).' 즉 취착의 자취가 남아있지 않은 열반[無餘涅槃]으로 열반에 들 것이다(nibbāyissati)라는 말이다."(ThagA.ii.156)

12. 꼬시야 장로(Th5:12 {370}~{374})

【행장】

"꼬시야[426] 장로(Kosiya thera)는 마가다 지역에서 바라문 가문에 태어났다. 그는 사리를 분별하는 나이가 되어 법의 대장군[사리뿟따] 존자에게 끊이지 않고 다가갔고 그의 곁에서 법을 들었다. 그는 그에 의해서 교법에 믿음을 얻어 출가하여 명상주제에 몰두하여 오래지 않아 아라한됨을 얻었다. 장로의 일화는 『아빠다나』에도 나타나고 있다. …

그는 아라한됨을 얻은 뒤 자신의 도닦음을 반조하여 존중하는 분과 함께 머물고 있음(garuvāsa)과 참된 사람을 강하게 의지함(sappurisūpanissaya)을 칭송하면서 본 게송 다섯 개를 읊었다." (ThagA.ii.157)

370. "참으로 [41] 존중받는 분들[427]의 말씀을 아는 현자는
군건하게 머물러야 하고 애정을 가져야 한다.
그는 참으로 헌신적이고 현명하나니[428]

---

426) '꼬시야(Kosiya)'는 산스끄리뜨 까우쉬까(Kauśika)에서 온 말로 『리그베다』에서부터 나타나는 인드라의 다른 이름이다. Kauśika는 Kuśika의 곡용형으로 '꾸쉬까의 아들, 꾸쉬까 가문에 속하는'이라는 뜻이다. 꾸쉬까(kuśika)는 사팔뜨기란 뜻이다. 꾸쉬까는 『리그베다』에서부터 나타나는 위슈와미뜨라(Viśvamitra)의 아버지 혹은 할아버지였다고도 하며 인드라의 아버지였다고도 한다. 그래서 인드라는 꼬시야, 까우쉬까, 즉 꾸쉬까의 아들이라고 불리는 것이다. 그래서 『우다나 주석서』는 『우다나』 「삭까의 감흥어 경」(Ud3:7) §4의 주해에서 "꼬시야(Kosiya)는 신들의 왕 삭까를 족성(gotta)으로 부른 것이다(gottena ālapati)."(UdA.200)라고 설명한다.

427) "'존중받는 분들(garū)'이란 계행 등의 존중받는 덕을 가진(sīlādi-garu-guṇa-yuttā) 현명한 분들(paṇḍitā)이다."(ThagA.ii.158)

428) '그는 참으로 헌신적이고 현명하나니'는 so bhattimā nāma ca hoti paṇḍito를 옮긴 것이다. 주석서는 이렇게 설명한다.

"'그는(so)', 즉 존중받는 분들(garū)의 말씀을 아는(vacanaññū) '현자(dhī

법들에 대해서 지혜를 가져 뛰어난 자이다.[429]

371. 커다란 재난이 발생하더라도 그가 숙고할 때에는
그를 어지럽히지 못한다.
그는 참으로 강인하고 현명하나니[430]
법들에 대해서 지혜를 가져 뛰어난 자이다.

372. 바다처럼 서있고 동요가 없고
심오한 통찰지를 가졌고 미묘한 이치를 본
그는 참으로 흔들리지 않고[431] 현명하나니

-ra)'는 가르치신 대로(yathānusiṭṭhaṁ) 도를 닦아서 참으로 '헌신적이고(bhattimā)' 생명을 원인으로 하더라도(jīvita-hetupi) 그를 넘어서지 못하기 때문에(anatikkamanato) '현명하다(paṇḍita).'"(ThagA.ii.158)

한편 여기 다섯 개 게송들의 세 번째 구에는 본 게송의 '헌신적이고(bhattimā, {370c})' 대신에 각각 '강인하고(thāmavā, {371c})', '흔들리지 않고(asaṁhāriyo, {372c})', '여여하고(tādiso, {373c})', '의미와 일치하고(atth-antaro, {374}c)'가 나타난다.

429) '법들에 대해서 지혜를 가져 뛰어난 자이다.'는 ñatvā ca dhammesu visesi assa를 옮긴 것이다. 주석서는 이렇게 설명한다.

"도를 닦으면서(paṭipajjanta) 그 도닦음에 의해서 네 가지 성스러운 진리를 아는 것을 원인으로 하여 세간적이거나 출세간적인 법들(lokiya-lokuttara-dhammā)에 대해서 세 가지 명지 등(vijjāttayādi)을 통해서 '삼명을 갖춘 자(tevijja), 육신통을 갖춘 자(chaḷabhiñña), 무애해체지를 얻은 자(paṭisambhidāpatta)'라고 해서 '뛰어난 자(visesi)', 즉 뛰어남을 가진 자(visesavā)라는 뜻이다."(ThagA.ii.158)

430) "'그는 참으로 강인하고 현명하나니(so thāmavā nāma ca hoti paṇḍito)'라고 하였다. 그는 더 극심한 재난들(daḷhatarā āpadā)에 의해서도 굴하지 않아서(akkhambhanīya) '강인하고(thāmavā)' 확고함을 가졌고(dhitimā) 결연히 노력하는 분(daḷha-parakkama)이라는 말이다."(ThagA.ii.158)

431) "'흔들리지 않고(asaṁhāriyo)'라고 하였다. 그러한 인간은 오염원들(kilesā)에 의해서나 천신과 마라 등(devaputta-Mārādī)의 그 어떤 것에 의해서도 흔들리지 않기 때문에(asaṁhāriyatāya) 흔들리지 않는다고 하였다."(ThagA.ii.158)

법들에 대해서 지혜를 가져 뛰어난 자이다.

373. 많이 배우고 법을 호지하며
[배운] 법을 법에 따라 실천하는[432]
그는 참으로 여여하고 현명하나니[433]
법들에 대해서 지혜를 가져 뛰어난 자이다.

374. 설하신 것의 의미를 알고
의미를 안 뒤 그대로 실천하는
그는 참으로 의미와 일치하고 현명하나니
법들에 대해서 지혜를 가져 뛰어난 자이다."

꼬시야 장로 (끝)

다섯의 모음이 끝났다.

[다섯의 모음에 포함된 장로들의] 목록은 다음과 같다.

라자닷따와 수부따, 기리마난다와 수마나
왓다와 깟사빠 장로, 가야깟사빠와 왁깔리
위지따와 야사닷따, 소나와 꼬시야라 불리는 분 ―
65개의 게송들과 12분의 장로들이다.

---

432) "'법에 따라 실천하는(anudhamma-cāri)'이란 것은 열반의 법을 뒤따르는(anugata) 도닦음(paṭipatti)의 법을 실천한다(carati), 완성한다(pūreti)는 뜻이다."(SA.ii.77) ― 『상윳따 니까야』 제2권 「철저한 검증 경」(S12:51) §5의 주해에서.

433) "존중받는 분(garu)을 의지하여(nissāya) 많이 배우고 법을 호지하고 법에 따라 실천하는 그런 사람이 '여여하고(tādisa) 현명하다(paṇḍita).'"(ThagA.ii.158)

테라가타

여섯의 모음

Chakka-nipāta({375}~{458})

1. 우루웰라깟사빠 장로(Th6:1 {375}~{380})

【행장】

"우루웰라깟사빠 장로(Uruveḷakassapa thera)는 우리 세존보다 먼저 바라나시(Bārāṇasi)에서 바라문 가문에 [깟사빠 삼형제 가운데] 형으로 태어났다. 족성에 의해서 세 사람 모두 차례대로 깟사빠로 태어났다. 적당한 나이가 되어 세 사람은 삼베다를 섭렵하였다. 맏형인 [우루웰라깟사빠]는 500명의 바라문 학도들을 거느렸고, 둘째인 [나디깟사빠(Th5:6, {340}【행장】 참조)]는 300명을, 막내인 [가야깟사빠(Th5:7, {345}【행장】 참조)]는 200명을 [거느렸다.] 그들은 자신들의 경전(gantha)에서 심재(sāra)를 찾으면서 지금 · 여기에서의 이익(attha)을 보고 출가를 결행하였다. [내생의 이익(samparāyika)을 위해서가 아니었다(AA.i.298).] 그들 가운데 맏형은 자신의 무리와 함께 우루웰라로 가서 선인(仙人)으로 출가함(isi-pabbajja)을 결행하여 우루웰라깟사빠라는 이름이 생겼고 큰 강가 강의 굽이에서 출가한 [둘째는] 나디깟사빠(Nadīkassapa)라는 이름이 생겼으며 가야시사에서 출가한 [셋째는] 가야깟사빠(Gayākassapa)라는 이름이 생겼다.

이와 같이 그들이 선인으로 출가함을 결행하여 이러한 곳에서 머물고 있었을 때 세월이 흘러서 우리의 보살께서 위대한 출가(mahāabhinikkhamana)를 결행하신 뒤 일체지의 지혜(sabbaññutaññāṇa)를 꿰뚫으시고 차례대로 법의 바퀴를 굴리시었다. 그분께서는 오비구 장로들을 아라한됨에 확립되게 하시고 야사(Yasa, Th1:7, 본서 제1권 {7} 참조)를 상수로 하는 55명의 친구들을 인도하시어 60명의 아라한들에게 "비구들이여, 유행을 떠나라. …"(『상윳따 니까야』 제1권 「마라의 올가미 경」 2 (S4:5) §3; Vin.i.21)라고 하시어 [전법을 위해서] 보내시었다. [그 뒤 30명의] 밧다의 무리들(Bhadda-vaggiyā)434)을 인도하신 뒤(Vin.i.23 f.; DhpA.ii.33f.) 우루웰라깟사빠가 거주하는 곳으로 가시었다.

세존께서는 그곳에 머물기 위해 불을 섬기는 곳(agyāgāra)에 들어가셔서 거기서 용을 길들임(kata-nāgadamana) 등을 행하신

---

434) 주석서 문헌에서 '밧다의 무리들(Bhadda-vaggiyā)'은 주로 '30명의 밧다의 무리들(tiṁsa Bhaddavaggiyā)'로 언급되고 있다.((ThagA.ii.158; SA.ii.118 등) 율장에 의하면 이들은 생김새나 마음이 모두 훌륭한(bhaddā) 왕자들(rājakumārā)이었고 함께 무리지어 다녔기 때문에(vaggabandhena vicaranti) 밧다왁기야라 불렀다고 한다.(Vin.v.971)

율장 『대품』에 의하면 세존께서는 깨달음을 성취하시어 먼저 오비구에게 법을 설하시여 모두 아라한이 되게 하셨고 바라나시에서 머무신 뒤 우루웰라로 유행을 떠나시면서 어떤 숲에서 한 나무 아래에서 앉아계셨다고 한다. 그때 이 30명의 밧다왁기야 무리들은 아내들과 함께(sapajāpatikā) 그 숲에서 노닐었는데 한 명은 부인이 없어서 매춘부(vesī)를 데리고 왔다. 그녀는 그들이 취해서 놀고 있을 때(tesu pamattesu paricārentesu) 귀중품을 훔쳐서 도망쳐 버렸다.
그들은 그 매춘부를 찾아서 그 숲속을 돌아다니다가 세존을 뵙고 그 여인을 보셨는지 여쭈었다. 세존께서는 그 여인을 찾는 것(itthiṁ gaveseyyātha)과 자신들을 찾는 것(attānaṁ gaveseyyātha) 가운데 무엇이 더 중한가를 물으셨고 그들은 후자라고 대답하였다. 세존께서는 그들을 앉게 하시어 그들에게 순차적인 가르침(anupubbī kathā)으로 법을 설하셨고 그들은 법의 눈이 생겼다(dhammacakkhuṁ udapādi).(cf. D14 §3.11) 그들은 세존의 곁에서 출가하고자 하였고 세존께서는 "오라, 비구들이여(etha bhikkhavo)."라고 하시면서 "법은 잘 설해졌다. 바르게 괴로움을 끝내기 위해서 청정범행을 행하라(svākkhāto dhammo, caratha brahmacariyaṁ sammā dukkhassa antakiriyāya)."라고 하시고 그들을 비구로 출가하게 하셨다.(Vin.i.23~24)

뒤 3,500개의 [신통의] 기적[神變, pāṭihāriyā]으로 우루웰라깟사빠와 회중을 인도하시어 출가하게 하셨다. 그가 출가한 것을 알고 나머지 두 동생들도 회중과 함께 와서 스승님의 곁에서 출가하였다. 모두 '오라, 비구여.'라는 [말씀으로 구족계를 받았고] 신통으로 발우와 가사를 가지게(iddhimaya-patta-cīvara-dharā) 되었다.

스승님께서는 그들 1,000명의 사문들을 데리고 가야시사로 가서 높은 바위(piṭṭhi-pāsāṇa)에 앉으셔서 [『상윳따 니까야』 제3권] 「불타오름 경」(S22:61)을 설하셨고 그들 모두는 아라한됨에 확립되었다. 장로의 일화는『아빠다나』에도 나타나고 있다.
… 그는 아라한됨을 얻은 뒤 자신의 도닦음을 반조해 보고 사자후를 토하면서 본 게송 여섯 개를 읊었다. …
이 게송을 통해서 장로의 구경의 지혜가 설명되었다고 알아야 한다."(ThagA.ii.160~162)

세존께서는『앙굿따라 니까야』제1권 하나의 모음「으뜸 품」(A1:14)에서 우루웰라깟사빠 장로를 두고 '큰 회중을 가진 자들 가운데서 우루웰라깟사빠가 으뜸이다.'(A1:14:4-6)라고 하셨는데 우루웰라깟사빠는 500명의 회중을 거느렸기 때문에 큰 회중을 가진 자들(mahā-parisā) 가운데서 으뜸이라고 세존께서는 말씀하신 것이다. 둘째인 나디깟사빠 장로(Nadīkassapa thera)의 게송은 본서 다섯의 모음 {340}~{344}으로, 셋째인 가야깟사빠 장로(Gayākassapa thera)의 게송은 다섯의 모음 {345}~{349}로 나타나고 있다.
이 가섭(깟사빠) 삼형제와 그의 제자들이었다가 가섭 삼형제와 함께 부처님 제자가 된 1,000명의 비구들에게 설하신 가르침이『상윳따 니까야』제4권「불타오름 경」(S35:28)이다. 본경은 부처님께서 설하신 세 번째 설법에 해당된다 할 수 있다.

초기불교의 특징을 한마디로 해 보라면 역자는 주저하지 않고 '해체해서 보기'라고 말한다. 나와 세상을 5온과 12처 등으로 해체해서 보면 무상·고·무아가 명명백백하게 드러나고 그래서 염오-이욕-해탈-구경해탈지를 증득하게 된다는 것이 해체해서 보기의 정형화된 가르침이다. 초기불전 수백 군데에 이렇게 나타난다.
여기서 '해체'는 위밧자(vibhajja)를 옮긴 것이다. 그리고 이 위밧자라는 술어는 빠알리 삼장을 2,600년 동안 고스란히 전승해 온 상좌부 불교를 특징짓는 말이기도 하다. 그래서 그들은 스스로를 위밧자와딘(vibhajja-vādin, 해체를 설하는 자들, Vin.i.61, Vis.XVII.25 등)이라 불렀다.
그러면 무엇을 해체하는가? 개념[施設, paññatti]을 해체한다. 그러면 무엇으로 해체하는가? 법들(dhammā)로 해체한다. 나라는 개념, 세상이라는 개념, 신이라는 개념 등을 법들로 해체한다. 이런 것들에 속으면 그게 바로 생사이기 때문이다.

졸저 『초기불교 이해』에서도 수차 강조해서 설명하였듯이 부처님의 입장은 분석과 해체를 중시한다. 초기불전의 도처에서 강조되고 있는 오온으로 해체해서 보기 – 무상·고·무아 – 염오 – 이욕 – 해탈 – 구경해탈지의 가르침을 대표적인 예로 들 수 있다. 이 해체해서 보기는 부처님의 두 번째 설법인 「무아의 특징 경」(S22:59)과 세 번째 설법이라 할 수 있는 「불타오름 경」(S35:28)의 핵심이며 이를 통해서 오비구와 가섭 삼형제와 천 명의 비구들이 아라한이 되었다.[435] 어디 그뿐인가? 부처님의 상수제자인 사리뿟따 존자(M74)와 부처님의 외아들인 라훌라 존자(M147)

435) 본서 제1권 하나의 모음 {16}을 읊은 벨랏타시사 장로(Belaṭṭhasīsa thera, Th1:16)도 이 가운데 한 분이다. 그는 우루웰라깟사빠 문하로 출가하였는데 가섭 삼형제와 천 명의 제자들이 부처님 제자로 출가할 때 함께 부처님의 제자가 되었고 이 「불타오름 경」(S22:61)을 듣고 그들과 함께 아라한이 되었다.(ThagA.i.71)

도 해체해서 보기를 통해서 아라한이 되었다. 부처님의 적통임을 자부하는 상좌부는 그래서 스스로를 위밧자와딘(Vibhajjavādin), 즉 해체를 설하는 자 혹은 분석을 설하는 자로 불렀을 것이다.

375. "명성을 가지신 [42] 고따마의 기적들을 보고서도[436]
나는 즉시에 그의 앞에 엎드리지 않았으니
질투와 자만에 속았기 때문이다.

376. 나의 사유를 구경의 지혜로 아신 뒤
사람을 길들이시는 분은 질책을 하셨다.
그때 나에게 절박함이 생겼고
놀라웠고 모골이 송연하였다.

377. 전에 헝클어진 머리를 한 고행자였을 때
나에게는 제한된 성취[437]가 있었지만
그런 나는 그때[438] 그것을 가볍게 여긴 뒤
승자의 교법에 출가하였다.

378. 전에는 제사를 통해서 지족하였고[439]

---

436) "'기적들을 보고서도(disvāna pāṭihīrāni)'라고 하였다. 용왕을 길들이는 등의(nāgarāja-damanādīni) 3,500개의 [신통의] 기적들[神變]을 보고(aḍḍh-uḍḍha-sahassāni pāṭihāriyāni disvā)라는 말이다."(ThagA.ii.161)

437) "여기서 '성취(siddhi)'란 이득과 존경의 융성함(lābha-sakkāra-samiddhi)이다."(ThagA.ii.162)

438) "'그때(tadā)'란 세존으로부터 질책을 받고(bhagavato codanāya) 절박함이 생겼을 때에(saṁveg-uppatti-kāle)라는 말이다."(ThagA.ii.162)

439) "'제사를 통해서 지족하였고(yaññena santuṭṭho)'라는 것은 '제사를 지낸 뒤(yaññaṁ yajitvā) 나는 천상의 행복(sagga-sukha)을 누릴 것이다. 이 정도로 충분하다.'라고 제사를 지냄에 의해서 지족하고(yañña-yajanena santuṭṭha) 해야 할 일을 완성했다는 인식을 가진 것(niṭṭhita-kicca-saññī)

감각적 쾌락의 요소를 앞세웠지만[440]
나중에는[441] 탐욕과 성냄과
어리석음도 뿌리 뽑았다.[442]

379. 나는 전생을 알고[宿命通]
신성한 눈이 청정해졌으며[天眼通]
신통을 가졌고[神足通][443]

을 말한다."(ThagA.ii.162)

440) "'감각적 쾌락의 요소를 앞세웠지만(kāma-dhātu-purakkhato)'이라고 하였다. 욕계 천상(kāma-sugati)을 대상으로 하여 갈애가 생긴 자(uppanna-taṇha)는 제사를 지냄(yañña-yajana)에 의해서 욕계 세상(kāma-loka)을 앞세우고 안주한다(purakkhatvā ṭhita). 만일 그 제사가 생명을 죽이는 것과 결합되어 있다면 (pāṇātipāta-paṭisaṁyutta) 그것으로 선처(sugati)를 얻을 수 없다. 바라고 원하는 과보는 해로운 것(akusala)으로부터는 생기지 않기 때문이다. 그러나 거기에 보시 등의 유익한 의도가 있으면(dānādi-kusala-cetanā) 조건의 친밀한 결합(paccaya-samavāya)이 있어서 선처로 가게 될 것이다."(ThagA.ii.162)

441) "'나중에는(pacchā)'이라고 하였다. 고행자로 출가한(tāpasa-pabbajjā) 뒤에 고행자가 된 것을 스승님의 교계(satthu ovāda)를 통해서 버리고, 네 가지 진리의 명상주제에 몰두하였던 때에(catusacca-kammaṭṭhānānuyoga-kāle)라는 말이다."(ThagA.ii.162)

442) '나중에는 탐욕과 성냄과 / 어리석음도 뿌리 뽑았다.'는 pacchā rāgañca dosañca, mohañcāpi samūhaniṁ를 옮긴 것이다. 주석서는 이렇게 설명한다.

"'뿌리 뽑았다(samūhaniṁ).'라는 것은 위빳사나를 열성적으로 행하여(ussukkāpetvā) 도의 순서(magga-paṭipāṭi)대로 탐욕(rāga)과 성냄(dosa)과 어리석음(moha)을 남김없이 뿌리 뽑았다(anavasesato samugghātesiṁ)는 말이다."(ThagA.ii.162)

443) 여기서 '신통을 가졌고'는 iddhimā를 옮긴 것이다. 주석서는 이것을 "신통변화의 지혜를 얻었다(iddhividhañāṇa-lābhi)는 뜻이다."(ThagA.ii.162)로 설명하고 있다. 여기서 신통변화의 지혜는 신족통(神足通)을 뜻한다. 신통변화 혹은 신통변화의 지혜에 대해서는 『청정도론』 제12장 §3 이하를 참조하기 바란다.

남의 마음을 아는 지혜를 가졌으며[他心通]
신성한 귀도 얻었다[天耳通].

380. 그리고 그것을 위해서
집을 나와 집 없이 출가한
그 목적을 나는 성취하였나니
모든 족쇄들을 멸진하였다[漏盡通].444)" (={136} 등)

우루웰라깟사빠 장로(끝)

2. 떼낏차까리 장로(Th6:2 {381}~{386})

【행장】

"떼낏차까리 장로(Tekicchakāri thera)는 수붓다(Subuddha)라는 바라문의 아들로 태어났다. 그는 태아였을 때 의사들(tikicchakā)이 위험하게도 자궁에서 끄집어내어 생명을 가지게 되었다고 한다. 그래서 떼낏차까리(의료행위로 태어난 자)라는 이름을 가졌다고 한다. 그는 자신의 가문에 어울리는 여러 명지와 기술들을 공부하면서 성장하였다.

그때 [짠다굿따(Candagutta, 짠드라굽따) 왕의 대신인] 짜낙까(Cāṇakka)445)는 이 수붓다가 통찰지의 탁월함(paññā-veyyatti)

---

444) "'그 목적을 나는 성취하였나니 / 모든 족쇄들을 멸진하였다[漏盡通](so me attho anuppatto, sabba-saṁyojanakkhayo).'라고 하였다. 모든 족쇄들의 멸진이 되었거나(khaya-bhūta) 멸진을 통해서 얻어야 하는(khayena vā laddhabbo) 그런 참된 목적과 궁극의 이치[勝義]는(sadattho paramattho ca) 내가 성스러운 도를 증득함(ariya-magga-adhigama)에 의해서 증득되었다는 말이다. 이와 같이 이 게송으로 장로는 구경의 지혜를 천명하였다고 알아야 한다(aññā-vyākaraṇaṁ ahosīti veditabbo)."(ThagA.ii.162)

'참된 목적(sadattha)'에 대해서는 본서 제1권 {112}c의 해당 주해를 참조할 것.

445) 짜낙까(Cāṇakka)는 딱까실라(Takkasilā)의 바라문이었다. 그는 다나난다

과 수단에 능숙함(kiriyāsu upāya-kosalla)을 가진 것을 보고 '이 사람은 이 왕의 가문에서 확고함을 얻은 뒤 나를 패배시킬 것이다.'라고 질투를 하여(issā-pakato) 짠다곳따 왕이 그를 감옥에 넣게 하였다.

떼낏차까리는 아버지가 감옥에 들어간다는 것을 듣고 두려워하여 도망을 가서 삼베옷을 입고 사는 장로(sāṇavāsi-tthera)의 곁으로 가서 자신이 절박한 이유(saṁvega-kāraṇa)를 말씀드리고 출가하였다. 그는 명상주제를 받아 노천에 머무는 수행을 하는 자(abbhokāsika)와 눕지 않는 수행을 하는 자(nesajjika)가 되어 머물면서 차고 덥고를 가리지 않고 사문의 법을 행하였는데 특히 거룩한 마음가짐 수행(brahma-vihāra-bhāvanā)에 몰두하였다. 그를 보고 마라 빠삐만이 '이 사람이 나의 영역(visaya)을 넘어서는 꼴을 나는 보지 못하겠구나.'라고 하면서 그를 혼란에 빠뜨리려고 곡물을 수확하는 시기에 들판을 지키는 사람으로 변장을 하고 장로의 곁에 가서 그를 모욕하면서 게송을 읊고 장로는 대답하고 하는 형식의 본 게송을 읊었다.(ThagA.ii.163) …

이와 같이 장로는 이 게송을 말하면서 위빳사나를 증장시켜 아라한됨을 실현하였다. 장로의 일화는 『아빠다나』에도 나타나고 있다. … 여기서도 빈두사라 왕[446]의 시대에 이 장로가 태어났기

(Dhanananda) 왕을 죽이고 짠다곳따(Candagutta, Sk. Candragupta, 기원전 322년~298년 재위)를 왕위에 올린 짠다곳따 왕의 대신이다. 그는 다나난다 왕의 어린 아들 빱바따꾸마라(Pabbatakumara)를 납치하여 제거한 뒤 짠다곳따를 양아들로 만들어 양육하여 그가 다나난다를 죽이고 왕위에 오르게 하였다고 한다.(Mhv.v.16f; Mbv.98) 이 짠다곳따 왕이 바로 마우리아 왕조의 초대 왕이다.(DPPN, s.v. Candagutta) 이 짠다곳따는 굽타 왕조를 세운 짠드라굽따(Candragupta, 기원후 319년~335년 재위) 왕과는 다른 왕이다. 이 후대의 굽타 왕조의 짠드라굽따 왕과 구분하기 위해서 전자는 짠드라굽따 마우리아(Candragupta Maurya)로 불리기도 한다.

446) 빈두사라 왕(Bindusāra rājā)은 마우리아 왕조의 시조 짠다곳따(Candagutta, 짠드라굽따) 왕의 아들이고 제3대 아소까 대왕의 부친이다. 그는 26

때문에 삼차합송(tatiya-saṅgīti)에서 이 게송들이 합송되었다(saṅ-gītā)고 알아야 한다."(ThagA.ii.165)

이처럼 주석서는 떼낏차까리 장로의 이 게송들은 삼차결집에서 결집된 것이라고 직접 밝히고 있다.[447]

381. [마라]

"벼는 [볏짚 채로] 추수되었고
벼의 낟알들은 가공하는 곳으로 보내졌다.[448]
그러나 나는 탁발음식을 얻지 못하니[449]
나는 어떻게 해야 할까?"

년간(기원전 298년~273년) 왕으로 재위했다.

447) 'tatiyasaṅgītiyaṁ imā gāthā saṅgītā.'(ThagA.ii.166)

448) '벼는 [볏짚 채로] 추수되었고 / 벼의 낟알들은 가공하는 곳으로 보내졌다.'로 조금 어색하게 번역한 원어는 atihitā vīhi, khalagatā sālī이다. 여기서 '벼'와 '벼의 낟알'은 각각 vīhi와 sāli를 옮긴 것이다. 주석서는 이렇게 설명한다.

"여기서 '벼는 [볏짚 채로] 추수되었고'라는 것은 벼는 볏짚 채(vīhaya)로 저장하는 곳(koṭṭhāgāra)으로 가져와져서 쌓아졌다, 거기서 정리되거나(paṭi-sāmitā) 타작되어(khalato vā) 집(ghara)으로 운반된다는 뜻이다. 여기서 벼(vīhi)를 언급하여 다른 곡식들도(itarampi dhaññaṁ) 포함시켜 언급하였다. 그런데 일반적으로 벼의 낟알(sāli)은 볏짚 채로 있는 벼의 다음 단계에 있는 것이고 타작이 된 것이라고(paccantīti) 말한다.
'벼의 낟알들은 가공하는 곳으로 보내졌다(khala-gatā sālī).'라는 것은 벼의 낟알들은 곡식으로 만드는 곳(dhañña-karaṇa-ṭṭhāna)으로 보내졌다. 거기 모아져서(rāsi-vasena) 부수어지고 돌려지는 등(maddana-cāvanādi)을 통해서 저장된다(ṭhita)는 뜻이다. 중요한 곡식의 존재를 보여주기 위해서(padhāna-dhañña-bhāva-dassanattha) 벼가 따로 언급되었다. 이 둘에 의해서 마을(gāma) 안에서와 마을 밖에서 곡식이 완성되어 저장됨(pari-puṇṇa ṭhita)을 보여준다."(ThagA.ii.164)

449) "'그러나 나는 탁발음식을 얻지 못하니(na ca labhe piṇḍaṁ)'라고 하였다. 이처럼 곡식을 얻기 쉽고 걸식하기 좋은 시기에(subhikkha-kāle) 나는 탁발음식조차도(piṇḍa-mattampi) 얻지 못한다는 말이다."(ThagA.ii.164)

382. [떼낏차까리][450]

"측량할 수 없는 부처님[佛]을
청정한 믿음으로 계속해서 생각하라.
몸이 희열로 가득 차서
그대는 언제나 활발발하게 될 것이다.[451]

383. 측량할 수 없는 가르침[法]을[452]

깨끗한 믿음으로 계속해서 생각하라.
몸이 희열로 가득 차서
그대는 언제나 활발발하게 될 것이다.

---

450) "이 말을 듣고 장로는 '가엾은(varāka) 그대 [마라]는 자신에 의해서 자신의 삶의 과정(pavatti)을 나에게 드러내는구나. 그러나 나는 나 자신에 대해서 자신을 교계할 것이다(ovaditabbo). 나는 [그에게] 어떤 것도 말해서는 안 된다.'라고 하면서 세 가지 토대(삼보)를 계속해서 생각함(vatthuttaya-anussati)을 자신에게 적용시키면서 '측량할 수 없는 부처님을(Buddham appameyyaṁ) …'이라는 등의 세 개의 게송을 읊었다."(ThagA.ii.164)

451) '그대는 언제나 활발발하게 될 것이다.'는 satatam udaggo(ud+agga)를 옮긴 것이다. 주석서는 이렇게 설명한다.

"'그대는 언제나 활발발하게 될 것이다(satatam udaggo).'라고 하였다. [부처님을] 계속해서 생각하면서(anussaranta) 충만함의 특징을 가진(pharaṇa-lakkhaṇā) 희열(pīti)로 언제 어디서나 몸에 닿으면, 희열에서 생긴 수승한 모습들(pīti-samuṭṭhāna-paṇīta-rūpā)로 가득 찬 몸(ajjhotthaṭa-sarīra)은 놀라운 희열로 활발발하게 된다(ubbegapītiyā udaggo). 그리고 이 [희열은] 몸을 활발발하게 만든 뒤 허공을 뛰어넘을(laṅghituṁ) 수 있게 할 것이다. [그러므로] 부처님을 계속해서 생각함을 통해서 부처님을 대상으로 고결한 희열과 기쁨(uḷāra pīti-somanassa)을 그대는 경험해야 한다. 마치 저 춥고 더움(sītuṇhā)으로부터 그러하듯이 배고픔과 목마름(jighacchā-pipāsā)으로부터도 지배되지 않을 것이다라는 뜻이다."(ThagA.ii.164~165)

452) 주석서는 여기서 '가르침[法, dhammaṁ]'은 성스러운 출세간법(ariya lokuttara-dhamma)이라고 설명한다.(ThagA.ii.165)

384. 측량할 수 없는 승가[僧]를[453]
깨끗한 믿음으로 계속해서 생각하라.
몸이 희열로 가득 차서
그대는 언제나 활발발하게 될 것이다."

385. [마라][454]
"그대는 노지에 머무르고 있으며
이 겨울밤들은 춥다.
추위에 제압되지 말고 죽지 말라.
그대는 거처에 들어가서 [문에] 빗장을 걸어라."

386. [떼낏차까리]
"네 가지 무량함[455]에 닿을 것이고
이들과 더불어 행복하게 머물 것이다.
나는 흔들림 없이 머무를 것이고
추위 때문에 죽지 않을 것이다."[456]

---

453) 주석서는 여기서 '승가[僧, saṅgha]'는 성스러운 궁극적인 의미[勝義]의 승가(ariya paramattha-saṅgha)라고 설명한다.(ThagA.ii.165)

454) "이와 같이 장로가 삼보의 공덕을 계속해서 생각함(ratanattaya-guṇa-anussaraṇa)을 촉구함(niyojana)을 통해서 자기 자신 안에서 교계하자(attani ovadite) 마라는 다시 한거하여 머묾(viveka-vāsa)으로부터 그를 배제시키려고(vivecetukāma) 그의 이로움을 바라는 것처럼(hitesībhāvaṁ viya) 보여주면서 이 다섯 번째 게송을 말하였다."(ThagA.ii.165)

455) '네 가지 무량함'은 catasso appamaññāyo를 옮긴 것이다. 주석서의 설명대로 이것은 네 가지 거룩한 마음가짐(cattāro brahmavihārā) 즉 자애, 연민, 함께 기뻐함, 평온을 말한다.(ThagA.ii.165) 네 가지 거룩한 마음가짐, 즉 네 가지 무량함[四無量, appamañña]에 대해서는 『아비담마 길라잡이』 제9장 §9를 참조하고 자세한 설명은 『청정도론』 제9장을 정독하기 바란다.

떼낏차까리 장로 (끝)

3. **마하나가 장로**(Th6:3 {387}~{392})

【행장】

"마하나가 장로(Mahānāga thera)는 사께따에서 마두와셋타(Madhuvāseṭṭha)라는 바라문의 아들로 태어났다. 그는 사리를 분별하는 나이가 되어 세존께서 사께따의 안자나 숲에 머무실 때 가왐빠띠 장로(Gavampati thera, 본서 제1권 {38} 참조)의 [신통의] 기적을 보고 믿음을 얻어 장로의 곁에서 출가하여 그의 교계에 확립되어 아라한됨을 얻었다. 장로의 일화는 『아빠다나』에도 나타나고 있다. …

아라한이 된 뒤 해탈의 행복으로 머물면서 장로는 육군비구들(chabbaggiyā bhikkhū)[457]이 청정범행을 닦는 동료 수행자들을 존중하지 않고 머무는 것을 보고 그들에게 교계하면서 이 여섯 개의 게송을 읊었다.(ThagA.ii.166) … 그리고 이 게송들은 장로의 구경의 지혜를 천명하는 게송들(aññā-vyākaraṇa-gāthā)이 되었다."(ThagA.ii.166)

387. "청정범행을 닦는 [43] 그의 동료 수행자들 가운데서
존중을 받지 못하는 자는
바른 법[正法]으로부터 쇠퇴합니다.
마치 물고기가 물이 적은 곳에서 그러하듯이.

388. 청정범행을 닦는 그의 동료 수행자들 가운데서

---

456) "이와 같이 장로는 이 게송을 말하면서 위빳사나를 증장시켜 아라한됨을 실현하였다."(ThagA.ii.165)

457) 육군비구(六群比丘, 여섯 무리의 비구들)에 대해서는 본서 {466}【행장】의 해당 주해와 제3권 {994}의 해당 주해를 참조할 것.

존중을 받지 못하는 자는
바른 법[正法]에서 번창하지 못합니다.
마치 썩은 씨앗이 들판에서 그러하듯이(={363}).

389. 청정범행을 닦는 그의 동료 수행자들 가운데서
존중을 받지 못하는 자는
법왕의 교법에서
열반으로부터 멀리 있습니다.458)

390. 청정범행을 닦는 그의 동료 수행자들 가운데서
존중을 받는 자는
바른 법[正法]으로부터 쇠퇴하지 않습니다.
마치 물고기가 물이 많은 곳에서 그러하듯이.

391. 청정범행을 닦는 그의 동료 수행자들 가운데서
존중을 받는 자는
바른 법[正法]에서 번창합니다.
마치 아주 좋은 씨앗이 들판에서 그러하듯이.

392. 청정범행을 닦는 그의 동료 수행자들 가운데서

---

458) '법왕의 교법에서 / 열반으로부터 멀리 있습니다.'는 ārakā hoti nibbānā, dhammarājassa sāsane를 옮긴 것이다. 주석서는 이렇게 설명한다.

"'열반으로부터(nibbānā)'라는 것은 오염원들을 완전히 끔(nibbāpana)으로부터, 오염원의 멸진(kilesakkhaya)으로부터라는 뜻이다. '법왕의(dhamma-rājassa)'는 스승님의(satthuno)라는 말이다. 스승께서는 참으로 신들을 포함한 세상을 적절하게(yathārahaṁ) 세간적이거나 출세간적인 법에 의해서 밝게 하신다(rañjeti), 만족하게 하신다(toseti)고 해서 '법왕(dhamma-rāja)'이시다. 그리고 여기서 '법왕의 교법에서(dhamma-rājassa sāsane)'라고 한 것은 열반은 참으로 법왕의 교법에 있지 다른 곳에서가 아니라는 것을 뜻한다."(ThagA.ii.166~167)

존중을 받는 자는
법왕의 교법에서
열반으로부터 가까이 있습니다."

마하나가 장로 (끝)

4. 꿀라 장로(Th6:4 {393}~{398})

【행장】

"꿀라 장로(Kulla thera)는 사왓티에서 지주의 가문(kuṭumbiya-kula)에 태어났다. 그는 사리를 분별하는 나이가 되어 스승님의 곁에서 법을 듣고 믿음을 얻어 출가하였다. 그는 탐하는 기질을 가졌기 때문에(rāga-caritattā) 강한 탐욕을 가진 자(tibba-rāga-jātika)로 태어났다. 그래서 지속적으로 오염원들이 그의 마음을 사로잡아 머물렀다. 그러자 스승께서 그의 마음의 움직임(cittā-cāra)을 아시고 더러움[不淨]의 명상주제(asubha-kammaṭṭhā-na)를 주신 뒤 '꿀라여, 그대는 끊임없이 공동묘지에서 포행해야 한다(susāne cārikā caritabbā).'라고 말씀하셨다.
그는 공동묘지에 들어가서 부푼 것 등(uddhumātakādīni) 이런저런 부정한(asubhāni) [시체들을] 보았다. 보는 그 짧은 시간(muhutta)에는 더러움을 마음에 잡도리함이 생겼지만 공동묘지에서 나오면 다시 감각적 쾌락에 대한 탐욕이 치성해졌다. 다시 세존께서는 그의 그러한 과정을 아시고 어느 날 그가 공동묘지로 가는 시간에 방금 죽은 어떤 젊은 여인의 모습(taruṇitthi-rūpa)을 피부가 망가지지 않은 모습(avinaṭṭha-cchavi)으로 만들어서 그에게 보여주셨다.

그는 그것을 보자마자 살아있는 이성(異性)의 토대(jīvamāna-visabhāga-vatthu)[459]에서처럼 즉시에 탐욕(rāga)이 생겼다. 그

459) '이성(異性)의 토대'는 visabhāga-vatthu를 옮긴 것이다. 복주서는 "비구

때 스승님께서는 그가 쳐다볼 때 아홉 가지 상처 구멍들(vaṇa-mukhāni)로부터 흘러내려서 더럽고(paggharamāna-asuci) 벌레들이 우글거리고(kimikulākula) 아주 무시무시하고(bībhaccha) 악취가 나고(duggandha) 넌더리 나고(jegucchā) 혐오스러운 것(paṭikkūla)을 만들어서 보여주셨다. 그는 그것을 보면서 탐욕이 빛바랜 마음으로(viratta-citta) 서있었다. 그때 세존께서는 그에게 광채를 내뿜으신 뒤 마음챙김을 생기게 하시면서 {394}를 읊으셨다. …

이것을 듣고 장로는 바르게 몸의 고유성질(sarīra-sabhāva)을 지탱하면서 더러움의 인식(asubha-saññā)을 얻어서 거기서 초선을 얻었다. 그는 이것을 기초로 삼아서 위빳사나를 증장시켜 아라한됨을 얻었으며 자신의 도닦음을 반조하여 감흥어를 통해서 본 게송들을 읊었다. 그리고 이들은 장로의 구경의 지혜를 천명하는 게송들이 되었다."(ThagA.ii.167~168)

393. [꿀라 장로]

"꿀라는[460] 공동묘지에 가서
내팽개쳐진 여인의 [시체를] 보았습니다.
[그녀는] 공동묘지에 내던져져서
뜯어 먹혔고 벌레들이 들끓었습니다." (bcd={315}bcd)

394. [세존]

"고통스럽고 불결하고 썩기 마련인
적집된 [몸]을 보라, 꿀라여.[461]

들에게는 여인의 모습(itthi-rūpa)이 이성의 토대이고 비구니들에게는 남자의 모습(purisa-rūpa)이다."(MAṬ.ii.299)라고 설명하고 있다.

460) "여기서 '꿀라는(Kullo)'이라고 장로는 자신을 남인 것처럼 만든 뒤(paraṁ viya katvā) 말하고 있다."(ThagA.ii.168)

461) "여기서 '꿀라여(Kulla)'라는 것은 교계를 하실 때에 세존께서 장로를 부르

이리 흐르고 저리 흘러서
우둔한 자들이나 기뻐한다."[462]

395. [꿀라 장로]
"법의 거울[463]을 가지고
지와 견을 증득하기 위해서
저는 이 몸을 두고
안과 밖으로 공허하다고 숙고하였습니다.[464]

396. 이것처럼 저것도 그러하고
저것처럼 이것도 그러합니다.
아래처럼 위도 그러하고

신 것이다. 물론 장로가 감흥어로 읊었을 때에는(udāna-kāle) 장로가 스스로 자신을 불러 말한 것이다."(ThagA.ii.167)

462) "세존의 이 말씀을 듣고 장로는 바르게 몸의 고유성질(sarīra-sabhāva)을 파악하면서(upadhārento) 더러움[不淨]의 인식(asubha-saññā)을 얻어 거기서 초선을 얻은 뒤 이것을 기초로 하여 위빳사나를 증장시켜 아라한됨을 얻었다."(ThagA.ii.167)

463) "'법의 거울(dhammādāsa)'은 법으로 된 거울(dhammamaya ādāsa)이다. 마치 중생들이 거울로 자신의 얼굴이나 몸에 있는 좋고 나쁜 것(guṇa-dosa)을 보는 것처럼 그와 같이 수행자(yogāvacara)도 자기 자신에게 있는 오염되었거나 깨끗한 법들(saṁkilesa-vodāna-dhammā)을 정확하게(yāthāvato) 본다. 이러한 위빳사나의 지혜(vipassanā-ñāṇa)를 여기서는 법의 거울이라고 말하고 있다. 지와 견(ñāṇa-dassana)이요 도의 지혜라 불리는(magga-ñāṇa-saṅkhāta) 법의 눈을 증득하기 위해서 자신의 흐름(santāna)에서 이것을 가지고라는 뜻이다."(ThagA.ii.168)

464) "'저는 이 몸을 두고 숙고하였습니다(paccavekkhiṁ imaṁ kāya).'라고 했다. 이 육체적인 몸(karaja-kāya)을, 항상하는 심재 등이 없기 때문에(nicca-sārādi-virahato) '공허하다고(tucchaṁ)', 자신과 남의 흐름들(attapara-santānā)의 구분을 통해서 '안과 밖으로(santara-bāhiraṁ)', 지혜의 눈으로 '나는 숙고하였습니다', 반조하였습니다(patiavekkhiṁ), 보았습니다(passiṁ)라는 말이다."(ThagA.ii.168)

위처럼 아래도 그러합니다.465)

397. 낮처럼 밤에도 그러하고
밤처럼 낮에도 그러합니다.
전에처럼 나중에도 그러하고
나중처럼 전에도 그러합니다.466)

398. 다섯 가지로 구성된 악기를 통해서는467)

---

465) 주석서는 여기서 '이것(idaṁ)'은 나의 이 몸(idaṁ mama sarīra)을 말하고 '저것(etaṁ)'은 죽은 몸[屍身, mata-sarīra]을 뜻한다고 설명한다.(ThagA.ii.168) 그리고 여기서 '아래(adho)'는 내 몸의 배꼽의 아래 부분(nābhito adho heṭṭhā)을 말하고 '위(uddhaṁ)'는 배꼽 위의 부분을 뜻한다고 설명한다.(ThagA.ii.169) 그런 뒤에 살아있는 몸이든 죽은 몸이든, 몸의 아래든 위든, 나의 이 몸은(idaṁ mama sarīraṁ) 깨끗하지 못하고 악취가 나고 넌더리 나고 혐오스럽고 무상하고 괴롭고 무아라고(duggandho jegucho paṭikkūlo anicco dukkho anattā ca) 강조한다.(Ibid.)

466) 주석서는 여기서 '전에(pure)'는 젊었을 때(taruṇa-kāle)이고 '나중에(pacchā)'는 늙었을 때(jiṇṇa-kāle)라고 설명한 뒤 더 확장하여 과거의 시간에도(pure atīta-kāle) 미래의 시간에도(pacchā anāgata-kāle) 모두 적용될 수 있다고 한 뒤 낮에든(divā) 밤에든(rattiṁ) 젊었을 때든 늙었을 때든 이 몸은 모두 불결함 등의 고유성질(asuciādi-sabhāva)과 무상 등의 고유성질(aniccādi-sabhāva)이 다 적용된다고 설명한다.(ThagA.ii.169)

467) "'다섯 가지로 구성된 악기를 통해서는(pañcaṅgikena turiyena)'이라고 하였다. 이것은 한 면만 있는 북(ātata), 양면이 있는 북(vitata), 여러 면이 있는 북(ātata-vitata), 피리(susira), 심벌즈(ghana)의 다섯이다."(ThagA.ii.169; DA.ii.617)

한편『상윳따 니까야』제1권「위자야 경」(S5:4)에서 마라는 위자야 비구니(Vijayā bhikkhunī)에게,

"그대는 젊었고 참으로 아름답습니다.
나도 또한 젊었고 청춘입니다.
여인이여, 오소서. 다섯 가지로 구성된
악기와 더불어 둘이 함께 즐깁시다."(§3 {528})

라고 유혹을 한다. 여기에 대해서 위자야 비구니는,

"형색, 소리, 냄새, 맛,

마음이 한 끝으로 된 자가
바르게 법을 통찰하는 것과 같은468)
그러한 기쁨은 존재하지 않습니다."

꿀라 장로 (끝)

5. **말룽꺄뿟따 장로**(Th6:5 {399}~{404})

【행장】

"말룽꺄뿟따 장로(Māluṅkyaputta thera)는 사왓티에서 꼬살라 왕의 핵심 보좌관(aggāsanika)의 아들로 태어났다. 그의 어머니는 말룽꺄였으며 그래서 말룽꺄의 아들, 즉 말룽꺄뿟따로 불리게 되었다. 그는 적당한 나이가 되어 벗어남의 성향을 가졌기 때문에 재가의 삶을 버리고 외도 유행승으로 출가하여 유행하다가 스승님의 곁에서 법을 듣고 교법에 믿음을 얻어서 출가하였다. 그는

마음을 끄는 감촉들 —
마라여, 이들은 그대에게 주노라.
나에게는 더 이상 아무 필요 없노라."(§5 {529})

라고 대답한다. 이처럼 위자야 비구니는 이 다섯 가지로 구성된 악기(pañc-aṅgika turiya)를 다섯 가지 밖의 감각장소들(bāhirāni āyatanāni)로 배대하고 있다.

468) "'마음이 한 끝으로 된 자가 / 바르게 법을 통찰하는 것과 같은(yathā ek-agga-cittassa, sammā dhammaṁ vipassato)'이라고 하였다. 감각적 쾌락의 기쁨(kāma-rati)은 사마타와 위빳사나를 쌍으로(yuga-naddhaṁ) 행한 뒤 기능들(indriyā)이 한 맛임(ekarasa-bhāva)을 통해서 도닦음의 과정(vīthi-paṭipannā)인 위빳사나로 무더기들의 일어나고 사라짐(udayabbaya)을 보는 이러한 수행자(yogāvacara)의 법의 기쁨(dhamma-rati)의 한 조각에도(kalampi) 미치지 못한다. 그래서 세존께서는 [『법구경』에서],

'무더기들의 일어나고 사라짐을 명상하기 때문에
희열과 기쁨을 얻고 그것이 불사(不死)인 줄 안다.'
(yato yato sammasati, khandhānaṁ udayabbayaṁ|
labhatī pītipāmojjaṁ, amataṁ taṁ vijānataṁ||) (Dhp.374)

라고 말씀하셨다."(ThagA.ii.169)

위빳사나의 업을 행하여 오래지 않아 육신통을 갖춘 분이 되었다.

그는 친척들에 대한 연민(ñātīsu anukampā)으로 친지의 집에 갔다. 친척들은 맛있는 부드러운 음식과 딱딱한 음식으로 그에게 공양을 올린 뒤(parivisitvā) 재물로 유혹하려고(palobhetu-kāmā) 많은 재물의 더미(dhana-rāsi)를 앞에 놓게 한 뒤 '이 재물을 당신의 곁으로 가져가십시오. 유행을 하신 뒤 이 재물로 아들과 아내를 부양하시면서 공덕들(puññāni)을 지으십시오.'라고 요청하였다. 장로는 그들의 성향(ajjhāsaya)을 바꾸게 하면서 허공에 서서 본 게송 6개로 법을 설하였다."(ThagA.ii.170)

말룽꺄뿟따(Māluṅkyaputta) 존자는 한역 『중아함』의 「전유경」(箭喩經, 독화살 비유경)을 통해서 존자 만동자(尊者 鬘童子)로 번역되어 우리에게 알려진 분이다. 그는 세존께서 세상은 유한한가 하는 등의 열 가지 문제에 대해서 명확한 답변을 해주시지 않는다고[十事無記] 환속하려고 했던 분이다. 『맛지마 니까야』의 「짧은 말룽꺄뿟따 경」(M63)이 한역 「전유경」에 해당한다. 「긴 말룽꺄뿟따 경」(M64)과 『앙굿따라 니까야』 제2권 「말룽꺄뿟따 경」(A4:254)도 세존께서 그에게 설하신 경이다.
그리고 본서 제3권 스물의 모음 {794}~{817}의 24개 게송들도 말룽꺄뿟따 장로가 읊은 것이다.

399. "방일함을 행하는 인간의469) 갈애는
말루와 넝쿨470)처럼 증장하나니

469) "'방일함을 행하는 인간의(manujassa pamatta-cārino)'라고 하였다. 여기서 '인간(manuja)'은 중생(satta)을 말한다. '방일함을 행하는(pamatta-cārino)' 인간은 마음챙김을 버렸음을 특징으로 하는(sati-vossagga-lakkhaṇa) 방일함에 의해서 방일함을 행하는(pamatta-cāri) 중생이며 禪도 위빳사나도 도와 과도 증장하지 않는 사람을 말한다."(ThagA.ii.170~171)

470) '말루와 넝쿨'은 māluvā를 옮긴 것이다. 『테라가타 주석서』는 말루와 넝쿨이 자라는 것(māluvā latā vaḍḍhati)을 여섯 문을 의지하여 형색 등에 대

마치 원숭이가 숲에서 과일을 원하여
이리 날뛰고 저리 날뛰는 것과 같습니다.

400. 이 저속한 갈애와 이 세상에 대한 애착이
그를 정복해 버린
그런 [사람]의 슬픔은 증장합니다.
마치 비라나 [풀이] 비를 맞으면 그러하듯이.471)

해서 갈애(taṇhā)가 자라는 것으로 설명하면서(ThagA.ii.170~171) "자라면서 마치 말루와 넝쿨이 자신의 의지처인 나무(apassaya-bhūta rukkha)를 완전히 덮어서 쓰러뜨리는(ajjhottharitvā pāteti) 것처럼 그와 같이 [갈애는] 갈애에 제압된 사람(taṇhā-vasika puggala)을 처참한 곳[惡趣, apāya]에 떨어지게 한다."(ThagA.ii.171)라고 강조하고 있다.

한편 『상윳따 니까야』 제1권 「수찔로마 경」(S10:3) §5 {810}번 게송을 주석하면서 『상윳따 니까야 주석서』는 이렇게 설명한다.

"'말루와 넝쿨이 온 숲에 퍼지는 것과 같습니다(māluvāva vitatā vane).'라는 것은 마치 말루와 넝쿨이 어떤 나무를 의지해서 자라서는 그 나무를 뿌리부터 나무 끝까지 그리고 끝으로부터 뿌리까지 에워싸고 둘러싸는 것과 같다는 말이다. 그와 같이 오염원으로서의 감각적 쾌락들(kilesa-kāmā)은 대상으로서의 감각적 쾌락들(vatthu-kāmā)을 에워싸고 있다. 혹은 여러 중생들은 이러한 오염원으로서의 감각적 쾌락들로 대상으로서의 감각적 쾌락들을 에워싸고 있다는 뜻이다."(SA.i.304)

471) '마치 비라나 [풀이] 비를 맞으면 그러하듯이.'는 VRI의 abhivaṭṭhaṁ va bīraṇaṁ을 옮긴 것이다. PTS에는 abhivaṭṭhaṁ 대신에 vaḍḍhaṁ으로 나타난다. 주석서는 이렇게 설명한다.

"마치 숲(vana)에서 거듭해서 비가 내리면 '비라나(bīraṇa)' 즉 비라나 풀(bīraṇa-tiṇa)이 자라듯이(vaḍḍhati) 그와 같이 윤회를 뿌리로 가지는 슬픔은(vaṭṭamūlakā sokā) 증장한다(abhivaḍḍhanti), 자란다(vuddhiṁ āpajja-nti)는 뜻이다."(ThagA.ii.171)

PTS본의 vaḍḍhaṁ(√vṛdh, 자라다, *to grow*)은 재산을 뜻하기 때문에 이 문맥에서는 맞지 않다. VRI본에는 abhivaṭṭhaṁ으로 나타난다. VRI본 주석서는 여기서 보듯이 abhivaṭṭhaṁ을 vassante deve, 즉 비가 내릴 때로 해석하고 있다. 그런데 PED에는 abhivaṭṭha가 표제어로 나타나지 않고 abhivassati(abhi+√vṛṣ, *to rain*)와 이것의 과거분사인 abhivaṭṭa가 표제어로 나타나며 이 안에 abhivuṭṭha와 abhivaḍḍha가 언급되고 있다.

401. 세상에서 극복하기 어려운
이 저속한 갈애를 정복해 버린 자
그런 [사람]의 슬픔은 떨어져 버립니다.
마치 물방울이 연잎 위에서 그러하듯이.

402. 나는 이것을 [44] 여기에 함께 모인
존경하는 그대들에게 설합니다.
갈애의 뿌리를 파내십시오,472)
우시라 [풀을] 원하는 자가 비라나 [풀을] 파내듯이.
흐르는 물이 갈대를 부수듯이
마라가 거듭거듭 [그대들을] 부수지 못하도록 하십시오.473)

403. 부처님의 말씀을 행하십시오.474)

---

472) "'갈애의 뿌리를 파내시십오(taṇhāya mūlaṁ khaṇatha)'라고 하였다. 여섯 문을 가진 갈애(chadvārika-taṇhā)의 뿌리요 원인(kāraṇa)인 무명 등의 오염원의 밀림(avijjādi-kilesa-ggahana)을 아라한도의 지혜라는 괭이(arahatta-maggañāṇa-kuddāla)로 파내십시오(khaṇatha), 뿌리 뽑으십시오(samucchindatha)라는 말이다."(ThagA.ii.171)

473) "'흐르는 물이 갈대를 부수듯이 / 마라가 거듭거듭 [그대들을] 부수지 못하도록 하십시오(mā vo naḷaṁva sotova, māro bhañji punappunaṁ).'라고 하였다. 강의 언덕에 생긴 갈대를 큰 속력으로 내려오는 강의 흐름(nadī-sota)이 그렇게 하듯이 오염원으로서의 마라(kilesa-māra)와 죽음으로서의 마라(maccu-māra)와 신으로서의 마라(devaputta-Māra)가 그대들을 거듭거듭 부수지 못하게 하라는 뜻이다."(TagA.ii.172)

마라(Māra)에 대해서는 본서 제1권 하나의 모음 {47}의 해당 주해를 참조할 것.

474) 주석서는 '부처님의 말씀을 행하십시오(karotha Buddha-vacanaṁ).'의 보기로 "참선을 하라. 비구들이여, 방일하지 마라(jhāyatha, bhikkhave, mā pamādattha)."(M19 §27, S35:146 §7 등등), 즉 "비구들이여, 여기 나무 밑이 있다. 여기 빈집이 있다. 참선을 하라. 비구들이여, 방일하지 마라. 나중에 후회하지 마라. 이것이 그대들에게 주는 나의 간곡한 당부이다."라는

순간이 그대들을 지나가게 하지 마십시오.475)

『맛지마 니까야』 제1권 「두 가지 사유 경」(M19) 등의 부처님 말씀을 들고 있다.(ThagA.ii.171)

475) "'순간이 그대들을 지나가게 하지 마십시오(khaṇo vo mā upaccagā).'라고 하였다. 부처님 말씀을 행하지 않는 그런 인간(puggala)을 ① 부처님이 오신 순간(Buddhuppāda-kkhaṇa)과 ② 적당한 지역의 삶에 태어나는 순간(patirūpa-desavāse uppatti-kkhaṇa)과 ③ 바른 견해를 얻는 순간(sammā-diṭṭhiyā paṭiladdha-kkhaṇa)과 ④ 여섯 가지 감각장소가 부족함이 없는 순간(channaṁ āyatanānaṁ avekalla-kkhaṇa)이라는 이 모든 순간이 지나가 버린다(atikkamati). 이러한 순간이 그대들을 지나가 버리게 하지 말라는 뜻이다."(ThagA.ii.172)

노만 교수는 여기서도 이 khaṇa를 *opportunity*(기회)로 옮기고 있고 본서 셋의 모음 {231}에서는 khaṇā를 *opportunities*(기회들)로 옮기고 있다.(K. R. Norman, 28쪽 §231과 43쪽 §403 참조) 역자는 원문대로 '순간'으로 옮겼으며 특히 찰나 혹은 순간이라는 용어가 주는 무상에 대한 절박함을 강조하고 싶어서 이렇게 옮겼다.

'순간이 그대들을 지나가게 하지 마십시오.'라는 이 말은 본서 열넷의 모음 레와따 장로의 게송들 가운데 {653}d로도 나타나고 있다. 레와따 장로는 사리뿟따 장로(Th30:2)의 친동생이다. 그곳의 주해에서는 『앙굿따라 니까야』 제4권 「출현 경」(A6:96)에서 설하신 여섯 가지 얻기 어려운 것을 인용하여 비교하고 있으며 『앙굿따라 니까야』 제3권 「빵기야니 경」(A5:195)에 나타나는 다섯 가지 세상에서 드문 것도 인용하고 있으므로 참조하기 바란다. 그리고 이 말은 본서 제3권 서른의 모음 사리뿟따 장로의 37개 게송들({981}~{1017}) 가운데 {1004}c로도 나타나고 있다. 사리뿟따 존자는 『디가 니까야』 제3권 「합송경」(D33) §3.2 (4)에서 '아홉 가지 청정범행을 닦기에 적당하지 않은 순간과 적당하지 않은 때(nava akkhaṇā asamayā brahmacariya-vāsāya)'를 설명하고 있는데 여기에 인용한다.

"아홉 가지 청정범행을 닦기(brahmacariya-vāsa)에 적당하지 않은 순간과 적당하지 않은 때 —
① 도반들이여, 여기 여래·아라한·정등각께서 세상에 출현하십니다. 그분은 고요함을 가져오고 완전한 열반을 실현하고 깨달음으로 인도하며 선서(善逝)에 의해서 체득된 법을 설하십니다. 그러나 이 사람은 지옥에 태어나 있습니다. 이것이 첫 번째 청정범행을 닦기에 적당하지 않은 순간이고 적당하지 않은 때입니다.
② 다시 도반들이여, 여래·아라한·정등각께서 세상에 출현하십니다. … 그러나 이 사람은 축생에 태어나 있습니다. 이것이 두 번째 청정범행을 닦기에 적당하지 않은 순간이고 적당하지 않은 때입니다.

순간을 놓친 자들은 지옥으로 인도되어

③ 다시 도반들이여, 여래·아라한·정등각께서 세상에 출현하십니다. … 그러나 이 사람은 아귀계에 태어나 있습니다. 이것이 세 번째 청정범행을 닦기에 적당하지 않은 순간이고 적당하지 않은 때입니다.
④ 다시 도반들이여, 여래·아라한·정등각께서 세상에 출현하십니다. … 그러나 이 사람은 아수라의 무리에 태어나 있습니다. 이것이 네 번째 청정범행을 닦기에 적당하지 않은 순간이고 적당하지 않은 때입니다.
⑤ 다시 도반들이여, 여래·아라한·정등각께서 세상에 출현하십니다. … 그러나 이 사람은 어떤 긴 수명을 가진 신들의 무리에 태어나 있습니다. 이것이 다섯 번째 청정범행을 닦기에 적당하지 않은 순간이고 적당하지 않은 때입니다.
⑥ 다시 도반들이여, 여래·아라한·정등각께서 세상에 출현하십니다. … 그러나 이 사람은 비구와 비구니와 청신사와 청신녀가 가지 않는 변방에서 무지몽매한 멸려차(蔑戾車, milakkha)들 가운데 태어났습니다. 이것이 여섯 번째 청정범행을 닦기에 적당하지 않은 순간이고 적당하지 않은 때입니다.
⑦ 다시 도반들이여, 여래·아라한·정등각께서 세상에 출현하십니다. … 이 사람은 중심부에(majjhimesu janapadesu) 태어났습니다. 그러나 그는 삿된 견해를 가졌고 전도된 소견을 가진 자입니다. '보시한 것도 없고 바친 것도 없고 … 바른 도를 구족한 사문·바라문들도 이 세상에는 없다.'라고. 이것이 일곱 번째 청정범행을 닦기에 적당하지 않은 순간이고 적당하지 않은 때입니다.
⑧ 다시 도반들이여, 여래·아라한·정등각께서 세상에 출현하십니다. … 이 사람은 중심부에 태어났습니다. 그러나 그는 통찰지가 없고 우둔하고 귀머거리와 벙어리여서 잘 설해진 것인지 잘못 설해진 것인지 그 뜻을 잘 아는 능력이 없습니다. 이것이 여덟 번째 청정범행을 닦기에 적당하지 않은 순간이고 적당하지 않은 때입니다.
⑨ 다시 도반들이여, 여래·아라한·정등각께서 세상에 출현하시지 않았습니다. 그분은 고요함을 가져오고 완전한 열반을 실현하고 깨달음으로 인도하며 선서에 의해서 체득된 법을 설하지 않으셨습니다. 그러나 이 사람은 중심부에 태어났습니다. 그는 지혜를 가졌고 우둔하지 않고 귀머거리도 벙어리도 아니어서 잘 설해진 것인지 잘못 설해진 것인지 그 뜻을 잘 아는 능력이 있습니다. 이것이 아홉 번째 청정범행을 닦기에 적당하지 않은 순간이고 적당하지 않은 때입니다."(D33 §3.2 (4))

여기 인용한 '아홉 가지 청정범행을 닦기(brahmacariya-vāsa)에 적당하지 않은 순간과 적당하지 않은 때'의 가르침(D33 §3.2 (4)) 가운데 네 번째인 아수라로 태어나는 것이 빠지면 『디가 니까야』 제3권 「십상경」(D34) §2.1 (7)의 여덟 가지와 같고 이 여덟 가지는 『앙굿따라 니까야』 제5권 「적당하지 않은 순간 경」(A8:29)에도 나타나고 있다.
그리고 본서 여덟의 모음 {511}의 해당 주해도 참조하기 바란다.

참으로 슬퍼하기 때문입니다. (bcd={1005}def)

404. 방일함은 먼지이니
방일함으로부터 먼지는 일어납니다.476)
불방일과 명지를 통해서
자신의 쇠살을 뽑아야 합니다.477)"

말룽꺄뿟따 장로 (끝)

6. **삽빠다사 장로**(Th6:6 {405}~{410})

【행장】

"삽빠다사 장로(Sappadāsa thera)는 까삘라왓투에서 숫도다나 대왕의 궁중제관의 아들로 태어났다. 그는 적당한 나이가 되어 친척들의 회합에서 믿음을 얻어 출가하였다. 그는 오염원에 정복되어(kilesābhibhava) 마음의 삼매(ceto-samādhi)를 얻지 못한

476) "'방일함은 먼지이니(pamādo rajo)'라고 하였다. 형색 등의 대상들에 대해서 마음챙김을 버렸음을 특징으로 하는(sati-vossagga-lakkhaṇa) 방일함은 오염원의 고유성질을 가졌고(saṁkilesa-sabhāvattāya) 탐욕의 먼지와 섞여있기 때문에(rāga-rajādi-missatāya) 먼지이다. '방일함으로부터 먼지는 일어납니다(pamāda-anupatito rajo).'라고 하였다. 먼지라고 불리는 이 탐욕 등은(rāgādika) 그것이 어떠한 것이든 그 모두는 방일함에 떨어져서(pamādānupatito) 방일함을 통해서 일어난다는 말이다."(ThagA.ii.172)

477) "'불방일과 명지를 통해서 / 자신의 쇠살을 뽑아야 합니다(appamādena vijjāya, abbahe sallam attano).'라고 하였다. 여기서 '불방일(appamāda)'이란 방일하지 않음(appamajjana), 불방일의 도닦음(appamāda-paṭi-patti)이다. '명지(vijjā)'란 으뜸가는 도라는 명지(aggamagga-vijjā)이다. '자신의 쇠살을 뽑아야 합니다(abbahe sallam attano).'라는 것은 자신의 가슴을 의지하고 있는(hadaya-nissita) 탐욕 등의 쇠살(rāgādi-salla)을 뽑아내야 한다(uddhareyya), 제거해야 한다(amūhaneyya)는 말이다." (ThagA.ii.172)

'뽑아야 한다.'로 옮긴 abbahe는 ā+√bṛh1/vṛh(*to tear*)의 가능법 3인칭 단수(Opt.3.Sg.)이다.

채 청정범행을 닦았다. 그러다 절박함이 생겨서(saṁvega-jāta) 나중에 스승님을 모시고 다니면서 지혜롭게 마음에 잡도리함을 증장시켜 아라한됨을 얻었다. 그는 구경의 지혜를 천명하면서 … 본 게송 여섯 개를 읊었다."(ThagA.ii.172~173)

405. "내가 출가한 지
25년이 되었지만
손가락 한 번 튀기는 정도만큼도
마음의 평화[478]를 얻지 못하였다.

406. 마음의 한 끝 됨을 얻지 못하고
감각적 쾌락에 대한 탐욕에 지배되었다.
팔을 뻗으며 슬피 울면서
나는 거처로부터 밖으로 나갔다.

407. 혹시 내가 칼을 든다면 어떨까?[479]
나에게 삶이 무슨 의미가 있는가?
그런데 어떻게 나와 같은 자가
공부지음을 버리고 죽는단 말인가?[480]

---

478) "여기서 '마음의 평화(cetosantiṁ)'란 마음을 모음(cetaso samādhāna)이다."(ThagA.ii.173)

여기서 마음을 모음은 마음의 집중 혹은 삼매를 뜻한다. 그래서 『맛지마 니까야 주석서』는 "모으기 때문에(samādhānato) 삼매(samādhi)라 한다."(MA.i.84)라고 설명하고 있다.

479) "'혹시 내가 칼을 든다면 어떨까(satthaṁ vā āharissāmi)'라고 하였다. 여기서 '혹시(vā)'는 결정하지 못한 불명확함을 뜻한다(vikappanattha). 그래서 이것은 '나는 나무에서 떨어지거나 매달려서 죽으리라.'는 등으로 죽는 방법(maraṇa-ppakāra)을 정하려는 것을 말하고 있다."(ThagA.ii.173)

480) "'그런데 어떻게 나와 같은 자가 / 공부지음을 버리고 죽는단 말인가(kathaṁ hi sikkhaṁ paccakkhaṁ, kālaṁ kubbetha mādiso)?'라고 하였다. 참으

408. 그때 날카로운 칼[481]을 가지고
나는 침상에 앉았다.
자신의 정맥을 자르기 위해서
날카로운 칼을 주위에 놓았다.

409. 그 때문에 나에게는 지혜롭게
마음에 잡도리함이 생겨났다.[482]
위험이 분명하게 드러났고
염오가 확립되었다. (={269})

로 공부지음을 버림(sikkhā-paccakkhāna)을 성자의 율에서는 죽음(mara-ṇa)이라 한다. 그래서 세존께서는 [『맛지마 니까야』 제3권 「수낙캇따 경」(M105)에서] "수낙캇따여, 참으로 성스러운 율에서 공부지음을 버리고 낮은 [재가자의] 삶으로 돌아 가버린 자는 죽은 것이나 마찬가지이다."(M105 §22)라고 하셨다."(ThagA.ii.173)

481) '날카로운 칼'은 khura를 옮긴 것이다. 주석서는 "'날카로운 칼(khura)'은 예리한 날을 가진 것(nisitakhura)이나 날카로운 칼과 비슷한 흉기(khura-sadisa satthaka)를 말한다."(ThagA.ii.173)라고 설명하고 있다.

482) "'그 때문에 나에게는 지혜롭게 / 마음에 잡도리함이 생겨났다(tato me manasīkāro, yoniso udapajjatha).'라고 하였다. '나는 죽을 것이다.'라고 목의 정맥(kaṇṭhe dhamani)을 자르기 위해서 날카로운 칼을 들었는데 그 뒤 '나의 계행은 병들지 않았다.'라고 반조하여 훼손되지 않았고akkhaṇḍa) 뚫어지지 않았고(acchidda) 지극히 청정한(suparisuddha) 계행(sīla)을 본 뒤 희열이 생겼다. 희열이 생긴 마음을 가진 자에게 몸은 고요하였고 고요한 몸을 가진 자(passaddha-kāya)에게 세속을 여읜 행복(nirāmisa sukha)이 있고 이것을 경험하는 자의 마음이 삼매에 들기 때문에(samāhita-tāya) 위빳사나를 통해서 지혜롭게 마음에 잡도리함이 일어났다는 말이다.

혹은 '그 때문에(tato)'라는 것은 목에 날카로운 칼을 가져가서 상처(vaṇa)가 생겼을 때이고, 그때 일어난 느낌을 억제하면서(vikkhambhenta) 위빳사나를 통해서 지혜롭게 마음에 잡도리함이 생겼다는 말이다. 이제 그 뒤에 도와 과를 반조하는 지혜(magga-phala-paccavekkhaṇa-ñāṇa)가 일어났음을 보여주기 위해서 '위험이 분명하게 드러났고(ādīnavo pāturahu) …'라는 등을 말했다. 이 뜻은 앞의 [제1권 {269}]에서 설명하였다."(ThagA.ii.173~174)

410. 그것 때문에 나의 마음은 해탈하였다.
법이 수승한 법임을 보라.
세 가지 명지를 얻었고
부처님의 교법을 실천하였다." (={270}; {274}; {302}; {319})

삽빠다사 장로 (끝)

7. 까띠야나 장로(Th6:7 {411}~{416})

【행장】

"까띠야나 장로(Kātiyāna thera)는 사왓티에서 꼬시야 족성(Kosiya-gotta)을 가진 어떤 바라문의 아들로 태어났으며 어머니의 족성에 따라 까띠야나라는 이름을 얻었다. 사만냐까니 장로[483]의 재가 시절 친구였던 그는 적당한 나이가 되자 장로를 보고 출가하였다. 그는 사문의 법을 행하면서 '나는 잠에 정복되는 것을 제거할 것이다.'라면서 밤에 경행처(caṅkama)에 올랐다. 그는 경행을 하면서 잠에 정복되어 비틀거리다가 넘어져 거기서 사라져서 땅에 떨어졌다.

스승님께서는 그의 그런 사정을 보시고 친히 거기에 가셔서 허공에 서서(ākāse ṭhatvā) '까띠야나여.'라고 인기척(인식)을 주셨다(saññaṁ adāsi). 그는 스승님을 뵙고는 일어서서 절을 올리고 절박함이 생겨서(saṁvega-jāta) 서있었다. 그러자 스승님께서는 법을 설하시면서 본 게송 여섯 개를 말씀하셨다.

이와 같이 세존께서 그가 무여열반을 얻도록 하시면서 설법을 하시자 장로는 설법의 마지막에 위빳사나를 증장시켜 아라한됨을 얻었다. 그는 아라한됨을 얻은 뒤 스승님께서 설해주신 방법(desita-niyāma) 그대로 이 게송들을 읊었다. 그래서 이 게송들은

483) 사만냐까니 장로(Sāmaññakāni thera)에 대해서는 본서 제1권 하나의 모음 {35} 【행장】을 참조할 것.

장로의 구경의 지혜를 천명하는 것이 되었다."(ThagA.ii.174~176)

411. [세존]

"까띠야나여, 일어나라. [마음챙겨] 앉아라.484)

잠을 많이 자지 말고 깨어있어라.

게으른 그대를 방일함의 친척인 죽음의 왕이

올가미로 정복하게 하지 마라.

412. 마치 큰 바다의 파도처럼

태어남과 늙음이 그대를 압도하나니

그런 그대는 자신의 좋은 섬을 만들어라.

참으로 그대에게 다른 의지처란 존재하지 않기 때문이다.

413. 참으로 스승은 결박과 태어남과 늙음의 두려움을 건넌

이 도에 정통하였기 때문이니

초저녁과 한밤중에도 방일하지 않고

수행에 몰두하여 결연하게 행하라.485)

414. 이전의 속박들을 풀어라.486)

---

484) "'앉아라(nisīda)'라는 것은 '가부좌를 틀고 상체를 곧추세우고 전면에 마음챙김을 확립하여(parimukhaṁ satiṁ upaṭṭhapetvā) 앉아라.'(D22 §2; M10 §4 등)라는 말이다."(ThagA.ii.175)

485) "'방일하지 않고(appamatto)'란 마음챙기고 알아차리는 자가 되어서(sato sampajāno hutvā)라는 말이고, '수행에 몰두하여 결연하게 행하라(anuyuñjassu daḷhaṁ karohi yogaṁ).'는 것은 수행(bhāvanā)을 결연하게 행하라(daḷhañca karohi)는 뜻이다."(ThagA.ii.176)

486) "'이전의 속박들을 풀어라(purimāni pamuñca bandhanāni).'라는 것은 이전의 재가자였을 때 묶였던(ābaddhāni) 재가의 속박들(gihi-bandhanāni)인 감각적 쾌락에 대한 속박들(kāma-guṇa-bandhanāni)을 풀어라(pamuñca), 내려놓아라(vissajjehi), 거기서 기대하지 말라(anapekkho hohi)

가사를 수하고 날카로운 칼로 머리를 깎고 걸식을 하면서
유희로 기뻐하지[487] 말고 잠에 빠지지 마라.
참선에 몰두하라, 까띠야나여.

415. 참선을 하고 [45] 승리하라, 까띠야나여.
그대는 유가안은[488]의 길들에 정통하였다.
위없는 청정을 얻어 물로 화염이 그렇게 되듯이[489]
그대는 완전한 열반에 들 것이다.

416. 연약한 불꽃을 가진 등불은
넝쿨처럼 바람에 구부러진다.
그와 같이 취착하지 않는 그대도
마라를 흔들어버려라, 인드라의 친척이여.[490]

라는 말씀이다."(ThagA.ii.176)

487) '유희로 기뻐함'은 khiḍḍā-rati를 옮긴 것이다 『빠라맛타만주사』에서 이 합성어를 "유희로 기뻐함(khiḍḍāya rati)"(Pm.ii.408)으로 설명하고 있어서 이렇게 옮겼다.
한편 『아빠다나 주석서』는 "유희가 되는 기뻐함(khiḍḍā-bhūta rati) 혹은 유희와 기뻐함(khiḍḍañca ratiñca), 유희로 머묾(khiḍḍā-vihārañca)과 기뻐함으로 즐거워함(rati-sukhañca)"(ApA.85)으로도 설명하고 있다.

488) '유가안은(瑜伽安隱, yogakkhema)'에 대해서는 본서 제1권 하나의 모음 {32}의 해당 주해를 참조할 것.

489) "'물로 화염이 그렇게 되듯이(vārināva joti)'라고 하셨다. 엄청난 물을 머금은 비가 내림(salila-vuṭṭhi-nipāta)에 의해서 불의 무더기(aggi-khandha)가 [완전히 꺼지는 것]처럼 성스러운 도의 비가 내림에 의해서 완전한 열반에 들 것이라는 말씀이다."(ThagA.ii.176)

490) '인드라의 친척이여'는 Inda-sagotta를 옮긴 것이다. 세존께서는 본 게송을 까띠야나 장로(Kātiyāna thera)에게 읊고 계시고 까띠야나 장로의 족성이 꼬시야(Kosiya)이며 이 꼬시야는 다름 아닌 인드라의 별명이기도 하다. 그래서 세존께서는 까띠야나 장로를 여기서처럼 '인드라의 친척(Inda-sagotta)'으로 부르고 계신다. 주석서도 "꼬시야 족성을 가졌기 때문에(Kosiya-gotta-tāya) '인드라의 친척(Indasagotta)'은 인드라와 같은 족성(Inda-samāna

체험한 것들에 대해서 탐욕을 여의고
[모든 오염원이] 식어져서 바로 여기서 시간을 기다려라.[491]"

까띠야나 장로 (끝)

8. 미가잘라 장로(Th6:8 {417}~{422})

【행장】

"미가잘라 장로(Migajāla thera)는 사왓티에서 [녹자모 강당을 지은] 위사카 대청신녀(Visākhā mahāupāsikā)의 아들로 태어났다. 그는 승원에 가서 끊임없이 법문을 듣고 믿음을 얻어 출가하였으며 위빳사나를 증장시켜 아라한됨을 얻은 뒤에 구경의 지혜를 천명하면서 본 게송 여섯 개를 읊었다.(ThagA.ii.177) …

이와 같이 장로는 여러 방법으로 성스러운 법을 칭송하면서 그 법에 대해서 자신이 증득한 경지(adhigatabhāva)를 구경의 지혜

-gotta)이다."라고 설명하고 있다.(ThagA.ii.176)

꼬시야(Kosiya)에 대한 『우다나』 「삭까의 감흥어 경」(Ud3:7) §4의 주해를 인용한다.

'꼬시야(Kosiya)'는 산스끄리뜨 까우쉬까(Kauśika)에서 온 말로 『리그베다』에서부터 나타나는 인드라의 다른 이름이다. Kauśika는 Kuśika의 곡용형으로 '꾸쉬까의 아들, 꾸쉬까 가문에 속하는'이라는 뜻이다. 꾸쉬까(kuśika)는 사팔뜨기란 뜻이다. 꾸쉬까는 『리그베다』에서부터 나타나는 위슈와미뜨라(Viśvamitra)의 아버지 혹은 할아버지였다고도 하며 인드라의 아버지였다고도 한다. 그래서 인드라는 꼬시야, 까우쉬까, 즉 꾸쉬까의 아들이라고 불리는 것이다. 그래서 『우다나 주석서』는 "꼬시야(Kosiya)는 신들의 왕 삭까를 족성(gotta)으로 부른 것이다(gottena ālapati)."(UdA.200)라고 설명한다.

491) '[모든 오염원이] 식어져서 바로 여기서 시간을 기다려라.'는 kālaṁ kaṅkha idheva sītibhūto를 옮긴 것이다. 주석서는 이렇게 설명한다.

"'바로 여기서(idheva)' 즉 바로 이 자기 자신에서(attabhāve) 모든 오염원의 근심이라는 위험이 없음(sabba-kilesa-daratha-pariḷāha-abhāva)에 의해서 '식어져서(sītibhūto)', 적멸하여(nibbuta) 자신이 반열반을 할 시간을 '기다려라(kaṅkha)', 즉 오게 하라(āgamehi)는 말씀이다."(ThagA.ii.176)

에 대한 권위 있는 말을 통해서 드러내었다."(ThagA.ii.179)

이처럼 미가잘라 존자(āyasmā Migajāla)는 녹자모 강당을 지은 위사카(Visa-khā) 청신녀의 아들이었다. 미가잘라 장로와 관계된 경으로는 『상윳따 니까야』 제4권의 「미가잘라 경」 1/2(S35:63~64)가 있다. 그는 「미가잘라 경」 2(S35:64)를 듣고 아라한이 되었다.(S35:64 §8)

417. "눈을 가지셨고[492] 태양의 후예이신[493]
부처님에 의해서 [이 팔정도]는[494] 잘 설해졌나니[495]

---

492) "'눈을 가지셨고(cakkhumatā)'라는 것은 육체적인 눈[肉眼, maṁsa-cakkhu]과 신성한 눈[天眼, dibba-cakkhu]과 통찰지의 눈[慧眼, paññā-cakkhu]과 부처님의 눈[佛眼, Buddha-cakkhu]과 모든 것을 볼 수 있는 눈[普眼, samanta-cakkhu]이라는 이들 다섯 가지 눈들[五眼, pañca cakkhū]에 의해서 눈을 가지신 것이다."(ThagA.ii.177)

여러 종류의 눈들에 대한 다른 분류는 본서 제3권 {906}의 주해를 참조하고 설명은 『이띠웃따까』 「눈 경」(It3:12) §1의 주해들을 참조할 것.

493) "'태양의 후예이신(ādiccabandhunā)'은 태양의 족성이신(ādicca-gottena)이라는 말이다. 세상에는 두 가지 끄샤뜨리야 계보(khattiya-vaṁsa)가 있는데 태양의 계보(ādicca-vaṁsa)와 달의 계보(soma-vaṁsa)이다. 거기서 태양의 계보는 옥까까 왕의 계보(Okkākarāja-vaṁsa)라고 알아야 한다. 거기서 유래하였기 때문에(sañjātatāya) 사끼야들(Sākiyā, 석가족들)이 태양의 족성(ādicca-gotta)이라고 해서 세존께서는 '태양의 후예(ādicca-bandhu)'라고 불린다. 혹은 태양의 후예(ādiccassa bandhu)라고 해서도 세존께서는 태양의 후예(ādicca-bandhu)이시다. 이 뜻은 앞에서 설명하였다(본서 제1권 하나의 모음 {26}의 주해 참조)."(ThagA.ii.177)

초기불전에 나타나는 석가족에 대한 ① 삭까(Sakkā)와 ② 사꺄(Sakyā)와 ③ 사끼야(Sākiyā)라는 세 가지 표현에 대해서는 제1권 하나의 모음 {25}의 난디야 장로에 대한 【행장】의 해당 주해를 참조하기 바란다.

494) 여기에 대해서는 아래 {421}과 {422}와, {422}의 마지막 주해를 참조할 것.

495) "여기서 '잘 설해졌나니(sudesito)'라는 것은 정확하게 설해진 것이니(suṭṭhu desita) 인도되어야 할 사람의 성향에 맞게(veneyy-ajjhāsaya-anurūpaṁ) 금생과 내생의 궁극적 의미들(diṭṭhadhammika-samparāyika-parama-tthā)을 정확하게 설명함(yāthāvato vibhāvana)을 통해서 가르쳐졌다는

모든 족쇄를 넘어섰고[496]
모든 [윤회의] 회전을 파괴하였도다.[497]

418. 출리(出離)로 인도하고 [윤회를] 건넜고[498]
갈애의 뿌리를 말려버린[499] [이것은]
독(毒)의 뿌리인 사형대를 잘라버린 뒤
적멸을 얻게 한다.[500]

뜻이다."(ThagA.ii.177)

496) "감각적 쾌락에 대한 탐욕의 족쇄 등(kāmarāga-saṁyojanādī)의 모든 족쇄들을 넘어선 상태(samatikkamana-bhāva)이기 때문에 '모든 족쇄를 넘어섰고(sabba-saṁyojana-atīto)'라 하였다."(ThagA.ii.177)

497) "거기서 오염원과 업과 과보의 회전들(kilesa-kamma-vipāka-vaṭṭā)을 파괴하고 부수었기 때문에(vināsanato viddhaṁsanato) '모든 [윤회의] 회전을 파괴하였도다(sabba-vaṭṭa-vināsano).'라고 한다."(ThagA.ii.177)

오염원과 업과 과보의 세 가지 회전들(tīṇi vaṭṭāni)에 대해서는 『청정도론』 XVII.298과 『아비담마 길라잡이』 8장 §8과 8장의 <도표:8.1>을 참조하기 바란다.

498) '출리(出離)로 인도하고 [윤회를] 건넜고'는 niyyāniko uttaraṇo를 옮긴 것이다. 주석서는 이렇게 설명한다.

"윤회에서 방황하는 것(saṁsāracāraka)으로부터 출리로 인도하기 때문에(niyyānato) '출리(出離)로 인도하고(niyyāniko)' 윤회의 큰 폭류(saṁsāra-mahogha)로부터 건넜다는 뜻(samuttaraṇaṭṭha)에서 '[윤회를] 건넜고(uttaraṇo)'라고 한다."(ThagA.ii.178)

한편 『담마상가니 주석서』는 '출리로 인도하는 법들(niyyānikā)'을 이렇게 설명한다.

"윤회의 뿌리(vaṭṭa-mūla)를 잘랐기 때문에(chindantā) 열반을 대상으로 하여 윤회로부터 벗어난다(vaṭṭato niyyanti)고 해서 '출리로 인도하는 법들(niyyānikā)'이다. 이러한 특징에 의해서 벗어나지 못한다고 해서 '출리로 인도하지 못하는 법들(aniyyānikā)'이다."(DhsA.50)

499) "감각적 쾌락에 대한 갈애 등, 모든 갈애들의 뿌리인 무명과 지혜 없이 마음에 잡도리함(ayoniso manasikāra)을 말려버렸다(visoseti), 메마르게 했다(sukkhāpeti)고 해서 '갈애의 뿌리를 말려버린(taṇhāmūla-visosano)'이라 한다."(ThagA.ii.178)

419. 무지의 뿌리를 부수기 위해서501)
업이라는 도구를 파괴하는502) [이것은]
알음알이들의 획득에503)

---

500) '독(毒)의 뿌리인 사형대를 잘라버린 뒤 / 적멸을 얻게 한다.'는 visamūlaṁ āghātanaṁ, chetvā pāpeti nibbutiṁ를 옮긴 것이다. 주석서의 설명을 살펴보자.

"세 가지 베다에 정통하는 것(sampaṭivedha)을 파괴하기 때문에(viddhaṁ-sanato), 독(毒, visa)이라는 괴로움의 원인이 되기 때문에(dukkhassa kāraṇattā) '독(毒)의 뿌리(visamūlaṁ)'이고, 중생들의 재난이 생기는 장소가 되기 때문에(byasan-uppattiṭṭhānatāya) '사형대(āghātanaṁ)'인 업이나 오염원을 '잘라버린 뒤(chetvā)', 즉 뿌리 뽑은 뒤(samucchinditvā) '적멸을(nibbutiṁ)', 즉 열반을 얻게 한다(pāpeti)는 말이다."(ThagA.ii.178)

501) "'무지의 뿌리를 부수기 위해서(aññāṇa-mūla-bhedāya)'라고 하였다. 무지의 뿌리(aññāṇassa mūla)를 지혜 없이 마음에 잡도리함과 번뇌들에 대해서 [『맛지마 니까야』 제1권 「바른 견해 경」(M9)에서 사리뿟따 존자는] "번뇌[漏]가 일어나기 때문에 무명이 일어납니다."(M9 §66)라고 설하였다. 이것을 '부수기 위해서(bhedāya)' 즉 벼락에 비유되는 지혜(vajirūpama-ñāṇa, cf. A3:25 §4; Dhs §1306)에 의해서 부수기 위해서(bhindanatthāya)라는 말이다.

혹은(atha vā) [『상윳따 니까야』 제2권 「분석 경」(S12:2)에서 설하신] "무명을 조건으로 [업]형성들[行]이 …"(S12:2 §16 등)라는 등의 말씀으로부터, 무지가 이것의 뿌리라고 해서(aññāṇaṁ mūlaṁ etassāti) 무지를 뿌리로 가진 것(aññāṇa-mūla)이다. [이러한] 존재의 바퀴(bhava-cakka)를 도의 지혜라는 벼락(maggañāṇa-vajira)으로 쪼개기 위해서(padālana-ttha) 말씀하셨다와 연결된다(sambandho)."(ThagA.ii.178)

노만 교수는 aññāṇa-mūla-bhedāya를 '무지의 뿌리를 부수기 위해서'로, 즉 여격(*Dative*)으로 해석하지 않고 '무지의 뿌리를 부숨에 의해서(*by breaking the root of ignorance*)'로, 즉 도구격(*Instrumental*)로 해석하고 있다. (K.R. Norman, 44쪽 {419} 참조)

502) "'업이라는 도구를 파괴하는(kammayanta-vighāṭano)'이란 업에 계박된(kamma-ghaṭita) 자기 존재라는 도구(attabhāva-yanta)를 부수어버리는 것(viddhaṁsana)이라는 말이다."(ThagA.ii.178)

503) "'알음알이들의 획득에(viññāṇānaṁ pariggahe)'라고 하였다. 욕계 존재 등에서 각각의 업에 따라(yathā-sakakammunā) 알음알이를 취함이 확립될

지혜의 벼락을 떨어지게 한다.504)

420. 느낌들에 대해서 알게 하고505)
취착으로부터 풀려나게 하는506) [이것은]
존재[有]를 숯불 구덩이와 같다고507)

때에(viññāṇaggahaṇe upaṭṭhite)라는 말이다. 이곳저곳의 존재(bhava)에서 재생연결(paṭisandhi)에 의해서 얻어져서 이런저런 존재를 의지한 알음알이들도(taṁtaṁ-bhavanissita-viññāṇāni pi) 취해지기 때문이다." (ThagA.ii.178)

504) "'지혜의 벼락을 떨어지게 한다(ñāṇa-vajira-nipātano).'라는 것은 지혜의 벼락을 떨어뜨린 뒤(ñāṇa-vajiraṁ nipātetvā) 그들은 쪼개진다(tesaṁ padāletā)는 말이다. 출세간법이 일어나면(ppajjamāno) 일곱 번째 존재 등에서(sattama-bhavādīsu) 일어날 수 있는(uppajjanārahāni) 알음알이들(viññāṇāni)을 부숨(bhindatta)이 일어나기 때문이다."(ThagA.ii.178)

예를 들면 예류자가 출세간법인 열반을 체득하게 되면 일곱 생만 더 태어나기 때문에 일곱 번째 생이 다하면 더 이상 윤회하는 알음알이는 일어나지 않게 된다. 이러한 것을 두고 미가잘라 장로는 지혜의 벼락(ñāṇa-vajira)으로 알음알이들의 획득(viññāṇānaṁ pariggaha)을 부수어버리는 것으로 말하고 있다고 주석서는 설명한다.

505) "'느낌들에 대해서 알게 하고(vedanānaṁ viññāpano)'는 즐거움 등의 세 가지 느낌들을 순서에 따라(yathākkamaṁ) 괴로움과 쇠살과 무상한 것(dukkha-salla-anicca)을 통해서 정확하게 알게 하고(yāthāvato paveda-ko)라는 말이다."(ThagA.ii.178)

506) "'취착으로부터 풀려나게 하는(upādāna-ppamocano)'은 감각적 쾌락에 대한 취착 등의 네 가지 취착들(catūhipi upādānehi)로부터 마음의 흐름을 풀려나게 하는 것(citta-santānassa vimocaka)이란 말이다."(ThagA.ii.178)

507) "'존재[有]를 숯불 구덩이와 같다고 / 지혜로 관찰[隨觀]한다(bhavaṁ aṅgārakāsuṁva, ñāṇena anupassano).'라고 하였다. 욕계 존재 등의 9가지 존재(navavidha bhava)를 11가지 불(aggi)로써 태웠기 때문에(āditta-bhāvato) [존재는] 한 길이 넘는(sādhika-porisa) 숯불 구덩이(aṅgāra-kā)와 같다고 도의 지혜로 직접 체험하여(anupaccakkhato) 가르쳐준다는 말이다."(ThagA.ii.178)

11가지 불(ekādasa aggi)에 대해서는 본서 제3권 마흔의 모음 {1060}의 해당 주해를 참조할 것.

지혜로 관찰[隨觀]한다.

421\. 위대한 맛을 가졌고[508] 아주 심오하며
늙음과 죽음을 막아버리는
여덟 가지 구성요소를 가진 성스러운 도[八支聖道]는
괴로움을 가라앉히는 축복이다.[509]

422\. 업을 업이라고 [알고]
과보도 과보라고 안 뒤에[510]

---

508) "평화롭고 수승하기 때문에(santa-paṇītabhāvato) 물리게 하지 않는다는 뜻(atittikaraṭṭha)에서 '위대한 맛을 가진 것(mahāraso)'이다. 혹은 철저하게 앎 등(pariññādi)을 통해서 큰 역할을 가졌기 때문에(mahā-kiccatāya) 그리고 사문생활의 결실(sāmañña-phala)을 통해서 큰 성취를 가졌기 때문에(mahāsampattitāya ca) '위대한 맛을 가진 것'이다."(ThagA.ii.178)

509) '여덟 가지 구성요소를 가진 성스러운 도[八支聖道]는 / 괴로움을 가라앉히는 축복이다.'는 ariyo aṭṭhaṅgiko maggo, dukkhūpasamano sivo를 옮긴 것이다. 주석서는 이렇게 설명한다.

"이제 여기서 설명한 대로 덕스러움의 특별함과 결합된(yathāvutta-guṇa-visesayutta) 법을 자신의 모습대로 보여주면서 '여덟 가지 구성요소를 가진 성스러운(ariyo aṭṭhaṅgiko)'이라고 말한 뒤, 다시 그것의 몇 가지 덕스러움들(katipayā guṇā)을 설명하기 위해서 '괴로움을 가라앉히는 축복이다(dukkhūpasamano sivo).'라는 등을 읊었다.

그 뜻은 이러하다. — 청정하다는 뜻(parisuddhaṭṭha)에서 '성스러운(ariya)'이다. 바른 견해 등의 8가지 법을 함께 모았기 때문에(sammādiṭṭhi-ādi-aṭṭhadhamma-samodhānatāya) '여덟 가지 구성요소를 가진(aṭṭhaṅgika)'이다. 열반을 추구한다는 뜻(nibbāna-gavesanaṭṭha)에서 '도(magga)'이다. 전체 윤회의 괴로움의 가라앉음이라는 뜻(sakala-vaṭṭa-dukkha-vūpasamanaṭṭha)에서 '괴로움을 가라앉히는(dukkha-vūpasamano)'이다. 안은함의 뜻(khemaṭṭha)에서 '축복(siva)'이다."(ThagA.ii.178~179)

510) '업을 업이라고 [알고] / 과보도 과보라고 안 뒤에'는 kammaṁ kammanti ñatvāna, vipākañca vipākato를 옮긴 것이다. 주석서는 "[부처님의 가르침이 없던] 외도들의 시대(ito bāhiraka-samaya)에는 정등각자께서 설하시지 않았기 때문에(asammāsambuddha-paveditattā) 업과 과보가 전도되었을 것이다(kamma-vipāko vipallāso siyā). 그래서 이와 같이 전도되

조건 따라 일어난 법들에 대해
광명을 드러내는 것과 같아서[511]
[이것은] 위대한 안은으로 인도하고 평화로우며[512]
귀결점이 경사스러운 것이다."

지 않게 한 뒤"(ThagA.ii.179)라고 설명하고 있다.

511) '조건 따라 일어난 법들에 대해 / 광명을 드러내는 것과 같아서'는 paṭiccuppannadhammānaṁ yathāvālokadassano를 옮긴 것이다. 주석서는 이렇게 설명한다.

"[장로가] 외도였을 때에는(ito bāhirakasamaye) 정등각자께서 선언하신 것이 아니었기 때문에(asammāsambuddha-paveditattā) 업과 과보가 전도될 수도 있었지만(kammavipāko vipallāso siyāti) 이제는 이와 같이 전도되지 않았다. 그래서 '조건 따라 일어난 법들에 대해(paṭiccuppanna-dhammānaṁ)'라고 [읊었다.[[이것은] 조건 따라 일어난 법들에 대해서 업을 업이라고(kammaṁ kammanti) 과보를 과보라고 안 뒤에 예비단계의 지혜(pubbabhāga-ñāṇa)를 통해서 알게 함의 원인(jānana-hetu)이 된다. [그러므로 이것은] 상견과 단견을 거머쥔 자들(sassat-uccheda-ggāhā)을 파괴시킴(vidhamana)에 의해서 정확하게(yāthāvato) 광명을 드러내고(ālokadassana) 이것을 행하는 자에게는(takkarassa) 출세간 지혜의 광명을 드러낸다(lokuttara-ñāṇālokassa dassana)는 뜻이다."(ThagA.ii.179)

512) '[이것은] 위대한 안은으로 인도하고 평화로우며 / 귀결점이 경사스러운 것이다.'는 mahākhemaṅgamo santo, pariyosānabhaddako를 옮긴 것이다. 주석서의 설명을 살펴보자.

"누구에 의해서든(kenaci) 무엇이든(kañci) 언제든(kadācipi) 짓눌리지 않기 때문에(anupaddutattā) 위대한 안은(mahā-khema)인 열반으로 가고 중생들도 가게 한다고 해서 '위대한 안은으로 인도하는 것(mahākhemaṅ-gamo)'이다. 모든 오염원의 근심이라는 위험을 가라앉혔기 때문에(sabba-kilesa-daratha-pariḷāha-vūpasamanato) '평화로우며(santo)'라고 하였다.

확고부동한 마음의 해탈(akuppā cetovimutti)과 취착의 자취가 남아있지 않는(anupādisesā) 열반의 요소(nibbāna-dhātu)를 통해서 도달한 것(pāpana)이라서 '귀결점이 경사스러운 것이다(pariyosāna-bhaddako).' [이것은 첫 번째인 {417}의] '눈을 가지신 분에 의해서 잘 설해졌다(sudesi-to cakkhumatā).'와 연결된다(yojanā)."(ThagA.ii.179)

즉 눈을 가지신 분에 의해서 잘 설해진({417}) 이 팔정도는({421}) 귀결점이 경사스러운 것이다({422})로 이해해야 한다는 설명이다.

미가잘라 장로 (끝)

9. 젠따 뿌로히따뿟따 장로(Th6:9 {423}~{428})

【행장】

"젠따 뿌로히따뿟따 장로(Jenta Purohitaputta, VRI: Purohita-putta Jenta thera)는 꼬살라 지역에서 궁중제관의 아들(purohita-putta)로 태어났다. 그는 적당한 나이가 되어 태생에 대한 자만(jātimada)과 재물과 권력과 외모에 대한 자만(bhoga-issariya-rūpamada)으로 취해서 남들을 경멸하면서 존중해야 할 곳들(garuṭṭhāniyā)에서도 존경(apaciti)을 하지 않고 자만으로 완고해져서 다녔다. 그는 어느 날 스승님께서 많은 회중에 에워싸여 법을 설하시는 것을 보고 '만일 사문 고따마가 나에게 먼저 말하면 나도 말을 할 것이고 만일 그렇지 않으면 나는 말을 하지 않을 것이다.'라는 마음을 일으킨 뒤 다가가서 서있었다."(ThagA. ii179)

이하 『테라가타 주석서』는 『상윳따 니까야』 제1권 「마낫탓다 경」(S7:15) §§3~8에 나타나는 마낫탓다(Māna-tthadda)513) 바라문과 세존의 일화를 소개하고 있다.(ThagA.ii.179~180) 『테라가타 주석서』는 이처럼 젠따 뿌로히따뿟따 장로와 마낫탓다 바라문을 동일인으로 간주하는 듯하다. 그래서 DPPN도 이 두 사람은 같은 사람일 것이라고 적고 있다.(s.v. Jenta Purohitaputta)

「마낫탓다 경」(S7:15 §8)에서 세존께서는,

"어머니와 어버지, 맏형과 스승
이들에게 자만을 보여서는 안 되고
바로 이들에게 존중을 나타내야 하고
바로 이들에게 존경을 표해야 하고

513) 문자적으로 마낫탓다(māna-tthadda)는 자만(māna)과 완고함(thadda)의 합성어이다.

바로 이들에게 깊은 경배 올려야 하느니라.

자만을 죽여 없애어 완고하지 않은 자는
할 바를 다 했고 번뇌 없고 침착한
위없는 아라한들에게 예배해야 하느니라."({691}~{692})

라고 말씀하신다. 이렇게 해서 마낫탓다 바라문은 부처님의 재가 신도가 되는 것으로 경은 마무리가 된다.(§9)

그러나 『테라가타 주석서』는 이렇게 설명한다.
"그는 그 가르침(S7:15 §8)으로 예류자가 되어서 출가한 뒤 위빳사나의 업을 행하여 아라한됨을 얻어 자신의 도닦음을 찬탄하는 방법을 통해(paṭipattikittanamukhena) 구경의 지혜를 천명하면서 본 게송 6개를 설하였다."(ThagA.ii.180)

423. "태생의 자만에 의해서 취하고
재물과 권력에 의해서도 [취했으며]
생김새와 피부색과 외모에[514] [취한] 나는
자만에 취해서 돌아다녔다.

424. 나는 누구도 나 자신과 동등하지 않고
뛰어나지도 [않다고] 생각하였다.
거만함에 빠진 우둔한 자는
뻣뻣하였고 [자만의] 깃발을 높이 들었다.[515]

---

514) "'생김새와 피부색과 외모에(saṇṭhāna-vaṇṇa-rūpena)'라고 하였다. 여기서 '생김새(saṇṭhāna)'는 몸매를 갖춘 것(āroha-pariṇāha-sampatti)이다. '피부색(vaṇṇa)'은 희거나 검은 등의 피부를 갖춘 것(odāta-sāmatādi-chavi-sampatti)이다. '외모(rūpa)'는 사지와 몸의 각 부분이 아름다운 것(aṅga-paccaṅga-sobhā)이다. 여기서는 설명한 방법대로 적용됨을 알아야 한다."(ThagA.ii.180~181)

425. 나는 어머니에게도 아버지에게도
존중받는 분들로 인정되는 다른 분들에게도
그 누구에게도 인사하지 않았으니
자만으로 도도하여 멸시하였다.

426. 마부들 가운데 고귀하고 가장 높으시며
타오르는 태양과도 같고
비구 승가 가운데서 앞에 모시는 분516)이시며
으뜸가는 인도자를 뵙고

427. 자만과 교만을 버린 뒤
고요한 마음으로
모든 중생들 가운데 가장 높으신 분께
머리를 조아려 나는 절을 올렸다.

428. 우월감과 [46] 열등감517)은

---

515) "'깃발을 높이 들었다(ussita-ddhajo).'라는 것은 자만의 깃발을 높이 들었다(ussita-mānaddhaja)는 말이다."(ThagA.ii.181)

516) '앞에 모시는 분'은 purakkhato를 직역하여 옮긴 것이다. 이 단어는 puraḥ(앞에)+√kṛ(*to do*)의 동사 purakkharoti의 과거분사이다. PED에서 '*honored, esteemed, preferred*'로 풀이하고 있다. 『우다나 주석서』는 『우다나』 「쭌다 경」(Ud8:5) §12를 주석하면서 이렇게 설명한다.

"'앞에 모시는 분(purakkhato)'이란 덕의 특별함으로 중생들의 가장 높은 존중을 받기 때문에(guṇavisiṭṭha-sattuttama-garubhāvato) 신들을 포함한 세상이 예배와 공경(pūjāsammāna)을 통해서 앞에 모시는 분이라는 뜻이다."(UdA.404, Ud8:5 §12의 주해)

517) '우월감'과 '열등감'은 각각 atimāna와 omāna를 옮긴 것이다. 주석서는 이렇게 설명한다.

"'내가 오직 뛰어나다(ahameva seṭṭho).'라고 전개되는 자만(māna)이 '우월감(atimāna)'이다. '그런데 이들은 저열하다(ime pana nihīnā).'라고 남

제거되었고 철저히 파괴되었다.
'나는 있다.'라는 자만[518]은 뿌리 뽑혔고

들을 저열한 것으로 취급하는 자의 자만(aññe hīnato dahantassa māno)이 '열등감(omāno)'이라고 말한다. 그러나 '내가 더 뛰어나다(seyyohamasmi).'라고 남을 넘어서서(atikkamitvā) 자신을 뛰어난 것으로 취급하는 자에게 생기는 더 뛰어나다는 자만이(seyyamāno) '우월감(atimāno)'이다. '내가 더 못하다(hīnohamasmi).'라고 생기는 저열하다는 자만이(hīnamāno) '열등감(omāno)'이다."(ThagA.ii.181)

『앙굿따라 니까야 주석서』는 『앙굿따라 니까야』 제4권 「아라한 경」(A6:76) §2를 주석하면서 우월감 등을 이렇게 설명한다.

"'자만(māna)'이란 태생 등으로 자만함이다. '열등감(omāna)'이란 '나는 저열하다.'라는 자만(hīnohamasmīti māna)이다. '우월감(atimāna)'이란 넘치도록 일어나는 거만함이다. '오만함(adhimāna)'이란 자만심으로 똘똘 뭉침이다. '완고함(thambha)'이란 성냄을 수반한 자만심으로 굳어진 상태다. '비굴함(atinipāta)'이란 저열한 자가 '나는 저열하다'고 하는 자만이다."(AA.iii.412)

한편 『위방가』는 열등감을 이렇게 정의한다.
"여기서 무엇이 '열등감(omāna)'인가? 여기 어떤 사람은 태생이나 족성이나 가문의 명성이나 아름다운 용모나 재산이나 학문이나 직업 분야나 기술 분야나 학문의 영역이나 배움이나 영감이나 그 외 이런저런 근거로 열등감을 일으킨다. 이런 형태의 열등감, 열등감을 가짐, 열등감을 가진 상태, 비하함, 매우 비하함, 매우 비하하는 상태, 자기 모멸, 자기 경멸, 자기 멸시 — 이를 일러 열등감이라 한다."(Vbh17 §881)

518) 『위방가』는 '나는 있다.'라는 자만(asmimāna)'을 이렇게 설명한다.

"여기서 무엇이 "'나는 있다.'라는 자만(asmimāna)'인가?
물질을 두고 '나는 있다.'라는 자만, '나는 있다.'라는 열의, '나는 있다.'라는 잠재성향, 느낌을 두고 … 인식을 두고 … 심리현상들을 두고 … 알음알이를 두고 '나는 있다.'라는 자만, '나는 있다.'라는 열의, '나는 있다.'라는 잠재성향, 이런 형태의 자만, 자만함, 자만하는 상태, 우쭐함, 우월감, 깃발[을 날림], 건방짐, 마음의 허영 — 이를 일러 '나는 있다.'라는 자만이라 한다."(Vbh17 §883)

이런 전통을 이어서 『테라가타 주석서』도 "'나는 있다.'라는 자만(asmimāno)'은 '이것이 나다(esohamasmi).'라고 무더기들(오온)을 '나'라고 거머쥠(gahaṇa)을 통해서 생기는 자만이다."(ThagA.ii.181~182)로 설명을 한다. 그리고 아비담마 마띠까에 대한 종합적인 주석서인 『모하윗체다니』

모든 종류의 자만들은 부수어졌다.519)"

젠따 뿌로히따뿟따 장로 (끝)

10. 수마나 장로(Th6:10 {429}~{434})

【행장】

"수마나 장로(Sumana thera)는 어떤 청신사의 집에 재생연결을 받아 태어났다. 그와 그 청신사는 아누룻다 장로를 시중드는 자가 되었다. 수마나가 태어나기 전에 여러 아이들이 태어났지만 그들은 모두 죽었다. 그래서 아버지는 '내가 만일 이제 아들을 가지게 된다면 아누룻다 장로 곁으로 출가시킬 것이다.'라고 마음을 내었다. 그래서 그가 일곱 살이 되자 아버지는 그를 아누룻다 장로에게로 출가시켰다.

그는 출가하여 이미 지혜가 익었기 때문에 위빳사나의 업을 행하

(Mohavicchedanī)도 "오온에 대해서 '나는 있다(ahamasmi).'라는 등으로 전개되는(pavatta) 자만이 '나는 있다.'라는 자만(asmimāna)이다."(Moh.298)로 주석을 하고 있다.

519) "'모든 종류의 자만들은 부수어졌다(sabbe mānavidhā hatā).'라고 하였다. 여기서 모든 종류의 자만들이라고 '모든(sabbe)'이라고 한 것은 오직 우월감과 열등감과 '나는 있다.'라는 자만뿐만 아니라 '뛰어난 자가 내가 더 뛰어나다고 [여기는] 자만(seyyassa seyyohamasmīti māna)' 등의 아홉 가지(nava-vidhā)와 다른 분류에 의한 여러 가지들과(antara-bhedena aneka-vidhā ca) 모든 자만의 종류들(māna-vidhā)과 자만의 구분들은(māna-koṭṭhāsā) '부수어졌다(hatā)'는 것을 밝히는 것이다. 즉 으뜸가는 도에 의해서 뿌리 뽑혔다는 말이다(aggamaggena samugghāṭitāti)."(ThagA.ii.182)

아홉 가지 자만(navavidhā mānā)은 『위방가』(Vbh17 §962)에 나타나고 있다.(본서 제1권 {89}의 해당 주해 참조) 그리고 다른 분류에 의한 여러 가지 자만들은 『위방가』 제17장 작은 항목 위방가(Vbh17)의 마띠까[論母, māti-kā] 가운데 (1) 한 개 조 마띠까(ekaka-mātikā, §832)에 열거되고 있는 12가지 자만을 들 수 있다. 이 12가지 자만은 『위방가』 §§866~877에서 자세히 설명되고 있으므로 참조하기 바란다.

여서 오래지 않아 육신통을 갖춘 분이 되었다. 그는 장로를 시봉하면서 '물을 가져오겠습니다.'라고 한 뒤 항아리를 들고 신통으로 [히말라야에 있는] 아노땃따 호수(Anotatta-daha)로 갔다. 그때 어떤 삿된 견해를 가진 용왕(nāga-rājā)이 아노땃따 호수를 덮으면서 일곱 번 똬리를 틀고(bhogena parikkhipitvā) 그 위로 목(phaṇa)을 크게 펴서 수마나가 물을 가져갈 기회를 주지 않았다. 수마나는 금시조(garuḷa)의 모습을 하고 그 용왕을 제압한 뒤 용왕의 목을 잡고 장로가 머무는 장소를 알려주면서 허공으로 갔다. 스승님께서는 제따와나에 앉으셔서 그곳으로 가서 보시고 법의 대장군을 불러서 '사리뿟따여, 이것을 보라.'고 하시면서 네 개의 게송으로 그의 덕(guṇa)을 말씀하셨다. 그러자 수마나 장로는 [나중에] 구경의 지혜를 통해서 [이 네 개의 게송을 포함하여] 여섯 개의 게송들을 읊었다.

이처럼 처음의 두 게송들은 수마나 장로가 읊은 것이고 나머지 네 개는 그를 칭찬하시는(pasaṁsanta) 스승님께서 읊으신 것이다. 이 모두를 하나로 만들어서 수마나 장로가 나중에(pacchā) 구경의 지혜를 통해서 읊었다."(ThagA.ii.182~183)

이 수마나 장로가 아닌 다른 수마나 장로(Th5:4)의 게송이 본서 다섯의 모음 {330}~{334}으로 나타나고 있으므로 참조할 것.

429. [수마나]
"태어나서 일곱 살이었던
내가 신참으로 출가하였을 때
큰 신통을 가진 용왕[520)]을 신통으로 이기고서

---

520) 여기서 '용왕'은 pannaginda를 주석서를 참조하여 옮긴 것이다. 주석서에서 용왕이라고 설명하고 있기 때문이다(pannagindanti nāgarājaṁ, ThagA. ii.183). 이 용어는 panna-ga-inda로 이해할 수 있다. 여기서 panna는 √pad(*to go, to fall*)의 과거분사이고 ga는 √gam(*to, go*)에서 파생되었

430. 아노땃따 큰 호수로부터
은사 스님을 위해서 나는 물을 가져왔습니다.
그런 나를 보고 스승님께서는
나에게 이렇게 말씀하셨습니다.”

431. [세존]
“사리뿟따여, 물 항아리를 들고 안으로 잘 삼매에 든
이 소년이 오고 있는 것을 보라.

432. 청정한 믿음을 내게 하는 서계를 통해서 품행이 방정하고
아누룻다의 사미인 그는 신통에 뛰어나다.

433. 잘 길들여진 사람에 의해서 잘 길들여지고
좋은 사람에 의해서 좋은 사람이 양성되었나니
아누룻다가 해야 할 일을 다 하여
인도하고 공부짓게 하였다.

434. 궁극적인 평화에 도달하고
부동의 경지를 실현하여
그 수마나 사미는 원하나니
‘누구도 나를 알지 못하기를’521)이라고.”

다. 그래서 ‘기어가는 것의 우두머리’라는 문자적인 뜻에서 뱀의 왕, 즉 용왕을 뜻하는 것으로 주석서는 설명한다고 여겨진다. 노만 교수는 ‘*the king of the snakes*’로 옮겼다.(K.R. Norman, 45쪽 §429)

521) ‘누구도 나를 알지 못하기를’은 mā maṁ jañña를 옮긴 것이다. 주석서는 이렇게 설명한다.

“그 수마나 사미는 ‘궁극적인 평화(paramaṁ santiṁ)’인 열반에 ‘도달하고(patvā)’, 즉 으뜸가는 도를 증득함에 의해서 아라한과인 ‘부동의 경지를(akuppataṁ)’ 증득하고(adhigantvā), ‘실현하여(sacchikatvā)’, 자신이

수마나 장로 (끝)

11. 느하따까무니 장로(Th6:11 {435}~{440})

【행장】

"느하따까무니[522] 장로(Nhātakamuni thera)는 라자가하에서 바라문 가문에 태어났다. 그는 적당한 나이가 되어 학문의 영역[523] 등에 대해서 통달하였는데 [공부를 마쳐] 목욕을 마친 자로서의 특징을 갖추었으므로(nhātakalakkhaṇayoga) 느하따까(Nhātaka, 목욕을 마친 자)[524]라 불리게 되었다. 그는 고행자(tāpasa)로 출가

직접(attapaccakkhaṁ) 만들어서라는 말이다. 바라는 것이 적은(appiccha-bhāva) 그는 남의 칭송을 받는 것(ukkaṁsa-gatattā)에 대해서 '나를 알지 못하기를(mā maṁ jaññāti)'이라고 하여, 나에 대해서 '이 사람은 번뇌가 다하였다.'라거나 '육신통을 갖추었다.'라고 누구도 나를 알지 못하기를(mā jāneyya)이라고 '원한다(icchati)', 바란다는 뜻이다(abhikaṅkhatīti)." (ThagA.ii.183)

여기서 jañña는 √jñā(*to know*)의 가능법 3인칭 단수(Opt.3.Sg.)로 jāneyya(알아야 한다)와 동의어의다.

522) 문자적으로 '느하따까무니(Nhātakamuni)'는 목욕을 마친(nhātaka)-성인(聖人, muni)이라는 뜻이다. 느하따까(nhātaka)에 대해서는 아래의 주해를 참조하기 바란다.

523) 여기서 '학문의 영역'은 vijjāṭṭhāna를 옮긴 것인데 주석서에서 18가지 학문의 영역이라고 밝히고 있다(NdA.i.198). 이 '18가지 학문의 영역(aṭṭhārasa-vijjāṭṭhāna)'이라는 용어는 빠알리 주석서 문헌의 3군데 정도에 나타나는 것으로 검색이 된다. 『맛지마 니까야 복주서』는 이 18가지는 외도들의 전승되어 온 지식들을 모두 모은 것(sabba bāhiraka-sattha)이라고 밝히고 있으며 "해탈을 가져오는 존중받는 것이라고 하지만 해탈을 가져오지는 못하는 것(mokkhāvaha-sammatampi na mokkhaṁ āvahati)"(MAṬ.i.105)이라고 적고 있다. 그런데 주석서들은 이 18가지가 구체적으로 무엇인지는 언급을 하지 않는 듯하다.

524) '목욕을 마친 자'로 옮긴 원어는 nahātaka(Sk. snātaka)이다. 『디가 니까야』 제2권 「마하고윈다 경」(D19) §37의 주해 등을 여기에 옮겨서 정리하면 다음과 같다. 「마하고윈다 경」(D19)에서는 '기본과정을 마친 자'로 옮겼다.

하여 라자가하에서 3요자나 떨어진 곳의 숲의 장소에서 야생의 쌀(nīvāra)로 연명하고 불을 숭배하면서 지냈다.

스승님께서는 마치 항아리 속의 등불처럼(ghaṭe viya padīpa) 그의 가슴속 깊은 곳에서 밝게 타오르는(hadayabbhantare pajjalan-ta) 아라한됨의 강하게 의지하는 [조건]을 보시고 그의 아쉬람이 있는 곳으로 가셨다. 그는 세존을 뵙고 기뻐하며 자신이 시중을 드는 방법(upakappana-niyāma)대로 음식을 가져왔다. 세존께서는 그것을 잘 드셨다. 이렇게 3일을 드리고 4일째에 세존께서는 '그대들은 아주 연약해 보이오. 어떻게 이런 음식으로 연명을 하시오?'라고 말씀하셨다. 스승님께서는 그에게 성스러운 지족(知足)의 덕(ariya-santosa-guṇa)을 밝히면서 법을 설하셨다. 고행자는 그것을 듣고 예류자가 된 뒤 출가하여 아라한됨을 얻

'목욕을 마친 자'로 옮긴 원어는 nahātaka(Sk. snātaka)인데 √snā(*to bathe*)에서 파생된 명사이다. 바라문들은 보통 8살에 스승을 정해서 그 문하에 들어가서 20살까지 12년 동안 자기 문파의 베다(본집, 제의서, 삼림서, 우빠니샤드)와 여러 가지 지식들을 배운다. 이런 과정을 다 마치면 졸업식을 하는데 요즘처럼 졸업장을 주는 것이 아니라 인도인들이 신성시하는 강에 들어가서 목욕하는 것으로 공부를 마친 것을 표시하였다. 그래서 '목욕을 마친 자'는 바로 바라문이 배워야 할 공부를 마친 자를 뜻한다. 그래서 이런 표현이 생긴 것이다.

『맛지마 니까야 주석서』는 "[정신적 오염원이고 다시 태어남을 가져오는] 해로운 법들을 목욕하여 씻어냈기 때문에(nhātāssa honti) '목욕을 마친 자(nhātaka)'라고 한다."(MA.ii.324)라고 설명한다. 이처럼 바라문 전통에서는 강에 목욕하는 의식은 중요하다. 그래서 『상윳따 니까야』 제1권 「잘못된 길 경」(S1:58) {198}과 「순다리까 경」(S7:9) {646}과 「상가라와 경」(S7:21) {705} 등에서는 '물 없는 목욕(sināna anodaka)'이란 표현이 나타나며 「잘못된 길 경」(S1:58)에서는 고행과 청정범행이 바로 물 없는 목욕이라고 설명하기도 한다. 참다운 목욕의 의미에 대해서는 『맛지마 니까야』 제1권 「옷감의 비유 경」(M7) §§18~20도 참조하기 바란다.

초기불전연구원에서 옮긴 『맛지마 니까야』 제2권 「앗사뿌라 긴 경」(M39) §22 등에서는 '목욕을 마친 자'로 직역하였고 『디가 니까야』 제2권 「마하고윈다 경」(D19) §37에서는 '기본과정을 마친 자'로, 『앙굿따라 니까야』 제4권 「사문 등의 경」(A7:82) §1에서는 '공부를 마친 자'로 의역을 하였다.

었다.
세존께서는 그가 아라한됨에 확립된 뒤에 떠나셨다. 그러나 그는 거기 머물면서 나중에 바람에 기인한 병(vātābādha)에 걸렸다. 스승님께서는 거기에 가셔서 호의를 베푸시는 방법을 통해(paṭi-santhāra-mukhena) 그에게 머묾(vihāra)에 대해서 물으시면서 첫 번째 게송을 읊으셨다. 그러자 장로는 나머지 게송들로 자신의 머묾을 스승님께 말씀드렸다. … 이것은 장로의 구경의 지혜를 천명한 것이 되었다."(ThagA.ii.184~185)

435. [세존]
"바람에 기인한 질병에 압도되어
그대는 밀림이나 숲에 머무는데
[필수품들을 얻는 것이] 제한된 거친 곳에서
비구여, 그대는 어떻게 살고 있는가?" (={350})

436. [느하따까무니]
"희열과 행복으로 풍부하게
적집된 [몸]을 가득 채우고
거친 것을 견디면서
저는 밀림에 머무를 것입니다. (={351})

437. 일곱 가지 깨달음의 구성요소와
기능들과 힘들을 닦고
禪의 미세한 특징을 통찰함을 구족하여[525] [526]

---

525) "'禪의 미세한 특징을 통찰함을 구족하여(jhāna-sokhumma-sampanno)'란 禪의 미세한 상태를 구족하여(jhāna-sukhuma-bhāvena samannāgato)라는 말이다. 여기서 禪의 미세함(jhānasukhuma)은 무색계선(arūpa-jjhāna)이다. 그러므로 여덟 가지 증득을 얻어서(aṭṭha-samāpatti-lābhi)라고 말한 것이다. 이렇게 하여 자신이 양면해탈을 하였음(ubhato-bhāga-

vimuttitā)을 보여준다.
그런데 다른 사람들은 이렇게 설명한다(apare panāhu). — 미세한 특징(sokhumma)'이라는 것은 으뜸가는 도와 과(agga-magga-phalā)에서의 높은 통찰지를 공부지음[增上慧學, adhipaññā-sikkhā]을 의미한다. 여기서 禪을 취함에 의해서 자신이 양면으로 해탈하였음을 설명하는 것이다." (ThagA.ii.184~185)

경에서 양면해탈(兩面解脫, ubhatobhāga-vimutti)은 "비구들이여, 여기 어떤 사람은 물질을 초월한 무색계의 평화로운 해탈을 몸으로 체험하여 머물고, 또 그는 통찰지로써 번뇌들을 보아 그들을 완전히 제거한다. 비구들이여, 이를 일러 양면으로 해탈한 자라 한다."(『맛지마 니까야』「끼따기리 경」(M70 §15))로 나타나는데, 이처럼 무색계의 증득과 통찰지의 둘 다를 갖춘 것을 양면해탈이라 한다. 그리고 『앙굿따라 니까야』「양면해탈 경」(A9:45)도 양면해탈에 대한 좋은 설명이 된다.

그러면 양면해탈에 대한 주석서의 설명들을 살펴보자.
"'양면해탈(兩面解脫, ubhatobhāga-vimutti)'이라는 것은 양면으로 사마타와 위빳사나의 반대가 되는 오염원(paccanīka-kilesa)들로부터 해탈한 것이다. 최종적으로(pariyosāna) 증득(samāpatti)을 통해 물질적인 몸(rūpa-kāya)으로부터 해탈하고, 성스러운 도(ariya-magga)를 통해 정신적인 몸(nāma-kāya)으로부터 해탈하는 것을 양면해탈이라고 알아야 한다."(AA.iv.207)

"'양면으로 해탈했다.(ubhatobhāga-vimutta)'는 것은 무색계의 증득으로써 물질적인 몸으로부터 해탈한 것과 도로써 정신적인 몸으로부터 해탈한 것[둘 다를] 말한다. 여기에는 네 가지 무색계의 증득[等至, samā-patti]의 각각에서 나와 형성된 것(saṅkhāra)들을 명상한 뒤 아라한과를 얻는 것과 상수멸에서 나와 아라한과를 얻는 불환자의 것을 합하여 모두 다섯 종류가 있다."(DA.iii.889)

이상 졸저 『초기불교 이해』 408~409쪽에서 인용하였다.
요약하면 양면해탈(兩面解脫, ubhato-bhāga-vimutti)은 무색계 삼매(공무변처부터 비상비비상처까지)와 더불어 아라한과를 증득한 자를 뜻하고, 통찰지로 해탈한 자(paññā-vimutta)는 무색계 삼매 없이 아라한과를 증득한 자를 말한다.
양면해탈과 통찰지를 통한 해탈[慧解脫]에 대해서는 『맛지마 니까야』 제2권 「끼따기리 경」(M70) §§14~16의 주해들을 참조하고 『디가 니까야』 제2권 「대인연경」(D15) §36의 주해와 『초기불교 이해』 407쪽 이하도 참조하기 바란다.

저는 번뇌 없이 머무를 것입니다.

438. 오염원들로부터 벗어났고
흔들리지 않는 청정한 마음527)을
끊임없이 반조하면서
저는 번뇌 없이 머무를 것입니다.

439. 안으로도 밖으로도
저에게서 발견되었던 번뇌들은
모두 남김없이 끊어졌으며
다시 일어나지 않을 것입니다. (={337})

440. 다섯 가지 무더기[五蘊]는 철저하게 알아져서
뿌리가 잘린 채로 서있을 뿐입니다.
괴로움의 멸진은 성취되었고 (abc={120}abc)
이제 다시 존재함이란 없습니다." (abd={90}abd)

느하따까무니 장로 (끝)

---

526) 한편 『앙굿따라 니까야』 제2권 「미세함 경」(Sukhuma-sutta, A4:16)은 '미세한 특징을 통찰함(sokhumma)'을 네 가지로 설명하는데 오온 가운데 마지막인 알음알이[識]를 제외한 나머지 네 가지, 즉 물질, 느낌, 인식, 심리현상들의 미세한 특징을 통찰하는 것으로 설명하고 있다. 여기에 대한 『앙굿따라 니까야 주석서』는 '미세한 특징을 통찰함(sokhumma)'을 "미세한 특징(sukhuma-lakkhaṇa)을 꿰뚫어 아는(paṭivijjhanaka) 지혜이다."(AA.iii.21)라고 설명한다.

527) 주석서는 '벗어났고(vippamutta)'와 '흔들리지 않는(anāvila)'과 '청정한 마음(suddha-citta)'이라는 이 세 단어로 아라한과의 마음(arahattaphala-citta)을 말한 것이라고 설명하면서 이것은 장로의 구경의 지혜를 천명하는 것이 되었다고 적고 있다.(ThagA.ii.185)

12. 브라흐마닷따 장로(Th6:12 {441}~{446})

【행장】

"브라흐마닷따 장로(Brahmadatta thera)는 사왓티에서 꼬살라 왕의 아들로 태어났다. 그는 적당한 나이가 되어 제따와나에서 부처님의 위신력을 보고 믿음을 얻어 출가한 뒤 위빳사나의 업을 행하면서 무애해체지와 더불어 육신통을 갖춘 분이 되었다.
어느 날 도시에서 탁발을 행하는 그에게 어떤 바라문이 욕설을 하였다. 장로는 그것을 듣고 침묵하면서 탁발을 하였고 바라문은 또 욕설을 하였다. 사람들은 이와 같이 욕설을 하는 그 바라문에게 '이 장로는 어떤 말도 하지 않습니다.'라고 대답하였다. 이 말을 듣고 장로는 그 사람들에게 법을 설하면서 이 여섯 개의 게송을 읊었다."(ThagA.ii.185~186)

계속해서 주석서는 처음의 게송 네 개({441}~{444})를 설명한 뒤 "장로가 이와 같이 설하는 법을 듣고 욕설을 한 바라문(akkosaka-brāhmaṇa)은 절박함을 가지고(saṁvigga) 마음에 청정한 믿음이 생겨 장로에게 용서를 구하고 그의 곁에서 출가하였다."(ThagA.ii.187)라고 설명을 덧붙이고 있다.
그리고 주석서는 "장로는 그에게 명상주제를 주면서 '이 사람에게는 자애 수행(mettā-bhāvanā)이 적절하다.'라고 하여 자애의 명상주제를 준 뒤에 분노에 사로잡힘 등(kodha-pariyuṭṭhānādī)에 대해서 반조해 보는 등의 과정(paccavekkhaṇādi-vidhi)을 보여주면서 [나머지 두 개의] 게송들({445}~{446})을 말하였다."(ThagA.ii.187)라고 밝히고 있다.

마지막으로 주석서는 여기 브라흐마닷따 장로의 게송 여섯 개에 대한 다른 의견을 가진 사람들의 견해를 아래와 같이 소개하면서 장로에 대한 설명을 마무리 짓는다.

"그런데 어떤 사람들은 '장로는 범부였을 때 욕설을 견디면서 그 사람들에게 성스러운 덕들(ariyaguṇā)을 설명하면서 법을 설하고 나서({441}~{444}) 뒤의 두 개의 게송({445}~{446})으로 자신을 교계하면서(ovadanta) 위빳사나를 증장시켜 아라한됨을 얻은 뒤에 구경의 지혜를 천명하면서 이 게송들을 읊었다.'라고 말하기도 한다."(ThagA.ii.187)

한편 여기 브라흐마닷따 장로의 여섯 개 게송 가운데 처음의 네 개({441}~{444})는 『상윳따 니까야』 제1권 「욕설 경」(S7:2) §5에서 세존께서 욕쟁이 바라드와자 바라문(Ākkosaka-Bhāra-dvāja brāhmaṇa)에게 설하신 네 개의 게송({615}~{618})과 동일하다. 이 「욕설 경」(S7:2)에서 욕쟁이 바라드와자 바라문은 자신의 형이 집에서 나와 세존의 곁으로 출가하였다고 듣고 분노하고 마음이 언짢아서 세존께 다가가서는 오만불손하고 거친 말로 세존을 욕하고 비난하였다.(§2)
그러자 세존께서는 그를 방문한 친구와 동료나 가족과 친척들에게 여러 가지 음식들을 내놓았는데 만일 그들이 그것을 먹지 않으면 그 음식은 모두 그 음식을 내놓은 사람의 것이 된다는 유명한 비유로 그를 타이르신다.(§§3~4) 그리고 그 욕쟁이 바라문과 대화를 나누신 뒤 이 네 개의 게송을 읊으셨다.(§5) 세존의 가르침을 들은 욕쟁이 바라드와자 바라문은 세존께 귀의한 뒤 출가하였고 그는 아라한이 되었다.(§§6~7)
이처럼 「욕설 경」(S7:2)에서 본 게송 네 개({441}~{444})는 부처님께서 욕쟁이 바라드와자 바라문에게 설하신 것으로 나타나고 있다.

441. "유순하고 편안하게 살며[528]

---

528) "'유순하고(dantassa)'라는 것은 가장 높은 길들임(uttama dama)인 으뜸가는 도의 길들임(aggamagga-damatha)으로 유순하게 되었고라는 말이다. '편안하게 살며(samajīvino)'라는 것은 몸의 부조화 등(kāya-visamādī)을

바른 구경의 지혜로529) 해탈하였고530)

고요하고531) 여여(如如)하며532)

모든 곳에서 제거하여 몸의 조화 등(kāyasamādī)을 통해서 편안하게 사는 것(samaṁ jīvanta)이다."(ThagA.ii.186)

529) 『맛지마 니까야 주석서』는 『맛지마 니까야』 제1권 「뿌리에 대한 법문 경」(M1) §51을 주석하면서 다음과 같이 설명한다.

"'바른 구경의 지혜로(sammadaññā)'라고 하였다. 이것으로 무엇을 말하는가? 무더기들[蘊]의 무더기라는 뜻, 감각장소들[處]의 장소라는 뜻, 요소들[界]의 요소라는 뜻, 괴로움[苦]의 압박(pīḷana)의 뜻, 일어남[集]의 발생(pabhava)의 뜻, 소멸[滅]의 고요해짐(santa)의 뜻, 도[道]의 본다(dassana)는 뜻과, 그리고 모든 형성된 것은 무상하다[諸行無常]는 등의 구분(bheda)을 바르게(sammā) 있는 그대로(yathābhūtaṁ) 구경의 지혜로(aññāya) 알고 조사하고 세밀하게 견주어보고 분명하게 알고 확실하게 한다는 것(jāni-tvā tīrayitvā tulayitvā vibhāvetvā vibhūtaṁ katvā)을 말하였다." (MA.i.43)

530) "'바른 구경의 지혜로 해탈하였고(sammadaññā vimuttassa)'라고 하였다. 바른 구경의 지혜를 통해서(sammā aññāya) 최상의 지혜로 알아야 하는 것 등의 법들(abhiññeyyādikā dhammā)을 안 뒤에 모든 번뇌들로부터 해탈하였고(vippamutta)라는 말이다.(ThagA.ii.186)

531) '고요하고 여여(如如)하며'는 upasantassa tādino를 옮긴 것이다. 주석서는 이렇게 설명한다.

"모든 오염원의 근심이라는 위험을 가라앉힘(sabbakilesa-daratha-pari-ḷāha-vūpasama)에 의해서 '고요하고(upasantassa)', 원하는 것 등(iṭṭhādī)에서 여여한 특징을 얻음(tādilakkhaṇappatti)에 의해서 '여여하다(tādino).'" (ThagA.ii.186)

532) "'여여한 [분](tādi)'이란 동일한 상태(tāditā), 똑같은 상태(eka-sadisatā)를 뜻한다. 여래는 얻음 등에 대해서 여여하듯이(yādiso lābhādīsu), 손실 등에 대해서도 여여하시다(tādiso va alābhādīsu)."(AA.iii.40)

한편 『쿳다까 니까야』의 『닛데사』(의석, 義釋, Nd1.114~116)는 다섯 가지로 아라한이 여여한 분임을 설명하고 있다. 요약하면 아래와 같다.
① 그는 얻음과 잃음 등에 여여하기 때문에 원하는 것과 원하지 않은 것에 대해 여여한 분(iṭṭhāniṭṭhe tādi)이다. ② 그는 탐·진·치 등의 모든 오염원들을 버렸기 때문에 버림을 구족한 여여한 분(cattāvīti tādī)이다. ③ 그는 네 가지 폭류(ogha)를 건넜기 때문에 건넘을 구족한 여여한 분(tiṇṇāvīti tādī)이다. ④ 그의 마음이 탐·진·치 등의 모든 오염원들로부터 해탈했기

분노 없는 자에게 어디 분노가 있겠습니까?[533] (S7:2 §5 {615})

442. [534]분노에 맞서서 [47] 분노하는 그런 자는
더욱더 나쁜 자가 되나니
분노에 맞서서 분노하지 않으면
이기기 어려운 전쟁에서 승리한 것입니다. (S7:2 §5 {616})

443. [535]그런 사람은 자신과 남 둘 다의

때문에 해탈을 구족한 여여한 분(muttāvīti tādī)이다. ⑤ 그는 그가 구족한 [계행이나 믿음이나 정진 등의] 여러 가지 특징을 그대로 설명하는 여여한 분이다(taṁniddesā tādī).

한편 『닛데사』(Nd1.459~461)는 이와 비슷하지만 조금 다른 방법으로 부처님이 여여한 분인 것을 설명하고 있다.

이처럼 PTS본 『닛데사』(Nd1.114)에는 ① iṭṭhāniṭṭhe tādi ② cattāvī ti tādi ③ tiṇṇāvī ti tādi ④ muttāvī ti tādi ⑤ taṁniddesā tādi의 순서로 나타난다. 그런데 『맛지마 니까야』 제3권 「앙굴리말라 경」(M86)에 해당하는 『맛지마 니까야 주석서』에는 이 가운데 ④ muttāvī ti tādi 대신에 두 번째에 vantāvīti tādī로 나타나고 있다.(MA.iii.342) 여기에 대해서는 「앙굴리말라 경」(M86) §18 {8}의 해당 주해를 참조할 것.

533) "'분노 없는 자에게 어디 분노가 있겠습니까(akkodhassa kuto kodho)?'라고 하였다. 여기서 '분노 없는 자에게(akkodhassa)'는 분노가 없는 자의 도(kodha-rahitassa magga)에 의해서 분노가 뿌리 뽑힌 자에게(samucchinna-kodhassa)라는 말이다. '어디 분노가 있겠습니까(kuto kodho)?'라는 것은 어디서 원인(hetu)인 분노가 일어나게 되겠는가(uppajjeyya)? 그것을 일어나게 만드는 것(uppatti-kāraṇa)은 없다는 뜻이다."(ThagA.ii.186)

534) "이처럼 번뇌 다한 사람에게 어디서 분노가 있겠는가라는 구경의 지혜를 토로함을 통해서 장로는 자신의 분노가 존재하지 않음(kodha-abhāva)과 그 이유들을 말하였다. 그런 뒤 이제 분노와 분노하지 않음의 위험과 이익을 보여줌(ādīnava-anisaṁsa-dassana)을 통해서 법을 설하면서 다음 게송들을 말하였다."(ThagA.ii.186)

535) "오염원과의 전쟁에서 이긴 것(kilesa-saṅgāma-jaya)뿐만 아니라 나아가서 이 도닦음은 둘 다에게 이익이 되는 것임(ubhaya-hita-paṭipatti)을 보여주면서 [본 게송({443})을] 말하였다."(ThagA.ii.186)

이익을 도모하는 [여여한 사람이니]
남이 크게 성이 난 것을 알면
그는 마음챙기고 고요하게 됩니다. (S7:2 §5 {617})

444. 그런 그는 자기 자신뿐만 아니라
상대방까지 둘 다를 치료하나니
이런 그를 어리석다고 여기는 사람들은
법에 능숙하지 못한 자들입니다.536) (S7:2 §5 {618})

445. 537)만일 분노가 그대에게 일어나면
톱의 비유538)로 전향을 하십시오.
만일 맛에 대해서 갈애가 일어나면
아들의 고기의 비유539)를 기억하십시오.

---

536) "장로가 이와 같이 설하는 법을 듣고 욕설을 한 바라문(akkosaka-brāhmaṇa)은 절박함을 가지고(saṁvigga) 마음에 청정한 믿음이 생겨 장로에게 용서를 구하고 그의 곁에서 출가하였다."(ThagA.ii.187)

537) "장로는 그에게 명상주제를 주면서 '이 사람에게는 자애 수행(mettābhāvanā)이 적절하다.'라고 하여 자애의 명상주제를 준 뒤에 분노에 사로잡힘 등(kodha-pariyuṭṭhānādī)에 대해서 반조해 보는 등의 과정(paccavekkhaṇ-ādi-vidhi)을 보여주면서 '만일 분노가 그대에게 일어나면 …'({445})이라는 등으로 [두 개의 게송({445}~{446})]을 말하였다."(ThagA.ii.187)

538) '톱의 비유(kakacūpama)'에 대해서는 『맛지마 니까야』 제1권 「톱의 비유 경」(M21)을 참조하기 바란다. 본경은 양쪽에 날이 선 톱으로 도둑이나 첩자가 자신의 사지를 마디마다 자르더라도 그 사람에게 자애가 함께한 마음으로 가득 채우고 머물라는 부처님의 고구정녕하신 말씀을 담고 있다.

539) '아들의 고기의 비유(puttamaṁsūpama)'는 『상윳따 니까야』 제2권 「아들의 고기 경」(S12:63)을 참조할 것.

『상윳따 니까야 주석서』에 의하면 비구 승가가 탁발음식과 다른 필수품들을 너무 풍족하게 보시받아 사용하고 있었기 때문에 세존께서 본경을 설하셨다고 한다. 세존께서는 비구들이 본경을 법의 거울[法鏡, dhamm-ādāsa]로 삼아서 스스로를 제어하게 하기 위해서, 그리고 미래의 비구들이 바르게

446. 만일 그대의 마음이
감각적 쾌락들과 존재들에게로 달려간다면540)
즉시 마음챙김으로 제지하십시오,
곡식을 먹는 나쁜 가축을 그리하듯이."

브라흐마닷따 장로 (끝)

13. **시리만다 장로**(Th6:13 {447}~{452})

【행장】

"시리만다 장로(Sirimaṇḍa thera)는 숨수마라기리(Suṁsumāra-giri)에서 바라문 가문에 태어났다. 그는 적당한 나이가 되어 세존께서 베사깔라 숲(Bhesakalāvana)에 머무실 때에 스승님께 다가가서 법을 듣고 믿음을 얻어 출가하여 구족계를 받고 사문의 법을 행하였다.

그는 어느 포살일에 빠띠목카를 외우는 장소에 앉아서 [율장 『마하왁가』(대품)의] 기원에 대한 개요(nidānuddesa)의 마지막에

반조한 뒤에(paccavekkhitvā) 네 가지 필수품을 사용하도록 하게 하기 위해서 본경을 설하셨다고 주석서는 설명하고 있다.(SA.ii.103)
그래서 『청정도론』(Vis.I.92)도 마치 사막을 건너고자 하는 자들이 자기 아들의 고기를 사용하듯이(S12:63 §4) 존재의 사막을 건너기 위해 수행할 때 수행자는 청정범행을 돕기 위해 음식을 수용한다고 설명하고 있다.

540) '만일 그대의 마음이 / 감각적 쾌락들과 존재들에게로 달려간다면'은 sace dhāvati cittaṁ te, kāmesu ca bhavesu ca를 옮긴 것이다. 주석서는 이렇게 설명한다.

"'만일 그대의 마음이 달려간다면(sace dhāvati te cittaṁ)'이라는 것은 지혜 없이 마음에 잡도리하는 그대의 마음이 욕탐(chandarāga)을 통해서 '감각적 쾌락들(kāmesu)', 즉 다섯 가닥의 감각적 쾌락들에게로(pañca-kāma-guṇesu) 달려가고, 존재를 염원함(bhava-patthanā)을 통해서 욕계 존재 등의 '존재들에게로(bhavesu)' 만일 달려간다면(sace dhāvati), 즉 흘러간다면(sarati), 빨리 간다면(javati)이라는 말이다."(ThagA.ii.187)

나타나는, '드러내기 때문에 그는 편안해진다.'541)는 성전의 의미를 음미해 보면서 '지은 범계(āpatti)를 드러내지 않고 감추면 더 중한 범계들을 짓게 되어 그는 편치 않게 된다. 그러나 드러내어서 법에 따라 알맞은 치유를 한 사람(paṭikaronta)은 편하게 된다.'는 이 뜻을 마음에 잡도리한 뒤 '오, 스승님의 교법은 참으로 청정하구나.'라고 청정한 믿음을 얻었다. 그는 거기서 일어난 희열을 가라앉히고 위빳사나를 증장시켜 아라한됨을 얻었다. 그는 자신의 도닦음을 반조한 뒤 청정한 믿음을 가진 마음으로 비구들에게 교계를 하면서 본 게송 여섯 개를 읊었다."(ThagA.ii.187~188)

447. "덮인 곳에 비가 내리고542)
열린 곳에는 비가 내리지 않습니다.543)

---

541) 'āvikatā hissa phāsu hoti.'(Vin.i.103)

542) '덮인 곳에 비가 내리고'는 channam ativassati를 옮긴 것이다. 주석서는 이렇게 설명한다.

"여기서 '덮인 곳(channaṁ)'은 숨겨진 것이니(chāditaṁ) 있는 그대로 드러나지 않고 분명하지 않은 나쁜 행위(duccarita)를 말한다. '비가 내리고(ativassati)'라는 것은 범계(犯戒)의 비(āpatti-vassa)와 오염원의 비(kilesa-vassa)가 아주 많이 내리는 것이다(ativiya vassati). 범계(계를 범함)를 숨기는 것(chādana)을 부끄러워하지 않음 등(alajjibhāvādi)에 의해서 이처럼 [오염원의 비가 많이 내리기] 때문이다. 숨기는 것에 의해서는 다시 그러한 형태를 [저지르고] 다시 그보다 더 나쁜 범계(pāpiṭṭhatara āpatti)를 저지를 것이기 때문에 숨기는 것이라는 비가 내림(vassana)을 그 이유(kāraṇa)로 말하는 것이다."(ThagA.ii.188)

543) "'열린 곳에는 비가 내리지 않습니다(vivaṭaṁ nātivassati).'라고 하였다. 여기서 '열린 곳(vivaṭaṁ)'이란 분명하게 드러난 것(pakāsita)이고 숨겨지지 않은 것(appaṭicchanna)을 말한다. '비가 내리지 않는다(nātivassati).'라고 하였다. 여기서는 접두어 'ati-'가 붙여진 것이고 비가 내리지 않는다는 뜻이다. 그리고 여기서 비가 내리지 않음(avassana)은 앞에서 설명한 것과 반대되는 것으로 알아야 하는데 마음의 흐름이 청정하기 때문이다(citta-santānassa visodhitattā)."(ThagA.ii.188)

그러므로 덮인 곳을 여십시오.[544]
이와 같이 하여 그곳에는 비가 내리지 않습니다.[545]

448. [546]세상은 죽음에 의해서 괴롭혀지고 있고
늙음으로 에워싸여 있습니다.
갈애의 화살[547]로 찔리고 있으며
항상 바람[願]으로 타오르고 있습니다.[548]

---

544) "'그러므로 덮인 곳을 여십시오(tasmā channaṁ vivaretha).'라고 하였다. 여기서 '그러므로(tasmā)'라고 한 것은 위에서 말한 뜻을 이유로 하여(kāraṇa-bhāvena) 각각을 언급한 것이다. 즉 나쁜 행위를 숨긴 자(channa duccarita)에게는 범계의 비 등의 비가 아주 많이 내리기 때문에(ativassana-to), 그리고 이런 나쁜 행위를 피하는 자에게는 비가 내리지 않기 때문에라는 뜻이다. '덮인 곳을 여십시오(channaṁ vivaretha).'라는 것은 범부이기 때문에 숨기려는 의도(chādanādhippāya)가 일어났더라도 그것을 따르지 말고(ananuvattitvā) 열어라, 드러내어라(vivaretha āvikareyya), 법에 따라 대응하라(yathādhammaṁ paṭikareyya)는 말이다."(ThagA.ii.188~189)

545) "'이와 같이 하여 그곳에는 비가 내리지 않습니다(evaṁ taṁ nātivassati).'라고 하였다. 여기서 '이와 같이(evaṁ)'라는 것은 [덮인 곳을] 열어(vivaraṇ-ena) 법에 따라 도를 닦아서(yathādhammaṁ paṭipattiyā)라는 말이다. '그곳에는(taṁ)'이라는 것은 그 숨긴 나쁜 행위(channa duccarita)에는이라는 말이다. '비가 내리지 않습니다(nātivassati).'라는 것은 범계의 비와 오염원의 비가 내리지 않는다, 청정한 곳에(suddhante) 사람을 확립되게 한다(puggalaṁ patiṭṭhapeti)는 뜻이다."(ThagA.ii.189)

546) "이제 전적으로 그리고 재빠르게 자신을 청정하게 해야 하고 불방일을 행해야 한다고 [강조하면서] 그 이유가 되는 절박함의 토대(saṁvega-vatthu)를 보여주기 위해서 '세상은 죽음에 의해서 괴롭혀지고 있고(maccuna abbhāhato loko)'라는 등을 말하고 있다."(ThagA.ii.189)

547) "갈애는 참으로 고통을 산출하기 때문에(pīḷā-jananato), 안에서 찌르기 때문에(anto tudanato), 뽑아내기가 어렵기 때문에(duruddhārato ca) '화살(salla)'이라 부른다."(ThagA.ii.189)

548) '항상 바람[願]으로 타오르고 있습니다.'는 icchādhūpāyito sadā를 옮긴 것이다. 주석서는 이렇게 설명한다.

"'바람[願]으로 타오르고 있습니다(icchādhūpāyito).'는 대상을 바라는 것

449. 세상은 죽음에 의해서 괴롭혀지고 있고
늙음에 갇혀 있습니다.
피난처가 없이 항상 두들겨 맞고 있어서
몽둥이로 [처벌을] 받는 도둑과 같습니다.

450. 죽음과 병과 늙음의 셋은
불의 무더기처럼 다가옵니다.
[이들을] 달랠 힘이 없고
도망갈 속력을 낼 수도 없습니다.

451. 적거나 많거나 간에
대낮을 헛되지 않게 만들어야 합니다.549)
밤을 보낸 그만큼
그의 생명은 줄어들기 때문입니다.

을 특징으로 하는(ārammaṇa-abhipatthana-lakkhaṇa) 바람[願, icchā]으로 타고(santāpita)라는 말이다. 그 대상(visaya)을 원하는 사람은 그 원하는 대상을 얻거나 얻지 못하거나 간에 그 대상을 태우는 특징을 가진 바람[願](anudahana-lakkhaṇā icchā)으로 타게 되고(santatta) 고통을 받기(pariḷāhappatta) 때문이다. '항상(sadā)'은 모든 시간에(sabbakālaṁ)라는 뜻이며 이 단어는 [이 게송의] 모든 구절에 적용되어야 한다."(ThagA.ii.189)

549) "'적거나 많거나 간에 / 대낮을 헛되지 않게 만들어야 합니다(amoghaṁ divasaṁ kayirā, appena bahukena vā).'라고 하였다. '적거나(appena)', 즉 적어도(antamaso) 소젖을 [한번] 짜는 동안만큼 정도의(gaddūhana-mattampi) 시간이라도 보내거나, '많거나(bahukena)', 즉 온 낮과 밤을 보내면서 위빳사나를 마음에 잡도리하여 '헛되지 않게(amoghaṁ)', 즉 무익하지 않도록(avañjhaṁ) 대낮을 만들어야 한다는 말이다."(ThagA.ii.190)

'소젖을 [한 번] 짜는 동안만큼'은 gaddūhana-mattam을 옮긴 것인데 『앙굿따라 니까야 주석서』에서 'gāviyā ekavāraṁ thanāñchanamattaṁ'(AA.iv.187)이라고 설명하고 있어서 '한 번'을 넣어서 옮겼다.

452. 가든 서든[550] 앉든 눕든 마지막 밤은 다가옵니다.
그대에게는 방일할 시간이 없습니다."

시리만다 장로 (끝)

14. 삽바까미 장로(Th6:14 {453}~{458})

【행장】

"삽바까미 장로(Sabbakāmi thera)는 아직 세존께서 반열반에 들지 않으셨을 때 웨살리에서 끄샤뜨리야 가문에 태어났다. 그는 적당한 나이가 되어 친지들에 의해서 아내를 얻었지만 벗어남의 성향을 가졌기 때문에 재가에 머무는 것을 넌더리 내면서(jigucchanta) 법의 창고지기(dhamma-bhaṇḍāgārika)인 [아난다 존자]의 곁으로 출가하여 사문의 법을 행하면서 은사와 함께 웨살리에 가서 속가(俗家, ñātighara)에 들리게 되었다.

거기서 이전의 아내가 헤어짐 때문에 고통을 받아 마르고 창백해져서 치장도 하지 않고 더러운 옷을 입고 그에게 인사를 한 뒤 울면서 한 곁에 서있었다. 그녀를 보고 장로는 연민을 앞세운 자애(karuṇā-purassarā mettā)를 확립하였다. 그러자 [괴로움]을 겪는[忍苦] 대상(anubhūt-ārammaṇa)에 대한 지혜 없이 마음에 잡도리함(ayoniso-manasikāra)을 통해서 그에게 갑자기 오염원이 생겼다.

그는 채찍에 맞은 준마처럼 절박함이 생겨(sañjāta-saṁvega) 바로 공동묘지로 가서 더러움의 표상(asubha-nimitta)을 취한 뒤 거기서 얻은 禪을 기초로 삼아서 위빳사나를 증장시켜 아라한됨을 얻었다.

그때 그의 장인이 치장을 하고 잘 차려입은 딸을 데리고 많은 일

550) "단지 밤을 통해서만이 아니라 [행·주·좌·와 등의] 자세(iriyāpatha)에 의해서도 삶의 멸진(jīvitakkhaya)은 파악되어야 한다(upadhāretabba)고 해서 '가든 서든(carato tiṭṭhato vāpi) … '이라고 하였다."(ThagA.ii.190)

행들과 함께 그를 환속시키려고(uppabbājetu-kāma) 승원으로 갔다. 장로는 그녀의 의향(adhippāya)을 알고 자신이 감각적 쾌락들(kāmā)에 대한 탐욕이 빛바랬음(viratta-bhāva)과 모든 곳에 물들지 않았음(anupalittatā)을 밝히면서 본 게송 여섯 개를 읊었다."(ThagA.ii.191~192)

계속해서 주석서는 이렇게 밝히고 있다.
"장로는 세존께서 완전한 열반에 드신지 100안거가 되었고(vassa-sata-parinibbuta) 구족계를 받은 지 120안거(vīsa-vassa-sati-ka)가 되었을 때 대지의 주인인 장로(pathabyā thera)가 되어 웨살리에 머무는 왓지뿟따들(Vesālikā Vajjiputtā)이 일으킨 교단의 종기(abbuda)를 깨끗하게 한 뒤 제2차 법의 합송(이차결집, dutiya dhammasaṅgīti)을 마치고 '미래에 담마아소까 왕의 시대(Dhammāsoka-kāla)에 생길 종기를 깨끗하게 하기를.'이라고 띳사 대바라문(Tissa-mahābrahmāna)에게 명을 남긴 뒤 무여열반의 요소로 반열반하였다."(ThagA.ii.193)

주석서의 이런 설명을 보면 삽바까미 장로가 무여열반에 들었을 때 그는 적어도 140세는 되었을 것이다. 20살이 되어야 구족계를 받기 때문이다. 부처님께서 반열반 하신 뒤 교단의 최고의 권위라 할 수 있는 아난다 존자가 120세까지 사셨고 『앙굿따라 니까야 복주서』에 의하면 아누룻다 장로는 150세까지 사셨다고 하므로(AAṬ.iii.183) 이것은 불가능한 일은 아니라고 여겨진다. 아무튼 삽바까미 장로처럼 아난다 존자로부터 구족계를 받은 지 120년이 된 이런 대장로들이 계셨기 때문에 부처님 원음은 2,600년 동안 단절 없이 전승되어 왔음이 틀림없다.

453. "두 발을 가진 이 [몸은] 불결하고
여러 가지 오물들로 가득하고[551]
여기저기서 분비물이 흘러나오고

악취가 나지만 소중히 여겨집니다.552)

454. 덫으로 숨어있는 사슴을,
낚싯바늘로 물고기를,
끈끈이(감탕)로 원숭이를 [잡듯이]
이것들은 범부를 잡습니다.

455. 마음에 드는 형색들, 소리들,
맛들, 냄새들, 감촉들이라는
이들 다섯 가닥의 감각적 쾌락들은
여인의 모습에서 보아집니다.

456. 애욕에 물든 마음을 가진 [48] 범부들은
이것(여인)을 추구하나니
무서운 공동묘지를 증가시키고
다시 존재함을 쌓아 올립니다.553)

---

551) "'여러 가지 오물들로 가득하고(nānā-kuṇapa-paripūro)'라는 것은 머리털 등의 여러 가지 모양을 한 오물들로 채워진(kesādi-anekappakāra-kuṇapa-bharita)이라는 말이다."(ThagA.ii.192)

여기서 '오물'로 옮긴 kuṇapa는 일반적으로 시체를 뜻한다. 그러나 문맥에 따라 『청정도론』(Vis.VI.41; VIII.121; XI.19; 21)에서처럼 더러움이나 오물이나 썩은 것의 뜻으로도 쓰이고 있다.

552) "'악취가 나지만 소중히 여겨집니다(duggandho parihīrati).'라고 하였다. 악취가 나지만(duggandha samāna) 꽃의 향기 등(puppha-gandhādī)으로 꾸며져서 소중히 여겨진다는 말이다."(ThagA.ii.192)

553) "'무서운 공동묘지를 증가시키고(vaḍḍhenti kaṭasiṁ ghoraṁ)'라고 하였다. 그들은 태어남 등(jāti-ādī)을 통해서 그리고 지옥 등(nirayādī)을 통해서 무섭고(ghora) 두려움을 가져오며(bhayānaka) 눈멀고 우둔한 자들이나 기뻐하기 때문에 공동묘지(kaṭasi)라 불리는 윤회(saṁsāra)를 거듭거듭 태어나고 죽는 등으로 증가시킨다. 그래서 '다시 존재함을 쌓아 올립니다(ācinanti punabbhavaṁ).'라고 하였다."(ThagA.ii.192)

457. 그러나 뱀의 머리를 발로 [피하듯이]
이것을 피하는 자
그는 세상에 대한 이 애착을
마음챙겨서 이겨냅니다.554)

458. 감각적 쾌락들에서 위험을 본 뒤555)
출리가 안은함이라고 보고556)
모든 감각적 쾌락들로부터 풀려나서
나는 번뇌의 멸진을 얻었습니다.557)"558)

---

554) "'그는 세상에 대한 이 애착을 / 마음챙겨서 이겨냅니다(so'maṁ visattikaṁ loke, sato samativattati).'라고 하였다. 모든 세상에 집착하여 머물기 때문에 세상에 애착함(visattikā)이라 불리는 갈애(taṇhā)를 그는 마음챙겨서 이겨낸다는 말이다."(ThagA.ii.192)

555) "'감각적 쾌락들에서 위험을 본 뒤(kāmesvādīnavaṁ disvā)'라고 하였다. [『맛지마 니까야』 제2권 「뽀딸리야 경」(M54) §15 등에서] "감각적 쾌락이란 해골 무더기와 같아서(aṭṭhikaṅkalūpamā kāmā) 괴로움과 절망이 가득하며"(M54 §15; A5:76 §10)라는 등으로 대상으로서의 감각적 쾌락들(vatthu-kāma)과 오염원으로서의 감각적 쾌락들(kilesa-kāma)에 대해서 여러 가지 형태의 위험(ādīnava), 즉 결점(dosa)을 본 뒤라는 말이다."(ThagA.ii.192)

556) "'출리가 안은함이라고 보고(nekkhammaṁ daṭṭhu khemato)'라는 것은 감각적 쾌락들과 존재들로부터 벗어난 상태이기 때문에(nikkhanta-bhāva-to) 출리(nekkhamma)인 출가(pabbajja)와 열반을 안은함(khema)이라고 위험으로부터 벗어남(anupaddava)이라고 보고(daṭṭhu), 즉 본 뒤(disvā)라는 말이다."(ThagA.ii.192~193)

557) "'모든 감각적 쾌락들로부터 풀려나서 / 나는 번뇌의 멸진을 얻었습니다(nissaṭo sabbakāmehi, patto me āsavakkhayo).'라고 하였다. 여기서 '모든 감각적 쾌락들로부터(sabba-kāmehi)'라는 것은 삼계에 속하는 법들(tebhūmaka-dhammā)로부터라는 뜻이고 '풀려나서(nissaṭo)'란 벗어났다(visaṁyutta)는 말이다. 삼계에 속하는 법들은 모두 감각적 쾌락의 대상이라는 뜻(kāmanīyaṭṭha)에서 감각적 쾌락(kāmā)이고 장로는 이들로부터 벗어났다(visaṁyutta). 그래서 '나는 번뇌의 멸진을 얻었습니다(patto me āsavakkhayo).'라고 하였다."(ThagA.ii.193)

삽바까미 장로 (끝)

여섯의 모음이 끝났다.

[여섯의 모음에 포함된 장로들의] 목록은 다음과 같다.

우루웰라깟사빠와 떼낏차까리 장로
마하나가와 꿀라, 말룽꺄, 삽빠다사까
까띠야나, 미가잘라, 젠따, 수마나라 불리는 분
느하따까무니와 브라흐마닷따, 시리만다와 삽바까미
여기에는 84개의 게송들과 14분의 장로들이 있다.

558) "이와 같이 장로는 앞의 다섯 개의 게송들로 법을 설한 뒤 여섯 번째 게송으로 구경의 지혜를 천명하였다. 그것을 듣고 장인은 '이분은 모든 곳에서 물들지 않았다(anupalitta). 이분을 감각적 쾌락들에 떨어뜨릴 수가 없다.'라고 온 길로 되돌아갔다."(ThagA.ii.193)

테라가타

일곱의 모음

Sattaka-nipāta({459}~{493})

1. 순다라사뭇다 장로(Th7:1 {459}~{465})

【행장】

"순다라사뭇다 장로(Sundarasamudda thera)는 라자가하에서 아주 부유한 상인의 아들로 태어났다. 사뭇다가 그의 이름이었는데 외모(rūpa)를 갖추었기 때문에 순다라사뭇다[559]라고 알려졌다. 그가 초년의 나이(paṭhama-vaya)였을 때 세존께서 라자가하에 오셨다. 그는 부처님의 위신력을 보고 믿음을 얻었으며 벗어남의 성향을 가졌기 때문에 출가하여 구족계를 받았다. 그는 두타의 법(dhuta-dhamma)[560]을 받들어 행하면서 라자가하에서 사왓티로 가서 좋은 도반의 곁에서 위빳사나 수행(vipassanācāra)을 호지하고 명상주제에 몰두하면서 머물렀다.

그의 어머니는 축제일에 다른 상인의 아들들이 치장을 한 각자의 아내와 축제의 놀이를 즐기는 것을 보고 아들을 계속해서 생각하면서 울었다. 그것을 보고 어떤 기녀(gaṇikā)가 우는 이유를 물었

559) 문자적으로는 순다라사뭇다(sundara-samudda)는 아름다운(sundara) 바다(samudda)라는 뜻이다.

560) 두타의 법(dhuta-dhamma)에 대해서는 본서 제1권 {12}의 해당 주해를 참조할 것.

다. 그녀는 그 이유를 말해주었다. 그것을 듣고 기녀는 '제가 그를 데리고 오겠습니다. 저의 여자됨을 보십시오.'라고 말한 뒤 '만일 그렇게 되면 그런 저는 그의 아내가 되어서 이 가문의 여주인이 될 것입니다.'라고 하였다.
그녀는 많은 재물을 받은 뒤 많은 일행과 함께 사왓티로 갔다. 장로가 탁발을 다니는 장소에 있는 어떤 집에 머물면서 매일 다른 사람들과 함께 장로에게 직접 탁발음식을 공양하였다. 치장을 하고 잘 차려입고 금으로 만든 신발을 신은 자신을 보여주었다. 그러던 어느 날 그 집의 문 앞으로 지나가는 장로를 보고 그녀는 금으로 만든 신발을 벗은 뒤 합장을 하고 그의 앞에 나가서 장로를 감각적 쾌락으로 꾀기 위해서(kāma-nimantanāya) 여러 가지로 유혹을 하였다.
그런 일을 당하자 장로는 '범부의 마음이 마구 흔들리는구나(cañcala). 그러니 나는 이제 [수행에] 전력을 기울여야겠다.'라고 하면서 거기 서서 수행(bhāvanā)을 열성적으로 행하여 육신통을 갖춘 분이 되었다. 이러한 [상황에 대해서 장로는 본 게송 7개를] 말하였다. … 이 말을 갈고리로 삼아서 장로는 사문의 법을 행하면서 참된 목적(sadattha)을 완성하였다."(ThagA.ii.193~195)

459. [순다라사뭇다 장로]
"치장을 하고 [49] 잘 차려입고
화환을 두르고 장식을 하고
발에는 헤나 물감으로 붉게 칠하고561)
[금으로 장식한] 신발을 신은562) 기녀는

561) '발에는 헤나 물감으로 붉게 칠하고'는 alattakakatāpādā를 옮긴 것이다. 여기서 alattakakatā는 alattaka(헤나 물감)-katā(만든)로 분석이 되는데 alattaka는 붉은 염료로 쓰이는 랙(*lac*)을 뜻한다. 그래서 이렇게 옮겼다. 사전에 의하면 이것은 부처꽃과(Lythraceae) 식물의 관에서 생기는 홍자색의 염료이다. 이 구절은 본서 제3권 스물의 모음 {771}a에는 alattakakatā pādā로 나타나고 있다.

460. [금으로 장식한] 신발을 벗고 내 앞에서
합장을 하였다.
그녀는 나에게 미소를 띠고
애정을 담아 부드럽게 말하였다."

461. [기녀]
"그대는 젊은데 출가하였습니다.
내 곁에 머무십시오.
인간의 감각적 쾌락들을 즐기십시오.
저는 당신께 재산을 드리겠습니다.
진실하게 당신께 언약합니다.
[믿지 못하시면] 참으로563) 불을 대령하겠습니다.564)

462. 우리가 늙어서
둘이 지팡이를 의지하게 되면
우리 둘도 출가합시다.
양쪽 모두에서 최고의 패를 가진 것입니다.565)"

---

562) '[금으로 장식한] 신발을 신은'은 pādukāruyha(신발을 신은)를 옮긴 것인데 주석서에서 금으로 만든 신발(suvaṇṇa-pādukā)로 설명하고 있어서(ThagA.ii.194) 이렇게 옮겼다.

563) '참으로'는 노만 교수의 제언대로 원문 'aggiṁ vā(혹은)' 대신에 'aggiṁ va(참으로)'로 읽어서 옮긴 것이다.

564) '[믿지 못하시면] 참으로 불을 대령하겠습니다.'는 aggiṁ va te harām-ahaṁ를 주석서를 참조해서 옮긴 것이다. 주석서는 이렇게 설명한다.

"만일 당신이 저를 믿지 못하면(sace me na pattiyāyasi) 저는 참으로 불을 가져오겠습니다. 불을 가져와서 불을 조건으로(aggipaccayaṁ) 언약(sa-patha)을 할 것입니다라는 뜻이다."(ThagA.ii.195)

여기서 '믿지 못한다.'로 옮긴 pattiyāyasī는 '믿음'을 뜻하는 pattiya(prati+√i, *to go*)라는 명사에서 파생된 동사(*Denominative*)의 2인칭 단수이다.

463. [순다라사뭇다 장로]

"그러나 치장을 하고 잘 차려입었지만
마치 죽음의 덫이 펴져있는 것 같은
그 기녀가 합장을 하고
이렇게 간청하는 것을 보고

464. 그녀 때문에 나에게는 지혜롭게
마음에 잡도리함이 생겨났다.
위험이 분명하게 드러났고
염오가 확립되었다.566) (={269}; {409} 등)

---

565) "'양쪽 모두에서 최고의 패를 가진 것입니다(ubhayattha kaṭaggaho).'라는 것은 우리 둘이 늙었을 때에 출가하면(jiṇṇakāle pabbajjanaṁ) 양쪽에서 최고의 패를 가진 것이라는 말이다. 즉 우리는 지팡이를 의지하는 시기까지 재물들(bhogā)을 즐기게 된다. 이와 같이 이 세상(idhaloka)에서도 재물이 없어지지 않는다. [그리고] 우리는 나중에 출가를 하게 될 것이다. 이와 같이 하여 우리는 저세상(paraloka)에서도 재물 없이 지내지 않게 된다는 의미이다."(ThagA.ii.195)

여기서 '최고의 패를 가진 것'은 kaṭaggaha를 옮긴 것이다. 『맛지마 니까야 주석서』는 "'최고의 패를 가진 것(kaṭa-ggaha)'이란 반드시 이기는 패를 가진 것(jaya-ggāha)을 말한다."(MA.iii.117)라고 간략하게 설명한다.
여기서 kaṭa는 가장 좋은 패를 뜻하는 산스끄리뜨 끄르따(kṛta)의 빠알리어이다. 인도의 전통적인 노름은 주사위(akkha, *die*)를 던져서 나오는 패를 가지고 승부를 겨룬다고 한다. 패에는 네 가지가 있다. 가장 좋은 패는 끄르따(kṛta)라고 하며, 그다음은 뜨레따(tretā), 그다음은 드와빠라(dvāpara)라고 하고, 가장 나쁜 패는 깔리(kali)라고 한다. 인도 문헌 전반에서 깔리(kali)는 '사악함, 불운, 죄악' 등의 의미로도 쓰인다.

한편 인도에서는 일찍부터 이런 네 가지 패를 시대(yuga) 구분에도 적용시켜 부르는데 끄르따 유가(kṛta-yuga)는 참된 시대(satya-yuga)라고도 불리듯이 가장 좋은 시대를 뜻하고 이런 시대는 점점 타락하여 차례대로 뜨레따 유가, 드와빠라 유가가 되고 마침내 가장 나쁜 말세인 깔리 유가(kali-yuga)가 된다고 한다. 힌두 신화에서는 지금 시대를 깔리 유가(말세)라고 설명한다.(『디가 니까야』 제3권 「빠야시 경」(D23) §27 주해 참조)

465. 그것 때문에 나의 마음은 해탈하였다.
법이 수승한 법임을 보라.
세 가지 명지를 얻었고
부처님의 교법을 실천하였다." (={270} 등)567)

순다라사뭇다 장로 (끝)

2. 라꾼따까 밧디야 장로(Th7:2 {466}~{472})

【행장】

"라꾼따까 밧디야 장로(Lakuṇṭakabhaddiya thera)는 사왓티에서 큰 재산을 가진 가문에 태어나서 밧디야라는 이름을 가졌다. 그러나 그는 [키가] 너무 작았기 때문에(atirassatā) 라꾼따까(난쟁이) 밧디야라고 알려졌다. 그는 스승님의 곁에서 법을 듣고 믿음을 얻어 출가한 뒤 많이 배워서 법을 설하는 자가 되어 달콤한 음성(madhura sara)으로 남들에게 법을 설하였다. 그러던 어느 날 축제일에 어떤 바라문과 함께 마차를 타고 가는 중에 어떤 기녀가 장로를 보고 이빨을 드러내어 웃었다. 장로는 그녀의 이빨의 뼈(dantaṭṭhika)에서 표상을 얻어서 禪을 얻었고 그것을 기초로 삼아서 위빳사나를 확립한 뒤 불환자가 되었다.

그는 끊임없이 몸에 대한 마음챙김(kāyagatā sati)으로 머무르

566) "이 말을 갈고리로 삼아서(aṅkusaṁ katvā) 장로는 사문의 법을 행하면서 바른 이치를 완성하였다는 [뜻이다.] 나머지는 앞에서 설명한 방법과 같다. (본서 {269}과 {409} 등의 주해 참조)"(ThagA.ii.195)

567) 본 게송은 본서 {270}, {274}, {302}, {319}, {410}, cf. {24}, cf {220} cf. {286} 등에도 나타나고 있다. 그리고 '세 가지 명지를 얻었고 / 부처님의 교법을 실천하였다(tisso vijjā anuppattā, kataṁ Buddhassa sāsanaṁ).' 라는 이 구문은 『테라가타』 안에서 20번 정도가 나타나고 있다. 여기에 대해서는 본서 제1권 하나의 모음 수간다 장로(Th1:24) {24}의 해당 주해를 참조할 것.

면서 어느 날 법의 대장군 [사리뿟따 존자]의 교계를 받고 아라한됨에 확립되었다. 장로의 일화는 『아빠다나』에도 나타나고 있다. …
그는 나중에 구경의 지혜를 천명하면서 본 게송들 가운데 처음 세 개의 게송({466}~{468})을 읊었다. … 이제 숙고하지 않음을 꾸짖는 방법을 통해(aparikkhaṇa-garahā-mukhena) 숙고함을 칭송하면서 뒤의 네 개의 게송({469}~{472})을 읊었다."(ThagA. ii.196~198)

그는 키는 작았지만 이처럼 감미로운 목소리(mañjussara)를 가졌다. 그래서 『앙굿따라 니까야』 제1권 하나의 모음「으뜸 품」(A1:14)에서 "감미로운 목소리를 가진 자들(mañjussarā) 가운데서 으뜸"(A1:14:1-7)으로 언급되고 있다. 그가 키 작은 사람으로 태어난 것은 풋사 부처님(Phussa bhagavā) 시대에 건축가였는데 부처님의 사리탑을 작게 만든 전생의 업 때문이라고 한다.(ThagA.ii.196ff; ApA.519f) 주석서에 의하면 육군비구(六群比丘)[568]가 난쟁이라고 그를 놀렸다고 한다.(SA.ii.236)

장로에 대한 경으로는 『우다나』의「라꾼따까 밧디야 경」 1/2/3(Ud7:1/2/5)과 『상윳따 니까야』 제2권「라꾼따까 밧디야 경」(S21:6)이 있다. 우러나온 말씀을 제외한「라꾼따까 밧디야 경」 3(Ud7:5)의 산문 부분은「라꾼따까 밧디야 경」(S21:6)의 산문 부분과 같다.「라꾼따까 밧디야 경」 3(Ud7:5)에서 세존께서는 "비구들이여, 이 비구는 크나큰 신통력과 크나큰 위력을 가졌다. 그리고 이 비구가 이미 얻지 못한 증득[等持]을 찾기란 쉽지 않다. 그리고 그는 좋은 가문의 아들들이 집에서 나와 출가하는 목적인 그 위없는 청정범행의 완성을 지금・여기에서 스스로

568) 육군비구(六群比丘, chabbaggiyā bhikkhū, 여섯 무리의 비구들)는 율장에 자주 나타나는 여섯 비구를 상수로 한 행실이 나쁜 비구들의 무리를 말한다. 육군비구의 이름에 대해서는 본서 제3권 서른의 모음 {994}의 해당 주해를 참조할 것.

최상의 지혜로 알고 실현하고 구족하여 머문다."(Ud7:5 §2; S21:6 §3)라고 그를 칭찬하고 계신다.

466. "암밧타까 숲의 저쪽에 있는
밀림 속에서 밧디야는
갈애를 뿌리째 뽑아버리고[569]
거기서 참으로 경사롭게 참선을 한다.[570]

467. [571]어떤 자들은 작은 북들과 류트들과
심벌즈들 [연주를] 기뻐하지만
나무 아래에서 나는
부처님의 교법에 기뻐한다.

468. [572]만일 부처님께서 나에게 가피(加被)를 베풀어 주시고
내가 그 가피를 성취할 수 있다면

---

569) "'갈애를 뿌리째 뽑아버리고(samūlaṁ taṇhamabbuyha)'라고 하였다. 갈애의 뿌리는 무명이다. 그러므로 무명과 함께 갈애를 으뜸가는 도로써 뽑아버린 뒤(samugghāṭetvā)라는 뜻이다."(ThagA.ii.197)

570) "'거기서 참으로 경사롭게 참선을 한다(tattha bhaddova jhāyati).'라는 것은 출세간의 계행 등에 의해서 경사롭고 아름다운(sundara) 그는 그 밀림 속에서 해야 할 일을 다 하였기 때문에 지금·여기에서 행복하게 머묾(diṭṭha-dhamma-sukhavihāra)을 통해서 으뜸가는 과의 참선(aggaphala-jhāna)에 의해서 참선을 한다는 말이다."(ThagA.ii.197)

571) "[장로는 앞의 게송에서] 과의 행복(phala-sukha)과 禪의 증득들(jhāna-samāpattī)로 시간을 보낸다라고 자신이 한거를 기뻐함을 보여준 뒤 본 게송으로 반어적 표현 방법을 통해(byatireka-mukhena) 그 뜻을 보여주고 있다."(ThagA.ii.197)

572) "이와 같이 [{466}~{467}로] 자신이 한거를 기뻐함(viveka-abhirati)을 분명히 드러낸 뒤 이제 몸에 대한 마음챙김의 명상주제(kāyagatā-sati-kammaṭṭhāna)를 닦아서 아라한됨을 얻은 것을 칭송하기 위해서 본 게송을 말하였다."(ThagA.ii.197)

나는 모든 세상을 위해서
항상 몸에 대한 마음챙김을 선택할 것이다.

469. [573]외모로 나를 판단하였고
음성[574] 때문에 나를 따랐던
그 사람들은 욕탐의 영향을 받아 (A4:65 §2 {1})
나를 알지 못하도다.[575]

470. 안으로도 알지 못하고

---

573) "이제 숙고하지 않음을 꾸짖는 방법을 통해(aparikkhaṇa-garahā-mukh-ena) 숙고함을 칭송하면서 뒤의 네 개의 게송({469}~{472})을 읊었다." (ThagA.ii.198)

여기 {469}~{472}의 네 개의 게송은 『앙굿따라 니까야』 제2권 「외모 경」(A4:65) §2에서 부처님께서 읊으신 네 개의 게송({1}~{4})과 같다. 「외모 경」(A4:65) §2의 첫 번째 게송의 마지막 구절({1}d)인 nābhijānanti te janā(그 사람들은 알지 못한다.) 대신에 여기서는 na maṁ jānanti te janā(그 사람들은 나를 알지 못하도다.)로 나타나는 것만 다르다.

574) 여기서 '외모'는 rūpa(형색)를, '음성'은 ghosa(소리)를 문맥에 맞게 옮겨 본 것이다.

575) "'그 사람들은 욕탐의 영향을 받아 / 나를 알지 못하도다(chanda-rāga-vasūpetā, na maṁ jānanti te janā).'라고 하였다. 그들 두 종류의 사람들은 욕탐의 영향을 받아(vasaṁ upetā) 욕탐을 제거하지 못하였기 때문에(appahīna-chanda-rāgā) 모든 곳에서 욕탐을 제거한 나를 알지 못한다는 말이다."(ThagA.ii.198)

라꾼따까 밧디야 장로는 키가 아주 작았기 때문에(kāyassa rassattā) 육군비구(六群比丘)들이 난쟁이라고 그를 놀렸다고 하는데(SA.ii.236) 외모를 가지고 그를 판단한 이것이 첫 번째 종류의 사람이라 할 수 있다. 그리고 그는 키가 작았지만 감미로운 목소리(mañjussara)를 가졌으며 그의 감미로운 목소리를 듣고 달려온 여인이 웃을 때 드러낸 치아를 보고 그것을 명상주제로 삼아 수행하여 불환자가 되었다.(AA.i.195~196) 음성을 가지고 판단한 이 여인을 두 번째 종류의 사람이라 할 수 있겠다.
장로는 「라꾼따까 밧디야 경」 1(Ud7:1)에서 보듯이 사리뿟따 존자의 가르침으로 아라한이 되었다.

밖으로도 보지 못하며576)
온통 장애로 가득한 우둔한 자
그는 [나의] 음성에 잘못 인도되도다. (A4:65 §2 {2})

471. 안으로는 알지 못하지만
밖으로는 통찰하며577)
밖의 결실을 보는 자
그도 역시 [나의] 음성에 잘못 인도되도다. (A4:65 §2 {3})

472. 안으로도 꿰뚫어 알고
밖으로도 통찰하며
장애 없이 보는 자

---

576) "'안으로도 알지 못하고 / 밖으로도 보지 못하며(ajjhattañca na jānāti, bahiddhā ca vipassati)'라고 하였다. 그들의 영역을 벗어난 나와 같은 사람은 그들이 안과 밖으로 철저하게 알지 못하는 토대를 가졌기 때문(apariññāta-vatthutā)이라는 것을 보여주기 위해서 '안으로 …'라는 본 게송을 설했다.
여기서 '안으로(ajjhattaṁ)'라는 것은 자신의 흐름[相續, santāna]에 있는 무더기[蘊]와 감각장소[處] 등의 법들이다. '밖으로(bahiddhā)'라는 것은 남들의 흐름에서라는 뜻이다. 혹은 '안으로'라는 것은 나의 내면에 있는 무학의 계의 무더기 등(asekkha-sīlakkhandhādi)이다. '밖으로'라는 것은 나의 품행을 갖춤 등과 연결된(ākappa-sampattiyādi-yutta) 밖으로 형색의 법이 전개되는 것이고 눈의 알음알이 등이 전개되는 것이다."(ThagA.ii.198)
『앙굿따라 니까야 주석서』는 이렇게 설명한다.
"'안으로도 알지 못한다.'는 것은 그 사람의 내면에 있는 덕(guṇa)을 알지 못한다는 뜻이고 '밖으로도 보지 못한다.'는 것은 밖으로도 그 사람의 도닦음(paṭipatti)을 보지 못한다는 뜻이다."(AA.iii.102)

577) "안으로는 알지 못하지만 / 밖으로는 통찰하며(ajjhattañca na jānāti, bahiddhā ca vipassati/)"라고 하였다. 그는 위에서 설명한 대로 안으로는 알지 못하지만 밖으로는 남으로부터 들은 것을 기억하여(sutānusārena) 품행이 단정함 등을 지지함(ākappa-sampattiādi-upadhāraṇa)을 통해서 특별하게 보는 것인데 특별한 덕을 갖추었을 것이다(guṇa-visesa-yutto siyā)라고 생각하는 것을 말한다."(ThagA.ii.198)

그는 [나의] 음성에 잘못 인도되지 않도다." (A4:65 §2 {4})

라꾼따까 밧디야 장로 (끝)

3. 밧다 장로(Th7:3 {473}~{479})

【행장】

"밧다 장로(Bhadda thera)는 사왓티에서 상인의 가문에 태어났다. 그의 부모가 아들이 없어서 천신에게 비는 등(devatāyācanādīni)을 하였지만 아들을 얻지 못하자 스승님께 다가가서 '세존이시여, 저희들이 만일 아들을 한 명 얻게 되면 당신의 종(dāsa)으로 드리겠습니다.'라고 말하고 발원하였다. 그때 수명이 다 된 어떤 천신이 거기에 서있었는데 신들의 왕 삭까(인드라)가 스승님의 의도를 알고 '그대는 저 가문에 태어나시오.'라고 명을 하였고 그는 거기에 태어났다.

그가 일곱 살이 되자 부모는 그를 꾸며서 세존의 곁으로 데려와 '세존이시여, 이 아이가 당신께 빌어서(āyācitvā) 얻은 아이입니다. 이 아이를 당신께 바칩니다.'라고 하였다. 세존께서는 아난다 장로에게 '이 아이를 출가시켜라.'라고 명을 하시고 간다꾸띠(향실)로 들어가셨다. 장로는 그를 출가시켜 간략하게 위빳사나의 방법(vipassanā-mukha)을 설명하였다. 그는 [깨달음을 실현하기 위한] 강하게 의지하는 [조건]을 갖추었기 때문에(upanissaya-sampannattā) 위빳사나의 업을 행하였고 수행을 열성적으로 하여 해가 지기도 전에 육신통을 갖춘 자가 되었다. 장로의 일화는 『아빠다나』에도 나타나고 있다. …

세존께서는 그가 육신통을 증득하였음을 아시고 '오라, 밧다여.'라고 말씀하셨다. 그는 그렇게 하여 스승님의 곁에 가서 절을 올리고 합장하고 스승님의 곁에 섰다. 이것이 그가 구족계를 받은 것이 되었다. 이것을 두고 부처님이 주신 구족계(Buddhūpasampadā)라 한다. 장로는 그가 태어남으로부터 시작해서 자신의 삶의 과정을 이야기하는 방법을 통해(kathana-mukhena) 구경의 지혜를 천명하면서 본 게송 일곱 개를 읊었다."(ThagA.ii.199~200)

여기서 보듯이 그는 일곱 살에 아라한이 되었고 스승님께서는 '오라, 밧다여.'라는 말씀으로 아라한이며 일곱 살인 그에게 비구계를 주셨다.578) 『상윳따 니까야』 제5권 「꾹꾸따 원림[鷄林] 경」 1(S45:18)과 「계 경」(S47:21)은 밧다 존자와 아난다 존자가 꾹꾸따 원림에서 대화를 나누는 방법으로 구성되어 있다. 「꾹꾸따 원림 경」 1(S45:18)에서는 팔정도가 나타나고 「계 경」(S47:21)에서는 사념처가 나타나는 것이 다르다. 이 두 경에 해당하는 주석서와 복주서는 밧다 존자에 대해서 설명하지 않고 있다. DPPN(*s.v.* Bhadda3 thera)은 이 밧다 존자가 본서 여기에 ({473}~{479}) 나타나는 밧다 장로일 것이라고 적고 있다. 밧다(bhadda, Sk. bhadra)는 문자적으로 '경사로운, 행운의'라는 뜻을 가진 형용사이다.

473. "나는 [50] 외동아들이었으니
어머니도 좋아하셨고 아버지도 좋아하셨습니다.
많은 서계를 실행하고
소원을 빌어 나를 얻게 되었습니다.

474. 그들은579) 나를 연민하여
이로움을 바라고 번영을 기원하였나니
아버지와 어머니 두 분은
[나를] 부처님 가까이로 데려갔습니다.

---

578) 바로 다음의 소빠까 장로(Sopāka thera)도 태어나서 일곱 살이 되던 해에 구족계를 받았다. 여기에 대해서는 {480} 【행장】 과 {486} 등을 참조할 것.

579) "여기서 '그들(te)'은 아버지와 어머니이다(mātāpitaro)."(ThagA.ii.200)

475. '어렵게 이 아들을 얻었습니다.
그는 섬세하고 행복하게 자랍니다.
보호자시여, 승자님의 시중드는 [아이]로
이 아이를 당신께 드립니다.'

476. 그러자 스승님께서는 나를 섭수하셔서
아난다에게 이렇게 말씀하셨습니다.
'이 [아이]를 즉시 출가시켜라.
이 [아이]는 혈통 좋은 [사람]580)이 될 것이다.'

477. 나를 출가하게 하신 뒤 승자이신 스승님께서는
승원으로 들어가셨습니다.

---

580) 여기서 '혈통 좋은 [사람]'은 ājānīya를 옮긴 것이다. 이 용어는 ā+√jan(*to be born*) 혹은 ā+√jñā(*to know*)에서 파생된 형용사로도 쓰이고 중성명사로도 나타나는데 혈통 좋은 [말], 지체 높은, 교양 있는, 우아한 등의 뜻을 가지고 있으며 영어로는 *thoroughbred*로 옮기고 있다.(『앙굿따라 니까야』 제1권 「혈통 좋은 말 경」(A3:139) 등 참조) 그리고 다섯의 모음 {358}에서는 이것의 명사인 ājañña를 '준마(駿馬)'로 옮겼고 『맛지마 니까야』 제2권 「밧달리 경」(M65) §32 등에서도 ājañña나 ājānīya를 '준마(駿馬)'로 옮겼으며 제3권 「가나까 목갈라나 경」(M107) §3과 제4권 「어리석은 자와 현명한 자 경」(M129) §37에서는 '혈통 좋은 [말]'로도 옮겼다.
그런데 주석서ThagA.i.72)를 참조하여 본서 제1권 하나의 모음 {16}과 {45}와 본서 둘의 모음 {173}~{174}와 열넷의 모음 {659}에서는 ājañña를 '혈통 좋은 [황소]'로 옮겼다. 여기에 대해서는 본서 제1권 {16}과 {45}의 해당 주해를 참조하기 바란다.

『테라가타 주석서』는 "'혈통 좋은 [사람](ājañña, ājānīya)'이란 [좋은] 태생을 가져(jātimā) 원인과 원인이 아님(kāraṇākāraṇā)을 잘 아는 것(ā-jānanaka)을 말한다."(ThagA.i.72)로 설명하고 있다.

한편 『앙굿따라 니까야』의 몇몇 경에는 purisājāniya(주로 '가문 좋은 멋진 사람'으로 옮겼음)이라는 술어가 나타나는데 제1권 「혈통 좋은 말 경」(A3:139) §2와 제5권 「망아지 경」(A9:22) §12 등에서는 아라한이야말로 좋은 가문 출신이요 좋은 사람이요 멋진 사람이라 말씀하고 계신다.

해가 아직 지지 않았을 때
그때 나의 마음은 해탈하였습니다.581)

478. 그때 스승님께서는 출정하신 뒤582)
홀로 앉음에서 일어나셔서583)
'오라, 밧다여.'라고 나에게 말씀하셨고
그것은 나의 구족계가 되었습니다.584)

479. 태어나서 일곱 살이 되어
나는 구족계를 받았습니다.585)

---

581) "'그때 나의 마음은 해탈하였습니다(tato cittaṁ vimucci me).'라는 것은 그 위빳사나를 시작한 후 오래되지 않은 순간(khaṇa)에 모든 번뇌로부터 나의 마음은 해탈하였다, 즉 나는 번뇌 다한 자가 되었다는 뜻이다."(ThagA.ii.200)

582) '출정하신 뒤'는 niraṅkatvā(VRI: nirākatvā)를 주석서를 참조하여 의역한 것이다. 이것은 '경시하다, 무시하다'를 뜻하는 niraṅkaroti(VRI: nirākaroti)의 절대분사이다. 주석서는 이렇게 설명한다.

"자신이 도달하신(attanā samāpannaṁ) 과의 증득을 얻으신 뒤(phalasamāpattiṁ appetvā) 거기에서 출정하셔서(tato vuṭṭhāya)라는 뜻이다. 그래서 '홀로 앉음에서 일어나셔서(paṭisallāna-vuṭṭhito)'라고 하셨다."(ThagA.ii.200)

583) '홀로 앉음에서 일어나셔서'는 paṭisallāna-vuṭṭhito를 옮긴 것이다. 『맛지마 니까야 주석서』는 「지워 없앰 경」(M8) §2를 설명하면서 "'홀로 앉음에서 일어남(paṭisallāṇā vuṭṭhita)'이란 과의 증득(phala-samāpatti)에서 출정한 것을 말한다."(MA.i.181)라고 설명하고 있다.
여기서 '홀로 앉음'으로 옮긴 paṭisallāna는 prati(*against*)+saṁ(*together*)+√lī(*to cling, to adhere*)에서 파생된 명사이다. 경에서는 주로 부처님이나 비구들이 공양을 마치고 낮 동안 나무 아래나 승원에서 홀로 앉아 지내는 것을 나타낸다.

584) "'그것은 나의 구족계가 되었습니다(sā me āsūpasampadā).'라고 하였다. 스승님께서는 나를 지칭하여 '오라, 밧다여.'라고 말씀을 하셨는데 나에게는 그것이 바로 나의 구족계가 되었다(mayhaṁ upasampadā āsi)는 뜻이다."(ThagA.ii.200)

세 가지 명지가 얻어졌나니
오, 법은 참으로 수승한 법입니다." (abd={486}abd)

밧다 장로 (끝)

4. **소빠까 장로**(Th7:4 {480}~{486})

【행장】

"소빠까 장로(Sopāka thera)는 라자가하에서 하천민인 소빠까[586] 모태에서 태어났다. 그래서 태생으로 소빠까라 불리었다. 어떤 사람들은 그는 상인의 가문(vāṇija-kula)에 태어났고 소빠까는 그냥 이름일 뿐이라고 말한다. 그러나 이것은 『아빠다나』에서 '다음 생에 태어나면 소빠까 모태에 들 것이다.'라고 한 것과 맞지 않다.

그는 태어나서 넉 달이 되었을 때 아버지가 갑자기 임종을 하였고 작은 아버지(cūḷapitā)가 그를 양육하였다. 일곱 살이 되었을 때 어느 날 삼촌은 '내 아들과 싸우다니.'라며 화가 나서 그를 공동묘지(susāna)로 데려가 밧줄로 두 팔을 하나로 묶은 뒤 그 줄을 죽은 시체의 몸에 단단히 묶어놓고 '자칼들이 와서 먹어버려라.'라고 하면서 가버렸다. 자신의 공덕의 과보(puñña-phala)로 금생이 그의 마지막 생이었기 때문에 그 소년은 자신의 죽음을 견뎌내었으며 자칼들도 그를 압도하지 못했다. …

---

585) "이와 같이 '태어나서 일곱 살이 되어 / 나는 구족계를 받았습니다(jātiyā sattavassena, laddhā me upasampadā).'라고 하여 [장로는] 스승님께서 자신에게 베푸신 굉장한(sātisaya) 호의(anuggaha)와 교법이 출리(出離)로 인도하는 상태(niyyānikatā)를 드러내고 있다. 그래서 [마지막 구절에서] '오, 법은 참으로 수승한 법입니다(aho dhamma-sudhammatā).'라고 하였다."(ThagA.ii.200)

586) 문자적으로 여기서 so(Sk. śva)는 개를 뜻한다. 그래서 '소빠까(so-pāka)'는 개고기를 요리하는 자(pāka, √pac, *to cook*), 즉 개고기를 먹는 자라는 의미이고 그래서 BDD는 *a dog-eater*로, PED 등은 *a man of a very low caste, an outcast*로 설명하고 있다.

그때 스승님께서는 인도되어야 할 사람들(veneyya-bandhavā)을 굽어보시면서 소년의 가슴속 깊은 곳에서 밝게 타오르는 아라한됨의 강하게 의지하는 [조건](arahattūpanissaya)을 보셨다. 세존께서는 광채를 내뿜으신 뒤(obhāsaṁ pharitvā) 그로 하여금 마음챙김을 생기게 하시어 이렇게 말씀하셨다.

'오라, 소빠까여. 두려워하지 마라.
여래를 쳐다보아라.
라후의 아가리(월식)에 들어간 달과 같은
그대를 나는 건너게 할 것이다.'

소년은 부처님의 위신력(Buddhānubhāva)으로 묶인 것을 끊었고 게송이 끝나자 예류자가 되어 [부처님이 머무시는] 간다꾸띠(향실)587)를 바라보면서 서있었다.
그의 어머니는 아들이 보이지 않아서 삼촌에게 물어보았지만 말을 하지 않자 여기저기로 찾아다녔다. 그녀는 세존께서는 아실 것이라고 생각하여 스승님의 곁으로 갔다. 스승님께서는 신통으로 그를 숨기신 뒤 그녀가 '세존이시여, 저의 아들이 보이지 않습니다. 그렇지만 세존께서는 그의 행처를 아십니다.'라고 말씀드리자 [다음과 같이] 법을 설하셨다.

'아들도 의지처가 되지 못하고
아버지도 친척들도 또한 그러하다.
죽음의 압박에 시달리는 자에게
혈육은 의지처가 되지 못한다.'588)(Dhp. 288)

---

587) 일반적으로 간다꾸띠(Gandhakuṭi, 香室)는 사왓티의 제따 숲의 급고독원에 있는 부처님의 거처를 일컫는 용어이다. 그러나 DPPN의 지적처럼 후대에는 부처님이 머무시는 곳을 모두 간다꾸띠로 칭하고 있다.(*s.v.* Gandhakuṭi). 그러므로 이 간다꾸띠(향실)도 사왓티의 급고독원이 아닐 것이다.

588) "na santi puttā tāṇāya, na pitā nāpi bandhavā|

이 말씀을 듣고 그녀는 예류자가 되었고 소년은 아라한됨을 얻었다. 장로의 일화는 『아빠다나』에도 나타나고 있다. …
그때 세존께서는 신통을 거두셨고 그녀는 아들을 보게 되었다. 아들을 보고 기쁘고 만족하였으며 그의 번뇌가 다하였음을 들은 뒤 그녀도 출가하였다.

소빠까는 간다꾸띠(향실)의 그늘에서 경행을 하시는 스승님께 다가가 절을 올리고 세존의 뒤를 따라서 경행을 하였다(anucaṅkami). 세존께서는 그에게 구족계를 허락하시기 위해서 '하나는 무엇인가?'라는 등의 열 가지 질문을 하셨다.(Khp.2) 그도 스승님의 의도를 섭수하여 일체지의 지혜[一切知智, sabbaññutaññāṇa]로 함께하면서 '모든 중생들은 음식에 서있는 자입니다.'(Ibid.)라는 등으로 그 질문들에 대답하였다. 그래서 소년의 질문(Kumāra-pañhā)[589]이라는 것이 생겼다. 스승님께서는 질문에 대한 설명을 그에게 해주시면서 기쁜 마음으로 구족계를 허락하셨다. 이러한 [일화를] 통해서 질문과 설명에 토대한 구족계(pañha-vyākaraṇ-ūpasampadā)가 생겼다. 장로는 자신이 경험한 이러한 과정(pavatti)을 드러내어 구경의 지혜를 천명하면서 본 게송 일곱 개를 읊었다."(ThagA.ii.201~202)

다른 소빠까 장로(Th1:33)의 게송이 본서 제1권 하나의 모음 {33}으로 나타난다. 그곳의 주해도 참조할 것. 두 분은 일화가 비슷해 보이지만 다른 분이다. 하나의 모음 {33}의 소빠까 장로

---

antakenādhipannassa, natthi ñātīsu tāṇatā"ti.|| (Dhp. 288)

589) '소년의 질문'은 Kumārapañhā를 직역한 것이다. 이것은 『쿳다까 니까야』의 첫 번째인 『쿳다까빠타』(Khuddakapāṭha, 小誦經, 소송경)의 네 번째 장인데 열 개의 질문들로 구성되어 있다. 『쿳다까빠타 주석서』는 이것은 부처님께서 일곱 살에 아라한이 된 바로 이 어린 소빠까(Sopāka)에게 질문하신 것이며 이것을 통해서 그에게 구족계를 허락하시기 위한 것이라고 설명하고 있다.(tassa bhagavā pañhavyākaraṇena upasampadaṁ anuññā-tukāmo, KhpA.75~76)

는 사왓티 태생이고 여기 Th7:4의 소빠까 장로는 라자가하 태생이다. DPPN에도 두 분이 동일인이라는 언급은 나타나지 않는다.

480. "[간다꾸띠] 강당의 그늘에서590)
경행하시는 최상의 사람을 보고
거기서 그분께 다가가서
최상의 인간께 나는 절을 올렸습니다.

481. 겉옷을 한쪽 어깨에 걸치고
두 손을 함께 모은 뒤
모든 중생들 가운데 가장 높으신
티 없으신 분을 따라서 경행을 하였습니다.

482. 그때 질문에 능숙하시고 지혜로우신 그분은
나에게 질문들을 하셨고
놀람이 없고 두려움이 없이
나는 스승님께 설명을 드렸습니다.

483. 질문들에 대답을 하였을 때
여래께서는 기뻐하셨습니다.
비구 승가를 둘러보신 뒤
그분은 이런 의미를 말씀하셨습니다.

484. '그들의 [공양을] 받아서 수용하는 이 [소빠까]가591)

---

590) '[간다꾸띠] 강당의 그늘에서'는 pāsādachāyāyaṁ을 옮긴 것인데 주석서에서 "여기서 '강당의 그늘에서(pāsādachāyāyaṁ)'는 간다꾸띠의 그늘에서(Gandhakuṭicchāyāyaṁ)라는 말이다."(ThagA.ii.203)라고 설명하고 있어서 이렇게 옮겼다.

591) '그들의 [공양을] 받아서 수용하는 이 [소빠까]가'는 yesāyaṁ paribhuñjati

앙가 사람들과 마가다 사람들에게는 이득이 된다.
의복과 탁발음식과
[병구완의] 필수품592)과 침상과 좌구와
존경과 합당함을 [공양하는]
그들에게는 이득이 된다.

485. 소빠까여, 오늘부터
나를 친견하러 오거라.
소빠까여, 이것이 바로593)
그대에게 구족계가 되기를.'이라고 말씀하셨습니다.

486. 태어나서 일곱 살이 되어
나는 구족계를 수지하였습니다.
나는 마지막 몸을 받았으니
오, 법은 참으로 수승한 법입니다."594) (abd={479}abd)

를 주석서를 참조하여 옮긴 것이다. 주석서는 yesāyaṁ을 yesaṁ ayaṁ으로 분해한 뒤 "그들 앙가와 마가다 사람들에게는 이 소빠까가(yesaṁ Aṅga-Magadhānaṁ ayaṁ sopāko)"(ThagA.ii.203)로 설명하고 있다.

592) "여기서 '필수품(paccayaṁ)'은 병구완의 필수품(gilānapaccayaṁ), 즉 약품이다."(ThagA.ii.203)

593) "'이것이 바로(esā ceva)'라는 것은 그러한 나의 일체지의 지혜와 함께하여 질문과 답변(pañha-vissajjanā)을 한 이것이라는 뜻이다. 이렇게 하여 '바로 이것이(esāyeva) 그대에게는 구족계가 되기를(te bhavatu upasampadā).'이라고 말씀하신 것이다."(ThagA.ii.203)

594) 바로 앞의 밧다 장로(Bhadda thera)도 태어나서 일곱 살이 되던 해에 구족계를 받았다.({479} 참조) 그리고 여섯의 모음의 수마나 장로({429}~{434})는 일곱 살에 출가하여 큰 신통을 갖추었다고 한다.({429} 참조) 이 수마나 장로는 {434}에서 수마나 사미(sāmaṇera Sumana)로 언급되고 있다. 『테라가타 주석서』를 살펴보면 『테라가타』에는 일곱 살에 출가한 장로가 11분 정도 나타난다. 여기에 대해서는 본서 제1권 해제 VIII-(1)-④ 사미로 출가한 경우를 참조하기 바란다.

소빠까 장로 (끝)

5. 사라방가 장로(Th7:5 {487}~{493})

【행장】

"사라방가 장로(Sarabhaṅga thera)는 라자가하에서 어떤 바라문의 아들로 태어났다. 아나비락키따(Anabhilakkhita)가 그의 가문의 전통에서 전해온 이름이었다. 그는 적당한 나이가 되어 감각적 쾌락들을 버리고 고행자로 출가하여 갈대풀들(sara-tiṇāni)을 스스로 잘라서 나뭇잎으로 만든 거처(paṇṇa-sāla)를 만들어서 머물렀다. 그때부터 그는 사라방가(갈대를 꺾는 자)라는 일반적 호칭이 생겼다.

그때 세존께서는 부처님의 눈[佛眼]으로 세상을 살펴보시다가 그에게 아라한됨의 의지처가 있음을 보시고 거기에 가서 법을 설하셨다. 그는 믿음을 얻어 출가하여 위빳사나의 업을 행하였으며 오래지 않아 아라한됨을 얻은 뒤 거기에 계속 머물렀다. 그때 그가 고행하던 시기에 지었던 나뭇잎으로 만든 거처(paṇṇa-sālā)는 낡아서 부서졌다. 그것을 보고 사람들은 '존자시여, 왜 초막(kuṭikā)을 수리하지 않습니까?'라고 말하였다. 장로는 '초막은 고행을 할 때 지은 것인데 이제 거기에서 그렇게 할 수가 없습니다.'라고 하면서 [본 게송들을 읊었다.]"(ThagA.ii.203~204)

487. "손으로 갈대들을 꺾고
초막을 만든 뒤 나는 거기에 살았습니다.
그래서 나의 이름은 사라방가(갈대를 꺾는 자)라고
인습적으로 불리었습니다.

488. 손으로 [51] 갈대를 꺾는 것이
이제 나에게는 허용되지 않습니다.

명성을 가지신 고따마 [부처님]에 의해서
학습계목들이 우리를 위해 제정되었습니다.[595]

489. 나 사라방가는 [오온에서 비롯된] 모든 병[596]을
전에는 보지 못했습니다.
[그러나] 신들을 능가하는 분의 말씀을 실천하는 [나에 의해]
그러한 이 병은 보아졌습니다.[597]

---

595) "'명성을 가지신 고따마 [부처님]에 의해서 / 학습계목들이 우리를 위해 제정되었습니다(sikkhāpadā no paññattā, gotamena yasassinā).'라고 하였다. 우리들의 스승님에 의해서 학습계목이 제정되었는데 그것을 우리는 목숨을 원인으로 해서라도 범하지 않는다는 것을 보여주고 있다. 이와 같은 하나의 방법(pakāra)을 통해서 풀로 만든 초막(tiṇakuṭikā)을 수리하지 않음에 대한 이유(kāraṇa)를 보여준 뒤(비구가 살아있는 덩굴을 끊는 것은 단타죄(單墮罪, pācittiya)를 범함(vallicchedane pācittiyanti, VinA.ii.311)이 되기 때문이다.) 이제 다른 방편(pariyāya)으로 그것을 보여주면서 다음 게송을 읊었다."(ThagA.ii.204)

596) "여기서 '병(roga)'이란 고통스럽기 때문에 괴로운 성질[苦苦性] 등(dukkha-dukkhatādi, S38:14 §3 등)을 통해서 고통스럽다는 뜻(rujanaṭṭha)에서 병이 되는 취착의 [대상인] 무더기 다섯 가지[五取蘊, upādānakkhandha-pañcaka]를 두고 말한 것이다."(ThagA.ii.204)

597) '[그러나] 신들을 능가하는 분의 말씀을 실천하는 [나에 의해] / 그러한 이 병은 보아졌습니다.'는 soyaṁ rogo diṭṭho, vacanakarena atidevassa를 풀어서 옮긴 것이다. 주석서는 이 의미를 다음과 같이 설명하고 있다.

"정등각자께서는 자신의 계행 등의 덕스러움들로(sīlādi-guṇehi) ① 일상적인 표현의 신들(sammuti-devā) ② 신으로 태어난 신들(upapatti-devā) ③ 청정한 신들(visuddhi-devā)이라는 모든 신들을 넘어서서 머무신다. 이처럼 신들을 능가하시는 정등각자의 교계를 잘 따르는(ovāda-paṭikara) 사라방가(Sarabhaṅga)에 의해서 그러한 이 무더기 다섯 가지라 불리는(khandha-pañcaka-saṅkhāta) 병(roga)은 위빳사나의 통찰지와 함께한 도의 통찰지를 통해서 다섯 가지 무더기(오온, pañcakkhandha)로 보아졌다(diṭṭha), 즉 철저하게 알아졌다(pariññāta)는 뜻이다. 이것에 의해서 이와 같이 자기 존재라는 초막(attabhāva-kuṭikā)에 대해서도 기대가 없는데 어떻게 밖으로 풀로 만든 초막(tiṇa-kuṭikā)을 수리하겠는가(paṭisaṅkharissati)라는 것을 보여준다."(ThagA.ii.204)

490. 위빳시 [부처님][598]이 가신 길[599]과
시키와 웻사부 [부처님]이 [가신] 길과
까꾸산다와 꼬나가마나와 깟사빠 [부처님]이 [가신]
바로 그 올곧은 길[600]을 고따마 [부처님]이 가셨습니다.

491. 일곱 부처님들[七佛]은 갈애를 여의셨고
취착이 없으셨고 멸진으로 귀결되셨습니다.[601]
법이 되시고 여여하신
그분들에 의해서 이 법은 설해졌습니다.

492. [그것은] 생명들에 대한 연민으로 [설하신]
네 가지 성스러운 진리이니
괴로움과 일어남과 도와
괴로움을 멸진한 소멸입니다.[602]

---

598) 여기에 나타나는 위빳시 부처님부터 고따마(사꺄무니) 부처님까지 일곱 분의 부처님을 여기서처럼 전통적으로 칠불(七佛, 일곱 부처님, satta Buddhā {491})이라 칭한다. 이 칠불은 이미 『디가 니까야』 제2권 「대전기경」 (D14 §1.4 이하)에서 자세하게 언급이 되고 있으므로 참조하기 바란다.

599) '가신 길'은 yeneva maggena gato를 옮긴 것이다. 주석서는 이렇게 설명한다.

"여기서 '길(magga)'은 예비단계를 포함한(sapubbabhāga) 여덟 가지 구성요소를 가진 성스러운 도[八支聖道, ariya aṭṭhaṅgika magga]를 말한다. '가신(gato)'은 도를 닦은(paṭipanna)이란 뜻으로 열반을 증득한 것(nibbā-naṁ adhigata)이다."(ThagA.ii.205)

600) '올곧은 길'은 añjasa를 옮긴 것이다. 이 단어는 √ṛj(*to direct*)에서 파생된 중성명사이다. 주석서는 이것을 성스러운 도(ariya-magga)라고 설명한다. (ThagA.ii.205)

601) "'취착이 없으셨고'[로 옮긴] anādānā는 취착 없음(anupādānā)을 뜻하는데 재생연결을 하지 않는 분들(appaṭisandhikā)이라는 말이다. '멸진으로 귀결되셨습니다(khay-ogadhā)'란 열반으로 귀결됨(nibbān-ogadhā)과 열반에 확립됨(nibbāna-patiṭṭhā)을 뜻한다."(ThagA.ii.205)

493. 윤회에서의 끝이 없는 괴로움은 그곳에서[603] 사라지나니[604]

602) '네 가지 성스러운 진리이니 / 괴로움과 일어남과 도와 / 괴로움을 멸진한 소멸입니다.'는 cattāri ariyasaccāni … dukkhaṁ samudayo maggo, nirodho dukkhasaṅkhayo를 옮긴 것으로 네 가지 성스러운 진리, 저 사성제(四聖諦)이다. 『테라가타 주석서』는 본 게송을 설명하면서 아래와 같이 사성제를 간명하게 설명하고 있다.

"'네 가지 성스러운 진리이니(cattāri ariyasaccāni)'라는 등의 이 [구절]들을 통해서 [부처님들께서] 설하신 법을 보여주고 있다. 여기서 '네 가지(cattāri)'라는 것은 숫자를 한정하는 것(gaṇana-pariccheda)이다. '성스러운 진리(ariyasaccāni)'라는 것은 [네 가지로] 한계가 정해진 법을 보여주는 것(paricchinna-dhamma-dassana)이다. 그런데 용어의 뜻(vacana-ttha)으로 [보면] ① 성스럽고 그리고 거짓이 아니라는 뜻에서 진리들이라고 해서 성스러운 진리들이다(ariyāni ca avitathaṭṭhena saccāni cāti ariya-saccāni). ② 혹은 성자이신 세존의 진리들인데(ariyassa vā bhagavato saccāni) 그분에 의해서 가르쳐졌기 때문이다. ③ 혹은 성스러운 상태(성자인 상태)로 만드는 진리들(ariya-bhāvakarāni vā saccāni)이라고 해서 성스러운 진리이다(ariyasaccāni).
악한 상태이기 때문에 그리고 공허하기 때문에(kucchita-bhāvato tuccha-bhāvato ca) '괴로움(dukkha)'이니 취착의 [대상인] 무더기 다섯 가지[五取蘊, upādānakkhandha-pañcaka]이다.
이것 때문에 이 괴로움이 일어난다고 해서 '일어남(samudaya)'이니 갈애(taṇhā)이다.
오염원들을 죽이면서 간다(kilese mārento gacchati), 열반을 원하는 자들에 의해서 쫓아가진다(maggīyati)고 해서 '도(magga)'이니, 바른 견해[正見] 등의 여덟 가지 법들이다.
윤회하며 방황함이라 불리는 것(saṁsāracāraka-saṅkhāta)이 없고 여기에서 멈추어졌다(rodha), 혹은 이것이 증득되면 사람에게 방해물이 존재하지 않게 된다(rodha-abhāvo hoti), 혹은 여기서 괴로움이 소멸된다(nirujjhati)고 해서 '소멸(nirodha)'이니 열반이다. 그래서 '괴로움을 멸진한(dukkhasaṅkhaya)'이라고 하였다.
여기서 이것은 간략하게 설명한 것이다. 자세한 것은 『청정도론』(제16장 §13 이하)에서 설명한 방법대로 알아야 한다."(ThagA.ii.205~206)

603) "'그곳에서(yasmiṁ)'란 그 소멸에서, 열반에서, 증득에서(adhigate)라는 말이다."(ThagA.ii.206)

604) '윤회에서의 끝이 없는 괴로움은 그곳에서 사라지나니'는 VRI본의 yasmiṁ nivattate dukkhaṁ, saṁsārasmiṁ anantakaṁ으로 읽어서 옮긴 것이

이 몸이 부서지고 생명이 멸진되고 나면
다른 다시 존재함은 없으며
나는 모든 곳에서 완전히 해탈하였습니다."605)

사라방가 장로 (끝)

일곱의 모음이 끝났다.

[일곱의 모음에 포함된 장로들의] 목록은 다음과 같다.

순다라사뭇다 장로, 라꾼따까 밧디야 장로
밧다 장로와 소빠까와 사라방가 대선인 –
일곱의 모음에는 다섯 분의 장로들과 35개 게송들이 있다.

다. 여기서 '사라지나니'는 nivattate(ni+√vṛt, *to turn*)를 옮긴 것인데 노만 교수도 이렇게 읽을 것을 권하고 있으며 이 단어를 '*come to an end*'로 옮기고 있다. 그리고 PED에서 *to turn away from*과 *to vanish*로 설명한다. 그런데 PTS본에는 yasmiṁ nibbattate dukkhaṁ, saṁsārasmiṁ anantakaṁ으로 되어 있다. 이렇게 nibbattate(nis+√vṛt, *to turn*)로 읽으면 PED에서 *to arise, to be produced*로 설명하듯이 '그곳에서는 윤회에서의 끝이 없는 괴로움이 전개되어'로 옮겨야 해서 문맥상 어울리지 않는다. 주석서도 nivattate로 읽어서 다음과 같이 설명하고 있다.

"'사라지나니(nivattate)'라고 하였다. 성스러운 도의 수행(ariyamagga-bhāvanā)이 있으면 '끝이 없는(anantakaṁ)' 즉 끝나지 않는(apariyan-taṁ) 이 윤회에서 태어남 등의 괴로움은 전개되지 않는다(na pavattati), 끊어진다(ucchijjati), 그것은 소멸한다는 말이다. 이것은 법이 되시는(dhammabhūtā) 정등각자들에 의해서 설해진 법이라고 적용되어야 한다." (ThagA.ii.206)

605) "이렇게 하여 [장로는] 자신이 아라한됨을 얻었음을 자연스럽게(sarūpato) 보여준다."(ThagA.ii.206)

테라가타

여덟의 모음

Aṭṭhaka-nipāta({494}~{517})

1. 마하깟짜나 장로(Th8:1 {494}~{501})

【행장】

마하깟짜나 장로(Mahākaccāna thera)[606]는 아완띠(Avanti)의 수도인 웃제니[607]의 짠답빳조따(Caṇḍappajjota) 왕의 궁중제관의 아들(purohita-putta)로 태어났으며 바라문 가문 출신이다. 깟짜나는 그의 족성이다. 그는 풍채가 좋고 잘생겼고 멋있었고 황금색 피부를 가졌다고 한다.(MA.iii.319) 그는 베다에 능통했으며 그의 부친이 죽은 뒤 대를 이어 궁중제관이 되었다. 그는 짠답빳조따 왕의 명으로 일곱 명의 친구들과 함께 부처님을 웃제니로 초청하기 위해서 부처님께 갔다가 설법을 듣고 무애해체지를 갖춘 아라한이 되어 출가하였다.(AA.i.206) 여기에 대해서 『테라가타 주석서』는 이렇게 적고 있다.

"짠답빳조따(Caṇḍappajjota) 왕은 부처님이 출현하셨다는 말을

606) VRI본에는 마하깟짜야나 장로(Mahākaccāyana thera)로 전승되어 오고 중국에서는 대가전연(大迦旃延, 摩訶迦旃延) 혹은 가전연(迦旃延)으로 한역되었다.

607) 아완띠(Avanti)는 부처님 당시 인도 중원의 16국 가운데 하나였으며 웃제니(Ujjeni)는 지금 인도의 맛댜 쁘라데쉬(Madhya Pradesh) 주의 웃자인(Ujjain) 지방이다.

듣고 '스승이시여(ācariya), 당신이 거기에 가서 세존을 이리로 모시고 오십시오.'라고 그를 보내었다. 그는 자신을 여덟 번째로 하여 스승님의 곁으로 다가갔다. 스승님께서는 그에게 법을 설하셨다. 설법이 끝나자 그는 [함께 간] 일곱 명과 더불어 무애해체지와 함께 아라한됨에 확립되었다. 이 일화는 『아빠다나』에도 나타나고 있다. …
스승님께서는 '오라, 비구들이여.'라고 손을 펼치셨다. 그러자 그들은 머리털이 손가락 두 마디 정도가 되고(dvaṅgulamatta-kesa-massukā) 신통으로 만들어진 발우와 가사를 수지하여(iddhi-maya-patta-cīvara-dharā) 마치 출가한 지 60년이 된 장로들처럼 되었다. 이와 같이 장로는 참된 목적(sadattha)을 성취한 뒤 '세존이시여, 빳조따 왕이 당신의 발에 절을 올리고 법을 듣기를 원합니다.'라고 스승님께 아뢰었다. 스승님께서는 '비구여, 오직 그대가 거기에 가거라. 그대가 가면 왕은 청정한 믿음을 가지게 될 것이다.'라고 말씀하셨다."(ThagA.ii.207)

계속해서 주석서는 이렇게 설명한다.
"장로는 스승이신 [세존]의 명으로 자신을 여덟 번째로 하여 거기 [아완띠의 웃제니로] 가서 왕에게 청정한 믿음이 생기게 하였고 아완띠에서 교법이 확립되게 한 뒤 다시 스승님의 곁으로 갔다."(ThagA.ii.207)

이런 이유 때문에 마하깟짜나 존자는 아완띠와는 인연이 많았으며 특히 『상윳따 니까야』 제3권 「할릿디까니 경」 1(S22:3) 등에서 언급되는 꾸라라가라(Kuraraghara)라는 곳과는 많은 인연이 있었던 듯하다. 『앙굿따라 니까야』 제6권 「깔리 경」(A10:26)도 존자가 이곳에서 설한 것이다. 그리고 마하깟짜나 존자의 제자이며 『앙굿따라 니까야』 제1권 하나의 모음 「으뜸 품」(A1:14)에서 으뜸가는 사부대중으로 언급되고 있는 소나 꾸띠깐나(Soṇa Kuṭikaṇṇa) 존자[608]와 까띠야니(Kātiyānī) 청신녀(A1:14:7-8 참조)도 이곳 출신이었다.

『앙굿따라 니까야』 제1권 하나의 모음「으뜸 품」(A1:14)에는 마하깟짜나 존자가 "간략하게 설한 것에 대해 상세하게 그 뜻을 설명하는 자들 가운데서 으뜸"(A1:14:1-10)이라고 언급되고 있다. 주석서는 이 보기로 『맛지마 니까야』 제1권「꿀 덩어리 경」(M18)과「깟짜나 뻬얄라」(제4권「마하깟짜나 존자와 지복한 하룻밤 경」(M133)인 듯)와「도피안 경」(Pārāyana Sutta)을 들고 있다.(AA.i.209) 이 가운데 특히 『맛지마 니까야』의 두 경은 멋진 보기가 된다. 나아가서 『상윳따 니까야』 제3권「할릿디까니 경」1/2(S22:3~4)와 제4권「할릿디까니 경」(S35:130)과「로힛짜 경」(S35:132) 등도 이러한 그의 재능을 잘 드러내고 있다. 북방에서도 깟짜나(가전연) 존자는 논의제일(論議第一)로 꼽힌다.

특히 『맛지마 니까야』「꿀 덩어리 경」(M18)은 존자의 뛰어남을 보여주는 백미가 되는 가르침이다. 본경은 삭까 사람 단다빠니의 질문에 세존께서 간략하게 대답을 하신 것에 대한 마하깟짜나 존자의 자세하고 아름다운 해석을 담고 있는 경이다. 존자의 이 해석이 너무 매력적이어서 아난다 존자는 이 가르침을 꿀 덩어리(madhu-piṇḍika)라 불렀다. 세존께서도 "이 법문을 꿀 덩어리 법문이라고 호지하라."고 말씀하신다.(§22) 그래서 본경의 제목은「꿀 덩어리 경」이 되었다. 이렇게 하여 본경은 부처님의 함축적인 말씀(§4), 간명한 말씀(§8), 여기에 대한 마하깟짜나 존자의 해석(§§16~19)의 세 단계의 설법을 담고 있다. 장로는 근-경-식-촉-수-상-심(尋)-[사량 분별]-사량 분별이 함께한 인식의 더미라는 8지 연기(§17) 혹은 9지 연기(§16)로 부처님의 말씀을 설명해 내는데 일독을 권한다.
주석서에 의하면 본서 여기에 실린 마하깟짜나 장로의 여덟 개의 게송 가운데 처음의 두 개({494}~{495})는 비구들을 교계하기

---

608) 소나 꾸띠깐나(Soṇa Kuṭikaṇṇa) 존자에 대해서는 본서 다섯의 모음 {365}의 【행장】과 『우다나』의「소나 경」(Ud5:6) 등을 참조할 것.

위해서 설한 것이고(ThagA.ii.207) 나머지 여섯 개 게송({496}~{501})은 아완띠의 빳조따 왕을 교계하기 위해서 읊은 것이라고 한다.(ThagA.ii.209)

494. [609]"많은 일을 [50] 하지 않아야 합니다.[610]

---

609) "그는 어느 날 많은 비구들이 사문의 법을 버리고 [잡다한] 일하기를 좋아하고(kammārāmā) 무리 지어 사는 것을 좋아하여(saṅgaṇikārāmā) 맛에 대한 갈애를 쫓아가면서(rasataṇhānugatā) 방일하게 머무는 것을 보고 그들에게 교계함을 통해서 [처음의] 두 게송({494}~{495})을 읊었다."(ThagA.ii.207)

'[잡다한] 일을 하기를 즐기는 것'은 kammārāma를 옮긴 것이다. 이 용어는 『디가 니까야』 제2권 「대반열반경」(D16 §1.7)과 『앙굿따라 니까야』 제3권 「유학 경」 1(A5:89 §2)과 『이띠웃따까』 「망가짐 경」(It3:30 §1) 등에 나타나고 있다.

『디가 니까야 주석서』는 『디가 니까야』 제2권 「대반열반경」(D16 §1.7)을 주석하면서, 잡다한 일(kamma)에 해당되는 것으로 옷을 찾아다니는 것, 옷을 만드는 것, 바늘통, 발우집, 허리띠, 물거르개, 책상 등을 만드는 것 등을 들고 있으며, 혹은 이런 일로 온종일을 보내는 것이라고 말한다. 그러나 이렇게 일할 시간에는 이러한 일을 하면서도 개요(uddesa)를 [배우는] 시간에는 개요를 듣고, 독경(sajjhāya) 시간에는 독경을 하고, 탑전(cetiyaṅga)에 참배할 시간에는 탑전에 참배를 하고, 주의를 기울여야 할 시간에는 주의를 기울이는 자는 [잡다한] 일을 하기를 즐기는 것(kammārāma)이 아니라고 설명하고 있다.(DA.ii.528)

『담마상가니 주석서』를 위시한 여러 주석서에는 '웃데사(uddesa)'와 '닛데사(niddesa)'라는 용어가 자주 등장한다. 'uddesa'는 개요나 요점을 나타내고 'niddesa'는 세부적인 설명이나 해설을 뜻한다. 예를 들면 경이나 주석서에서 먼저 그 경의 요점을 간략하게 정리한 것은 '웃데사'이고 그 후 하나하나 상세하게 설명하여 나가는 것은 '닛데사'이다. 초기불전연구원에서는 전자를 '개요'로 후자를 '해설'로 옮기고 있다.

610) '많은 일을 하지 않아야 합니다.'는 kammaṁ bahukaṁ na kāraye를 옮긴 것이다. 주석서는 이렇게 설명한다.

"새로운 거주처를 짓는 것 등(navāvāsa-kārāpanādi)은 사문의 법을 실천함에 장애가 되므로(paribandha-bhūta) 이러한 새로운 큰일(mahnta nava-kamma)을 시작하지 않도록 해야 한다. 부러지고 부서진 것을 수선하는 것 등(khaṇḍa-phulla-paṭisaṅkharaṇādi)의 사소하고 작은 일 정도를 스

사람을 피해야 하고 영향력을 행사해서는 안 됩니다.611)
간절하게 바라고 멋을 탐착하는 자는
행복을 가져오는 [참된] 목적을 잃어버립니다.612) (={1072})

495. [좋은] 가문들이 경배하고 숭배하는 바로 그것을
참으로 수렁이라고 그분들은 아셨습니다.
미세한 화살은 뽑아버리기 어렵나니
존경은 나쁜 사람에게는 버리기 어려운 것입니다."
(={124}; {1053})

승님의 말씀을 공경하기 위해서(satthu vacana-paṭipūjanattha) 해야 한다는 뜻이다."(ThagA.ii.208)

611) "'영향력을 행사해서는 안 됩니다(na uyyame).'라는 것은 필수품을 더 많이 얻기 위해서(paccay-uppādanattha) [좋은] 가문의 [사람]들을 끌어들이려고 노력해서는 안 된다(kula-saṅgaṇhana-vasena na vāyameyya)는 말이다."(ThagA.ii.208)

612) "'간절하게 바라고 멋을 탐착하는 자는 / 행복을 가져오는 [참된] 목적을 잃어버립니다(so ussukko rasānugiddho, atthaṁ riñcati yo sukha-adhi-vāho).'라고 하였다. '멋을 탐착하는(rasānugiddho)', 즉 멋에 대한 갈애를 가지고 사는(rasa-taṇhā-vasika) 비구는 [네 가지] 필수품을 취착함에 빠져있어서(paccay-uppādana-pasuta) [좋은] 가문의 사람들을 끌어들이기 위해(kula-saṅgaṇhanatthaṁ) '간절하게 바라고(ussukko)' 그들이 즐거워하는 것에 대해서 즐거워하고 괴로워하는 것에 대해서 괴로워하면서 해야 할 일들(kicca-karaṇīyā)이 생기면 자신이 거기에 속박되어 버린다(yogaṁ āpajjati). 행복을 가져오는, 즉 사마타와 위빳사나와 도와 과와 열반의 행복을 가져오는(samatha-vipassanā-magga-phala-nibbāna-sukh-āvaha) 계행 등의 [참된] 목적(sīlādi-attha)을 잃어버린다(riñcati), 즉 제거해 버리고(pajahati) 전적으로 자신을 거기서 배제시켜 버린다(vivece-ti)는 뜻이다."(ThagA.ii.208)

여기서 '멋을 탐착하는 자'는 rasa-anugiddho를 옮긴 것이다. rasa는 일반적으로 혀(jivhā)의 대상인 맛(rasa)을 뜻하는 문맥에서 주로 나타난다.(D2 §64 등등) 그러나 여기서 rasa는 주석서의 설명처럼 의·식·주·약이라는 네 가지 필수품을 취착함과 관련된 것이고 특히 수행보다는 꾸미기에 더 몰두하는 수좌들을 '단장비구'라고 불렀던 역자의 젊었을 때가 생각이 나서 '멋'으로 옮겨보았다. 노만 교수도 *flavour*로 옮겼다.

496. 613)"인간의 사악한 업이란 것은
남과 관계된 것[만]이 아닙니다.
자신이 그것을 실행해서는 안 됩니다.614)
인간이란 업의 친척들이기 때문입니다.

497. 남의 말에 의해서 도둑이 되지 않고
남의 말에 의해서 성인이 되지 않습니다.
그러나 자신이 자기를 아는 그대로
신들도 역시 그를 그렇게 압니다.

498. 여기서 우리가 제어해야 함을
다른 사람들은 알지 못하니615)
여기서 이것을 아는 자들

---

613) "여기서부터 이 여섯 개 게송({496}~{501})은 빳조따 왕에게 교계함을 통해서 읊었다. 그 [빳조따 왕]은 바라문들에게 믿음을 가진 뒤 동물 희생의 제사(pasughāta-yañña)를 거행하도록 하였고, 업무를 정당하게 하지 못하여 도둑이 아닌데 도둑이라는 인식을 가져 처벌을 하였으며, 재판을 하면서 주인이 아닌데도 주인으로 만들었고 주인인데도 주인이 아닌 것으로 만들었다. 그래서 장로는 그를 [그런 업무에서] 배제시키기(viveceturn) 위해서 [이들] 여섯 개 게송을 읊었다."(ThagA.ii.209)

614) "'자신이 그것을 실행해서는 안 됩니다(attanā taṁ na seveyya).'라는 것은 자신이 그 사악한 것을 행해서는 안 된다(na kareyya)는 말이다. 왜 그런가? '인간이란 업의 친척들이기 때문입니다(kamma-bandhū hi mātiyā).'이 죽어야 하는 인간들은(mātiyā maccā) 업의 상속자들(kamma-dāyādā)이기 때문에 자신에 의해서도 어떤 사악한 업이든 지어서는 안 되고(na kareyya) 남에 의해서 짓게 해서도 안 된다(na kārāpeyya)는 뜻이다."(ThagA.ii.209)

615) "'다른 사람들은 알지 못하니(pare ca na vijānanti)'라고 하였다. 여기서 '다른 사람들(pare)'이란 현자들(paṇḍitā)을 제외한 다른 사람들이다. 유익하거나 해로운 것과 비난받아야 하거나 비난받지 않아야 하는 것과 업과 업의 과보와 몸의 청정하지 못함과 형성된 것들의 무상함을 알지 못하는 사람들을 여기서는 다른 사람들이라 하고 있다."(ThagA.ii.209)

그들은 그 다툼을 그만둡니다. (M128 §6)

499. 통찰지를 가진 자는
재산을 잃을지라도 살아가지만
통찰지를 얻지 못하면
재산을 가졌을지라도 살아가지 못합니다.

500. 616)귀로 모든 것을 듣고
눈으로 모든 것을 봅니다.
그러므로 현자는 보고 들은
모든 것을 내던져서는 안 됩니다.

501. 눈이 있더라도 눈이 먼 것처럼 해야 하고
귀가 있더라도 귀가 먹은 것처럼 해야 하며
통찰지가 있더라도 벙어리처럼 해야 하고
힘이 있더라도 힘이 약한 것처럼 해야 합니다.
그리고 목적이 생겼을 때는
죽음의 침상에 누워야 합니다."617)

---

616) "[앞의] 네 개의 게송({496}~{499})은 꿈을 꾼 왕에게(supinantena raññо) 장로가 말한 것이라고도 한다. 왕은 꿈을 꾸고 나서 장로에게 예배하면서(namassantoyeva) 잠에서 깨었다(pabujjhitvā). 그는 장로에게 다가가서 절을 올린 뒤 새벽부터 밤까지 [하루 종일] 자신이 본 정해진 행로(diṭṭha-niyāma)에 대해서 꿈을 이야기하였다. 그것을 듣고 장로는 여기에 대한 대답으로 '귀로 모든 것을 듣고 …'라는 이 두 개의 게송({500}~{501})으로 왕에게 교계를 하였다."(ThagA.ii.210)

617) "'그리고 목적이 생겼을 때는 / 죽음의 침상에 누워야 합니다(atha atthe samuppanne, sayetha matasāyikaṁ).'라고 하였다. ① 자신이 해야 할 의무(kātabba-kicca)가 생겼을 때에는(uppanne), 확립되었을 때에는(upa-ṭṭhite) 죽음의 침상에 누워야 한다(mata-sāyikaṁ sayetha), 즉 죽음의 침상에 누운 뒤에라도 그 의무를 [완수하여] 건너야 하고(tīretabbaṁ) 놓쳐서는 안 된다(na virādhetabbaṁ)는 말이다. 혹은 ② '목적이 생겼을 때는'

마하깟짜나 장로 (끝)

2. 시리밋따 장로(Th8:2 {502}~{509})

【행장】

"시리밋따 장로(Sirimitta thera)는 라자가하에서 대부호인 지주의 아들(mahaddhana-kuṭumbika)로 태어났다. 그의 어머니는 시리굿따 장로(Sirigutta thera)의 누이였다. 시리굿따 장로의 일화는 『법구경 주석서』에 전승되어 온다.618) 시리굿따의 조카인 시리밋따는 적당한 나이가 되어 스승님께서 다나빨라 코끼리를 길들이시는 것(Dhanapāla-damana)에서 믿음을 얻어 (『법구경』{324}참조) 출가하였고 위빳사나의 업을 행하여 오래지 않아 아라한됨을 얻었다.

어느 날 그는 빠띠목카를 암송하기 위해(uddisituṁ) 자리에서 일어나 그림이 그려진 부채(citta-bījani)를 들고 앉아서 비구

이라는 것은 자신이 행하지 않아야 하는 목적(akaraṇīya attha)이, 즉 의무(kicca)가 생겼을 때에는, 확립되었을 때에는 죽음의 침상에 누워있어야 한다, 즉 죽음의 침상에 누워있더라도 그것을 해서는 안 된다(na kātabbam-eva)는 말이다. 현자는 적절하지 않은 것(ayutta)을 행하려 하면 안 되기 때문이다.

이와 같이 장로의 교계를 받은 왕은 행해서는 안 되는 것을 버리고 행해야 하는 것에 오직 몰두하고 몰입하였다(yuttappayutto ahosti)."(ThagA.ii.210)

618) 시리굿따 장로(Sirigutta thera)는 『법구경 주석서』의 가라하딘나의 일화(Garahadinna-vatthu, DhpA.i.434 이하)에 가라하딘나와 함께 나타나고 있다. 시리굿따는 부처님의 재가 신도였고 그의 친구 가라하딘나는 니간타의 신도였다. 가라하딘나가 니간타들이 일체지자라고 주장하자 그것이 잘못 되었음을 보여주기 위해서 시리굿따는 도랑을 파서 위장을 하였으며 그들이 그것을 모르고 지나가다가 모두 거기에 빠지게 하였다고 한다. 그곳에 오신 부처님의 설법을 듣고 시리굿따와 가라하딘나와 많은 사람들은 예류자가 되었다고 한다. 시리굿따와 가라하딘나의 이 일화는 『법구경 주석서』(DhpA.i.434 이하)에만 나타나는 것으로 조사되었다.

들에게 법을 설하였다. 그는 [법을] 설하면서 더욱 고결한 덕스러움들(uḷāratarā guṇā)을 분석하여 보여주면서 이 [여덟 개의] 게송들을 읊었다.(ThagA.ii.211) …

이와 같이 장로는 비구들에게 법을 설하는 방법을 통해(dhamma-desanā-mukhena) 자신에게 있는 덕스러움들을 밝히면서 구경의 지혜를 천명하였다."(ThagA.ii.213)

502. "분노가 없고 적의가 없으며
속임수가 없고 중상모략을 하지 않는
참으로 이러한 그 비구는
이와 같이 하여 죽고 나서도 슬퍼하지 않습니다.[619]

503. 분노가 없고 적의가 없으며
속임수가 없고 중상모략을 하지 않는
항상 [감각기능들의] 문을 잘 보호하는[620] 비구는
이와 같이 하여 죽고 나서도 슬퍼하지 않습니다.

504. 분노가 없고 적의가 없으며
속임수가 없고 중상모략을 하지 않는
좋은 계행을 가진 그 비구는
이와 같이 하여 죽고 나서도 슬퍼하지 않습니다.

---

619) "'이와 같이 하여 죽고 나서도 슬퍼하지 않습니다(evaṁ pecca na socati).'라고 하였다. 이와 같이 설명한 도닦음(paṭipatti)에 의해서 '죽고 나서도(pecca)', 즉 저세상(paraloka)에서도 슬퍼하지 않는다는 말이다. 슬픔의 표상(soka-nimitta)이 존재하지 않기 때문이다."(ThagA.ii.211~212)

620) "눈의 문 등과 몸의 문 등이 보호되고 닫히고 단속된 자(guttā pihitā saṁvutā etassāti)가 '[감각기능들의] 문을 잘 보호하는(gutta-dvāro)' 자이다."(ThagA.ii.212)

505. 분노가 없고 [53] 적의가 없으며
속임수가 없고 중상모략을 하지 않는
좋은 친구[善友]를 가진621) 그 비구는
이와 같이 하여 죽고 나서도 슬퍼하지 않습니다.

506. 분노가 없고 적의가 없으며
속임수가 없고 중상모략을 하지 않는
선한 통찰지를 가진622) 그 비구는
이와 같이 하여 죽고 나서도 슬퍼하지 않습니다.

507. 여래께 흔들림 없고
확고한 믿음을 가졌으며
선하고 성자들이 좋아하고
칭송하는 계를 지니고 (S11:14 §6 {910})

508. 승가에 청정한 믿음이 있고
올곧은 자를 친견하는 자

---

621) "'좋은 친구를 가진(kalyāṇa-mitto)'이라고 하였다. [『앙굿따라 니까야』 제4권 「친구 경」 2(A7:36)에서 세존께서는],

'사랑하고 중후하고 수행이 되었고
말에 능숙하고 말을 견디고
심오한 말을 하고 잘못되게 인도하지 않는
이런 성품을 지닌 사람, 그가 바로 친구이니'(A7:36 §3)라고 하셨다.

이와 같이 설명하신 특징을 가진 좋은 친구를 가진 자가(kalyāṇa-mitto etassāti) '좋은 친구를 가진 그 비구(kalyāṇamitto so bhikkhu)'이다." (ThagA.ii.212)

622) "'선한 통찰지를 가진(kalyāṇa-pañño)'이란 아름다운 통찰지를 가졌다(sundara-pañña)는 말이다. 비록 통찰지가 아름답지 않은 것이 없다 하더라도 통찰지는 출리(出離)로 인도하는 것(niyyānikā)이기 때문에 이렇게 말하였다."(ThagA.ii.212)

그는 가난하지 않다 일컬어졌나니
그의 삶은 조금도 헛되지 않습니다. (S11:14 §6 {911})

509. 그러므로 슬기로운 자는
부처님들의 교법을 억념하면서
믿음과 계와 청정한 믿음과
법을 봄에 몰두해야 합니다.623)"624) (={204}; S11:14 §6 {912})

시리밋따 장로 (끝)

3. **마하빤타까 장로**(Th8:3 {510}~{517})

【행장】

"마하빤타까 장로(Mahāpanthaka thera)는 라자가하에서 태어났다. 그의 어머니는 라자가하의 부유한 상인의 딸이었는데 자신의 하인과 은밀한 관계(santhava)를 가진 뒤 친지들을 두려워하여 그의 손을 잡고 함께 도망을 가서 다른 곳에서 살았다. 그러던 중 아이를 가져 출산 시기가 되자 친족의 집에 가서 출산을 하겠다고 하면서 가다가 어떤 길에서 아들을 출산한 뒤 남편과 전에 살

623) 『앙굿따라 니까야 주석서』는 『앙굿따라 니까야』 제2권 「공덕이 넘쳐흐름 경」 2(A4:52)를 설명하면서 '믿음(saddhā)'과 '계(sīla)'와 '청정한 믿음(pasāda)'과 '법을 봄(dhamma-dassana)'이라는 이 넷은 각각 예류자의 믿음(sotāpannassa saddhā), 예류자의 계행(sotāpannassa sīla), 불·법·승에 대한 청정한 믿음(Buddha-dhamma-saṅghesu pasāda), 네 가지 진리의 법[四諦法]을 봄(catusacca-dhamma-dassana)을 뜻한다고 설명하고 있다.(AA.iii.94)
본서 제1권 둘의 모음 {204}의 해당 주해도 참조할 것.

624) 여기 {507}~{509} 게송은 『상윳따 니까야』 제1권 「가난한 자 경」(S11:14) §6의 {910}~{912}와 같고 『앙굿따라 니까야』 제2권 「공덕이 넘쳐흐름 경」 2(A4:52) §2와 제3권 「재물 경」(A5:47) §7의 게송과 같다. 「가난한 자 경」(S11:14) §6에서는 신들의 왕 삭까(인드라)가 읊은 것으로 나타나고 뒤의 두 경에서는 부처님께서 읊으신 것으로 나타난다.

던 곳으로 되돌아가서 살았다. 아들이 길에서 태어났기 때문에 (panthe jātattā) 빤타까(Panthaka)라는 이름을 지었다.
그 아이가 이리저리 다니면서 노닐던 시기에 두 번째 아이를 임신하여 앞에서 말한 것처럼 이 아이도 길에서 낳아서 남편과 돌아왔다. 첫째 아이는 마하빤타까 둘째는 쭐라빤타까라 불렀고 소년으로 성장하였다. …

그들은 '어머니, 어머니 집을 저희들에게 보여주십시오.'라고 하였고 그녀는 그들을 그녀의 부모 집에 보냈다. 그 후로 두 소년은 부유한 상인의 집에서 성장하였다. 그들 가운데 쭐라빤타까는 아주 어렸다. 그러나 마하빤타까는 할아버지와 함께 세존의 곁에 가서 세존을 뵘과 더불어 믿음을 얻었다. 그는 법을 듣고 [깨달음을 실현하기 위한] 강하게 의지하는 조건을 갖추었기 때문에 출가하고자 하여 할아버지에게 요청하였다. 할아버지는 스승님께 그 뜻을 아뢰었고 그래서 그를 출가시켰다.

그는 출가하여 많은 부처님 말씀을 섭수하여 안거를 채우고 禪에 들어서(upasampajjitvā) 지혜롭게 마음에 잡도리하면서 수행에 몰두하였다.[625] 특히 그는 네 가지 무색계禪(arūpajjhāna)을 얻은 자가 되었고 거기서 출정하여 위빳사나를 열성적으로 행하여 아라한됨을 얻었다. 이처럼 그는 인식의 전개에 능숙한 자들 (saññā-vivaṭṭa-kusalā) 가운데 으뜸이 되었다.
그는 禪의 행복과 과의 행복으로 보내면서 어느 날 자신의 도닦음을 반조한 뒤 자신이 실현한 증득(adhigatasampatti)을 반연하여 기쁨이 생긴 마음으로 사자후를 토하면서 본 게송 [여덟 개]를 읊었다."(ThagA.ii.214~215)

세존께서는 『앙굿따라 니까야』 제1권 하나의 모음 「으뜸 품」

625) '수행에 몰두하였다.'는 kammaṁ karonto를 풀어서 옮긴 것이다. 여기에 대해서는 본서 제1권 {2}의 【행장】 과 {4}의 【행장】 의 해당 주해들을 참조하기 바란다.

(A1:14)에서 "인식의 전개에 능숙한 자들 가운데서 마하빤타까가 으뜸이다."(A1:14:2-3)라고 마하빤타까 존자를 칭송하셨다. 동생 쭐라빤타까 장로(Culla-Panthaka thera)는 본서 열의 모음 {557}~{566}의 게송을 읊었다. 그곳의 【행장】과 주해들도 참조하기 바란다. 마하빤타까 존자와 쭐라빤타까 존자의 이야기는 『청정도론』 XII장 §§60~67에도 잘 나타나 있다.

510. "어디서도 두려움이 없으신 스승님을
내가 처음 뵈었을 때[626]
그런 최고의 인간을 뵙고 난 뒤에
나에게는 절박함이 생겼다.[627]

---

626) '어디서도 두려움이 없으신 스승님을 / 내가 처음 뵈었을 때'는 yadā paṭha-mam addakkhiṁ, satthāram akutobhayaṁ을 옮긴 것이다. 주석서는 이렇게 설명한다.

"'어디서도 두려움이 없으신(akuto-bhayaṁ)'이란 두려움 없음(nibbhaya)을 말한다. 여기서 그 뜻은 이러하다. — [그분께서는] 모든 두려움의 원인들(bhayahetū)을 보리수 아래(bodhimūla)에서 제거하셨기 때문에 어디서도 두려움이 존재하지 않아서 '어디서도 두려움이 없으시다(akutobhayaṁ).' 네 가지 담대함[四無畏]으로 담대하시고(catu-vesārajja-visārada) 금생과 내생의 궁극의 이치[勝義]들(diṭṭhadhammika-samparāyika-paramatthā)에 의해서 인도되어야 할 자들(veneyyā)을 적절하게 교계하시기 때문에 [스승이신 그러한] '스승님을(satthāraṁ)', 즉 정등각자를 나는 나의 할아버지와 함께 가서 그때 맨 처음(sabbapaṭhamaṁ) 뵈었다(passiṁ)는 뜻이다."(ThagA.ii.215)

『상윳따 니까야 주석서』는 『상윳따 니까야』 제1권 「천 명이 넘음 경」(S8:8)의 {738}을 설명하면서 '어디서도 두려움이 없음(akuto-bhaya)'을 이렇게 설명하고 있다.
"'어디서도 두려움이 없음(akuto-bhaya)'이라 했다. 열반에는(nibbāne) 그 어디에도(kutoci) 두려움이 없고, 혹은 열반을 증득한 자에게는(nibbāna-ppattassa) 그 어디에도 두려움이 없기 때문에 '어디에서도 두려움 없는 열반(nibbāna akutobhaya)'이라고 한다."(SA.i.278)

627) "'그런 최고의 인간을 뵙고 난 뒤에 / 나에게는 절박함이 생겼다(tato me ahu saṁvego, passitvā purisuttamaṁ).'라고 하였다. 그분 '최고의 인간

511. 손과 발과 함께 머리를 조아려
절을 올려야 마땅한 분이 오셨고
그러한 스승님을 뵈었는데
그가 그 [순간을] 놓치겠는가?[628]

을(purisuttamaṁ)', 즉 신들을 포함한 세상에서 으뜸가는 인간을(agga-puggalaṁ) 뵙고 난 '뒤에(tato)', 즉 뵙고 난 후에 그 뵌 것을 원인으로(dassana-hetu) '스승님을 뵙고 법을 들을 이러한 [바른] 시간을(ettakaṁ kālaṁ) 얻지 못하였구나.'라고 나에게는 '절박함이 생겼다(saṁvego ahu).' 즉 수치심과 함께하는(sahottappa) 지혜가 생겼다는 말이다. 절박함이 생긴(uppanna-saṁvega) 나는 이와 같이 생각하였음을 보여주면서 '손과 발과 함께 머리를 조아려(siriṁ hatthehi) …'({511})라고 다음 게송에서 말했다."(ThagA.ii.215)

628) '그러한 스승님을 뵈었는데 / 그가 그 [순간을] 놓치겠는가?'는 etādisaṁ so satthāraṁ, ārādhetvā virādhaye를 주석서를 참조해서 옮긴 것이다. 주석서는 이렇게 설명한다.

"'그는(so)' 즉 행운이 없는 인간은(alakkhika-puriso) 이러한 '스승님을(satthāraṁ)', 정등각자를 '뵈었는데(ārādhetvā)', 즉 이러한 아홉 번째 순간에(navame khaṇe) 얻었는데(paṭilabhitvā) 그것을 '놓치겠는가(virādha-ye)?' [아홉 번째와 반대되는 완전한 기회를 얻었는데] 어떻게 그분의 교계를 실행하지 않고(ovāda-akaraṇena) 그것을 잃어버리겠는가, 나는 그와 같이 하지 못한다는 의미이다. 그래서 '그때 나는 …'({512})이라고 [다음 게송에서] 말하였다."(ThagA.ii.215)

여기 『테라가타 주석서』에 나타나는 '이러한 아홉 번째 순간(navama khaṇa)'은 『디가 니까야』 제3권 「합송경」(D33) §3.2 (4)에 나타나는 '아홉 가지 청정범행을 닦기에 적당하지 않은 순간과 적당하지 않은 때(nava akkhaṇā asamayā brahmacariyavāsāya)' 가운데 아홉 번째를 뜻한다. 이 아홉 가지는 본서 여섯의 모음 {403}의 해당 주해에서 모두 인용하고 있으므로 참조하기 바란다. 이 가운데 아홉 번째는 다음과 같다.

"⑨ 다시 도반들이여, 여래·아라한·정등각께서 세상에 출현하시지 않았습니다. 그분은 고요함을 가져오고 완전한 열반을 실현하고 깨달음으로 인도하며 선서에 의해서 체득된 법을 설하지 않으셨습니다. 그러나 이 사람은 중심부에(majjhimesu janapadesu) 태어났습니다. 그는 지혜를 가졌고 우둔하지 않고 귀머거리도 벙어리도 아니어서 잘 설해진 것인지 잘못 설해진 것인지 그 뜻을 잘 아는 능력이 있습니다. 이것이 아홉 번째 청정범행을 닦

512. 그때 나는 아들과 아내와
재물과 곡식을 버렸다.629)
머리와 수염을 깎고
집 없이 출가하였다.

513. 학습[계목]을 받아 지녀 그것과 더불어 생활하고(A10:99 §5)
감각기능들에서 잘 단속을 하고
정등각자께 예배를 드리면서
나는 정복되지 않는 자로 머물렀다.630)

기에 적당하지 않은 순간이고 적당하지 않은 때입니다."(D33 §3.2 (4))

그러므로 주석서에서 '이러한 아홉 번째 순간에(navame khaṇe) 얻었는데'라는 것은 위에서 인용한 아홉 번째와 반대되는 완전한 기회를 얻었음을 말하는 것으로 이해할 수 있겠다.

그런데 이 9가지 가운데서 4번째인 아수라로 태어나는 것이 빠져서 『디가 니까야』 제3권 「십상경」(十上經, D34 §2.1 (7))과 『앙굿따라 니까야』 제5권 「적당하지 않은 순간 경」(A8:29)에서는 여덟 가지 청정범행을 닦기에 적당하지 않은 순간과 적당하지 않은 때(aṭṭha akkhaṇā asamayā brahma-cariyavāsāya)의 8가지로 나타난다. 이 경우에는 이 여덟 가지 나쁜 순간(aṭṭhavidha akkhaṇa)을 피하고 아홉 번째인 [적절한] 순간(navama khaṇa)을 얻었다고 적용할 수 있다. 그러므로 이 후자로 이해하는 것이 더 타당해 보인다.

629) '그때 나는 아들과 아내와 / 재물과 곡식을 버렸다.'는 tadāhaṁ putta-dārañca, dhanadhaññañca chaḍḍayiṁ을 옮긴 것이다. 주석서는 이렇게 설명한다.

"참으로 이 장로는 아내를 얻는 [결혼]을 하지 않고(dāra-pariggahaṁ akatvāva) 출가하였는데 그는 왜 '나는 아들과 아내를 버렸다(puttadārañ-ca chaḍḍayiṁ).'라고 말하였는가? 사람이 아직 열매를 맺지 않은 나무를 자르면(rukkhaṁ chindanto) 자르지 않았을 때 거기서 얻게 될 열매들을 [미리] 제거한 것(parihīna)과 같다. 이것도 그와 같은 이치(evaṁ-sampadā)라고 보아야 한다."(ThagA.ii.215)

630) "'나는 정복되지 않는 자로 머물렀다(vihāsiṁ aparājito).'라고 하였다. 오염원으로서의 마라 등(kilesa-Mārādī)에 의해서 정복되지 않는 자가 되어

514. '갈애의 화살이 뽑히지 않는 한
나는 잠시라도 앉지 않으리라.'라고
염원이 그때 나에게 일어났으니
마음으로 간절히 바라던 것이었다.

515. 이와 같이 머무는 그런 나의
정진과 분발을 보라.
세 가지 명지를 얻었고
부처님의 교법을 실천하였다.631) (={224} 등)

516. 나는 전생을 알고[宿命]
신성한 눈[天眼]이 청정해졌다.
나는 아라한이요 보시받아 마땅하고
완전히 해탈하였고 재생의 근거가 없다.632)

517. 그때 밤이 끝나고
태양이 떠오를 즈음에

머물렀다(viharim)는 말로, 아라한됨을 얻은 그때부터 이것들에 지배받지 않았고(anabhibhūta) 오히려 그들을 지배하면서 나는 머물렀다는 뜻이다." (ThagA.ii.216)

631) "이와 같이 마음을 확고하게 하고(cittaṁ adhiṭṭhāya) 수행을 하여서(bhāvanaṁ bhāvayitvā) 장소를 포행함(ṭhāna-caṅkamā)을 통해서 밤을 보내면서 무색계 증득(arūpa-samāpatti)으로부터 출정하여 禪의 구성요소를 [통찰하는] 방법을 통해(jhānaṅga-mukhena) 위빳사나를 확립한 뒤 아라한됨을 실현하였다. 그래서 '이와 같이 머무는 그런 나의 …'라는 본 게송({515})을 읊었다."(ThagA.ii.216)

632) "'재생의 근거가 없다(nirūpadhi).'는 것은 오염원으로서의 재생의 근거 등(kilesupadhiādī)이 있지 않음을 통해서이다."(ThagA.ii.216)
'재생의 근거(upadhi)'에 대해서는 본서 둘의 모음 {152}의 주해를 참조할 것.

나는 모든 갈애를 말려버리고
가부좌로 앉았다.633)"

마하빤타까 장로 (끝)

여덟의 모음이 끝났다.

[여덟의 모음에 포함된 장로들의] 목록은 다음과 같다.

마하깟짜나 장로와 시리밋따와 마하빤타까 —
여덟의 모음에는 이분들과 24개 게송들이 있다.

633) '나는 모든 갈애를 말려버리고 / 가부좌로 앉았다.'는 sabbaṁ taṇhaṁ visosetvā, pallaṅkena upāvisiṁ을 옮긴 것이다. 주석서는 이렇게 설명한다.
"'모든 갈애를(sabbaṁ taṇhaṁ)', 즉 감각적 쾌락의 갈애[欲愛] 등으로 구분되는(kāmataṇhādi-bheda) 모든 갈애의 흐름(taṇhā-sota)을, 으뜸가는 도(aggamagga)로써 '말려버리고(visosetvā)' 즉 메마르게 하고(sukkhāpetvā), '갈애의 화살이 뽑히지 않는 한 나는 앉지 않으리라(taṇhāsalle anūhate na nisīde).'(cf. {514})라는 서원으로부터 풀려났기 때문에(paṭiññāya mocitattā) '가부좌로 앉았다(pallaṅkena upāvisiṁ)', 즉 나는 가부좌를 틀고 앉았다는 말이다."(ThagA.ii.216)

테라가타

아홉의 모음

Navaka-nipāta({518}~{526})

1. 부따 장로(Th9:1 {518}~{526})

【행장】

"부따 장로(Bhūta thera)는 사께따 도시에서 아주 부유한 상인의 아들로 태어났다. 그 상인의 아이들은 태어나기만 하면 적개심에 묶인(baddhāghāta) 어떤 약카에게 먹혀버렸다(khāditā). 그러나 그에게는 [금생이] 마지막 존재였기 때문에 보호를 얻었다. 약카는 [사대왕천의] 웻사와나[634]를 시중들러 가서 다시 오지 않았기 [때문이다]. 이름을 짓는 날(nāma-karaṇa-divasa)에 '이렇게 하면 비인간들(amanussā)이 연민을 일으키기를.'이라고 하면서 그에게 부따(Bhūta, 정령)라는 이름을 지었다. 그는 자신의 공덕의 힘으로 장애 없이 성장하였다. 그에게는 '세 개의 궁궐이 있었다.'라는 등으로 모든 것은 좋은 가문의 아들 야사(Yasa)[635]의 위력과 명성(vibhavakittanā)의 경우처럼 알아야 한다.

그는 사리를 분별하는 나이가 되어 스승님께서 사께따에 머무실 때 청신사들과 함께 승원으로 가서 스승님의 곁에서 법을 듣고

---

634) 사대왕천(Cātu-mahārājikā)의 웻사와나 대왕(Vessavaṇa mahārājā)에 대해서는 본서 셋의 모음 {222}의 【행장】에 있는 해당 주해를 참조할 것.

635) 야사 장로(Yasa thera)에 대해서는 본서 제1권 하나의 모음 {117}의 【행장】을 참조할 것.

믿음을 얻어 출가하였다. 그는 아자까라니 강의 언덕(Ajakaraṇī-tīra)의 동굴에 머물면서 위빳사나를 확립한 뒤 오래지 않아 아라한됨을 얻었다. 장로의 일화는 『아빠다나』에도 나타나고 있다. …

아라한됨을 얻은 뒤 나중에 친지들에 대한 연민으로 사께따에 가서 며칠 동안 그들의 시중을 받으면서 안자나 숲에 머문 뒤 다시 자신이 머무르던 곳으로 가고자 하여 가고자 하는 이유를 말해주었다. 친지들은 '존자시여, 여기에 머무십시오. 당신을 피곤하게 하지 않을 것입니다. 우리도 공덕으로 향상할 것입니다.'라고 장로에게 요청하였다. 장로는 자신이 한거를 기뻐함(vivekābhirati)과 거기에 편안하게 머묾(phāsuvihāra)을 설명하면서 이 [아홉 개의] 게송들을 읊었다."(ThagA.ii.217~218)

518. "집착하는 [54] 어리석은 범부들이
늙음과 죽음이 괴로움이라고 알 때
현자는 괴로움을 철저하게 알기 위해서
참으로 마음챙기고 참선을 합니다.636)
그때 그는 그보다 더 궁극적인 기쁨을 얻지 못합니다.637)

---

636) "무더기들[蘊]의 무르익음(paripāka)이 '늙음(jarā)'이고 부서짐(bheda)이 '죽음(maraṇaṁ)'이다. 늙음과 죽음을 머리(sīsa)로 하여 여기서는 늙음과 죽음을 가진 법들이 취해졌다. '이 늙음과 죽음은 괴로움이다.'라고 있는 그대로 알지 못하는 '어리석은 범부들이(aviddasū puthujjanā)' 취착의 [대상인] 무더기 다섯 가지[五取蘊, upādāna-kkhandha-pañcaka]에 '집착한다(sitā)', 즉 묶이고 들러붙는다(paṭibandhā allīnā).
[그러나] 그것에 대해서 '이것은 괴로움이고, 이 정도가(ettakaṁ) 괴로움이고, 이것보다 더 한 것은(ito bhiyyo) 없다.'라고 위빳사나의 통찰지와 함께하는 도의 통찰지로 철저하게 안 뒤 여기 이 교법에서 '마음챙기는(sato)', 즉 알아차리는(sampajāno), '현자는(paṇḍito)', 즉 비구는, '그때(yato)', 즉 그 시간에(yasmiṁ kāle) 특상을 정려(靜慮)함(lakkhaṇ-ūpanijjhāna)으로 참선을 한다."(ThagA.ii.218)

637) "그때 그는 '그보다(tato)' 위빳사나를 기뻐하는 것보다(ratito) 그리고 도와

519. 638)괴로움을 가져오는639) 애착640)과
사량분별로부터 축적된 괴로움을 실어 나르는641)

과를 기뻐하는 것보다 '더 궁극적인(paramataraṁ)', 더 으뜸가는(uttama-taraṁ) '기쁨을(ratiṁ) 얻지 못한다(na vindati)', 가지지 못한다(nappaṭi-labhati)는 말이다."(ThagA.ii.218)

638) "이와 같이 철저하게 앎을 통한 관통의 방법에 의해서(pariññābhisamaya-mukhena) 한거를 기뻐함(viveka-rati)을 보여준 뒤에 이제 버림을 통한 관통 등의 방법에 의해서도(pahānābhisamayādi-mukhenapi) 그것을 보여주기 위해서 두 번째 등의 게송 세 개({519}~{521})를 읊었다."(ThagA.ii.219)

639) "여기서 '괴로움을 가져오는(dukkhassāvahaniṁ)'은 괴로움의 확장(āyati), 전개(pavatti), 괴로움의 결과를 가진 것(nipphattika)이라는 뜻이다."(ThagA.ii.219)

640) "'애착(visattikā)'이란 갈애(taṇhā)이다. 이 [갈애]가 퍼졌다(visatā)고 해서 애착이고, 확장되었다(visālā)고 해서 애착이고, 확산되었다(visaṭā)고 해서 애착이고 … 독약을 즐긴다(visa-paribhogā)고 해서 애착이다. 혹은 그 확장된 갈애가 형색과 소리와 냄새와 맛과 감촉과 법과 가문(kula)과 무리(gaṇa)에 넓게 퍼졌다고 해서(vitthaṭāti) 애착이라 부른다."(ThagA.ii.219)

641) "'사량분별로부터 축적된 괴로움을 실어 나르는(papañca-saṅghāta-dukha-adhivāhiniṁ)'이라 하였다. 윤회에서(saṁsāre) 중생의 흐름(satta-santāna)을 사량분별하게 한다(papañcenti), 펴져나가게 한다(vitthārenti)고 해서 '사량분별들(papañcā)'이니 탐욕 등(rāgādayo)과 자만 등(mānādayo ca)이다. 이들은 삶의 전개과정의 괴로움(pavatti-dukkha)의 축적이라는 뜻에서 '축적(saṅghāta)'이다. 그리고 근심과 열병의 고유성질을 가졌기 때문에(sadaratha-pariḷāha-sabhāvattā) 괴로움이라고 해서 사량분별로부터 축적된 괴로움(papañca-saṅghāta-dukha)이고 이것을 실어 나르기 때문에(adhivāhato), 즉 생기게 하기 때문에(nibbattanato) '사량분별로부터 축적된 괴로움을 실어 나르는 [것]'이다."(ThagA.ii.219)

한편 『상윳따 니까야』 제4권 「길들이지 않고 보호하지 않음 경」(S35:94)에서 세존께서는 이렇게 말씀하신다.

"비구들이여, 눈은 감각접촉의 장소이니 이를 길들이지 않고 보호하지 않고 제어하지 않고 단속하지 않으면 괴로움을 실어 나른다(dukkhādhivāhaṁ).
비구들이여, 귀는 … 코는 … 혀는 … 몸은 … 마노는 감각접촉의 장소이니 이를 길들이지 않고 보호하지 않고 제어하지 않고 단속하지 않으면 괴로움을

갈애를 제거한 뒤642) 그는 참으로 마음챙기고 참선을 합니다.
그때 그는 그보다 더 궁극적인 기쁨을 얻지 못합니다.

520. 축복이고 네 가지씩 두 개의 구성요소를 가졌으며
가장 높은 도이고 모든 오염원들을 깨끗하게 하는 것을
통찰지로 보고643) 그는 참으로 마음챙기고 참선을 합니다.

실어 나른다.
비구들이여, 이러한 여섯 가지 감각접촉의 장소들을 길들이지 않고 보호하지 않고 제어하지 않고 단속하지 않으면 괴로움을 실어 나른다."(S35:94 §3)

『상윳따 니까야 주석서』는 이렇게 설명한다.
"'괴로움을 실어 나르는(dukkha-adhivāhaṁ).'이란 지옥 등으로 분류되는(nerayikādi-bheda) 극심한 괴로움(adhika-dukkha)을 실어 나른다는 말이다."(SA.ii.381)

642) "'갈애를 제거한 뒤(taṇhaṁ pahantvāna)'라는 것은 그런 [갈애를] 성스러운 도로써 뿌리 뽑은 뒤에(ariyamaggena samucchinditvā)라는 말이다." (ThagA.ii.219)

643) '축복이고 네 가지씩 두 개의 구성요소를 가졌으며 / 가장 높은 도이고 모든 오염원들을 깨끗하게 하는 것을 / 통찰지로 보고'는 yadā sivaṁ dvecatur-aṅgagāminaṁ, magguttamaṁ sabbakilesasodhanaṁ paññāya passi-tva를 옮긴 것이다. 주석서의 설명을 살펴보자.

"'축복이고(sivaṁ)'는 안은함(khemaṁ)을 말한다. 안은하지 못하게 만드는(akhema-karāna) 오염원들을 뿌리 뽑음(samucchindana)을 통해서 그것들로부터 짓눌리지 않는다(anupadduta)는 뜻이다.
바른 견해 등을 통해서 네 가지씩 두 개의 구성요소(dvi-catur-aṅga)가 되어서 성자들을 열반으로 가게 한다고 해서 '네 가지씩 두 개의 구성요소를 가졌으며(dvecatur-aṅga-gāminaṁ)'라고 하였다. 게송을 편안하게 하기 위해서 여기서 어형변화가 생략(vibhatti-alopa)되고 [합성어로 만들었다고] 보아야 한다.
색계에 태어나는 도 등의(rūpūpapatti-maggādī) 모든 도들 가운데서 으뜸이기 때문에 '가장 높은 도(magg-uttamaṁ)'이다. 그래서 세존께서는 '도들 가운데서 여덟 가지 구성요소를 가진 것(팔정도)이 으뜸이다(maggān-aṭṭhaṅgiko seṭṭho).'(Dhp. {273})라는 등을 말씀하셨다.
모든 오염원의 더러움들로부터 중생들을 깨끗하게 하기 때문에 '모든 오염원들을 깨끗하게 하는(sabbehi kilesamalehi sattānaṁ sodhanato)'이라 하였다. 이러한 것을 '통찰지로 보고(paññāya passitvā)', 즉 꿰뚫음의 통

그때 그는 그보다 더 궁극적인 기쁨을 얻지 못합니다.

521. 슬픔 없고 티 없고 형성되지 않았고
고요한 경지요 모든 오염원들을 깨끗하게 하는
족쇄라 [불리는] 속박을 자르는 것을 닦을 때[644)]
그때 그는 그보다 더 궁극적인 기쁨을 얻지 못합니다.[645)]

522. [646)]하늘에서 천둥을 치는 구름이 우르르 울리고
새들이 나는 길에도 온통 억수 같은 비가 내릴 때[647)]
바위굴로 들어간 비구는 참선을 합니다.
그때 그는 그보다 더 궁극적인 기쁨을 얻지 못합니다.

찰지(paṭivedha-paññā)를 수행을 통한 관통(bhāvanābhisamaya)을 통해서 관통한 뒤에(abhisamecca)라는 말이다."(ThagA.ii.219)

644) '족쇄라 [불리는] 속박을 자르는 것을 닦을 때'는 bhāveti saṁyojana-bandhanacchidaṁ을 옮긴 것이다. 주석서는 족쇄라 불리는(saṁyojana-saṅkhātā) 속박들(bandhanā)을 끊었기 때문에(chedanato) '족쇄라 [불리는] 속박을 자르는 것'이라 한다고 설명하고 있다.(ThagA.ii.219)
'족쇄라 [불리는] 속박을 자름(saṁyojana-bandhana-cchida)'에 대해서는 본서 제3권 {1143}의 해당 주해를 참조할 것.

645) 이렇게 하여 장로는 {518}에서는 괴로움의 진리를, {519}에서는 괴로움의 일어남의 진리인 갈애를, {520}에서는 괴로움의 소멸로 인도하는 도닦음의 진리를, {521}에서는 고요한 경지인 열반, 즉 소멸의 진리를 드러내어서 이 네 개의 게송은 사성제를 말하고 있다.

646) "이와 같이 장로는 네 개의 게송({518}~{521})으로 자신을 드러내지 않고(anupanetvāva) 네 가지 진리[四諦]를 꿰뚫음을 찬탄함(catusacca-paṭivedha-kittana)에 의해서 구경의 지혜를 천명한 뒤 이제 자신이 머무르던 곳의 한적함(vivitta-bhāva)에 의해서 편안함(phāsutā)을 보여주면서 '하늘에서 천둥을 치는 …'({522})이라는 등의 게송을 읊었다."(ThagA.ii.220)

647) '온통 억수 같은 비가 내릴 때'는 dhārākulā samantato를 옮긴 것인데 주석서에서 "온통 흘러내리는(samantato paggharantīhi) 급류로 가득 찬 것(dhārāhi ākulā)"(ThagA.ii.220)으로 설명하고 있어서 이렇게 옮겼다.

523. 강은 꽃으로 만발하여 있고
숲에서 사는 다양한 식물들의 화환을 가졌으니
[그] 둑에 앉아서 그는 행복한 마음으로648) 참선을 합니다.
그때 그는 그보다 더 궁극적인 기쁨을 얻지 못합니다.

524. 한밤에 한적한 밀림에서 비가 내릴 때
이빨을 가진 동물들이 울고
동굴로 들어간 비구는 참선을 합니다.
그때 그는 그보다 더 궁극적인 기쁨을 얻지 못합니다.

525. 그는 자신의 생각을 제지하였고
산속에서 산의 갈라진 틈을 의지하여
근심을 여의고 무료함을 여의어 참선을 합니다.
그때 그는 그보다 더 궁극적인 기쁨을 얻지 못합니다.

526. 행복한 자649)는 [55] 때[垢]와 삭막함과 슬픔을 파멸하고650)

---

648) "인간을 초월한 법(uttarimanussa-dhamma)을 통해서 행복한 마음을 가진 자이니(sundaro mano etassāti) 그는 '행복한 마음으로(sumano)' 참선을 한다(jhāyati)는 말이다."(ThagA.ii.220)

649) "'행복한 자(sukhī)'란 참선 등의 행복으로 행복한 자(jhānādi-sukhena sukhito)를 말한다."(ThagA.ii.220)

650) "'때[垢]와 삭막함과 슬픔을 파멸하고(mala-khila-soka-nāsano)'라는 것은 탐욕(rāga) 등의 때들[垢, 더러움, malā]과 다섯 가지 마음의 삭막함들(cetokhilā)과 친척들과 헤어짐 등의 원인을 가진(ñāti-viyogādi-hetuka) 슬픔(soka)을 버리고(pahāyaka)라는 말이다."(ThagA.ii.220)

다섯 가지 마음의 삭막함(pañca cetokhilā)은 불·법·승·계를 회의하고 의심하는 것과 동료 수행자에게 화내고 기뻐하지 않고 불쾌하게 여기는 것이다. 여기에 대해서는 『디가 니까야』 제3권 「합송경」(D33) §2.1과 『맛지마 니까야』 제1권 「마음의 삭막함 경」(M16) §§3~6과 『앙굿따라 니까야』 제3권 「삭막함 경」(A5:205) 등을 참조할 것.

빗장을 풀고[651] 덤불이 없어지고 쇠살이 없어져[652]
모든 번뇌들을 참으로 끝장내고 참선을 합니다.[653]
그때 그는 그보다 더 궁극적인 기쁨을 얻지 못합니다."

부따 장로 (끝)

---

651) "'빗장을 풀고(niraggaḷo)'라고 하였다. 여기서 빗장(aggaḷa)은 열반의 도시로 들어가는 것을 막기 때문에(nibbānapura-pavesa-nivāraṇato) 무명(avijjā)을 말한다. 이것이 없기 때문에 빗장을 푼 것이다."(ThagA.ii.220)

『앙굿따라 니까야 주석서』는 "'빗장을 풀었다(niraggaḷa).'는 것은 장애의 빗장을 풀었음(nīvaraṇa-kavāṭa)"(AA.iii.264)이라고 설명하고 있으며 『맛지마 니까야 주석서』는 이렇게 설명한다.

"'빗장을 푼 자(niraggaḷa)'라고 하셨다. 다섯 가지 낮은 단계의 족쇄들[五下分結, pañc-orambhāgiyāni saññojanāni]은 욕계에 재생하는 조건들이다. 이들은 성문의 빗장(걸쇠)처럼 마음을 닫고 머물기 때문에 빗장(걸쇠, aggaḷa)이라 부른다. 그가 그들을 던져버리고 부수었기 때문에 빗장을 푼 자라고 한다."(MA.ii.116)

다섯 가지 낮은 단계의 족쇄[五下分結, orambhāgiya-saṁyojana]에 대해서는 본서 제1권 {40}의 해당 주해를 참조할 것.

652) "'덤불이 없어지고(nibbanatha)'란 오염원의 숲이 없어졌다(nikkilesavana)는 뜻이다."(SA.i.264)
여기서 '숲'은 vana의 번역이고 '덤불이 없어지고'는 nibbanatha(nis+vanatha)를 옮긴 것이다.

"'쇠살이 없어져(visallo)'라는 것은 탐욕 등의 쇠살이 사라져(vigata-rāg-ādi-salla)라는 뜻이다."(ThagA.ii.220)
'쇠살 없음(visalla)'은 갈애의 쇠살(taṇhā-salla)이 없다는 말이다. 『상윳따 니까야』 제1권 「핍박 경」(S1:66) {214}를 참조할 것.

653) '모든 번뇌들을 참으로 끝장내고 참선을 합니다.'는 sabbāsave byantikatova jhāyati를 옮긴 것이다. 주석서는 이렇게 설명한다.

"'끝장내고(byantikato)'라고 하였다. 끝장을 낸 자는(byantikatāvī) 성스러운 도에 의해서 끝을 만든 뒤에 확립되어(vigatante katvā ṭhito) 지금·여기에서 행복하게 머묾을 위해서(diṭṭhadhamma-sukhavihārattha) 참선을 할 때 그 참선의 기쁨보다 더 으뜸가는 기쁨을 얻지 못합니다라고 연결해야 한다. 이렇게 말한 뒤 장로는 아자까라니 강의 언덕(Ajakaraṇī-tīra)으로 갔다."(ThagA.ii.220)

아홉의 모음이 끝났다.

[아홉의 모음에 포함된 장로의] 목록은 다음과 같다.

> 부따 장로는 여실하게 보았나니 마치 무소의 뿔처럼 혼자이다.
> 아홉의 모음에는 게송들도 아홉 개이다.

테라가타

열의 모음

Dasaka-nipāta({527}~{596})

1. 깔루다이 장로(Th10:1 {527}~{536})

【행장】

"깔루다이 장로(Kāḷudāyī thera)는 까삘라왓투에서 대신의 집에 태어났다. 그는 보살[654]과 함께 같은 날 태어났는데 사람들은 그 날 그를 섬세한 황마(黃麻)로 만든 받침대(dukūlacumbaṭa)에 눕혀놓고 보살의 시중을 들었다. ① 보리 나무[菩提樹]와 ② 라훌라의 어머니(야소다라 공주)와 ③ 네 가지 저장고(貯藏庫)[655]와 ④

---

654) 여기서 '보살(bodhisatta)'은 정등각을 성취하시기 전의 세존을 말한다. 초기불전에서 보살(bodhisatta)은 항상 깨닫기 전의 부처님들께만 적용되는 술어이다. 대승불교 운동을 주도하던 사람들은 이 점을 중시하여 보살이라는 개념을 보편화시켰다(*universalize*). 그들은 깨달음을 성취하기 위해서 노력하는 모든 생명체들도 보살이라 불러야 한다는 아주 설득력 있는 주장을 하였고, 이렇게 보살이라는 개념을 보편화시키는 데 성공하여 대승불교 운동은 도도한 흐름을 타고 지금까지 전개되고 있다.

655) 여기서 '네 가지 저장고(貯藏庫)'는 cattaro nidhī를 옮긴 것이다. 『쿳다까빠타 주석서』(KhpA)는 "저장한다는 뜻에서 저장고라 하는데 놓아두다, 보호하다, 지키다라는 뜻이다(nidhīyatīti nidhi, ṭhapīyati rakkhīyati gopīyati)."(KhpA.217)라고 설명한다. 계속해서 주석서는 네 가지 저장고를 들고 있는데 "그것은 고정된 것(thāvara), 움직이는 것(jaṅgama), 수족(手足)과 같은 것(aṅgasama), 수순(隨順)하는 것(anugāmika)이다."(Ibid.)

주석서는 여기서 '고정된 것(thāvara)'의 보기로 대지나 금 등을 들고 있는데 요즘의 부동산을 말한다. '움직이는 것(jaṅgama)'으로는 하인과 하녀나타는 코끼리와 ⑤ 사나운 말[656]과 ⑥ 찬나와 ⑦ 깔루다이 – 이들 일곱[657]은 보살과 함께 같은 날에 태어났고 생겨났기 때문에 함께 태어난 존재들[俱生, sahajātā]이라는 명칭이 생겼다.[658] 도시 전체 사람들의 마음이 고무된 날에(udagga-citta-divase) 태어났다고 해서 그의 이름을 짓는 날에 우다이(Udāyī)라는 이름을 지었다. 그리고 [피부가] 조금 검은 요소를 가졌다(thokaṁ kāḷadhātukattā)고 해서 깔루다이라고 알려지게 되었다. 그는 보살과 함께 유년 시절을 같이 놀면서 성장하였다.

나중에 세상의 지도자(loka-nātha)께서 위대한 출가(mahābhini-kkhamana)를 감행하셔서 차례대로 일체지지를 증득하신 뒤 뛰어난 법의 바퀴를 굴리시면서 라자가하에 가서 웰루와나에 머무실 때였다. 숫도다나 대왕은 그분 [세존]의 근황에 대해서 듣고 1,000명의 측근을 붙여서 한 대신에게 '나의 아들을 여기로 오

코끼리와 소 등을 들고 있으며 '수족과 같은 것(aṅgasama)'의 보기로는 직업이나 기술이나 지식 등처럼 남으로부터 배워서 가지고 있는 것을 들고 있다. '수순하는 것(anugāmika)'은 보시와 공덕과 계행과 수행과 법을 배움과 법을 설함 등처럼 그것을 수순하여 공덕을 가져오는 것으로 설명한다.(Ibid.)

656) 여기서 '사나운 말'은 assa-kaṇḍaka를 직역해 본 것이다. 이것은 세존께서 출가하실 때 마부 찬나가 몰고 간 말인 깐타까(Kanthaka/Kaṇṭhaka)를 말한다고 여겨진다(DPPN). 그리고 이 문장이 나타나는 네 곳 가운데 여기 『테라가타 주석서』를 제외한 세 곳에는 모두 assa 없이 kaṇḍaka로만 나타나고 있다.

657) 이 일곱 가지는 빠알리어로 'bodhirukkho, Rāhulamātā, cattāro nidhī, ārohaniya-hatthī, (assa-)Kaṇḍako, Channo, Kāḷudāyī'인데 AA.i.301; ThagA.ii.221; ApA.531~532; MhvT.iii.244(Mahāvagga-ṭīkā) 등에 나타나고 있다.

658) 그러나 일반적으로 일체지자인 보살과 함께 태어난 존재들(sahajātāni)로는 ④ 타는 코끼리(ārohaniya-hatthi) 대신에 아난다 존자를 넣어 ① 라훌라의 어머니(야소다라 공주) ② 아난다 장로 ③ 찬나 ④ 깐타까(말) ⑤ 보물 항아리 ⑥ 대보리수 ⑦ 깔루다이의 일곱을 들고 있다(sabbaññu-bodhi-sattena kira saddhiṁ Rāhulamātā, Ānandatthero, Channo, Kaṇṭako, nidhikumbho, mahābodhi, Kāḷudāyīti imāni satta sahajātāni, DA.ii.425; BvA.131; 298).

게 하시오.'라고 하면서 보내었다. 그는 스승님께서 설법하고 계실 때에 스승님의 곁에 가서 회중에 서서 법을 듣고 회중과 함께 아라한됨을 얻었다. 그때 스승님께서는 그들에게 '오라, 비구들이여.'라고 손을 내미셨다. 그들 모두는 그 순간에 신통으로 만들어진 발우와 가사를 수지하여 마치 출가한 지 60년이 된 장로들처럼 되었다.

아라한됨을 얻었을 때부터는 성자들의 가운데에 있게 된다. 그래서 [그들은] 왕에 의해서 전달된 명을 십력을 가지신 부처님께 말씀드리지 않았다. 왕은 '[세존이] 머무시는 곳으로 보낸 사람은 돌아오지도 않고 명을 듣지 않는구나(neva gatabalakoṭṭhako āgacchati, na sāsanaṁ suyyati).'라고 하면서 다시 다른 대신을 1,000명의 사람들과 함께 보내었다. 그들도 거기서 도를 얻어서 돌아오지 않았다. 이와 같이 아홉 명의 대신들과 함께 9,000명을 보냈지만 모두 아라한됨을 얻어서 침묵하였다.

그때 왕은 '이 사람들은 나에게 애정이 없어서(sinehābhāva) 십력을 갖춘 분에게 여기로 돌아가자고 아무도 말하지 않았다. 그렇지만 이 우다이는 십력을 갖춘 분과 함께 지내고(samavaya) 함께 흙탕에서 놀았고(saha-paṁsukīḷika) 나에게도 애정이 있다. 이 사람을 보내야겠다.'라고 생각하고 그를 소환하여 '여보게, 그대가 1,000명의 회중을 거느리고 라자가하로 가서 십력을 갖춘 분을 모시고 오시오.'라고 하면서 보내었다.
그는 가면서 '폐하, 만일 제가 출가하더라도 저는 세존을 여기로 오시게 하겠습니다.'라고 하면서 '만일 무슨 일이 생기면 저의 아들에게 알려주십시오.'라고 말하고 라자가하로 가서 스승님께서 법문을 하실 때 회중의 언저리에 서서 법을 듣고 회중과 함께 아라한됨을 얻어서 '오라, 비구여.'라는 [말씀]으로 계를 받았다. 장로의 일화는 『아빠다나』에도 나타나고 있다. …

그러나 그는 아라한됨을 얻은 뒤 '지금은 십력을 갖추신 분이 가족들이 있는 도시로 가실 시간이 아니다. 봄(vasanta)이 지나가고 밀림에 꽃들이 필 때 땅이 푸른 풀들로 덮여서 여행하는 계절이 될 것이다.'라고 시간을 기다리면서 봄이 되었을 때 스승님께서 가족들이 있는 도시로 가시게 하기 위해서 가는 길의 모습(gamana-magga-vaṇṇa)을 칭송하면서(saṁvaṇṇenta) 이 게송들을 읊었다."(ThagA.ii.221~223)

이처럼 깔루다이 장로는 부처님과 같은 날에 태어나서 어릴 적부터 친구였다고 한다. 세존께서는 『앙굿따라 니까야』 제1권 하나의 모음 「으뜸 품」(A1:14)에서 "자기 가문에게 청정한 믿음을 가지게 하는 자들(kulappasādakā) 가운데서 깔루다이가 으뜸이다."(A1:14:4-7)라고 장로를 칭찬하셨다.

"우다이(Udāyī)라 이름하는 세 분의 장로가 있는데 랄루다이(Lāḷ-udāyī), 깔루다이(Kāḷudāyī), 마하우다이(Mahāudāyī)이다."(DA.iii.903)라는 주석서의 설명처럼 초기불전에는 세 명의 우다이 존자가 나타난다. 여기에 대해서는 본서 제3권 열여섯의 모음 마하우다이 장로(Th16:2) {689}의 해당 주해를 참조하기 바란다. 본서에서는 마하우다이 장로를 우다이 장로로 칭하고 있다.({689} 참조) 주석서들은 이 마하우다이 존자를 빤디따우다이(MA.ii.629; SA.iii 86)로 부르고 있다.

527. "존귀한 분이시여, [56] 나무들은 열매를 맺으려고
이제 무성한 잎을 떨어뜨리고 심홍색이 되었습니다.
대영웅이시여, 그들은 섬광이 번쩍이는 것처럼 빛을 내나니
[계절의] 시기가 멋을 나누어 가집니다.

528. 마음을 끄는 나무들은 꽃이 피면
모든 방향으로 온통 향기를 뿜습니다.
[그런 뒤] 꽃잎을 떨어뜨리고 열매를 바랍니다.

영웅이시여, 여기서부터 떠나실 시간입니다.

529. 너무 춥지도 않고 너무 덥지도 않으며
여행하기에 적합한 계절입니다, 존귀한 분이시여.
서쪽을 향하여 로히니 강을 건너서
사끼야들과 꼴리야들이 당신을 보게 하십시오.659)

530. 바람[願]으로 들판을 갈고
바람[願]으로 씨앗을 뿌립니다.
바람[願]으로 재물을 가져오는
상인들은 바다로 갑니다.
바람[願]으로 제가 [여기 와서] 서있으니660)
저의 그 바람[願]이 성취되게 하소서.

531. 661)거듭거듭 그들은 씨앗을 뿌리고
거듭거듭 신의 왕662)은 비를 내리며

---

659) '사끼야들과 꼴리야들이 당신을 보게 하십시오.'는 passantu taṁ Sākiyā Koḷiyā ca를 옮긴 것이다. 주석서는 "까삘라왓투로 가기 위해서(Kapila-vatthu-gamanāya) 세존께 간청을 드리면서 권하고 있다."(ThagA.ii.224)로 설명한다. 사끼야들은 부처님의 친족들이고 꼴리야들은 부처님의 외족(外族)들이다.

660) "'바람[願]으로 제가 [여기 와서] 서있으니(yāya āsāya tiṭṭhāmi)'라고 하였다. 이와 같이 저도 그러한 바람과 소망으로(yāya āsāya patthanāya) 세존께서 까삘라 도시로 가시는 것을 소망하면서(Kapila-pura-gamana-patthanāya) 여기에 서있습니다라는 말이다."(ThagA.ii.224)

661) "가는 길을 묘사함 등으로(gamana-magga-saṁvaṇṇanādinā) 여러 차례 간청하는(yācana) 이유(kāraṇa)를 보여주기 위해서 본 게송 등을 말하였다."(ThagA.ii.224)

662) "'신의 왕(devarāja)'은 [비구름의 신] 빳준나(Pajjunna)이다."(ThagA.ii.224)

거듭거듭 농부들은 들판을 일구고
거듭거듭 곡식은 왕국으로 들어옵니다.

532. 거듭거듭 걸인들은 구걸을 다니고
보시의 주인663)은 거듭거듭 베풉니다.
거듭거듭 보시의 주인은 베푼 뒤
거듭거듭 천상의 장소로 갑니다.664)

533. 광대한 통찰지를 가진 영웅께서는 [57] 참으로665)

빳준나(Pajjunna, Sk. Parjanya)는 베다에서 비의 신으로 나타나고 있다. 『상윳따 니까야』 제1권 「빳준나의 딸 경」 1(S1:39)에 해당하는 주석서는 그를 "비구름을 관장하는 신의 왕(vassa-valāhaka-devarāja)으로 사대왕천에 속한다(cātumahārājika)."라고 설명하고 있다.(SA.i.81) 『자따까』에 의하면 그는 삭까(인드라)의 명에 따라서 비를 내리게 한다고 한다.(J.i.330) 『디가 니까야』 「아따나띠야 경」(D32) §10에서는 약카의 한 명으로 언급되고 있다.

663) 여기서 '보시의 주인'은 dānapati를 옮긴 것이다. 『앙굿따라 니까야 주석서』는 『앙굿따라 니까야』 제3권 「시하 경」(A5:34) §2를 주석하면서 이렇게 설명한다.

"'보시의 주인(dānapati)'이란 어떤 사람에게 보시를 할 때, 그것의 주인(pati)이 되어서 주는 것이지, 하인(dāsa)이 되거나 친구(sahāya)가 되어서 주는 것이 아니다. 어떤 이는 자신은 맛있는 음식을 먹고 다른 사람에겐 그렇지 않은 것을 보시한다. 그는 그 보시물의 하인이 되어 보시한다. 어떤 이는 자기가 먹는 그것을 보시한다. 그는 친구가 되어 보시한다. 그러나 어떤 이는 자신은 하찮은 것으로 생활하면서도 다른 사람에겐 맛있는 음식을 보시한다. 그는 그것의 주인, 어른, 임자가 되어 보시한다. 이것과 관련하여 보시의 주인이라고 말했다."(AA.ii.249)

664) "'천상의 장소로 갑니다(saggam upenti ṭhānaṁ).'라는 것은 재생연결(paṭisandhi)을 통해서 천상세계(devaloka)로 간다는 말이다. 그러므로 저도 역시 '거듭거듭(punappunaṁ)' 간청합니다(yācāmi). 세존께서는 우리의 소원(manoratha)을 정수리(matthaka)로, [즉 가장 중요한 것]으로 여겨주십시오라는 의미이다."(ThagA.ii.225)

665) "여기서도 스승님을 까삘라왓투로 가시도록 요청할 목적으로 그것을 보여주기 위해서 본 게송을 말하였다."(ThagA.ii.225)

그가 태어나는 가문에서 일곱 대를 깨끗하게 합니다.
삭까시여, 당신은 신들의 신이라 생각합니다.666)

---

666) '삭까시여, 당신은 신들의 신이라 생각합니다.'는 maññāmahaṁ Sakka'si devadevo를 옮긴 것이다. 이 구절은 PTS본과 VRI본에 maññāmahaṁ sakkati devadevo로 나타나는데 노만 교수의 제언대로 sakkati를 Sakka'si로 읽어서 '삭까여(Sakka), 당신은 ~입니다(asi, √as(*to be*)의 현재 2인칭 단수)'로 해석하여 '삭까여, 당신은 신들의 신이라 생각합니다(Sakka'si devadevo).'로 옮겼다.

그러면 여기서 삭까(Sakka)가 누구를 뜻하는가? 빠알리어 고유명사 Sakka는 크게 두 가지 의미를 가진다.

첫째는 삭까 사람, 즉 석가족 사람을 뜻한다. 예를 들면 니까야의 여러 곳에 Mahānāmo Sakko(M14 §2 등등)로 나타나는데 '삭까 사람 마하나마'로 옮겼다. 그리고 daṇḍapāṇi Sakko(M18 §3)도 나타나는데 '삭까 사람 단다빠니'로 옮겼다. 이 단어는 산스끄리뜨 샤꺄(Śākya)의 빠알리 표기이다. 인드라를 뜻하는 산스끄리뜨 Śakra가 Sakka로 표기된 단어와는 다르다.
그리고 이 경우에 복수 Sakkā로 쓰이면 석가족(釋迦族)으로 알려진 종족과 관련되어 있다. 초기불전에는 석가족이나 삭까에 대해서 Sakyā, Sakkā, Sākiyā의 세 가지 표현이 나타난다. 초기불전에서 종족과 지명은 항상 복수로 나타나고 있다. 여기에 대해서는 본서 제1권 {25} 【행장】의 해당 주해를 참조하기 바란다.

둘째 Sakka(Sk. Śakra)는 인도의 베다에서부터 등장하는 인도의 유력한 신인 인드라(Indra)를 말한다. 이 경우의 Sakka는 중국에서 제석(帝釋) 혹은 석제(釋提)로 음역되었고 천주(天主)로 번역되기도 한 신이다.(예를 들면 본서 제3권 {1196}) 초기불전의 많은 곳에서는 Sakko devānamindo(D11 §71 등등)로 나타나고 '신들의 왕인 삭까'로 옮겼다.
『상윳따 니까야』 제1권 「삭까의 이름 경」(S11:12)에는 그의 이름 7가지를 열거하는데 그 가운데 세 번째에서 그는 인간으로 있을 때 철저하게 보시를 베풀었다(sakkaccam dānam adāsi)고 해서 삭까(Sakka)라 한다고 설명하고 있다. 그러나 Sakka의 산스끄리뜨 Śakra는 √śak(*to be able*)에서 파생된 단어로 베다에서부터 '힘센, 막강한'이라는 형용사로도 쓰였고 인도 서사시 『마하바라따』에서부터 인드라의 이름으로 정착이 된 것으로 보인다. 삭까(인드라)에 대한 더 자세한 설명은 『상윳따 니까야』 제1권 「수위라 경」(S11:1) §3의 해당 주해를 참조하기 바란다.

삭까(Sakka)와 사꺄(Sakya) 등에 대한 논의는 『상윳따 니까야』 제3권 「걸식 경」(S22:80) §1의 주해도 참조하기 바란다.

본 게송에서 삭까(Sakka)는 부처님을 칭하기 때문에 첫째의 뜻으로 이해하

당신은 성인이라는 진실한 이름을 생기게 하셨기 때문입니다.

534. 대선인의 아버지는 숫도다나라 불리셨고
부처님의 어머니는 마야라 불리셨습니다.
그분은 보살을 태내에 품었으며
몸이 무너져 [죽은 뒤] 세 가지 천상에서667) 기뻐하였습니다.

535. 그분 고따미668)께서는 임종하여 여기를 떠나서
천상의 감각적 쾌락들을 다 갖추었습니다.669)
그분은 그 신들의 무리에 에워싸여
다섯 가닥의 감각적 쾌락들을 기뻐합니다.

536. 670)나는 견디지 못할 것을 견디시는671)

는 것이 타당할 것이다. 노만 교수는 Sakoya로 음역을 하였다.

667) "'세 가지 천상에서(tidivamhi)'란 도솔천의 천상세계(Tusita-devaloka)에서라는 말이다."(ThagA.ii.225)

일반적으로 세 가지 천상(tidiva)은 삼십삼천을 뜻한다. 여기에 대해서는 본서 셋의 모음 {242}의 '삼십삼천의 행복(tidivaṁ sukhaṁ)'에 대한 주해를 참조하기 바란다. 그런데 여기 본 문맥에서의 세 가지 천상은 도솔천을 뜻한다고 주석서는 밝히고 있다.

668) "'그분(sā)'은 마야 왕비(Māyādevī)이시고 '고따미(Gotamī)'는 족성(gotta)으로 그분을 칭한 것이다."(ThagA.ii.225)

669) "그런데 여기서 '다 갖추었습니다(samaṅgibhūtā).'와 '에워싸여(parivāritā)'는 여성명사 어미로 표기되어 있는데(itthiliṅga-niddesa) 이것은 전생의 존재였을 때의 여성명사(purimattabhāva-siddha itthi-bhāva)로 [표기한 것인가] 아니면 천신(devatā)이라는 [단어의] 상태(devatā-bhāva)가 [여성명사라서] 이것을 두고 표기한 것인가? 그런데 천신으로 태어난 것(devūpapatti)은 남성(purisa-bhāva)으로 태어난 것이다."(ThagA.ii.226~226)

남성인 천신으로 태어났지만 본 문장의 주어인 고따미(Gotamī)가 여성명사이기 때문에 여성형 어미를 썼다고 이해하면 되겠다.

670) "이와 같이 장로의 청을 받은 세존께서는 그곳에 가는 것에 많은 특별함

부처님의 아들입니다.672)

비견(比肩)할 수 없고 여여하신

앙기라사673)의 아들입니다.

(visesādhigama)이 있음을 보시고 2만 명의 번뇌 다한 분들을 거느리시고 (khīṇāsava-parivuta) 라자가하로부터 서두르지 않고 유행하심을 통해서 까삘라왓투로 가는 길을 가셨다. 장로는 신통(iddhi)으로 까삘라왓투에 가서 허공에서 왕의 앞에 섰다. 전에 보지 못한 그의 복장을 보고 [숫도다나] 왕이 '당신은 누구시오?'라고 묻자 '만일 당신이 세존의 곁으로 보내신 대신의 아들(amaccaputta)인 저를 알지 못하신다면 이렇게 하여 아십시오.'라고 보여주면서 [숫도다나 왕에게] 이 마지막 게송을 말했다."(ThagA.ii.226)

671) '견디지 못할 것을 견디시는'은 asayha-sāhino를 옮긴 것이다. 주석서는 부처님이 견디지 못할 것을 견디시는 분인 이유를 네 가지로 설명하고 있다.

"'견디지 못할 것을 견디는 분이신(asayhasāhino)'이라고 하였다. ① 완전하게 깨달으시기 이전에(abhisambodhito pubbe) 위대한 보살을 제외하고는(ṭhapetvā mahābodhisattaṁ) 다른 사람들이 견디고 감내하는 것이 불가능하기 때문에(aññehi sahituṁ vahituṁ asakkuṇeyyattā) 견디지 못하고 감내하지 못하는 모든 깨달음의 짐과(asayhassa sakalassa bodhisambhārassa) 큰 연민에 대한 결의를(mahākāruṇika-adhikārassa ca) 견디시고 감내하시기 때문이다(sahanato vahanato).

② 그 뒤에도(tato parampi) 다른 사람들이 견디고 정복하는 것이 불가능하기 때문에(aññehi sahituṁ abhibhavituṁ asakkuṇeyyattā) 견디지 못하는 다섯 가지 마라들을(asayhānaṁ pañcannaṁ mārānaṁ) 견디고 정복하시기 때문이다(sahanato abhibhavanato).

③ 의향과 잠재성향과 기질과 성벽 등의 분석을 [당신이] 잘 아셔서 (āsaya-anusaya-caritādhimutti-ādi-vibhāgāvabodhana) 적절하게 인도되어야 할 사람들에게(yathārahaṁ veneyyānaṁ) 지금·여기와 미래의 궁극의 이치[勝義]들을 통해서(diṭṭhadhammika-samparāyika-para-matthehi) 간곡한 가르침이라 불리는(anusāsanī-saṅkhātassa) 이러한 부처님의 의무를 견디시기 때문이다(Buddha-kiccassa ca sahanato). 이런 의무는 다른 사람들은 견디지 못한다(aññehi asayha).

④ 혹은 거기서 잘 행하시는 분이기 때문에(tattha vā sādhukārībhāvato) 견디지 못할 것을 견디는 분이시다(asayhasāhino)."(ThagA.ii.226; ItA.i.149; ApA.538)

672) "여기서 '나는 부처님의 아들입니다(Buddhassa puttomhi).'라는 것은 일체지자이신 [부처님의] 가슴에서 태어났기 때문에(ure jātatāya) 나는 가슴에서 태어난 아들(orasa-putta)입니다라는 말이다."(ThagA.ii.226)

삭까시여, 당신은 우리의 아버지의 아버지이십니다.674)
고따마시여, 법으로 당신은 저의 할아버지이십니다.675)"

깔루다이 장로 (끝)

673) "'앙기라사(Aṅgīrasa)'는 구성요소가 된 계행 등을 성취한 분(aṅgīkata-sīlādi-sampattika)이라는 말이다. 어떤 자들은 '광채를 뿜어내는 분(nic-charaṇaka-obhāsa)이라고 설명한다. 그런데 어떤 자들은 앙기라사와 싯닷타라는 두 개의 이름인데 아버지로부터 취한 것이라고 한다."(ThagA.ii.226)

『디가 니까야 주석서』는 앙기라사(Aṅgīrasa)를 "모든 수족으로부터 광명을 내뿜기 때문에(aṅge rasmiyo assāti) 앙기라사라 한다."(DA.iii.701)고 풀이하고 있다. 앙기라사(Aṅgīrasa)는 베다 문헌에 자주 등장하는 인도 바라문 족성인데 『디가 니까야』 제1권 「암밧타 경」(D3) §2.8 등에도 바라문의 족성으로 나타나고 있다.

『상윳따 니까야 주석서』는 부처님이 바로 이 앙기라사이니 세존의 수족으로부터 광명을 방출하기 때문이라고(bhagavato hi aṅgato rasmiyo nik-khamanti) 풀이하고 있다.(SA.i.152)

DPPN은 이것은 세존 부계(父系)의 족성일 것이라고 보고 있다.

674) "'삭까시여, 당신은 우리의 아버지의 아버지이십니다(pitupitā mayhaṁ tuvaṁsi Sakka).'라고 하였다. 성스러운 태생(ariyajāti)을 통해서 우리의 아버지이신 정등각자께 당신은 세상의 인습적인 표현(lokavohāra)에 의해서 [그분의] 아버지이십니다라는 말이다. 여기서 '삭까시여(Sakka)라는 것은 [숫도다나] 왕을 태생에 의해서 부르는 것이다."(ThagA.ii.226)

675) '고따마시여, 법으로 당신은 저의 할아버지이십니다.'는 dhammena me Gotama ayyako'si를 옮긴 것이다. 주석서는 이렇게 설명한다.

"'법으로(dhammena)'라는 것은 고유성질에 의해서 성스러운 태생(ariya-jāti)과 세간적인 태생(lokiyajāti)으로 두 가지 태생의 고유성질에 포함됨(sabhāva-samodhāna)을 통해서라는 말이다. '고따마(Gotama)'라는 것은 [숫도다나] 왕의 족성(gotta)에 의해서 부른 것이다. '할아버지이십니다(ayyakosi).'는 할아버지라는(pitāmaho asi) 말이다. 그리고 여기서 '나는 부처님의 아들입니다(Buddhassa puttomhi).'라는 등으로 말하면서 장로는 구경의 지혜를 천명하였다."(ThagA.ii.226)

2. 에까위하리야 장로(Th10:2 {537}~{546})

【행장】

"에까위하리야 장로(Ekavihāriya thera)[676]는 세존께서 반열반하신 뒤 담마아소까 왕(Dhammāsokarāja)의 동생(kaniṭṭhabhātā)으로 태어났다. 아소까 대왕은 스승님께서 반열반하신 후 218년 뒤에(dvinnaṁ vassasatānaṁ upari aṭṭhārasame vasse) 전 인도를 하나의 왕국으로 통일하여 즉위한 뒤(ekarajjābhisekaṁ patvā) 자신의 동생인 띳사꾸마라(Tissakumāra)를 부왕(副王)의 위치(oparajja)에 놓았다. 그는 하나의 방법으로 그를 교법(sāsana)에 청정한 믿음(abhippasanna)을 가지도록 만들었다.

그는 어느 날 사냥을 가서 숲에서 요나까 마하담마락키따 장로(Yonaka-mahādhammarakkhita thera)가 코끼리 왕(hatthināga)으로 하여금 살라 나무 가지를 잡고 부채질을 하게 하면서(bījiyamāna) 앉아있는 것을 본 뒤 청정한 믿음이 생겨 '오, 참으로 나도 이 대장로처럼 출가하여 숲에서 살아야겠다.'라고 생각하였다. 장로는 그의 마음의 움직임을 알고 그가 청정한 믿음을 내도록 허공에 솟아올라 아소까 원림(Asokārāma)에 있는 연못의 물 위에서 빠지지 않고 서서 가사와 상의를 허공에 걸어두고 목욕을 하기 시작하였다.
왕자(kumāra)는 장로의 위력을 보고 청정한 믿음이 생겨 숲으로부터 돌아와서 왕실에 가서 '저는 출가하고자 합니다.'라고 알렸다. 왕은 그에게 여러 방법으로 요청을 하였지만(yācitvā) 출가의 결심(pabbajja-adhippāya)을 되돌릴 수가 없었다.

---

676) 아래에서 언급되고 있는 띳사꾸마라(Tissakumāra)가 에까위하리야 장로의 본래 이름이다. 그래서 DPPN은 장로의 본래 이름인 이 띳사꾸마라(Tissakumāra)를 표제어로 삼고 있으며 설명의 마지막 부분에서 그는 아라한이 된 뒤 에까위하리야(Ekavihāriya)로 알려지게 되었다고 적고 있다.(DPPN. s.v. Tissakumāra)

처음의 여섯 개 게송({537}~{542})은 그가 재가 신도가 되어 출가의 행복을 추구하면서 읊은 것이다. 그리고 그는 출가하여 기뻐하고 만족하며 자신이 해야 할 것을 밝히면서 세 개의 게송({543}~{545})을 읊었다.

그는 이러한 세 개의 게송을 읊은 뒤 숲으로 들어가서 사문의 법을 행하면서 은사 스님과 함께 깔링가 지역[677]으로 갔다. 그는 그곳에서 발에 피부병(cammika-ābādha)이 생겼다. 그것을 보고 어떤 의사가 '존자시여, 버터기름(sappi)을 구하십시오. 제가 그것을 치료하겠습니다.'라고 말했다. 장로는 정제된 버터를 구하지 않고 위빳사나의 업을 행하였고 병은 악화되었다. 의사는 장로가 병에 대해서는 무관심한 것을 보고 자기 스스로 정제된 버터를 구해서 장로의 병을 낫게 하였다. 그는 건강하게 되어 오래지 않아 아라한됨을 얻었다. 장로의 일화는 『아빠다나』에도 나타나고 있다. …

아라한이 된 뒤 장로가 그곳 [깔링가 지역]에 머물 때 왕은 엄청난 재물을 보시하여(koṭidhana-pariccāga) 보자까기리 승원(Bhojaka-giri vihāra)을 만들게 하고 장로를 여기에 머물게 하였다. 그는 그곳에 머물면서 반열반할 때에 마지막 게송({546})을 읊었다. 그것은 장로의 구경의 지혜를 천명한 것이었다."(ThagA. ii.227~230)

537. [재가자였을 때][678]

---

677) 깔링가(Kāliṅga, Kaliṅga) 혹은 깔링가 지역(Kāliṅgaraṭṭha, Kaliṅgaraṭṭha)은 인도 동부에 있는 지역으로 현재의 오디샤(Odisha) 지역에 해당한다. 이곳을 통해서 부처님의 치사리가 스리랑카에 전해졌다(Bu.xxviii.6). 아쇼카 왕의 비문에 의하면 그가 왕이 된 13년째에 아쇼카 왕은 깔링가를 점령하였으며 전쟁에서 많은 사람들이 죽는 것을 보고 그는 비감하여 불교 신도가 되었다고 한다.

678) "그는 재가 신도가 되어 출가의 행복(pabbajjā-sukha)을 추구하면서 처음의 여섯 개 게송({537}~{542})을 읊었다."(ThagA.ii.228)

"앞이나 뒤에 만일 다른 사람이 있지 않으면
숲에서 혼자 머무는 사람은 아주 편안하다.

538. 참으로 나는 부처님께서 칭송하신
숲에 혼자 갈 것이다.
[그곳은] 스스로 독려하며 혼자 머무는
비구에게 편안한 곳이다.[679]

539. 나는 혼자서 자신의 목적을 추구하면서
수행자에게 희열을 주고 즐거우며
취기 오른 코끼리가 다니는 밀림으로
즉시 들어갈 것이다.

540. 꽃이 잘 피어있는 차가운 숲[680]에서

---

679) '[그곳은] 스스로 독려하며 혼자 머무는 / 비구에게 편안한 곳이다.'는 phāsu ekavihārissa, pahitattassa bhikkhuno를 옮긴 것이다. 주석서는 이렇게 설명한다.

"'혼자 머무는(ekavihārissa)', 즉 장소 등에 대해서 함께하지 않음(asahāya-bhāva)에 의해서 혼자 머무는 자가 열반으로 향하는 마음을 가졌기 때문에(paṭipesita-cittatāya) '스스로 독려한다(pahitattassa).' 즉 높은 계를 공부지음[增上戒學] 등의 세 가지 공부지음[三學, tisso sikkhā]을 공부짓는 비구에게 숲은 '편안한(phāsu)' 즉 원하고(iṭṭha) 행복하게 머무는 곳(sukhāvaha)이라는 뜻이다."(ThagA.ii.228)

『맛지마 니까야 주석서』는 편안하게 머묾(phāsu-vihāra)을 이렇게 설명하고 있다.

"'편안하게 머문다(phāsu-vihāro hoti).'라고 하셨다. 그 비구는 완성된 도닦음(pūrita-paṭipatti)을 계속할 때 아라한과를 실현하여 과의 증득에 머물기 때문에 편안히 머문다. 아라한과를 증득할 수 없더라도 도닦음을 완성하면서(pūrayamāna) 머물 때에도 편안히 머문다고 한다."(MA.iii.182) — 『맛지마 니까야』 제2권 「날라까빠나 경」(M68) §10의 주해에서.

680) '차가운 숲(Sītavana)'은 라자가하 근처에 있는 숲이다. 여기에 대해서는 본

시원한 산의 동굴에서
사지에 물을 뿌리고
나는 혼자서 포행을 할 것이다.

541. 혼자서, 짝(두 번째)이 없이681)
아름다운 큰 숲에서
해야 할 일을 다 하고 언제
번뇌 없이 나는 머물게 될 것인가?

542. 이와 같이 하고자 하는
나의 의향이 이루어지기를!
오직 나 자신이 이것을 성취하게 될 것이다.
어떤 사람도 다른 사람의 행위자가 되지 못한다."

543. [출가한 후]682)

서 제1권 {6}의 해당 주해를 참조할 것.

681) "'짝(두 번째)이 없이(adutiyo)'라는 것은 갈애라 불리는 짝(두 번째)이 존재하지 않음(taṇhā-saṅkhāta-dutiyābhāva)에 의해서 짝(두 번째)이 없다. 갈애는 인간이 언제나 버리지 못하는 것이라는 뜻(avijahanaṭṭha)에서 [그의] 짝이기 때문이다. 그래서 세존께서는 『이띠웃따까』 「갈애의 일어남 경」(It4:6)에서 '갈애와 짝하는 사람은 / 오랜 세월 윤회한다(taṇhādutiyo puriso, dīgham addhāna saṁsaraṁ).'(It4:6 §2)라고 말씀하셨다."(ThagA.ii.229)

여기서 보듯이 '두 번째'를 뜻하는 서수사인 dutiya는 배우자 혹은 짝을 뜻하는데 『담마상가니』(Dhs §1065)에서 탐욕(lobha)의 101개 동의어 가운데 하나로 나타난다. 초기불전에서는 taṇhā-dutiya(갈애를 두 번째로, 즉 짝 혹은 배우자로 삼는 자, Sn3:12/144 {740}; A4:9; It1:15; It4:6)로 쓰이기도 한다. 본서 제3권 스물의 모음 {896}의 주해와 쉰의 모음 {1091}의 해당 주해도 참조하기 바란다.

682) "이와 같이 부왕(副王, uparāja)의 출가에 대한 군은 결심(daḷha-nicchaya-tā)을 안 뒤 왕은 아소까 원림(Asokārāma)으로 가는 길을 장엄한 뒤 온

"이러한 나는 [정진이라는] 갑옷을 묶어서 입고683)
밀림으로 들어갈 것이다.
번뇌의 멸진을 얻지 못하면
나는 거기서 나오지 않을 것이다.

544. 차갑고 향기로운 냄새가 나는 바람이 불 때
산 위에 앉아서 나는 무명을 쪼개버릴 것이다.

545. 꽃으로 덮인 숲에서
그리고 지금은 차가운 바위굴에서
나는 해탈의 행복으로 행복해하면서
기립바자684)에서 즐거워할 것이다."685)

몸을 치장하는 것으로 [띳사]꾸마라를 장엄하여 많은 군대로 왕의 위세를 크게 떨치며(mahacca-rājānubhāvena) 승원으로 인도하였다. [띳사]꾸마라는 수행하는 처소[精進院, padhāna-ghara]에 들어가서 마하담마락키따 장로(Mahādhammarakkhita thera)의 곁에서 출가하였다. 수백 명의 사람들이 그를 따라 출가하였다. 왕의 여동생의 아들이며 상가밋따(Saṅghamittā)의 남편인 악기브라흐마(Aggibrahmā)도 그를 따라 출가하였다.
그는 출가한 뒤 기쁘고 만족하였고(haṭṭha-tuṭṭha) 자신이 해야 할 것을 밝히면서 여기 {543}~{545}의 세 개의 게송을 읊었다."(ThagA.ii.229)

683) '이러한 나는 [정진이라는] 갑옷을 묶어서 입고'는 esa bandhāmi sannāhaṁ을 옮긴 것이다. 주석서는 "이런 나는 정진이라 불리는(vīriya-saṅkhāta) 갑옷을 묶어서 입는다. 몸과 목숨을 바라지 않고(kāye ca jīvite ca nirapekkho) 나는 정진의 갑옷을 묶어서 입는다."(ThagA.ii.229)로 설명한 뒤 다시 "네 가지 바른 노력인 정진의 갑옷(catubbidha-sammappadhāna-vīriya-sannāha)을 나는 묶어서 입는다."(ThagA.ii.230)로 설명하고 있다.

684) '기립바자(Giribbaja)'는 라자가하(왕사성)의 옛 이름이다. 기립바자(문자적으로는 산(giri)의 요새(vaja, 축사))는 산에 있는 성으로 마하고윈다(Mahā-govinda)라는 유명한 건축가가 지었다고 하며, 라자가하는 이 산 아래에 빔비사라(Bimbisāra) 왕이 지었다고 한다.(VmA.82) 경에서 기립바자와 라자가하는 구분 없이 동의어로 사용되고 있다.
『숫따니빠따 주석서』에 의하면 라자가하는 빤다와(Paṇḍava), 독수리봉(Gijjhakūṭa), 웨바라(Vebhāra), 이시길리(Isigili), 웨뿔라(Vepulla)라는

546. [반열반할 때에]
"그런 [58] 나는 의도하는 바를 성취하였나니
마치 보름날의 달과 같았다.
모든 번뇌가 멸진하였고
이제 다시 존재함이란 없다."

에까위하리야 장로 (끝)

3. **마하깝삐나 장로**(Th10:3 {547}~{556})

【행장】

마하깝삐나 장로(Mahākappina thera)는 사왓티에서 120요자나(약 1,300km) 정도 떨어진(DhpA.ii.118) 곳에 있는 꾹꾸따와띠(Kukkuṭavatī)라는 나라의 왕가에서 태어났다. 그의 아버지가 죽자 그는 마하깝삐나라는 이름의 왕이 되었다. 그는 세존보다 나이가 많았다고 한다. 세존이 정각을 이루신 뒤에 사왓티에서 온 상인들로부터 부처님이 출현하셨다는 말을 듣고 전율을 느낀 그는 왕위를 버리고 그의 대신들과 함께 세존을 찾아와서 출가하여 모두 아라한이 되었다고 한다. 그의 아내 아노자(Anojā)도 왕이 대신들과 함께 출가하였다는 말을 듣고 대신들의 아내들과 함께 역시 출가하여 예류과를 얻었다고 한다.(ThagA.ii.232~233; AA.i.318 이하)

마하깝삐나 존자는 홀로 禪을 닦는 것에만 치중하였다고 한다. 그래서 『상윳따 니까야』 제2권 「마하깝삐나 경」(S21:11)과 제6

다섯 개의 산으로 둘러싸여 있기 때문에 기립바자(산으로 에워싸인 요새)라고 불렸다고 한다.(SnA.ii.382)

685) "이렇게 말한 뒤 장로는 숲으로 들어가서 사문의 법을 행하면서 은사 스님과 함께 깔링가 지역(Kaliṅgaraṭṭha)으로 갔다. …"(ThagA.ii.230)
이 이하에 대해서는 장로에 대한 【행장】 의 해당 부분을 참조할 것.

권「마하깝삐나 경」(S54:7)에서도 세존께서 그를 삼매를 많이 닦은 자라고 칭찬하고 계신다. 부처님께서 설법을 하라고 권하셨고, 그는 단 한 번의 설법으로 천 명의 비구들을 아라한이 되게 하였다고 한다.(ThagA.ii.233; AA.i.324) 그래서 세존께서는『앙굿따라 니까야』제1권 하나의 모음「으뜸 품」(A1:14)에서 그를 "비구들을 교계하는 자(bhikkhu-ovādaka)들 가운데서 으뜸"(A1:14:1-13)으로 언급하고 계신다.

그래서『테라가타 주석서』는 이렇게 언급한다.
"어느 날 세존께서는 당신의 제자 비구들에게 말씀하셨다.
'비구들이여, 그런데 깝삐나는 비구들에게 법을 설하는가?'
'세존이시여, 설하지 않습니다. 그는 무관심한 채 지금·여기에서 행복하게 머무는 데 몰두하여 머뭅니다, 교계 정도도(ovādamattam-pi) 하지 않습니다.'

스승님께서는 장로를 불러오게 하셔서 말씀하셨다.
'깝삐나여, 그대가 함께 머무는 사람들에게 교계 정도도 하지 않는다는 것이 사실인가?'
'사실입니다, 세존이시여.'
'바라문이여, 그렇게 하지 말아라. 오늘부터 그대에게 온 사람들에게 법을 설하거라.'
'그렇게 하겠습니다, 세존이시여.'라고 장로는 스승님의 말씀을 공경하여 받아들인 뒤 한 번의 교계로 사문 천 명(samaṇa-sahassa)을 아라한됨에 확립되게 하였다. 그래서 스승님께서는 [『앙굿따라 니까야』제1권 하나의 모음「으뜸 품」(A1:14)에서] 자신의 제자들을 도닦음에 의해서 여러 조항(ṭhānantara)으로 나누시면서 비구들을 교계하는 자들(bhikkhu-ovādakā) 가운데서 그를 으뜸인 자리에 놓으셨다.(A1:14:1-13)

어느 날 장로는 비구니들을 교계하면서 본 게송들을 읊었다. … 이와 같이 장로는 그 비구니들에게 법을 설한 뒤 해산시켰다. 그들은 장로의 교계에 서서 슬픔을 제거한 뒤 지혜롭게 도를 닦아서(yoniso paṭipajjantiyo) 참된 목적(sadattha)을 성취하였다."(ThagA.ii.232~233)

마하깝삐나 장로와 관계된 경으로는 『상윳따 니까야』 제2권 「마하깝삐나 경」(S21:11)과 제6권 「마하깝삐나 경」(S54:7) 등이 있다. 그리고 그는 『맛지마 니까야』 제4권 「들숨날숨에 대한 마음챙김 경」(M118) §1과 『상윳따 니까야』 제1권 「범천 경」(S6:5)과 『앙굿따라 니까야』 제4권 「잠 경」(A6:17) §1과 『우다나』 「바라문 경」(Ud1:5) §1 등에서는 유력한 부처님의 직계 제자들, 즉 사리뿟따 존자와 마하목갈라나 존자와 마하깟사빠 존자와 마하깟짜나 존자와 마하꼿티따 존자와 마하쭌다 존자와 아누룻다 존자와 레와따 존자와 아난다 존자 등과 같이 언급되고 있다.

547. [686]"이로운 일과 해로운 것 이 둘을,
아직 성취되지 않은 이것을 앞당겨 보는 [사람],
그런 그를 증오하는 자들이나 그의 이로움을 바라는 자들도
그의 약점을 찾지만 보지 못합니다.[687]

686) "그때 어느 날 장로는 비구니들을 교계하면서(bhikkhuniyo ovadanto) 본 게송들을 읊었다."(ThagA.ii.233)

687) 수월하게 이해되지 않는 본 게송의 원문은 다음과 같다.

anāgataṁ yo paṭigacca(VRI:paṭikacca) passati,
hitañca atthaṁ ahitañca taṁ dvayaṁ|
viddesino tassa hitesino vā,
randhaṁ na passanti samekkhamānā||

주석서는 다음과 같이 설명한다.
"[본 게송은] 이것을 말하고 있다. —
나와 같은 사람(puggala)은 자신의 이익을 가져오고(hitāvaha) 이익이 되지 않음을 가져오는(ahitāvaha) 이 두 가지(tad-ubhayañca) 미래의, 즉 아직 성취되지 않은(anāgata asampatta) 이로운 의무(attha kicca)를 통찰지의 눈(paññā-cakkhu)으로 앞당겨서(puretaraṁyeva) 본다, 즉 검증하고 고찰

548. 688)들숨날숨에 대한 마음챙김689)을 완성하고 잘 닦고
부처님께서 설하신 순서대로 군건하게 닦은 자690)

한다(vīmaṁsati vicāreti).
그런 사람의 적들은(amittā) 해로운 의향을 가져서(ahitajjhāsaya) [그의] 약점을 찾으면서(randhaṁ gavesantā) [그를] 보지 못하고, 친구들은(mittā) 이로운 의향을 가져서(hitajjhāsaya) [그의 약점을 찾으면서 그를 보지 못한다.] 그러한 통찰지를 가진 사람은(tādiso paññavā puggalo) 허점이 없다(acchiddavutti). 그러므로(tasmā) 그대들은 그런 형태의 사람들이 되어야 한다는 말이다."(ThagA.ii.234)

여기서 보듯이 주석서는 anāgataṁ yo paṭigacca(VRI:paṭikacca) passati를 주석하면서 'anāgataṁ(미래에 속하는)'을 asampattaṁ(아직 성취되지 않은)으로 설명하고 특히 'paṭigacca(VRI:paṭikacca)'라는 방언에서 유래된(노만 교수 209쪽 참조) 말을 puretaraṁyeva(앞당겨서)로 설명하고 있다. 그래서 주석서는 이 구절을 '아직 성취되지 않은 이것을 앞당겨 보는 [사람]'으로 풀이하고 있다. 그리고 주석서는 이렇게 보는 것을 통찰지의 눈으로 본다(paññācakkhunā passati)라고 설명하고 있으며 이러한 사람의 보기로 '나와 같은 사람(ahaṁ viya)', 즉 본 게송을 읊은 마하깝삐나 장로 자신을 들고 있다. 그리고 네 번째 구절의 randhaṁ na passanti([그의] 약점을 보지 못한다)라는 것을 그가 통찰지를 가져(paññavā) 허점이 없음(acchiddavutti)으로 설명하고 있다.
이렇게 이해하여 역자는 본 게송을 옮겨보았다.

여기 마하깝삐나 장로의 게송들 가운데서 {548}~{551}의 네 가지는 주로 이로운 일(hita attha)에 대한 가르침이고 {552}~{555}의 네 가지는 해로운 것(ahita)에 대한 가르침이라고 이해할 수 있겠다.

688) "이제 들숨날숨에 대한 마음챙김 수행(ānāpānasatibhāvanā)의 덕스러움(guṇa)을 보여주면서 거기에 이러한 [{547} 게송의 내용]들을 적용시키기 위해서(tattha tāni yojetuṁ) 이 두 번째 게송({548})을 말했다."(ThagA.ii.234)

689) "들숨날숨의 표상을 대상으로 가지는 마음챙김(assāsapassāsa-nimittārammaṇā sati)이 '들숨날숨에 대한 마음챙김(ānāpānasati)'이다. 여기서는 마음챙김을 필두로 하여(sati-sīsena) 이것과 함께하는 삼매 수행(taṁsampayutta-samādhibhāvanā)을 뜻한다."(ThagA.ii.234)

690) "'부처님께서 설하신 순서대로 군건하게 닦은 자(anupubbaṁ paricitā yathā Buddhena desitā)'라고 하였다. '그는 마음챙기면서 숨을 들이쉬고(so satova assasati)'(D22 §2; M10 §4 등)라는 등으로 세존께서 설하신

그는 이 세상을 비춥니다, 마치 구름을 벗어난 달처럼.

549. 691)참으로 나의 마음은 깨끗하고
무량하고 잘 닦아졌나니
관통하였고 분발되었고
모든 방향을 밝게 비춥니다.692)

550. 693)통찰지를 가진 자는
재산을 잃을지라도 살아가지만
통찰지를 얻지 못하면

그대로, 순서대로 순서에 맞추어(anupubbaṁ anukkamena) 굳건하게 닦고(paricitā) 받들어 행하고(āsevitā) 수행한 자(bhāvitā)라는 말이다."(ThagA.ii.234)

691) "이제 자신을 보기(nidassana)로 하여 수행을 실천함(bhāvanābhiyoga)의 결실이 있음(saphalatā)을 보여주면서 이 세 번째 게송({549})을 말했다."(ThagA.ii.234)

692) 주석서는 본 게송의 의미를 다음과 같이 설명하고 있다.

"장애의 때가 사라졌기 때문에(nīvaraṇa-mala-vigamato) '참으로 나의 마음은 깨끗하다(odātaṁ vata me cittaṁ)', 즉 청정하다. 한계가 있는(pamāṇakarā) 탐욕 등이(rāgādayo) 제거되었고 무량한 열반(appamāṇa nibbāna)이 눈앞에 직접 드러났다(paccakkha kata)는 말이다. 그처럼 수행되었기 때문에 '무량하고 잘 닦아졌다(appamāṇaṁ subhāvitaṁ).' 그다음에 네 가지 진리를 '관통하였고(nibbiddhaṁ)', 즉 꿰뚫었고(paṭivijjhitaṁ) 모든 오염원들의 편으로부터(sakala-saṁkilesa-pakkhato) '분발되었고(paggahitaṁ)', 괴로움 등에 속하고 동쪽 등에 속하는 '모든 방향을 밝게 비춘다(sabbā obhāsate disā).' 그리고 거기서 의심을 건넜기 때문에(vitiṇṇa-kaṅkhattā) 모든 법들에서 미혹함이 사라졌다(vigata-sammoha-ttā). 그러므로 그대들도 이와 같이 마음을 닦아야 한다고 보여준 것이다."(ThagA.ii.234)

693) "마치 수행으로 이루어진 통찰지(bhāvanāmayā paññā)가 마음의 때를 깨끗하게 함 등(citta-mala-visodhanādi)을 통해서 사람에게 많은 도움이 되는 것처럼 그와 같이 다른 것들도 보여주면서 네 번째 게송({550})을 말했다."(ThagA.ii.234)

재산을 가졌을지라도 살아가지 못합니다. (={499})

551. 694)통찰지는 들은 것을 판별하고
통찰지는 찬탄과 명성을 증장시킵니다.
통찰지와 함께하는 사람은695) 여기서
괴로움들 속에서도 행복들을 얻습니다.696)

552. 697)이것은 지금만의 법칙이 아니고
경이로운 것도 아니고 놀라운 것도 아닙니다.
태어났으면 죽기 마련인데
거기서 무엇이 놀랍겠습니까?

---

694) "이제 통찰지의 이익들(ānisaṁsā)을 보여주기 위해서(paññāya dassetuṁ) 다섯 번째 게송({551})을 말하였다."

695) "'통찰지와 함께하는 사람은(paññā-sahito naro)'이라고 하였다. 여기서 '통찰지와 함께하는(paññā-sahito)'은 특별한 통찰지(pārihāriya-paññā)와 위빳사나의 통찰지(vipassanā-paññā)와 결합된 것을 말한다."(ThagA.ii.235)

'특별한 통찰지(pārihāriya-paññā)'와 '위빳사나의 통찰지(vipassanā-paññā)'에 대해서는 본서 제1권 {12}의 해당 주해를 참조할 것. 한편 『청정도론』은 명상주제를 '모든 곳에 유익한 명상주제(sabbatthaka-kammaṭṭhāna)'와 '특별한 명상주제(pārihāriya-kammaṭṭhāna)' 크게 둘로 나누어서 설명한다. 여기에 대해서는 본서 다섯의 모음 {354}의 해당 주해를 참조할 것.

696) "'괴로움들 속에서도 행복들을 얻습니다(api dukkhesu sukhāni vindati).'라고 하였다. 전적으로 괴로운 고유성질을 가진(ekanta-dukkhasabhāvā) 무더기[蘊]와 감각장소[處] 등에서 바른 도닦음(sammā-paṭipatti)으로 있는 그대로 고유성질을 자각함에 의해서(yathābhūta-sabhāvāvabodhena) 세속을 여읜 행복들도(nirāmisānipi sukhāni) 얻는다는 말이다."(ThagA.ii.235)

697) "이제 그 비구니들에게 무상함과 관계된(aniccatāpaṭisaṁyutta) 현명함을 가져오는(dhīrabhāvāvaha) 법을 설하면서 나머지 게송들을({552}~{556}) 읊었다."(ThagA.ii.235)

553. 태어남의 바로 다음이기 때문에
살아있는 자들에게 죽음은 확실한 것입니다.
태어난 모든 자들은 여기서 죽나니
살아있는 생명들은 이러한 법을 가졌기 때문입니다.

554. 698)다른 사람들의 삶에 이로운 것
이것은 죽은 자에게는 이로운 것이 아닙니다.
죽은 자에게는 울음이 있을 뿐
명성도 없고 세간적인 것도 없고
사문・바라문들에게 칭송을 받음도 없습니다.

555. 이것에 의해서699) 눈과 몸은 손상되고
용모와 힘과 사유도 망가집니다.
그의 적들은 기뻐하고
그의 이익을 기원하는 자들은 행복하지 않습니다.

556. 700)그러므로 슬기로운 사람들과 많이 배운 사람들이
[자신의] 가문에 거주하기를 원해야 합니다.
그들은 [59] 통찰지의 위력으로 의무를 건너기 때문입니다.

---

698) "이제 그 비구니들 가운데 슬픔에 묶인 마음을 가진(soka-bandhita-cittā) 어떤 비구니들이 있으면 그들의 슬픔을 제거하기 위해서 [본 게송을] 설했다."(ThagA.ii.235)

699) 주석서는 '이것에 의해서(tena)'를 이 울음에 의해서(tena ruṇṇena)로 설명하고 있다.(ThagA.ii.236)

700) "이러한 것들이 우는 것의 위험들(rudato ādīnavā)일 뿐이라는 것을 보여주면서 '눈과 몸은 손상되고'({555})라고 게송을 읊었으며 그 뒤에 슬픔 등의 이익이 없는 것을 제거하기 위해서(sokādi-anattha-paṭibāhanatthaṁ) 선우를 가까이함(kalyāṇamitta-payirupāsanā)을 적용시키면서 '그러므로'라는 이 마지막 게송({556})을 읊었다."(ThagA.ii.236)

[격류로] 가득 찬 강을 배로 건너듯이."701)

마하깝삐나 장로 (끝)

4. **쭐라빤타까 장로**(Th10:4 {557}~{566})

【행장】

쭐라빤타까 장로(Cūḷapanthaka thera)의 일화는 본서 여덟의 모음에 나타나는 마하빤타까 장로의 일화({510}~{517})에서 설명한 것과 같다고 『테라가타 주석서』는 적고 있다.(ThagA.ii.236) 특히 쭐라빤타까 장로의 일화는 『청정도론』 제12장 §§60~67(Vis.XII.60~67)에서 '하나인 상태에서 여러 몸을 나투는 신통'의 보기로 자세하게 설명되고 있으므로 참조하기 바란다. 장로에 대한 부분을 요약하면 다음과 같다.

쭐라빤타까 장로(Culla/Cūḷa-Panthaka thera)는 라자가하의 부유한 상인의 딸에게서 태어났다. 그의 어머니는 하인과 눈이 맞아서 라자가하를 도망 나가서 살았다고 한다. 그의 형은 마하빤타까라 불린다. 두 형제는 길(pantha)에서 태어났기 때문에 빤타

---

701) 주석서는 본 게송을 이렇게 설명하고 있다.

"이로움을 바라는 사람의 친구들(hitesino mittā)이 괴로움에 빠져 괴로워 한다. 그러므로 법의 자양분의 통찰지(dhammoja-paññā)를 구족한 '슬기로운 사람들(medhāvino)'과 지금·여기에 속하는 등의 이로움을 의지하는(diṭṭhadhammikādi-attha-sannissita) 많이 배움(bāhu-sacca)의 완성을 위해 '많이 배운 사람들을(bahussute)' 자신의 가문에 거주하도록 '원해야 한다(iccheyya)', 즉 바라야 한다(pāṭikaṅkheyya), [자신의] 가문에 자주 오도록 해야 한다는 말이다. '그들은(yesaṁ)' 즉 그들 슬기로운 사람들과 많이 배운 사람들과 현자들은 '통찰지의 위력으로(paññā-vibhavena)', 즉 통찰지의 힘으로 [자신들의 이로운 의무를 건너 저 언덕에 도달하기 때문이다.] 마치 큰 격류가 가득 찬 강을 배로써 건너듯이 그와 같이 [그 좋은] 가문의 아들들(kula-puttā)은 자신들의 이로운 의무(attha-kicca)를 '건넌다(taranti)', 즉 저 언덕에 도달한다(pāraṁ pāpuṇanti)는 말이다. [이 문장은] '[자신의] 가문에 거주하기를 원해야 합니다(iccheyya kule vasante).'와 연결된다."(ThagA.ii.236)

까(Panthaka)라는 이름을 얻었다. 그의 어머니와 하인이 도망 다니면서 길에서 태어났기 때문이다.[702]

그는 후에 형과 함께 외갓집으로 보내져서 양육되었다. 그의 형은 외할아버지를 따라 부처님을 뵈러 다녔기 때문에 먼저 출가하여 아라한이 되었다. 그도 형의 권유로 출가하여 형이 준 게송(A.iii.239)을 넉 달이나 외웠지만 외울 수 없었다. 그 게송은 다음과 같다.

> "마치 향기로운 꼬까나다 연꽃이
> 아침에 향내음을 풍기면서 피듯이
> 멀리 빛을 드리우신 부처님을 보라.
> 마치 허공에서 빛나는 태양과 같구나."[703]
>
> (S3:12 §8 {401}; A5:195 §1)

그는 승단에서 바보 빤타까로 알려질 정도였다. 그러나 부처님께서는 그에게 천 조각(coḷa-khaṇḍa)을 주시면서 '먼지 닦기(rajo-haraṇa), 먼지 닦기'라고 반복해서 외우라 하셨고(Vis.XII.62) 그런 방법을 통해서 무애해체지와 육신통을 갖춘 아라한이 되었다고 한다. 세존께서는 『앙굿따라 니까야』 제1권 하나의 모음 「으뜸 품」(A1:14)에서 "비구들이여, 마음으로 만든 몸을 창조하는 나의 비구 제자들 가운데서 쭐라빤타까가 으뜸이다."(A1:14:2-1)라고 칭찬하셨다. 그가 왜 마음으로 만든 몸을 창조하는 자(manomayaṁ kāyaṁ abhinimminanta)들 가운데서 으뜸인지

---

702) 본서 여덟의 모음 마하빤타까 장로({510}) 의 【행장】 참조

703) padumaṁ yathā kokanadaṁ sugandhaṁ,
pāto siyā phullamavītagandhaṁ|
aṅgīrasaṁ passa virocamānaṁ,
tapantamādiccamivantalikkhe.||

본 게송은 『상윳따 니까야』 「다섯 왕 경」(S3:12) §8 {401}과 『앙굿따라 니까야』 「삥기야니 경」(A5:195)에도 나타나고 『청정도론』 XII.60과 『테라가타 주석서』(ThagA.ii.237)에도 인용되어 나타난다.

는 아래 {561}번 게송의 해당 주해에 잘 나타나 있다. 『청정도론』 제12장 §§60~67도 참조하기 바란다.

그가 '먼지 닦기(rajo-haraṇa), 먼지 닦기'라고 반복해서 외우면서 했던 수행을 『테라가타 주석서』는 이렇게 정리한다.
"그는 지혜가 익었기 때문에 이렇게 생각하였다. '이 천 조각(coḷakhaṇḍa)은 원래는 청정하였다(parisuddha). 이 업에서 생긴 몸(upādiṇṇaka-sarīra)을 의지하여 오염되어(kiliṭṭha) 다르게 되었다. 그러므로 이것이 무상한 것처럼 그와 같이 이 마음도 그러하다.' 이처럼 그는 멸진과 사라짐(khaya-vaya)에 대해서 확립된 뒤 바로 그 표상에서 禪의 경지들에 들어서 禪을 기초로 하여 위빳사나를 확립한 뒤 무애해체지와 더불어 아라한됨을 얻었다.
장로의 일화는 『아빠다나』에도 나타나고 있다. …
그는 아라한도를 통해서 삼장에 능통하고(tepiṭaka) 다섯 가지 신통지를 얻었다. …
그는 나중에 비구들이 '그때 굼뜬 요소를 가진(dandha-dhātuka) 당신이 어떻게 진리들을 꿰뚫었습니까?'라는 질문을 하자 형에게 인사를 올리는 것으로 시작하여 자신의 도닦음을 밝히면서 본 게송들을 읊었다."(ThagA.ii.238)

557. "나의 지적인 발달 정도는 아주 굼떴습니다.704)
전에 나는 멸시를 받았습니다.705)

704) '나의 지적인 발달 정도는 아주 굼떴습니다.'는 dandhā mayhaṁ gatī āsi를 옮긴 것이다. 주석서는 이렇게 설명한다.

"여기서 '아주 굼떴다는 것(dandhā)'은 멍청한 것(mandā)이다. 사구게(catuppadikā gāthā)를 넉 달 동안 외우지 못하는 상태여서 [지혜의] 힘이 약한 것(dubbalā)을 말한다. '지적인 발달 정도(gati)'란 지혜의 발달(ñāṇa-gati)이다."(ThagA.ii.239)

705) "'전에(pure)'란 전에 범부였을 때(pubbe puthujjana-kāle)라는 말이다. '멸시를 받았습니다(paribhūto).'라는 것은 그때부터 '마음챙김을 잊어버리

그리고 '너는 이제 집에 가거라.'라고
형도 나를 내쫓았습니다.

558. 그런 나는 내쫓겨서
승원의 입구에서
교법에 대한 기대를 가지고
풀이 죽은 마음으로 서있었습니다.

559. 세존께서 그곳에 오셨습니다.
그분은 나의 머리를 만져주셨습니다.706)
[손으로] 나의 팔을 잡으시고
승원으로 들어가셨습니다.

고 알아차리지 못한다.'라고 경멸되었다(hīḷita)는 것이다. 멸시를 받았을 뿐만 아니라 '형도 나를 내쫓았습니다(bhātā ca maṁ paṇāmesi).' '빤타까여, 너는 멍청하고 원인을 가지지 않고 태어났다(ahetuka)고 여겨진다. 그러므로 출가자가 해야 할 의무(pabbajita-kicca)를 정수리(matthaka)로 여겨 받아 지닐 수 없다. 이 교법과 어울리지 않는다. 그러니 너는 할아버지 집으로 돌아가거라.'라고 하면서 나를 끌어내었다는 말이다."(ThagA.ii.239)

아비담마에서 말하는 원인(hetu)은 탐욕 · 성냄 · 어리석음(탐 · 진 · 치)과 탐욕 없음 · 성냄 없음 · 어리석음 없음(불탐 · 부진 · 불치)으로 모두 여섯이다. 그래서 아비담마가 뜻하는 원인(hetu) 혹은 뿌리(mūla)는 모두 유익함[善]과 해로움[不善]의 원인을 말한다. 이런 근본원인은 마음이 확고하고 안정되도록 도와주는 요소이므로 원인 없는 마음들은 원인을 가진 마음들보다 확고하지 못하다.
원인(hetu)에 대해서는 『아비담마 길라잡이』 제3장 §5의 해설을 참조하고 원인을 가지지 않은 자(ahetuka)에 대해서는 제4장 §24를 참조할 것.

706) "'세존께서 그곳에 오셨습니다(bhagavā tattha āgacchi).'라고 하였다. 크나큰 연민으로 격려하시는 마음으로(mahā-karuṇā-sañcodita-mānaso) 나를 섭수하시면서 세존께서는 내가 서있는 곳으로 오셨다. 오셔서는 '빤타까여, 내가 그대의 스승이다. 마하빤타까가 아니다. 나를 지목해서 그대의 출가는 이루어질 것이다.'라고 나를 안심하게 하시면서(samassāsenta) '머리를 만져주셨다(sīsaṁ mayhaṁ parāmasi).' '이제 나의 아들이 될 것이다.'라고 밝히시면서 나의 머리를 쓰다듬어 주셨다는 말이다."(ThagA.ii.239)

560. 나에 대한 연민으로 스승님께서는
발 닦을 것을 주셨습니다.707)
'이 깨끗한 것을 한 곁에 잘 두고
확고하게 잘 지니어라.'라고 하시면서.708)

561. 그분의 말씀을 듣고서
나는 교법에서 기뻐하면서 머물렀습니다. (=Thig. {187} 등)
가장 높은 이치를 얻기 위해서709)
나는 삼매를 닦았습니다.710)

---

707) "'발 닦을 것을 주셨습니다(pādāsi pādapuñchanim).'라는 것은 발을 닦은 뒤 '먼지 닦기(rajo-haraṇa)'라고 마음에 잡도리하여라.'라고 하시면서 주셨다, 부여하셨다는 뜻이다."(ThagA.ii.240)

708) "'이 깨끗한 것을 한 곁에 잘 두고 / 확고하게 잘 지니어라.'라고 하시면서(etaṁ suddhaṁ adhiṭṭhehi, ekamantaṁ svadhiṭṭhitaṁ).'라고 하였다. 이 깨끗한 천 조각(coḷa-kkhaṇḍa)을 '먼지 닦기(rajo-haraṇa), 먼지 닦기'라고 마음에 잡도리하면서 한 곁에 잘 둔 뒤(ekamantaṁ svadhiṭṭhi-taṁ) 한 곁에서, 즉 외딴곳에서(vivitte) 간다꾸띠(향실)를 마주보고 앉아서 확고하게 잘 지니어라, 즉 그처럼 마음이 삼매에 들게 하여 지내라는 말씀이다."(ThagA.ii.240)

709) "'가장 높은 이치를 얻기 위해서 / 나는 삼매를 닦았습니다(samādhiṁ paṭi-pādesiṁ, uttamatthassa pattiyā).'라고 하였다. 여기서 가장 높은 이치란 아라한됨이다. 그것을 얻기 위해서 까시나의 준비단계의 수행(kasiṇa-parikamma)을 통해서 색계禪들(rūpajjhānāni)을 증득하였고 그 禪을 토대로(jhāna-pādaka) 위빳사나를 확립한 뒤 도를 수행하여 으뜸가는 도의 삼매(agga-magga-samādhi)를 얻었다는 뜻이다."(ThagA.ii.240)

710) "'삼매(samādhi)'라고 하였다. 근접삼매(upacāra-samādhi)로부터 시작하여 네 번째 도의 삼매(catuttha-magga-samādhi)까지는 삼매라는 사문의 결실(samādhi-sāmañña)에 의해서 얻은 것이고 으뜸가는 과의 삼매(agga-phala-samādhi)는 가장 높은 이치를 얻음(uttamattha-ggahaṇa)에 의해서이다. 그리고 삼매에 능숙함(samādhi-kusala)은 굉장한 것이다(sāti-saya). 그래서 '나는 삼매를 닦았습니다(samādhiṁ paṭipādesiṁ).'라고 하였다.

삼매에 능숙함 때문에(samādhi-kusalatāya) 이 존자는 마음의 전개에 능숙한 자(cetovivaṭṭa-kusala)가 되었고 마하빤타까 장로는 위빳사나에 능숙함 때문에 인식의 전개에 능숙한 자가(saññāvivaṭṭa-kusala) 되었다. 한 분은 여기서 삼매의 특징(samādhi-lakkhaṇa)에 영민하고(cheka) 한 분은 위빳사나의 특징(vipassanā-lakkhaṇa)에 그러하다. 한 분은 삼매에 강하고(samādhi-gāḷha) 한 분은 위빳사나에 강하다. 한 분은 구성요소의 축소(aṅga-saṁkhitta)에 영민하고 한 분은 대상의 축소(ārammaṇa-saṁkhi-tta)에 [그러하다.] 한 분은 구성요소의 구분(aṅga-vavatthāna)에, 한 분은 대상의 구분(ārammaṇa-vavatthāna)에 그러하다고 묘사한다.(여기에 대해서는 아래 설명도 참조할 것.)

더군다나 쭐라빤타까 장로는 굉장하게(sātisayaṁ) 네 가지 색계禪을 얻었기 때문에 마음의 전개에 능숙한 자로 불리었고, 마하빤타까 장로는 굉장하게 네 가지 무색계禪을 얻었기 때문에 인식의 전개에 능숙한 자라 [불리었다]. 혹은 첫 번째 분은 색계의 禪을 얻은 자(rūpāvacara-jjhāna-lābhī)가 되어 선의 구성요소들로부터 출정하여(jhānaṅgehi vuṭṭhāya) 아라한됨을 얻었다고 해서 마음의 전개에 능숙한 자이고, 다른 분은 무색계의 禪을 얻은 자(arūpāvacara-jjhāna-lābhī)가 되어 禪의 구성요소들로부터 출정하여 아라한됨을 얻었다고 해서 인식의 전개에 능숙한 자이다.

그런데 마음으로 만든 몸(manomaya kāya)을 존재하게 하여 다른 세 개 혹은 네 개의 [몸이] 존재하게 되거나 많이 존재하게 되는 것은 아니다. 하나의 비슷한 것을 만든 뒤 존재하게 한다(ekasadiseyeva ca katvā nibbatt-enti). 한 종류의 업을 행하여서 그러하다. 그러나 이 장로는 하나의 전향을(ekāvajjana) 통해서 천 명의 사문을 만들어낸다. 몸으로 둘을 하나로 같게 만들지 않았고 한 종류의 업을 만들지 않았다. 그러므로 그는 마음으로 만든 몸을 창조하는 자들 가운데(abhinimminantānaṁ) 으뜸이 되었다."(ThagA.ii.240)

한편 『앙굿따라 니까야 복주서』는 "비구들이여, 마음으로 만든 몸을 창조하는 나의 비구 제자들 가운데서 쭐라빤타까가 으뜸이다."(A1:14:2-1)를 주석하는 문맥에서 '구성요소의 축소' 등을 다음과 같이 설명하고 있다.

"구성요소의 축소(aṅga-saṁkhitta)란 네 가지 [禪의] 구성요소와 세 가지 구성요소 등으로 禪의 구성요소들(jhānaṅgā)을 축소하는 것(saṅkhipana)이다. 대상의 축소(ārammaṇa-saṁkhitta)란 까시나를 제거하여(kasiṇ-ugghāṭi) 허공 등을 생기게 함(ākāsādi-nibbattana)에 의해서 까시나 등의 대상들을 축소하는 것(saṁkhipana)이다.
구성요소의 구분(aṅga-vavatthāpana)이란 일으킨 생각 등의 禪의 구성요소들을 구분하는 것(vavatthāpana)이다. 대상의 구분(ārammaṇa-vava-tthāpana)이란 땅의 까시나 등의 禪의 대상들(jhān-ārammaṇā)을 구분

562. 나는 전생을 알고[宿命]
신성한 눈[天眼]이 청정해졌습니다. (ab={332}ab 등)
세 가지 명지를 얻었고
부처님의 교법을 실천하였습니다. (cd={270}cd; {274}cd 등)

563. [나] 빤타까는 천 명의 자신을 만들어내어
[초청] 시간을 알리는 [순간]까지
아름다운 망고 숲에 앉아있었습니다.711) (Vis.XII.65)

564. 그러자 스승님께서는 나에게
[초청] 시간을 알려주는 사자를 보내셨습니다.
[초청] 시간이 전해지자
나는 하늘을 통해서 [세존께] 다가갔습니다.

565. 나는 스승님의 발에 절을 올리고
한 곁에 앉았습니다.
한 곁에 앉은 나를 아시고
그때 스승님께서는 [물을] 수용하셨습니다.712)

566. 온 세상의 시물(施物)의 수용자이신 분713),

하는 것이다."(AAṬ.i.147)
여기에 대해서는 『청정도론』 XII.3 이하도 참조하기 바란다.

711) 이 {563}번 게송은 『청정도론』(Vis.XII.65)에 인용되어 실려 있다. 이 일화에 대한 설명은 『청정도론』 Vis.XII.64~66을 참조하기 바란다.

712) "'[물을] 수용하셨습니다(paṭiggahi).'라는 것은 보시를 받기 위해 손 씻을 물을 수용하셨다(dakkhiṇodakaṁ paṭigganhi)는 말이다."(ThagA.ii.241)

713) "'온 세상 시물(施物)의 수용자이신 분(āyāgo sabbalokassa)'이라고 하였다. 신들을 포함한 온 세상의 으뜸가는 보시를 받을 만한 분이시기 때문에(agga-dakkhiṇeyyatāya) 보시물(deyyadhamma)을 가져와서 바쳐야

헌공(獻供)714)을 섭수하시는 분,
인간들의 복밭[福田]이신 분은
보시를 받으셨습니다."715)

쭐라빤타까 장로 (끝)

5. 깝빠 장로(Th10:5 {567}~{576})

【행장】

"깝빠 장로(Kappa thera)는 마가다에서 작은 지역의 왕의 가문(maṇḍalikarāja-kula)에 태어났다. 그는 아버지가 임종하자 왕위

하는 장소가 되는 분(yajitabbaṭṭhānabhūta)이라는 뜻이다."(ThagA.ii.241)

714) 여기서 '헌공(獻供)'은 āhuti를 옮긴 것인데 바라문교의 제사에서 신들에게 공물(供物)을 올리는 것이나 그 공물을 뜻한다. 주석서에서 "보시라는 헌공(dakkhiṇāhuti)"(ThagA.ii.241)으로 설명하고 있다.

715) 본서의 주석서(ThagA.ii.241~242)와 『청정도론』에 의하면 이렇게 하여 부처님께서는 『닛데사』에 나타나는 게송들을 읊으셨다. 『청정도론』(Vis.XII.63)을 인용한다.

"그때 세존께서 그를 위해 광채를 내뿜는 게송을 읊으셨다.

탐욕이 때일 뿐 먼지를 때라 하지 않네.
때는 탐욕의 동의어
현자는 이러한 때를 버리고
때 없는 자의 교단에 머문다.

성냄이 때일 뿐 먼지를 때라 하지 않네.
때는 성냄의 동의어
현자는 이러한 때를 버리고
때 없는 자의 교단에 머문다.

어리석음이 때일 뿐 먼지를 때라 하지 않네.
때는 어리석음의 동의어
현자는 이러한 때를 버리고
때 없는 자의 교단에 머문다."(Nd1.505)

그 게송이 끝나자 그는 네 가지 무애해체지와 여섯 가지 초월지[六神通]를 수반한 아홉 가지 출세간법을 손에 쥐게 되었다."(Vis.XII.63)

에 책봉되어 감각적 쾌락들에 지나치게 빠지고 탐하면서 머물렀다. 스승님께서는 큰 연민의 증득(mahā-karuṇā-samāpatti)에서 출정하셔서 세상을 굽어보시다가 그가 지혜의 그물 안에(ñāṇa-jāle) 통찰지가 있음(paññāyamāna)을 보시고 '어떻게 될 것인가?'라고 전향하시면서 '이 사람은 내 곁에서 더러움[不淨]에 대한 가르침(asubha-kathā)을 듣고 마음이 감각적 쾌락들에 대해서 탐욕이 빛바래어 출가한 뒤 아라한이 될 것이다.'라고 아신 뒤 허공으로 그곳에 가셔서 본 게송 [10개를] 읊으셨다."(ThagA.ii.242)

"이 게송들을 통해서 [세존께서는] 그에게 더러움[不淨]에 대한 말씀을 하셨다. 그는 여러 가지 형태의 무더기를 가진(anekākāra-vokāra) 몸의 고유성질에 대해서 설명하시는(sarīra-sabhāva-vibhāvana) 더러움에 대한 말씀을 스승님의 면전에서 듣고 그것을 자신의 몸에 [적용시켜] 괴로워하고(aṭṭīyamāna) 부끄러워하고(harāyamāna) 혐오하면서(jigucchamāna) 절박한 가슴으로(saṁvigga-hadaya) 스승님께 절을 올리고 '세존이시여, 저는 세존의 곁에서 출가하고자 합니다.'라고 출가를 청하였다.

스승님께서는 곁에 서있는 어떤 비구에게 명하셨다. '비구여, 가서 이 사람을 출가시켜 구족계를 준 뒤 데리고 오라.'라고. 그 비구는 그에게 피부의 오개조(五個組)의 명상주제[716]를 준 뒤 출가하게 하였다. 그는 삭발을 할 때(khuraggeyeva) 무애해체지와 더불어 아라한됨을 얻었다. 장로의 일화는 『아빠다나』에도 나타나고 있다."(ThagA.ii.243)

계속해서 주석서는 설명한다.

---

716) '피부의 오개조(五個組)의 명상주제'는 taca-pañcaka-kammaṭṭhāna를 옮긴 것인데 머리카락, 몸털, 손발톱, 이빨, 살갗의 다섯 가지를 말한다. 여기에 대해서는 『청정도론』 제8장 가운데 몸에 대한 마음챙김을 닦는 방법(Vis.VIII.48 이하)을 참조할 것.

"그는 아라한됨을 얻은 뒤 구족계를 받고 스승님께 다가가서 절을 올리고 한 곁에 앉아서 구경의 지혜를 천명하면서 [세존께서 먼저 그에게 읊어주신] 그 게송들을 읊었다. 그래서 그 게송들은 장로의 게송(theragāthā)이 되었다."(ThagA.ii.243)

깝빠 장로와 관계된 경으로는 『상윳따 니까야』 제3권 「깝빠 경」 1/2(S22:124~125)가 있다. 이 두 개의 경은 오온이 내 것, 나, 나의 자아가 아님을 바른 통찰지로 보아야 함을 강조하시는 세존의 가르침을 담고 있다.

567. [세존]
"여러 종류의 때[垢]로 가득하고
배설물들을 만들어내는 큰 근원이며
썩은 물의 저수지와 같고
큰 종기이고 큰 상처이며

568. 고름과 피로 가득하고
똥 무더기로 가득하며
물이 뚝뚝 떨어지는 몸은
항상 더러운 것이 흘러나온다.

569. 예순 개의 [60] 힘줄[腱]로 묶여있고
살점의 반죽으로 발라져 있으며
피부인 외피로 감겨있는
썩기 마련인 몸은 아무 쓸모가 없다.

570. 뼈의 더미들로 연결되어 있고
힘줄의 실들에 묶여있으며
여러 가지 [부분들이] 조합되어

자세를 유지한다.

571. 죽음의 왕 가까이에서
죽음이 분명함으로부터 시작하여[717)]
바로 여기서 [몸을] 버린 뒤
사람은 원하는 곳으로 간다.

572. 몸은 무명으로 덮여있고
네 가지 매듭으로 매듭지어 있으며
몸은 폭류에 가라앉아 있고
잠재성향의 그물에 붙잡혀 있다.[718)]

---

717) "'죽음이 분명함으로부터 시작하여(dhuvappayāto maraṇāya)'라고 하였다. ['사람은(naro)'] 죽음을 위해서(maraṇassa atthāya) 전적으로 가고 있고(ekanta-gamano), 생겨남으로부터 시작하여(nibbattito paṭṭhāya) 죽음을 향해 나아가고 있다(maraṇaṁ pati pavatto). 그러므로 [사람은] 오직(tato eva) '죽음의 왕의(maccurājassa)', 즉 죽음의(maraṇassa) '가까이에서(santike)' 서 있는 것이라는 말이다."(ThagA.ii.244)

718) "'무명으로 덮여 있고(avijjāya nivuto)'란 무명의 장애(avijjā-nīvaraṇa)로 덮여있다, 즉 가려 있는 위험을 가지고 있다(paṭicchāditādīnava)는 말이다. 달리 말하면 여기서 결박(saṅga)을 생기게 한다는 의미이다.
'네 가지 매듭으로 매듭지어 있으며(catu-ganthena ganthito)'란 간탐의 몸의 매듭 등(abhijjhā-kāya-ganthādi)의 네 가지 매듭에 의해서 묶여있고 매듭의 대상이 되는 것(ganthaniya-bhāva)에 덮여있다는 말이다.
'폭류에 가라앉아 있고(ogha-saṁsīdano)'란 폭류의 대상이 되는 것(ogha-niya-bhāva)으로 감각적 쾌락의 폭류 등(kāmoghādi)의 네 가지 폭류에 가라앉아 있다는 말이다.
제거되지 않음(appahīna-bhāva)에 의해서 흐름(santāna)에서 자꾸자꾸 눕는다(anu anu senti)고 해서 '잠재성향들(anusayā)'인데 감각적 쾌락에 대한 탐욕의 잠재성향 등(kāma-rāgādayo)의 잠재성향들을 말한다. 이들의 그물(jāla)에 붙잡혔고 지배되었다고 해서 '잠재성향의 그물에 붙잡혀 있다(anusayā-jālam otthato)고 한다.'"(ThagA.ii.245)

네 가지 '매듭(gantha)'과 네 가지 '폭류(ogha)'에 대해서는 본서 제1권 하나의 모음 {89}번 게송의 해당 주해나 『아비담마 길라잡이』 7장 §§4~6의

573. 그것은 다섯 가지 장애와 결합되어 있고
일으킨 생각에 의해 괴롭힘당하며
갈애의 뿌리가 뒤따라오고[719]
어리석음의 덮개로 덮여있다.[720]

574. 이와 같이 이 몸은 존재한다.
[이 몸은] 업을 도구로 해서 부추겨지고[721]

해설을 참조하기 바란다.

719) "'갈애의 뿌리가 뒤따라오고(taṇhāmūlenānugato)'는 갈애라 불리는 존재의 뿌리(bhava-mūla)에 묶여있다(anubaddha)는 말이다."(ThagA.ii.245)

720) "여기서 이 모든 것은 알음알이를 가진 육체적인 몸(saviññāṇaka karaja-kāya)을 두고 말한 것이다. 알음알이를 가진 자기 존재(atta-bhāva)는 [『디가 니까야』 제1권 「범망경」(D1)의] '비구들이여, 여래의 몸은 존재에 묶어두는 사슬(netti)을 끊어 버린 채 머물러 있다.'(D1 §3.73)와, [『상윳따 니까야』 제2권 「우현 경」(S12:19)의] '이처럼 이 몸과 밖의 정신·물질이 생겨난다.'(S12:19 §3)라는 등에서 몸(kāya)이라고 설해졌기 때문이다."(ThagA.ii.245)

'사슬'로 옮긴 원어 netti는 동물을 묶어두는 밧줄(rajju)과 같은 것이라고 주석서는 설명하며 그것은 다름 아닌 존재에 대한 갈애(bhava-taṇhā)라고 설명한다.(DA.i.128)

'존재에 [묶어두는] 사슬(bhava-netti)'에 대해서는 본서 둘의 모음 {135}의 해당 주해를 참조할 것.

"여기서 '이 몸(ayaṁ kāyo)'이란 자신의(attano) 알음알이와 함께한(sa-viññāṇaka) 몸을 말한다. … '밖의 정신·물질(bahiddhā nāma-rūpaṁ)'이란 남들의(paresaṁ) 알음알이와 함께한 몸을 말한다. 이렇게 하여 여기서는 [이 몸이라는 표현으로는] 자신의 다섯 무더기[五蘊, pañca khandhā]와 여섯 감각장소[六處, cha āyatannā]를, 그리고 [밖의 정신·물질이라는 표현으로는] 남의 오온과 육처를 드러내고 있다."(SA.ii.38)

721) '[이 몸은] 업을 도구(yantra)로 해서 부추겨지고'는 kamma-yantena yantito를 옮긴 것이다. 주석서는 이렇게 설명한다.

"'업을 도구로 해서(kamma-yantena)', 즉 좋게 행하고 나쁘게 행한 업이라 불리는 도구(kamma-saṅkhāta yanta)에 의해서, '부추겨지고(yanti-

[이것의] 번영은 파멸로 끝이 나며722)
여러 존재를 가지지만 파멸한다.

575. 이 몸을 나의 것이라고 여기는723)
눈멀고 우둔한 범부들은
무서운 공동묘지를 증가시키고
다시 존재함을 받는다.

576. 똥 묻은 뱀처럼 여겨
이 몸을 버리는 자들은
존재의 뿌리를 토해내고
번뇌 없이 완전한 열반에 들 것이다."724)

---

to)', 즉 부딪히고(saṅghaṭita). 즉 [이 몸은] 안은한 곳(khemanta)으로 가는 것이 불가능하기 때문에 소동이 일어나서(saṅkhobhita) 선처와 악처에 존재하게 된다, 방황하게 된다(vattati paribbhamati)는 말이다."(ThagA.ii.245)

722) "'[이것의] 번영은 파멸로 끝이 나며(sampatti ca vipatyantā)'라고 하였다. 여기서 번영인 것, 그것은 파멸로 귀결된다(vipatti-pariyosānā)는 말이다."(ThagA.ii.245)

723) "'이 몸을 나의 것이라고 여기는(yemaṁ kāyaṁ mamāyanti)'이라고 하였다. '눈멀고 우둔한 범부들은(andhabālā puthujjanā)' 이와 같이 더럽고 무상하고 견고하지 않고 괴롭고 심재가 없는 이 몸을 '이것은 나의 것이다(mama idaṁ).'라고 거머쥐고(gaṇhantā) 나의 것이라고 욕탐(chanda-rāga)을 일으키는 것을 말한다."(ThagA.ii.245)

724) '존재의 뿌리를 토해내고 / 번뇌 없이 완전한 열반에 들 것이다.'는 bhava-mūlaṁ vamitvāna, parinibbissanty anāsavā를 옮긴 것이다. 주석서는 이렇게 결론짓는다.

"이와 같이 현자인 좋은 가문의 아들들(paṇḍitā kulaputtā)은 불결함에 대해서 넌더리를 내면서(asucibhāvena jegucchaṁ) 무상함 등에 의해서 두려운(sappaṭibhaya) 이 몸을 피하고 욕탐을 제거함(chandarāga-ppahāna)에 의해서 버린다. 그들은 존재의 뿌리인 무명과 존재에 대한 갈애를 토해내고, 즉 던져버리고 완전하게 제거한 뒤에 모든 곳에서 번뇌 없는 자가 되어 유여열반과 무여열반의 요소로 완전한 열반에 들 것이라는 말이다."(ThagA.

깝빠 장로 (끝)

6. 왕간따의 아들 우빠세나 장로(Th10:6 {577}~{586})

【행장】

왕간따의 아들 우빠세나 장로(Upasena Vaṅgantaputta thera)는 사리뿟따 존자의 동생이다.(UdA.266; SA.ii.368) 그의 부친이 왕간따 바라문(Vaṅganta-brāhmaṇa)이었기 때문에 그는 왕간따의 아들이라 불린다.(UdA.266) 이처럼 사리뿟따 존자는 어머니인 [루빠]사리의 아들(사리뿟따)로 불리고 있고, 우빠세나 존자는 아버지인 왕간따의 아들(왕간따뿟따)로 불리고 있다. 『테라가타 주석서』는 이렇게 설명한다.

"왕간따의 아들 우빠세나 장로(Upasena Vaṅgantaputta / VRI: Vaṅgantaputta-Upasena thera)는 날라까 마을에서 루빠사리 바라문녀의 모태에서 태어났고 우빠세나라고 이름을 지었다. 그는 적당한 나이가 되어 세 가지 베다를 익힌 뒤 스승님의 곁에서 법을 듣고 믿음을 얻어 출가하여 구족계를 받고 한 번의 안거가 지나서 '나는 성자의 태아를 증장시키리라(ariyagabbhaṁ vaḍḍhemi).'라고 하면서 한 명의 좋은 가문의 아들을 자신의 곁에서 구족계를 받게 한 뒤 그와 함께 스승님의 곁으로 갔다.
스승님께서는 한 번의 안거도 나지 않은 그 비구가 그를 시중들고 있음을 아시고 '쓸모없는 인간이여, 그대는 너무 경솔하고 사치스럽구나.'라고 꾸짖으셨다. '이제 나는 회중(parisa)을 의지하여 스승님으로부터 꾸짖음을 받았으니 회중을 의지하여 스승님의 칭찬을 받을 것이다.'라고 [결심하여] 위빳사나의 업을 행하면서 오래지 않아 아라한됨을 얻었다. 장로의 일화는 『아빠다나』에도 나타나고 있다. …

ii.246)

그는 아라한됨을 얻은 뒤 스스로 모든 두타행의 법들(dhutaṅga-dhammā)을 받들어 행하면서 지냈고 남들에게도 그 이로운 것을 받들어 행하도록 하였다. 그래서 세존께서는 『앙굿따라 니까야』 제1권 하나의 모음 「으뜸 품」(A1:14)에서 그를 모든 면에서 청정한 믿음을 내게 하는 자들(samanta-pāsādikā) 가운데서 으뜸의 위치에 놓으셨다.(A1:14:3-5)
그 뒤에 꼬삼비에서 분쟁이 일어나서(kalahe uppanne) 비구 승가가 둘로 갈라졌을 때 그 분쟁을 피하기를 원하는 어떤 비구가 '지금 분쟁이 생겼습니다. 승가가 둘로 갈라졌습니다. 어떻게 제가 도닦음을 행해야 합니까?'라고 질문을 하였다. 그는 한거하여 머묾(viveka-vāsa)으로부터 시작하여 그에게 도닦음(paṭipatti)을 설명하면서 본 게송들을 읊었다."(ThagA.ii.246~247)

계속해서 주석서는 이렇게 설명한다.
"이와 같이 장로는 그 비구들에게 교계를 베푸는 권위 있는 말(ovāda-dānā-padesa)을 통해서 자신의 그러한 도닦음의 경지(tathā-paṭipanna-bhāva)를 밝히면서 구경의 지혜를 천명하였다."(ThagA.ii.250)

이처럼 그는 베다에 통달했지만 출가하여 부처님 제자가 되었다. 그는 출가하여 한 안거 만에 출가자의 수를 늘리기 위해 상좌를 두어서 그를 데리고 부처님께 갔다. 세존께서는 회중이 보는 앞에서 그의 성급함을 나무라셨고 그는 세존으로부터 모든 면에서 신뢰받는 제자가 되려고 결심하고 정진에 몰두하여 육신통과 무애해체지를 갖춘 아라한이 되었다고 한다.(UdA.266) 그 후 장로는 여러 가지 두타행을 닦았으며 많은 회중을 거느렸다고 한다.(AA.i.271~272)

그는 설법을 잘하기로 유명하였으며 그래서 많은 사람들이 부처님의 신도가 되었다고 한다. 그래서 세존께서는 『앙굿따라 니까야』 제1권 하나의 모음 「으뜸 품」(A1:14)에서 "모든 면에서 청정한 믿음을 내게 하는 자(samanta-pāsādika)들 가운데서 왕간따의 아들 우빠세나가 으뜸"(A1:14:3-5)이라고 하셨다.
사리뿟따 존자에게는 세 명의 남동생, 즉 쭌다(Cunda), 우빠세나(Upasena), 레와따(Revata)와 세 명의 여동생, 즉 짤라(Cālā), 우빠짤라(Upacālā), 시수빠짤라(Sīsūpacālā)가 있었는데 모두 출가하였다.(DhpA.ii.188)

우빠세나 장로와 관계된 경으로는 『상윳따 니까야』 제4권 「우빠세나 경」(S35:69)과 『우다나』 「우빠세나 경」(Ud4:9)이 있다.

577. "한거(閑居)를 하기 위해서 비구는
한적하고 소리가 적고
맹수들이 출몰하는[725]
거처를 의지해야 합니다.

578. [726]쓰레기 더미와 공동묘지와
대로에서 가져와서
그 [버린 천 조각들]로[727] 겉옷을 만들어
그는 남루한 옷을 입어야 합니다.

579. 비구는 하심을 하고

---

725) "'맹수들이 출몰하는(vāḷamiga-nisevitaṁ)': 사자와 호랑이와 표범(sīha-byaggha-dīpi) 같은 맹수들이 다니는(caritaṁ)."(ThagA.ii.247)

726) "이와 같이 수행에 어울리는 거처를 언급하면서 거처에 만족함(santosa)을 보여준 뒤에 이제 의복 등(cīvarādī)에 대해서도 그것을 보여주기 위해서 본 게송 등을 말하였다."(ThagA.ii.247)

727) '그 [버린 천 조각들]로'는 tato(거기서)를 풀어서 옮긴 것이다. 주석서는 "거기서(tato)라는 것은 거기서(tathā) 버린 천 조각들로(āhaṭa-coḷa-kkhaṇḍehi)라는 뜻이다."(ThagA.ii.247)로 설명하고 있다.

차례대로 빠짐없이 이 집으로부터 저 집으로[728]
감각의 문을 단속하고
잘 제어하고 탁발을 다녀야 합니다.

580. 거친 것으로 만족해야 하고
맛 좋은 다른 많은 것을 구하지 않아야 합니다.
맛난 것에 게걸스러운 자의 마음은
참선을 기뻐하지 않습니다.[729]

581. [730]성인은 바라는 것이 적고[少欲] 만족하고[知足][731]

---

728) '차례대로 빠짐이 없이 이 집으로부터 저 집으로'는 sapadānaṁ kulā kulaṁ을 옮긴 것이다. 주석서는 이렇게 설명한다.

"'차례대로 빠짐이 없이(sapadānaṁ)'라는 것은 집들 가운데 틈이 없이(avakhaṇḍa-rahita), 집을 따라서(anughara)라는 뜻이다. 그래서 '이 집으로부터 저 집으로(kulā kulaṁ)'라고 하였다. 즉 집의 차례대로(kulānupubbiyā) 가옥의 순서대로(ghara-paṭipāṭiyā)라는 뜻이다."(ThagA.ii.248)

이 차례대로 빠짐이 없이 탁발함은 13가지 두타행 가운데 네 번째인 '차례대로 탁발하는 자의 수행(sapadānacārik-aṅga)'으로 정리되어 나타난다. 『청정도론』(Vis.II.6)은 이 차례대로 탁발하는 자의 수행을 이렇게 설명한다.

"끊어진 것(dāna)이 틈이다. 틈이 없는 것(apeta)이 빠짐이 없음(apadāna)이다. 끊어짐이 없다는 뜻이다. 빠짐없음과 함께함(saha)이 차례를 따름(sapadāna, 사빠다나)이다. 끊어짐이 없이, 집집마다 차례대로라는 뜻이다. 차례대로 탁발하는 습관을 가진 자가 '차례대로 탁발하는 자(sapadānacārī, 사빠다나짜리)'이다. 사빠다나짜리(차례대로 탁발하는 자)가 바로 사빠다나짜리까이다. 그의 수행이 '차례대로 탁발하는 자의 수행(sapadānacārikaṅga, 사빠다나짜리까 앙가)'이다."(Vis.II.6)

이것은 다시 『청정도론』 II장 §31 이하에 상세히 설명되어 있으니 참고하기 바란다.

729) "감각기능의 단속(indriya-saṁvara)이 원만하지 못한 자에게 어디에 흩어진 마음을 모으는 것(vikkhitta-citta-samādhāna)이 있겠는가라는 의미이다."(ThagA.ii.248)

730) "이와 같이 네 가지 필수품들에 대해서(evaṁ catūsu paccayesu) 지워 없앰의 실천(sallekha-paṭipatti)을 보여준 뒤 이제 남은 설명의 토대들을 보

한적한 곳에서 머물러야 합니다.
재가자들과 집을 떠난 자들
둘 다와 교제하지 않습니다.732)

여주기 위해서 본 게송 등을 설하였다."(ThagA.ii.248)

731) "'바라는 것이 적고[少欲, appiccho]'라는 것은 바라는 것이 없어서 네 가지 필수품들(catubbidha-paccayā)에 대해서 바라는 것이 없음(icchārahita)이고 그래서 네 가지 필수품들에 대해서 갈애와 취착을 억압함(taṇhuppāda-vikkhambhana)을 말했다. '만족하고[知足, santuṭṭho]'라는 것은 네 가지 필수품들에 대해서 얻은 대로 만족하는 것이다. 이렇게 말씀하셨기 때문이다.

'지나간 것에 슬퍼하지 않고
오지 않은 것을 동경하지 않으며
현재에 [얻은 것으로만] 삶을 영위하나니
그는 지족한다고 말해진다.'(cf. S1:10 §3 {18})

라고."(ThagA.ii.248)

732) '교제하지 않습니다.'는 asaṁsaṭṭha를 옮긴 것이다. 『맛지마 니까야 주석서』는 「역마차 교대 경」(M24) §2를 주석하면서 다음과 같이 설명하고 있다.

"'교제를 하지 않는다(asaṁsaṭṭha).'는 것은 다섯 종류의 교제(pañcavidha saṁsagga)를 삼간다는 말이다. 그것은 듣는 교제(savana-saṁsagga), 보는 교제(dassana-saṁsagga), 한담하는 교제(samullapana-saṁsagga), 함께 먹는 교제(sambhoga-saṁsagga), 몸의 교제(kāya-saṁsagga)이다.

이 중에서 ① 듣는 교제란 '여기 비구가 어떤 마을이나 성읍에 예쁘고 아름답고 참하고 지극히 고운 피부색을 가진 여자나 동녀가 있다는 소리를 듣는다. 그것을 듣고는 그만 마음이 가라앉고 풀이 죽고 청정범행을 유지할 수가 없고 배움에 허약함을 드러내어 속가로 돌아간다.'라고 이렇게 다른 사람들로부터 아름다운 형색에 관해 듣거나 혹은 자기 스스로 웃고 얘기하고 노래하는 소리를 듣고는 귀의 알음알이의 인식 과정(sota-viññāṇa-vīthi)에서 일어난 탐욕(rāga)을 말한다.
여기 어떤 비구는 그것을 듣는 것이 아니라 자기가 직접 예쁘고 아름답고 참하고 지극히 고운 피부색을 가진 여자나 동녀를 본다. 보고는 그만 마음이 가라앉고 풀이 죽고 청정범행을 유지할 수가 없고 배움에 허약함을 드러내어 속가로 돌아간다. 이처럼 이런 아름다운 형색을 보고는 눈의 알음알이의 인식 과정에서 일어난 탐욕을 일컬어 ② 보는 교제라 한다.
서로 대화를 하다가 일어난 탐욕은 ③ 한담하는 교제라 한다. 비구가 비구니의 것을 가지거나 혹은 비구니가 비구의 것을 가지고 함께 먹으면서 일어난 탐욕을 ④ 함께 먹는 교제라 한다. 손을 잡는 등의 행동으로 일어난 탐욕을

582. 우둔하거나 벙어리인 것처럼[733]
그렇게 자신을 보여주어야 합니다.
현자는 승가 가운데서
한계를 넘어서 말을 해서는 안 됩니다.[734]

583. 그는 누구든 모욕을 해서는 안 되고
남을 해치는 것을 버려야 합니다.
계목(戒目)으로 단속하고[735]
그는 음식에서 적당함을 알아야 합니다.

584. 표상을 잘 잡아야 하고[736]

---

⑤ 몸의 교제라 한다."(MA.ii.143~145) — 『맛지마 니까야』 제2권 「역마차 교대 경」(M24) §2의 주해에서.

733) '우둔하거나 벙어리인 것처럼'은 PTS본 yathā jaḷo ca mūgo ca를 옮긴 것인데 VRI본에는 yathā jaḷo va mūgo va로 나타난다. 주석서는 yathā jaḷo vā mūgo vā로 읽는 것이 좋은데 여기서 운율을 맞추기 위해서(gāthāsukhattha) vā가 va로 축약되어(rassatta kata) 나타난다고 설명하고 있어서 이렇게 옮겼다.(ThagA.ii.249)

734) "적당하게 말하는 자(matta-bhāṇī)가 되어야 한다는 뜻이다."(ThagA.ii.249)

735) '계목(戒目)으로 단속하고'는 saṁvuto pātimokkhasmiṁ을 옮긴 것인데 '계목에서 단속이 된'으로 직역할 수 있다. 이것은 니까야에서는 주로 '계목의 단속'으로 옮기는 pātimokkha-saṁvara라는 합성어로 나타나고 있다(D2 §42 등등). 『청정도론』은 '계목(戒目, pātimokkha, 빠띠목카)을 이렇게 설명한다.

"여기서 빠띠목카란 학습계목의 계율(sikkhāpada-sīla)을 뜻한다. 이것은 이것을 보호하고(pāti) 지키는 사람을 해탈하게 하고(mokkheti), 악처 등의 고통으로부터 벗어나게 한다. 그래서 빠띠목카(pātimokkha)라고 한다."(Vis.I.43)

'계목의 단속(pātimokkha-saṁvara)'은 『청정도론』 I.43 이하에 상세하게 설명되어 있으므로 참조하기 바란다.

736) "'표상을 잘 잡아야 하고(suggahīta-nimittassa)'라는 것은 '이와 같이 내

마음의 일어남에 능숙해야 하고737)
바른 시간에 사마타와
위빳사나에 몰두해야 합니다.738)

가 마음에 잡도리할 때 마음은 삼매에 들었다.'라고 그런 형태로 주시하면서 (tad-ākāraṁ sallakkhento) 그가 삼매의 표상을 잘 잡은 것(gahita-samādhi-nimitta)을 말한다."(ThagA.ii.249)

737) "'마음의 일어남에 능숙해야 하고(cittass'uppādakovido)'라고 하였다. 이와 같이 수행할 때 마음은 소침해지기도 하고(līna) '이와 같이 들떴다(uddhata).'라고 [들뜨기도] 하는데 그에게 소침하고 들뜬 마음이 생기면 그는 능숙(kusala)해야 한다는 말이다.
마음이 소침해질 때에는 법을 간택함[擇法]과 정진과 희열의 깨달음의 구성요소들(dhammavicaya-vīriya-pīti-sambojjhaṅgā)을 닦아야 하고, 들떴을 때는 고요함[輕安]과 삼매[定]와 평온[捨]의 깨달음의 구성요소들(passaddhi-samādhi-upekkhā-sambojjhaṅgā)을 [닦아야 하기] 때문이다. 그렇지만 마음챙김의 깨달음의 구성요소는 모든 곳에서 원해야 한다(sabbattha icchitabbo). 그래서 세존께서는 [『상윳따 니까야』 제5권 「불[火] 경」(S46:53)에서] '비구들이여, 마음이 해이해져 있을 때는 법을 간택하는 깨달음의 구성요소를 닦는 것이 올바른 때에 닦는 것이고 …'(S46:53 §8)라는 등을 말씀하셨다."(ThagA.ii.249)

738) '바른 시간에 사마타와 / 위빳사나에 몰두해야 합니다.'는 samathaṁ anuyuñjeyya, kālena ca vipassanaṁ을 옮긴 것이다. 주석서의 설명을 살펴보자.

"'사마타에 몰두해야 합니다(samathaṁ anuyuñjeyya).'라는 것은 사마타 수행을 닦아야 한다(samatha-bhāvanaṁ bhāveyya), 즉 일어나지 않은 삼매를 일어나게 해야 하고 일어난 것은 자유자재함을 얻을(vasībhāvappatti) 때까지 증장시켜야 한다(vaḍḍheyya), 한결같게 유지해야 한다(byūheyya)는 뜻이다.
'바른 시간에 위빳사나에 몰두해야 합니다(kālena ca vipassanaṁ).'라는 것은 이렇게 얻은 삼매를 열망함에 막히지 않고(nikantiyā apariyādānena) 퇴보에 빠짐(hāna-bhāgiya)과 정체에 빠짐(ṭhiti-bhāgiya)을 행하지 않고 꿰뚫음에 동참함(nibbedha-bhāgiya)을 행한 뒤 바른 시간에 위빳사나에 몰두해야 한다는 말이다. 혹은 '바른 시간에 위빳사나에 몰두해야 합니다.'라는 것은 사마타에 몰두하면서 그가 확고해졌을 때(samathaṁ anuyuñjanto tassa thirībhūta-kāle) 위축됨에 빠지지 않고(saṅkocaṁ anāpajjitvā) 성스러운 도를 증득하기 위해서 위빳사나에 몰두해야 한다는 것이다(ariyamaggādhigamāya vipassanaṁ anuyuñjeyya)."(ThagA.ii.249)

585. 정진과 끈기 있게 닦음을 구족하고 [61]
항상 부지런히 수행해야 합니다.
그리고 괴로움의 끝을 얻지 않고서
현자는 안심해서는 안 됩니다.739)

586. 이와 같이 머무는740)
청정을 원하는 비구에게741)

퇴보에 빠짐(hāna-bhāgiya)과 정체에 빠짐(ṭhiti-bhāgiya)과 꿰뚫음에 동참함(nibbedha-bhāgiya)에 대해서는 『위방가』 제2권 제16장 지혜 위방가의 §799와 주해들을 참조하기 바란다.

739) '그리고 괴로움의 끝을 얻지 않고서 / 현자는 안심해서는 안 됩니다.'는 na ca appatvā dukkhantaṁ, vissāsaṁ eyya paṇḍito를 옮긴 것이다. 여기서 eyya는 √i(*to go*)의 가능법(*Optative*) 3인칭 단수이다. 주석서의 설명을 살펴보자.

"'괴로움의 끝(dukkhantaṁ)'이란 윤회의 괴로움(vaṭṭa-dukkha)의 끝이다. 즉 [괴로움의] 완결(pariyosāna)인 소멸(nirodha)을 얻지 않고서는 안심을 '해서는 안 된다(na eyya)', 즉 가서는 안 된다(na gaccheyya)는 말이다. 혹은 '나는 청정한 계행을 가졌고 禪을 얻었고 신통의 지혜를 얻었으니 위빳사나의 정점(matthaka)에 도달하여 확고하다.'라고 [함부로] 내뱉어서는(vissaṭṭho) 안 된다는 뜻이다."(ThagA.ii.249)

740) "'이와 같이 머무는(evaṁ viharamānassa)'이란 이와 같이 외딴 처소를 의지함 등(vivitta-senāsana-sevanādi)에 의한 위빳사나를 통해서 적합하게 수행함으로 귀결되는(yuttayogatā-pariyosāna) 방법(vidhi)에 의해서 머무는이라는 말이다."(ThagA.ii.250)

741) '청정을 원하는 비구에게'는 suddhikāmassa bhikkhuno를 옮긴 것이다. 주석서는 이렇게 설명한다.

"'청정을 원하는(suddhikāmassa)'은 지와 견의 청정[知見淸淨, ñāṇa-dassana-visuddhi]을, 즉 지극히 청정한 열반과 아라한됨을 원하는이란 뜻이고, '비구에게(bhikkhuno)'는 윤회에서 두려움을 보는 자에게(saṁsāre bhayassa ikkhato)라는 말이다."(ThagA.ii.250)

'지와 견의 청정[知見淸淨]'은 『청정도론』에서 정리되어 나타나는 일곱 가지 청정[七淸淨, satta visuddhi] 가운데 일곱 번째 청정이다. 일곱 가지 청정, 즉 칠청정은 『아비담마 길라잡이』 제9장 §22와 §28 이하에 잘 정리되어

모든 번뇌들은 멸진되고
그는 적멸을 증득합니다.[742]"[743]

왕간따의 아들 우빠세나 장로 (끝)

7. [다른] 고따마 장로(Th10:7 {587}~{596})

【행장】

"[다른] 고따마 장로([apara] Gotama thera)[744]는 세존보다 먼저 사왓티에서 우딧짜 바라문 가문에 태어났다. 그는 적당한 나이가 되어 삼베다에 능통하였고 논쟁의 도(vāda-magga)를 섭렵하여 자신의 논의보다 더 위에 있는 논객(vadantā)을 얻지 못하여 이런저런 논쟁의 소지가 있는 말(viggāhika-kathā)에 몰두하여 유행을 하였다.

그때 우리의 세존께서 세상에 태어나셔서 뛰어난 법의 바퀴를 굴리시면서(pavattita-varadhammacakka) 차례대로 야사(Yasa)[745] 등을 인도하시면서 아나타삔디까(급고독 장자)의 간청으로 사왓티로 가셨다. 거기서 스승님께서 제따와나를 수용하실 때 믿음을 얻어 스승님께 다가가서 법을 듣고 출가하기를 간청하였다.

있으므로 참조하기 바란다.

742) "'그는 적멸을 증득합니다(nibbutiñ cādhigacchati).'라고 하였다. 이 [번뇌]들의 멸진에 도달함(khaya-gamana)에 의해서 유여열반과 무여열반으로 구분되는(saupādisesa-anupādisesa-pabheda) 두 가지 열반을 '증득합니다(adhigacchati)', 즉 얻습니다(pāpuṇāti)라는 말이다."(ThagA.ii.250)

743) "이와 같이 장로는 그 비구들에게 교계를 베푸는 권위 있는 말(ovāda-dānāpadesa)을 통해서 자신의 그러한 도닦음의 경지(tathā-paṭipanna-bhāva)를 밝히면서 구경의 지혜를 천명하였다."(ThagA.ii.250)

744) 본 고따마 장로 외에 다른 두 분 고따마 장로의 게송이 본서 둘의 모음 {137}~{138}과 셋의 모음 {258}~{260}으로 나타나고 있다. 여기에 대해서는 본서 {137}의 해당 주해를 참조할 것.

745) 야사 장로(Yasa thera)에 대해서는 본서 제1권 하나의 모음 {117}의【행장】을 참조할 것.

세존께서는 어떤 탁발을 하는 비구에게 명하셨다. '비구여, 이 사람을 출가하게 하라.'라고. 그는 출가하면서 삭발을 할 때 아라한됨을 얻어 꼬살라 지방에 가서 그곳에 오래 산 뒤에 다시 사왓티로 돌아왔다. 많은 친지들과 유력한 바라문들이 그에게 다가와서 친견하고 앉아서 '이 세상에는 많은 사문 · 바라문들이 윤회에서의 청정을 말합니다(saṁsāre suddhivādā). 그들 가운데 어떤 사람들의 주장이 출리(出離)로 인도하는 것(niyyānika)이고 어떻게 도를 닦으면 윤회로부터 청정하게 됩니까?'라고 물었다. 장로는 그들에게 그 뜻을 밝히면서 이 [10개의] 게송들을 읊었다."(ThagA.ii.250~251)

다른 두 고따마 장로(Th2:9와 Th3:14)가 본서 둘의 모음 {137}~{138}과 셋의 모음 {258}~{260}을 읊은 분들로 나타나고 있다.

587. "자신의 목적을 알아야 합니다.
[부처님의] 말씀을 깊이 살펴보아야 합니다.746)

---

746) '자신의 목적을 알아야 합니다. / [부처님의] 말씀을 깊이 살펴보아야 합니다.'는 vijāneyya sakaṁ atthaṁ, avalokeyyātha pāvacanaṁ을 옮긴 것이다. 주석서는 이렇게 설명한다.

"여기 세상에는 ① 범속한 사문 · 바라문들과 ② 정등각자께서 설하고 가르친 가르침의 체계(samaya)가 있으니 출리(出離)로 인도하는(niyyānika) 그것을 깊이 살펴보아야 하고 통찰지의 눈으로 보아야 한다.
① 이들 여러 외도 사문 · 바라문들은 무상한 것들을 항상하다고, 무아인 것들을 자아라고, 청정하지 못한 도(asuddhi-magga)를 청정한 도라고 그릇된 천착을 하여(micchābhinivesi) 서로가 모순되는 논쟁들(viruddha-vādā)을 한다. 그래서 그들의 논쟁은 출리로 인도하지 못한다.
② 그러나 정등각자께서는 '모든 형성된 것들은 무상하다, 모든 법들은 무아이다. 열반은 고요하다.'라고 스스로 생긴 지혜(sayambhu-ñāṇa)로 있는 그대로 아신 뒤 드러내셨다. 그러므로 '그분의 말씀은 출리로 인도한다.'라고 스승님의 교법의 위대함(sāsana-mahantatā)을 깊이 살펴보아야 한다

그리고 여기서 출가 생활을 받아들인 자에게
어울리는 것을 [해야 합니다.]

588. 여기서 좋은 친구[善友]를 [사귀고]
공부지음을 충분하게 받들어 행하고
귀중한 분들에게 귀 기울이는 것,747)
이것이748) 사문에게 어울리는 것입니다.

589. 부처님들을 존중하고
법에 대해서 있는 그대로 존경하며
승가에 대해서도 경의를 표하는 것,
이것이749) 사문에게 어울리는 것입니다.

590. 바른 행실과 행동의 영역을 구족하고750)

(olokeyya)는 뜻이다."(ThagA.ii.251~252)

747) "'귀중한 분들에게 귀 기울이는 것(sussūsā ca garūnaṁ)'이라고 하였다. 존중받는 분들(garū), 즉 스승님과 은사 스님 등(ācariy-upajjhāyādī)과 같은 선우들(kalyāṇa-mittā)의 교계(ovāda)를 듣고자 함(sotukamyatā)과 그들을 섬기는 것(pāricariyā)을 말한다."(ThagA.ii.252)

748) "여기서 '이것이(etaṁ)'란 좋은 친구[善友]를 사귐 등(kalyāṇamitta-sevan-ādi)이다."(ThagA.ii.252)

749) "여기서 '이것이'란 삼보를 존중함(ratanattaya-garukaraṇa)이다."

750) '바른 행실과 행동의 영역을 구족하고'는 ācāra-gocare yutto를 옮긴 것이다. '바른 행실'로 옮긴 ācāra와 '행동의 영역'으로 옮긴 gocara에 대한 『청정도론』 I.44~45의 설명을 요약하면 다음과 같다.

'바른 행실(ācāra)'이란 몸과 말로 범하지 않는 것이다. 계를 통한 단속(sīla-saṁvara)은 모두 바른 행실이다. '행동의 영역(gocara)'이란 기생집을 행동의 영역으로 삼지 않고, 과부의 집, 술집을 행동의 영역으로 삼지 않으며 선인들(isī)의 출입을 좋아하고 이로움을 바라고 유가안은을 바라는 그런 가문들(kulāni)을 의지하는 것이다. 상세한 설명은 『청정도론』 I.44~51에 나타나므로 이를 참조하기 바란다.

그리고 주석서는 결합됨을 뜻하는 yutta를 sampanna(구족한)로 설명하고

생계가 청정하여 비난받지 않고
마음이 안정된 것,
이것이[751] 사문에게 어울리는 것입니다.

591. 실행함과 피함,
품행에 대한 청정한 믿음,
높은 마음에 전념함,[752]
이것이 사문에게 어울리는 것입니다.

592. 숲의 처소들, 외딴 거처들,
소리가 적은 곳들은
성인이 가까이해야 하는 것이니
이것이 사문에게 어울리는 것입니다.

593. 계행과 많이 배움,
법들에 대해서 있는 그대로 고찰함,
진리들을 관통함[現觀],[753]

있다.(ThagA.ii.252)

751) "여기서 '이것이(etaṁ)'란 바른 행실과 행동의 영역을 갖춤(ācāragocara-sampatti), 생계의 청정(ājīva-pārisuddhi), 감각기능들의 문을 보호함(indriyesu guttadvāratā)이라는 이 세 가지이다."(ThagA.ii.252)

752) "여기서 '실행함(cārittaṁ)'이란 실행하여 성취해야 하는 계행(paripūretabba-sīla)이다. '피함(vārittaṁ)'이란 피함(virati)에 의해서, 행하지 않음(akaraṇa)에 의해서 성취해야 하는 계행이다. '품행에 대한 청정한 믿음(iriyāpathiyaṁ pasādaniyaṁ)'이란 남들에게 청정한 믿음을 가져오는 품행을 갖춘 표상(ākappa-sampatti-nimitta)인데 자세에 의지한 알아차림(iriyāpatha-nissita sampajañña)이다. '높은 마음에 전념함(adhicitte ca āyogo)'이란 사마타와 위빳사나에 몰두하고(anuyoga) 수행하는 것(bhāvanā)이다."(ThagA.ii.252)

753) "'계행(sīlaṁ)'이란 네 가지 청정한 계행(catu-pārisuddhi-sīla)이다. 앞에서는 분리해서(bhinditvā) 설했고 여기서는 분리하지 않고 설했다.

이것이 사문에게 어울리는 것입니다.

594. 754)무상이라고 닦아야 하고
무아의 인식과 더러움의 인식[不淨想]도 [그러하며]
세상에 대해 기뻐하지 않음을755) [닦음도 그러하니]

'많이 배움(bāhu-saccaṁ)'이란 많이 들음(bahu-ssutabhāva)이다. 그는 수행에 몰두함(bhāvanānuyoga)을 통해서 많은 것을 하였기 때문에 깨달음의 구성요소에 능숙함과 위없는 청량함과 높은 마음[增上心]에 몰두함 등(bojjhaṅgakosalla-anuttarasītibhāva-adhicittayuttatādī)에 대해서 바르게 잘 탐구함을 많이 하여(pavicaya-bahula) 사마타와 위빳사나에 몰두함(anuyoga)이 성취된다.
'법들에 대해서 있는 그대로 고찰함(dhammānaṁ pavicayo yathābhūtaṁ)'이란 물질과 비물질의 법들(rūpārūpadhammā)에 대해서 전도되지 않은 개별적 특징(aviparīta-salakkhaṇa)과 보편적 특징(sāmañña-lakkhaṇa)으로 검증하는 것(parivīmaṁsā)이다. 이것에 의해서 높은 통찰지의 법에 대한 위빳사나(adhipaññā-dhamma-vipassanā)를 말하였다.
'진리들을 관통함[現觀, saccānaṁ abhisamayo]'이란 괴로움 등의 성스러운 진리들을 철저하게 앎을 통한 관통 등(pariññābhisamayādi)을 통해서 꿰뚫는 것(paṭivedha)이다."(ThagA.ii.252~253)

여기서 '위없는 청량함'은 anuttara-sītibhāva를 옮긴 것인데 이것은 『앙굿따라 니까야』 제4권 「청량함 경」(A6:85)에 anuttara siitibhāva로 나타나고 있다. 『청정도론 복주서』는 "청량함(sītibhāva)이란 열반이나 오염원의 방해들이 가라앉은 것이다."(Pm.181)라고 설명하고 있다. 본 「청량함 경」(A6:85) §4는 마음을 분발해야 할 때 마음을 분발하고 마음을 격려해야 할 때 마음을 격려하고 마음을 평온하게 해야 할 때 마음을 평온하게 하고 수승한 [道와 果로] 기울고 열반을 즐거워하는 여섯 가지 법을 갖춘 비구는 위없는 청량함을 실현할 수 있다고 강조하고 있다. 그리고 이것은 『청정도론』 VIII.77에 인용되어 나타난다.

754) "그런 이 진리의 관통(sacca-abhisamaya)이 어떤 것인지 그것을 보여주기 위해서 본 게송 등을 설하였다."

755) '세상에 대해 기뻐하지 않음을'은 lokamhi ca anabhiratiṁ을 옮긴 것이다. 이것은 『앙굿따라 니까야』 제6권 「기리마난다 경」(A10:60) §11에 나타나는 '온 세상에 대해 기쁨이 없다는 인식(sabba-loke anabhirati-saññā)'과 배대가 된다.
「기리마난다 경」(A10:60)에서 세존께서는 "여기 비구는 세상에 대한 집착과 취착, 그리고 그런 마음의 결심과 천착과 잠재성향들을 제거하고 기뻐

이것이 사문에게 어울리는 것입니다.

595. [756]깨달음의 구성요소를 닦아야 하고
성취수단들과 기능들과 힘들도 [그러하며]
성스러운 여덟 가지 구성요소를 가진 도도 [그러하니],[757]
이것이[758] 사문에게 어울리는 것입니다.

596. [759]성인은 갈애를 버려야 하고
번뇌들을 뿌리와 함께 쪼개야 하며
해탈하여 머물러야 하나니
이것이[760] 사문에게 어울리는 것입니다."[761]

하지 않고 취착하지 않는다. 이를 일러 온 세상에 대해 기쁨이 없다는 인식이라 한다."(A10:60 §11)라고 설하고 계신다.

756) "이와 같이 위빳사나 수행에 몰두하여(vipassanā-bhāvanaṁ anuyutto) 그것을 열성적으로 행하면서 이 법들을 증장시켜야 한다는 것을 보여주면서 본 게송을 읊었다."(ThagA.ii.253)

757) 여기서 '깨달음의 구성요소'는 37보리분법(菩提分法, bodhipakkhiyā dha-mmā) 가운데 일곱 가지 깨달음의 구성요소[七覺支, satta bojjhaṅgā]를, '성취수단들'은 네 가지 성취수단[四如意足, cattāro iddhipādā]을, '기능'은 다섯 가지 기능[五根, pañc-indriyāni]을, '힘'은 다섯 가지 힘[五力, pañca balāni]을, '성스러운 여덟 가지 구성요소를 가진 도(aṭṭhaṅga-magga ariya)'는 팔정도[八支聖道, ariya aṭṭhaṅgiko magga]를 말한다.

758) "여기서 이들의 첫 번째 도의 순간(paṭhama-maggakkhaṇa)에 일어나서 더 높은 도의 순간(upari-maggakkhaṇa)에도 증장하는 이것이 사문에게 즉 비구에게 어울리는 것이라는 말이다."(ThagA.ii.253)

759) "이와 같이 깨달음의 편에 있는 37가지 법들(bodhipakkhiya-sattatiṁsa-dhammā)을 수행하면서 수행을 통한 관통(bhāvanā-abhisamaya)을 통해서 도의 진리[道諦, magga-sacca]를 관통한 것처럼 그와 같이 버림을 통한 관통(pahāna-abhisamaya)을 통해서 일어남의 진리[集諦]를, 실현함을 통한 관통(sacchikiriyā-abhisamaya)을 통해서 소멸의 진리[滅諦]를 관통하였다고 보여주면서 이 마지막 게송(osāna-gāthā)을 말하였다." (ThagA.ii.253)

760) "'이것이(etaṁ)', 즉 이러한 머묾(viharaṇa)이라는 이것이 사문에게, 즉 사

[다른] 고따마 장로 (끝)

열의 모음이 끝났다.

[열의 모음에 포함된 장로들의] 목록은 다음과 같다.

그분 깔루다이 장로와 에까위하리와 [마하] 깝삐나
쭐라빤타까와 깝빠, 우빠세나와 고따마
열의 모음에는 일곱 분의 장로들과 70개 게송들이 있다.

악함이 가라앉은(samita-pāpa) 비구에게 어울리고 적합한 것이라는 뜻이다."(ThagA.ii.253)

761) "이와 같이 장로는 사문에게 어울리는 도닦음을 찬탄하는 방법을 통해(samaṇa-sāruppa-paṭipatti-kittana-mukhena) 교법이 출리로 인도함(niyyānika-bhāva)과 이것과는 반대로 외도였을 때(bāhiraka-samaya)의 출리로 인도하지 못함(aniyyānikatā)을 설명하였다. 그것을 듣고 그 유력한 바라문들은 교법에 청정한 믿음을 가졌고 삼귀의 등(saraṇādī)에 확고하게 되었다."(ThagA.ii.254)

테라가타

열하나의 모음

Ekādasa-nipāta({597}~{607})

1. **상낏짜 장로**(Th11:1 {597}~{607})

【행장】

"상낏짜 장로(Saṅkicca thera)는 사왓티에서 유력한 바라문의 가문에 재생연결을 하였다(paṭisandhiṁ gaṇhi). 그가 어머니의 배 속에 있을 때 그의 어머니는 병에 걸려 임종을 하였다. 그녀[의 시신을] 공동묘지로 가져가서 태웠지만 자궁(gabbhāsaya)은 타지 않았다. 사람들이 쇠꼬챙이로 복부(kucchi)를 찌르자 태아는 막대기 끝에 찔려 그의 눈가에 상처를 입고 소리를 질렀다. 내장의 일부도 탔지만 숯불 가운데서 황금 원반(suvaṇṇa-bimba)과 같은 어린애가 연꽃 안에(paduma-gabbhe) 누워있는 것처럼 있었다. 마지막 존재인 중생(pacchima-bhavika-satta)은 수미산에 의해서 덮인다 하더라도 아라한됨을 얻지 않고서는 삶의 멸진(jīvitakkhaya)이란 것이 없기 때문이다.

다음 날 화장터(āḷāhanaṭṭhāna)에 간 사람들은 거기 누워있는 어린애를 보고 경이로움과 놀라움이 가득한 마음이 생겨서(acchariy-abbhuta-cittajātā) 어린애를 데리고 마을에 들어가서 점성가들(nemittakā)에게 물었다. 점성가들은 '만일 이 어린애가 집에 머물면 일곱 대까지 가문의 사람들은 불행한 처지에 빠지게 될 것이고(duggatā bhavissanti) 만일 출가하면 500명의 사문들을 데리고 다닐 것이다.'라고 대답하였다. 친지들은 '그렇다면 다 자라면 우리는 사리뿟따 존자 곁으로 저 아이를 출가시킬 것입니다.'라고 말한 뒤 쇠꼬챙이(saṅku)로 눈의 가장자리를 손상시켰다(chinna-kkhikoṭitā)고 해서 상낏짜(Saṅkicca)라 불렀는데 나중에도 상낏짜라 불리게 되었다.

그는 일곱 살이 되었을 때 자신이 모태에 든 어머니의 죽음과 모태에 들었던 자신의 과정을 듣고 절박함이 생겨(saṁvega-jāta) '저는 출가하겠습니다.'라고 하였다. 친지들은 '장하구나, 얘야.'라고 하면서 법의 대장군 곁으로 데리고 가서 '존자시여, 이 아이를 출가시켜 주십시오.'라고 하면서 그를 인도하였다. 장로는 그에게 피부의 오개조의 명상주제[762]를 준 뒤 출가하게 하였다. 그는 삭발할 때 무애해체지와 더불어 아라한됨을 얻었다.

그는 30명 정도의 비구들과 함께 숲에서 머물면서 도둑들에게 붙잡혔지만 그들의 손으로부터 풀려난 뒤 자신이 그 도둑들을 길들여서 출가하게 하였다. 그 후 그는 다른 승원에서 많은 비구들과 함께 머물면서 그들이 분쟁에 빠진 것을 보고 '우리는 다른 곳으로 갑시다.'라고 비구들에게 요청하였다. 이것은 간략하게 설명한 것이다. 자세한 것은 『법구경 주석서』에 전승되어 온다.[763] 그러자 어떤 청신사가 그의 시중을 들고자 하여 가까운 곳에서 안거해 주기를 요청하면서 첫 번째 게송을 말하였다. 그것을 듣고 장로는 나머지 게송들을 읊었다."(ThagA.ii.254~255)

『청정도론』(Vis.XII.28)은 어머니가 죽었지만 모태 속에서 살아 있었던 상낏짜 장로의 이 일화를 '지혜가 충만함에 의한 신통(ñāṇa-vipphārā iddhi)'의 보기로 들고 있다. 여기에 인용한다.

---

762) 피부의 오개조(五個組)의 명상주제(taca-pañcaka-kammaṭṭhāna)에 대해서는 본서 열의 모음 {567} 【행장】의 해당 주해를 참조할 것.

763) 『법구경 주석서』의 상낏짜 사미의 일화(Saṁkicca-sāmaṇera-vatthu, DhpA.ii.240 이하)와 『법구경 이야기』 제2권 75쪽 이하를 참조할 것.

"상낏짜 장로(Saṅkiccatthera)는 모태에 있을 때 어머니가 죽었다. 장작더미 위에 그녀를 올려 막대기로 찔러 태우려고 할 때 태아는 막대기 끝에 찔려 그의 눈가에 상처를 입고 소리를 질렀다. 그 후 태아가 살아있다고 생각하면서 그녀를 끄집어 내려서 배를 갈라 아이를 할머니에게 주었다. 그는 그녀의 보살핌으로 성장한 뒤 출가하여 무애해체지와 함께 아라한이 되었다. 이처럼 앞서 설한 방법대로 상낏짜 존자가 화장 더미에서 무사하게 생존했던 것을 지혜가 충만함으로 인한 신통이라 한다."(Vis.XII.28)

597. [어떤 청신사]764)

"아드님,765) 그대가 [62] 웃주하나와 같은 그런 외딴 숲에서
이런 우기철에 머무는 목적이 무엇입니까?766)
웨람바는 그대에게 아름답습니다.767)

---

764) "어떤 청신사(aññatara upāsaka)가 그의 시중을 들고자 하여 가까운 곳에서 머물러 주기를 간청하면서(vāsaṁ yācanta) 이 첫 번째 [게송을] 말하였다."(ThagA.ii.255)

765) "'아드님(tāta)'이라는 것은 어린 사미이기 때문에(dahara-sāmaṇeratāya) 그를 자신의 아들의 위치(puttaṭṭhāna)에 놓고 부르는 것이다."(ThagA.ii.255)

766) "'웃주하나와 같은 그런 외딴 숲에서 이런 우기철에(Ujjuhānova pāvuse)'라고 하였다. 웃주하나는 어떤 산(pabbata)이다. 그것은 빽빽한 숲으로 덮여있고 많은 바위산의 못과 동굴이 있고 여기저기에 물이 흐르고 있어서 우기철(pāvusa-kāla)에는 부적합한 곳이다. 그러므로 지금 같은 우기철에 웃주하나 산이 그대에게 무슨 목적이 있습니까(tava kim-atthiyo)라는 뜻이다. 그러나 어떤 사람들은 여기서 '웃주하나는 어떤 새(sakuṇa)인데 추운 것을 견디지 못한다. 우기철에는 숲에서 숨어 살려고 한다.'라고 말한다. 웃주하나 새처럼 우기철에 숲에서 죽을 수도 있는데 그대의 목적이 무엇입니까(ko tava attho)라는 말이다."(ThagA.ii.256)

767) "'웨람바는 그대에게 아름답습니다(verambhā ramaṇīyā te).'라는 것은 '웨람바 바람이 불면 그대에게 아름답지 않습니까?'라고 적용시켜야 한다. 어떤 자들은 '웨람바는 어떤 산의 동굴(pabbata-guhā) 혹은 산록(pabbhā-ra)이다.'라고 주장한다. 이런 장소는 오고 가는 사람들의 구속이 없고 그

참선하는 자들은 [어디서든] 한거하면 되기 때문입니다.[768]"

598. [상낏짜 장로][769]

"마치 웨람바 바람이 우기철에
구름을 불어서 날려버리듯이
한거와 연결된 나의 인식들은
[내가 웨람바에 살면] 내 [마음을] 흩어버립니다.[770]

늘과 물이 풍부하다. 그러므로 웨람바는 아름답고 숲에서 머물기에 적합한 형태라는 말이다."(ThagA.ii.256)

768) "왜 그런가(kasmā)? '참선하는 자들은 [어디서든] 한거하면 되기 때문입니다(paviveko hi jhāyinaṁ).' 즉 그처럼 참선하는 자들은 어디서든 한거하는 것을 원하기 때문에 '멀리 외딴 숲의 장소(araññaṭṭhāna)로 가지 않고 웨람바에서 머무시오, 아드님.'이라고 말하고 있다.
여기서는 이것이 그 의미이다. — 참선하는 자들은 한거를 감내할 수 있고 머물기에 편안한 거처(senāsana)가 얻어질 때 참선 등이 성취가 되고, 얻어지지 않으면 그렇지 않다. 그러므로 이처럼 추운 시기에는 이런저런 숲(vana)에 머무는 것이 가능하지 않지만 동굴이나 산록(산기슭) 등(guhā-pabbhārādī)에서는 가능하다."(ThagA.ii.256)

769) "청신사가 이와 같이 말하자 장로는 숲 등이 참으로 나를 기쁘게 한다는 것을 보여주면서 본 게송 등을 말했다."(ThagA.ii.256)

770) "이 게송의 뜻은 이러하다. — 마치 우기철에 구름들을 즉 먹구름들을(abbhā-ni valāhakāni) 웨람바 바람이 '불어서 날려버리듯이(nudati)', 즉 던지듯이, 몰아내듯이 그와 같이 한거와 연결된 인식들은(viveka-paṭisaññutā saññā) 나의 마음을(me cittaṁ) 흩어버린다(abhikiranti), 즉 한거하는 장소를 혼란스럽게 한다(vivekaṭṭhānaṁyeva ākaḍḍhanti)는 말이다."(ThagA.ii.256)

여기서 '한거와 연결된 나의 인식들은 / [내가 웨람바에 살면] 내 [마음을] 흩어버립니다.'는 saññā me abhikiranti, vivekapaṭisaññutā를 주석서를 참조하여 옮긴 것인데 의미를 파악하기가 쉽지 않은 문장이다. 이처럼 주석서는 마치 웨람바 바람이 구름들을 흩어버리고 몰아내듯이 내가 웨람바에 머물면 한거와 관련된 나의 여러 인식들은 내 마음을 흩어버리고 몰아내 버린다는 뜻으로 마음(citta)을 넣어서 해석하고 있다. 노만 교수도 웨람바를 바람과 지역의 명칭 둘 다를 뜻하는 동음이의(同音異義, *pun*)로 해석해서 웨람바 바람이 구름들을 불어서 날려버리듯이 내가 웨람바에 머물면 웨람바 지역이 나를 흩어버린다로 해석이 가능하다고 주해에서 적고 있다.(K.R.

599. 알에서 생긴 검은 [까마귀]는
공동묘지를 거처로 서식하고 있어
나의 몸에 대한 탐욕의 빛바램에 의지한
마음챙김을 일어나게 합니다.771)

600. 다른 사람들이 그를 보호하지 않고
그도 다른 사람들을 보호하지 않는
그런 비구가 참으로 행복하게 누워 잡니다.
그는 감각적 쾌락들에 대한 기대가 없습니다.772)

601. 맑은 물을 가졌고 크고 험한 바위들이 있으며
원숭이들과 사슴들이 다니고
물이 스미어 나오는 이끼를 가진
저 바위산들이 나를 기쁘게 합니다. (={113}; {1070})

602. 나는 밀림들과 동굴들과 석굴들과 외딴 거처들과
맹수들이 출몰하는 곳에 머물렀습니다.

Norman, 215쪽 참조)

771) "어느 날 장로는 까마귀(kāka)에 뜯어 먹힌 인간의 시체를 보고 더러움의 인식[不淨想, asubha-saññā]을 얻었는데 그것을 두고 이와 같이 말한 것이다. 그 [더러움의 인식]에 의해서 모든 곳에서 몸에 대한 욕탐(chanda-rāga)이 없기 때문에 나는 숲에서 머물고자 한다라는 것을 보여주고 있다." (ThagA.ii.256)

772) "그 비구는 오염원으로서의 감각적 쾌락(kilesa-kāma)을 뿌리 뽑았기 때문에(samucchinna) 모든 곳에서 대상으로서의 감각적 쾌락들(vatthukāmā)에 대한 '기대가 없다(anapekkhavā).' 그래서 어디서든 행복하게 누워 잔다. 그에게는 이런저런 의심쩍은 것이 존재하지 않기 때문에(anusaṅkita-parisaṅkita-abhāvato) 숲에서 [머무는 것이] 마을에서 [머무는 것과] 같다는 뜻이다."(ThagA.ii.256~257)

603. '이 생명들이 죽어버리기를,
도살되어 버리기를, 고통을 받기를.'이라는
성스럽지 못하고 성냄으로 가득한 사유를 한 것을
나는 알지 못합니다.773) (abd={646}abd)

604. 나는 스승님을 섬겼고774)

---

773) "악의와 해코지 등으로 구분되는(byāpāda-vihiṁsādi-ppabheda) 사악한 사유(pāpa-saṅkappa)를 한 것을 '나는 알지 못합니다(nābhijānāmi).' 전에 그릇된 생각(micchā-vitakka)을 일으킨 적이 없습니다라고 자애로 머묾(mettā-vihārita)을 보여주고 있다."(ThagA.ii.257)

774) "'섬겼고(pariciṇṇo)'라는 등으로 이제 자신이 해야 할 일을 다 하였음(kata-kiccatā)을 보여준다. 여기서 '섬겼고(pariciṇṇo)'라는 것은 그분이 교계하시고 당부하신 것을 행함을 통해서(ovāda-anusāsanī-karaṇena) 나는 스승님을 섬기고(pariciṇṇa) 존중한다(upāsita)는 말이다."(ThagA.ii.257)

여기서 보듯이 '섬겼고'는 pariciṇṇo를 옮긴 것이다. PED와 BDD 등은 이 경우의 pariciṇṇa를 '*worshipped*'로 설명하고 있다. 그리고 이 술어는 동사 paricāreti(pari+√car의 사역형)의 과거분사이다.

『맛지마 니까야』 제3권 「왓차곳따 긴 경」(M73) §27에서 왓차곳따 존자는 아라한이 된 뒤에 많은 비구들이 세존을 친견하러 가는 것을 보고 이렇게 대화를 한다.
"도반들이시여, 지금 존자들께서는 어디 가십니까?"
"도반이여, 우리는 세존을 친견하러 갑니다."
"그러시다면 존자들께서 제 이름으로 세존의 발에 머리 조아리고 '세존이시여, 왓차곳따 비구가 세존의 발에 머리 조아려 절을 드립니다.'라고 문안을 드려주십시오. 그리고 '저는 세존을 섬깁니다(pariciṇṇo me bhagavā). 저는 선서를 섬깁니다.'라고 전해주십시오."(M73 §27)

여기에 대해서 『맛지마 니까야 주석서』는 이렇게 주석을 달고 있다.
"'세존을 섬깁니다(pariciṇṇo me bhagavā).'라고 했다. 일곱 부류의 유학들(satta sekhā, 예류도부터 아라한도까지)은 당연히 세존을 섬기고, 번뇌 다한 아라한들도 세존을 섬긴다. 그러나 '저는 세존을 섬깁니다. 저는 선서를 섬깁니다(pariciṇṇo me bhagavā pariciṇṇo me sugato).'라는 이런 간략한 표현(saṅkhepa)으로 자신이 아라한이 되었음을 설명하면서 장로는 이렇게 말한 것이다. 그러나 그 비구들은 그 말의 뜻을 이해하지 못했다. 이해하지 못한 채 그의 말을 받아(sampaṭicchitvā) 세존께 알려 드린 것이다."(MA.

부처님의 교법을 실천하였습니다.
무거운 짐을 내려놓았고[775]
존재에 [묶어두는] 사슬은 뿌리 뽑혔습니다.[776] (={656} 등)[777]

605. 그리고 그것을 위해서
집을 나와 집 없이 출가한
그 목적을 나는 얻었나니
모든 족쇄들을 멸진하였습니다. (={136}; {380} 등)

606. 나는 죽음을 바라지 않습니다.
나는 삶을 바라지 않습니다.
나는 시간을 기다리고 있으니 (abc={196}abc; {1002}abc)

---

iii.202)

그러자 세존께서는 이미 당신의 마음으로 그의 마음을 대하여 그가 그런 경지를 얻었음을 알고 계셨고, 그 사실을 다음 문단(M73 §§28)에서 그 비구들에게 알려주셨다.

775) "'무거운 짐을 내려놓았고(ohito garuko bhāro)'라고 하였다. '무거운 짐을'이라는 것은 더 무거운 무더기[蘊]의 짐(garutara khandha-bhāra)을 말한다."(ThagA.ii.257)

『맛지마 니까야 주석서』는 이렇게 설명한다.
"'짐을 내려놓은(ohita-bhāra)'이라고 하셨다. 세 가지 짐이 있다. 오온의 짐(khandha-bhāra)과 오염원들의 짐(kilesa-bhāra)과 업형성력의 짐(abhisaṅkhāra-bhāra)이다. 이것을 내려놓았다(oropitā nikkhittā pātitā)는 말이다."(MA.i.43)

776) '존재에 [묶어두는] 사슬은 뿌리 뽑혔습니다(bhavanetti samūhatā).'에 대해서는 본서 둘의 모음 {135}의 해당 주해를 참조할 것.

777) 본 게송은 여기 {604} 외에도 본서 {656}, {687}, {792}, {891}, {918}, {1016}, {1185}에서 아누룻다 존자와 사리뿟따 존자와 마하목갈라나 존자 같은 유력한 대장로들의 게송으로도 나타나고 있고 '존재에 [묶어두는] 사슬은 뿌리 뽑혔습니다.' 대신에 '이제 다시 존재함이란 없습니다.'로 나타나는 게송은 {1050}의 아난다 장로의 게송과 {1088}의 마하깟사빠 장로의 게송으로도 나타나고 있다.

[일을 마친] 하인이 급료를 그렇게 하듯이.

607. 나는 죽음을 바라지 않습니다.
나는 삶을 바라지 않습니다.
나는 알아차리고 마음챙기면서
시간을 기다리고 있습니다." (={196})

상낏짜 장로 (끝)

열하나의 모음이 끝났다.

[열하나의 모음에 포함된 장로들의] 목록은 다음과 같다.

해야 할 바를 다 하였고 번뇌가 없는 상낏짜 장로 한 분만이
열하나의 모음에 있으니 게송들도 열한 개이다.

테라가타

열둘의 모음

Dvādasaka-nipāta({608}~{631})

1. 실라와 장로(Th12:1 {608}~{619})

【행장】

"실라와 장로(Sīlava thera)는 라자가하에서 빔비사라 왕의 아들로 태어났다. 그가 적당한 나이가 되자 [그의 형이었던] 아자따삿뚜 왕은 그를 죽이고자 하여 그를 취기 오른 무서운 코끼리에 타게 하고 여러 가지 수단들로 공격을 하였지만 죽일 수가 없었다. 금생이 마지막 존재인 사람(pacchima-bhavika)으로 하여금 아라한됨을 얻지 못하고 중간에 생명을 뺏는 것은 있을 수 없기 때문이다. 그에게서 생긴 일을 보시고 세존께서는 마하목갈라나 장로에게 '실라와 왕자를 데리고 오라.'고 명하셨다. 장로는 신통의 힘으로 코끼리와 함께 그를 데리고 왔다. 왕자는 코끼리에서 내려와 세존께 절을 올리고 한 곁에 앉았다. 세존께서는 그의 성향에 맞는(ajjhāsayānurūpa) 법을 설하셨다.

그는 법을 듣고 믿음을 얻어 출가하여 위빳사나의 업을 행하면서 오래지 않아 아라한됨을 얻은 뒤 꼬살라 지역에서 살았다. 그러자 아자따삿뚜는 그를 죽이라고 사람들에게 명하였다. 그들은 장로의 곁에 서서 장로가 설하는 법을 듣고 절박함이 생겼고(sañjāta-saṁvegā) 마음에 청정한 믿음이 생겨 출가하였다. 장로는 그들에게 본 게송들로 법을 설하였다."(ThagA.ii.257~258)

주석서는 다음과 같이 설명을 마무리한다.

"이와 같이 장로는 그 비구들에게 계행의 방법을 통해(sīla-mukhena) 법을 설하였는데 자신의 지극히 청정한 계행 등의 덕스러움을 밝히면서(suvisuddhasīlādi-guṇatā-dīpana) 구경의 지혜를 천명하였다."(ThagA.ii.261)

608. "여기 [63] 이 세상에서 [자신을] 잘 훈육하여
계행을 공부지으십시오.
계행은 잘 받들어 행하면 모든 성취를
가까이로 가져오기 때문입니다.778)

609. 779)슬기로운 자는 세 가지 행복을 기대하면서
계를 보호해야 합니다.
[그것은] 칭송과 재산을 얻음과
죽고 나서 천상에서 기뻐함입니다.

610. 계행을 구족한 자는 그의 제어로 인해780)

---

778) '계행은 잘 받들어 행하면 모든 성취를 / 가까이로 가져오기 때문입니다.'는 sīlaṁ hi sabbasampattiṁ, upanāmeti sevitaṁ을 옮긴 것이다. 주석서는 이렇게 설명한다.

"계행은 '잘 받들어 행하면(sevitaṁ)', 즉 익숙하게 되면, 보호가 되면 인간의 성취(manussa-sampatti)와 천상의 성취(dibba-sampatti)와 열반의 성취(nibbāna-sampatti)라는 이러한 '모든 성취를(sabba-sampattiṁ)' 이것을 구족한 중생의 '가까이로 가져오고(upanāmeti)' 실어 오기 때문이다(āvahati)."(ThagA.ii.259)

779) "'계행은 모든 성취를 가까이로 가져오기 때문입니다(sīlaṁ sabba-sampattiṁ upanāmeti).'라고 간략하게 설한 뜻을 자세하게 보여주면서 본 게송 등을 말했다."(ThagA.ii.259)

780) "'제어로 인해(saññamena)'란 몸 등의 제어로 인해(saṁyamena)라는 말이다. 제어된 자는 몸의 나쁜 행위 등으로 성가시게 하지 않고(aviheṭhenta) 어떤 것이든 두려움 없음의 보시(abhaya-dāna)를 베풀면서 좋아하고 마음

많은 친구들을 얻지만
계행이 나쁜 자는 사악함을 행하여
친구들과 소원해지기 때문입니다.

611\. 계행이 나쁜 사람은
비난과 나쁜 명성을 얻습니다.
계행을 구족한 사람은
항상 칭송과 찬탄과 호평을 얻습니다.

612\. 계행은 시작점이고[781] 기반이고[782]
가장 선한 것들의 모태요
모든 법들의 선두입니다.[783]

에 들어 함(piya-manāpatā)으로 친구들을 묶기 때문이다."(ThagA.ii.259)

781) "'시작점(ādi)'이란 뿌리이다(mūla). 계행(sīla)이 유익한 법들의 시작점이기 때문이다. 그래서 [『상윳따 니까야』 제5권 「비구 경」(S47:3)에서] 말씀하셨다. '비구여, 그렇다면 그대는 유익한 법들[善法]의 처음 시작점을 청정하게 해야 한다. 그러면 어떤 것이 유익한 법들의 처음 시작점인가? 아주 청정한 계행과 올곧은 견해이다(sīlañca suvisuddha diṭṭhi ca ujukā).' (S47:3 §4)라고."(ThagA.ii.259)

『상윳따 니까야 주석서』는 이렇게 설명한다.
"'올곧은 견해(diṭṭhi ujukā)'란 업이 자신의 주인임(kammassa-katā)에 대한 견해이다."(SA.iii.199)

다시 말하면, 업과 과보에 대한 믿음, 나아가서 윤회에 대한 믿음을 말한다. 「비구 경」(S47:3)에서 세존께서 아주 청정한 계행(suvisuddha sīla)과 올곧은 견해를 말씀하시는 것은 팔정도의 첫 번째인 바른 견해와 세 번째부터 다섯 번째까지에 해당되는 바른 행위야말로 마음챙기는 공부의 토대가 됨을 강조하시는 것이다.

782) "'기반(patiṭṭhā)'이란 토대(adhiṭṭhāna)이다. 계행(sīla)은 모든 인간을 초월한 법(uttarimanussa-dhamma)의 기반이 되기 때문이다. 그래서 "계행에 굳건히 머물러서(sīle patiṭṭhāya)"(S7:6 §4; Vis.I.1 등)라는 등을 말씀하셨다."(ThagA.ii.259)

783) "'모든 법들의 선두입니다(pamukhaṁ sabbadhammānaṁ).'라는 것은 환

그러므로 계행을 청정하게 해야 합니다.

613. 그리고 계행은 한계[784] 요 단속이며
마음의 기쁨이요
모든 깨달은 분들의 성소(聖所)의 계단입니다.[785]
그러므로 계행을 청정하게 해야 합니다.

614. 계행은 비견(比肩)할 수 없는 힘이고
계행은 최상의 무기이고
계행은 최상의 장신구이며
경이로운 갑옷입니다.

희 등(pāmojjādi)의 모든 비난받지 않는 법들(anavajja-dhammā)의 선두(pamukha), 즉 선두가 되는 것(mukha-bhūta)이니 전개되는 문(pavatti-dvāra)이라는 뜻이다."(ThagA.ii.259)

즉 계행을 문으로 하여 모든 유익한 법들은 전개가 된다는 요긴한 말씀이다.

784) "'한계(velā)'라고 하였다. 나쁜 행위들로 넘지 않는다는 뜻(anatikkamanīy-aṭṭha)에서 한계라 한다. 경계(sīmā)를 뜻한다."(ThagA.ii.259)

785) "'모든 깨달은 분들의 성소(聖所)의 계단입니다(titthañca sabbabuddhā-naṁ).'라는 것은 제자로서의 깨달은 분들(sāvaka-buddhā), 벽지불들(pacceka-buddhā), 정등각자들(sammāsambuddhā)인 모든 깨달은 분들의 오염원의 때를 실어 나르고(kilesa-mala-ppavāhana) 열반의 대해로 들어가게 하는(nibbāna-mahā-samuddāvagāhaṇa) 성소(聖所)의 계단이 됨(titthabhūta)을 말한다."(ThagA.ii.260)

『우다나 주석서』도 『우다나』 「바라문 경」(Ud1:5) §3에서 '깨달은 분들(buddhā)'을 이렇게 설명하고 있다.

"'깨달은 분들(buddhā)'이라고 하셨다. 네 가지 진리를 완전하게 깨달음(catu-sacca-sambodha)에 의해서 깨달은 분들이다. 여기에는 제자로서의 깨달은 분들(sāvaka-buddhā), 벽지불들(pacceka-buddhā), 정등각자들(sammā-sambuddhā)의 셋이 있다."(UdA.58)

여기에 대해서는 본서 넷의 모음 {280}의 해당 주해를 참조하기 바란다. '성소(聖所)의 계단(tittha)'에 대해서는 본서 제3권 {766}의 해당 주해를 참조할 것.

615. 계행은 아주 튼튼한 다리[橋]이고[786]
계행은 위없는 향기이고
계행은 최상의 화장품이니
이것으로 모든 방향에 [향기를] 뿜습니다.

616. 계행은 으뜸가는 도시락이고
계행은 최상의 여행용품이고
계행은 최고의 탈것이니
이것으로 모든 방향으로 갑니다.

617. 우둔한 자는 모든 곳에서 상심하나니
계행들에 집중되지 않았습니다.
그는 바로 여기서 비난을 얻고
죽고 나서는 악처에서 상심합니다.[787]

618. 현자는 모든 곳에서 기뻐하나니
계행들에 잘 집중되었습니다.
그는 바로 여기서 호평을 얻고
죽고 나서는 천상에서 행복을 누립니다.

---

786) "'아주 튼튼한 다리[橋]이고(setu mahesakkho)'라고 하였다. 계행은 처참한 곳[惡趣]의 큰 폭류를 건너고(apāya-mahoghātikkamana) 윤회의 큰 폭류를 건널 때(saṁsāra-mahoghātikkamana) 오염원들에 의해서 가라앉지 않는다는 뜻(asaṁsīdanaṭṭha)에서 '다리[橋, setu]'이다."(ThagA. ii.260)

787) 여기 {617}과 {618}의 두 게송은 모두 a/b연과 c/d연이 도치되어 나타난다. 예를 들면 {617}은 "그는 바로 여기서 비난을 얻고(a) / 죽고 나서는 악처에서 상심합니다.(b) / 우둔한 자는 모든 곳에서 상심하나니(c) / 계행들에 집중되지 않았습니다.(d)"로 직역할 수 있다. 그러나 게송의 흐름을 자연스럽게 하기 위해서 여기처럼 c/d/a/b 순으로 옮겼음을 밝힌다. 노만 교수도 이렇게 옮겼다.

619. 참으로 여기서 계행이 으뜸이고[788]
통찰지를 가진 자는 가장 높습니다.[789]
인간들과 신들에서
계행과 통찰지 때문에 승리합니다."[790]

실라와 장로 (끝)

2. 수니따 장로(Th12:2 {620}~{631})

【행장】

"수니따 장로(Sunīta thera)는 분뇨를 치우는 업(ukkāra-sodhana

788) "출세간의 계행(lokuttara-sīla)은 모든 곳에서, 제거되는 것에 반대되는 것(pahīna-paṭipakkha)이고 일곱 번째 존재로부터 시작하여 윤회의 괴로움을 버리는 것(vinivattenta)이다. [이러한 출세간 계행 외에] 으뜸가는 상태(aggabhāva)가 되는 것은 없다.

789) "'통찰지를 가진 자는 가장 높습니다(paññavā pana uttamo).'라고 하였다. 그는 '통찰지를 가진 사람(puggala)은 가장 높고(uttama) 궁극이고(parama) 최상입니다(seṭṭha).'라고 이처럼 사람을 통해서(puggalādhiṭṭhānena) 통찰지가 최상임을 말하였다. 이제 역할(kicca)을 통해서 이러한 계행과 통찰지가 최상임(seṭṭhabhāva)을 보여주면서 [다음 구절에서] '계행과 통찰지 때문에 승리합니다(sīlapaññāṇato jayaṁ).'라고 말하였다."(ThagA.ii.261)

790) "참으로 계행이 없이 통찰지는 존재하지 않고 통찰지가 없이도 계행은 그 해야 할 일을 행하지(kicca-kara) [못하나니] 이것은 서로서로 도와주고 있기(aññamaññopakāraka) 때문이다. 그래서 [『디가 니까야』 제1권 「소나단다 경」(D4)에서] '고따마 존자시여, 계를 통해서 청정하게 되는 것이 통찰지이고(sīla-paridhotā paññā) 통찰지에 의해서 청정하게 되는 것이 계입니다.'(D4 §21)라고 하였다.
'인간들과 신들에서(manussesu ca devesu)'라는 이것은 이 [계행과 통찰지가 일어나는] 장소의 특별함을 보여주는 것(ṭhāna-visesa-dassana)이다. 그러나 여기서 삼매는(samādhi) 계행의 편에 속한다(sīla-pakkhika). 통찰지의 확고한 토대가 되기 때문이다(adhiṭṭhāna-bhāvato). 혹은 통찰지의 편에 속한다고도 할 수 있는데 닦아야 하기 때문이기도 하고(bhāveta-bbato) 계행의 확고한 토대이기 때문이기도 하다(sīlādhiṭṭhānato ca)."(ThagA.ii.261)

-kamma)으로 삶을 영위하면서 먹을 것과 입을 것마저도(ghās-acchādana-mattampi) 얻지 못하는 지경으로 살고 있었다. 그때 세존께서는 이른 새벽에[後夜, pacchimayāme] 부처님께서 늘 하시는 큰 연민의 증득(mahākaruṇā-samāpatti)에 드신 뒤 출정하셔서 부처님의 눈[佛眼]으로 세상을 굽어 살펴보시면서 수니따의 가슴 깊은 곳에서 광명처럼 밝게 비치는 아라한됨의 의지처를 보셨다. 세존께서는 밤이 밝아지자 오전에 가사와 발우를 수하시고 비구 승가와 함께 라자가하로 탁발하러 들어가셨다.

수니따는 매일 하던 대로 여기저기서 음식 찌꺼기와 똥과 쓰레기 등을 덩어리로 만들어서 바구니들에 넣은 뒤 짐 나르는 막대기 등으로 나르다가 비구 승가에 에워싸인 세존께서 오시는 것을 보고 뛰는 가슴에 어쩔 줄 몰라 하였다(sambhamākula-hadaya). 그는 가던 길에서 숨을 기회를 얻지 못하여 짐 나르는 막대기를 벽의 한 면에 세우고 한쪽 면으로 들어간 것처럼 벽에 붙어서 합장을 하고 서있었다. 어떤 사람들은 '그는 벽의 틈 사이로 빠져나갈 수가 없었다.'라고도 말한다.

세존께서는 그의 곁으로 가셔서 '이 사람은 자신의 유익함의 뿌리[善根]에 고무되었지만(kusala-mūla-sañcodita) 태생과 업의 저열함 때문에 의기소침하여, 다가간 나를 바로 보는 것도 부끄러워한다. 그러니 나는 그의 담대함(vesārajja)을 일어나게 할 것이다.'라고 하셨다. [스승님께서는] 까라위까(가릉빈가) 새 소리의 아름다움을 가졌으며(Karavīka-rutamañju) 도시 전체로 향하는 수승하고 깊은(sakala-nagara-ninnāda-vara-gambhīra) 범천의 음성(brahma-ssara)으로 '수니따여.'라고 부르신 뒤 '그대는 이 괴로운 삶으로부터 출가할 수가 있겠는가?'라고 말씀하셨다.

수니따는 스승님의 말씀으로 감로로 관정을 한 것처럼(amatena viya abhisitto) 광대한 희열과 기쁨을 느끼면서 '세존이시여, 만일 저와 같은 사람도 여기서 출가를 할 수 있다면 왜 제가 출가를 하지 않겠습니까? 세존께서는 저를 출가시켜 주십시오.'라고 대답하였다. 스승님께서는 '오라, 비구여.'라고 말씀하셨다. 그는 이렇게 하여 '오라, 비구여.'라는 말씀(ehibhikkhu-bhāva)으로 출가하여 구족계를 받은 뒤 신통으로 만들어진 발우와 가사를 수지하여 마치 출가한 지 60년이 된 장로처럼 되어서 스승님의 곁에 섰다.

세존께서는 그를 승원으로 인도하여 명상주제를 주셨다. 그는 첫 번째로 8가지 증득들[八等持, aṭṭha samāpattiyo]과 다섯 가지 신통들(pañca abhiññāyo)을 갖춘 자가 된 뒤에 위빳사나를 증장시켜 육신통을 갖춘 자가 되었다. 삭까(인드라) 등의 신들과 범천이 그에게 다가가서 예배를 올렸다.
세존께서는 신들의 무리가 앞에 모시는(devasaṅgha-purakkhata) 그를 보고 미소를 지으신 뒤 그를 칭찬하시면서 '고행과 청정범행과 제어와 길들임 / 이것으로 바라문이 되나니 이것이 최상의 바라문이다. …'(「와셋타 경」 M98 §13 {62}; Sn3:9/115ff.)라는 게송으로 법을 설하셨다.
그때 많은 비구들이 그가 사자후를 토하기를 바라면서 '도반 수니따여, 당신은 어떤 가문으로부터 출가하였고 어떻게 출가하였으며 어떻게 진리들을 꿰뚫었습니까?'라고 질문을 하였다. 그는 그 모든 것을 설명하면서 본 게송들을 통해서 사자후를 토하였다."(ThagA.ii.263~264)

620. "나는 낮은 가문에 태어났고
가난하였으며 음식도 적었습니다.
저열한 일은 나의 것이었으니
[시든] 꽃과 [같은 오물을] 치우는 자[791]였습니다.

---

791) '[시든] 꽃과 [같은 오물을] 치우는 자'는 puppha-chaḍḍako를 주석서를 참

621. 사람들의 혐오를 받고
무시당하고 욕설을 들었습니다.
마음을 낮추어서
많은 사람들에게 절을 하였습니다.

622. 그때 [64] 나는 비구 승가가 앞에 모시는
정등각자를 뵈었나니
대영웅께서는 마가다 최고의 도시로
들어오고 계셨습니다.

623. 나는 짐 나르는 막대기를 내려놓고
절을 하러 다가갔습니다.
나에 대한 연민으로
최고의 인간께서는 서 계셨습니다.

624. 스승님의 발에 절을 올리고
그때 한 곁에 서서
모든 중생들 가운데 가장 높으신 분께
나는 출가를 요청하였습니다.

625. 그때 모든 세상을 애민하시는
스승님께서는 연민하시어

조하여 옮긴 것이다. 노만 교수도 '*a disposer of (withered) flowers*'로 옮겼다. 주석서는 이렇게 설명한다.

"손에 결함이 있는 사람(hattha-vikala)도 손을 가진 자라고 하는 것처럼 근접하는 [의미]로(upacāra-vasena) '[시든] 꽃을 치우는 자(puppha-chaḍḍa-ko)'를 [뜻하는 이 단어]는 이 사람에 대한 일반적 호칭(samaññā)이었다." (ThagA.ii.264)

'오라, 비구여.'라고 나에게 말씀하셨고
그것은 나의 구족계가 되었습니다.

626\. 그런 나는 숲에서 혼자되어
머물면서 게으르지 않고
승자께서 나에게 교계하신 대로
스승님의 말씀을 행하였습니다.792)

627\. 밤의 초저녁[初夜]793)에 나는 전생을 기억하였고[宿命]

---

792) "'나에게 교계하신 대로(yathā maṁ ovadī)'라는 것은 '이와 같이 사마타를 먼저 닦고 위빳사나를 수행하라(samatha-pubbaṅgamaṁ vipassanaṁ bhāvehi).'라고 그렇게 나를 교계하신 대로 '스승님의 말씀을 행하였습니다(akāsiṁ satthuvacanaṁ)', 즉 도를 닦았다(paṭipajjiṁ)는 말이다."(ThagA.ii.264)

793) 여기에 나타나는 '밤의 초저녁[初夜]'과 '밤의 한밤중[中夜]'과 '밤의 이른 새벽[後夜]'은 각각 rattiyā pathama yāma와 rattiyā majjhima yāma와 rattiyā pacchima yāma를 옮긴 것이다.

중국을 위시한 동양 삼국, 특히 우리나라에서는 전통적으로 하룻밤을 다섯으로 구분하였다. 이 다섯은 각각 초경(初更, 오후 7시~9시), 이경(二更, 밤 9시~11시), 삼경(三更, 밤 11시~1시), 사경(四更, 밤 1시~3시), 오경(五更, 새벽 3시~5시)이다. 그리고 초경을 갑야(甲夜) 또는 술시(戌時), 이경을 을야(乙夜) 또는 해시(亥時), 삼경을 병야(丙夜) 또는 자시(子時), 사경을 정야(丁夜) 또는 축시(丑時), 오경을 무야(戊夜) 또는 인시(寅時)라 한다. 이 다섯 가지 구분, 즉 오경(五更)은 오야(五夜)라고도 하며 각각 초야, 이야, 삼야, 사야, 오야로 부르기도 한다.

초기불전에서 밤은 여기서처럼 항상 셋으로 분류되어 나타나는데(M4 §28, S35:120 §7, A3:16 §4 등) 니까야의 14곳 정도에 나타나고 있다. 『위방가』(§519)와 주석서 문헌(DA.i.185 등)에는 rattiyā paṭhama-yāma, rattiyā majjhima-yāma, rattiyā pacchima-yāma로 합성어로 나타나기도 한다. 초기불전연구원에서는 이를 초경, 중경, 말경으로 옮기기도 하고 초야, 중야, 후야로 옮기기도 하였다. 그러나 초경이나 초야로 옮기면 앞에서 소개한 우리 전통의 오경(五更) 혹은 오야(五夜)와 혼동이 된다. 그래서 『위방가』에서는 이 셋을 각각 밤의 초저녁[初夜], 한밤중[中夜], 이른 새벽[後夜]으로 옮겼다.(Vbh12 §519)

밤의 한밤중[中夜]에 신성한 눈[天眼]을 청정하게 하였으며
밤의 이른 새벽[後夜]에 어둠의 무더기를 쪼개버렸습니다.

628. 그때 밤이 끝나고
태양이 떠오를 즈음에 (ab={517}ab)
인드라와 범천이 와서794)
나에게 합장하고 예배하였습니다.

629. '준마이신 인간이시여, 당신께 귀의합니다.
최상의 인간이시여, 당신께 귀의합니다.
당신의 번뇌들은 멸진하였으니
당신은 보시받아 마땅합니다, 존자시여.'라고. (={1179})

630. 그때 신들의 무리가
나를 앞에 모시는 것을 보고
스승님께서는 미소를 지으신 뒤795)
이런 뜻을 말씀하셨습니다."

이상은 『우다나』 「깨달음 경」 2(Ud1:2)의 주해를 전재한 것이다.

794) "'인드라와 범천이 와서(Indo brahmā ca āgantvā)'라고 하였다. 여기서 '인드라(Inda)'는 신들의 왕 삭까이고(Sakka devarājā) '범천(brahmā)'은 대범천(mahābrahmā)이다. 인드라와 범천을 취함에 의해서 다른 욕계의 신들(kāma-devā)과 범천의 [신들](brahmā)도 함께 왔음을 말한 것이라고 보아야 한다. 이것은 특별한 명칭을 사용하여 마치 '왕이 왔다.'라고 하는 것과 같다. '예배하였습니다(namassiṁsu).'라는 것은 몸과 말로 예배를 하였다(namakkāraṁ akaṁsu)는 말이다."(ThagA.ii.265)

795) 여기서 '미소를 지으신 뒤'는 sitaṁ pātukaritvāna을 옮긴 것이다. sitaṁ은 √smi(mihati, Sk:smayate, +ti, 1류, *to smile*)의 과거분사가 중성명사로 쓰인 것이다.(PED)

631. [세존]

"고행과 청정범행과
제어와 길들임796) —
이것으로 바라문이 되나니
이것이 최상의 바라문됨이로다." (M98 §13 {62})

수니따 장로 (끝)

열둘의 모음이 끝났다.

[열둘의 모음에 포함된 장로들의] 목록은 다음과 같다.

실라와와 수니따, 이 두 장로들은 큰 신통력을 구족하였으니
열둘의 모음에 게송들은 24개이다.

---

796) "여기서 '고행(tapa)'이란 감각기능의 단속(indriya-saṁvara)이다. 어떤 자들은 두타행의 법을 받아 지니는 것(dhuta-dhamma-samādāna)이라고 말한다. '제어(saṁyama)'란 계행(sīla)이다. '길들임(dama)'이란 통찰지(paññā)이다. '청정범행(brahma-cariya)'이란 나머지 뛰어난 실천이다(avasiṭṭha-seṭṭha-cariya). '바라문이 되나니(brāhmaṇo hoti).'라는 것은 사악함을 내쫓았기 때문이다(bāhita-pāpabhāvato)."(ThagA.ii.265)

테라가타

열셋의 모음

Terasa-nipāta({632}~{644})

1. 소나 꼴리위사 장로(Th13:1 {632}~{644})

【행장】

소나 꼴리위사 장로(Soṇa Koḷivīsa thera)는 우리에게 류트(거문고)의 비유(vīṇūpama,「소나 경」, A6:55)로 잘 알려진 소나 존자(āyasmā Soṇa)이다. 주석서는 이렇게 설명한다.

"소나 꼴리위사 장로(Soṇa Koḷivīsa thera)는 짬빠 도시에서 우사바 상인(Usabha-seṭṭhi)의 집에 태어났다. 그가 모태에 든 때부터 상인에게는 재물의 무더기가 크게 증가하였다. 그는 태어나던 날에 전체 도시에서 큰 존경(mahāsakkāra)을 받았다. 그는 전생에 벽지불에게 수백 수천의 좋은 모직 외투를 보시하였기 때문에 그의 몸은 황금색 피부를 가졌고 아주 섬세하였으며 소나(Soṇa)라고 이름을 지었다."(ThagA.ii.266)

주석서는 그가 많은 시중드는 사람들에 에워싸여 자랐고 아주 호사스러운 생활을 하였다고 적은 뒤 계속해서 이렇게 언급하고 있다.

"그가 적당한 나이가 되자 세 계절에 어울리는 세 개의 궁전들(pāsādā)이 만들어졌고 그는 무희들의 시중을 받았다. 그는 그곳에서 큰 번영을 누리면서 천신의 아들(deva-kumāra)처럼 지내고 있었다.

그때 우리의 스승님께서는 일체지지(一切智知)를 증득하신 뒤 뛰어난 법의 바퀴를 굴리시면서 라자가하에 가서 머무셨다. [소나는] 빔비사라 왕이 초청하여 8만 명의 마을 사람들과 함께 라자가하로 가서 스승님의 곁에서 법문을 듣고 믿음을 얻어 부모의 동의를 받아서 교법에 출가한 뒤 구족계를 받았다. 그는 스승님의 곁에서 명상주제를 받은 뒤 사람들과의 교제를 피하기 위해서 차가운 숲[797]에 머물렀다.

그는 '나의 몸은 아주 섬세하여 행복으로 행복을 증득할 수가 없다. 몸을 혹독하게 하여(kilametvā) 사문의 법을 실천하리라.'라고 땅에서 포행하는 것을 확고하게 한 뒤 정진에 몰두하였다. 그는 발바닥이 부풀어 올랐지만 느낌을 평온하게 한 뒤 굳세게 정진을 행하였다. 이처럼 아주 열심히 정진하였지만 특별함(visesa)을 얻을 수가 없었다. 그는 '이와 같이 애를 썼는데도 불구하고 나는 도나 과를 얻을 수 없구나. 그러니 나의 출가가 무슨 소용이 있는가? 나는 환속하여 재물들을 즐기고 공덕들을 지어야겠다.'라고 생각하였다.

스승께서는 그의 마음의 움직임을 아시고 그곳에 가셔서 류트(거문고)를 켜는 비유의 교계(vīṇūpam-ovāda)로 교계를 하신 뒤 고르게 정진을 적용하는 과정(vīriyasamatā-yojana-vidhi)을 보여주시면서 명상주제를 청정하게 하시고 나서 독수리봉 산으로 가셨다. 소나 장로도 스승님의 면전에서 교계를 받은 뒤 정진을 바르게 적용하여 위빳사나를 열성적으로 행하여 아라한됨에 확립되었다. 장로의 일화는 『아빠다나』에도 나타나고 있다. …

장로는 아라한됨을 얻고 나서 자신의 도닦음을 반조한 뒤 감흥어

797) 차가운 숲(Sītavana)은 『앙굿따라 니까야』 제4권 「소나 경」(A6:55) §1에서 보듯이 라자가하 근처에 있는 숲이다. 이곳에 있는 공동묘지(susāna)에서 아나타삔디까(급고독) 장자가 처음으로 부처님을 뵈었다고 한다.(Vin.ii.155 f.; ThagA.i.24)

를 통해서 구경의 지혜를 천명하면서 본 게송들을 읊었다."(ThagA.ii.267~268)

소나 꼴리위사 장로에 관한 경으로는 『앙굿따라 니까야』 제4권 「소나 경」(A6:55)이 있다. 본경에서 세존께서는 소나 꼴리위사 존자에게 "소나여, 그러나 그대의 류트의 활줄이 지나치게 팽팽하지도 않고 지나치게 느슨하지도 않고 적당한 음계(音階)에 맞추어졌을 때 그대의 류트는 그때 선율이 아름답고 연주하기에 적합하게 된다."(A6:55 §1)라고 가르치신다. 더 자세한 경의 인용은 아래 {638}의 해당 주해를 참조하기 바란다.
이러한 부처님의 말씀을 듣고 그는 바르게 정진하여 아라한이 되었다.(A6:55 §2) 세존께서는 『앙굿따라 니까야』 제1권 하나의 모음 「으뜸 품」(A1:14)에서 "부지런히 정진하는 자들(āraddha-vīriyā) 가운데서 소나 꼴리위사가 으뜸이다.(A1:14:2-8)라고 칭찬하셨다.

632. "앙가 왕의 [65] 충복으로798)
왕국에서 최상이었던 자가
오늘은 법들 가운데서 가장 높으니
소나는 괴로움의 저 언덕[彼岸]에 도달하였다.799)

---

798) "'앙가 왕의 충복으로(rañño Aṅgassa paddhagū)'라는 것은 네 가지 섭수하는 토대[四攝事, 四攝法 saṅgaha-vatthu]로 회중의 왕이요 앙가의 지배자인 빔비사라(Aṅgādhipati Bimbisāra)의 가까이에서 시중을 들었던(parivāra-bhūta) 특별한 장자(gahapati-visesa)였던 [소나]는 그의 왕국에서 지주(地主, kuṭumbika)였다로 적용시켜야 한다."(ThagA.ii.268)

네 가지 섭수하는 토대[四攝事, 四攝法 cattāri saṅgaha-vatthūni]는 보시(dāna), 사랑스러운 말[愛語, peyya-vajja], 이로운 행위[利行, attha-cariyā], 함께 함[同事, samānattatā]의 네 가지를 말하는데(D33 §1-11 (40)) 이것은 대승불교에서도 사섭법(四攝法)으로 잘 알려져 있으며 『디가 니까야』 제3권 「삼십이상경」(D30) §1.16에도 언급되어 있다.

799) "'괴로움의 저 언덕[彼岸]에 도달하였다(dukkhassa pāragū).'는 것은 전

633. 다섯 가지를 잘라야 하고 다섯 가지를 버려야 하고
나아가서 다섯 가지를 닦아야 하나니
다섯 가지 결박을 벗어난 비구는
폭류를 건넜다고 일컬어진다.800)

체 윤회의 괴로움(sakala vaṭṭa-dukkha)의 저 언덕[彼岸, pāra]에, 저쪽 끝(pariyanta)에 도달했다(gata)는 뜻인데 이것을 통해서 '법들 가운데서 가장 높음(dhammesu ukkaṭṭha)'을 특별하지 않게(avisesena) 말하였다. 가장 높음을 언급하는 것은 아라한됨의 증득을 밝히기 위해서이다(arahatta-adhigama-dīpanato)."(ThagA.ii.268)

800) 주석서는 본 게송의 의미를 이렇게 설명한다.
"발에 묶어져 있는 밧줄을 칼로 자르는 것처럼 인간은 악처를 벗어나서 선처를 얻게 하는(apāya-kāma-sugati-sampāpakāni) 다섯 가지 낮은 단계의 족쇄들[五下分結, pañc-orambhāgiyāni saṁyojanāni]을 낮은 세 가지 도(heṭṭhima maggattaya, 예류도와 일래도와 불환도)로써 잘라야 한다. 목에 묶어져 있는 밧줄을 자르는 것처럼 인간은 색계와 무색계를 얻게 하는(rūpārūpa-bhava-sampāpakāni) 다섯 가지 높은 단계의 족쇄들[五上分結, pañca uddhambhāgiyāni saṁyojanāni]을 으뜸가는 도(아라한도)로써 제거해야 한다, 잘라야 한다(jaheyya, chindeyya).
그러나 이들 높은 단계의 족쇄들을 버리기 위해서는 믿음 등의 다섯 가지 기능들[五根]을 더 '닦아야 한다(bhāvaye).' 그러나 이렇게 된 비구는 탐욕의 결박(rāga-saṅga), 성냄과 어리석음과 자만과 견해의 결박(dosa-moha-māna-diṭṭhi-saṅga)이라는 다섯 가지 결박들을 넘어섬에 의해서 '다섯 가지 결박을 벗어난(pañca-saṅgātigo)' 자가 되어 감각적 쾌락의 폭류(kām-ogha), 존재의 폭류(bhav-ogha), 견해의 폭류(diṭṭh-ogha), 무명의 폭류(avijj-ogha)라는 네 가지 폭류를 건넜기 때문에 '폭류를 건넜다(ogha-tiṇṇo).'라고 불리게 된다."(ThagA.ii.268~269)

'다섯 가지 결박을 벗어남(pañca saṅga-atiga)'이라는 이 표현은 『상윳따 니까야』 제1권 「얼마나 끊음 경」(S1:5) §3 {8}에도 나타난다. 그러나 니까야에서 다섯 가지 결박의 내용은 언급되지 않는다. 이것은 논장 『위방가』(Vbh17. §940)에서 "여기서 무엇이 '다섯 가지 결박(pañca saṅgā)'인가? 탐욕의 결박, 성냄의 결박, 어리석음의 결박, 자만의 결박, 사견의 결박 — 이것이 다섯 가지 결박이다."(Vbh17 §940)로 정리되어 나타난다.

다섯 가지 낮은 단계의 족쇄[五下分結]와 다섯 가지 높은 단계의 족쇄들[五上分結]에 대해서는 본서 제1권 {15}의 해당 주해를 참조하고 여러 부류의

634. 거들먹거리고 방일하고
밖의 것을 바라는 비구의
계행과 삼매와 통찰지는
완성되지 못한다.801)

635. 해야 할 일을 내팽개치고
하지 않아야 할 것은 행하는
거들먹거리고 방일한 자들802)
그들의 번뇌들은 증가하기 때문이다.

636. 그리고 몸에 대한 마음챙김803)을
항상 잘 시작한 자들
그들은 하지 않아야 할 일을 실행하지 않고
해야 할 일을 끈기 있게 닦는다.
마음챙기고 알아차리는 자들의
번뇌들은 끝이 난다.804)

성자와 10가지 족쇄에 대한 더 자세한 설명은 졸저 『초기불교 이해』 제31장 족쇄를 푼 성자들(474쪽 이하)도 참조할 것.

801) "'계행과 삼매와 통찰지는 / 완성되지 못한다(sīlaṁ samādhi paññā ca, pāripūriṁ na gacchati).'라고 하였다. 그의 계행 등과 반대로 받들어 행하는 자(paṭipakkha-sevi)에게는 세간적인(lokiya) 계행 등의 덕스러움(sīlādi-guṇa)도 완성되지 못하는데 하물며 출세간적인 것(lokuttara)이랴."(ThagA.ii.269)

802) "그들의 자만이라는 갈대(māna-naḷa)를 끄집어 올리고 다님에 의해서 '거들먹거리는 자들(unnaḷānaṁ)'이고 마음챙김을 버림(sati-vossagga)에 의해서 '방일한 자들(pamattānaṁ)'인데 이런 사람들의 네 가지 번뇌들도(cattāropi āsavā) 증가한다는 말이다."(ThagA.ii.269)

803) "'몸에 대한 마음챙김(kāyagatā sati)'이란 몸을 관찰하는 수행(kāya-anupassanā-bhāvanā)이다."(ThagA.ii.269)

637. 올곧은 도가 설해지면
[계속해서] 가고 포기하지 마라.805)
자신이 자신을 질책해야 하고806)

---

804) "'마음챙기고 알아차리는 자들의 / 번뇌들은 끝이 난다(satānaṁ sampajānānaṁ, atthaṁ gacchanti āsavā).'라고 하였다. 마음챙김의 현전(現前, avippavāsa)을 통해서 '마음챙기고(satānaṁ)', ① 이익이 있음에 대한 분명한 알아차림(sātthaka-sampa-jañña) ② 적당함에 대한 분명한 알아차림(sappāyasampajañña) ③ 영역에 대한 분명한 알아차림(gocara-sampajañña) ④ 미혹하지 않음에 대한 분명한 알아차림(asammoha-sampajañña)이라는 네 가지 알아차림으로 '알아차리는 자들의(sampa-jānānaṁ)' 네 가지 '번뇌들은 끝이 난다(āsavā atthaṁ gacchanti).' 멸진(pari-kkhaya), 즉 존재하지 않음으로 간다(abhāvaṁ gacchanti)는 뜻이다." (ThagA.ii.269)

여기서 '현전(現前)'으로 옮긴 avippavāsa는 a(부정접두어) + vi(분리해서) + pra(앞으로) + √vas(*to stay*)에서 파생된 명사 혹은 형용사인데 '부재중이 아닌'이라는 문자적인 의미에서 '주의 깊은, 유념하는, 현전하는' 등의 의미로 쓰인다. 한편 『디가 니까야 주석서』의 다른 곳에서는 "불방일이란 마음챙김의 현전(마음챙김에 의한 현전)을 말한다.(appamādo vuccati satiyā avippavāso)"(DA.i.104)라고 해석하고 있다. 그래서 마음챙김의 현전으로 옮겼다.

'네 가지 알아차림(catubbidha sampajañña)'에 대해서는 『네 가지 마음챙기는 공부』 136쪽 이하를 참조할 것.

805) '올곧은 도가 설해지면 / [계속해서] 가고 포기하지 마라.'는 ujumaggamhi akkhāte, gacchatha mā nivattatha를 옮긴 것이다. 주석서는 이렇게 설명한다.

"여기서 '올곧은 도가 설해지면(ujumaggamhi akkhāte)'이라고 하였다. 양극단을 피함(antadvaya-parivajjana)에 의해서 그리고 몸의 구부러진 상태 등을 제거함(kāya-vaṅkādi-ppahāna)에 의해서 올곧은 중도가 되는 성스러운 도(ujuka majjhimapaṭipadā-bhūta ariyamagga)가 스승님에 의해서 설해질 때에라는 말이다. '[계속해서] 가고(gacchatha)'라는 것은 도를 닦으라(paṭipajjatha)는 말이다. '포기하지 마라(mā nivattatha).'라는 것은 도중에 그만두지 말라는 말이다."(ThagA.ii.269)

806) "'자신이 자신을 질책해야 하고(attanā codayattānaṁ)'라는 것은 여기 이로움을 바라는 좋은 가문의 아들[善男子]은 악처의 두려움을 반조하는 등(apāyabhaya-paccavekkhaṇādi)으로 자신이 자신을 질책하면서(attanāva

열반을 얻어야 한다.

638. 정진이 지나치게 강하자
세상에서 위없는 스승이시며 눈을 가지신 분은
나에게 류트의 비유807)를 드시어

---

attānaṁ codento)라는 말이다."(ThagA.ii.269~270)

807) 이 '류트의 비유(vīṇopama)'는 『앙굿따라 니까야』 제4권 「소나 경」(A6:55) §1에 잘 나타나고 있다. 이것은 앞의 【행장】에 나타나는 『테라가타 주석서』에도 잘 인용되어 있다. 「소나 경」(A6:55) §1의 해당 부분을 인용한다.

"소나여, 그대가 한적한 곳에 가서 홀로 앉아있을 때 문득 마음속에 이런 생각이 떠올랐다. '세존의 제자들은 열심히 정진하면서 머문다. 나도 그 가운데 한 사람이다. 그런데도 나는 취착을 없애지 못했고 번뇌들로부터 마음이 해탈하지 못하였다. 그러나 우리 집은 부유하다. 나는 재물을 즐길 수도 있고 공덕을 지을 수도 있다. 그러니 나는 이제 공부지음을 버리고 낮은 [재가자의] 삶으로 되돌아가서 재물을 즐기고 공덕을 지어야겠다.'라고."
"그러합니다, 세존이시여."
"소나여, 이를 어떻게 생각하는가? 그대는 전에 재가자였을 때 류트의 활줄 소리에 능숙하였는가?"
"그렇습니다, 세존이시여."
"소나여, 이를 어떻게 생각하는가? 류트의 활줄이 지나치게 팽팽한데도 그대의 류트는 그때 선율이 아름답고 연주하기에 적합하게 되는가?"
"그렇지 않습니다, 세존이시여."
"소나여, 이를 어떻게 생각하는가? 류트의 활줄이 지나치게 느슨한데도 그대의 류트는 그때 선율이 아름답고 연주하기에 적합하게 되는가?"
"그렇지 않습니다, 세존이시여."
"소나여, 그러나 그대의 류트의 활줄이 지나치게 팽팽하지도 않고 지나치게 느슨하지도 않고 적당한 음계(音階)에 맞추어졌을 때 그대의 류트는 그때 선율이 아름답고 연주하기에 적합하게 된다."
"그러합니다, 세존이시여."
"소나여, 그와 같이 지나치게 열심인 정진은 들뜸으로 인도하고 지나치게 느슨한 정진은 나태함으로 인도한다. 소나여, 그러므로 그대는 정진을 고르게 유지해야 한다. [다섯 가지] 기능들[五根]의 균등함을 꿰뚫어야 하고 거기서 표상을 취해야 한다."
"그렇게 하겠습니다, 세존이시여."라고 소나 존자는 세존께 응답했다.(A6:55 §1)

"'표상을 취한다(nimittaṁ gaṇhāhi).'는 것은 다섯 가지 기능들의 균등함

법을 설하셨다.

639. 나는 그분의 말씀을 듣고
[그분의] 교법에 기뻐하며 머물렀다.
가장 높은 이치를 증득하기 위해서[808]
사마타를 닦았다.
세 가지 명지를 얻었고
부처님의 교법을 실천하였다. (cd={465}cd 주해 참조)

640. [809]① 출리에 대한 의향을 가진 자[810]와

이 있을 때 거울에 비친 영상처럼 표상이 나타난다. 이러한 삼매의 표상, 위빳사나의 표상, 도의 표상, 과의 표상을 취한다는 말이다."(AA.iii.390~391)

'[다섯 가지] 기능들[五根]의 균등함(indriyānaṁ samatā)'에 대해서는 『청정도론』 IV.45~49를 참조할 것.

808) "'가장 높은 이치를 증득하기 위해서(uttamatthassa pattiyā)'라는 것은 아라한됨을 증득하기 위해서라는 뜻이다."(ThagA.ii.27)

809) "이제 이처럼 도를 닦은 자의 사마타와 위빳사나는 구족되었다. 그것을 구경의 지혜에 대한 권위 있는 말(aññāpadesa)을 통해서 보여주면서 본 게송 등을 말했다."(ThagA.ii.270~271)

이 {640}번 게송과 {641}번 게송은 연결되어 있으며 이 두 게송의 주어와 동사는 {641}번 게송의 마지막 문단에 나타나는 'cittaṁ vimuccati(마음은 해탈한다.)'이다.

810) "'출리에 대한 의향을 가진 자(nekkhamme adhimuttassa)'라고 하였다. 여기서 '출리에 대한(nekkhamme)'이란 출가 등에 대한(pabbajjādike), 감각적 쾌락에서 벗어남에 대한(kāma-nissaraṇe)이라는 뜻이다. '의향을 가진 자(adhimuttassa)'는 거기로 향하고 기울이고 기댐(ninna-poṇa-pabbhāra-bhāva)에 의해서 몰두하고 몰입하는 자(yutta-ppayutta)이다. 첫 번째로 출가와 대면하는 자(pabbajjābhimukha)가 되고 그리고 감각적 쾌락들을 버리고 출가하여 계행의 청정함(sīlavisodhana)과 숲에 머묾(araññavāsa)과 두타행을 수지하고(dhutaṅga-pariharaṇa) 수행에 몰두하는(bhāvanā-bhiyoga) 등의 이러한 비난받지 않는 법들(anavajja-dhammā)에 몰두하고 몰입하는 자라는 뜻이다."(ThagA.ii.271)

② 정신적인 한거에 대한 [의향을 가진 자]811)와

③ 고통에서 벗어남에 대한 의향을 가진 자812)와

④ 취착의 멸진에 대한 [의향을 가진 자]813)와

---

811) '정신적인 한거에 대한 [의향을 가진 자]'는 pavivekañca cetaso를 옮긴 것인데 주석서에서 "cetaso pavivekañca adhimuttassa(정신적인 한거에 대한 의향을 가진 자)"(ThagA.ii.271)라고 설명하고 있어서 이렇게 옮겼다. 계속해서 주석서는 이렇게 덧붙이고 있다.

"이와 같이 출리에 대한 의향을 가진 자(nekkhamma-adhimutta)는 4종禪이나 5종禪(catukkapañcaka-jjhānā)을 닦음(nibbattana)에 의해서 한거(viveka)에 몰두하고 몰입하는 자이다."(Ibid.)

4종선과 5종선은 본삼매를 분류하는 방법이다. 4종선(四種禪) 즉 넷으로 분류한 禪(catukka-jjhāna, jhāna-catukka)은 경장에서, 5종선(五種禪) 즉 다섯으로 분류한 禪(pañcaka-jjhāna, jhāna-pañcaka)은 논장에서 본삼매를 분류하는 방법이다. 禪(jhāna)은 경장에서는 초선 · 제2선 · 제3선 · 제4선의 넷으로 정형화되어 나타나는데 논장에서는 초선에 나타나는 일으킨 생각[尋, vitakka]과 지속적 고찰[伺, vicāra]을 세분하여 일으킨 생각이 있고 지속적 고찰이 있는 삼매와 일으킨 생각은 없고 지속적 고찰만 있는 삼매의 둘로 나눈다. 이렇게 하여 전체적으로 禪을 다섯 가지로 분류하고 있다.

4종禪에 대해서는 『담마상가니』 §160 이하를, 5종禪에 대해서는 §167 이하를 참조하고, 4종선과 5종선의 분류에 대해서는 『청정도론』 IV.86도 참조하고 5종선에 대한 문자적인 설명을 비롯한 해설은 『청정도론』 IV.198~202에 잘 나타나 있으므로 참조하기 바란다. 『아비담마 길라잡이』 제1장 §18의 [해설] 7과 제5장 §6의 [해설] 1도 참조할 것.

812) "'고통에서 벗어남에 대한 의향을 가진 자(abyāpajjha-adhimuttassa)'는 고통에서 벗어남에(abyābajjhe), 즉 괴로움 없음에 대한 결심을 가져(nid-dukkhatāya adhimutta) 禪의 증득들(jhāna-samāpattiyo)을 닦아서 사마타의 행복(samatha-sukha)에 몰두하고 몰입하는 자이다."(ThagA.ii.271)

813) '취착의 멸진에 대한 [의향을 가진 자]'는 upādāna-kkhayassa ca를 주석서를 참조하여 옮긴 것이다. 주석서는 "네 가지 취착들도 멸진한 아라한됨에 대한 의향을 가진 자(catunnampi upādānānaṁ khayante arahatte adhi-mutta)."(ThagA.ii.271)라고 설명하고 있다. 계속해서 주석서는 이렇게 설명한다.

"이렇게 증득한 그 禪을 기초가 되는 [禪으로] 삼아서(jhānaṁ pādakaṁ

641. ⑤ 갈애의 멸진에 대한 의향을 가진 자[814]와
⑥ 정신적으로 미혹하지 않음[에 대한 의향을 가진 자][815]의
감각장소가 일어남을 보고[816]
마음은 바르게 해탈한다.[817]

642. 바르게 해탈하고 [66]
마음이 평화로운 그 비구에게는

---

katvā) 아라한됨을 증득하기 위해서(arahattādhigamāya) 위빳사나에 몰두하는 자(anuyuñjanta)라는 뜻이다."(Ibid.)

814) "'갈애의 멸진에 대한 의향을 가진 자(taṇhakkhaya-adhimuttassa)'라고 하였다. 갈애가 여기서 멸진된다(taṇhā khīyati ettha)고 해서 갈애의 멸진인데 열반을 말한다. 여기에 대한 의향을 가진 자는(tasmiṁ adhimutta-ssa) 취착의 자취(upādi)를 두려워하기 때문에 안은함(khema)으로부터 취착의 자취가 없음(anupādi)을 봄에 의해서 소멸(nirodha)로 향하고 기울이고 기대는 자(ninna-poṇa-pabbhārassa)이다."(ThagA.ii.271)

815) '정신적으로 미혹하지 않음[에 대한 의향을 가진 자]'는 asammohañca ceta-so를 주석서를 참조하여 옮긴 것이다. 주석서는 이렇게 설명한다.

"'정신적으로 미혹하지 않음[에 대한 의향을 가진 자](asammohañca cetaso)'는 ⓐ 미혹하지 않음에 대한 분명한 알아차림(asammoha-sampa-jañña)을 통해서 마음의 미혹하지 않음이 전개되거나(cittassa asammoha-pavatti) 혹은 ⓑ 미혹함을 잘라버림(sammoha-samucchindana)에 의해서 마음의 미혹하지 않음이 되는(cittassa asammohabhūtaṁ) [이러한] 성스러운 도(ariyamagga)에 대한 의향을 가진 자(adhimutta)이다."(ThagA.ii.271)

816) "'감각장소가 일어남을 보고(disvā āyatanuppādaṁ)'라는 것은 눈 등의 감각장소들의 각각의 경우에 해당하는 조건들에 의해서(yathāsaka-paccaye-hi) ⓐ 매 찰나에 일어남을(khaṇe khaṇe uppādaṁ) 그리고 그것과는 반대로 ⓑ 소멸(nirodha)을 위빳사나의 통찰지와 함께하는 도의 통찰지로 보고, 즉 봄을 원인으로 하여(dassanahetu)라는 말이다."(ThagA.ii.271)

817) "'마음은 바르게 해탈한다(sammā cittaṁ vimuccati).'라는 것은 바르게 원인과 더불어(sammā hetunā) 바른 방법으로(ñāyena) 도의 순서(magga-paṭipāṭi)대로 모든 번뇌로부터(sabbāsavato) 마음은 해탈한다는 말이다."(ThagA.ii.271)

이미 행한 것에다 더 모으는 것[818]이 없고
[다시 더] 해야 할 것이 존재하지 않는다.[819]

643. 굳건한 바위산이
바람에 흔들리지 않듯이(ab=Dhp. {81}ab)
그와 같이 형색과 맛과 소리와
냄새와 감촉[820]도 전적으로 그러하다.

644. 원하거나 원하지 않는 법들은
여여한 사람의 마음을 흔들리게 하지 못한다.
[그의 마음은] 확고하고 풀려났으며
그는 그것의 사라짐을 관찰[隨觀]하도다."[821]

---

818) "'더 모으는 것(paṭicaya).'이란 계속해서 행하여 이미 행한 것에다 보태는 것을 뜻한다."(AA.iii.391) — 『앙굿따라 니까야』 제4권 「소나 경」(A6:55) §4의 주해에서.

819) "여기에 대해서 이것이 간략한 의미이다. — 그가 설명한 방법에 의해서 바르게 모든 오염원들로부터 해탈할 때 그것으로부터 지극히 고요함(accant-upasama)에 의해서 고요한 마음을 가진(santacitta) 번뇌 다한 비구가 행한 유익하거나 해로운 것의 생성(upacaya)은 없다. 도에 의해서 뿌리 뽑혔기 때문이다(samugghāṭitattā). [사성제에 대해서] 철저하게 앎 등의 구분(pariññādi-bheda)이라는 '[다시 더] 해야 할 것이 존재하지 않는다(karaṇī-yaṁ na vijjati).' 해야 할 일을 다 하였기 때문이다(kata-kiccattā)." (ThagA.ii.271)

820) 중국에서 '촉(觸)'으로 옮긴 범어는 phassa(Sk. sparśa)와 phoṭṭhabba(Sk. sparṣṭavya)의 두 가지가 있다. 전자는 감각장소[處, 根]·대상[境]·알음알이[識]의 세 가지가 맞부딪치는 것[三事和合爲觸]을 뜻하고 후자는 몸의 감각장소[身處]의 대상인 감촉(『아비담마 길라잡이』 제2장 §1의 해설 3 참조)을 말한다. 초기불전연구원에서는 전자를 '감각접촉'으로 후자는 '감촉'으로 구분해서 옮기고 있다. 그런데 본서의 여기와 제3권 {802}, {803}, {814} 등에서는 phassa가 감촉(phoṭṭhabba)의 의미로 쓰이고 있는데 게송의 운율에 맞추기 위해서일 것이다. 이 경우에 역자는 모두 감촉으로 옮겼다.

소나 꼴리위사 장로 (끝)

열셋의 모음이 끝났다.

[열셋의 모음에 포함된 장로들의] 목록은 다음과 같다.

> 소나 꼴리위사 장로 이 한 분은 큰 신통력을 구족하였다.
> 그리고 여기 열셋의 모음에 게송들은 13개이다.

---

821) "시시때때로(kālena kālaṁ) 과의 증득(phala-samāpatti)에 들어서 대상인 법(ārammaṇa-dhamma)의 사라짐(vaya), 즉 소멸(nirodha)을 깊이 꿰뚫어 보면서 매 찰나에(khaṇe khaṇe) 부서지는 고유성질(bhijjana-sabhāva)을 관찰한다고 [장로는] 구경의 지혜를 천명하였다."(ThagA.ii.271)

테라가타

열넷의 모음

Cuddasaka-nipāta({645}~{672})

1. 레와따 장로(Th14:1 {645}~{658})

【행장】

레와따 장로(Revata thera) 혹은 카디라와니야 레와따 장로(VRI: Khadiravaniya-Revata thera)는 본서 제1권 하나의 모음 {42}에서 '아카시아 숲에 머무는 장로'로 옮길 수 있는 카디라와니야 장로(Khadiravaniya thera, Th1:42)로 나타났으므로 참조하기 바란다. 이 장로는 사리뿟따 존자의 막내 동생인 레와따 존자(Revata thera)이다. 여기 열넷의 모음에 나타나는 레와따 장로의 게송들에 대한 『테라가타 주석서』는 이렇게 설명을 시작하고 있다.

"레와따 장로(Revata thera, VRI: 카디라와니야레와따 장로 Khadiravaniyarevata thera)의 게송은 [본서 제1권] 하나의 모음에서 [{42}의 카디라와니야 장로의 게송으로] 나타났다. 거기서는 자신의 조카들 사이에서 마음챙김을 생기게 하는 것만(sati-janana-matta)을 보여주는 [하나의 게송으로 구성되어 있어서] 하나의 모음에 모았다. 그러나 여기 이 [게송]들은 장로가 출가한 때로부터 반열반할 때까지의 도닦음을 설명한(paṭipatti-pakāsitā) 게송들을 이 열넷의 모음에 함께 모아서 제시한 것이다.

장로의 사례(事例, aṭṭhuppatti)[822]에 대해서는 앞에서 설명하였다. 여기서는 이것이 다른 점이다. — 장로는 아라한됨을 얻은 뒤 시시때때로 스승님과 법의 대장군 [사리뿟따 장로]를 비롯한 대장로들의 시중을 들러 가서 어느 정도 그곳에서 머문 뒤 아까시아 숲(카디라와나)으로 돌아가 과를 증득한 행복(phala-samāpatti-sukha)과 거룩한 마음가짐들(brahma-vihārā)로 시간을 보내었다. 이와 같이 시간이 흘러서 늙고 나이 든 시기를 맞이하게 되었다.

그는 어느 날 부처님의 시중을 들러 가면서 도중에 사왓티에서 멀지 않은 곳의 숲에 머물렀다. 그때 도둑들(corā)이 도시에서 나쁜 업을 짓고 경비하는 사람들에게 붙잡히지 않고 도망을 치다가 장로의 곁에서 포획한 장물(gahita-bhaṇḍa)을 버리고 달아나버렸다. 사람들은 따라와서 장로의 곁에서 장물을 보고 장로를 묶어서 도둑이라고 인식하고 잡아와서 왕에게 '폐하, 이놈이 도둑입니다.'라고 하면서 왕에게 데리고 갔다.
왕은 장로를 풀어주게 한 뒤 '존자시여, 그런데 당신이 이 도둑의 업을 지었습니까, 아닙니까?'라고 물었다. 장로는 태어나서부터 자신이 그러한 짓을 전에 한 적이 없다고 하였다. 더군다나 출가한 때로부터는 그런 행위를 하지 않았음을 밝히고, 모든 곳에서 오염원들(kilesā)을 잘랐기 때문에 그런 짓을 하는 것은 있을 수 없음을 설명하기 위해서 근처에 서있는 비구들과 왕에게 법을 설하면서 [본 게송들을 읊었다.]"(ThagA.ii.272~273)

---

822) '사례(事例)'는 aṭṭhuppatti를 옮긴 것인데 사실(aṭṭha=attha)의 일어남(uppatti)으로 직역된다. 『상윳따 니까야 주석서』는 "사례란 간결한 설명이다(aṭṭhuppattiko nikkhepo).'(SA.ii.4)로 설명하고 있다. 본 『테라가타 주석서』를 만든 담마빨라 스님이 쓴 『이띠웃따까 주석서』는 다음과 같이 좀 더 자세하게 설명한다.

"경의 가르침의 토대가 되는(sutta-desanāya vatthu-bhūta) 사실의 일어남(atthassa uppatti)이 사례(atth-uppatti)이다. 이 atthuppatti가 바로 aṭṭhuppatti이다."(ItA.i.35)

같은 담마빨라 스님이 지은 『디가 니까야 복주석서』도 "사실의 일어남(atthassa uppatti)이 사례(atth-uppatti)이다. 이 atthuppatti가 바로 aṭṭh-uppatti이다. -tha 문자가 -ṭha 문자로 쓰였다."(DAṬ.i.73)로 설명하고 있다.

게송들을 설명한 뒤 주석서는 다음과 같이 마무리하고 있다.
"[장로는] 이와 같이 말한 뒤 허공에서 가부좌를 하고 앉아서 불의 요소(tejo-dhātu)를 생기게 하여 타오르면서 무여열반의 요소로 완전한 열반에 들었다(parinibbāyi)."(ThagA.ii.276)

645. "내가 [67] 집을 나와서
집 없이 출가했을 때부터
나는 성스럽지 못하고 성냄과 관계된
사유[를 한 것]을 기억하지 못합니다.

646. '이 생명들이 죽어버리기를,
도살되어 버리기를, 고통을 받기를.'이라는
그런 사유를 [한 것을] 이 긴 시간 안에서823)
나는 기억하지 못합니다. (abd={603}abd)

647. 그러나 부처님께서 가르치신 대로
무량하고 잘 닦았고824)
순서대로 굳건하게 닦은825)

---

823) "'이 긴 시간 안에서(imasmiṁ dīghamantare)'라는 것은 내가 출가한 그 때부터 시작하여 나의 마지막 시간(carima-kāla)인 지금까지의 이 긴 시간 안에서라는 말이다."(ThagA.ii.273)

824) '무량하고 잘 닦았고'는 appamāṇaṁ subhāvitaṁ을 옮긴 것이다. 주석서는 이렇게 설명한다.

"이처럼 제한되지 않은 충만함(anodissaka-pharaṇa)을 통해서 무량한 중생을 대상으로 하기 때문에(aparimāṇa-sattārammaṇatāya) '무량하고(appamāṇaṁ)' 숙련된 힘을 가진 상태가 됨(paguṇabalava-bhāvāpādana)에 의해서 잘 닦았기 때문에(suṭṭhu bhāvitattā) '잘 닦았고(subhāvitaṁ)'라고 하였다."(ThagA.ii.273)

825) "첫 번째로 자애[慈, mettā]가, 그다음에 연민[悲, karuṇā]이, 그다음에 함께 기뻐함[喜, muditā]이, 마지막에 평온[捨, upekkhā]이 있어서 이처럼 '순서대로(anupubbaṁ)', 즉 차례대로(anukkamena) '굳건하게 닦은

저 자애를 나는 최상의 지혜로 압니다.826)

648. 나는 모두의 친구이고 모두의 동료이며
모든 존재를 연민하는 자입니다.
나는 자애로 가득한 마음을 닦고
악의 없음을 항상 기뻐합니다.

649. 정복당할 수 없고 흔들림 없는827)

(paricitaṁ)', 즉 받들어 행하고 많이 지었음을(āsevitaṁ, bahulīkataṁ) 최상의 지혜로 안다(abhijānāmi)는 말이다."(ThagA.ii.273)

826) "'저 자애를 나는 최상의 지혜로 압니다(mettañca abhijānāmi).'라고 하였다. 이것으로 촉촉하게 한다, 기름을 바른다고 해서 자애이니(mijjati siniyhati etāyāti mettā) 악의 없음(abyāpāda)이다. 자애가 이 사람에게 있다고 해서 자애이니(mettā etissā atthīti mettā) 바로 자애 수행(mettā-bhāvanā)과 자애의 거룩한 마음가짐(mettā-brahmavihāra)이다. 여기서 '저(ca, 문자적으로는 그리고임)'로 [옮긴] 단어를 통해서(ca-saddena) 연민[悲]과 함께 기뻐함[喜]과 평온[捨]이라는 나머지 거룩한 마음가짐들[梵住, brahmavihārā]을 포함하였다.
'나는 최상의 지혜로 압니다(abhijānāmi).'라는 것은 직접 대면하여(abhimukhato) 안다(jānāmi)는 말이다. 증득한 禪을 반조하여 반조의 지혜(paccavekkhaṇa-ñāṇa)를 통해서 직접 대면함(abhimukha)이 있기 때문이다."(ThagA.ii.273)

827) '정복당할 수 없고 흔들림 없는'은 asaṁhīraṁ asaṁkuppaṁ을 옮긴 것이다. 주석서는 이렇게 설명한다.

"'정복당할 수 없고(asaṁhīraṁ)'란 정복되지 않음인데 가까운 적(āsanna-paccatthika)인 탐욕(rāga)에 의해서 끌어내어지지 않고라는 말이다. '흔들림 없는(asaṁkuppaṁ)'이란 흔들리지 않음인데 먼 적(dūra-paccatthika)인 악의(byāpāda)에 의해서 분노하지 않고라는 말이다."(ThagA.ii.274)

이 구절은 『맛지마 니까야』 제4권 「지복한 하룻밤 경」(M131) §3에도 나타난다. 『맛지마 니까야 주석서』는 이렇게 설명한다.

"'정복당할 수 없고 흔들림 없는(asaṁhīraṁ asaṅkuppaṁ)'이라고 하셨다. 이것은 위빳사나에 대한 역(逆)위빳사나를 보이기 위해서(vipassanā-paṭi-vipassanā-dassanattha) 설하신 것이다. 왜냐하면 위빳사나는 탐욕 등에 의해 정복당할 수 없고 흔들리지도 않기 때문이다. 혹은 열반(nibbāna)은 마음을 나는 기쁘게 합니다.
나는 거룩한 마음가짐을 계발하나니
나쁜 사람들이 받들어 행하지 못하는 것입니다.

650. 828)일으킨 생각이 없음을 증득한829) 정등각자의 제자는

탐욕 등이 정복할 수 없고, 탐욕 등에 의한 흔들림도 없기 때문에 '정복당할 수 없고 흔들림 없는'이라고 말씀하셨다."(MA.v.2)

「지복한 하룻밤 경」(M131)에서 '정복당할 수 없고 흔들림 없음(asaṁhīra asaṅkuppa)'은 위빳사나의 경지를 설명하는 것으로 쓰였다. 그러나 『맛지마 니까야 주석서』의 설명과 『숫따니빠따』(Sn5:17/223 {1149})에서 보듯이 이것은 열반을 묘사하는 것으로도 언급되고 있으며, 여기 『테라가타』{649}에서는 거룩한 마음가짐[梵住, brahma-vihāra]을 수식하고 있다.

한편 『상윳따 니까야 주석서』는 "법들의 조건에 대한 지혜(dhammaṭṭhiti-ñāṇa)도 역시 부서지기 마련인 법(khaya-dhamma)이고 사라지기 마련인 법(vaya-dhamma)이고 탐욕이 빛바래기 마련인 법(virāga-dhamma)이고 소멸하기 마련인 법(nirodha-dhamma)이라는 지혜이다."(S12:34 §4; Vbh. §806)라는 가르침을 '위빳사나에 대한 역(逆)위빳사나(vipassanā-paṭivipassanā)'(SA.ii.68)라고 설명하고 있다.
즉 위빳사나의 지혜 역시 소멸되기 마련이라고 관찰하는 것을 말한다. 이것은 『청정도론』 XXI.10 이하(특히 §§11～13)에서 (2) 무너짐을 관찰하는 지혜(bhaṅgānupassanā-ñāṇa)의 주된 내용으로 나타나고 있으므로 참조할 것. (『상윳따 니까야』 제2권 「지혜의 토대 경」2(S12:34) §4의 주해와 『위방가』 16장 §806의 주해 참조)

828) "이와 같이 자신에 대한 요점의 정리(attuddesa)를 통해서 다섯 개의 게송({645}～{649})으로 자신의 도닦음을 보여준 뒤 이제 그것을 구경의 지혜에 대한 권위 있는 말(aññāpadesa)을 통해서 보여주면서 본 게송을 비롯한 네 개의 게송({650}～{653})을 읊었다."(ThagA.ii.274)

그리고 여기 {650}～{652} 세 개의 게송은 본서 제3권 {999}～{1001}에서는 레와따 장로의 형인 사리뿟따 장로(Th30:2)의 게송으로도 나타나고 있다.

829) "'일으킨 생각이 없음을 증득한(avitakkaṁ samāpanno)'이라는 것은 일으킨 생각이 없는 제2선 등을 증득한(dutiyādi-jhānaṁ samāpanno)이라는 말이다. 이것으로 장로는 거룩한 마음가짐 수행(brahmavihāra-bhāvanā)을 위해서 구경의 지혜에 대한 권위 있는 말을 통해서 자신의 제2선 등의 증득을 말했다. 그러나 이 장로는 그 禪을 기초가 되는 禪으로 삼아 위빳사나

바로 즉시 성스러운 침묵에 들었습니다. (={999})

651. [830]마치 저 바위산도
흔들리지 않고 확고하듯이
이와 같이 어리석음을 멸진한 비구도
저 산처럼 동요하지 않습니다. (={1000}; Ud3:4 §2 {24})[831]

652. [832]흠이 없는 사람은
항상 깨끗함을 추구해야 하나니
단지 털끝만 한 사악함조차도
구름만큼 [크게] 여겨집니다. (={1001}; S9:14 §5 {799})[833]

를 증장시켜 홀로 앉음에 의해서(ekāsaneneva) 아라한됨을 얻었기 때문에 구경의 지혜에 대한 권위 있는 말을 통해서 그 의미를 보여주면서 '일으킨 생각이 없음을 증득한'이라고 말한 뒤 '정등각자의 제자는 / 바로 즉시 성스러운 침묵에 들었습니다(sammāsambuddhasāvako ariyena tuṇhībhāvena, upeto hoti tāvade).'라고 말하였다.

여기서는 말의 [업]형성[口行]이 존재하지 않기 때문에(vacīsaṅkhārābhāva-to) 일으킨 생각과 지속적 고찰이 없는 증득인(avitakkāvicārā samāpatti) '성스러운 침묵(ariyo tuṇhībhāvo)'이라고 말하고 있다. 그러나 '비구들이여, 그대들이 함께 모이면 오직 두 가지 할 일이 있나니, 법담을 나누거나 성스러운 침묵을 지키는 것이다.'(M26 §4; Ud2:2 §3 등)라는 [『맛지마 니까야』 제1권 「성스러운 구함 경」(M26) 등의] 말씀 때문에 어떠한 증득이든 성스러운 침묵이라 한다. 그러나 여기서는 제4선에 든(catutthajjhānikā) 으뜸가는 과의 증득(aggaphala-samāpatti)을 의미한다."(ThagA.ii.274)

830) "이제 그가 증득하였기 때문에 세상의 법들을 통해서 흔들리지 않음(akampa-nīyatā)을 비유로써 설명하면서 본 게송을 말했다."(ThagA.ii.274)

831) 본 게송은『우다나』「사리뿟따 경」(Ud3:4) §2에서 세존께서 감흥어로 읊으신 것으로도 나타나고 있다.

832) "이제 불결한 계행을 가진 자(asuci-sīla)는 사악함을 휘두르는(pāpaṁ nāmetaṁ) 행위를 하지만(samācarati) 깨끗한 계행을 가진 자(sucisīla)는 그렇지 않다. 깨끗한 계행을 가진 자는 그것이 적은 것(aṇumatta)일지라도 무거운 것이 되어(bhāriyaṁ hutvā) 나타난다는 것을(upaṭṭhātīti) 보여주면서 본 게송을 읊었다."(ThagA.ii.275)

653. [834]마치 변경에 있는 도시를
안팎으로 잘 보호하듯이
그와 같이 자신들을 보호해야 합니다.
순간이 그대들을 지나가게 하지 마십시오.[835] (={1005}abcd)

---

833) 본 게송은 『상윳따 니까야』 제1권 「향기 도둑 경」(S9:14) §5의 {799}에서 천신이 읊은 것으로 나타나고 있다.

834) "오염원이 없는 자들에 대해서도 눈멀고 우둔한 자들(andha-bālā)은 이러한 비난들(apavādā)을 일어나게 만들기 때문에 이로움을 바라는 자들은 정성을 다하여(sakkaccaṁ) 자신을 보호해야 한다고 교계를 주면서 본 게송을 읊었다."(ThagA.ii.275)

835) "'순간이 그대들을 지나가게 하지 마십시오(khaṇo vo mā upaccagā).'라고 하였다. 자신을 이와 같이 보호하지 않는(na gopeti) 그 사람을 ① 부처님이 오신 순간(Buddhuppāda-kkhaṇa)과 ② 자기 자신이 인간으로 [태어나는] 순간(manussatta-bhāva-kkhaṇa)과 ③ 중심부에 태어난 순간(majjhima-dese uppatti-kkhaṇa)과 ④ 바른 견해를 얻은 순간(sammā-diṭṭhiyā paṭiladdha-kkhaṇa)과 ⑤ 여섯 가지 감각장소에 결핍이 없는 순간(channaṁ āyatanānaṁ avekalla-kkhaṇa)이라는 이 모든 순간은 지나가 버린다(atikkamati). 이러한 순간이 그대들을 지나가 버리지 않게 하라는 말이다."(ThagA.ii.275)

'순간이 그대들을 지나가게 하지 마십시오.'라는 이 말은 본서 여섯의 모음 말룽꺄뿟따 장로의 게송들 가운데 {403}b로도 나타나고 있다. 그곳의 주해에서는 『디가 니까야』 제3권 「합송경」(D33) §3.2 (4)에서 사리뿟따 존자가 '아홉 가지 청정범행을 닦기에 적당하지 않은 순간과 적당하지 않은 때(nava akkhaṇā asamayā brahma-cariya-vāsāya)'를 설명한 것을 인용하고 있는데 참조하기 바란다.

『앙굿따라 니까야』 제4권 「출현 경」(A6:96)은 다음의 여섯 가지 얻기 어려운 것을 들고 있는데 이 가운데 4개가 위 주석서의 설명과 배대가 된다.

"비구들이여, 여섯 사람의 출현은 세상에서 아주 드물다. 무엇이 여섯인가? 비구들이여, ① 여래·아라한·정등각의 출현은 세상에서 아주 드물다. ② 여래가 설하신 법과 율을 설하는 사람은 세상에서 아주 드물다. ③ 성스러운 지역에 태어나기란 세상에서 아주 드물다. ④ 감각기능[根]들이 온전하기란 세상에서 아주 드물다. ⑤ 귀머거리와 벙어리가 아니기란 세상에서 아주 드물다. ⑥ 유익한 법에 대해서 의욕을 내기란 세상에서 아주 드물다. 비구들이여, 이러한 여섯 사람의 출현은 세상에서 아주 드물다."(A6:96 §§1~2)

654. 836)나는 죽음을 바라지 않습니다.
나는 삶을 바라지 않습니다.
나는 시간을 기다리고 있으니
[일을 마친] 하인이 급료를 그렇게 하듯이. (={606}, cf. {196})

『앙굿따라 니까야 주석서』는 "'성스러운 지역(ariyāyatana)'이란 중심부(majjhima-desa)를 뜻한다."(AA.iii.414)라고 설명한다. 물론 여기서 중심부는 한 지역의 중심이며 부처님 법이 잘 설해지고 있는 지역을 말한다. 여기에 대해서는 『디가 니까야』 제3권 「합송경」(D33) §3.2(4)와 『앙굿따라 니까야』 제5권 「적당하지 않은 순간 경」(A8:29) §3을 참조할 것.

한편 경들에서 '귀머거리와 벙어리(eḷa-mūga)'는 대부분 통찰지 없음(duppañña)과 연결되어 나타난다.(D33 §3.2-4; M4 §19; S46:44 §3; A5:112 §2 등) 그러므로 여기서도 통찰지가 없는 사람을 뜻하는 것으로 보는 것이 타당할 듯하다.
PED와 BDD 등의 빠알리-영어 사전은 엘라무가(eḷamūga)를 귀머거리와 벙어리(*deaf & dumb*)로 설명하고 있다. 그런데 『맛지마 니까야 주석서』는 이렇게 설명한다.

"여기서 엘라무가(eḷamūga)는 엘라무카(eḷa-mukha)에서 kha가 ga로 변한 것이다. 이것은 랄라무카(lāla-mukha), 즉 입에 침을 흘리는 자(lālā mukhato galati)를 뜻한다. 지혜가 없는 사람들은 말을 할 때 입에서 침을 흘리기 때문이다. 엘라(eḷa)는 바로 이 침(lālā)을 뜻한다."(MA.i.118)

그리고 『앙굿따라 니까야』 제3권 「삥기야니 경」(A5:195)은 다섯 가지 세상에서 드문 것을 들고 있다.
"① 여래・아라한・정등각의 출현은 세상에서 아주 드물다. ② 여래가 선언하신 법과 율을 설하는 사람은 세상에서 아주 드물다. ③ 여래가 선언하신 법과 율을 설할 때 이를 아는 사람은 세상에서 아주 드물다. ④ 여래가 선언하신 법과 율을 설할 때 알아듣지만 [출세간]법에 이르게 하는 법을 닦는 사람은 세상에서 아주 드물다. ⑤ 은혜를 알고 은혜에 보답할 줄 아는 사람은 세상에서 아주 드물다. 릿차위들이여, 이러한 다섯 가지 보배의 출현은 세상에서 아주 드물다."(A5:195 §3; cf. A5:143 §4)

836) "이와 같이 장로는 이 게송({653})으로 왕을 포함한 회중과 비구들에게 교계를 한 뒤 다시 죽음(maraṇa)과 삶(jīvita)에 대해서 자신이 평등한 마음을 가지고 있음(sama-cittatā)과 해야 할 일을 다 하였음(kata-kiccatā)을 설명하면서 본 게송 등을 읊었다. 이것은 앞에서 설명하였다(본서 둘의 모음 {196}의 주해 참조)."(ThagA.ii.275)

655. 나는 죽음을 바라지 않습니다.
나는 삶을 바라지 않습니다.
나는 알아차리고 마음챙기면서
시간을 기다리고 있습니다. (={196}; {607})

656. 나는 스승님을 섬겼고
부처님의 교법을 실천하였습니다.
무거운 짐을 내려놓았고
존재에 [묶어두는] 사슬은 뿌리 뽑혔습니다. (={604}; {687} 등)

657. 그리고 그것을 위해서
집을 나와 집 없이 출가한
그 목적을 나는 얻었으니
모든 족쇄들을 멸진하였습니다. (={136}; {380} 등)

658. 837)방일하지 말고 [해야 할 바를 모두] 성취하십시오.
이것이 나의 간곡한 가르침입니다.
참으로 이제 나는 완전한 열반에 들 것입니다.
나는 모든 곳에서 완전히 해탈하였습니다.838)" (={1017})

---

837) "이와 같이 말한 뒤 자신이 반열반할 시간(parinibbāna-kāla)이 확립된 것(upaṭṭhita)을 보고 간략하게 그들에게 교계(ovāda)를 준 뒤 반열반을 알리면서(parinibbānaṁ pavedento) 마지막 게송을 말하였다."(ThagA.ii.275)

838) "이와 같이 남을 이롭게 하는 도닦음(parahita-paṭipatti)이 정상에 이르렀음(sikhāpatta)을 밝힌 뒤 자신을 이롭게 하는 도닦음(attahita-paṭipatti)에 의해서도 정점(matthaka)을 취하면서 '참으로 이제 나는 완전한 열반에 들 것입니다. / 나는 모든 곳에서 완전히 해탈하였습니다(handāhaṁ parini-bbissaṁ, vippamuttomhi sabbadhi).'라고 하였다. 나는 모든 곳에서 오염원들(kilesā)과 존재들(bhavā)로부터 완전히 해탈하였다. 그러므로 전적으로(ekaṁsena) 완전한 열반에 들 것이라는 말이다.

레와따 장로 (끝)

2. 고닷따 장로(Th14:2 {659}~{672})

【행장】

"고닷따 장로(Godatta thera)는 사왓티에서 대상(隊商)의 우두머리 가문에 태어났다. 그는 적당한 나이가 되어 아버지가 임종하자 가문을 확립하기 위해서 500대의 수레에 물품을 싣고 여러 곳을 다니면서 상업(vāṇijja)으로 삶을 영위하면서 재력에 따라(yathāvibhava) 공덕을 지었다. 그는 어느 날 길을 가는 도중에 앞에 가던 멍에를 멘 황소가 넘어져 사람들이 일으켜 세우지를 못하자 자기가 직접 가서 황소의 꼬리(naṅguṭṭha)를 강하게 찔렀다.

그러자 황소가 화가 나서 사람의 말로 '여보시오 고닷따여, 내가 지금은 스스로 힘이 없어서 당신의 짐을 나르는데 당신이 지나치게 괴롭히네요. 여기서 죽어 다른 곳에 태어나면 당신을 괴롭히는 적(paṭisattu)이 될 것이오.'라고 하였다. 그 말을 듣고 고닷따는 '이와 같이 중생들을 괴롭히고 이렇게 사는 것이 무슨 소용이 있는가?'라고 절박함이 생겨(saṁvegajāta) 모든 위력(vibhava)을 버리고 어떤 대장로의 곁으로 출가하여 위빳사나의 업을 행하면서 오래지 않아 아라한됨을 얻었다.

그는 [과위를] 증득한 행복(samāpattisukha)으로 지내면서 어느 날 자신의 곁에 온 재가자와 출가자들의 성스러운 무리들(ariya-gaṇā)에게 세속적인 법들(loka-dhammā)을 두고 법을 설명하면서 이 게송들을 읊었다."(ThagA.ii.276)

이와 같이 말한 뒤에 그는 허공에서 가부좌를 틀고 앉아서(ākāse pallaṅk-ena nisinno) 불의 요소를 통해서 삼매에 든 뒤[火光三昧, tejodhātuṁ samāpajjitvā] 타오르면서(pajjalanto) 취착의 자취가 남아있지 않는 열반의 요소(anupādisesā nibbānadhātu)로 반열반에 들었다."(ThagA.ii.276)

『상윳따 니까야』 제5권에는 「고닷따 경」(S41:7)이 전승되고 있다. 이 경에서 고닷따 존자는 찟따 장자와 무량한 마음의 해탈(appamāṇā ceto-vimutti)과 무소유의 마음의 해탈(ākiñcaññā cetovimutti)과 공한 마음의 해탈(suññatā cetovimutti)과 표상 없는 마음의 해탈(animittā cetovimutti)에 대해서 문답을 나누고 있다. 그런데 이 경에 해당하는 주석서와 복주서에는 고닷따 존자(āyasmā Godatta)에 대한 설명이 나타나지 않는다. 보디 스님과 DPPN은 「고닷따 경」(S41:7)의 고닷따 존자와 여기 『테라가타』의 고닷따 장로를 같은 분으로 간주하고 있다.(DPPN *s.v.* Godatta thera1) 「고닷따 경」(S41:7)의 이러한 대화는 『맛지마 니까야』 제2권 「교리문답의 긴 경」(M43) §§30~37에서 사리뿟따 존자와 마하꼿티따 존자의 대화로도 나타나고 있다.

659. "마치 뛰어나고 혈통 좋은 [황소]가
[수레의] 멍에에 결합되면[839] 짐을 잘 감당하여서
너무 많은 짐에 휘둘리더라도
마구(馬具)를 벗지 않는 것처럼

660. 마치 바다가 물로 가득 차듯이
그와 같이 통찰지로 가득 찬 사람들은
남들을 멸시하지 않나니
이것이 참으로 생명들의 성스러운 법입니다.

661. [840]시간에는 [68] 시간의 지배를 받고

839) "'멍에에 결합되면(dhure yutto)'이라는 것은 수레의 멍에(sakaṭa-dhura)에 연결되는 것이다."(ThagA.ii.278)

840) "이와 같이 [앞의 {660}에서] 통찰지의 완성(paññā-pāripūri)을 통해서 성자들의 행복하게 머묾(sukha-vihāra)을 보여준 뒤 그것이 없기 때문에 성자가 아닌 사람들의 괴롭게 머묾을 보여주기 위해서 본 게송을 말했다."(Thag

존재하는 것과 존재하지 않는 것의 지배를 받아서[841)]
사람들은 고통을 받나니
그 젊은이들은 여기서 슬퍼합니다.[842)]

662. 행복한 법에 의해서 고양되고
괴로운 법에 의해서 낙담이 되어
있는 그대로 보지 못하는[843)] 우둔한 자들은
[이] 둘에 의해서 죽임을 당합니다.

663. 그러나 괴로움과 즐거움
이 가운데서 침모[844)]를 이겨낸 자들[845)]

A.ii.278)

841) "'시간에는 시간의 지배를 받고 / 존재하는 것과 존재하지 않는 것의 지배를 받아서(kāle kālavasaṁ pattā, bhavābhavavasaṁ gatā)'라고 하였다. 여기서 '시간에는(kāle)'이라는 것은 이득이나 손실 등(lābhālābhādi)을 구비한 시간에는이라는 말이다. '시간의 지배를 받고(kālavasaṁ pattā)'라는 것은 이득 등의 시간(lābhādikāla)의 지배(vasa)에 압도되어라는 말이다. 즉 이익 등에 의해서는 기뻐하고 손해 등에 의해서는 고통스러워하는이라는 뜻이다. '존재하는 것과 존재하지 않는 것의 지배를 받아서(bhavābhava-vasaṁ gatā)'라는 것은 존재와 존재하지 않음의 지배에 압도되는 것이다. 즉 그들은 증장과 쇠퇴(vuddhihāni)에 빠진다는 말이다."(ThagA.ii.278)

842) "'사람들은 고통을 받나니 / 그 젊은이들은 여기서 슬퍼합니다(narā dukkh-aṁ nigacchanti, tedha socanti māṇavā).'라고 하였다. '젊은이들(māṇavā)'이라는 이름을 얻은 중생들인 그 사람들은 이익과 손해(lābha-alābha) 등을 통해서, 증장과 쇠퇴(vuddhi-hāni)를 통해서, 순응과 적대감(anurodha-paṭivirodha)을 얻어 이 세상에서는 슬퍼하고 저 세상에서는 지옥 등의 괴로움에 빠진다, 얻는다는 뜻이다."(ThagA.ii.278)

843) "'있는 그대로 보지 못하는(yathābhūtaṁ adassino)'이라고 하였다. 그들은 법의 고유성질을 정확하게 알지 못했기 때문에 무더기들을 철저하게 알고(pariññāta-kkhandhā) 오염원들을 제거하지(pahīnakilesā) 못했다, 그래서 그러하다는 뜻이다."(ThagA.ii.278)

844) '침모(sibbinī)'는 『담마상가니』(Dhs §1065)에서 탐욕(lobha)의 101개 동의어 가운데 하나로 나타난다. 노만 교수는 *seamstress*로 옮겼다. 『테라가

그들은 석주처럼 서있나니
그들은 고양되지도 낙담되지도 않습니다.846)

664. 847)이득에서도 아니고 손해에서도 아니며
명성에서도 아니고 찬탄에서도 아니며848)

타 주석서』는 갈애(taṇhā)라고 설명하고(ThagA.ii.278) 『담마상가니 주석서』는 다음과 같이 설명한다.

"꿰맨다는 뜻에서 '침모(針母, sibbinī)'이다. 이것은 윤회에서 중생들을 죽음의 마음과 재생연결식(cuti-paṭisandhi)을 통해서 깁고(sibbati) 꿰매나니 마치 재봉사가 천에다 천을 꿰매는 것과 같다. 그래서 꿰맨다는 뜻에서 침모라고 부른다."(DhsA.363)

845) '침모를 이겨낸 자들'은 PTS: ye … sibbinim ajjhagū(VRI: ye … sibbinim accagū)를 옮긴 것이다. PED는 ajjhagū를 adhigacchati(이루다, 증득하다)의 Aor.3.Pl.로 밝히고 있다.(*s.v.* adhigacchati) 그런데 노만 교수는 VRI본의 accagū로 읽어야 한다고 적고 있다. 그는 『테라가타 주석서』(ThagA.ii.278)에서 accagū를 atikkamiṁsu(ati+√kram, *to stride*, Aor.3.Pl.)로 설명하는 것을 소개하고 있으며 이것을 '*overcome*'으로 옮기고 있다.(K.R. Norman, 221쪽 §663의 주해 참조) 역자도 이를 따랐다.

846) "'그러나 괴로움과 즐거움 / 이 가운데서 침모를 이겨낸 자들(ye ca dukkhe sukhasmiñca, majjhe sibbinim accagū)'이라고 하였다. 그 성자들은 괴로운 느낌과 즐거운 느낌과 중립의 느낌(majjhattatā-vedanā)에 대해서 거기에 묶여있고(tappaṭibaddha) 욕탐이 되는(chandarāga-bhūta) 침모인 갈애를 으뜸가는 도를 증득함에 의해서 이겨내었다(accagū), 즉 넘어섰다(atikkamiṁsu). 그들은 석주(indakhīla)처럼 바람이라는 세상의 법들에 의해서 흔들리지 않고(asampakampi) 서있다. '그들은 고양되지도 낙담되지도 않습니다(na te unnataonatā).'라고 하였다. 어떤 때라도 그들은 고양되지도 낙담되지도 않는데 모든 곳에서 친밀함과 적대감이 없기 때문이다(anunaya-paṭigha-abhāvato)."(ThagA.ii.278)

여기서 '이겨내었다'로 옮긴 accagū는 ati+√gam(*to go*)의 아오리스트 과거 3인칭 복수(Aor.3.Pl.)이다

847) "이와 같이 아라한에게는 느낌의 토대(vedanādhiṭṭhāna)가 물들지 않음(anupalepa)을 보여준 뒤 이제 세상의 법들을 분석하여 어느 곳에서도 물들여지지 않음을 보여주면서 본 게송을 말하였다."(ThagA.ii.278)

848) '명성에서도 아니고 찬탄에서도 아니며'는 na yase na ca kittiyā를 직역한 것이다. 본 게송의 나머지 구절들에는 이득과 손해 등의 상반되는 용어들이

비난에서도 아니고 칭송에서도 아니며
괴로움에서도 아니고 즐거움에서도 아닙니다.

665. 모든 곳에서[849] 그들은 물들지 않나니
물방울이 연잎에 그러하듯이.
모든 곳에서 현자들은 행복하고
모든 곳에서 정복되지 않습니다.

666. [850]법에 의해서 손해를 본 것과
법답지 못한 이득을 본 것이 있나니
법에 의해서 손해를 본 것이
법답지 못한 이득을 본 것보다 더 낫습니다.

667. 지혜가 적은 자들에게 명성이 있는 경우가 있고
지자들에게 명성이 없는 경우가 있습니다.
지자들에게 명성이 없는 것이 더 낫지
지혜가 적은 자들에게 명성이 있는 것이 [더 낫지] 않습니다.

668. 슬기가 없는 자들에게 칭송이 있는 경우가 있고
지자들에게 비난이 있는 경우가 있습니다.
우둔한 자들에 대한 칭송보다는
지자들에게 비난이 있는 것이 더 낫습니다.

나타나지만 본 구절은 그렇지 않다. 주석서도 명성과 찬탄에 대한 간단한 설명을 하고 있을 뿐 별다른 언급은 없다.(ThagA.ii.278)

849) "'모든 곳에서(sabbattha)'라는 것은 앞({664})에서 말한 모든 여덟 종류의 세상의 법들에서, 혹은 모든 곳에서 즉 형색 등의 대상(visaya)에서 그 번뇌 다한 분들은 물들지 않나니 오염원들을 모두 제거하였기 때문이다(pahīna-kilesattā)."(ThagA.ii.279)

850) "이제 이익과 손해(lābha-alābha) 등 가운데서 더 나은 것을 명시하여 보여주면서 본 게송 등을 말하였다."(ThagA.ii.279)

669. 감각적 쾌락으로 이루어진 즐거움이 있고
한거에서 오는 괴로움이 있습니다.
감각적 쾌락으로 이루어진 즐거움보다는
한거에서 오는 괴로움이 더 낫습니다.

670. 법답지 못한 삶이 있고
법다운 죽음이 있습니다.
법답지 못한 삶보다는
법다운 죽음이 더 낫습니다.

671. 감각적 쾌락과 분노를 제거한 자들
여러 존재에서 마음이 평화로운 자들이
집착하지 않고 세상에서 유행하고 있나니
그들에게는 좋아하거나 싫어함이 없습니다.

672. 그들은 깨달음의 구성요소들[七覺支]과
기능들[五根]과 힘들[五力]을 닦고서
궁극적인 평화를 얻은 뒤에
번뇌 없이 완전한 열반에 듭니다."

고닷따 장로 (끝)

열넷의 모음이 끝났다.

[열넷의 모음에 포함된 장로들의] 목록은 다음과 같다.

레와따와 고닷따, 이들 두 장로들은 신통력을 구족하였나니
열넷의 모음에 게송들은 28개이다.

역자 **각묵스님**

1957년 밀양 생. 1979년 화엄사 도광 스님을 은사로 사미계 수지. 1982년 범어사에서 자운 스님을 계사로 비구계 수지. 7년간 제방 선원에서 안거 후 인도로 유학, 인도 뿌나 대학교(Pune University)에서 10여 년간 산스끄리뜨, 빠알리, 쁘라끄리뜨 수학. 현재 실상사 한주, 초기불전연구원 지도법사
역·저서로 『금강경 역해』(2001, 12쇄 2023), 『아비담마 길라잡이』(전 2권, 대림 스님과 공역, 2002, 12쇄 2016, 전정판 4쇄 2021), 『네 가지 마음챙기는 공부』(2003, 개정판 9쇄 2022), 『디가 니까야』(전 3권, 2006, 8쇄 2022), 『상윳따 니까야』(전 6권, 2009, 7쇄 2023), 『초기불교 이해』(2010, 8쇄 2022), 『니까야 강독』(I/II, 2013, 6쇄 2023), 『담마상가니』(전 2권, 2016), 『초기불교 입문』(2017, 4쇄 2023), 『위방가』(전 2권, 2018), 『이띠웃따까』(2020), 『우다나』(2021)

테라가타 2

2024년 3월 13일 초판 1쇄 발행

옮긴 이 | 각묵 스님
펴낸 이 | 대림 스님
펴낸 곳 | **초기불전연구원**
경남 김해시 관동로 27번길 5-79
전화: (055)321-8579
홈페이지 | http://tipitaka.or.kr
http://cafe.daum.net/chobul
이 메 일 | chobulwon@gmail.com
등록번호 | 제13-790호(2002.10.9)
계좌번호 | 국민은행 604801-04-141966 차명희
하나은행 205-890015-90404(구.외환147-22-00676-4) 차명희
농협 053-12-113756 차명희
우체국 010579-02-062911 차명희

ISBN: 978-89-91743-46-5(04220)
ISBN: 978-89-91743-44-1(세트)

값 | 35,000원